westermann

Didaktische Impulse

Wörterbuch der Geographiedidaktik

Definitionen, Klassifikationen, Diskussionen

Herausgegeben von Prof. Dr. Dieter Böhn und
Prof. Dr. Gabriele Obermaier

© 2023 Westermann Bildungsmedien Verlag GmbH, Georg-Westermann-Allee 66, 38104 Braunschweig
www.westermann.de

Neu bearbeitete Ausgabe 2023

Druck B^1 / Jahr 2023

Redaktion: Lektoratsbüro Eck, Berlin
Druck und Bindung: Westermann Druck GmbH, Georg-Westermann-Allee 66, 38104 Braunschweig

ISBN 978-3-14-**142803**-2

Vorwort

Einführung

Diese lexikalische Zusammenstellung umfasst geographiedidaktische Begriffe im engeren Sinn und solche aus den Erziehungswissenschaften, anderen Fachdidaktiken und den geographischen Bezugswissenschaften, die für den Geographieunterricht bedeutsam sind. Die Auswahl wurde nicht durch die Herausgeber festgelegt, sondern erfolgte durch Nennung aus der geographiedidaktischen Community. Dadurch konnten alle Strömungen der Geographiedidaktik in diesem Buch ihren Platz finden. Neben eher aus dem deutschsprachigen Raum kommenden Begriffen (z. B. Heimat) finden sich auch Begriffe aus der internationalen Diskussion wieder (z. B. *thinking through geography,* Croquis).

Autorinnen und Autoren

Diese völlige und stark erweiterte Neubearbeitung erfolgt durch Geographiedidaktikerinnen und Geographiedidaktiker aus ganz Deutschland, Österreich und der Schweiz. Die Zusammenarbeit der beiden Herausgeber mit fast 90 Mitarbeiterinnen und Mitarbeitern war durch das Bestreben gekennzeichnet, Studierenden, Lehrkräften wie den Wissenschaftlerinnen und Wissenschaftlern selbst eine verständliche und anwendungsorientierte Zusammenstellung zur Verfügung zu stellen. Für die vielen fruchtbaren Diskussionen und das Verständnis, dass ein solches Werk eine gewisse formale wie inhaltliche Einheit anstreben muss, bedanken sich die Herausgeber bei jeder einzelnen Mitarbeiterin und jedem einzelnen Mitarbeiter ganz herzlich. Dass die einzelnen Begriffe dennoch die „Handschrift" der jeweiligen Autoren tragen, ist sicher erkennbar. Jeder Autor trägt auch, ungeachtet aller Diskussionen, für seinen Beitrag die Verantwortung; dies ist auch durch die namentliche Nennung des Verfassers dokumentiert.

Vier Ziele der „Begriffe"

1. Definitionsebene für die Geographiedidaktik

Die Geographiedidaktik ist, wie jede Wissenschaft, sowohl durch übereinstimmende Ziele, Inhalte und Methoden als auch durch unterschiedliche Akzente und Auffassungen in den gleichen Bereichen geprägt. Diese Zusammenstellung der Begriffe versucht einen neutralen Standort eines „objektiven" Berichterstatters anzunehmen. Daher wurden auch Abweichungen von der überwiegend vertretenen Ansicht aufgenommen. Das gilt vor allem für die Bereiche Definition, Klassifikation und Diskussion. Auch hier ist das Ziel, einen Überblick über unterschiedliche Standpunkte zu geben.

2. Information für die Studierenden

Eines der wichtigsten Ziele der „Begriffe" ist, den Studierenden bei der nicht nur in den verschiedenen Erziehungswissenschaften und Fachdidaktiken, sondern auch in der Geographiedidaktik selbst anzutreffenden definitorischen Vielfalt eine Hilfe zu geben. Die Klassifikation dient nicht nur die Einordnung in größere Zusammenhänge, schon hier deuten sich unterschiedliche Auffassungen an, die in der geographiedidaktischen Diskussion verdeutlicht werden. Die hier notwendige Kürze und die dynamische Weiterentwicklung der einzelnen Wissenschaftsbereiche ersetzen natürlich nicht ein weiterführendes Literaturstudium, die bewusst wenigen Hinweise sind dafür ein wertvoller Ausgangspunkt.

3. Unterstützung der Geographielehrerinnen und Geographielehrer aller Schularten und Schulstufen

Die Geographiedidaktik ist eine anwendungsbezogene Wissenschaft, hier etwa mit der Medizin vergleichbar. Ein wichtiges Ziel ist daher, der Lehrkraft einen schüler- wie kompetenzbezogenen Unterricht zu ermöglichen. Die Forschung weist immer wieder nach, wie wichtig die Lehrerin und der Lehrer für den Unterrichtserfolg sind. Die Geographiedidaktik hat hier neue Ansätze entwickelt und vor allem Innovationen der Erziehungswissenschaften aufgegriffen. Die „Begriffe" ermöglichen eine rasche Übersicht und ermuntern dazu, neue Erkenntnisse anzuwenden, um den eigenen Unterricht kompetenzorientiert weiterzuentwickeln.

4. Informationen für die Wissenschaften außerhalb der Geographiedidaktik

Die Zusammenstellung der fachspezifischen Termini der Geographiedidaktik lässt zahlreiche Vernetzungen erkennbar werden, etwa eine gleiche Definition von Begriffen oder die gleiche Übernahme erziehungswissenschaftlicher Ansätze. Dies ermöglicht eine verstärkte interdisziplinäre Diskussion, bei der auch andere Definitionen oder Akzentuierungen fruchtbar sein können.

Aufbau und Nutzung der „Begriffe"

1. Der Aufbau folgt der in bisher drei Ausgaben bewährten Struktur: Definition, Klassifikation, Zur geographiedidaktischen Diskussion, Literatur. Sowohl in der Diktion wie im Umfang wurde eine Einheitlichkeit angestrebt. Die bewusste komprimierte Darstellung ermöglicht Einstieg wie Überblick, die Literatur eine Vertiefung.
2. Die Definition ist bewusst knapp gehalten, möglichst in einem Satz. Akzentuierungen, die zum Verständnis einer Definition bedeutsam sind, wurden abgesetzt angefügt.
3. Die Klassifikation ist breiter angelegt, hier werden auch weiterführende Aspekte genannt.
4. Der Abschnitt „Zur geographiedidaktischen Diskussion" verdeutlicht, dass vielfach Ziele, Inhalte und Methoden durchaus kontrovers gesehen wurden und werden. Geographiedidaktik ist eine dynamische Wissenschaft, bei der eigene Entwicklungen wie Ansätze aus Nachbardisziplinen in fruchtbarer Auseinandersetzung um die Bedeutung für den Unterricht und ihre praktische Umsetzung ringen.

5. Die Literaturangaben wurden bewusst beschränkt, sie bilden den Einstieg für weiter ge-
   hende Recherchen zum Thema. Meist ist nur aktuelle Literatur genannt, leicht zugängliche
   Literatur wurde verstärkt herangezogen. Die Auswahl will Hilfe sein, ist keinesfalls Wertung.
6. Die Zusammenstellung enthält über 220 Begriffe in alphabetischer Anordnung. Weitere
   Begriffe sind durch ein Register zu erschließen, das sich am Ende des Bandes befindet.

Ein nochmaliger Dank an alle Autorinnen und Autoren für die engagierte Mitarbeit. Dank an
Friedhelm Frank für seine Anregungen und Diskussionen. Dank auch an Frau Bohn und Frau
Conrad für umfangreiche Recherche und Textarbeiten. Dank an den Westermann-Verlag, hier
Herrn Dr. Berger, für die Aufnahme in das Verlagsprogramm:
Wenn durch die „Begriffe" Geographiedidaktik einem breiten Nutzerkreis verständlich, anre-
gend und vor allem anwendbar vermittelt wird, wenn das Werk umfassend nützt, ist das Ziel
der Zusammenarbeit der Vielen erreicht.

Die Herausgeber
Dieter Böhn und Gabi Obermaier

Zur Neubearbeitung 2023

Die Geographiedidaktik ist eine sich rasch entwickelnde Wissenschaft. Daher war nach zehn
Jahren eine umfassende Aktualisierung notwendig. Es galt, einige neue Begriffe aufzunehmen,
welche die aktuelle Diskussion in der Geographiedidaktik behandeln. Zahlreiche Begriffe wurden dem aktuellen Diskussionsstand angepasst. Ich danke allen Autorinnen und Autoren für
ihre Bereitschaft, Beiträge neu zu verfassen, bestehende kritisch zu überprüfen und ggf. zu
überarbeiten. Dabei galt es, Freiheiten zuzulassen. So konnte jede/r gendern wie er wollte,
neueste Auflagen mussten nicht berücksichtigt werden, wenn der Name des Werkes sich nicht
geändert hatte.
Großen Dank an Herrn Dr. Berger vom Westermann Verlag, der diese Aktualisierung sehr unterstützte. Meine Mitherausgeberin Prof. Dr. Gabriele Obermaier war leider an der Mitwirkung
verhindert, so dass alle Fehler zu meinen Lasten gehen.

Würzburg, Januar 2023
Dieter Böhn

Abbilddidaktik

Definition
Abbilddidaktik richtet das Unterrichtsfach weitgehend an den (→) Bezugswissenschaften aus, denn sie sieht das Fach als „Abbild" der Wissenschaften.

Klassifikation
Es gibt zwei Formen der Abbilddidaktik:
- weitgehende Übernahme der Struktur, der Ausrichtung und der Inhalte der jeweiligen Fachwissenschaften (Abbilddidaktik im engeren Sinn)
- Übernahme der Vorgehensweise der Bezugswissenschaften (z. B. → Induktion/Deduktion, Hypothesenbildung → Wissenschaftsorientierung) (Abbilddidaktik im weiteren Sinne).

Zur geographiedidaktischen Diskussion
Bis in die 1970er-Jahre hinein verstanden sich die Unterrichtsfächer als stark vereinfachte Abbilder der jeweiligen → Bezugswissenschaften. Dies stimmte aber nur bedingt, denn schon damals wurden nur Teile der Fachwissenschaft erfasst, selbst in der Länderkunde (→länderkundlicher Ansatz) wurden lediglich ausgewählte Bereiche behandelt. Wegen der starken Übernahme fachwissenschaftlicher Inhalte setzten die Fachdidaktiken den Fokus auf Methoden, mit denen die Inhalte kindgerecht vermittelt wurden.

Ab etwa 1970 erfolgte eine Ausrichtung des Unterrichts auf die Schülerinnen und Schüler und hier auf Kompetenzen, die sie erwerben sollten. Kompetenzen sind primär, die Inhalte orientieren sich an ihnen. Die Fachdidaktik, hier die Geographiedidaktik, hat die Aufgabe. aus der Fülle wissenschaftlicher Erkenntnisse diejenigen auszuwählen, die für die Schülerinnen und Schüler aus fach- und bildungs-

didaktischen Gesichtspunkten (→Lernziele, → Kompetenzen) relevant sind. Dennoch erfolgte eine überaus rasche Übernahme neuer fachwissenschaftlicher Fragestellungen in den Geographieunterricht. So wurden -> sozialgeographische Ansätze fast gleichzeitig in Fachwissenschaft und Schule behandelt. Weitere Beispiele sind der → ökologische Ansatz, die nachhaltige Entwicklung (→Bildung für nachhaltige Entwicklung) und die Ergebnisse der Klimaforschung (→ Bezugswissenschaften).

Vonseiten der Fachwissenschaften, hier besonders der Geowissenschaften, wird immer wieder eine verstärkte Ausrichtung auf einzelne Wissenschaften gefordert, z.B. auf die Geologie, Mineralogie oder Geophysik.

Literatur
KÖCK, H. (2005): Abbilddidaktik. – In: KÖCK, H. & D. STONJEK (2005): ABC der Geographiedidaktik. Köln, 19.
RINSCHEDE, G. (2007): Geographiedidaktik. Paderborn, 421.

Dieter Böhn

Aktualitätsprinzip

Definition
Der Begriff bezeichnet die Berücksichtigung gegenwartsnaher Ereignisse mit alltagsweltlicher und unterrichtlicher Bedeutung.
Eine erweiterte Definition bezieht auch eine aktuelle Vergegenwärtigung von Vergangenem durch Medien mit ein (z. B. aktueller Film über historischen Vulkanausbruch).

Klassifikation
Beispiele sind aktuelle Ereignisse in der Welt und im Nahraum (aus Politik, Wirtschaft, Sport, Kultur und Natur; z. B. Erdbeben, Flüchtlingsströme, Kriege, Katastrophen, Events, Weltkonferenzen usw.) sowie aktuell

in der Öffentlichkeit oder in Schülerkreisen diskutierte Themen (Diskurse).

Zur geographiedidaktischen Diskussion

Durch Aufgreifen aktueller, gegenwartsbedeutsamer Themen mit räumlichem Bezug wird der Unterricht lebendig und anwendungsbezogen. Er spricht die Adressaten an und hat Erschließungsfunktion, sodass die Schüler selbsttätig auch bei anderen Themen dieses Prinzip anwenden können. (→ Unterrichtsprinzip)

Hinweis: In der Biologiedidaktik hat das Aktualitätsprinzip eine gänzlich andere Bedeutung; es bezeichnet dort (wie auch in der Geologie und Paläontologie) die Erklärung von historisch abgelaufenen Prozessen durch Faktoren, die auch heute wirksam und daher analysierbar sind (Gegenwart als Schlüssel zur Vergangenheit); es ist also in den Bio- und Geowissenschaften kein Unterrichtsprinzip, sondern eine Methode der wissenschaftlichen Erkenntnisgewinnung.

Literatur

BREIT, A. (2012): Erdbeben und Tsunami in Japan 2011. – In: Praxis Geographie, 42, 7/8, 58 – 60.

RINSCHEDE, G. (2007): Geographiedidaktik. Paderborn, 51 – 52.

THEISSEN, U. (1986): Aktualität. – In: KÖCK, H. [Hrsg.] (1986): Grundlagen des Geographieunterrichts (= Handbuch des Geographieunterrichts, Bd. 1). Köln, 213 – 214.

Johann-Bernhard Haversath

Allgemeingeographischer Ansatz

Definition

Der allgemeingeographische Ansatz untersucht Räume in Hinblick auf allgemeine Regelhaftigkeiten und Gesetzmäßigkeiten in ihren Verbreitungen, Verflechtungen und prozessualen Veränderungen. Die Erkenntnisse können auf andere Räume übertragen werden, da sie unabhängig von individuellen Räumen gültig sind.

Klassifikation

Die Geographie lässt sich vereinfacht in die Allgemeine Geographie und die Regionale Geographie gliedern. Die Allgemeine Geographie erforscht Gesetzmäßigkeiten (nomothetischer Ansatz), die Regionale Geographie individuelle Spezifika von Räumen (idiographischer Ansatz). Die Auswahl der Inhalte orientiert sich bei der Allgemeinen Geographie nicht an Regionen, sondern an Themen oder Fragestellungen, welche grundlegende Einsichten in geographische Strukturen, Funktionen und Prozesse vermitteln können und exemplarische Bedeutung haben. Die Zahl der zu erfassenden Faktoren wird durch die Fragestellung bestimmt. Themen und Fragestellungen können vom Einfachen zum Komplexen (→ Komplexität) angeordnet werden. Der allgemeingeographische Ansatz umfasst sowohl human- als auch naturgeographische Herangehensweisen (vgl. BORSDORF 2007, 95 ff.).

Zur geographiedidaktischen Diskussion

Im Unterricht dominierte bis in die 1960er-Jahre der (→) länderkundliche Ansatz. Mit dem Kieler Geographentag 1969 erfolgt eine Abkehr von der Länderkunde. Zahlreiche allgemeingeographische Inhalte werden Thema im Unterricht (z.B. Plattentektonik, Ökologie,

Daseinsgrundfunktionen, Stadt, Raumordnung). Als Vorzüge des allgemeingeographischen Ansatz werden von dessen Befürwortern unter anderem aufgeführt, dass nicht mehr Raum um Raum additiv durchgenommen wird, sondern allgemeine Strukturen im Zentrum stehen, die übertragbar sind. Die Anordnung der Inhalte kann zudem lernpsychologisch sinnvoll vom Einfachen zum Komplexen erfolgen. Nachteile des allgemeingeographischen Ansatzes werden darin gesehen, dass politische und gesellschaftliche Spezifika einzelner Räume wenig Beachtung finden, nur begrenzt räumliche Zusammenhänge erarbeitet werden und der Aufbau eines fundierten topographischen Orientierungswissens erschwert wird.

Mit der Wende hin zum allgemeingeographischen Ansatz im Geographieunterricht wird zunehmend ein Mangel an regionalem Wissen konstatiert (z.B. über Deutschland, Länder Europas, China). Daher wurden in den 1980er- und 1990er-Jahren Konzepte des regional-thematischen und thematisch-regionalen Ansatzes (→ regionalgeographischer Ansatz) entwickelt, an dem sich bis heute (→) Lehrpläne orientieren (vgl. DGFG 2002, 12 f.; SCHULTZ 2012). Mit der Betonung des Mensch-Umwelt-Systems (→ Basiskonzepte) wird die Bedeutung des allgemeingeographischen Ansatzes hervorgehoben. Mit ihm erhalten Schülerinnen und Schüler Einblicke in natürliche wie auch in gesellschaftliche Systeme. Er fördert damit mehrperspektivisches, systemisches und problemlösendes Denken (vgl. DGfG 2012, 5 ff., → Syndromansatz, → Systemkompetenz).

Literatur

BORSDORF, A. (²2007): Geographisch denken und wissenschaftlich arbeiten. Berlin.

DEUTSCHE GESELLSCHAFT FÜR GEOGRAPHIE (DGfG) [Hrsg.] (2002): Grundsätze und Empfehlungen für die Lehrplanarbeit im Schulfach Geographie. Bonn.

DEUTSCHE GESELLSCHAFT FÜR GEOGRAPHIE (DGfG) [Hrsg.] (¹⁰2020): Bildungsstandards im Fach Geographie für den Mittleren Schulabschluss. Bonn.

RINSCHEDE, G. & A. SIEGMUND (⁵2022): Geographiedidaktik. Paderborn.

SCHULTZ, H.-D. (2012): Disziplingeschichte des Schulfaches Geographie. – In: HAVERSATH, J.-B. [Moderator] (2012): Geographiedidaktik. Braunschweig, 70 – 89.

SCHULTZE, A. (1970): Allgemeine Geographie statt Länderkunde. – In: Geographische Rundschau, 22, 1, 1 – 10.

Thomas Basten, Dominik Conrad

Alltagsorientierung

Definition

Alltagsorientierung bedeutet, dass man den Lehr-Lern-Prozess bei allen sich bietenden Gelegenheiten mit authentischen Lebenssituationen verknüpft.

Neben dem Lebensalltag der Schüler spielen auch die Alltags- und Lebensverhältnisse von Menschen aus unterschiedlichen Regionen der Erde eine wichtige Rolle.

Klassifizierung

Eine Alltagsorientierung lässt sich als primär inhaltliches Unterrichtsprinzip realisieren durch

- Auswahl von Inhalten, die einen Bezug zu Alltagssituationen zulassen oder erleichtern (z. B. Arbeitsalltag, Essgewohnheiten, Freizeitgestaltung, Konsumverhalten, Familienstruktur, Fortbewegungsmittel). Auch wenn solche Situationen für alle Regionen der Welt thematisiert werden können, bieten Nahraumthemen öfter die Gelegenheit, an Alltagsprobleme anzuknüpfen. Auch für Schüler ist primär das Geschehen in der näheren Umgebung (→ Nahraum) interessant.
- Konstruktion von möglichst authentischen Situationen durch konkrete Fallbeispiele

(z. B. Schulalltag eines gleichaltrigen Kindes in Indien, reale Planung einer Fahrradtour mithilfe einer topographischen Karte).

Durch den Einsatz bestimmter Lehr-Lern-Arrangements wird die Alltagsorientierung erleichtert:
- Einsatz von (→) originalen Gegenständen (Nahrungsmittel oder Pflanzen aus verschiedenen Klima- und Vegetationszonen, Gebrauchsgegenstände aus anderen Kulturkreisen)
- Unterricht an (→) außerschulischen Lernorten: Die unmittelbare Begegnung mit dem Realobjekt eröffnet eine wirklichkeitsnahe Perspektive im Sinne einer „Geographie vor Ort".
- (→) Fächerübergreifender Unterricht wird gerade bei der Auseinandersetzung mit lebensweltlichen Erfahrungen als notwendig erachtet, da diese in der Realität auch nicht „gefächert" auftreten, sondern eine „ganzheitliche" Erfassung erfordern.
- (→) offener Unterricht, der über die Ermittlung subjektiver Fragestellungen oft zu einer (konstruktivistischen) Auseinandersetzung mit komplexen, lebensnahen Problemen führt
- Induktives Verfahren, das von anschaulichen, konkreten Einzeltatsachen ausgeht und deshalb im Vergleich zum deduktiven Verfahren als kindgemäßer betrachtet wird (→ Induktion/Deduktion).

(→) Unterrichtsprinzipien, die in eine ähnliche Richtung zielen, sind Praxisorientierung und Lebens- oder Wirklichkeitsnähe.

Zur geographiedidaktischen Diskussion

Die Forderung, die Alltagsorientierung bzw. Lebensnähe zum zentralen Suchkriterium für geographische Unterrichtsinhalte nach dem Motto *„non scholae sed vitae discimus"* („Nicht für die Schule, sondern für das Leben lernen wir") zu machen, ist nicht neu. In der Curriculumtheorie der 1970er-Jahre wurden nur (→) Lernziele akzeptiert, die zu Bewältigung von Lebenssituationen befähigen. Eine erschöpfende Aufstellung solcher möglicher Lebenssituationen sah man dabei in der Geographie in den (→) Daseinsgrundfunktionen.

Mittlerweile wird im Zuge der (→) Schülerorientierung und -motivation gefordert, dass im Geographieunterricht stärker die (→) Schülerinteressen berücksichtigt werden sollten. Diesbezüglich wurde in verschiedenen empirischen Studien nachgewiesen, dass sich Schüler besonders für alltags- und lebensnahe Problembereiche interessieren (HEMMER/HEMMER 2010, OBERMAIER 1997, SCHMIDT-WULFFEN 1999). Auch Erkenntnisse und Theorien aus der Lernpsychologie sprechen für das Unterrichtsprinzip Alltagsorientierung. Generell bekannt ist, dass möglichst authentische Lernsituationen bewusste und aktive Transferleistungen fördern und erleichtern (→ Transfer). So lautet etwa der erste Grundsatz aus den „First Principles of Instruction": „Learning is promoted when learners are engaged in solving real-world problems" (MERRILL 2002, 43). Speziell aus Sicht der kognitiven und konstruktivistischen Lerntheorien (→ Konstruktivismus) wird davon ausgegangen, dass selbstgesteuertes Lernen sich vorzugsweise auf Inhalte fokussiert, denen die Schüler selbst eine Bedeutung beimessen und sie damit als sinnvoll akzeptieren. Dies gilt besonders für komplexe, alltagsnahe Probleme.

Literatur

Böhn, D. (1992): Mehr Landeskunde bei der Länderkunde. Der Alltag in verschiedenen Ländern als Inhalt des Geographieunterrichts. – In: Brogiato, H. P. & H.-M. Closs [Hrsg.] (1992): Geographie und ihre Didaktik. Festschrift für Walter Sperling, Teil 2. Trier, 441–450.

Hemmer, I. & M. Hemmer [Hrsg.] (2010): Schülerinteresse an Themen, Regionen und Arbeitsweisen des Geographieunterrichts. Ergebnisse der empirischen Forschung und deren Konsequenzen für die Unterrichtspraxis (= Geographiedidaktische Forschungen, Bd. 46). Weingarten.

Merrill, D. (2002): First Principles of Instruction. – In: Educational Technology Research and Development, 50, 3, 43–59.

Obermaier, G. (1997): Strukturen und Entwicklung des geographischen Interesses von Gymnasialschülern in der Unterstufe – eine bayernweite Untersuchung (= Münchner Studien zur Didaktik der Geographie, Bd. 9). München.

Schmidt-Wulffen, W. (1998): Jugendliche und die „Dritte Welt". Bewusstsein, Wissen und Interessen. – In: Zeitschrift für den Erdkundeunterricht, 50, 6, 368–372.

Schmidt-Wulffen, W. (1999): Schüler- und Alltagsweltorientierung im Erdkundeunterricht. Zugänge, Perspektiven für die Praxis, Beispiele aus dem Unterricht. Gotha.

Uhlenwinkel, A. (2000): Alltag – von Jugendlichen gewünscht, von Geographen ignoriert. – In: Praxis Geographie, 30, 1, 4–7.

Franz Kestler

Altersgemäßheit

Definition

Altersgemäßheit zielt auf die Berücksichtigung des Entwicklungsstands der Adressaten bei der Auswahl unterrichtlich relevanter Parameter (Ziele, Inhalte, Methoden, (→) Medien).

Klassifikation

Der Begriff umfasst verschiedene entwicklungs- und lernpsychologische Aspekte.

1. Gedächtnis: im frühen Kindesalter vorwiegend mechanisch, auf Übung und Wiederholung aufbauend (z. B. rasches Aufnehmen von topographischen Namen – daher die Beliebtheit von Quiz-Spielen wie Stadt, Land, Fluss …) und assoziativ (äußerliche Merkmale verbindend); erst mit zunehmendem Alter entwickelt sich das sogenannte Vorstellungsgedächtnis (Vergegenwärtigung von Sachverhalten über (→) Begriffe und (→) Modelle).

2. Formale Denkoperationen: Ab etwa zwölf Jahren erhält der Umgang mit Begriffen steigende Bedeutung; es werden kausale Zusammenhänge, prozessuale Abläufe und systemische Vernetzungen verstanden (z. B. Bodenerosion, Bodendegradation, Klimawandel, Klimafolgenabschätzung).

3. Der Übergang vom kindlichen Sehen (orientiert an Details und gebunden an Vorbilder) zum Verstehen bei Jugendlichen und Erwachsenen (Streben nach Übersicht und Überblick) ist grundlegend und erfolgt schrittweise.

4. Sprache und Begriffe: Wortschatz und Ausdrucksfähigkeit nehmen ebenfalls mit dem Alter zu. Die Fachsprache mit ihrer facettenreichen Terminologie wird parallel zur zunehmenden geistigen Durchdringung aufgebaut.

Zur geographiedidaktischen Diskussion

Als (→) Unterrichtsprinzip kommt der Altersgemäßheit große Bedeutung zu. Altersgemäßheit ist nicht dominant als Prozess endogener geistig-seelischer Reifung zu sehen, deren Stufen aufgrund automatisch ablaufender biologischer Vorgänge an das Alter gebunden sind, sondern vielmehr als gleitende Entwicklungsphasen mit unscharfen Übergängen. Die verschiedenen Stufen des Erkennens und Verstehens werden unterschiedlich früh von den Lernenden angeeignet; hierbei spielen Erfahrungen, Vorkenntnisse, Förderung, Interessen und Erfolge eine unübersehbare Rolle. Altersgemäßheit ist kein für ein bestimmtes Alter fest zu definierender Begriff: Veränderte Kindheit (Verhäuslichung, Verinselung, Institutionalisierung) und veränderte Jugend

(HURRELMANN/ALBERT 2006) sind seit Jahrzehnten bekannte und sich weiter wandelnde Phänomene; die Internetkinder (iKids) sind nur eine aktuelle Facette hiervon. Es bleibt trotz aller Wandlungen jedoch unbestritten, dass mit zunehmender Erfahrung und Förderung Kinder und Jugendliche anspruchsvollere Handlungen ausführen und höhere Komplexitätsniveaus erreichen.

Für den Unterricht empfiehlt es sich, bevorzugt Beispiele aus dem Erlebnishorizont bzw. der Vorstellungswelt der Schüler zu wählen; so können Vorerfahrungen berücksichtigt, Verfrühungen/Verspätungen vermieden und Kindertümelei oder Verniedlichung umgangen werden. Die Nähe zu altersgemäßen Vorlieben und Interessen kann ein Weg sein, um die Gratwanderung zwischen Über- und Unterforderung, zwischen zu geringen und zu hohen Ansprüchen erfolgreich zu bestehen.

Das Prinzip der Altersgemäßheit lenkt den Blick generell auf bestimmte Altersgruppen (Kohorten), ohne die jahr(gangs-)weise Abgrenzung zur scharfen Trennlinie zu erheben. In Klassen oder Gruppen mit großen altersmäßigen Differenzen stößt das Prinzip an seine Grenzen.

Literatur

HURRELMANN, K & M. ALBERT (2006): Jugend 2006. Eine pragmatische Generation unter Druck. Frankfurt a. M.

OERTER, R. & L. MONTADA [Hrsg.] (2007): Entwicklungspsychologie. München.

PIAGET, J. & B. INHELDER (1971): Die Entwicklung des räumlichen Denkens beim Kinde. Stuttgart.

RINSCHEDE, G. (2007): Geographiedidaktik. Paderborn, 62–75, 77–81, 148.

Johann-Bernhard Haversath

Anschauung

Definition

Anschauung als Quelle der Erkenntnis bezeichnet die Begegnung mit der Wirklichkeit (der Sache selbst) mit und ohne Vermittlung durch (→) Medien.

Klassifikation

Anschauung wird in verschiedenen Zusammenhängen verwendet:

1. Anschauungsweisen: sinnliche Wahrnehmung oder Imagination einer Sache
2. Anschauung bezieht sich nicht auf „objektiv" Gegebenes, sondern auf subjektives Erleben.
3. Formen der Anschauung:
   - unmittelbar (→ originale Begegnung, → Exkursion)
   - mittelbar (z. B. via (→) Bild oder Sprache)
   - operativ (durch Eigentätigkeit, z. B. via (→) Experiment)
4. Anschauung erfolgt durch den Zusammenhang von sinnlicher Erfahrung und ihrer Vermittlung durch Begriffe.
5. Anschauung ist abhängig von der Situation des Lernenden und der fachwissenschaftlich relevanten Struktur des Gegenstandes.

Zur geographiedidaktischen Diskussion

Anschauung ist Grundlage geographischer Begriffsbildung, insbesondere dann, wenn Dinge und Sachverhalte in ihrem Bedeutungsfeld der sinnlichen Wahrnehmung zugänglich sind. Die originale Begegnung ist in der Fachdidaktik die „erste" Methode der Anschauung. Ziel der Anschauung ist nicht die Erkenntnis von Einzelheiten (in systemischen Konstellationen), sondern die Erfassung ganzheitlicher Zusammenhänge.

Das im Begriff der Anschauung implizierte Schauen geht über visuelles Sehen hinaus. Es erfordert eine aufmerksame, achtgebende bis kontemplative Haltung gegenüber einer zur Erscheinung kommenden Situation, in die eine Sache eingebettet ist.

In der Anschauung wird immer nur eine Situation des Wirklichen erkennbar. Die in der Fachdidaktik übliche Gleichsetzung von Realität und Wirklichkeit (DICKEL/JAHNKE 2012, 238) führt in erkenntnistheoretische Sackgassen, weil sinnlich immer nur Wirkliches (dasjenige, was vom Realen zur Erscheinung kommt) erfasst werden kann.

Literatur

DICKEL, M. & H. JAHNKE (2012): Realität und Virtualität. – In: HAVERSATH, J.-B. [Moderator] (2012): Geographiedidaktik. Braunschweig, 238.
RINSCHEDE, G. (2003): Anschauung. – In: RINSCHEDE, G. (2003): Geographiedidaktik. Paderborn, 180–181.
THEISSEN, U. (1986): Arbeitsmittel. – In: KÖCK, H. [Hrsg.] (1986): Grundlagen des Geographieunterrichts (= Handbuch des Geographieunterrichts, Bd. 1). Köln, 247–287.

Jürgen Hasse

Arbeitsblatt, Merkblatt, Informationsblatt

Definition

Arbeits-, Merk- und Informationsblatt sind unter didaktischen Gesichtspunkten gestaltete Arbeitsmittel für die Eigenarbeit der Schüler.

Klassifikation

– Das Informationsblatt enthält Texte verschiedener Kategorien, Diagramme, Kartenskizzen, Schaubilder und Tabellen in unterschiedlicher Kombination, jedoch ohne erschließende Aufgaben und ohne Freiräume für die Bearbeitung.
– Das Merkblatt (Sicherungsblatt) hält wesentliche im Unterricht erarbeitete Inhalte und Ergebnisse fest.
– Das Arbeitsblatt bietet wie das Informationsblatt eine Kombination von Texten, Grafiken, Bildern, Tabellen, Karten usw., die zusätzlich durch Aufgaben gezielt erschlossen werden. Leerzeilen und sonstige Freiräume geben den Platz, die Arbeitsergebnisse schriftlich oder zeichnerisch festzuhalten.
– Bei den Arbeitsblättern unterscheidet man je nach den mit ihrem Einsatz verbundenen didaktischen Funktionen mehrere Formen:
– Das Versuchsbegleitblatt kommt zum Einsatz, wenn die Ergebnisse von Experimenten fixiert werden.
– Das Prüfungsblatt in der Gestalt eines informellen Tests dient der Selbstkontrolle oder der Bewertung der Lernleistung.

Zur geographiedidaktischen Diskussion

Als die wesentlichen didaktischen Funktionen von Arbeitsblättern gelten Strukturierung, Aktivierung, Motivierung, Steigerung der Behaltens- und Anwendungsleistung, also der Lerneffektivität, häusliche Reproduktion sowie Prüfungsvorbereitung.

Informations- und Arbeitsblätter können in verschiedenen Phasen des Unterrichts eingesetzt werden: in der Erarbeitungsphase zur Differenzierung und zur Ergebnissicherung, in der Anwendungsphase zur Übung, in der Zusammenfassung sowie zur Lernerfolgskontrolle.

Als (zeitlich und inhaltlich geordnete) Sammlung dokumentieren die Merkblätter wie auch die Informations- und Arbeitsblätter den Lernprozess. Sie gestatten Wiederholung und Übung und gewähren den Eltern einen Einblick in den Lernprozess.

Literatur

BIRKENHAUER, J. (1997): Verbundmedien. – In: BIRKENHAUER, J. [Hrsg.] (1997): Medien. Systematik und Praxis. München, 211 – 232.

BRUCKER, A. (1986): Arbeitsheft – Arbeitsmappe – Arbeitsblatt. – In: BRUCKER, A. [Hrsg.] (1986): Medien im Geographie-Unterricht. Düsseldorf, 227 – 234.

BRUCKER, A. (2022): Informationsblatt – Arbeitsblatt – Arbeitsheft. – In: BRUCKER, A. u. FLATH, M. [Hrsg.]: Geographiedidaktik in Übersichten. Hannover, 94 – 95

Ambros Brucker

Arbeitsheft/Arbeitsmappe

Definition

Das Arbeitsheft sichert die Ergebnisse des Unterrichts, zum Beispiel die Abschriften von (→) Tafelbildern und der schriftlichen Hausarbeiten. Es wird von Schülern gestaltet.

Die Arbeitsmappe enthält Arbeits- und Informationsblätter in loser Form sowie weitere Medien wie Beobachtungsbögen, Computerausdrucke oder Zeitungsartikel, Bilder und Prospekte.

Klassifikation

Die Begriffe „Arbeitsheft" und „Schülerheft" werden synonym gebraucht.

Gestaltelemente des Arbeitsheftes sind:

- Tafelbilder/Merkbilder, die im Unterricht entwickelt worden sind, einschließlich eigenständiger Skizzen und Zeichnungen
- Texte als Merksätze, vom Schüler formulierte Texte oder Fremdtexte (z. B. Zeitungsausschnitte)
- Bilder aus Zeitschriften, Reiseprospekten, Postkarten
- Zahlen und Diagramme.

Parallel zu vielen Unterrichtswerken werden von Schulbuchverlagen Arbeitsunterlagen als Arbeitshefte oder Arbeitsmappen angeboten, die vereinfachte Arbeitsmaterialien (Kartenskizzen, Bilder, Diagramme) sowie erschließende Arbeitsaufträge und Freiräume für deren Beantwortung enthalten.

Zur geographiedidaktischen Diskussion

Arbeitsheft und Arbeitsmappe dienen in produktiver und reproduktiver Weise unterrichtsbegleitend der Erarbeitung, Sicherung und Übung von Lerninhalten. Sie setzen Gestaltungskräfte der Schüler frei und fördern deren instrumentelle Kompetenzen.

Wer nur die von den Schulbuchverlagen angebotenen Arbeitshefte/Arbeitsmappen einsetzt, läuft Gefahr, sich selbst in ein enges, vorgefertigtes didaktisches Korsett zu schnüren, das zwar einen Arbeitsrahmen bietet, aber Kreativität und Spontanität zumindest teilweise unterbindet.

Arbeitsheft und Arbeitsmappe nehmen im Laufe des Schuljahres zunehmend den Charakter eines „Wissensspeichers" an. Dadurch wird der Lernprozess dokumentiert, Übungs- und Wiederholungsmöglichkeiten werden geboten und die Eltern können Einblick in die Unterrichtsarbeit nehmen. Die Lehrkraft überwacht die Führung des Arbeitsheftes.

Literatur

BRUCKER, A. (1986): Arbeitsheft – Arbeitsmappe – Arbeitsblatt. – In: BRUCKER, A. [Hrsg.] (1986): Handbuch Medien im Geographie-Unterricht. Düsseldorf.

SPERLING, W. (1978): Arbeitsmappen und Schülerarbeitshefte. – In: Geographiedidaktische Quellenkunde. Duisburg.

Ambros Brucker

Arbeitstechniken/ Arbeitsweisen im Geographieunterricht

Definition

Fachspezifische Arbeitstechniken/Arbeitsweisen sind regelhaft ablaufende Handlungsabfolgen, durch die Schüler geographische Informationen gewinnen bzw. die sie bei der Lösung von Aufgaben- und Problemstellungen einsetzen.

Klassifikation

Eine mögliche Einteilung der geographischen Arbeitsmethoden ist:

– allgemeine geographische Arbeitsmethoden (z. B. Beobachtung und Beschreibung im Gelände; Anfertigung von Skizzen; Einsatz von quantitativen und qualitativen Methoden; GIS und Fernerkundung)
– Arbeitsmethoden in der physischen Geographie (z. B. Labor- und Geländemethoden; Verfahren der Umwelt-Modellierung)
– Arbeitsmethoden in der Kulturgeographie (z. B. → Kartierung, Verkehrszählung; Methoden der empirischen Sozialforschung).

Häufig genannte sachgemäße Arbeitsweisen für den Geographieunterricht sind nach LETHMATE (2006): das Betrachten, Beobachten, Erkunden, Kartieren, Befragen, Vergleichen, Untersuchen, Experimentieren, Modellieren, Probennehmen. Bezüglich der im Unterricht eingesetzten Medien sind Strategien für die Arbeit mit Bildern, Skizzen, Karten, Plänen, Modellen, Zahlen und ihrer Darstellung in Diagrammen und Grafiken und Texten zu vermitteln.

RINSCHEDE (2007) stellt für den Geographieunterricht den Aspekt des „Umgehens mit Informationen" in den Vordergrund. Dieser umfasst drei Teilbereiche:

– Informationsbeschaffung(-gewinnung)
– Informationsaufbereitung und -darstellung
– Informationsdeutung(-interpretation).

In den Bildungsstandards kommt als weitere Teilfähigkeit die Beurteilung von Informationen hinzu, die aber dem (→) Kompetenzbereich Bewertung/Beurteilung zugeordnet ist.

Zur geographiedidaktischen Diskussion

Fachmethoden bilden die Grundlage jeder Wissenschaft und unterliegen ständigen Veränderungen. Ein Ziel ist deshalb das sichere Anwenden von Arbeitsweisen und Arbeitstechniken, damit Schüler selbstständig und eigenverantwortlich Fragestellungen und Probleme/Aufgaben bearbeiten können. Die Methodenkompetenz (→ Kompetenzbereich Erkenntnisgewinnung/Methoden) bildet neben der Sachkompetenz, der Selbstkompetenz und der Sozialkompetenz einen Teil der Handlungskompetenz (FRAEDRICH 2005). Diese soll ein Schüler erwerben, um damit Problemstellungen im Sinne der wissenschaftspropädeutischen Ausbildung (→ Wissenschaftsorientierung) bearbeiten zu können und das wissenschaftliche Arbeiten zu erlernen.

In diesem Sinne können auch die (→ Basiskonzepte verstanden werden, die neben den Sichtweisen auf Sachverhalte und Problemstellungen (z.B. Nachhaltigkeitsviereck, Raumkonzepte) jeweils auch Vorgehensweisen ermöglichen (z.B. Struktur – Funktion

15

– Prozess bei der Auswertung von Bildern, Karten). Dabei vereinen sie im Sinne der Kompetenzorientierung verschiedene Kompetenzbereiche. „Diese „für den Schüler nachvollziehbaren Erklärungsansätze und Leitideen des fachlichen Denkens" (Uphues 2013, S. 22) treten in einer Vielzahl von Themen des Geographieunterrichts bzw. Problemlagen des Lebensalltags zutage und können so zur systematischen Vernetzung beitragen. Insofern sind Basiskonzepte kein zusätzliches Begriffswissen, sondern sie dienen den Schülern dazu, Bekanntes wiederzuerkennen, Neues besser strukturieren und auf diese Weise leichter lernen zu können (Beyer 2011, S. 4, Fögele / Mehren 2017).

Die sichere Anwendung von Arbeitstechniken/Arbeitsweisen erfordert, dass die Handlungsabfolgen in einem Lernprozess erworben werden, d.h. dass diese veranschaulicht, eingeübt und angewendet werden müssen, damit sie als Strategien jederzeit auch in neuen Zusammenhängen eingesetzt werden können (→ Transfer), wie zum Beispiel beim Einsatz im Gelände, auf Exkursionen oder in Projekten.

Der sichere Umgang mit geographischen Arbeitstechniken ist gerade für einen handlungsorientierten Unterricht von zentraler Bedeutung. Er befähigt Schüler zu selbständigem Arbeiten, auch über den Unterricht hinaus, und zielt auf Handlungskompetenz (→ Kompetenzbereich Beurteilung/Bewertung und → Kompetenzbereich Handlung, → Handlungsorientierung).

Literatur

Deutsche Gesellschaft für Geographie (DGfG) [Hrsg.] (2010): Bildungsstandards im Fach Geographie für den Mittleren Bildungsabschluss. Bonn.

Fögele, J. / Mehren, M. (2017): Raumkonzepte der Geographie. Förderung eines erweiterten Raumverständnisses. In: Praxis Geographie 4/2017, S. 4 – 8.

Fraedrich, W. (2005): Methodenkompetenz im Gelände. – In: geographie heute, 26, 231/232, 2 – 3.

Lethmate, J. (2006): Experimentelle Lehrformen und Scientific Literacy. – In: Praxis Geographie, 36, 11, 4 – 11.

Meier Kruker, V. & J. Rauh (2005): Arbeitsmethoden der Humangeographie. Darmstadt.

Pfeffer, K.-H. (2006): Arbeitsmethoden der Physischen Geographie. Darmstadt.

Rinschede, G. (³2007): Geographiedidaktik. Paderborn, 107 – 117.

Uphues, R. (2013). Basiskonzept. In D. Böhn & G. Obermaier [Hrsg.]: Wörterbuch der Geographiedidaktik. Braunschweig, S. 22 – 23.

Jochen Laske

Ästhetische Bildung

Definition

Der Begriff Ästhetik ist von dem griechischen Wort *aísthesis* (= Wahrnehmung, Empfindung, Gefühl) abgeleitet und bedeutet so viel wie „Lehre von der (sinnlichen) Wahrnehmung". Durch eine Anerkennung der notwendigen Verbindung von ästhetischer Einsicht und rationalem Denken bei der Suche nach Wahrheit, unterstreicht er die Bedeutung des Subjekts im Prozess der Wissensgenerierung. In ästhetischen Bildungsprozessen geht es also darum, ausgehend von zweckbefreiter sinnlicher Wahrnehmung des (Nicht-)Dinglichen und den durch diese vermittelten Gefühlen, die Fähigkeit zur Reflexion der eigenen Wahrnehmungs- und Empfindungsfähigkeit zu fördern. birgt die Möglichkeit zur Integration affektiver und kognitiver Zugänge zur Welt, sofern sinnliche Erfahrungen reflektiert werden. Dass im Rahmen von Bildungsprozessen ästhetische Erkenntnis gezielt herbeigeführt werden soll, führt jedoch – berücksichtigt man, dass der ästhetischen Betrachtung im ursprünglichen Sinne eine Interessenlosigkeit zugrunde liegt – in ein Dilemma.

Klassifikation

Ästhetische Lernprozesse vollziehen sich ide-altypisch in drei Schritten:
- Wahrnehmen des (Nicht-)Dinglichen,
- Bewusstwerden des Empfundenen und
- Reflektieren der Beziehung von Wahrge-nommenem, Empfundenem und (Nicht-)Dinglichem.

Dimensionen der Reflexion können sein:
- subjektive Wahrnehmung als Beitrag zum Erkenntnisgewinn
- individuelle und kollektive Praktiken des (Nicht-)Wahrnehmens
- soziale, kulturelle etc. Ein-/Ausschließungen durch ästhetische Praxis
- Prozesse ästhetischer Normierungen durch Massenmedien
- Machtausübung durch ästhetische Praktiken der Raum-/Umweltgestaltung.

Ästhetische Zugänge eignen sich in besonderer Weise für eine unterrichtliche Auseinandersetzung mit Themen im Überschneidungsbereich Mensch/Umwelt, z. B.:
- Naturereignisse
- Stadt-/Raumplanung
- Soziale Aneignungen des physischen Raumes.

Zur geographiedidaktischen Diskussion

Die vorherrschende geographiedidaktische Debatte ist – nicht zuletzt durch den Einfluss des seit den 1970er-Jahren vorherrschenden wissenschaftsorientierten Bildungsverständnisses – darauf ausgerichtet, Strukturen, Funktionen und Prozesse im Mensch-Umwelt-System mithilfe objektbezogener Theorien zu erklären. Die ästhetische Bildung erfuhr bislang als Bildungsansatz vergleichsweise geringe Wertschätzung, wenngleich die Bedeutung der sinnlichen Erfahrung für die geo-graphische Erkenntnis bereits von Humboldt herausgestellt wurde. Und auch in den Anfängen der Geographie als Unterrichtsfach spielt die ästhetische Wahrnehmung von Landschaften bzw. deren medialer Darreichung in Form von (Anschauungs-)Bildern eine zentrale Rolle. Erst seit der breiteren Akzeptanz philosophisch-postmodernen Denkens Anfang der 1990er-Jahre, scheint die Erweiterung des herrschenden Bildungsverständnisses unter Einbeziehung subjektzentrierter Erfahrungen denkbar zu werden. So finden sich in den letzten Jahren zunehmend sowohl theoretische Überlegungen zur notwendigen Integration ästhetischer Zugänge zu geographischen Gegenständen in unterrichtliche Vermittlung als auch konkrete Vorschläge zu deren Umsetzung.

Literatur

Dickel, M. (2011): Nach Humboldt. Ästhetische Bildung und Geographie. – In: GW-Unterricht, 34, 122, 38 – 47.

Hasse, J. (2001): Ästhetische Bildung. Plädoyer für eine Verschränkung von Wahrnehmungs- und Denkvermögen im Lernen. – In: www.fb16.tu-dortmund.de/kulturwissenschaft/symposion/hasse.pdf (Zugriff: 2013-03-25).

Nöthen, E. (2016): Aesthetic Mapping – Reflexion ästhetischen Raumerlebens am Beispiel von Werken des Künstlers Franz Ackermann. In: Gryl, I. [Hrsg.]: Diercke – Reflexive Kartenarbeit. Methoden und Aufgaben. Braunschweig, S. 201-207

Otto, G. (1992): Geographieunterricht aus der Sicht der Ästhetischen Erziehung. Oder: Theoreme des Ästhetischen angewendet auf den Geographieunterricht. – In: geographie heute, 13, 100, 52 – 55.

Segbers, T., Kuchenbecker, J., Müller, O. & D. Kanwischer (2014): Das Eigene im Zerrspiegel des Fremden – Ästhetische Erfahrung als Bildungsanlass auf Exkursionen. – GW-Unterricht Jg. 37. H 135, S. 19-32.

Eva Nöthen

Atlas

Definition

Ein Atlas ist eine Zusammenstellung von (→) Karten in Buchform. Schulatlanten sind lehrplanrelevante Kartenzusammenstellungen und werden ergänzt durch Erschließungshilfen, kartendidaktische Seiten und gelegentlich auch zusätzliche Informationen.

Klassifikation

Bei den Schulatlanten kann man unterscheiden:

– Stufenatlas: spezielle Atlanten für die Grundschule, Sekundarstufe I und Sekundarstufe II. Die Unterscheidung innerhalb der Sekundarstufe ist sehr selten, meist richten sich die Sekundarstufenatlanten an alle Schüler nach der Grundschulzeit. In Grundschulatlanten finden sich einfachere Karten (weniger komplex) sowie altersgerechte grafische Darstellungen (z. B. sprechende Signaturen).

– Schulartatlas: Die Sekundarstufenatlanten sind in der Regel für eine spezielle Schulart konzipiert (Hauptschule/Realschule je nach Bundesland sowie Gymnasium). Sie unterscheiden sich meist in der Zahl der Karten, in der grafischen Darstellung (einfachere Signaturen, weniger komplexe Grafik für die Hauptschule) sowie in der Komplexität der Inhalte.

– Regionalatlas: Zu den Schulatlanten, die meist für alle Bundesländer konzipiert werden, gibt es häufig gesonderte Atlanten für einzelne Bundesländer, die manchmal auch als Zusatzseiten bundesweiten Ausgaben zugegeben werden.

In Schulatlanten finden sich drei unterschiedliche Kartentypen: die traditionelle „physische" Übersichtskarte, thematische Übersichtskarten und Fallbeispiele (→ Fallprinzip). Die Übersichtskarten (physisch und thematisch) stellen das eigentliche Gerüst des Atlas dar. Die thematischen Übersichtskarten und die Fallstudien sind, anders als Schulbuchkarten, meist komplexe Darstellungen, die über mehrere Schuljahre in unterschiedlichen Zusammenhängen genutzt werden können/sollen.

Neben den Schulatlanten als Kartenzusammenstellungen gibt es noch Satelliten- und Weltraumbildatlanten, in denen Bilder der Erde, aus größeren Höhen aufgenommen, meist mit ergänzenden Karten zusammengestellt werden (→ Luft- und Satellitenbilder).

Zur geographiedidaktischen Diskussion

Schulatlanten als Kartenzusammenstellungen haben unterschiedliche Aufgaben zu erfüllen: Neben der einfachen Orientierungsfunktion (als Nachschlagewerk) sollen sie den Unterricht mit raumbezogenen Informationen unterstützen. Anders als Karten in Schulbüchern sind sie aber nicht auf bestimmte Lernsituationen passend zugeschnitten, sondern müssen in unterschiedlichen thematischen Situationen und zu unterschiedlichen Altersstufen der Schüler nutzbar sein. Die damit verbundene Informationsfülle einzelner Karten führt zu komplexen Darstellungen, die wiederum spezielle kartendidaktische Methoden erfordern (Reduktion von Komplexität durch Fenstermethode, Schichtenmethode etc.).

Darüber hinaus sind Schulatlanten als „Kartenbücher" auch Nachschlagewerke zu kartographischen Fragen, wodurch sie zunehmend kartendidaktische Seiten (außer z. B. den Einführungen in das (→) Kartenverständnis mit Schräg- und Senkrechtluftbildern) enthalten, in denen Methoden zur Arbeit mit Karten angeboten werden.

Literatur

ALTEMÜLLER, F. (1992): Atlaskarte – Wandkarte – Schulbuchkarte. – In: Geographie und Schule, 14, 80, 18–22.

HAUBRICH, H. (1988): Der Schulatlas – eine geographiedidaktische Analyse. – In: Geographische Rundschau, 40, Sonderheft 10, 4–8.

HÜTTERMANN, A. (1998): Kartenlesen – (k)eine Kunst. Einführung in die Didaktik der Schulkartographie. München.

HÜTTERMANN, A. (2004): Karte und Atlas. – In: SCHALLHORN, E. [Hrsg.] (2004): Fachdidaktik Geographie. Berlin, 196–201.

Armin Hüttermann

Aufgabenkultur

Definition

Unter Aufgabenkultur wird das Zusammenwirken der Faktoren Aufgabenvielfalt, Aufgabenqualität, Vernetzung der Aufgaben untereinander sowie die Einbettung der Aufgaben in das Unterrichtsgeschehen verstanden (vgl. LEISEN 2006).

Klassifikation

Im SINUS-Programm (zur Steigerung der Effizienz des mathematisch-naturwissenschaftlichen Unterrichts) wurden Aufgaben mit den folgenden Merkmalen entwickelt:
- Ermöglichung unterschiedlicher Lösungswege
- systematische Wiederholung
- Verknüpfung von bereits Gelerntem mit Neuem
- Anregung zur Übertragung auf neue Problemstellungen.

Zur geographiedidaktischen Diskussion

Lernaufgaben werden als wichtiges Instrument beim Kompetenzaufbau betrachtet und ihnen kommt somit in einem kompetenzorientierten Unterricht eine Schlüsselrolle zu. Die in den (→ Bildungsstandards enthaltenen Aufgabenbeispiele veranschaulichen, wie innerhalb einer veränderten Aufgabenkultur Kompetenzen aufgebaut und überprüft werden können, und sollen als Anregung für Lehrkräfte zur eigenen Konstruktion kompetenzorientierter Aufgaben dienen.

Der Fokus der geographiedidaktischen Diskussion liegt in der Forderung nach offenen, aktivierenden, problem- und schülerorientierten Aufgabenstellungen (HIEBER/LENZ/STENGELIN 2011; HOFFMANN 2015). Kompetenzen können durch Aufgaben entwickelt werden, wenn diese untereinander vernetzt sind und einen kumulativen Wissensaufbau ermöglichen. Beim Kompetenzerwerb kommt zudem Diagnose- und individuell fördernden Aufgaben ebenso wie metakognitiven Aufgaben (→ Metakognition) eine wichtige Funktion zu. LASKE (2012) betont, dass aus lernpsychologischer Sicht bei der Unterrichtsplanung Aufgaben zum Kennenlernen, Üben und Anwenden zu berücksichtigen sind. REINFRIED (2016) konstatiert, dass eine Vielzahl an Aufgabenbeispielen für den Geographieunterricht entwickelt wurden, allerdings bislang in der Geographiedidaktik ein auf Basis lernpsychologischer Kenntnisse entwickeltes Diagnoseinstrument zur Eignung von Lernaufgaben für den Kompetenzerwerb fehle. Sie sieht in der Einschätzung der Tauglichkeit von Aufgaben zum Kompetenzaufbau einen wichtigen Bestandteil der Diagnosekompetenz von Lehrkräften. HIEBER/LENZ/STENGELIN (2011) machen als Qualitätsmerkmale von Aufgaben die Verwendung von Operatoren und unterschiedlichen Aufgabentypen, die Beachtung aller Anforderungs- und Kompetenzbereiche, Raumkonzepte sowie die Einbeziehung von Medien in die Aufgabenstellung aus. HOFFMANN (2015) schlägt eine Analysespinne auf Basis des konstruktivistischen Lernbegriffs als Reflexions- und Planungsinstrument der eigenen Aufgabenpraxis vor. REINFRIED (2016) bringt ein fächerübergreifendes Kategoriensystem (LUTHIGER, WIL-

HELM, WESPI 2014) in die Diskussion ein, mit welchem auf Basis der Analyse lernrelevanter Merkmalsbereiche (Authentizität, Kognition, Komplexität, Differenzierung) überprüft werden kann, ob die jeweiligen Aufgaben dem Kompetenzerwerb dienlich sind.

Literatur

HIEBER, U., LENZ, T. & M. STENGELIN (2011): (Sich) geographische Aufgaben stellen. – In: geographie heute, 32, 291/292, 2 – 9.

HOFFMANN, K.W. (2015). Die komplexe Lernaufgabe im Geographieunterricht -Wege zur Schüleraktivierung mit didaktisch sinnvollen Aufgaben. – In: Geographie aktuell und Schule, 216, 37, 21 – 36.

LASKE, J. (2012): Neue (?) Aufgabenkultur im Fach Geographie. – In: Praxis Geographie, 42, 12, 4 – 8.

LEISEN, J. (2006): Aufgabenkultur im mathematisch-naturwissenschaftlichen Unterricht. – In: MNU. Der mathematische und naturwissenschaftliche Unterricht, 59, 5, 260 – 266.

LUTHIGER, H., WILHELM, M. & C. WESPI (2014): Entwicklung kompetenzorientierter Lernaufgaben. – In: Journal für Lehrerinnen und Lehrerbildung, 14,3, 56 – 66.

REINFRIED, S. (2016): Kompetenzorientierte Lernaufgaben – mehr als alter Wein in neuen Schläuchen? – In: Geographie aktuell und Schule, 223, 38, 4 – 14.

Dominik Conrad

Außerschulische Bildung für nachhaltige Entwicklung

Definition

Außerschulische Bildung für nachhaltige Entwicklung (BNE) umfasst sämtliche Bildungsmaßnahmen, die außerhalb des Schulgeländes stattfinden und sich dabei inhaltlich maßgeblich am Bildungskonzept der BNE orientieren.

Klassifikation

Eine außerschulische Bildung für nachhaltige Entwicklung (siehe auch Definition „Bildung für nachhaltige Entwicklung") ermöglicht Realbegegnungen zwischen Menschen und diversen, an BNE orientierten Themen. Im schulischen Kontext können Lerninhalte, die im Rahmen von außerschulischen BNE-Bildungsmaßnahmen vermittelt werden, vor- und nachbereitet und damit in ein Curriculum integriert werden. Außerschulische BNE-Lernorte verfügen idealerweise über ein ganzheitliches Nachhaltigkeitskonzept innerhalb dem sich auch die Bildungsmaßnahmen selbst an Methoden eines modernen Unterrichts orientieren. Dabei stehen Handlungsorientierung, Multimedialität, ein multisensorisches Vorgehen, professionelle Kommunikationsstrukturen vor Ort sowie das Erleben von Primärerfahrungen im Vordergrund (WITTLICH 2021).

Zur geographiedidaktischen Diskussion

Außerschulische Lernorte bieten ein „hohes pädagogisch-didaktisches Potenzial" (Brovelli et al. 2011, S. 7). Brühne (2016, S. 12) schreibt von einer regelrechten „Renaissance des außerschulischen Lernens" in den Bildungswissenschaften. Damit ist ein Bedeutungszuwachs dieser Orte der Wissensvermittlung gemeint. Sie bieten einen oft erhöhten Lernerfolg und zugleich handlungsorientierte Möglichkeiten zum entdeckenden und forschenden Lernen. Dazu können sie kompetenzfördernd wirksam werden (Wilhelm et al. 2011). In Theorie und Praxis besteht ein allgemeiner Konsens über den Mehrwert der originalen Begegnung. In Bezug auf Intentionen der BNE gelten außerschulische Lernorte als bedeutsam, da sie einer Naturentfremdung entgegenwirken und gleichzeitig das Umweltbewusstsein im eigenen Lebensraum fördern können.

Literatur

BRÜHNE, T. (2016): Außerschulisches Lernen im Geographieunterricht. Handeln und Denken in räumlich situierten Lernkontexten. In: Geographie aktuell & Schule. 38. Jahrgang. Heft 220. S. 4 – 10.

Brovelli, D., Fuchs, K. , Niederhäusern, R. von & A. Rempfler [Hrsg.] (2011): Kompetenzentwicklung an Außerschulischen Lernorten: Tagungsband zur 2. Tagung Außerschulische Lernorte der PHZ Luzern vom 24. September 2011. Berlin u.a.: LIT Verlag.

Wilhelm, M., Messmer, K. & A. Rempfler (2011): Außerschulische Lernorte – Chance und Herausforderung. In: Messmer, K., von Niederhäusern, R. , Rempfler, A. & M. Wilhelm [Hrsg.]: Außerschulische Lernorte – Positionen aus Geographie, Geschichte und Naturwissenschaften. Münster: LIT. S. 8 – 24.

Wittlich, C. (2021): Außerschulische Bildung für nachhaltige Entwicklung. Eine qualitative und quantitative Studie zur Lernortlandschaft in Rheinland-Pfalz unter besonderer Berücksichtigung von BNE-Bildungsmaßnahmen. https://kola.opus.hbz-nrw.de/frontdoor/index/index/docId/2152 DOI: 10.13140/RG.2.2.16579.63522

Christian Wittlich

Außerschulische Lernorte

Definition

Jeder Ort außerhalb der Schule, an dem (geographische) Inhalte gelernt werden können, ist ein außerschulischer Lernort.

Außerschulische Lernorte ermöglichen dem Lernenden eine Realbegegnung mit geographischen Sachverhalten bzw. einer anschaulichen Darstellung derselben oder die Möglichkeit der Untersuchung geographischer Phänomene.

Klassifikation

1. Generell ist zu unterscheiden:
   a) in welchem Kontext der außerschulische Lernort aufgesucht wird, sei es im Rahmen schulischen Lernens (formales Lernen), z. B. im Rahmen eines Unterrichtsgangs, einer Exkursion oder einer Studienfahrt, oder außerschulischen Lernens (informelles Lernen), z. B. beim Familienausflug, mit dem Verein oder Freunden.
   b) an welchem Ort eine Realbegegnung mit geographischen Phänomenen ermöglicht wird. Beispiele für außerschulische Lernorte im Geographieunterricht sind Lernorte in der Natur (z. B. Landschaftsausschnitte, Biotope), öffentliche Einrichtungen (z. B. Stadtplanungsamt), Betriebe (z. B. Bauernhöfe), (→) Museen, (→) Lehrpfade, Siedlungen.

2. In der Literatur werden außerschulische Lernorte nach sehr unterschiedlichen Kategorien bzw. Dimensionen klassifiziert, wobei die eindeutige Zuordnung eines außerschulischen Lernortes nur unter Berücksichtigung der vor Ort durchgeführten Aktivitäten möglich ist:
   – Maß der unmittelbaren (→) Begegnung: Kann man vor Ort das geographische Phänomen beobachten, messen, erleben?
   – Maß der didaktisch-methodischen Aufbereitung vor Ort: Ist das geographische Phänomen vor Ort durch Schautafeln, Profile, Karten, Modelle etc. veranschaulicht?
   – Maß der vor Ort möglichen Schüleraktivität: Sind die Lernenden passive Beteiligte (z. B. Lehrervortrag im Museum) oder können sie im Sinne der Handlungsorientierung selbsttätig aktiv vor Ort mittels geographischer (→) Arbeitsweisen etwas herausfinden?
   – Art der vor Ort erlebbaren/beobachtbaren geographischen Phänomene: physiogeographische (Böden, Erosion, Talformen, Strahlungshaushalt usw.) oder anthropogeographische (Siedlungsstruktur, Gewerbegebiete, Bevölkerungsverteilung usw.) Phänomene.

Zur geographiedidaktischen Diskussion

Die elementare Bedeutung der unmittelbaren Begegnung des Lernenden mit dem Lerngegenstand an außerschulischen Lernorten ist seit den Anfängen der Didaktik (vgl. Comenius, Francke, Rousseau, Pestalozzi) unumstritten. Empirische Studien zeigen auf, dass der Besuch außerschulischer Lernorte und somit Unterricht außerhalb des Klassenraums

1. die Lernenden motiviert,
2. bei Lernenden zu den beliebtesten Unterrichtsformen gehört,
3. in der Schulpraxis selten durchgeführt wird und
4. die Gestaltungskompetenz fördern und zur regionalen Identitätsbildung beitragen kann.

Weiterführende Forschungsfragen sind:
- Welchen Lernerfolg hat Unterricht an außerschulischen Lernorten im Vergleich zu anderen Unterrichtsmethoden? Forschungsmethodisch stellt dies eine große Herausforderung dar.
- Welche Einflussfaktoren gibt es, die den Lernerfolg an außerschulischen Lernorten determinieren (Lehrer, didaktische Konzeptionen usw.)?

Ein Ansatz zur besseren Einbindung außerschulischer Lernorte in den Unterricht ist die Schaffung sogenannter Lernstandorte, also außerschulischer Lernorte, die inhaltlich strukturierte und altersspezifisch differenzierte Angebote vorhalten und durch gezielte didaktisch-methodische Maßnahmen Lern- und Handlungsprozesse in Gang setzen (FLATH 2009).

Literatur

BIRKENHAUER, J. [Hrsg.] (1995): Außerschulische Lernorte (= Geographiedidaktische Forschung, Bd. 26). Nürnberg.

FLATH, M. (2009): Die Region als Lernort – außerschulisches Lernen im Kontext Lebenslangen Lernens. – In: FLATH, M. & J. SCHOCKEMÖHLE [Hrsg.] (2009): Regionales Lernen – Kompetenzen fördern und Partizipation stärken. Erweiterte Dokumentation zum HGD-Symposium 2008 in Vechta (= Geographiedidaktische Forschungen, Bd. 45). Weinheim, 7–13.

HEMMER, I. et al. (2005): Interesse von Schülerinnen und Schülern an geowissenschaftlichen Themen. – In: Geographie und ihre Didaktik, 33, 2, 57–72.

LÖSSNER, M. (2011): Exkursionsdidaktik in Theorie und Praxis. Forschungsergebnisse und Strategien zur Überwindung von hemmenden Faktoren. Ergebnisse einer empirischen Untersuchung an mittelhessischen Gymnasien (= Geographiedidaktische Forschungen, Bd. 48). Weingarten.

MEYER, C. (2006): Außerschulische Lernorte. – In: HAUBRICH, H. [Hrsg.] (2006): Geographie unterrichten lernen. Die neue Didaktik der Geographie konkret. München, 132.

SCHOCKEMÖHLE, J. (2009): Außerschulisches regionales Lernen als Bildungsstrategie für eine nachhaltige Entwicklung. Entwicklung und Evaluierung des Konzeptes „Regionales Lernen 21+" (= Geographiedidaktische Forschungen, Bd. 44). Weingarten.

Marten Lößner, Carina Peter

Basiskonzepte

Definition

Basiskonzepte (*big ideas*) sind grundlegende und für den Schüler nachvollziehbare Erklärungsansätze und Leitideen des fachlichen Denkens, die sich in unterschiedlichen geographischen Sachverhalten wiederfinden lassen.

Klassifikation

Basiskonzepte zielen auf die strukturierte Vernetzung von Inhalten und sind somit ein zentrales Element des kumulativen Lernens. Gelingt es im Unterricht, die Lernenden die permanente Wiederkehr derselben geographischen Prinzipien in neuen, unbekannten Kontexten entdecken zu lassen, ermöglicht dies ihnen, über Jahrgangsstufen hinweg haltbare Wissensstrukturen aufzubauen, die wiederum Grundvoraussetzung für ein geographisches Verständnis sind („vom Stoff zum

Konzept"). Die entscheidende Bedeutung dieser Konzepte liegt dabei nicht in ihrer Erwähnung, sondern in der Reflexion dieser vor dem Hintergrund des Erkenntnisganges. Dadurch werden Schüler befähigt, auch außerhalb der Schule ein Verständnis für geographische Phänomene zu entwickeln. Auf der anderen Seite bieten Basiskonzepte Lehrkräften Anregungen für die Akzentuierung von Themen und sind somit ein Relevanzfilter für die Auswahl und Strukturierung.

Zur geographiedidaktischen Diskussion

Im englischsprachigen Diskurs haben verschiedene Autoren unterschiedliche Basiskonzepte ausgewiesen (Übersicht in TAYLOR 2007). Als ein Beispiel kann das britische Curriculum mit den Basiskonzepten *place – space – scale – interdependence – physical & human processes – environmental interaction & sustainable development – cultural understanding & diversity* angeführt werden. Die Bildungsstandards in Deutschland führen hingegen das Systemkonzept als alleiniges Hauptbasiskonzept an, dem die Systemkomponenten Struktur, Funktion und Prozess als Basisteilkonzepte zugeordnet werden. Je umfassender jedoch der Erklärungscharakter von Basiskonzepten ist, desto komplexer und damit für Lerner auch schwieriger begreifbar sind sie. Daher ist es notwendig die Basiskonzepte in fassbare Einheiten zu untergliedern und so ein verstehendes Erschließen der Phänomene zu erleichtern. Eine solche fassbare Einheit wäre beim Basiskonzept (Mensch-Umwelt-)System z.B. das Nachhaltigkeitsviereck (Ökonomie, Ökologie, Soziales, Good *Governance*). Schüler erkennen mit diesem, dass bei der Erörterung raumbezogener Konflikte unterschiedlicher Art (z.B. Ferntourismus, Austrocknung des Aralsees, Ausweisung eines lokalen Gewerbegebiets) jeweils die vier Perspektiven

Berücksichtigung finden müssen, um ausgewogene Lösungsansätze zu entwickeln. Eine umfassende Diskussion über solche untergeordneten Basiskonzepte ist bislang nur in Ansätzen erfolgt.

Literatur

DEMUTH, R., PARCHMANN, I. & B. RALLE (2005): Basiskonzepte - eine Herausforderung an den Chemieunterricht. – In: ChemKon, H. 2, S. 55-60.

FÖGELE, J. & R. MEHREN (2021). Basiskonzepte – Schlüssel zur Förderung geographischen Denkens. In: Praxis Geographie, 51(4), 48-55.*

FÖGELE, J., SESEMANN, O. & N. WESTPHAL (2021). Basiskonzepte- Lernkarten zur Förderung geographischen Denkens. In Terrasse-Online, Klett. Verfügbar unter https://www.klett.de/alias/1141565.

LICHTNER, H.-D. (2012): Basiskonzepte – eine Einführung in das Denken in Konzepten. – In: www.biologieunterricht.homepage.t-online.de/Biodateien/Basiskonzept2012.pdf).

PARCHMANN, I. (2007): Basiskonzepte – Ein geeignetes Strukturierungselement für den Chemieunterricht? – In: Unterricht Chemie, 18, 100/101, 6 – 10.

QUALIFICATIONS AND CURRICULUM AUTHORITY (QCA) (2007): The National Curriculum: Statutory requirements for Key Stages 3 and 4. London.

TAYLOR, L. (2007): Think Piece: Concepts in geography. Geographical Association. (http://www.geography.org.uk/gtip/thinkpieces/concepts).

Rainer Uphues

Begegnung

Definition

In der Geographiedidaktik wird mit Begegnung im Allgemeinen die Art und Weise bezeichnet, in der die Schüler mit dem Lerngegenstand in Kontakt treten.

Klassifikation

Grundsätzlich lassen sich zwei Arten der Begegnung voneinander unterscheiden:
- direkte bzw. unmittelbare Begegnung: Der Schüler tritt mit der Realität in Kontakt. Meist geschieht dies im Sinne eines Lernens vor Ort (→ außerschulische Lernorte, → originale Begegnung).

– indirekte bzw. mittelbare Begegnung: Schüler und Realität treten nicht miteinander in Kontakt. Der Lerngegenstand wird den Schülern über (→) Medien nahegebracht.

Zur geographiedidaktischen Diskussion

Traditionell herrscht in der Geographiedidaktik die Meinung vor, dass die direkte bzw. unmittelbare Begegnung die höhere Lernintensität ermöglicht. Als Stärken werden die größere Anschaulichkeit und Ganzheitlichkeit der Auseinandersetzung mit dem Lerngegenstand gesehen. An dieser vermeintlichen Stärke setzen die Zweifel an. Indirekte bzw. mittelbare Begegnung hätte den Vorteil, so wird argumentiert, dass die Komplexität der Realität auf das Wesentliche reduziert werden könne und damit das Verständnis erleichtert werde.

Literatur

DAUM, E. (1982): Originale Begegnung. – In: JANDER, L., SCHRAMKE, W. & H.-J. WENZEL [Hrsg.] (1982): Metzler Handbuch für den Geographieunterricht. Ein Leitfaden für Praxis und Ausbildung. Stuttgart, 72–73.

JANK, W. & H. MEYER (1991): Didaktische Modelle. Frankfurt a. M.

RINSCHEDE, G. (2007): Realbegegnung. – In: RINSCHEDE, G. (2007): Geographiedidaktik. Paderborn, 179 f.

SCHRAND, H. (1992): Erdkunde vor Ort als didaktisches Prinzip. – In: geographie heute, 13, 104, 2–5.

Friedhelm Frank

Begriffe

Definition

Ein Begriff ist das sprachliche Äquivalent für einen konkreten, vorgestellten oder davon abgeleiteten abstrakten Sachverhalt.

Klassifikation

Die Aufgabe von Begriffen ist es zunächst, die individuelle Vielfalt bei der Wahrnehmung von Umwelt zu vereinheitlichen. Derart reduzierte Vorstellungen (Konzepte) können Zusammenhänge, Kausalitäten, Voraussetzungen und Folgen von Vorgängen besser darstellen, als es die unmittelbare Wahrnehmung könnte. Ein Überblick über solche Zusammenhänge zwischen bestimmten Begriffsfeldern wird als (→) *concept map* bezeichnet, in der qualitative Aussagen als Bindeglieder zwischen den Begriffen (*concepts*) fungieren.

Begriffe sind nicht gleichwertig. Abhängig von ihrem sachlichen Geltungsbereich und ihrem Abstraktionsgrad existieren für Begriffe unterschiedliche Hierarchieebenen. Deshalb lassen sich Begriffe auch voneinander ableiten oder können sich auseinander entwickeln. Grundlage sind konkrete Grundbegriffe, die durch zunehmend abstraktere Überbegriffe (Oberbegriffe) zu Begriffssystemen erweitert werden (KAMINSKE 1993).

Ein Grundbegriff (z. B. Gebirge, Siedlung) ist eine axiomatisch festgelegte abstrakte Bezeichnung, die in einem Begriffssystem (z. B. Relief) zur Definition weiterer Begriffe verwendet wird. Manchmal wird „Grundbegriffe" auch zur Bezeichnung fachlich grundlegender Begriffe verwendet (RINGEL 1997).

Eine weitere Kategorisierung differenziert in Ober- und Unterbegriffe, wobei der abstraktere Oberbegriff mehrere Unterbegriffe umfasst. Die hierarchische Zuordnung der Begriffe ist von der Fragestellung abhängig, so kann ein Oberbegriff (z. B. Stadt als Oberbegriff für die Stadtviertel City, Industriegelände, Wohnsiedlung) in einem anderen Zusammenhang Unterbegriff sein (z. B. Stadt als Unterbegriff bei Siedlungsgeographie).

Begriffe können neu geschaffen werden (z. B. Daseinsgrundfunktion, *spatial turn*), ihre Bedeutung wird durch den Schöpfer (z. B. Wissenschaftler) festgelegt. Durch die wissenschaftliche Diskussion kann es zu neuen Begriffen für den gleichen Sachverhalt kommen (z. B. Daseinsgrundfunktionen, Grundda-seinsfunktionen, Grundfunktionen). Begriffe können auch mehrere Bedeutungen haben (z. B. Region, Kompetenz).

Zur geographiedidaktischen Diskussion

Über die Verwendung von Begriffen im Unterricht gibt es unterschiedliche Auffassungen. Nach Kaminske (1993) und Ringel (1997) hängt das Verständnis von Begriffen stark vom Alter ab. Als Konsequenz daraus fordern sie, in Primar- und Sekundarstufe I vielfach auf Fachbegriffe zu verzichten. Dagegen zeigen Unterrichtsbeobachtungen, dass von Anfang an Fachbegriffe verwendet werden können und müssen, da nur Fachbegriffe eindeutig definieren (z. B. Höhenlinien, Megacity). Die Arbeit mit Begriffen unterstützt sowohl das lernpsychologisch wichtige Strukturieren und Systematisieren und steht zudem in Einklang mit induktiven Erkenntnisverfahren.

Das Problem der begrifflichen Hierarchisierung und (→) Kategorisierung kann über die Arbeitsschritte Brainstorming (Sammeln zusammengehöriger Begriffe), Mindmapping (Zuordnung von zusammengehörigen Begriffen durch Visualisierung) und *concept mapping* bzw. Erstellung von Wirkungsgefügen, Flussdiagrammen usw. (sachlogische Anordnung zusammengehöriger Begriffe) schrittweise bearbeitet und gelöst werden (→ Schemazeichnungen).

Literatur

Birkenhauer, J. (1992): Akzeptanz von Begriffen im Erdkundeunterricht (= Münchner Studien zur Didaktik der Geographie, Bd. 3). München.

Birkenhauer, J. & V. Kaminske (2010): Informationsvermittlung durch Texte: Ein Evaluationsansatz. – In: Praxis Geographie, 40, 1, 46 – 49.

Häbel, J. & V. Kaminske (2009): Lehren durch Lernen – Erfolgsmodell für ein besseres Sprachverständnis. – In: Praxis Geographie, 39, 10, 48 – 49.

Kaminske, V. (1993): Überlegungen und Untersuchungen zur Komplexität von Begriffen im Erdkundeunterricht (= Münchner Studien zur Didaktik der Geographie, Bd. 4). München.

Kaminske, V. (1998): Über die Wahrnehmungsgeographie zur Komplexitätsreduktion im Unterricht? – In: Geographie und Schule, 20, 116, 32 – 40.

Ringel, G. (1997): Geographische Begriffe in Schulbüchern. – In: geographie heute, 18, 153, 40 – 41.

Volker Kaminske

Beobachtung im Gelände

Definition

Beobachtung ist die zielgerichtete, planmäßige und bewusste Wahrnehmung eines Sachverhalts im Gelände innerhalb seines Wirkungszusammenhanges.

Die Beobachtung kann sich auf Objekte, Strukturen und Abläufe beziehen. Beobachtungen zielen im Gegensatz zu Messungen weniger auf quantitative Erfassung der Objekte als auf qualitative Daten.

Klassifikation

Für jede wissenschaftlich fundierte Beobachtung gilt, dass sie systematisch vorgeht und als Ziel eine intersubjektive Objektivität hat. Eine wissenschaftlich ausgerichtete Beobachtung soll in folgenden Schritten vorgehen:

1. zielgerichtetes Betrachten des Sachverhaltes im Gelände
2. Beschreiben des Sachverhaltes
3. Speichern bzw. Dokumentieren der Beobachtungen (z. B. Notiz, Skizze, Kartierung, Foto)
4. Auswerten und Interpretieren
5. Reflektieren.

Die beiden letzten Punkte gehen über die reine Beobachtung hinaus.

Zur geographiedidaktischen Diskussion

Im Geographieunterricht ist die Beobachtung im Gelände eine sehr wichtige fachspezifische Arbeitsweise, die vor allem im Rahmen von (→) Exkursionen geübt und angewandt wird. Mit der Hinwendung zu den Methoden der empirischen Wissenschaften in der Geographie ab den 1970er-Jahren wurde die Geländebeobachtung allerdings zunehmend als unwissenschaftlich abgelehnt. Besonders kritisiert wurde die Subjektivität der auf der Grundlage von Beobachtungen gewonnenen Erkenntnisse, da diese sehr stark von der spezifischen, interessengeleiteten Wahrnehmung des Betrachters abhängig sind. Inzwischen wird der Wert der Beobachtung trotz dieser Einschränkungen anerkannt, wenn versucht wird, den Sachverhalt objektiv zu ermitteln. Innerhalb der (→) Exkursionsdidaktik wird die Beobachtung in der spezifischen Form der (→) Spuren- bzw. Zeichensuche betont.

Literatur

Bader, F. J. W. (1975): Einführung in die Geländebeobachtung. Darmstadt.

Daum, E. (1982): Exkursion. – In: Jander, L., Schramke, W. & H.-J. Wenzel [Hrsg.] (1982): Metzler Handbuch für den Geographieunterricht. Ein Leitfaden für Praxis und Ausbildung. Stuttgart, 71 – 75.

Rawding, C. (2013): Feldarbeit: Unsere Landschaft lesen. – In: Rolfes, M. & A. Uhlenwinkel [Hrsg.] (2013) Metzler Handbuch 2.0 Geographieunterricht. Ein Leitfaden für Praxis und Ausbildung. Braunschweig, 63 – 70.

Sowade, A. (1978): Die Organisationsformen des Unterrichts unter Berücksichtigung der Unterrichtsexkursion. – In: Akademie der Pädagogischen Wissenschaften der Deutschen Demokratischen Republik [Hrsg.] (1978): Methodik Geographieunterricht. Berlin, 207 – 220.

Stonjek, D. (2005): Beobachtung. – In: Köck, H. & D. Stonjek (2005): ABC der Geographiedidaktik. Paderborn, 41.

Friedhelm Frank

Betrachtungsweisen der Geographie

Definition

Die Betrachtungsweisen der Geographie beschreiben verschiedene Zugänge zur Analyse von Räumen. Der Blick auf den Raum kann dabei auf die Gewinnung nomothetischer oder idiographischer Erkenntnisse ausgerichtet sein. Er erfasst Strukturen, Funktionen und Prozesse aus naturwissenschaftlicher und/oder geistes(sozial)wissenschaftlicher Perspektive.

Klassifikation

In der Geographie haben sich zahlreiche Betrachtungsweisen entwickelt (vgl. Borsdorf 2007, 95 ff):

1. Nomothetisch – idiographisch: Der Raum wird einerseits nach allgemeinen Gesetzmäßigkeiten und Regeln hin untersucht (→ Allgemeingeographischer Ansatz), andererseits werden einzelne Raumindividuen hinsichtlich ihrer Spezifika und Besonderheiten erforscht (→ Regionalgeographische Ansätze).

2. Naturwissenschaftlich – geistes(sozial)wissenschaftlich: Der Raum kann einerseits naturwissenschaftlich betrachtet werden, etwa bei der Analyse physisch-geographischer Systeme, andererseits auch sozialwissenschaftlich, etwa unter wirtschaftsgeographischer Perspektive. Die Betrachtungsweisen der Geographie basieren dabei auf unterschiedlichen Paradigmen und verwenden grundsätzlich unterschiedliche Methoden zur Analyse von Räumen. Ansätze der sozialen Ökologie versuchen die naturwissenschaftliche und die sozialwissenschaftliche Perspektive integrativ zu betrachten.

3. Systemisch: Bei der systemischen Betrachtung des Raumes werden zunächst Struk-

turen untersucht. Diese umfassen äußere Erscheinungsformen und deren Verbreitungsmuster im Raum. Darauf aufbauend können Funktionen analysiert werden, indem Beziehungen und Abhängigkeiten zwischen Systemelementen herausgearbeitet werden. Die prozessuale Betrachtungsweise erfasst und analysiert Abläufe innerhalb des Systems. Sie können zeitliche, stoffliche, energetische wie auch kommunikative Aspekte umfassen.

4. Raumkonzepte: Die Betrachtung des Raums als Container, als System von Lagebeziehungen, als Wahrnehmungsraum und/oder als konstruierter Raum sind weitere Möglichkeiten (vgl. WARDENGA 2002, 8 ff; → Raumkonzepte).

Zur geographiedidaktischen Diskussion

Der Beitrag des Schulfaches Geographie zur Bildung umfasst sowohl allgemeingeographische als auch regionalgeographische Kenntnisse. Die Geographie wird als Systemwissenschaft verstanden, bei der die integrative Betrachtung von natur- und humangeographischen Subsystemen als Mensch-Umwelt-System im Fokus stehen sollte (vgl. DGFG 2012, 5 ff; → Basiskonzepte). Naturwissenschaftliche Systeme konstituieren sich jedoch durch grundsätzlich andere Operationsweisen als humangeographische Systeme. Erstere basieren auf physisch-materiellen Abläufen, letztere im Sinne Luhmanns soziologischer Systemtheorie auf kommunikativen. Um diese Dichotomie zu überwinden, wird für das Schulfach Geographie der Systembegriff der sozialen Ökologie diskutiert (vgl. REMPFLER/ UPHUES 2011, 4 ff; → Systemkompetenz). Die Integration eines erweiterten Blickes auf den Raum als Container, System von Lagebeziehungen, Wahrnehmungsraum und/oder konstruierter Raum im Geographieunterricht

(→ Raumkonzepte) wird gefordert, um die Fähigkeiten der Schülerinnen und Schüler zu kritischer Reflexivität zu fördern (vgl. DGFG 2020, 13; → Perspektivenwechsel).

Literatur

BORSDORF, A. (2007): Geographisch denken und wissenschaftlich arbeiten. Berlin.

DEUTSCHE GESELLSCHAFT FÜR GEOGRAPHIE (DGFG) [Hrsg.] ([10]2020): Bildungsstandards im Fach Geographie für den Mittleren Schulabschluss. Bonn.

REMPFLER, A. & R. UPHUES (2011): Für ein adäquates Verständnis von Geosystemen. – In: Geographie und Schule, 33, 189, 4–10.

WARDENGA, U. (2002): Räume der Geographie – zu Raumbegriffen im Geographieunterricht. – In: geographie heute, 23, 200, 8–10.

Thomas Basten, Dominik Conrad

Betriebserkundung

Definition

Die Betriebserkundung stellt eine besondere Form der (→) Exkursion dar, die eine unmittelbare Begegnung der Schüler mit der Arbeitswelt ermöglicht. Sie kann auch Teil einer (Übersichts-) Exkursion sein.

Klassifikation

Betriebserkundungen als Unterform der Exkursion lassen sich im Wesentlichen ebenso wie diese klassifizieren. Am weitesten verbreitet ist die Unterscheidung nach der Lehrer-Schüler-Aktivität:

- Betriebsbesichtigung: Sie entspricht weit gehend der Übersichtsexkursion, weil die Schüler meist von einem innerbetrieblichen Experten geführt werden, und bei der Besichtigung in der Regel passiv-rezeptiv bleiben.

- Betriebserkundung: Sie stellt eine spezielle Form der Arbeitsexkursion dar, bei der ein Betrieb durch Schüler, meist in Partner- oder Gruppenarbeit, nach spezifischen Fragestellungen selbstständig erkundet wird.

Hierbei sollen vielfältige geographische Arbeitsmethoden zum Einsatz kommen.

- Betriebspraktikum: Eine besonders intensive Form des Kennenlernens der Arbeitswelt, bei der die Schüler für längere Zeit in einem Betrieb (bis zu einigen Wochen) bleiben und unter Anleitung an möglichst vielen betrieblichen Aktivitäten teilnehmen. Problematisch ist, inwieweit dabei geographische Themenstellungen überhaupt adäquat bearbeitet werden können.

Eine weitere Klassifikationsmöglichkeit bietet die Unterscheidung nach der Zugehörigkeit des besuchten Betriebes zu einem der drei Wirtschaftssektoren:

- primärer Sektor: landwirtschaftliche oder bergbauliche Betriebe, z. B. Ökobauernhof
- sekundärer Sektor: Handwerks- oder Industriebetriebe, z. B. Bäckerei oder Ziegelei
- tertiärer Sektor: Dienstleistungsbetriebe, z. B. Einzelhandelsbetrieb, Feuerwehr.

Zur geographiedidaktischen Diskussion

Über die geographiedidaktische Diskussion im Zusammenhang mit Exkursionen stehen bei der Betriebserkundung insbesondere zwei Fragen im Mittelpunkt: Zunächst ist zu beachten, dass Wirtschaftsbetriebe in erster Linie der Erzeugung von Sachgütern und Dienstleistungen dienen und nicht pädagogischen Zielen. Besuche von Schulklassen werfen daher eine Reihe von Problemen auf, wie z. B.:

- Lässt sich, vor allem in komplexer organisierten Industriebetrieben, der Arbeitsprozess von den Schülern verständlich nachvollziehen?
- Verhindern Lärmbelastungen, Gefahrenquellen usw. die Aufnahme der relevanten Informationen?
- Erlaubt es der Betriebsprozess, dass Schüler Mitarbeiter überhaupt befragen können?

- Sind die Mitarbeiter in der Lage, Schülern, vor allem in niedrigeren Jahrgangsstufen, verständliche Antworten auf deren Fragen zu geben?
- Welche sinnvollen und geographisch relevanten Aspekte der Erkundung bietet die wachsende Zahl von Betrieben im tertiären (und quartären) Sektor?

Nachdem bei der Betriebserkundung die wirtschaftliche und technische Perspektive stärker im Mittelpunkt steht, ist stets zu klären, inwieweit der aufgesuchte Betrieb geographische Fragestellungen und den Einsatz geographischer Arbeitstechniken überhaupt zulässt. Mögliche geographisch relevante Aspekte könnten z. B. sein:

- Herkunft der Rohstoffe bzw. Vorprodukte sowie der Absatzmärkte erfragen und in eine Karte eintragen
- Herkunft der Arbeitskräfte z. B. anhand der Autokennzeichen erheben
- innerbetriebliche räumliche Strukturen untersuchen, z. B. einzelne Gebäudefunktionen kartieren.

Besondere Bedeutung hat diese methodische Großform aus geographischer Sicht daher im fächerübergreifenden Unterricht oder in Fächerverbünden mit Wirtschaftslehre wie z. B. der österreichischen „Geographie- und Wirtschaftskunde".

Literatur

FLATH, M. (2007): Erkundung eines landwirtschaftlichen Betriebs. Moderne Landwirtschaft hautnah erleben. – In: Praxis Geographie, 37, 2, 36–41.

HUNTEMANN, V. (1989): Der „Betriebsausflug". Exkursion in eine Ziegelei. In: geographie heute, Jg. 10, H. 76, 6–8

KREMB, K. (1984): Betriebserkundung: Begegnung mit der Arbeitswelt. – In: Praxis Geographie, 14, 1, 4–6.

LIDAUER, R. (2004): Betriebserkundung. – In: SITTE, W. & H. WOHLSCHLÄGL [Hrsg.] (2004): Beiträge zur Didaktik des „Geographie- und Wirtschaftskunde"-Unterrichts. Wien, 32–44.

NEUMANN-MEYER, U.-P. (2000): Die Betriebserkundung. Schüler lernen die Arbeitswelt kennen. – In: geographie heute, 21, 179, 10 – 11.

Gerd Bauriegel

Bezugswissenschaften

Definition

Bezugswissenschaften des Geographieunterrichts sind die Wissenschaften, aus denen Inhalte, Erkenntnisse und Methoden in den Unterricht übernommen werden.

Neben der Geographie gibt es zahlreiche weitere Bezugswissenschaften, fach- und erziehungswissenschaftliche (→ Zentrierungsfach). Kriterium ist der Raumbezug.

Klassifikation

Bezugswissenschaften lassen in fachwissenschaftliche und erziehungswissenschaftliche differenzieren.

Fachwissenschaftliche Bezugswissenschaften:

1. Geographie: von ihr werden die meisten Inhalte und Methoden übernommen.
2. weitere Bezugswissenschaften im fachwissenschaftlichen Bereich:
   – Geowissenschaften (z. B. Geologie, Geophysik, Pedologie)
   – Naturwissenschaften (z. B. Botanik, Chemie, Physik, Klimatologie)
   – Geisteswissenschaften (z. B. Soziologie, Geschichte, Politologie)
   – Wirtschaftswissenschaften

Erziehungswissenschaftlich Bezugswissenschaften:

– Pädagogik (z. B. Kompetenzorientierung)
– Psychologie (z. B. Entwicklung des Raumverständnisses)

Zur geographiedidaktischen Diskussion

Die Bedeutung der einzelnen Bezugswissenschaften für den Geographieunterricht ist stetem Wandel unterworfen. Sie hängt vom Einfluss der jeweiligen geographiedidaktischen, fachwissenschaftlichen, bildungswissenschaftlichen und pädagogischen Zielsetzungen auf den Unterricht ab (vgl. → Einflussfaktoren, → Schülerorientierung, → Wissenschaftsorientierung).

Der Geographieunterricht spiegelt den Wandel der Bezugswissenschaften wider. Sehr stark wurden seit den 1970er-Jahren (→) sozialgeographische Ansätze übernommen. Die Betonung von Umwelt und Nachhaltigkeit im gesellschaftlichen Diskurs führte seit den 1980er-Jahren zu einer Verstärkung der (→) physisch-geographischen Ansätze und der (→) Umweltbildung. Verstand sich der Geographieunterricht lange als Abbild (→ Abbilddidaktik) der Geographie, so werden seit den 1970er-Jahren didaktische Zielsetzungen (→Kompetenzen) betont ((s.a. → Lernziel, → Bildungsstandards)(→) Bildungsstandards), die aus den Erziehungswissenschaften übernommen wurden.

Literatur

DEUTSCHE GESELLSCHAFT FÜR GEOGRAPHIE (DGfG) [Hrsg.] ([10]2020): Bildungsstandards im Fach Geographie für den Mittleren Schulabschluss. Bonn, v.a. 5-10.
FALK, G. C. (2006): Geographische Theorien und Konzepte pädagogisch fruchtbar machen. – In: HAUBRICH, H. [Hrsg.] (2006): Geographie unterrichten lernen. München, 27 – 45.
RINSCHEDE, G. / SIEGMUND, A. (2020): Geographiedidaktik. Paderborn, 74 – 83.

Dieter Böhn

Bild

Definition

Als Bild werden im engeren Sinne zum Zweck der Betrachtung hergestellte materielle Visualisierungen, sowie im weiteren Sinne mentale Konzepte und Vorstellungen bezeichnet.

Im Geographieunterricht finden zumeist Bilder im engeren Sinne in Form von Abbildern (z.B. Fotografien) oder logischen/analytischen Bildern (z.B. Grafiken, → Karten) ihren Einsatz. Während das sehende Verstehen eines Abbildes vor allem auf dessen Ähnlichkeit mit dem Dargestellten basiert, vermitteln logische/analytische Bilder Inhalte auf Basis einer symbolischen Beziehung zum Dargestellten. Beide Formen von Bildern rufen bedingt durch Gestalt und kontextuelle Einbettung nicht intendierte und oft unbewusste Wirkungen hervor. Durch das Zusammenspiel von Information und unbewusster Wirksamkeit nehmen Bilder im engeren Sinne somit Einfluss auf das Erleben und die Bedeutung von Räumen und wirken auf Vorstellungswelten und alltägliches raumbezogenes Handeln ein.

Klassifikation

Bilder können im Unterricht verschiedene Funktionen übernehmen, wie u. a. die Anregung zur

- Anwendung von Wissen zu raumbezogenen Strukturen, Funktionen und Prozessen
- Auseinandersetzung mit raumbezogenen Problemstellungen und
- Reflexion visueller Konstruktionen von Räumen und raumbezogenen Sachverhalten.

Bei der Auswahl der für den Einsatz vorgesehenen Bilder sind u. a. folgende Kriterien abzuwägen:

- Inhaltlichkeit: Welche Inhalte werden durch das Bild zum Thema?
- Perspektivität: Welcher Perspektivität unterliegt das Bild, welche erzeugt sie beim Betrachter?
- Lesbarkeit: Welche visuellen Kompetenzen setzt die Bildgebung voraus?

Zur geographiedidaktischen Diskussion

Bilder bestimmen die Begegnung mit der Welt und sind für die Konstitution geographischer Gegenstände und die Durchdringung geographischer Sachverhalte von entscheidender Bedeutung (→ Weltbild, geographisches). Im traditionellen Geographieunterricht fungieren Bilder im engeren Sinne aufgrund ihres zumeist dokumentarischen Charakters vor allem als Ersatz für die so genannte reale Begegnung bei der Auseinandersetzung mit Ausschnitten der Welt.

Neuere Strömungen in der fachdidaktischen Diskussion richten den Fokus dagegen auf die raumkonstruierenden Eigenschaften und Potentiale dieser Bilder. Dabei werden die im Sinne obiger Definition als „materielle" oder auch „äußere" Bilder zu bezeichnenden Visualisierungen nicht lediglich als Abbilder einer ebenso äußeren Realität, sondern gleichsam als Ausdrucksformen „mentaler" oder auch „innerer" Bilder konzeptualisiert und damit als Kommunikationsmittel anerkannt. Durch die Thematisierung von (typisierenden) Darstellungsweisen, Produktionsprozessen, Verbreitungs- und Platzierungsstrategien sowie Praktiken der Rezeption erfolgt eine analytische Annäherung in kritisch-reflexiver Weise (→ Bildauswertung/-interpretation, Critical Thinking). Als Voraussetzung für eine mündige Raumaneignung rückt – jenseits scheinbar objektiver Informationen – die Analyse möglicher Mitteilungsabsicht, Manipulation und (Macht)Interessen in den Fokus.

Literatur

HOFFMANN, K. W. (2011): Im Bild, ums Bild und ums Bild herum – Didaktische Impulse zu einer multiperspektivischen Arbeit mit Bildern. – In: KERSTING, P. & K. W. HOFFMANN [Hrsg.] (2011): AfrikaSpiegelBilder. Reflexionen europäischer Afrikabilder in Wissenschaft, Schule und Alltag. Mainz, 11 – 22.

JAHNKE, H. (2012): Mit Bildern bilden. Eine Bestandsaufnahme aus Sicht der Geographie. – In: Geographie und Schule, 34, 199, 4 – 11.

JAHNKE, H., SCHLOTTMANN, A. & M. DICKEL [Hrsg.] (2017): Räume visualisieren. Münster.

NÖTHEN, E., MIGGELBRINK, J. & A. SCHLOTTMANN (2021): Bildanalyse. Wege zur Ausbildung eines kritisch-reflexiven Blicks (nicht nur) im Geographieunterricht am Beispiel „Müll". – GW-Unterricht 164 (4), 35 – 53.): Geographiedidaktik. Paderborn, 323 – 331.

SCHLOTTMANN, A. & J. MIGGELBRINK [Hrsg.] (2015): Visuelle Geographien. Zur Produktion, Aneignung und Vermittlung von RaumBildern. Bielefeld.

Eva Nöthen, Antje Schlottmann

Bildauswertung/ Bildanalyse/ Bildinterpretation

Definition

Als Bildauswertung bezeichnet man die zielgerichtete, analytische Betrachtung von Bildmedien unterschiedlicher Art unter einem spezifischen Blickwinkel oder mit einer spezifischen Fragestellung.

Die Bildanalyse als Unterrichtspraxis zielt auf die Gewinnung von Erkenntnissen bezüglich der Bildinhalte, der Bildperspektive, der Bildästhetik sowie der Bildintention. Dabei sollten auch der Publikationskontext und die gesellschaftlichen Rahmenbedingungen der Bildproduktion Berücksichtigung finden. Der analytische Umgang mit Bildern im Geographieunterricht zielt auf die Entwicklung einer methodischen Bild(lese)kompetenz.

Klassifikation

Der Begriff der Bildanalyse kann sich auf unterschiedliche visuelle Medien (Fotografien, Gemälde, Zeichnungen, Filme oder Videoclips) beziehen, die intentional für einen geographiedidaktischen Kontext hergestellt oder aus einem beliebigen anderen Kontext entnommen wurden.

In einer Idealform sollte die analytische Annäherung an das konkrete, im Unterricht verwendete Bildmedium in unterschiedlichen Analyseschritten erfolgen, die meist vom ersten subjektiven Bildeindruck ausgeht, bevor sie sich dem Bildinhalt und der Bildinterpretation annähert. Die sogenannte „geographische Bildanalyse" richtet sich traditionell auf die geographische Analyse der im Bild dargestellten Wirklichkeit, wobei das Bildmedium selbst lediglich als neutraler „Wirklichkeitsersatz" betrachtet und in seiner Bildlichkeit kaum thematisiert wird. Die einzelnen Schritte der Bildanalyse im Geographieunterricht können dabei im Sinne der Objektivierung stärker formalisiert (HAUBRICH 1995) sein oder im Sinne des indikatorischen Bildverstehens (HIEBER & LENZ 2007) eher einem vom lernenden Subjekt gesteuerten Pfad folgen.

Zur geographiedidaktischen Diskussion

Unter dem Einfluss bild- und medientheoretischer sowie medienpädagogischer Debatten wird der Umgang mit (→) Bildern in der geographiedidaktischen Diskussion aktuell stark diskutiert. Ausgangspunkt dieser Diskussion ist, dass angesichts der gestiegenen Bedeutung visueller Medien in der Mediengesellschaft sowohl das Verhältnis zwischen Bildbetrachter und Bild als auch zwischen Bildmedium und dargestellter Wirklichkeit neu bestimmt werden sollte. Daraus leiten sich jenseits der klassischen Bildinhaltsanalyse unterschiedliche Forderungen an einen zeitgemäß medienkritischen Umgang mit Bildern – auch im Geographieunterricht – ab.

Mit Blick auf einen kritischen Bildumgang werden Bilder zunächst in ihrer Bild(wirk)lichkeit – also als Bildmedien – analysiert und als gestaltete Darstellung eines bestimmten Ausschnitts der Erdoberfläche kritisch hinterfragt. Die Analyse richtet sich dann auf die Intentionen des Bildautors, den Entstehungs- und Publikationskontext sowie die durch das Bild produzierten sozial-, kultur- oder naturräumlichen Verhältnisse (JAHNKE 2012).

Ein weiterer Diskussionsstrang hebt – in Anlehnung an die Kunstpädagogik – die Analyse der ästhetischen Gestaltung des Bildes hervor. Diese sollte Fragen nach der gewählten Kameraeinstellung, der Bildperspektive und der Bildkomposition, aber auch Bezüge zu anderen Bildwirklichkeiten beinhalten. Dies ermöglicht einen kritisch-analytischen Zugang zur Bildwirkung, die beim Betrachter erzielt wird (NÖTHEN 2012).

Andere Autoren betonen zunächst die subjektive Bilderfahrung, die vor dem Hintergrund individueller Vorerfahrungen im Moment der Begegnung mit dem Bild der kognitiven Analyse vorausgeht. Der Umgang mit Bildern richtet sich dann weniger auf die Analyse der dargestellten Bildinhalte, sondern vielmehr auf die Reflexion der subjektiven Wahrnehmungsprozesse (DICKEL & HOFFMANN 2012).

In den geschilderten Diskussionen nähert sich der Umgang mit Bildern im Geographieunterricht demjenigen im Kunstunterricht immer stärker an, was einerseits neue Möglichkeiten des fächerübergreifenden Unterrichts eröffnet, gleichzeitig aber auch die Frage nach einer spezifisch „geographischen Bildkompetenz" aufwirft (JAHNKE 2012).

Literatur

DICKEL, M. & K. W. HOFFMANN (2012): Mit Bildern umgehen – Zwischen Spielraum und Festlegung. – In: Geographie und Schule, 34, 199, 12 – 19.

HAUBRICH, H. (1995): Bilder interpretieren. – In: geographie heute, 16, 127, 50 – 52.

HIEBER, U. & T. LENZ (2007): Bilder lesen lernen. Neue Impulse für den Aufbau einer geographischen Basiskompetenz. – In: geographie heute, 28, 253, 2 – 11.

JAHNKE, H. (2012): Geographische Bildkompetenz? Über den Umgang mit Bildern im Geographieunterricht. – In: Geographie und Schule, 34, 195, 27 – 35.

JAHNKE, H., SCHLOTTMANN, A. & M. DICKEL (2017): Räume visualisieren (= Geographiedidaktische Forschungen Bd 62). Münster.

NÖTHEN, E. (2012): Bildern des Klimawandels begegnen – Methodische Annäherungen für den Unterricht und Alltag. – In: Geographie und Schule, 34, 199, 20 – 29.

Holger Jahnke

Bildung für nachhaltige Entwicklung

Definition

Für das Bildungskonzept einer Bildung für nachhaltige Entwicklung (BNE) gibt es keine einheitliche (universale) Definition. Vielmehr gibt es einen Konsens darüber, was genau BNE ausmacht (WITTLICH & BRÜHNE 2020). Auf einer intentionalen Ebene soll eine Bildung für nachhaltige Entwicklung Menschen zur Partizipation an einer nachhaltigen Entwicklung bzw. zur Transformation im Sinne einer gerechteren und nachhaltigeren Welt befähigen. Dabei soll die Berücksichtigung der Bedürfnisse aller heute auf der Erde lebenden Menschen sowie der künftigen Generationen den Bewertungsmaßstab für das eigene Handeln bilden. Bei der Analyse und Bewertung von Problemen sowie der Antizipation von Handlungsstrategien werden sowohl eine vernetzte Betrachtung von ökologischen, ökonomischen, soziokulturellen und politischen Faktoren sowie die Wechselwirkungen zwischen der lokalen, regionalen und globalen Ebene, als auch unterschiedliche Perspektiven und Interessen berücksichtigt.

Klassifikation

Bildung für nachhaltige Entwicklung wurde weltweit vor allem durch die auf der Konferenz der Vereinten Nationen in Rio de Janeiro 1992 von rund 180 Staaten unterzeichneten Agenda 21 initiiert. BNE stellt eine umfassende Bildungsaufgabe dar, die sich sowohl auf institutionelles als auch informelles Lernen bezieht. Sie betrifft sämtliche Schulfächer und wissenschaftliche Disziplinen genauso wie fachübergreifende Konzepte und Konzepte des Whole School Approachs. BNE wird als lebenslanger Lernprozess verstanden, bei dem die Förderung von Kompetenzen im Mittelpunkt steht. Während es Strömungen gibt, die von der Überzeugung ausgehen, dass Nachhaltigkeit mit bestimmten Werten und Verhaltensweisen verbunden ist, die es zu fördern gilt (BNE 1), setzt sich eine andere Strömung (BNE 2) explizit von diesem normativen Verständnis ab und geht von einem reflexiveren Ansatz aus (VARE, SCOTT 2007).

Zur geographiedidaktischen Diskussion

Der Geographieunterricht besitzt eine besondere Bedeutung für die praktische Umsetzung der Bildung für nachhaltige Entwicklung. Dies ist mit einem Verständnis von Geographie als Systemwissenschaft zu begründen und einer, vor allem im Sinne konstruktivistischer Raumverständnisse, multiperspektivischen Betrachtungsweise. Die Förderung zentraler Kompetenzen einer BNE, wie System- und Bewertungskompetenzen, können im Geographieunterricht somit in nahezu allen Unterrichtseinheiten gefördert werden. Darüber hinaus lassen sich zentrale Themenfelder globaler Herausforderungen dem Fach zuordnen. Geographie wird daher auch als Leitfach für BNE diskutiert.

Aktuelle Diskussionen sehen die Fokussierung auf die Förderung von Kompetenzen und somit die Zuschreibung der Verantwortung auf das Individuum sehr kritisch, da gerade systemimmanente nicht-nachhaltige Strukturen dadurch nicht verändert werden (LEHNER/ GRYL 2019). Um diesem Mangel entgegenzutreten, wird verstärkt die Berücksichtigung politischer Bildung gefordert. Parallel dazu gewinnt transformatives Lernen an Bedeutung (PETTIG 2021) (→ Transformative Geographische Bildung).

Literatur

LEHNER, M. & I. GRYL (2019): Neoliberalismus in NRWs Sachunterrichtsbüchern? - In: GW-Unterricht 156. S. 5 – 18.

PETTIG, F. (2021): Transformative Lernangebote kritisch-reflexiv gestalten. Fachdidaktische Orientierung einer emanzipatorischen BNE. In gw-unterricht 162 S. 5 – 17 https://doi.org/10.1553/gw-unterricht162s5

SCHRÜFER, G. & S. SCHULER (2018): Didaktisch-methodische Hinweise zur Unterrichtsgestaltung im Rahmen des Lernbereichs Globale Entwicklung.-.In: JÖRG-ROBERT SCHREIBER [Hrsg.]: Orientierungsrahmen für den Lernbereich Globale Entwicklung, Teilausgabe Geographie. Berlin.

SCHRÜFER, G. & J. SCHOCKEMÖHLE (2012): Nachhaltige Entwicklung und Geographieunterricht. In: HAVERSATH, J.-B. [Hrsg.]: Das Geographische Seminar. Geographiedidaktik. Theorien. Themen und Forschung, 107 – 132.

VARE, P. & SCOTT, W. (2007). Learning for a change: Exploring the relationship between education and sustainable development. Journal of Education for Sustainable Development, 1(2), 191 – 198.

WITTLICH, C. & BRÜHNE, T. (2020): Entwicklung von BNE-Kriterien zur Sichtbarmachung und Bewertung von Implementierungsprozessen von (Umwelt-)Bildungskonzepten. In: Zeitschrift für Geographiedidaktik. Vol 48(1). 1 – 17. doi: 10.18452/21387.

Gabriele Schrüfer,
Johanna Schockemöhle, Christian Wittlich

Bildungsstandards

Definition

Bildungsstandards legen (→) Kompetenzen fest, die Schülerinnen und Schüler am Ende eines bestimmten Ausbildungsabschnittes in einem bestimmten Lernbereich bzw. in einem Fach erworben haben sollten. Die Kompetenzen werden dabei so konkret beschrieben, dass sie in Aufgaben umgesetzt und mit Tests erfasst werden können.

Klassifikation

Nach der Art des Ausbildungsabschnittes gibt es Standards für das Ende der Jahrgangsstufe 4, für den Mittleren Schulabschluss sowie für die Allgemeine Hochschulreife. Eine Unterscheidung kann zwischen den Standards vorgenommen werden, die von Seiten der Kultusministerkonferenz (KMK) in Auftrag gegeben und zertifiziert wurden (Mathematik, Deutsch, Erste Fremdsprache sowie Biologie, Chemie und Physik), und denen, die von Seiten der Fächer eigenständig entwickelt wurden (z.B. Geographie). Des Weiteren ist eine Unterteilung nach dem angestrebten Niveau in Regelstandards, Mindeststandards und Maximalstandards möglich.

Zur geographiedidaktischen Diskussion

Während national standards für die Geographie in den USA und England bereits in den 1990er-Jahren formuliert wurden, erschienen in Deutschland die nationalen Bildungsstandards für das Fach Geographie für den Mittleren Schulabschluss erst im Jahre 2006.

Die Diskussion über Bildungsstandards wurde in Deutschland durch die internationalen Vergleichsstudien, wie TIMSS und PISA ausgelöst. Während die Kultusministerkonferenz (KMK) für die Kernfächer und die Naturwissenschaften die Bildungsstandards in Form von Regelstandards zwischen 2000 und 2004 offiziell top down entwickelte und verabschiedete, konzipierte das Fach Geographie im Konsens aller Fachverbände seine nationalen Standards nach dem Bottom-up-Prinzip.

Die Bildungsstandards zielen darauf ab, den Kern der Bildung in einem Fach deutlich zu machen. Dabei erfolgte eine Verschiebung der Akzentuierung von der Input-Orientierung (welche Inhalte sollen in einem bestimmten Zeitabschnitt vermittelt werden?) zu einer Output-Orientierung (über welche Kompetenzen soll nach einem Bildungsabschnitt verfügt werden?). Lehrpläne werden durch die Standards nicht überflüssig, sie beschreiben vielmehr den Weg zur Erreichung der Standards. Die Geographie-Standards erfuhren eine hohe Akzeptanz und weite Verbreitung, die sich u. a. darin spiegelt, dass 2020 die 10. Auflage erschien. Bereits 2007 wurde eine englische Übersetzung erstellt, die 2014 eine 2. Auflage erfuhr und dazu beitrug, dass die deutschen Standards auch international rezipiert wurden; so wurden diese beispielsweise in Japan bereits 2008 von Kazuhide Hattori ins Japanische übersetzt und publiziert und in Belgien (innerhalb des deutschsprachigen Bereichs) übernommen.

Während ihre Integration in die Lehrerbildung in der 1. und 2. Phase gegeben ist, erfolgt die Implementierung der Standards in die Lehrpläne der einzelnen Bundesländer aufgrund der Bildungshoheit der Länder nicht ganz einheitlich und ist bei einer durchschnittlichen Gültigkeitsdauer der Lehrpläne von etwa zehn bis 15 Jahren gerade erst abgeschlossen. Schöps (2017) stellte fest, dass 80% der Lehrpläne bis dato die Kompetenzbereiche übernommen haben. Bei den Teilkompetenzen und Standards ist die Übernahmequote geringer. Anders als bei den Fächern mit einer Zertifizierung durch die KMK gibt es im Fach Geographie keine Verpflichtung zur Übernahme in die Kernlehrpläne der Länder. Die durch Forschung und Ausbildung sowie die fachdidaktischen Zeitschriften unterstützte Integration der Standards in den Unterricht und die damit verbundene (→) Kompetenzorientierung benötigt, wie in anderen Schulfächern auch, geraume Zeit.

Einige Stimmen kritisierten den zu großen Umfang und das zu hohe Niveau der geographischen Standards. Weil das Niveau der Regelstandards in mehreren Fächern auf Probleme stieß, entfachte die GESELLSCHAFT FÜR FACHDIDAKTIK (GFD) eine Diskussion um Mindeststandards, die noch nicht abgeschlossen ist. Wie in der Bildungslandschaft allgemein, so gibt es auch in der Geographiedidaktik vereinzelt Kritik, die sich gegen eine so genannte Standardisierung des Unterrichts ausspricht. Ein weiterer Vorwurf lautet, die Bildungsstandards würden zu einem teaching to the test führen. Dem ist zu entgegnen, dass es sich nicht um eine Normierung, sondern um eine Qualitätssicherung des Unterrichts handelt, die den Kern der geographischen Bildung deutlich zu machen sucht und die gerade in der Geographie relativ weit auseinanderdriftenden Lehrpläne zu einem gemeinsamen Fachverständnis, zu gemeinsamen Zielen und zu einem gemeinsamen Kompetenzmodell, das sechs (→) Kompetenzbereiche umfasst, zu bündeln versucht. Damit schließen die Standards im Fach Geographie an frühere nationale und internationale Bestrebungen, wie die International Charter, das Curriculum 2000+ (→ Erklärungen/Positionspapiere zur geographischen Bildung) sowie den Basis- und Grundlehrplan an.

Die Bildungsforschung (z.B. vbw 2021) äußerte sich sehr positiv zu den geographischen Bildungsstandards. Dabei wird besonders das Kompetenzmodell als logisch und theoretisch hergeleitet hervorgehoben. Darüber hinaus werden die vorbildliche Integration von (→ Bildung für nachhaltige Entwicklung (BNE) und die Aufgabenbeispiele gelobt.

Die gegenwärtige (→) geographiedidaktische Forschung konzentriert sich auf die Entwicklung und Evaluierung von unterschiedlichen (→) Kompetenzmodellen. Empirische Untersuchungen zur Breite und Tiefe der Implementierung liegen erst in Ansätzen vor (z.B. Schöps 2017).

Literatur

DEUTSCHE GESELLSCHAFT FÜR GEOGRAPHIE (DGfG) [Hrsg.] (2020): Bildungsstandards im Fach Geographie für den Mittleren Schulabschluss. 10. Auflage. Berlin

GESELLSCHAFT FÜR FACHDIDAKTIK E.V. (GfD) (2006): Mindeststandards am Ende der Pflichtschulzeit. Positionspapier der GfD.

HEMMER; I. (2012): Standards und Kompetenzen. In: Haversath, J.-B. [Moderator] (2012): Geographiedidaktik. Braunschweig, S. 69 – 106

HEMMER, I. & M. HEMMER (2007): Nationale Bildungsstandards im Fach Geographie. Genese, Standortbestimmung, Ausblick. – In: geographie heute, 28, H. 255/256, S. 2 – 9.

HEMMER, I. & M. HEMMER (2013): Bildungsstandards im Geographieunterricht – Konzeption, Herausforderung, Diskussion. – In: ROLFES, M. & A. UHLENWINKEL [Hrsg.] (2013): Metzler Handbuch für den Geographieunterricht 2.0. – Ein Leitfaden für Praxis und Ausbildung. Braunschweig, 24 – 32

KLIEME, E. et al. (2003): Zur Entwicklung nationaler Bildungsstandards. Eine Expertise für das BMBF. Bonn.

SCHÖPS, A. (2017): The Paper Implementation of the German Educational Standards in Geography for the Intermediate School Certificate in the German Federal States. In: Review of International Geographical Education. Volume 7. Heft 1. S. 94 – 117.

vbw = Vereinigung bayerischer Wirtschaft [Hrsg.] (2021): Nachhaltigkeit im Bildungswesen. Was jetzt getan werden muss. Gutachten des Aktionsrates Bildung. Münster: Waxmann.

Ingrid Hemmer,
Michael Hemmer

Bilingualer Geographieunterricht

Definition

Bilingualer Unterricht ist Unterricht beliebiger Sachfächer vorwiegend in einer Fremdsprache. Nur bei Verständigungsschwierigkeiten wird die Erstsprache (Mutterspr.) beigezogen. Das eigentliche Ziel des bilingualen Unterrichts ist – wie im herkömmlichen Sachfachunterricht in der Erstsprache – die Vermittlung der Sachfachinhalte. Die Fremdsprache gilt lediglich als Arbeits- und Verständigungsmittel und ist nicht zentraler Lerngegenstand.

Klassifikation

1. Umfang der beteiligten Sachfächer: Entscheidend für den Fremdsprachenerwerb ist die Anzahl der involvierten Sachfächer. Unter *total immersion* werden Schulmodelle verstanden, in denen der gesamte Sachfachunterricht in der Fremdsprache abläuft. *Partial immersion* umfasst diejenigen Programme, in denen nur ein Teil der Sachfächer in der Fremdsprache abgehalten wird, wie dies für gewöhnlich auch in Europa der Fall ist.

2. Jahrgangsstufe: In Kanada – dem eigentlichen Geburtsort des bilingualen Sachfachunterrichts – unterscheidet man Schulmodelle nach dem Zeitpunkt des Einsatzes der fremden Arbeitssprache. So beschreibt *early immersion* den Beginn im Kindergarten, *mid immersion* den Einsatz ab der 3. Klasse und *late immersion* den Start in der Sekundarstufe I. Die gängigen Curricula in Deutschland, der Schweiz und Österreich beginnen meist erst im Verlauf der Sekundarstufe I und wären somit als *late, late immersion* zu bezeichnen.

Zur geographiedidaktischen Diskussion

Hinsichtlich der zu erreichenden Lernziele unterscheidet sich der bilinguale Geographieunterricht in keiner Weise vom regulär auf Deutsch geführten Unterricht. Der bilinguale Geographieunterricht ermöglicht in der Auseinandersetzung mit Texten in der Originalsprache ein vertieftes Verständnis des Zielsprachenlands. Versteht man Sprache als wesentlichen Ausdruck von Kultur, so kann (→) interkulturelles Lernen als ein weiteres Ziel des bilingualen Unterrichts geltend gemacht werden.

Auch mit einem geringen Vokabular lassen sich durch den Einsatz von gängigen Medien wie Bildern, Grafiken und Karten komplexe Sachverhalte vermitteln. Außerdem ermöglicht bilingualer Unterricht eine semantische Verarbeitungstiefe. Darunter versteht man eine differenzierte Entschlüsselung von Fachbegriffen, die in den Köpfen der Schüler gerade durch die verstärkte Bedeutungsaushandlung in der Fremdsprache abläuft. Fachbegriffe werden somit eingehend durchdrungen. Weiter erfordert ein in der Fremdsprache geführter Unterricht von Lehrkräften und Schülern eine beidseitige, intensive Konzentration. Die Lehrperson ist gezwungen den Unterricht didaktisch-methodisch präzise vorzubereiten, da oftmals mit nur wenig Sprache viel Sachfachkompetenz erlangt werden muss. Weiter ist zu erwähnen, dass Mehrsprachigkeit ganz allgemein den für ein vertieftes Verständnis kulturgeographischer Fragestellungen erforderlichen (→) Perspektivenwechsel fördert. Letztlich macht der bilinguale Unterricht den Schülern oftmals auch Spaß, da dessen Neuartigkeit und Exklusivität zu hohem Ansehen unter der Schülerschaft führt.

Literatur

BREITBACH, S. et al. (2002): Bilingualer Sachfachunterricht, Didaktik, Lehrer-/Lernforschung und Bildungspolitik zwischen Theorie und Praxis. Frankfurt am Main.

GOLAY, D. (2004): Warum bilingualer Geographieunterricht auf der Sekundarstufe I? Eine entwicklungspsychologische, lern- und spracherwerbstheoretische Begründung. – In: Geographie und ihre Didaktik, 32, 2, 76 – 93.

GOLAY, D. (2005): Das bilinguale Sachfach Geographie. Eine empirische Untersuchung zum sachfachlichen Lernzuwachs im bilingualen deutsch-französischen Geographieunterricht in der Sekundarstufe I (= Geographiedidaktische Forschungen, Bd. 39). Nürnberg.

MENTZ, O., NIX, S. & P. PALMEN (2007): Bilingualer Unterricht in der Zielsprache Französisch – Entwicklung und Perspektiven. Giessener Beiträge zur Fremdsprachendidaktik. Tübingen.

WEBER, R. (1993): Bilingualer Erdkundeunterricht und Internationale Erziehung (= Geographiedidaktische Forschungen, Bd. 23). Nürnberg.

David Golay

Binnendifferenzierung

Definition

Unter Binnendifferenzierung werden alle Maßnahmen der Anpassung an individuelle Lernvoraussetzungen innerhalb einer Gruppe verstanden.

Klassifikation

Die Binnendifferenzierung ist nicht abhängig von Unterrichtsmethoden, Sozialformen und Unterrichtskonzepten. Es handelt sich um verschiedene Instrumente innerhalb einer Lernumgebung, die unterschiedliche Zugänge zum angestrebten Kompetenzerwerb und Selbstwirksamkeitserfahrungen auf jedem Kompetenzniveau ermöglichen. Voraussetzung ist eine Offenheit gegenüber unterschiedlichen Lernwegen, -tempi und Ergebnissen. Somit sind die Möglichkeiten der Differenzierung vielfältig und lassen sich in methodische (z. B. Medien, Aufgaben, Produkte) und organisatorische (z. B. Helfersystem, eigene Lernzeit) Maßnahmen unterteilen.

Zur geographiedidaktischen Diskussion

In Deutschland ging man traditionell davon aus, dass eine äußere Differenzierung durch das dreigliedrige Schulsystem und Differenzierungskurse an Gesamtschulen relativ homogene Lerngruppen schaffen, für die ein angepasster, aber einheitlicher Unterricht ausreicht. Seit Mitte der 1990er-Jahre betont die deutsche Erziehungswissenschaft, dass auch in Systemen äußerer Differenzierung Heterogenität herrscht und sich der Unterricht an die individuellen Fähigkeiten der Lernenden anpassen sollte. Bildungspolitische Bedeutung hat die Binnendifferenzierung seit Anfang 2000 mit der Veröffentlichung der Ergebnisse der Bildungsstudie PISA erhalten (sogenannter Pisa-Schock). In der Folge eines gesellschaftlichen Diskurses über die Modernisierung des deutschen Schulsystems entwickelte sich u. a. der Leitgedanke der individuellen Förderung von Schülerinnen und Schülern, der sogar normativen Charakter erlangt hat (z. B. §1 des Schulgesetzes in Nordrhein-Westfalen). Als Voraussetzung für die individuelle Förderung sind daher Maßnahmen zur Binnendifferenzierung essenzielle Qualitätsmerkmale guten Unterrichts. Zusätzliche Relevanz erhält das Prinzip Binnendifferenzierung durch die aktuellen Diskussionen über gesellschaftliche Ansprüche an die schulische Bildung: z. B. Integration und Inklusion. Betrachtet man aber empirische Studien, ergibt sich: So stark die gesellschaftliche Forderung nach Binnendifferenzierung auch ist, im unterrichtlichen Alltag ist sie noch eine Randerscheinung.

Literatur

BÖNSCH, M. (2011): Die Differenziertheit der Lernprozesse. – In: Praxis Schule, 21, 1, 8 – 11.
FLATH, M. (2006): Differenzierung im Geographieunterricht: Ja! Aber wie? – In: Praxis Geographie, 36, 12, 62 – 64.
HEYMANN, H. W. (2010): Binnendifferenzierung – eine Utopie? – In: Pädagogik, 62, 11, 6 – 11.
SEITZ, S. (2012): Inklusive Didaktik. – In: Pädagogik, 64, 10, 44 – 47.
Schulgesetz für das Land Nordrhein-Westfalen vom 15. Februar 2005 zuletzt geändert durch Gesetz vom 1. November 2012.
UHLENWINKEL, A. (2008): Binnendifferenzierung im Geographieunterricht. – In: Praxis Geographie, 38, 3, 4 – 8.

André Szymkowiak

Blockbild

Definition

Das Blockbild ist ein gezeichnetes Bild, das einen Ausschnitt der Erdoberfläche perspektivisch-dreidimensional (als „Block") zeigt. Dabei handelt es sich um eine generalisierte oder typisierte Darstellung der Wirklichkeit.

Klassifikation

Das Blockbild veranschaulicht dreidimensionale räumliche Sachverhalte und macht meist den kausalen Zusammenhang zwischen der geologischen Struktur des Untergrundes und der Oberflächengestaltung, dem Relief, deutlich. Im Blockbild werden Oberfläche, Längen- und Querprofile (→ Profil) sichtbar. Dabei erfolgt bei der Gestaltung eine Reduzierung auf das Wesentliche, oftmals auch eine Überhöhung.

Entsprechend ihren Aussagen/Inhalten werden mehrere Arten von Blockbildern unterschieden.

- Das geologisch-tektonische Blockbild dient dazu, vereinfacht allgemeine Begriffe und Vorgänge aus den Bereichen der Geologie und Tektonik zu veranschaulichen, zum Beispiel Hebung, Faltung, Grabenbruch.
- Das morphologische Blockbild verdeutlicht den Zusammenhang zwischen der Oberflächengestaltung und deren Ursachen, meist in Abhängigkeit vom geologischen Untergrund.
- Das landschaftliche Blockbild wird auch als Landschaftsquerschnitt bezeichnet. Es enthält das Profil des Raumes und als Vogelschaubild die Ausstattung des Raumes, dazu den Blick in den Untergrund, also den geologischen Aufbau. Durch diese Darstellung der Erdoberfläche aus der Vogelperspektive mit den Geländeformen und vielen Details zur Ausstattung des Raumes stellt der Landschaftsquerschnitt eine Erweiterung des Blockbildes dar.

Zur geographiedidaktischen Diskussion

Im Umfeld des Blockbildes gibt es begriffliche Unstimmigkeiten. Die Begriffe „Blockprofil", „Flächenprofil" und „Übersichtsprofil" sind abzulehnen, weil Profile lediglich zweidimensionale Darstellungen sind. Die unterrichtsre-levanten Blockbilder finden sich überwiegend in Schulbüchern, in Atlanten, auf Folien oder auf Arbeitsblättern. Selten werden Blockbilder im Unterricht erarbeitet und an der Tafel oder auf Folie zeichnerisch entwickelt und festgehalten, weil dies nicht nur zeichnerische Fähigkeiten erfordert, sondern auch relativ zeitaufwändig ist.

Literatur

Achilles, F.-W. (1983): Zeichnen und Zeichnungen im Geographieunterricht. Köln, 97 – 112.

Birkenhauer, J. (1997): Blockbild – Landschaftsquerschnitte. – In: Birkenhauer, J. [Hrsg.] (1997): Medien. Systematik und Praxis. München, 125 – 129.

Brucker, A. (2006): Das Profil. – In: Haubrich, H. [Hrsg.] (2006): Geographie unterrichten lernen. Die neue Didaktik der Geographie konkret. München, 190 – 191.

Brucker, A. (2018): Blockbild. In: Brucker – Haversath – Schöps [Hrsg.]: Geographie-Unterricht – 102 Stichworte. Hohengehren, 36-37

Rinschede, G. (2003): Geographiedidaktik. Paderborn, 316 – 317.

Ambros Brucker

Brückenfunktion der Geographiedidaktik

Definition

Die Geographiedidaktik hat eine Brückenfunktion zwischen den Erziehungswissenschaften – hier besonders der Allgemeinen Didaktik – einerseits und den geographischen/geowissenschaftlichen Fachwissenschaften andererseits, weil sie die Ziele, Inhalte und Methoden beider Wissenschaftsdisziplinen berücksichtigt.

Klassifikation

1. Fachwissenschaftlich orientierte Geographiedidaktik: Ziel ist primär die Vermittlung von Erkenntnissen und Methoden der Geographie und anderer Geowissenschaften.

2. Erziehungswissenschaftlich orientierte Geographiedidaktik: Ziel ist vor allem die Vermittlung von Kompetenzen.

Zur geographiedidaktischen Diskussion

Ein Teil der Geographiedidaktiker betont die Nähe der Geographiedidaktik zur Geographie und den übrigen Geowissenschaften, da für Geographielehrkräfte eine fachliche Kompetenz unerlässlich ist. Ein anderer Teil der Geographiedidaktiker ist – wie z. B. die Erziehungswissenschaftler JANK/MEYER (2002, 33) – der Auffassung, dass die Fachdidaktiken im Kern erziehungswissenschaftliche Disziplinen sind. RINSCHEDE/SIEGMUND (2020, 24) unterstützen diese Meinung, indem herausstellt wird, dass die Geographiedidaktik von der Geographie abweicht, da sie grundsätzlich erziehungswissenschaftlichen Charakter hat.

Literatur

HAUBRICH, H. & K. ENGELHARD (1997): Pädagogische Orientierung des Geographieunterrichts. – In: HAUBRICH, H. et al. (1997): Didaktik der Geographie konkret. München, 21 – 48.

JANK, W. & H. MEYER (2002): Didaktische Modelle. Berlin.

RINSCHEDE, G. & A. SIEGMUND (2020): Geographiedidaktik. Paderborn.

Karl-Heinz Otto

Concept map

Definition

Eine *concept map* (engl. Begriffs(land)-karte) drückt vorhandene Wissensstrukturen aus. Sie besteht aus mehreren Begriffen zu einem bestimmten Thema, die durch Verbindungslinien miteinander verknüpft werden.

Die Beschriftung dieser Verbindungslinien und die Richtung der Pfeilspitzen verdeutlichen die Art der Begriffsverknüpfung, indem die Beziehung zwischen den Begriffen und dem verbindenden und beschrifteten Pfeil mithilfe eines Aussagesatzes ausgedrückt wird.

Klassifikation

Concept maps sind eine Form von (→) Schemazeichnungen. Sie können hierarchisch und nichthierarchisch aufgebaut sein. Hierarchische *concept maps* zeigen eine Rangordnung von Begriffen auf. Dabei ist jeder Rang dem nächsthöheren untergeordnet. Über die Verknüpfung von Begriffen in einer (→) Mindmap hinausgehend, ist beim *concept mapping* vor allem die Art der Verknüpfung von Bedeutung. Im Gegensatz zur Mindmap werden Begriffen eindeutige Positionen im Gesamtnetz zugewiesen. Durch die Beschriftung der Pfeile zwischen den darzustellenden Begriffen wird der Zusammenhang zwischen diesen visualisiert. Eine Weiterentwicklung der *concept map* stellt das Ursache-Wirkungs-Gefüge dar, bei dem die Beschriftung der Pfeile entfällt und somit der Zusammenhang zwischen den Begriffen beim Lesen selbstständig hergestellt wird.

Die vorrangige Kompetenz, die mit der Methode des *concept mappings* entwickelt werden kann, entspricht jener, Zusammenhänge in einem bestimmten Themengebiet wiedergeben zu können, wodurch v. a. das systemische Denken (→ Systemkompetenz) weiter entwickelt werden kann. Durch *concept maps* können flexibles Wissen gefördert, neue Informationen mit Vorwissen verknüpft und somit länger behalten werden.

Ziele einer *concept map* sind:
- Gedanken und vorhandenes Wissen sinnvoll zu strukturieren
- Beziehungen zwischen Begriffen, Ideen, Sachverhalten und Prozessen herzustellen
- Begriffen durch ihre Einbettung in das Beziehungsgeflecht zu anderen Begriffen innerhalb eines Themas eine Bedeutung zuzuweisen

Abb. 1:
Concept map
(Quelle: WOLLNIK 2002,
15; verändert nach
HOTTENROTH)

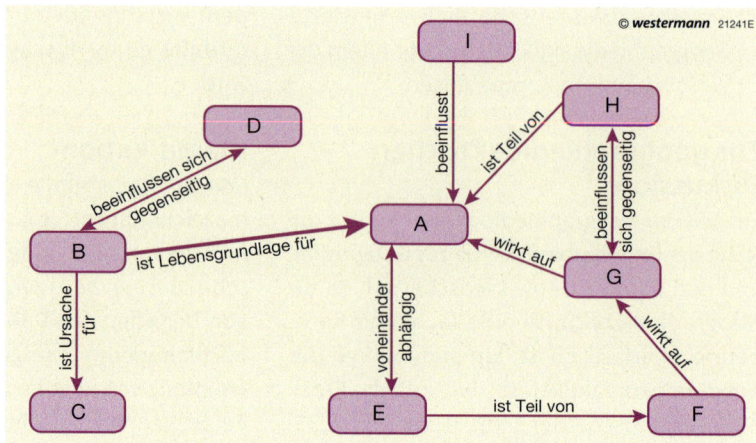

- Wissenslücken selbst aufzudecken und den individuellen Erkenntniserwerb deutlich zu machen
- als Erinnerungshilfe zu dienen.

Zur geographiedidaktischen Diskussion

Die Methode des *concept mappings* ist in den 1970er-Jahren im englischsprachigen Raum entwickelt worden. Das *concept mapping* wurde zunächst von NOVAK 1991 als Diagnoseinstrument bei Lernschwierigkeiten eingesetzt und basiert auf der Assimilationstheorie von AUSUBEL (1963). Nach dieser Theorie entspricht „Wissen" einem vernetzten System eng zusammenhängender Begriffe. Dabei können *concept maps* dazu beitragen, eine größere Differenzierung der bestehenden kognitiven Struktur des Lernenden zu fördern. Demnach steht bei *concept maps* die Förderung des vernetzten bzw. systemischen Denkens im Vordergrund. Zunehmend wird die *concept map* im Rahmen der fachdidaktischen Forschung für die Datenerhebung genutzt (z. B. Struktur-Lege-Technik).

Literatur

AUSUBEL, D. P. (1963): The psychology of meaningful verbal learning. New York: Grune & Stratton.

BRÜHNE, T. & HARNISCHMACHER, S. [Hrsg.] (2019): Diercke Concept Mapping. Braunschweig: Westermann.
FÖGELE, J.; MEHREN, R. & REMPFLER, R. (2020): Wissen vernetzen. Concept Maps im Geographieunterricht. In: Praxis Geographie, Jg. 50, H. 4, S. 10–14.
JAHN, M., VIEHRIG, K., FIENE, C. & SIEGMUND, A.: Mit Concept Maps systemisches Denken von Schüler/innen bewerten. In: BUDKE, A. & KUCKUCK, M. [Hrsg.]: Geographiedidaktische Forschungsmethoden. Münster 2015, S. 340–367.
NOWAK, J. (1998): Learning, creating and using knowledge. Concept maps as facilitative tools in schools and corporations. Mahwah: Lawrence Erlbaum.
RASCHKE, N. (2018): Concept Maps. Systematisierung und Visualisierung systemischen Denkens. In: Praxis Geographie, Jg. 48, H. 7–8, S. 48–52.
WOLLNIK, C. (2002): Mind Maps und Concept Maps. – In: Praxis Geographie, Jg. 38, H. 11, S. 12-16.

Daniela Hottenroth,
Anne-Kathrin Lindau

Conceptual change

Definition

Conceptual change [CC] bezeichnet die Veränderung von bestehendem konzeptuellen Wissen durch neue Informationen und Erfahrungen (→ Schülervorstellungen, → mentale Modelle).

Die CC-Forschung untersucht mithilfe von CC-Theorien, wie die dem konzeptuellen Wissen zugrundeliegenden mentalen Repräsentationen strukturiert sind und wie sie sich beim Lernen verändern. Ziel ist es, Lernprozesse besser zu verstehen und pädagogisch so zu beeinflussen, dass verstehendes Lernen gefördert wird.

Klassifikation

In den letzten 30 Jahren haben vor allem drei CC-Theorien die wissenschaftliche CC-Diskussion geprägt: die kognitivistischen Theorien, die Lernen als inneren Informationsverarbeitungsprozess verstehen, und der Kontextansatz, der Lernen als situierte Kognition begreift.

1. Der Kohärenzansatz (VOSNIADOU/VAMVAKOUSSI/SKOPELITI 2008) geht davon aus, dass das Alltagswissen in Analogie zu wissenschaftlichen Theorien subjektiv kohärent und logischen Beziehungen folgend strukturiert ist, bestimmten ontologischen Prämissen unterliegt und Funktionen der Vorhersage und Erklärung erfüllt. Aus der Sicht des Kohärenzansatzes erfordert die Entwicklung von Alltagswissen zu wissenschaftlich adäquatem Wissen eine fundamentale Umstrukturierung des ursprünglichen Alltagswissens. Die konzeptuelle Entwicklung geschieht in Form eines graduellen Prozesses über verschiedene Synthesevorstellungen hin zum wissenschaftlichen Konzept.

2. Der Fragmentierungsansatz (DISESSA 2008) sieht Alltagswissen hingegen als inkohärent und aus vielen isolierten oder nur lose miteinander verknüpften Einzelelementen bestehend an und spricht von „knowledge in pieces". Die Wissenselemente (sog. phenomenological primitives oder p-prims und explanatory primitives oder e-prims) beruhen einerseits auf generalisierten Beobachtungen der sichtbaren Umwelt und andererseits auf sehr einfachen, vorkonzeptuellen selbsterklärenden, aber oberflächlichen Wissenselementen. Sich

widersprechende Wissenselemente koexistieren nebeneinander, ohne dass sich Individuen der Widersprüche bewusst werden (REINFRIED/KÜNZLE 2020). Die konzeptuelle Entwicklung von wissenschaftlichen Vorstellungen erfordert die Integration von fachlichen Wissenselementen in das Alltagswissen.

3. Der Kontextansatz betont den Kontextbezug von Wissen aus sozial-konstruktivistischer Perspektive. In ihrem Kontextmodell unterscheiden CARAVITA und HALLDÉN (1994) zwischen Wissen, das in Alltagskontexten erworben wurde und für wahr gehalten wird, und Wissen, das in wissenschaftsbezogenen Kontexten Gültigkeit hat und in der Schule gelernt wird. Aufgrund der Differenz der Kontexte treten im Unterricht Verständnisprobleme vor allem dann auf, wenn Lernende eine Problemstellung oder eine Aufgabe im wissenschaftlichen Kontext erklären sollen, stattdessen jedoch auf ihre Alltagskontexte zurückgreifen.

Die drei verschiedenen Ansätze unterscheiden sich in ihren theoretischen Grundlagen, weisen aber Gemeinsamkeiten auf und werden heute als sich gegenseitig ergänzend gesehen (SHERIN 2018).

Um Konzeptwechselprozesse und die Entwicklung wissenschaftlicher Vorstellungen einzuleiten, müssen die → Schülervorstellung berücksichtigt und die wissenschaftlichen Konzepte gezielt unterrichtet werden. Gemäß den Vertretern des Kohärenzansatzes müssen im Rahmen der Instruktion inadäquate Annahmen bewusst gemacht und so ihre Differenz zu den intendierten wissenschaftlichen Theorien für die Lernenden verringert werden. Um dies zu erreichen, müssen Unterrichtssequenzen im Hinblick auf das zu verändernde Konzept gezielt geplant werden. Auch das Auslösen eines kognitiven Konfliktes — ein unangenehmer Gefühlszustand, der auftritt, wenn Lernende mit Informationen konfrontiert werden, die nicht ihren Erwartungen entsprechen — kann unter bestimmten Umständen erfolgreich zu CC beitragen (POSNER/STRIKE/HEWSON/GERTZOG 1982). Der Fragmentierungsansatz sieht hingegen vor, die Alltagsvorstellungen der Lernenden zu nutzen, in dem die in ihnen enthaltenen richtigen Ansätze aufgegriffen und weiterentwickelt werden und den Lernenden aufgezeigt wird, dass ein und dasselbe Konzept in unterschiedlichen Kontexten Anwendung finden kann (DISESSA 2008). Der Kontextansatz schlägt vor, Verständnisprobleme zu vermeiden, indem die Lernenden darin unterstützt werden, zwischen verschiedenen Kontexten zu unterscheiden. Dies kann durch Lernangebote geschehen, die an realen, konkreten Gegenständen und Situationen ausgerichtet sind und die Lernenden dabei unterstützen, das Gelernte auf reale Lebenssituationen zu übertragen.

Zur geographiedidaktischen Diskussion

Generell gilt, dass Unterricht vom Vorwissen der Lernenden auszugehen hat. Die CC-Theorien helfen der Lehrkraft, Fehler im Alltagswissen der Lernenden besser zu verstehen. CC kann durch schülerorientierten, an konstruktivistischen Prinzipien orientierten Unterricht, in dem auch metakognitive Phasen enthalten sind, gefördert werden. Als Modell für die Unterrichtsplanung eignet sich das Modell der didaktischen Rekonstruktion (→ Didaktische Rekonstruktion).

Da widersprüchliche Konzepte in den Köpfen der Menschen nebeneinander bestehen können und fachlich fehlerhafte (zumeist intuitive) Vorstellungen möglicherweise nie endgültig beseitigt werden können, sollen wissenschaftliche Vorstellungen gut und häufig repetiert werden, sobald man sie sich angeeignet hat. Versuche, kognitive Konflikte auszulösen, können erst unternommen werden, wenn das wissenschaftliche Konzept verstanden ist, da man ohne minimale Vorkenntnisse kognitive Konflikte nicht wahrnehmen kann (POTVIN/CYR 2017).

Unterricht, der auf CC ausgerichtet ist, hat eine bedeutende Wirkung auf die Lernleistung (HATTIE/ZIERER/BEYWL 2018). Belege für den Erfolg eines solchen Unterrichts für die Entwicklung physisch-geographischen Wissens finden sich bei REINFRIED/AESCHBACHER/HUBER/ROTTERMANN (2010) und REINFRIED/AESCHBACHER/KIENZLER/TEMPELMANN (2013), wo durch gezielte lernpsychologisch gestützte Instruktion Alltagsvorstellungen von Lernenden dauerhaft in Richtung der wissenschaftlichen Konzepte verändert werden konnten.

Literatur

CARAVITA, S. & O. HALLDÉN (1994): Reframing the problem of conceptual change. – In: Learning and Instruction, 4, 89 – 111.

DISESSA, A.A. (2008): A bird's-eye view of the "pieces" vs. "coherence" controversy (from the "pieces" side of the fence). – In: VOSNIADOU, S. [Hrsg.] (2008): International handbook of research on conceptual change. New York, 35 – 60.

HATTIE, J., ZIERER, K. & W. BEYWL, (2018). Die 250+ Faktorenliste (Stand: Mai 2018). Universität Augsburg und Pädagogische Hochschule FHNW. Augsburg und Windisch. https://web.fhnw.ch/plattformen/hattie-wiki/begriffe/ Datei:250+_Juni_2018.jpg (Letzter Zugriff: 10.7.2023).

POSNER, G.J., Strike, K.A., Hewson, P.W. & W.A. Gertzog (1982): Accommodation of a scientific conception: Toward a theory of conceptual change. – In: Science Education, 66, 211 – 227.

POTVIN, P. & G. CYR (2017): Toward a durable prevalence of scientific conceptions: Tracking the effects of two interfering misconceptions about buoyancy from preschoolers to science teachers. Journal of Research in Science Teaching, 54(9), 1121-1142.

REINFRIED, S. & R. KÜNZLE (2020). Application of a Knowledge-in-Pieces perspective to students' explanations of water springs: A complex phenomenon pertaining to the field of physical geography. RISTAL Research in Subject-matter Teaching and Learning, 3, 1-29.

Reinfried, S., Aeschbacher, U., Huber, E. & B. Rottermann (2010): Den Treibhauseffekt zeigen und erklären. – In: Reinfried, S. [Hrsg.] (2010): Schülervorstellungen und geographisches Lernen. Aktuelle Conceptual-Change-Forschung und Stand der theoretischen Diskussion. Berlin, 123–156.

Reinfried, S., Aeschbacher, U., Kienzler, P.M. & S. Tempelmann (2013): Mit einer didaktisch rekonstruierten Lernumgebung Lernerfolge erzielen – das Beispiel Wasserquellen und Gebirgshydrologie. Zeitschrift für Didaktik der Naturwissenschaften, 19, 261–288. https://archiv.ipn.uni-kiel.de/zfdn/jg19.html#Art011 (Letzter Zugriff: 25.9.2022).

Sherin, B. (2018). Synthesis I. Elements, ensembles, and dynamic constructions. In: T.G. Amin & O. Levrini (Eds.): Converging Perspectives on Conceptual Change. London/New York, 61–78.

Vosniadou, S., Vamvakoussi, X. & I. Skopeliti (2008): The framework theory approach to the problem of conceptual change. – In: Vosniadou, S. [Hrsg.] (2008): International handbook of research on conceptual change. New York, 3–34.

Sibylle Reinfried

Critical thinking

Definition

Critical thinking ist die Fähigkeit, eine Bewertung oder Beurteilung von Daten, Fakten oder Aussagen mithilfe von komplexen Konzepten oder Theorien zu begründen.

Dabei sollten auch die Beurteilungen und Bewertungen reflektiert werden, die aus anderen theoretischen Modellen hergeleitet werden, um die eigene Position differenzieren zu können.

Klassifikation

Critical thinking ist eine in der modernen Wissensgesellschaft unerlässliche, komplexe Fähigkeit, die sich sowohl auf formale als auch auf inhaltliche Aspekte bezieht. Zu den formalen Aspekten gehört neben der genauen Kennzeichnung der genutzten Quellen auch die Definition der genutzten Begriffe, wobei es nicht reicht, eine Definition zu übernehmen, sondern verlangt wird, mehrere Definitionen gegeneinander abzuwägen und daraus eine für den jeweiligen Zweck geeignete Definition zu entwickeln.

Die Definition des Gegenstandes leitet zu den inhaltlichen Aspekten über. *Critical thinking* verlangt die Reflexion des theoretischen Hintergrunds einer zitierten Aussage oder Einschätzung. Bewertungen, die aufgrund verschiedener theoretischer und konzeptueller Annahmen gemacht wurden, sollten in den jeweiligen Kontexten diskutiert werden, um dann begründet in die eigene Argumentation einfließen zu können. Die Glaubwürdigkeit von Daten, Fakten, aber auch zitierten Aussagen sollte mit Bezug auf ihre Quelle hinterfragt werden. Daten wie Zitate können in einem anderen Kontext eine ganz andere Bedeutung erlangen.

Der kritische Umgang mit Argumenten schließt die Fähigkeit ein, sie von anderen Darstellungsformen, etwa von Beschreibungen oder Erklärungen, unterscheiden zu können. Ebenso ist eine Prüfung fremder und eigener Argumente in Bezug auf ihre impliziten Annahmen nötig. In diesem Kontext sollten auch wenig überzeugende Annahmen, Analogien oder Begründungszusammenhänge herausgearbeitet werden. Die Schlüsse, die aus den jeweiligen Argumentationen gezogen werden, sollten zum einen im Hinblick auf unerwünschte Nebenwirkungen und zum anderen auf Alternativen hin überdacht werden. All das gilt natürlich auch für die Reflexion des eigenen Textes. Dort, wo es Lücken in der Argumentation gibt, sollten sie benannt werden. *Critical thinking* schließt einen präzisen Sprachgebrauch ein, der es dem Leser ermöglicht, dem dargelegten Gedankengang zu folgen.

Zur geographiedidaktischen Diskussion

Die Fähigkeit des *Critical thinking* ist heute nicht mehr nur für Abiturienten relevant. In den (→) Bildungsstandards wird sie durch die Übernahme der Anforderungsbereiche der Abiturprüfungen im Anforderungsbereich III auch für den Mittleren Bildungsabschluss als relevant erachtet. Auffällig ist allerdings, dass die zugehörigen Fähigkeiten in Unterrichtsvorschlägen kaum trainiert und in zentralen Abiturprüfungen selten verlangt werden.

In der jüngeren englischsprachigen fachdidaktischen Diskussion stellt das *critical thinking* einen zentralen Bereich des *powerful disciplinary knowledge* dar.

In der deutschsprachigen geographiedidaktischen Diskussion gibt es unzählige Felder, in denen *critical thinking* eine Grundkomponente darstellen müsste: beim Perspektivenwechsel, bei der Argumentationskompetenz, beim Umgang mit theoretischen Vorstellungen wie denen zur Plattentektonik, zum Klimawandel, zur Globalisierung oder zur nachhaltigen Entwicklung.

Literatur

COTTRELL, S. (2005): Critical Thinking Skills. Basingstoke.

RAFOLT, S., KAPELARI, S. UND KREMER, K. (2019): Kritisches Denken im naturwissenschaftlichen Unterricht – Synergiemodell, Problemlage und Desiderata. In: Zeitschrift für Didaktik der Naturwissenschaften 25 (1), S. 63 – 75.

ROBERTS, M. (2003): Learning Through Enquiry. Making sense of geography in the key stage 3 classroom. Sheffield.

VAN DER SCHEE, J, (2013): Kritisches Denken: Geographische Denkfähigkeit und bedeutungsvolles Lernen. In: ROLFES, M., UHLENWINKEL, A. [Hrsg.]: Metzler Handbuch 2.0 für der Geographieunterricht. Ein Leitfaden für Praxis und Ausbildung. – Braunschweig, S. 105 – 113.

Young, M., & Muller, J. (2010): Three Educational Scenarios for the Future: lessons from the sociology of knowledge. In: European Journal of Education, 45 (1), S. 11 – 27.

Anke Uhlenwinkel

Croquis

Definition

Croquis sind geographische Kartenskizzen, bei denen stark vereinfacht das Wesentliche dargestellt wird.

Klassifikation

Croquis sind der kartographische Weg, schwer zu lesende mehrschichtige komplex(analytisch)e Darstellungen durch Zusammenziehen von Signaturenschichten zu begriffsmäßig neu konstruierten Kategorien in leichter lesbare synthetische Kartendarstellungen zu vereinfachen.

Dabei liefert ein von BRUNET entwickelter kartographisch semiotischer Code eine theoretische Begründung. Seine „Chorematische Geographie" interpretiert und fasst den Raum als komplex gestaltetes System sozialer bzw. politischer Kräfte und Prozesse in synthetischen Kartendarstellungen zusammen (im deutschsprachigen Raum ist seine Europadarstellung mit dem Raummodell der „blauen Banane" etc. bekannt). Dabei kombiniert er die kartographischen Grundelemente Punkt-Linie-Fläche-Netz mit in sieben zu erarbeitenden Strukturen: Element, Strukturen, Gravitation, Kontakt, Bewegung, Ausbreitung, Hierarchie (vgl. Schema bei UHLENWINKEL 2008).

Diese Aufzählung zeigt, dass es sich hier um eine weit über eine statische Kartendarstellung hinausgehende Abbildung handelt. Dabei wird insgesamt eine Vereinheitlichung und Typisierung der differenzierten Objektstrukturen vorgenommen. Zusätzlich wird auch eine Darstellung von Prozessen, Beziehungen, der Zuordnung und Hierarchisierung innerhalb eines Raumes erarbeitet.

Neben „harten" quantifizierbaren Datengrundlagen werden dazu auch sogenannte „weiche Faktoren" herangezogen, wobei zugunsten der Klarheit der inhaltlichen Darstellung auch Abstriche bei einem streng ausgelegten topographischen Prinzip in Kauf genommen werden.

Dies kann durchaus so weit gehen, dass in einer grob generalisierenden, zum Teil auch geometrischen Darstellungsform gearbeitet wird (also etwa die Darstellung der USA als ein Trapez). Klassisch ist das für Frankreich in dieser Tradition stehende räumliche Symbol des Sechsecks, das auch die 1-Euro-Münze ziert.

Zur geographiedidaktischen Diskussion

Im Rahmen des Diskurses zur Kompetenzorientierung eröffnet sich hier ein neues Feld, stärker von der im deutschen Sprachraum gewohnten Kartenlesekompetenz zu einer konstruktivistisch gesehenen anwendungsorientierten Kartenkommunikationskompetenz voranzuschreiten.

Bei einem stufenweisen Vorgehen werden zunächst vorgegebenen räumlichen Verteilungsmustern Signaturbedeutungen zugeordnet (etwa indem man das Kartenangebot des Schulbuches oder des Atlas als „Datenbank" zur Bedeutungszuschreibung versteht). Später geht es darum, aus einem Set von Informationen (Karten, Tabellen, aber auch Textinformationen) die für das Thema wichtigen auszuwählen und in eine synthetische regionale Darstellung umzusetzen.

Dabei wird in der Regel nach folgenden Schritten vorgegangen (vgl. ausführlich bei SITTE 2013), die durchaus schon Potenzial des zweiten und dritten Kompetenzniveaus in sich bergen:

- Zunächst erfolgt eine Auswahl der verschiedenen Informationen, die auf die gestellte Problematik/Hypothese Antwort geben könnten.
- Ein weiterer wichtiger Schritt ist die Auswahl (eigene Konstruktion) der für die Darstellung notwendigen Signaturen.

- Als Nächstes ist festzulegen, wie der jeweilige Raum und seine Grenzen dargestellt werden. Das können stumme Kartenvorlagen sein, aber auch stärker geometrisch ausgerichtete Croquis, bis hin zu einer nur schematisch ausgerichteten Zeichnung.
- Die durchaus individuellen Zugänge und Ausformungen sind im Unterricht zu thematisieren und zu diskutieren.

Befruchten kann uns in der deutschsprachigen Geographiedidaktik neben dieser aktiven Annäherung an Raumdarstellungen durch Herausarbeiten einer inhaltlichen und kartographischen Synthese (und den damit verbundenen Kompetenzen) ihre Nutzung als Kommunikationsmittel über Räume. Den Franzosen kommt dabei natürlich ihre andere Tradition einer auch in Wissenschaft und Schule stark verankerten Politischen Geographie zugute (vgl. geopolitisches Magazin „Mit offenen Karten" auf ARTE.tv).

Diese kann aber mit den deutschsprachigen Ansätzen einer neuen „Politischen Geographie" bzw. mit den auch vom DGfG 2008 formulierten Bildungsstandards im Fach Geographie verwendeten vier Raumbegriffen in Fragestellungen kombiniert und in Nutzung sogenannter „weicher Kriterien" neben analytischen Karten und Statistiken erweitert werden.

Literatur

BONNET, J. (2011): La construction de croquis: capacités visées et proposition de démarches. Marseille. – In: www.ac-aix-marseille.fr/pedagogie/upload/docs/application/pdf/2011-06/nouveaux_programmes_de_4eme_le_croquis.pdf (Letzter Zugriff: 10.05.2013).

BRUNET, R. (1986): La carte-modèle et les chorèmes. – In: Mappemonde, 4/1986, 2 – 6. – In: www.mgm.fr/PUB/Mappemonde/M486/p2-6.pdf (Letzter Zugriff: 26.02.2013).

CHEYLAN, J.-P., LIBOUREL, T. & C. MENDE (o. J.): Graphical Modelling for Geographic Explanation. – In: www.scribd.com/doc/18712947/Choremes-as-a-geographical-knowledge-representation (Letzter Zugriff: 19.02.2013).

Deutsche Gesellschaft für Geographie (DGfG) [Hrsg.] (2008): Bildungsstandards im Fach Geographie für den Mittleren Schulabschluss. Bonn.

Ministère de l'éducation nationale, de la jeunesse et de la vie associativ [Hrsg.] (2011): Réaliser un croquis. Vade-mecum des capacités en histoire-géographie-éducation civique. – In: http://media.eduscol.education.fr/file/Competence_5/46/5/Vade-mecum_HGEC_realiser_croquis_198465.pdf (Letzter Zugriff: 19.02.2013).

Sidot, A. & le groupe «La Durance» (2003): Cartographier en classes de seconde et première. – In: www.ac-aix-marseille.fr/pedagogie/upload/docs/application/pdf/2011-07/asi022_cartographier.pdf (Letzter Zugriff: 10.05.2013).

Sitte C. (2013): Croquis/Chorèmes & Schemata. – In: Rolfes, M. & A. Uhlenwinkel (2013): Essays zur Didaktik der Geographie (= Potsdamer Geographische Praxis, Bd. 6). Potsdam. 13–19.

Uhlenwinkel A. (2008): Mit Karten kommunizieren. – In: Praxis Geographie, 38, 7/8, 22–26.

Christian Sitte

Curricularer Ansatz

Definition

Der curriculare Ansatz ist eine Ausrichtung der Bildung, die die Auswahl der Inhalte nach gegenwarts- und zukunftsrelevanten Qualifikationen anstrebt.

Der Ansatz weist eine starke Lernzielorientierung auf und wendet sich von einer vorrangigen und umfassenden Vermittlung vom Fachwissen im Sinne der Bildungstheorie ab.

Klassifikation

Der curriculare Ansatz setzt laut Robinsohn (1967) die Identifizierung folgender drei gegenwarts- und zukunftsrelevanter Aspekte voraus:

- Lebenssituationen, auf die Schülerinnen und Schüler vorbereitet werden sollten
- Qualifikationen, die Schülerinnen und Schüler brauchen bzw. brauchen werden
- Lerninhalte, die zur Förderung jener Qualifikationen dienen können, die zur Bewältigung aktueller und künftiger Lebenssituationen benötigt werden.

Die Analyse dieser Aspekte führt zu Entscheidungen in folgenden Bereichen:

- (→) Lernziele, die nach den erforderlichen Qualifikationen zu formulieren sind
- Lerninhalte, die sich zur Entwicklung von Qualifikationen eignen
- Lernorganisation im Sinne der Entwicklung von Qualifikationen.

Zur geographiedidaktischen Diskussion

Ende der 1960er-Jahre entfaltete sich in den Bildungswissenschaften eine von Robinsohn angeregte Diskussion, die eine Neuorientierung der formellen Bildung anstrebte. Die Hauptkritik an die Adresse des Schulunterrichts bezog sich im Wesentlichen auf die starke Ausrichtung der einzelnen Fächer auf das Fachwissen. Schule sollte, so Robinsohn (1967), nicht nur durch die Inhalte, sondern auch durch eine allgemeine Zielorientierung dazu beitragen, die Aneignung von solchen Qualifikationen zu ermöglichen, die für die Bewältigung von gegenwärtigen und zukünftigen Lebenssituationen notwendig sind.

Diese neue Sichtweise – der curriculare Ansatz oder die Lernzielorientierung – bahnte den Übergang an vom traditionellen Lehrplan im Sinne eines Stoffplanes (→ Lehrplan) zum Curriculum (→ Curricularer Ansatz). Folglich beinhalteten die geschlossenen und offenen Curricula der 1970er-Jahre nicht nur die Inhalte, sondern boten auch nützliche Lösungen zur Zielformulierung und Unterrichtsorganisation (Sozialformen, Aktionsformen etc.) an. Darüber hinaus erforderte die klare Formulierung von Lernzielen auch ein Umdenken der Evaluationskultur, da die Leistung nun anhand der formulierten Ziele und objektiviert gemessen werden sollte (→ Lernzielkontrolle, → Leistungsmessung).

Die geographiedidaktische Diskussion führte bereits Ende der 1960er-, hauptsächlich aber während der 1970er-Jahre zu einer starken Lernzielorientierung der Schulgeographie. Dabei wurden die Inhalte lediglich auf der obersten Ebene der Richtziele mit den Lebenssituationen und den für deren Bewältigung für notwendig deklarierten Qualifikationen verknüpft. Untere Ebenen der Lernzielformulierung durchdrangen zwar die Unterrichtsgestaltung, richteten sich allerdings nach der vorhandenen Inhaltsstruktur des Geographieunterrichts. Die meisten Veröffentlichungen widmeten sich der Diskussion des neuen Ansatzes und begleiteten dessen Implementierung. Einige Arbeiten waren praktischer Natur und boten Implementierungsbeispiele für Unterrichtsreihen und/oder -einheiten an. Wenige kritische Stimmen setzten sich mit affektiven Lernzielen sowie halboffenen Curricula auseinander.

Nach der Jahrtausendwende kam es im Rahmen der Kompetenzorientierung des Unterrichts wiederum zu einer stärkeren Ausrichtung der Bildung auf Ziele (→ Bildungsstandards, Curriculum).

Literatur

BIRKENHAUER, J. (1986): Curriculartheoretische Didaktik. – In: KÖCK, H. [Hrsg.] (1986): Grundlagen des Geographieunterrichts (= Handbuch des Geographieunterrichts, Bd. 1). Köln, 79 – 82.

HAUSMANN, W. & G. KIRCHBERG (1997): Lernzielorientierung. – In: HAUBRICH, H. et al. [Hrsg.] (1997): Didaktik der Geographie konkret. München, 122 – 123.

KÖCK, H. (1980): Theorie des zielorientierten Geographieunterrichts. Köln.

ROBINSOHN, S. B. (1967): Bildungsreform als Revision des Curriculums. Neuwied und Berlin.

Péter Bagoly-Simó

Daseinsgrundfunktionen

Definition

Daseinsgrundfunktionen sind grundlegende menschliche Daseinsäußerungen, Aktivitäten und Tätigkeiten.

Sie stehen untereinander in einem Wirkungsgefüge, sind räumlich und zeitlich erfassbar. Sie prägen sich durch eine Raumwirksamkeit aus und erzeugen durch ihre Raumbeanspruchung auch Raumnutzungskonflikte. Die Daseinsgrundfunktionen werden auch Grunddaseinsfunktionen und in Englisch basic function of human existence genannt.

Klassifikation

Für heutige industrialisierte Gesellschaften werden folgende Daseinsgrundfunktionen unterschieden:

– in Gemeinschaft leben und sich fortpflanzen
– wohnen
– arbeiten
– sich versorgen
– sich bilden
– sich erholen
– am Verkehr und an der Kommunikation teilnehmen.

Alle Daseinsgrundfunktionen haben trotz vielfältiger Überschneidung ihren Eigenwert, der eine Hierarchisierung oder Rangfolge nicht zulässt.

Zur geographiedidaktischen Diskussion

Der Begriff wurde von der sogenannten Münchner Schule (RUPPERT und SCHAFFER, 1969) populär gemacht. Im Kontext der nachhaltigen Entwicklung werden die Daseinsgrundfunktionen heute aufgrund der anthropozentrischen Orientierung kritisch betrachtet. Die Zahl der Daseinsgrundfunktionen sowie deren Ausprägungen sind je nach Kulturkreis und Epoche unterschiedlich. Ob es sich dabei bei „am Verkehr und an der Kommunikation teilnehmen" um eine eigene Daseinsgrundfunktion oder lediglich um einen Vermittler zwischen Daseinsgrundfunktionen handelt ist in der Fachwelt umstritten. Daseinsgrundfunktionen stellen jeweils spezifische Raumansprüche und haben sozialgruppenspezifisch sowie regional differenzierte Struktur- und Prozessmuster. Dadurch dienen Sie häufig als Ordnungsschema in der Anthropo- und Humangeographie (HAUBRICH 2006). Zudem haben sie eine Bedeutung in der curricularen Veränderung im Schulunterricht. Eine vollständige Neuorientierung der Anthropo- und Humangeographie durch diesen kontrovers diskutierten sozialgeographischen Ansatz scheiterte jedoch. Gründe für dieses Scheitern sind eine fehlende theoretische Fundierung, eine unzulängliche Einbindung neuer Forschungsansätze sowie arbeitsmethodische Probleme wie z.B. die Definition einer sozialen Schicht oder die Zugänglichkeit amtlicher Massenstatistiken (HEINEBERG 2007).

Das Konzept der Daseinsgrundfunktionen zeigt Zusammenhänge im sich laufend verändernden sozialgeographischen Raumsystem auf. Jede Verwirklichung einer Daseinsgrundfunktion stellt spezifische Raumansprüche mit räumlich beobachtbaren Einrichtungen wie z.B. Infrastruktur für die Gemeinschaft und für Wohnen, Arbeiten, Versorgung, Bildung, Erholung sowie für Verkehr. Die heutigen Kulturlandschaften mit ihren Strukturmustern sind das Abbild der in der Vergangenheit verwirklichter Daseinsgrundfunktionen. Aufgrund der Investitionskosten verändern sich räumliche Strukturen langsamer als soziale Phänomene. Dies führt zu einer zeitlichen Verzögerung der räumlichen Entwicklung oder zu einem Auseinanderklaffen von Raumstruktur und sozialökonomischen Verhältnissen. Beispiele für ein

solches Auseinanderklaffen sind historische städtische Grundrisse sowie brachliegende alt-industrielle Produktionsstätten. Nur wenn sich Wertvorstellungen und damit verbunden wirtschaftliche und soziale Verhaltensweisen längerfristig ändern wird das räumliche Muster angepasst (WERLEN 2004).

In der Geographiedidaktik und der Unterrichtspraxis spielen die Grunddaseinsgrundfunktionen nach einer Blüte in den 1970er-Jahren inzwischen eine untergeordnete Rolle. Sie werden als Such- und Strukturbegriffe verwendet.

Literatur
HAUBRICH, H. [Hrsg.] (2006): Geographie unterrichten lernen. Kiel, S. 36 – 39

HEINEBERG, H. (2007): Einführung in die Anthropogeographie/Humangeographie. Paderborn, 27 – 31.

RUPPERT, K. & F. SCHAFFER (1969): Zur Konzeption der Sozialgeographie. – In: Geographische Rundschau, 21, 6, 205 – 214.

WERLEN, B. (2004): Sozialgeographie. Bern, 173 – 199.

Marianne Landtwing

Deklaratives Wissen

Definition

Der Begriff des deklarativen Wissens umfasst durch Erfahrungslernen oder formale Lernprozesse erworbene Wissensbestände, die in relevanten Situationen abgerufen werden können.

Deklaratives Wissen ist dementsprechend in der Regel explizit (*to declare* – lat.: Wissen, das benannt werden kann). Es umfasst neben Fakten und Tatsachenbeständen auch Ereignisse und Erfahrungen sowie Konzepte und Theorien.

Klassifikation

Der Begriff des deklarativen Wissens ist abgeleitet vom Begriff des deklarativen Gedächtnisses, dem das nichtdeklarative Gedächtnis gegenübersteht. Für die Unterscheidung der damit angesprochenen Erinnerungsleistungen gibt es in der Psychologie verschiedene Gegensatzpaare, wie z. B. explizit versus implizit, „Wissen, dass" versus „Wissen, wie". Alle diese Unterscheidungen weisen auf die Hauptdifferenz zwischen den beiden Erinnerungsformen hin: Das deklarative Gedächtnis ist für Inhalte zuständig, die später bewusst wieder abgerufen und verbalisiert werden können, das nichtdeklarative Gedächtnis ist dagegen für mechanische, automatisierte Handlungen zuständig, wie sie etwa ausgebildet werden, wenn man Schwimmen, Klavierspielen oder Autofahren lernt. Die Inhalte, die im nichtdeklarativen Gedächtnis gespeichert sind, können erhalten bleiben, selbst wenn die Inhalte aus dem deklarativen Gedächtnis nicht mehr abgerufen werden können.

In der didaktischen Diskussion wird das deklarative Wissen dem prozeduralen und dem metakognitiven Wissen gegenübergestellt. Die drei Wissensformen beschreiben unterschiedliche Anforderungen an den Lernenden, wobei das deklarative Wissen weitgehend der Reproduktion im Rahmen der Anforderungsbereiche und der Stufe der Kenntnisse und z. T. auch des Verständnisses der Bloom'schen Taxonomie entspricht. Ein mit anderen geteiltes deklaratives Wissen ist für die menschliche Kommunikation unerlässlich.

Zur geographiedidaktischen Diskussion

In der deutschen geographiedidaktischen Diskussion spielt der Begriff des deklarativen Wissens bisher eine untergeordnete Rolle. Trotzdem wird konzeptuell eine ähnliche Kategorie als Anforderungsbereich I der Abiturprüfung benannt. Problematisch ist, dass die in diesem Anforderungsbereich zu erbringende Leistung in vielen deutschen Fachdidaktiken über bestimmte Operatoren,

wie z. B. beschreiben, nennen oder ermitteln, definiert wird. In der englischen geographiedidaktischen Diskussion wird dagegen betont, dass auch eine gelernte Erklärung in den Bereich der Kenntnisse in der Bloom'schen Taxonomie gehört. Das würde dem Verständnis des deklarativen Wissens, das ja auch das Wissen über Theorien umfasst durchaus entsprechen. Umgekehrt kann eine Beschreibung überaus anspruchsvoll werden, wenn sie vom Schüler verlangt, eine eigene Klassifikation vorzunehmen. Hier wäre dann der Übergang zum prozeduralen Wissen gegeben.

Die in jüngerer Zeit, insbesondere in Großbritannien geführte Diskussion um *powerful disciplinary knowledge* sieht im deklarativen Wissen vor allem ein knowledge of the powerful, also ein Herrschaftswissen, mit dem die Eliten vor der Bildungsreform der 1960er-Jahre ihre gesellschaftliche Position absichern wollten.

Literatur

MIETZEL, G. (2007): Pädagogische Psychologie des Lernens und Lehrens. Göttingen.

ROBERTS, M. (2003): Learning Through Enquiry. Making sense of geography in the key stage 3 classroom. Sheffield.

ROLDÃO, M. C. (2013): Kompetenzen: Unterstützung von Unterrichtsplanung und Leistungsbewertung. – In: ROLFES, M. & A. UHLENWINKEL [Hrsg.] (2013): Metzler Handbuch für den Geographieunterricht 2.0. – Ein Leitfaden für Praxis und Ausbildung. Braunschweig, 96 – 104.

SQUIRE, L. R. & E.R. KANDEL (2009): Gedächtnis – die Natur des Erinnerns. Heidelberg.

UHLENWINKEL, A. (2014): Factual knowledge and conceptual understanding. In: Geography 99 (1), S. 28 – 35.

YOUNG, M. & MULLER, J. (2010): Three Educational Scenarios for the Future: lessons from the sociology of knowledge. In: European Journal of Education, 45 (1), S. 11 – 27.

Anke Uhlenwinkel

Diagramm

Definition

Das Diagramm veranschaulicht Zahlenwerte, im Allgemeinen statistische Größen oder Größenbeziehungen, in zeichnerischer Weise. Wiedergegeben werden können absolute oder relative Zahlen.

Klassifikation

Im Geographieunterricht spielen vor allem folgende Typen von Diagrammen eine Rolle:
- Figurendiagramme (Signatur- oder Bilddiagramme) veranschaulichen Zahlenwerte als Figuren in einem Größenverhältnis, das der darzustellenden Menge entspricht. Durch Aufreihung bzw. regelmäßige Anordnung können so genannte Mengenbilder oder Zähldiagramme entstehen.
- Säulen- oder Stabdiagramme und Balkendiagramme (Band-, Streifendiagramme) geben Zahlenwerte als senkrechte, auf der x-Achse stehende Säulen bzw. als waagrechte, von der y-Achse abgehende Balken wieder.
- Linien- und Kurvendiagramme repräsentieren Abfolgen von Zahlenwerten in Form von Linien. In der Geographie handelt es sich oft um sogenannte Polygonendiagramme, bei denen die zugrunde liegenden Daten im Gegensatz zu Kurvendiagrammen keine stetige Entwicklung aufweisen müssen.
- Kreis(sektoren)diagramme: Der Vollkreis (360°) stellt die Gesamtmenge (100 Prozent) dar, die relative Größe der Teilmenge bestimmt den Kreissektor (ein Prozent entspricht dabei 3,6°). Sollen auch absolute Werte miteinander verglichen werden, kann dies über verschieden große Kreisflächen geschehen.
- Dreiecksdiagramme: Sie geben Daten wieder, bei denen drei Variable zusammen 100 Prozent ergeben, z.B. der Anteil der Erwerbstätigen in den drei Wirtschaftssektoren oder

der Anteil verschiedener Korngrößenfraktionen im Hüllströmdiagramm.
- Die in der Geographie häufig verwendeten → Klimadiagramme und die Bevölkerungsdiagramme (Bevölkerungspyramiden, Pyramidendiagramme) sind allerdings keine eigenständigen Typen. Vielmehr handelt es sich um Sonder- bzw. Mischformen anderer Diagrammarten.

Zur geographiedidaktischen Diskussion

Diagramme begegnen Schülern beinahe täglich in Zeitungen, Büchern, im Fernsehen und im Internet. Ihre weite Verbreitung wird mit der höheren Anschaulichkeit der dargestellten Zahlen, dem schnelleren Erfassen und besseren Einprägen gegenüber einer Darstellung z.B. in Form von Tabellen begründet. Die Auswertung von Diagrammen ist nicht nur in der Schule, sondern auch im Alltagsleben von großer Bedeutung und muss daher eingeführt und eingeübt werden.

Auch wenn in der Geographiedidaktik keine grundsätzlichen Aussagen darüber gemacht werden können, welche spezifischen Schwierigkeiten Schüler mit Diagrammen haben, und in welchen Altersstufen diese erstmals eingesetzt werden dürfen, kann davon ausgegangen werden, dass ein Verständnis für komplexere Sachverhalte und Darstellungen erst mit zunehmendem Alter zu erwarten ist. Figuren- oder Zähldiagramme sind für jüngere Schüler wohl am leichtesten zu erfassen. Auch Säulen- und Balkendiagramme gehören zu den verständlicheren Darstellungen, während z.B. Dreiecksdiagramme vorwiegend höheren Jahrgangsstufen vorbehalten bleiben sollten. Allerdings ist darauf hinzuweisen, dass durch die Verwendung komplexer Inhalte auch einfache Diagrammtypen schwer zu lesen sein können.

Literatur

KRAUTTER, Y. (2015): Zahlen und Diagramme – quantitativ-dimensionsbildende Medien. In: Geographie unterrichten lernen. Die Didaktik der Geographie. Hrsg. von Sybille Reinfried und Hartwig Haubrich, Berlin, 264 – 267.

LENZ, T. (2009): Diagramme. – In: geographie heute, 31, 271/272, 38 – 40.

Geographiedidaktik. Paderborn, 333 – 338.

STONJEK, D. (1994): Altersdiagramme – von falsch bis richtig. – In: Praxis Geographie, 24, 7/8, 24 – 26.

STONJEK, D. (1997): Diagramme. – In: BIRKENHAUER, J. [Hrsg.] (1997): Medien. Systematik und Praxis. München, 138 – 158.

Gerd Bauriegel

Didaktische Analyse

Definition

Die didaktische Analyse dient als Instrument zur begründeten Auswahl und Strukturierung von Unterrichtsinhalten durch die Erschließung ihres Bildungsgehalts.

Klassifikation

Entwickelt wurde die didaktische Analyse in den 1960er-Jahren von WOLFGANG KLAFKI im Rahmen seiner bildungstheoretischen Didaktik. Er bezeichnet sie als Kern der Unterrichtsvorbereitung, bei der der Bildungsgehalt der Inhalte herausgearbeitet werden soll. KLAFKI geht dabei vom Begriff der kategorialen Bildung aus, der die Synthese von materialen und formalen Bildungskonzepten darstellt: „Bildung ist kategoriale Bildung in dem Doppelsinn, dass sich dem Menschen eine Wirklichkeit ‚kategorial' erschlossen hat und dass eben damit er selbst – dank der selbstvollzogenen ‚kategorialen' Einsichten, Erfahrungen, Erlebnisse – für diese Wirklichkeit erschlossen worden ist" (KLAFKI 1963; 44).

Unterrichtsinhalte sollten unter Berücksichtigung von fünf Kriterien reflektiert werden, um deren Bildungsgehalt zu erfassen:

(1) Gegenwartsbedeutung, (2) Zukunftsbedeutung, (3) Struktur des Inhaltes, (4) Exemplarische Bedeutung, (5) Zugänglichkeit.

Die Legitimation des Inhaltes sollte aus drei Perspektiven erfolgen: (1) Gesellschafts-, (2) Fach- und (3) Schülersicht.

Zur geographiedidaktischen Diskussion

Das Ermitteln des Bildungsgehaltes von Unterrichtsinhalten erfolgt durch einen individuellen, interpretativen Prozess des Lehrenden, der zudem abhängig ist von normativ-gesellschaftlichen Rahmenbedingungen. Die Gültigkeit eines Bildungsgehaltes kann im Sinne einer kommunikativen Validierung durch Rücksprache mit anderen qualifizierten Personen erhöht werden, er lässt sich jedoch niemals objektiv feststellen. Hilfreich sind KLAFKIS genaue Hinweise, beim Ermitteln der Bedeutung von Inhalten mit der Gesellschafts-, Fach- und Schülersicht mehrere Perspektiven zu berücksichtigen, sowie die Anmerkungen zur exemplarischen Bedeutung, an der sich allgemeine Prinzipien aufzeigen (Elementaria) und an der grundlegende Einsichten (Fundamentalia) gewonnen werden können.

KLAFKIS Konzept der kategorialen Bildung erhielt durch die Diskussion um die Bildungsstandards neue Aktualität (vgl. ZIENER 2010; 40 ff.). Standards und Kompetenzen sind zwar nicht mit Zielen (→ Bildungsstandards) gleichzusetzen, eine Orientierung an ihnen könnte jedoch durch Nennen und Begründen des Beitrags der Unterrichtsstunde an den langfristig zu fördernden Fertigkeiten und Fähigkeiten im Rahmen eines Unterrichtsentwurfes deutlich gemacht werden.

In der Praxis ist die didaktische Analyse sehr komplex, weil es schwierig ist, alle von KLAFKI genannten Faktoren zu berücksichtigen (RINSCHEDE & SIEGMUND (2022).

Literatur

KLAFKI, W. (1963): Studien zur Bildungstheorie und Didaktik. Weinheim.

KESTLER, F. (^{3}2020): Einführung in die Didaktik des Geographieunterrichts. Grundlagen der Geographiedidaktik einschließlich ihrer Bezugswissenschaften. Bad Heilbrunn.

RINSCHEDE, G., SIEGMUND, A. (^{5}2022): Geographiedidaktik. Paderborn.

OTTO, K.-H. (2012): Didaktische Modelle und Prinzipien. – In: J.B. HAVERSATH [Mod.] (2012): Geographiedidaktik. Theorien – Themen - Forschung. Braunschweig, 37-49.

ZIENER, G. (2010): Bildungsstandards in der Praxis. Seelze.

Thomas Basten, Dominik Conrad

Didaktische Rekonstruktion

Definition

Didaktische Rekonstruktion hat die Funktion, fachliche Lerngegenstände aus einem wechselseitigen Vergleich von Lerner- und Wissenschaftlerperspektiven für die Unterrichtspraxis „neu zusammenzubauen" („zu rekonstruieren"). So werden wissenschaftliche Aussagen beispielsweise im Rahmen einer fachlichen Klärung in Hinblick auf ihre Entstehungsgeschichte, auf normativ-gesellschaftliche Einflüsse oder persönliche, subjektive Ansichten der Wissenschaftler kritisch überprüft und in Beziehung zu (→) Schülervorstellungen zum relevanten Thema gesetzt. Aus diesem Vergleich von (→) fachlicher Klärung" und „Lernerperspektive" wird im Rahmen der „didaktischen Strukturierung" letztlich eine didaktisch begründete Struktur des Lerngegenstandes entwickelt. Die didaktische Rekonstruktion erfolgt hierbei als ein Prozess, bei dem immer wieder erneut die drei Komponenten „Fachliche Klärung", „Lernerperspektiven" und „Didaktische Strukturierung" miteinander in Beziehung gesetzt werden.

Klassifikation

Entwickelt wurde das Modell Ende der 1990er-Jahre zunächst als Forschungsrahmen innerhalb der Naturwissenschaftsdidaktiken zur empirischen Fundierung von Unterrichtsplanung (KATTMANN et al. 1997). Die didaktische Rekonstruktion orientiert sich an früheren Arbeiten KLAFKIS zur (→) didaktischen Analyse. So soll im Prozess der fachlichen Klärung ebenfalls das Elementare eines Inhaltes herausgearbeitet werden. Das Forschungsmodell wurde für gesellschaftswissenschaftliche Unterrichtsthemen um eine weitere Komponente, die normativ-legitimierende Zielklärung, erweitert. Diese fragt nach dem potenziellen Nutzen des Lerngegenstandes für die Schüler vor dem Hintergrund einer Erziehung zu mündigen Bürgern (LANGE 2007). Das Modell wurde auch als Unterrichtsplanungsmodell für die Schulpraxis weiterentwickelt.

Zur geographiedidaktischen Diskussion

Als Forschungsrahmen wurde das Modell der didaktischen Rekonstruktion innerhalb der Geographiedidaktik insbesondere innerhalb der *conceptual-change*-Forschung (→ *conceptual change*) verwendet. Hierbei überwiegen bisher Arbeiten zu physisch-geographischen Themen (z.B. Grundwasser, Klimawandel, Meteoriten, Boden), mittlerweile liegen aber auch Arbeiten zu humangeographischen Themen vor (z.B. illegale Migration, demographischer Wandel). Die Anwendung auf humangeographische Lerngegenstände erweist sich als schwieriger, da in gesellschaftswissenschaftlichen Themenfeldern oft nicht nur eine wissenschaftliche Sicht dominiert, sondern eine Theorien-Pluralität besteht (LANGE 2007, LETHMATE 2007, REINFRIED 2010).

Das Modell der didaktischen Rekonstruktion weist Ähnlichkeiten zum Design-Based-Research-Ansatz auf, der in den letzten Jahren verstärkt als Rahmen geographiedidaktischer Entwicklungsforschung fungiert. Zum Teil wird das Modell der didaktischen Rekonstruktion in Design-Based-Forschung integriert (FEULNER/OHL/HÖRMANN 2015).

In Geographiedidaktik-Lehrbüchern wird das Modell zunehmend auch in seiner Funktion für die Unterrichtsplanung thematisiert. Auf diese Weise werden Schülervorstellungen, aber auch Schülerinteressen und –einstellungen bei der Unterrichtsplanung stärker berücksichtigt. Auch die Konstruktion des Lerngegenstandes dürfte hierdurch weniger als eine didaktische Reduktion der fachwissenschaftlichen Struktur, sondern mehr als eine neuartige Konstruktion im Hinblick auf die Verstehensmöglichkeiten der Schüler verstanden werden. Allerdings zeigen sich besonders in der Adaption der fachlichen Klärung als über die Sachanalyse hinausgehender Planungsschritt Herausforderungen auf theoretischer Ebene und auf Seiten der Lehrkräfte (REINFRIED 2021). Auch für die Konzeption von Hochschullehre gewinnt das Modell an Bedeutung (REINFRIED 2021).

Literatur

FEULNER, B., OHL, U., & HÖRMANN, I. (2015): Design-Based Research – ein Ansatz empirischer Forschung und seine Potentiale für die Geographiedidaktik. – In: Zeitschrift für Geographiedidaktik, 43, 3, 205–231.

KATTMANN, U. et al. (1997): Das Modell der Didaktischen Rekonstruktion – Ein Rahmen für naturwissenschaftsdidaktische Forschung und Entwicklung. – In: Zeitschrift für Didaktik der Naturwissenschaften, 3, 3, 3–18.

LANGE, D. (2007): Politikdidaktische Rekonstruktion. – In: REINHARDT, V. [Hrsg.] (2007): Forschungs- und Bildungsbedingungen. Baltmannsweiler, 58–65.

LETHMATE, J. (2007): Didaktische Rekonstruktion als Forschungsrahmen der Geographiedidaktik. – In: Geographische Rundschau, 59, 7-8, 54-59.

REINFRIED, S. [Hrsg.] (2010): Schülervorstellungen und geographisches Lernen: Aktuelle Conceptual-Change-Forschung und Stand der theoretischen Diskussion. Berlin.

REINFRIED, S. (2021): Das Modell der Didaktischen Rekonstruktion in der Ausbildung von Geographielehrkräften – ein Lehr- und Lernangebot zur vertieften Auseinandersetzung mit Unterrichtsplanung und -reflexion. – In: HLZ – Herausforderung Lehrer*innenbildung, 4, 2, 28–50.

Thomas Basten, Dominik Conrad,
Dirk Felzmann

Digitale Geomedien

Definition

Digitale Geomedien stellen digital codierte raumbezogene Daten über geographisch relevante Sachverhalte dar sowie die zu deren Verwaltung, Analyse und Visualisierung notwendigen technischen Geräte und Software.

Klassifikation

Digitale Geomedien werden durch verwandte Begriffe wie „Geomedien", „Geoinformation" oder „Geokommunikation", die jeweils Teilaspekte digitaler Geomedien umfassen, geprägt. Hauptkategorien digitaler Geomedien stellen digitale Globen (→ Globus), (webbasierte) geographische Informationssysteme (→ GIS) und die (→) Fernerkundung dar.

Zur geographiedidaktischen Diskussion

Die digitalen Geomedien bilden nicht zuletzt aufgrund ihres technischen Innovationscharakters einen noch sehr jungen Bereich in der didaktischen Diskussion. In der Praxis spannen digitale Geomedien heute bereits einen weiten Bogen an hard- und softwaretechnischen Möglichkeiten – jedes Smartphone verfügt heutzutage über einen GPS-Empfänger und entsprechende Anwendungen. Die Bandbreite des Einsatzes digitaler Geomedien reicht inzwischen von Navigationsgeräten in diversen Spezialausführungen (nicht nur für Autofahrer, auch für Radfahrer, Wanderer, Segler etc.), digitalen Globen, webbasierten geographischen Informationssystemen und interaktiven Kartendiensten bis hin zu Smartphones mit Augmented-Reality-Anwendungen. Ihr Einsatz ist in vielen Anwendungsbereichen des täglichen Lebens in Wirtschaft, Verwaltung und Forschung nicht mehr wegzudenken. Wegen der großen Alltags- und Zukunftsbedeutung sind digitale Geomedien inzwischen auch in Bildungsstandards und vielen Bildungsplänen verankert.

Die bisherigen Bemühungen, digitale Geomedien (→ GIS, → Fernerkundung) auch im Unterricht zu implementieren, greifen in der Regel aber trotz der Aufnahme in die Bildungspläne vieler Bundesländer bisher immer noch nur sehr punktuell an einzelnen Schulstandorten. Als wesentliche Barrieren bzw. Hinderungsgründe für den unterrichtlichen Einsatz erweisen sich aus Lehrerperspektive die fehlenden zeitlichen Ressourcen angesichts der technischen Komplexität sowie mangelnde didaktisch-methodische Kenntnisse.

Die Bereitschaft der Lehrkräfte und die Motivation der Schüler zur Arbeit mit digitalen Geomedien sind generell vorhanden. Um den Lehrkräften den Zugang zu digitalen Geomedien zu erleichtern, scheinen drei Erfolgsfaktoren im Mittelpunkt zu stehen: Angebote zur fachlich methodischen Aus- und Fortbildung zu Geoinformationstechnologien, didaktische Konzepte zur Einbindung digitaler Geomedien in den Unterricht sowie praktische Arbeits- und Datenmaterialien (vgl. HÖHNLE/SCHUBERT/UPHUES 2011).

Neben entsprechenden Themenheften, einschlägigen Fachzeitschriften und Methodenfachbüchern erscheinen besonders Angebote hilfreich, die diese genannten Schwierigkeiten überwinden helfen, wie z. B. die GIS-Station, das Klaus-Tschira-Kompetenzzentrum für digitale Geomedien an der Pädagogischen Hochschule Heidelberg.

Literatur

BILL, R. & M. ZEHNER (2001): Lexikon der Geoinformatik. Heidelberg.

DÖRING, J. & T. THIELMANN (2009): Mediengeographie: Für eine Geomedienwissenschaft. – In: DÖRING, J. & T. THIELMANN [Hrsg.] (2009): Mediengeographie. Theorie, Analyse, Diskussion. Bielefeld, 9–64.

GRYL, I., JEKEL, T. & K. DONERT (2010): GI and Spatial citizenship. – In: JEKEL, T. et al. [Hrsg.] (2010): Learning with Geoinformation V – Lernen mit Geoinformation V. Berlin.

HÖHNLE, S., SCHUBERT, J. C. & R. UPHUES (2011): Barriers to GI (S) Use in Schools – A comparison of International Empirical Results. – In: JEKEL, T. et al. [Hrsg.] (2011): Learning with GI 2011. Implementing Digital Earth in Education. Berlin, 124–133.

RIEDEL, A. F. (2006/2007): Multimediatechnologie und Geokommunikation. Wien. – In: www.univie.ac.at/karto/lehre/multimed/mmgk07/tutorials/theorie/mmgk06_script.pdf (Letzter Zugriff: 12.02.2013).

VOLZ, D., VIEHRIG, K. & A. SIEGMUND (2010): Informationsgewinnung mit Hilfe geographischer Informationssysteme – Schlüsselkompetenz einer modernen Geokommunikation. – In: Geographie und ihre Didaktik, 38, 2, 102–108.

Alexander Siegmund, Ulrich Michel

Digitale Medien

Definition

Unter digitalen Medien versteht man computerbasierte Medien, die als Träger oder Mittler von Informationen fungieren (vgl. VOLLBRECHT 2001).

Sie stellen eine Subkategorie der (→) Medien dar. Als eine Sonderform sind die (→) digitalen Geomedien anzusehen.

Klassifikation

Für die Klassifikation digitaler Medien gibt es zahlreiche Strukturierungskonzepte. HERZIG/GRAFE (2007) schlagen eine Differenzierung nach Softwaretypen vor. Unter Verwendung des Computers als technisches Hilfsmittel können Schüler im Kontext digitaler Lernsettings folgende geographische und überfachliche Arbeitsweisen durchführen:

1. Informationsbeschaffung (über spezielle Datenbanken, lokale Datenträger sowie das Internet mit seinen Anwendungsdiensten),
2. Informationsaufbereitung und -darstellung (als Text, Tabelle, Grafik, Karte etc.),
3. Präsentation von Informationen (auditiv, visuell, audiovisuell etc.),

4. Informationsdeutung und -übung (z. B. Animations-/Simulationsprogramme, Lernprogramme).

Die zentralen Merkmale und Eigenschaften lassen sich nach HERZIG/GRAFE (2007, 14 f.) und RINSCHEDE/SIEGMUND (2022, 372 f.) wie folgt zusammenfassen:

– Multicodalität (Vorhandensein verschiedener Symbolsysteme in einem Medium)
– Multimodalität (Lernen mit mehreren Sinneskanälen)
– Multimedialität (Kombination mehrerer Medien)
– Multilinearität (Verlinkung der Informationen)
– Interaktivität (dialogartige Kommunikation)
– Offenheit (offene Lernumgebung und Nutzung unterschiedlicher Lernwege)
– Adaptivität (Anpassung an die Bedürfnisse der Lernenden)
– Bereitstellung von Informationen (on demand und just in time)
– Info- und Edutainment
– Feedback
– dezentraler Lernort (ortsunabhängiger Zugriff auf Lernmaterialien)
– Indirektheit und Virtualität
– Informationsfülle.

Zur geographiedidaktischen Diskussion

Die Nutzung elektronischer Medien zählt inzwischen zum „elementaren Bestandteil der Fünfzehnjährigen in Deutschland" (KLIEME et al. 2010, 272). Dies spiegelt sich sowohl in den nationalen Bildungsstandards (vgl. DGfG 2007) wie auch in den föderalen Bildungsstandards der verschiedenen Schulformen wider, in denen vielfach der kompetente Umgang mit digitalen Medien als elementare Kulturtechnik (STADTFELD 2004, 167) umfassende Einbindung gefunden hat. HAWKRIDGE (1990)

führt dies in seiner Begründung auf vier zentrale Faktoren zurück: die gesellschaftliche, die berufsbezogene, die pädagogische sowie die katalytische Begründung, im Rahmen derer durch den vermehrten Einsatz digitaler Medien „Veränderungen in der Unterrichtskultur, (…) administrative Entwicklungen oder die Öffnung der Schule nach außen" vollzogen werden können (HERZIG/GRAFE 2007, 9).

Die pädagogische Wende „vom Lernen mit Neuen Medien zum Neuen Lernen mit Medien" (HERZIG/GRAFE 2007, 15) dokumentiert sich auch in einer breiten didaktischen Forschung im Kontext der Nutzung digitaler Medien. Die Einstellung und Motivation der Schüler in Bezug auf den Umgang mit dem Computer ist als sehr positiv und damit lernfördernd einzuschätzen (OECD 2011, 168 f.). Eine besonders lernfördernde Wirkung verspricht dabei der Verbund neuer mit traditionellen (Geo-) Medien (vgl. SIEGMUND 2002), da durch den Medienverbund „eine klare Strukturierung und adressatengerechte Aufbereitung von Informationen und eine aktive individuelle, handlungsorientierte Auseinandersetzung mit geographischen Fragestellungen" (DITTER/MICHEL/SIEGMUND 2012, 232) ermöglicht wird.

Literatur

DEUTSCHE GESELLSCHAFT FÜR GEOGRAPHIE (DGfG) [Hrsg.] (2007): Bildungsstandards im Fach Geographie für den Mittleren Schulabschluss. Bonn.

DITTER, R., MICHEL, U. & A. SIEGMUND (2012): Neue Medien – Möglichkeiten und Grenzen. – In: HAVERSATH, J.-B. [Moderator] (2012): Geographiedidaktik. Braunschweig, 214–235.

HAWKRIDGE, D. (1990): Who need computers and why? – In: Computers Educ., 15, 1–3, 1–6.

HERZIG, B. & S. GRAFE (2007): Digitale Medien in der Schule. Standortbestimmung und Handlungsempfehlungen für die Zukunft. Bonn.

KLIEME, E. et al. [Hrsg.] (2010): PISA 2009. Bilanz nach einem Jahrzehnt. Münster, New York, München, Berlin.

OECD (2011): PISA 2009: Results, Students on Line: Digital Technologies and Performance (Volume VI). – In: http://dx.doi.org/10.1787/9789264112995-en (Letzter Zugriff: 17.07.2023).

RINSCHEDE, G. (2022): Geographiedidaktik. Paderborn.

Siegmund, A. (2002): Neue und traditionelle Medien im Geographieunterricht – Medienverbund als Chance für handlungsorientiertes Lernen. – In: Praxis Geographie, 32, 6, 4 – 8.

Stadtfeld, P. (2004): Allgemeine Didaktik und neue Medien: der Einfluss der neuen Medien auf didaktische Theorie und Praxis. Bad Heilbrunn.

Vollbrecht, R. (2001): Einführung in die Medienpädagogik. Weinheim/Basel.

Raimund Ditter, Alexander Siegmund

Dilemma-Diskurs

Definition
Ein Dilemma entsteht, wenn sich eine Person in einer Situation befindet, in der es zwar für jede von mehreren möglichen Entscheidungen ethische Argumente gibt, die für ihre Wahl sprechen, die Person sich aber nicht gleichzeitig für mehrere Alternativen entscheiden kann. Diese Situation verlangt von der Person ein genaues Abwägen aller Argumente (Diskurs) und eine begründete Entscheidung.

Klassifikation
Grundlage jedes Dilemma-Diskurses sind allgemein anerkannte ethisch-moralische Werte, die einander widersprechen. So ist es ein Dilemma, wenn verschiedene Werte in Konflikt miteinander geraten, etwa das Recht auf (nationale) Selbstbestimmung und das Friedensgebot oder die Menschenrechte und die Freiheit der (nicht nur) religiösen Selbstbestimmung. Diese Prinzipien sind sehr abstrakt, während der eigentliche Konflikt sich oft auf einer überaus konkreten Ebene abspielt, etwa bei Fragen danach, ob eine bestimmte rebellierende Bevölkerungsgruppe unterstützt werden soll (dann werden sie oft „Freiheitskämpfer" genannt) oder nicht (dann nennt man sie „Aufständische" oder in jüngerer Zeit sogar „Terroristen"). In solchen Situationen muss zwar immer neu abgewogen werden, welche Werte warum als

relevant erachtet werden und die Wahl kann letztendlich auch von anderen Beobachtern diskursiv hinterfragt werden, trotzdem liegen den Entscheidungen stets Werte zugrunde, die in mehr als einem Kontext relevant sind. Ethisch-moralisch begründbare Entscheidungen gehen somit über das Eigeninteresse hinaus, weswegen Menschen, die in ähnlichen Situationen unterschiedliche Maßstäbe anlegen, auch komparativ begründen müssen, warum sie das tun.

Zur geographiedidaktischen Diskussion
Ethisch-moralische Dilemmata können sehr unterschiedlich in ethische Argumentationen eingebunden sein. Insbesondere Rationalisten neigen dazu, Dilemmata lediglich als ein abstraktes Problem zu betrachten: Ihre Prämisse, dass Menschen in jeder Situation aufgrund vorgegebener Prinzipien rational handeln können, führt in einer Dilemma-Situation dazu, dass Widersprüche in den Prinzipien vermutet werden. Im Gegensatz dazu betonen Verhaltenstheoretiker den sozialen Kontext, in dem eine Entscheidung gefällt wird. Dieser Kontext erhöht die Komplexität der Entscheidungsfindung nicht nur durch die hohe Anzahl der zu berücksichtigenden Elemente, sondern auch durch die unterschiedlichen ethisch-moralischen Vorstellungen der beteiligten oder betroffenen Personen und die zu erwartenden Konsequenzen der eigenen Entscheidungen für diese Personen.

Obwohl moralische Dilemmata sich auf den Wertekonflikt einer Person beziehen, werden die dort relevanten Argumentationsschemata in der deutschen didaktischen Diskussion auch auf schlichte Interessenkonflikte übertragen, bei denen zwei Personen ihre Standpunkte mit je unterschiedlichen Wertvorstellungen begründen. Eine solche Vermengung scheint wenig sinnvoll, da die einzelne Person sich nicht in einer Dilemma-Situation befindet und die moralischen Argumente als Rechtfertigung für das je eigene Interesse entlarvt werden können. Dadurch würde ein Dilemma-Diskurs eher verhindert als gefördert. Ähnliches gilt, wenn eine Seite des Dilemmas eine starke ökonomische Komponente aufweist: hier wäre der Anteil des Eigeninteresses zu prüfen.

Literatur

McPartland, M. (2001): Moral Dilemmas. Sheffield.

McPartland, M. (2006): Strategies for Approaching Values Education. – In: Balderstone, D. [Hrsg.] (2006): Secondary Geography Handbook. Sheffield, 170 – 179.

Meyer, C. & D. Felzmann (2011): Was zeichnet ein gelungenes ethisches Urteil aus? Ethische Urteilskompetenz im Geographieunterricht unter der Lupe. – In: Meyer, C., Henrÿ, R. & G. Stöber [Hrsg.] (2011): Geographische Bildung. Kompetenzen in didaktischer Forschung und Schulpraxis. Braunschweig, 130 – 146.

Roberts, M. (2013): Geography through Enquiry. Approaches to teaching and learning in the secondary school. Sheffield

Şeremet, M., Haigh, M. & Cihangir, E. (2021): Fostering constructive thinking about the 'wicked problems' of team-work and decision-making in tourism and geography. In: Journal of Geography in Higher Education 45 (4), 517-537.

Anke Uhlenwinkel

Diskursanalyse

Definition

Diskursanalyse ist ein methodischer Oberbegriff zur Erschließung diskursiv, d. h. sprachlich bzw. symbolisch hervorgebrachter „Wahrheiten" oder „Wirklichkeiten".

Klassifikation

Eine methodische Ausdifferenzierung und Präzisierung der Diskursanalyse erfolgt im Hinblick auf das jeweilige Diskursverständnis und den entsprechenden Gegenstand. Aufgrund der Breite des derzeit vorherrschenden Diskursverständnisses umfasst der methodische Zugriff sowohl sprachlich fokussierte Methoden als auch Methoden zur Analyse von symbolisch-vermittelten Repräsentationen oder Konstruktionen von „Wirklichkeit" und deren Wirkungen auf das menschliche Handeln.

Allgemeine Ansätze der Diskursanalyse setzen an der sprachlichen Hervorbringung von Wirklichkeit und ihren performativen Effekten für das menschliche Handeln an. Das Ziel derartiger methodischer Zugriffe liegt jedoch im Unterschied zur reinen Textanalyse nicht in einem innertextlichen Verständnis des sprachlichen Gebrauchs, sondern in der Analyse und Erkenntnis der regelhaften Verwendung von Sprache zur Konstruktion bestimmter „Wirklichkeiten" und damit verbundener Handlungen. Die übergeordnete Fragestellung wäre dann: „Was wird von wem über wen in welchen Begriffen weshalb gesprochen?" (Tuider 2007).

Darüber hinaus hat sich im deutschsprachigen Raum eine forschungsmethodische Strömung gebildet, die sich auf die Diskurstheorien des französischen Philosophen Michel Foucault bezieht. Diesen Ansätzen ist gemein, dass sie insbesondere das Verhältnis von Sprache, Macht und Ordnungen untersuchen. Damit einhergehend erfolgt in diesen methodischen Zugriffen eine Fokussierung auf Sprache oder sprachliche Äußerungen als Formenschatz gesellschaftlicher Praxis, die darauf abzielt, gesellschaftliche „Wirklichkeiten" und „Wahrheit(en)" hervorzubringen. Ferner analysieren derartige Ansätze die Regeln, Institutionen und Ordnungen, die mit diesen Diskursen verknüpft sind und die im Diskurs angelegten „Wahrheiten(en)" und „Wirklichkeiten" (re-)produzieren.

In der Humangeographie hat sich in der vergangenen Dekade ebenfalls eine forschungsmethodische Ausrichtung auf diskursanalytische Verfahren in der Tradition Foucaults ergeben. Dies hat zum einen das Verständnis diskursiver Praktiken über kontinuierliche Texte hinaus auf regelhafte Symbolsysteme (also auch auf Karten, Diagramme, Bilder etc.) erweitert und zum anderen diskursanalytische Verfahren hervorgebracht, die räumliche oder raumbezogene Phänomene aus diskursanalytischer Perspektive erschließbar machen. Auf dieser Ebene werden individuelle, d. h. subjektive sowie soziale Konstruktionen von Raum und/oder raumzeitlichen Phänomenen einer geographischen Forschungsperspektive zugänglich gemacht. Damit bilden derartige methodische Zugriffe eine sinnvolle und notwendige Erweiterung der klassischen geographischen Erkenntnismethoden, die sich vorwiegend auf die Analyse der physisch-materiellen Realität fokussieren.

Zur geographiedidaktischen Diskussion

Ein methodischer Zugriff für diskursanalytische Verfahren im Geographieunterricht ist in der deutschsprachigen Geographiedidaktik bislang kaum entwickelt. Demgegenüber stehen Forderungen in (→) Bildungsstandards und (→) Lehrplänen, Räume auch als subjektive und soziale Konstruktionen zu verstehen und damit einhergehend betrachten, d. h. analysieren zu können. Da gerade jene Raumkonstruktionen, einem konstruktivistischen Weltbild folgend, diskursiv vermittelt und (re-)konstruiert werden, bieten sich insbesondere diskursanalytische Verfahren zur Erschließung konstruierter Raumbilder an (→ Weltbild, geographisches). Hier lassen sich insbesondere diskursanalytische methodische Zugriffe fruchtbar machen, die in der humangeographischen Forschung entwickelt worden sind und sich speziell für räumliche bzw. raumbezogene Diskurse anwenden lassen.

Ein spezielles Feld bietet sich dabei u. a. in der Analyse von Karten (→ Kartenkompetenz) als Form diskursiv vermittelter Welt- respektive Raumbilder oder raumbezogener Realitäten an.

Literatur
Glasze, G. & A. Mattissek [Hrsg.] (2009): Handbuch Diskurs und Raum. Theorien und Methoden für die Humangeographie sowie die sozial- und kulturwissenschaftliche Raumforschung. Bielefeld.

Miener, K. (2012): Diskursanalyse – eine Methode für den Geographieunterricht? – In: Praxis Geographie, 42, 1, 44–45.

Mose, J. & A. Strüver (2009): Diskursivität von Karten – Karten im Diskurs. – In: Glasze, G. & A. Mattissek [Hrsg.] (2009): Handbuch Diskurs und Raum. Theorien und Methoden für die Humangeographie sowie die sozial- und kulturwissenschaftliche Raumforschung. Bielefeld, 315–325.

Pfaffenbach, C. & P. Reuber (2005): Methoden der empirischen Humangeographie. Braunschweig, 198–232.

Tuider, E. (2007): Diskursanalyse und Biographieforschung. Zum Wie und Warum von Subjektpositionierungen. – In: Forum Qualitative Sozialforschung/Forum: Qualitative Social Research, 8, 2.

Kim Pascal Miener

Dynamisches Prinzip

Definition
Das dynamische Prinzip wählt die charakteristischen Kennzeichen eines Raumes und die sie bestimmenden Kräfte als Inhalt für den Geographieunterricht aus.

Klassifikation
Man unterscheidet zwischen den Kennzeichen des Raumes (Dominanten) und den sie gestaltenden Kräften (Dynamen). Die Begriffe werden in der Regionalen Geographie verwendet, um die Kennzeichen eines Raumes zu benennen (→ Länderkundlicher Ansatz). Damit sind sie zum einen idiographisch (z. B. Ägypten – ein Geschenk des Nils), sie können aber auch nomothetisch (→ Betrachtungsweisen der Geographie) sein, wenn sie die räumli-

chen Auswirkungen kultureller, politischer, technischer, ressourcenbedingter Kräfte aufzeigen (z. B. Konzentration der kulturellen und wirtschaftlichen Funktionen eines Landes in seiner Hauptstadt als Auswirkung der politischen Kraft des Zentralismus).

Zur geographiedidaktischen Diskussion

Der Geograph SPETHMANN entwickelte mit der „Dynamischen Länderkunde" eine Gegenposition zum Hettner'schen Schema (→ Länderkundlicher Ansatz). Ohne den Begriff zu verwenden, wird seit den 1960er-Jahren auch im Unterricht bei Inhalten der Regionalen Geographie nicht mehr schematisch vorgegangen, sondern man konzentriert sich auf die einen Raum prägenden Kennzeichen. Dabei sollen die Dynamen benannt werden, welche diese Kennzeichen prägen (Beispiel von SPETHMANN: Island. Kennzeichen sind Vulkangestein und Weidewirtschaft; Dynamen sind Vulkanismus und Golfstrom).

Der Vorteil des dynamischen Prinzips liegt in der Konzentration auf das Wesentliche, der Nachteil in der Gefahr einer Reduktion auf Klischees.

Literatur

Köck, H. (2005): Dyname, Dynamische Länderkunde. – In: Köck, H. & D. Stonjek (2005): ABC der Geographiedidaktik. Köln, 70 – 71.

Rinschede, G. (2007): Geographiedidaktik. Paderborn, 106, 241.

Spethmann, H. (1928): Dynamische Länderkunde. Breslau.

Dieter Böhn

Eine Welt im Geographieunterricht

Definition

Beim Konzept der Einen Welt wird die Erde, trotz aller Unterschiede, als System angesehen, in dem das Handeln des Menschen nicht an territorialen Grenzen Halt macht, sondern weltweit wirksam wird. Umgekehrt haben Handlungen in anderen Teilen der Welt Rückwirkungen auf das Leben im Nahraum des Einzelnen.

Zur geographiedidaktischen Diskussion

Entsprechend der fachwissenschaftlichen Diskussion, stellte auch im Geographieunterricht bei der Betrachtung der wirtschaftlich weniger entwickelten Staaten die Einteilung in verschiedene „Welten" viele Jahre das zentrale Konstrukt dar. Der in der Hochphase des Kalten Krieges 1955 geprägte Begriff der Dritten Welt bezeichnete dabei ursprünglich diejenigen Länder, die politisch weder der sogenannten „Ersten" (westlichen), noch der „Zweiten (sozialistischen) Welt" ideologisch, militärisch oder wirtschaftlich nahe standen, sondern einen eigenen, blockfreien Weg gehen wollten. Sie selbst verstanden sich dabei, auch in Anlehnung an den Dritten Stand der Französischen Revolution als eine dritte, fortschrittliche Kraft. Von außen herrschte aber im Allgemeinen der Eindruck von Rückständigkeit und vor allem sozioökonomischem Modernisierungsbedarf vor, der sich auch in synonym verwendeten Begriffen wie „unterentwickelte Länder", „Entwicklungsländer" oder „weniger entwickelte Länder" ausdrückte. Im Lauf der Jahre kam es zu einer weiteren Ausdifferenzierung, und es entstand z. B. auch eine „Vierte Welt", unter der, je nach Autor, u. a. besonders arme Entwicklungsländer (*least-developed countries*, LDC) oder solche verstanden wurden, die über keine eigenen Erdölreserven verfügen (*most seriously affected countries*, MSAC).

Obwohl der Begriff „Dritte Welt" im allgemeinen Sprachgebrauch, wie auch im Geographieunterricht bis heute Verwendung findet, hat er spätestens seit dem Ende des Kalten Krieges als Erklärungsmuster ausgedient. Ersetzt werden soll er durch die Idee der „Einen Welt", die nach Auffassung verschiedener Autoren (vgl. TAYLOR 1989, KROSS 1995) auf eine lange Tradition zurückblicken kann. Genannt werden z. B.:

- die christliche Vorstellung von der Bewahrung der Schöpfung
- die Kolonialisierung der Welt seit dem 16. Jahrhundert, die bereits zu einer frühen Form der Globalisierung geführt hätte
- die Idee einer wirtschaftlich einheitlichen Welt, die bis zur Theorie der komparativen Vorteile von DAVID RICARDO zurückverfolgt werden kann
- die mit der Gründung des Völkerbundes bzw. der Vereinten Nationen verbundene Vorstellung, dass die internationale politische Zusammenarbeit verstärkt werden müsse
- die Erkenntnis von der ökologischen Verwundbarkeit der Erde, die erstmals mit den Thesen des Club of Rome (1972) weltweit Aufsehen erregte.

Die Notwendigkeit eines Paradigmenwechsels wird damit begründet, dass angesichts ungebremster Umweltzerstörung, negativer Auswirkungen der (→) Globalisierung sowie der atomaren Bedrohung, ein weiteres Festhalten an den Kategorien der Ersten, Zweiten und Dritten Welt der Wirklichkeit nicht mehr gerecht werden würde. Deswegen müsste auch in der Schule das Bewusstsein einer gemeinsamen Verantwortung aller Menschen für die Erde in ökonomischer und ökologischer Hinsicht vermittelt werden. Im Geographieunterricht geschieht dies im Allgemeinen unter den Leitbildern des (→) Globalen Lernens bzw. der (→) Bildung für nachhaltige Entwicklung. Vorwürfe der ärmeren Länder, die kritisieren, dass die reicheren Staaten das Konzept miss-

brauchen würden, um mit Mitteln der Umweltpolitik ihre politische und wirtschaftliche Vorrangstellung weiterhin aufrecht erhalten zu können, müssen allerdings ebenso thematisiert werden, wie unterschiedliche Auffassungen innerhalb einer Staatengruppe.

Literatur

BÖHN, D. (2007): Begriffsfeld „Entwicklungsländer" – Begriff und indikatorengebundene Abgrenzung. – In: BÖHN, D. & E. ROTHFUSS [Hrsg.] (2007): Entwicklungsländer I (= Handbuch des Geographieunterrichts, Bd. 8/1). Köln, 3 – 5.

KROSS, E. (1993): Vom Entwicklungsländer-Unterricht zum Eine-Welt-Unterricht. – In: geographie heute, 14, 114, 44 – 45.

KROSS, E. (1995): Global Lernen. – In: geographie heute, 16, 134, 4 – 9.

TAYLOR, P. J. (1989): Oneworldism (Editorial Comment). – In: Political Geography Quarterly, 8, 3, 211 – 213.

Gerd Bauriegel

Einflussfaktoren auf den Geographieunterricht

Definition

Einflussfaktoren sind Größen, welche Ziele, Inhalte, Methoden und Medien des Geographieunterrichts bestimmen oder beeinflussen.

Klassifikation

Für die Konzeption und Durchführung von Geographieunterricht ist die Berücksichtigung einer Reihe von Einflussfaktoren entscheidend, wie beispielsweise:

- Fachwissenschaften (Geographie und weitere raumrelevante Wissenschaften)
- moderne Lehr- und Lernforschung (z. B. Geographiedidaktik, Erziehungswissenschaften)
- gesellschaftliche Rahmenbedingungen (z. B. Selbst- und Weltverständnis, Werte, Normen)
- Lehr- und Bildungspläne

- administrative Vorgaben (Stundentafel, Art der Prüfungen)
- internationale Schulleistungstests (z. B. PISA)
- Interessengruppen (z. B. Wirtschaft, Elternverbände)
- mediales Umfeld (z. B. Internet, Fernsehen)
- anthropologisch-psychologische und soziokulturelle Voraussetzungen der Lerner
- (→) Schülerinteressen und (→) Schülervorstellungen
- Professionswissen der Lehrkräfte
- Schulausstattung.

Zur geographiedidaktischen Diskussion

Für die Gestaltung von Geographieunterricht ist grundsätzlich davon auszugehen, dass oben genannte Einflussfaktoren interdependent wirken. Zusammen mit der bewussten Wahrnehmung, dass eine geographische Gesamtkompetenz erreicht werden soll und hierbei insbesondere die räumliche Orientierung das Alleinstellungsmerkmal des Faches darstellt, müssen sich die Lehrenden bei der Gestaltung ihres Unterrichts hinterfragen, inwieweit sie die vielfältigen Einflussfaktoren in die Planung und Gestaltung ihres Unterrichts einbeziehen bzw. welche Auswahl sie treffen. Während Einflussfaktoren wie das Fachwissen, die institutionellen Vorgaben und der Einfluss der Interessengruppen integrale Bestandteile der didaktischen Aufbereitung von Unterricht jedes Lehrers sind, weisen aktuelle Untersuchungen darauf hin, dass beispielsweise Schülervorstellungen über geographische Sachverhalte innerhalb der Unterrichtsvorbereitung und -durchführung bisher kaum eine Rolle spielen. Es ist zu erwarten, dass hierzu in den nächsten Jahren eine Reihe von Forschungsergebnissen dazu genutzt werden kann, diese Determinante gezielt in die Unterrichtsplanung zu integrieren. Zudem sollte

im Sinne eines kompetenzorientierten Unterrichts die neue (→) Aufgabenkultur eine zentrale Rolle bei der Gestaltung von Geographieunterricht spielen. Entscheidenden Einfluss auf die Unterrichtsqualität hat die fachwissenschaftliche und fachdidaktische Kompetenz der Lehrenden.

Literatur
Böhn, D. (1999): Einflussfaktoren auf den Geographieunterricht. – In: Böhn, D. [Hrsg.] (1999): Didaktik der Geographie. Begriffe. München, 34.

Deutsche Gesellschaft für Geographie (DGfG) [Hrsg.] (2010): Bildungsstandards im Fach Geographie für den Mittleren Schulabschluss – mit Aufgabenbeispielen. Bonn, 5.

Haubrich, H. [Hrsg.] (2006): Geographie unterrichten lernen. Die neue Didaktik der Geographie konkret. München.

Hemmer, I. (2012): Standards und Kompetenzen. – In: Haversath, J.-B. [Moderator] (2012): Geographiedidaktik. Braunschweig, 93.

Schockemöhle, J. (2012): Außerschulisches regionales Lernen als Bildungsstrategie für eine nachhaltige Entwicklung. – In: Haversath, J.-B. [Moderator] (2012): Geographiedidaktik. Weingarten, 83 – 109.

Kati Barthmann

E-Learning

Definition
E-Learning (*electronic learning*) bezeichnet alle Lernformen, bei denen digitale Medien für die Präsentation von Lernmaterialien zum Einsatz kommen (Kerres 2012). Im Mittelpunkt steht die Interaktion zwischen dem Lernenden und den durch den Computer repräsentierten Lernobjekten mit dem Ziel, den individuellen Lernprozess zu unterstützen.

Der Begriff „E-Learning" wird oftmals mit den Begriffen „computerbasiertes Lernen", „Online-Lernen" und „multimediales Lernen" synonym verwendet.

Klassifikation

Durch die fortschreitende technologische Entwicklung wachsen die Möglichkeiten, E-Learning im Unterricht einzusetzen. Neben Foren, Wikis, Chats und verschiedenen Webseiten bieten Lernmanagementsysteme die Möglichkeit, Lerninhalte online zur Verfügung zu stellen. Mit diesen digitalen Lerninhalten können unterschiedliche Ziele verfolgt werden:

- Vorbereitung auf den Unterricht
- Wissensvermittlung bei neuen Themen
- Sicherung eines einheitlichen Kompetenzniveaus
- individuelle Vertiefung von Lerninhalten.

Durch die gezielte Bereitstellung von Lerninhalten kann der Lernweg der Schülerinnen und Schüler gesteuert werden. Darüber hinaus bieten Lernmanagementsysteme Kommunikations- und Monitoringtools. Damit können sich die Lernenden untereinander und mit der Lehrkraft über die Lerninhalte austauschen und die Lehrkraft kann zudem die Arbeiten ihrer Schüler überprüfen und bewerten.

Zur geographiedidaktischen Diskussion

Aufgrund der technischen, wirtschaftlichen und gesellschaftlichen Entwicklung nehmen digitale Informations- und Kommunikationstechnologien im Lern- und Schulalltag einen immer größeren Stellenwert ein. Entsprechend können E-Learning-Angebote einen Beitrag zu einer neuen Lehr- und Lernkultur leisten, da sie eine intensive, aktive und selbst gesteuerte Auseinandersetzung mit dem Lerngegenstand ermöglichen. Vor allem durch die Integration interaktiver Übungsumgebungen, problemorientierter Herangehensweisen und wirklichkeitsnaher Elemente kann die Lernleistung der Schülerinnen und Schüler erhöht werden.

Darüber hinaus kann E-Learning:

- durch Visualisierungen, Animationen, Simulationen und Interaktionen das Verständnis für komplexe Lerngegenstände erleichtern
- durch attraktive Multimediapräsentationen die Lernmotivation der Lernenden erhöhen
- durch die Bereitstellung umfangreicher und skalierter Materialien und Informationen Lernende mit unterschiedlichem Vorwissen ansprechen
- durch Selbstüberprüfung und Feedback die Metakognition in den Lernprozess integrieren
- durch die aktive Auseinandersetzung mit dem Lerngegenstand die kognitive Aktivierung der Lernenden intensivieren
- durch unbegrenzte Zugriffsmöglichkeiten klassen-, ja länderübergreifendes Lernen ermöglichen.

Bei allen Vorteilen des E-Learning darf jedoch nicht außer Acht gelassen werden, dass E-Learning nicht für alle Lerntypen eine optimale Lernform ist. Für einige Lernende bringt v. a. die Eigenständigkeit des Lernens die Schwierigkeit und Herausforderung des sich selbst Motivierens mit sich.

Literatur

Ditter, R., Michel, U. & A. Siegmund (2012): Neue Medien. – In: Haversath, J.-B. [Moderator] (2012): Geographiedidaktik. Braunschweig, 227-229.

Gudjons, H. (2003): Didaktik zum Anfassen. Bad Heilbrunn.

Kerres, M. (2012): Mediendidaktik: Konzeption und Entwicklung mediengestützter Lernangebote. München.

Kerstin Voss

Elementarisierung

Definition

Elementarisierung ist inhaltlich die Reduktion eines Sachverhaltes auf das Wesentliche, methodisch die Überführung eines Sachverhaltes in die Verständnisebene des Adressaten.

Elementarisierung als Reduktion auf das Wesentliche wird nach der bildungstheoretischen Didaktik KLAFKIS so definiert, dass das Elementare exemplarisch eine umfassendere Erkenntnis enthält.

Klassifikation

Elementarisierung ist eine didaktische Reduktion. Durch Rückführung auf einen oder wenige grundlegende Teilaspekte eines fachlichen Inhalts wird dieser für einen bestimmten Kreis von Lernenden verständlich gemacht (STANGL 2012).

Zur geographiedidaktischen Diskussion

Elementarisierung ist ein wichtiges (geographie-)didaktisches Prinzip (→ Allgemeingeographischer Ansatz, → Exemplarisches Prinzip). So entscheidend eine Vereinfachung für das Verständnis sein kann, so besteht daneben die Gefahr einer unzulässigen Simplifizierung und einer Klischeebildung (z. B. Reduktion der Entwicklungsländer auf den Aspekt der Armut). Daher sollte auch für den Schüler erkennbar sein, unter welchem Aspekt die Elementarisierung erfolgt.

Literatur

KLAFKI, W. (1967): Kategoriale Bildung. – In: Studien zur Bildungstheorie und Didaktik. Weinheim, 25 – 45.

KÖCK, H. (2005): Das Elementare, Elementarisierung. – In: KÖCK, H. & D. STONJEK (2005): ABC der Geographiedidaktik. Köln, 75 – 76.

SCHNITZLER, M. (2007): Elementarisierung – Bedeutung eines Unterrichtsprinzips. Neukirchen-Vluyn.

STANGL, W. (2012): Elementarisierung. – In: Lexikon für Psychologie und Pädagogik. – In: http://lexikon.stangl.eu/6490/elementarisierung/ (Letzter Zugriff: 09.04.2013).

Dieter Böhn

Empathie

Definition

Empathie (Einfühlungsvermögen) ist die Fähigkeit, sich in Gedanken, Emotionen, Absichten und Persönlichkeitsmerkmale eines anderen Menschen zu versetzen und sie zu verstehen.

Klassifikation

Empathietheorien können in unterschiedliche Kategorien eingeteilt werden, z. B.:

- Empathie als kognitiver Prozess: Eine Person führt gedanklich eine Rollenübernahme oder einen (→) Perspektivenwechsel durch. Dieser Prozess wird durch das Sammeln und Reflektieren von Informationen über wichtige Faktoren des emotionalen Zustands einer anderen Person unterstützt.
- Empathie als emotionaler Prozess: Empathie beinhaltet wichtige emotionale Faktoren wie Gefühl, Affekt, Stimmung, ist aber selbst kein eigenständiges Gefühl, da der Prozess des Sich-Einfühlens eine Reflexion einbezieht und prosoziales Handeln bewirkt (vgl. LIEKAM 2004).
- Empathie als kognitiv-emotionaler Prozess: Es gibt einen wechselseitigen Prozess zwischen Emotion und Kognition, der bewirkt, dass es zu keiner Übernahme der Gefühle der anderen Person kommt (Kontrollverlust).

Zur geographiedidaktischen Diskussion

Empathie ist eine Voraussetzung für moralisches Handeln und wird oftmals als Ziel im Geographieunterricht angestrebt (→ Kompetenzbereich Bewertung/Beurteilung, → Werteerziehung/ethisches Urteilen, → Interkulturelles Lernen, → Bildung für nachhaltige Entwicklung, → Perspektivenwechsel). Es fehlen jedoch noch konkrete Konzepte, wie diese Fähigkeit im Geographieunterricht gefördert werden kann.

Literatur

GASSNER, B. (2006) Empathie in der Pädagogik: Theorien, Implikationen, Bedeutung, Umsetzung. – In: http://archiv.ub.uni-heidelberg.de/volltextserver/7224/ (Letzter Zugriff: 19.04.2013).

LIEKAM, S. (2004): Empathie als Fundament pädagogischer Professionalität. Analysen zu einer vergessenen Schlüsselvariable der Pädagogik. München. – In: http://edoc.ub.uni-muenchen.de/2514/1/Liekam_Stefan.pdf (Letzter Zugriff: 19.04.2013).

STANGL, W. (2010): Empathie. Lexikon für Psychologie und Pädagogik. – In: http://lexikon.stangl.eu/1095/empathie/ (Letzter Zugriff: 19.04.2013).

Gabriele Obermaier

Entdeckendes Lernen

Definition

Entdeckendes Lernen, auch exploratives Lernen oder *discovery learning* genannt, bezieht sich nach BRUNER (1981, 16) auf alle Formen des selbstständigen Wissenserwerbs durch Einsatz des eigenen Verstandes.

Entsprechend diesem konstruktivistischen Ansatz (→ Konstruktivismus) können sich Lernende im Geographieunterricht ein Wissensgebiet aneignen, indem sie in einer vorbereiteten Lernumwelt Fragen und Hypothesen entwickeln und diese möglichst selbstständig und systematisch überprüfen (ZOCHER 2000, 25 ff), z. B., indem sie (→) Experimente durchführen. Wichtiger Bestandteil des Lernprozesses ist die wiederholte Reflexion des Lernweges, insbesondere des Methodeneinsatzes, zur Sicherung der Transferierbarkeit und Nachhaltigkeit des Erlernten. Ziele des entdeckenden Lernens sind nach LIEBIG (2012, 6) u. a. die Förderung der Fragekompetenz, der Problemlösungs- und Handlungskompetenz (→ Kompetenzbereich Handlung).

Klassifikation

Entdeckendes Lernen unterscheidet sich je nach Art der Begegnung mit dem Lerngegenstand und dem Grad der Selbstbestimmung der Schüler auf ihrem Lernweg. Dabei können die Lerngegenstände authentisch, z. B. im Rahmen einer (→) originalen Begegnung mit dem Lerngegenstand im Rahmen einer (→) Exkursion, oder aber im Klassenraum unter Einbeziehung vielfältiger (→) Medien dargeboten werden. Wichtig ist, dass die Lernumwelt Fragen der Schüler anregt und gleichzeitig Möglichkeiten zur Beantwortung der Fragen bereithält, wie z. B. Recherchemöglichkeit oder Materialien zur Durchführung eines Experiments. Der Grad der Lehrerlenkung variiert entsprechend den didaktischen Vorüberlegungen in Hinblick auf das Kompetenzniveau der Schüler sowie die Komplexität des Themengebietes und der methodischen Ausgestaltung des Lernarrangements.

Zur geographiedidaktischen Diskussion

In der geographiedidaktischen Diskussion findet das entdeckende Lernen insbesondere im Zusammenhang mit dem Experimentieren und der exkursionsdidaktischen Forschung Erwähnung. So stellt OTTO (2009, 8) fest, dass Experimente u. a. entdeckendes, forschendes, problemlösendes und vernetzendes Lernen fördern. BUDKE/KANWISCHER (2007, 17) stellen die Exkursionsmethode (→) Spurensuche als Unterrichtseinstieg für entdeckendes Lernen im Geographieunterricht dar. Aufgrund der handlungs- und problemorientierten Zugangsweise wird entdeckendes Lernen zudem als „vielversprechender und erfolgreicher" Lernweg im Rahmen der (→) Bildung für nachhaltige Entwicklung im Geographieunterricht angesehen (NEUER/RUCKENBROD 2012, 52).

Literatur

BRUNER, J. S. (1981): Der Akt der Entdeckung. – In: NEBER, H. [Hrsg.] (1981): Entdeckendes Lernen. Weinheim und Basel, 15 – 29.

BUDKE, A. & D. KANWISCHER (2007): Spurensuche als Unterrichtseinstieg. Entdeckendes Lernen im Hamburger Hafen. – In: Praxis Geographie, 37, 1, 17 – 19.

LIEBIG, S. (2012): Entdeckendes Lernen - ein Unterrichtsprinzip. – In: LIEBIG, S. [Hrsg.] (2012): Entdeckendes Lernen. Baltmannsweiler, 1 – 15.

NEUER, B. & J. RUCKENBROD (2012): Entdeckendes Lernen in, auf und über die Erde hinaus: Praxisbeispiele aus dem geographiebezogenen Unterricht der Grundschule. – In: LIEBIG, S. [Hrsg.] (2012): Entdeckendes Lernen. Baltmannsweiler, 52 – 63.

OTTO, K.-H. (2009): Experimentieren als Arbeitsweise im Geographieunterricht. – In: Geographie und Schule, 31, 180, 4 – 15.

ZOCHER, U. (2000): Entdeckendes Lernen lernen. Zur praktischen Umsetzung eines pädagogischen Konzepts in Unterricht und Lehrerfortbildung. Donauwörth.

Stephan Langer

Erfahrungsbasiertes Verstehen

Definition

Erfahrungsbasiertes Verstehen ist nach GROPENGIESSER die metaphorische Übertragung von Begriffen und Schemata, die dem Schüler bekannt sind, auf Bereiche, die nicht direkt erfahren werden können, sondern nur imaginativ verständlich sind.

(→) Schülervorstellungen können durch die Aufdeckung ihrer metaphorischen Struktur erklärt und mithilfe passender Lernangebote verändert werden.

Klassifikation

Die Theorie des erfahrungsbasierten Verstehens beruht auf kognitionslinguistischen Arbeiten, insbesondere von LAKOFF/JOHNSON (2018). LAKOFF/JOHNSON sehen im Gegensatz zum klassischen Metaphernbegriff Metaphern nicht bloß als rhetorische Mittel an. Ihrer kognitiven Metapherntheorie zufolge leiten und strukturieren Metaphern maßgeblich unser Denken, indem sie uns nicht direkt wahrnehmbare Zielbereiche durch direkt erfahrbare Quellbereiche begreifbar werden lassen und somit das Verstehen abstrakter Bereiche ermöglichen. Gemäß LAKOFF/JOHNSON entwickeln sich die Begriffe und Schemata, die auf nur metaphorisch verstehbare Zielbereiche übertragen werden, durch sensomotorische Erfahrungen mit der Umwelt. Die kognitive Metapherntheorie vertritt somit die Position, dass menschliche Kognitionen verkörpert sind. GROPENGIESSER (2007) adaptiert die Theorie des erfahrungsbasierten Verstehens für die biologiedidaktische Forschung, indem er aufzeigt, wie mittels kognitionslinguistischer Analysen Vorstellungen erhoben und Befunde der Vorstellungsforschung besser verstanden werden können. Durch metaphorische Übertragung können auch weniger zugängliche Bereiche hiermit imaginativ verstanden werden, beispielsweise die Übertragung von Treibhaus auf Klimaerwärmung.

Zur geographiedidaktischen Diskussion

Die Theorie des erfahrungsbasierten Verstehens hat sich in Forschungsarbeiten zur (→) didaktischen Rekonstruktion geowissenschaftlicher Themenbereiche (glaziale Prozesse und Eiszeiten, Passatzirkulation, Plattentektonik) unter Verwendung systematischer Metaphernanalysen sowohl im Rahmen der → fachlichen Klärung als auch der Analyse der Lernervorstellungen und darauf aufbauend bei der didaktischen Strukturierung des Unterrichtsgegenstandes als nützliche Rahmentheorie erwiesen. Neben verbalsprachlichen Äußerungen können aber auch redebegleitende Gesten der Schüler als Fenster zu den verkörperten Begriffen und Schemata bei der Analyse der Lernerperspektiven genutzt werden. Der Einsatz metaphorischer redebegleitender Gesten zur Aktivierung geeigneter Quellbereiche kann Schüler beim Aufbau fachlich adäquater Vorstellungen unterstützen (CONRAD 2022). Praktischen Nutzen für die Unterrichtsplanung erfährt die Theorie des erfahrungsbasierten Verstehens auch dadurch, dass auf ihrer Basis typische Lernschwierigkeiten in geowissenschaftlichen Kontexten interpretiert und prognostiziert werden können (FELZMANN et al. 2016).

In der Unterrichtspraxis des Faches Geographie stellt die Verwendung von Analogien und Metaphern zwar kein Neuland dar. Allerdings bleiben die verwendeten Analogien, zum Beispiel diejenige des Treibhauses zur Erklärung der globalen Erwärmung, oft unverständlich, wenn nicht ausreichend berücksichtigt wird, was die Schüler wie aus dem Quellbereich („Treibhaus") auf den Zielbereich („Atmosphäre und Strahlengang") übertragen. Eine Möglichkeit über diese Übertragungen im Unterricht zu reflektieren, stellt die Methode „Übertragung gestattet?" dar (FELZMANN & CONRAD 2017).

Literatur

CONRAD, D. (2022). Kleine Geste, große Wirkung. Eine empirische Studie zum Einfluss des Einsatzes redebegleitender Gesten seitens der Lehrkraft auf das Lernen der Vorgänge an konstruktiven und destruktiven Plattengrenzen. In: REMPFLER, A., SCHÖNAUER, U., GROB, R. & M. LANDTWING BLASER [Hrsg](2022): Abstract-Band HGD Symposium. Luzern 2022. Luzern, 21-22

FELZMANN, D. & CONRAD, D. (2017): Übertragung gestattet? Wissenschaftliche Metaphern unter die Lupe nehmen. In: BUDKE, A. & KUCKUCK, M. [Hrsg] (2017): Sprache im Geographieunterricht. Bilinguale und sprachsensible Materialien und Methoden. Waxmann, Münster, 155-166.

FELZMANN, D. & CONRAD, D. & BASTEN, T. (2016). Erfahrungsbasiertes Verstehen geowissenschaftlicher Phänomene – Wie mithilfe der Theorie des erfahrungsbasierten Verstehens typische Lernschwierigkeiten in geowissenschaftlichen Kontexten interpretiert und prognostiziert werden können. In: K. H. OTTO [Hrsg] (2016): Geographie und naturwissenschaftliche Bildung – Der Beitrag des Faches für Schule, Lernlabor und Hochschule. Geographiedidaktische Forschungen (Band 63). Münster, 84-103.

GROPENGIESSER, H. (2007): Theorie des Erfahrungsbasierten Verstehens. – In: KRÜGER, D. & H. VOGT [Hrsg.] (2007): Theorien in der biologiedidaktischen Forschung. Berlin, 105–116.

LAKOFF, G. & M. JOHNSON (⁹2018): Leben in Metaphern. Heidelberg.

Thomas Basten, Dominik Conrad, Dirk Felzmann

Erkenntnisleitende Ansätze

Definition

Erkenntnisleitende Ansätze haben als erkenntnistheoretische Prämisse, dass jeder Erkenntnisprozess im weitesten Sinne theoriegeleitet, „im Lichte von Theorien" (POPPER 2005), statt naiv und voraussetzungslos erfolgt.

Das erkenntnisleitende Theoretische manifestiert sich dabei außer in Theorien im engeren Sinne weiterhin u. a. in Modellen, Gesetzen, Paradigmen, Konzepten oder eben auch Ansätzen. Letztere werden als grundlegende Weisen des (hier) geographischen Weltzugriffs verstanden.

Auf die Welt projiziert, initiieren sowie leiten sie Erkenntnisprozesse. Die aus diesen resultierenden Erkenntnisse bilden dann, im Unterschied zu den zweistelligen Kenntnissen, dreistellige Relationen (RÖD 1989, VOLLMER 1998): Formal ausgedrückt lautet die Relation der Kenntnis „S(ubjekt) kennt O(bjekt)", z. B.: Fritz kennt den Bodensee. Die Relation der Erkenntnis lautet demgegenüber „S erkennt O als E(twas)", z. B.: Fritz erkennt den Bodensee als Geoökosystem.

Klassifikation

Eine grundlegende und auch für den geographischen Weltzugriff bedeutsame Gliederungsmöglichkeit erkenntnisleitender Ansätze besteht in der Unterscheidung zwischen objekttheoretischen und metatheoretischen Ansätzen.

Objekttheoretische Ansätze beinhalten Theorien über bestimmte Sach-/Gegenstandsbereiche. Ein Beispiel hierfür ist die Hypothese/Theorie der Plattentektonik. Die geographische Welt „im Lichte der Plattentektonik" zu interpretieren ermöglicht dem Lerner, vor allem die geomorphologischen Großstrukturen der Erde und ihre räumlichen Muster, ebenso aber unzählige Komponenten des Großreliefs zumindest im Prinzip kausal zu verstehen, andererseits gerichtet nach plattentektonisch bedingten Erscheinungen und Strukturen zu suchen. An weiteren Beispielen objekttheoretischer Ansätze sind zu nennen etwa der sozialökologische, der sozialgeographische, der geoökologische oder der geozonale Ansatz.

Metatheoretische Ansätze beinhalten jeweils Theorien über unterschiedlichste Sachbereiche, sind also sachbereichsunabhängig und haben somit eine universelle Reichweite. Zur Konkretisierung dieser Klasse von Ansätzen eignet sich in besonderer Weise der Systemansatz. Sein Kerngedanke besteht darin, definierte Mengen interagierender Elemente als Systeme zu interpretieren, die von der Außenwelt Inputs empfangen, diese umsetzen und in Form von Outputs wieder an die Außenwelt abgeben, verbunden mit dem Bestreben, In- und Outputs im Fließgleichgewicht zu halten. Diese Kernidee lässt sich letztlich auf Objekte/Objektbereiche beliebiger Art und Größe, und so auch auf jeden geographischen Gegenstand/Sachverhalt zu dessen grundsätzlichem Funktions- und Strukturverständnis anwenden. Besonders aufschlussreiche Anwendungsobjekte sind territoriale Systeme, Städte, Städtesysteme, von der regionalen bis zur nationalen oder transnationalen Größenstufe, Wirtschafts- und Verkehrssysteme, Gewässer, Böden (ggf. mit Vegetation), Klimaerscheinungen, desgleichen beliebige Verbundsysteme. Weitere für geographisches Lehren und Lernen leistungsfähige metatheoretische Ansätze sind beispielsweise der Struktur-, der Prozess-, der Modell- oder der nomologische Ansatz.

Zur geographiedidaktischen Diskussion

Die Bedeutung von Theorie hat in der Geographiedidaktik im Laufe der Jahrzehnte zwar zugenommen. Gleichwohl seien hier einige Argumente genannt, die die angemessene Berücksichtigung vor allem auch metatheoretischer Ansätze begründen:

– Da man ohnehin und prinzipiell von Theoretischem geleitet denkt und handelt (s. o.), kommt es letztlich nur darauf an, dies auch bewusst, reflektiert, professionell zu tun.

– „Nichts ist in der Praxis brauchbarer als eine richtige Theorie." (Hans Albert 1967 [dort kursiv], zit. in Köck 1986, 18).

– Theoretische Konstrukte liefern Perspektiven, schließen Zusammenhänge auf, begründen oder erklären Sachverhalte, bilden das Grundgerüst von Schlüsselkompetenzen.

– Da und soweit geographische Sachverhalte zu ihrem bestmöglichen Verständnis theoretischer „Schlüssel" bedürfen, ist die Arbeit mit erkenntnisleitenden Ansätzen prinzipgleiches didaktisches Gebot.

– Letztlich gewinnt hierdurch das intellektuelle Profil geographischen Lehrens und Lernens – eine nicht zu unterschätzende Größe!

Angesichts der Leistungsfähigkeit vor allem metatheoretischer Ansätze für geographisches Lehren und Lernen ist es schlüssig, dass in der seinerzeitigen Diskussion und Entwicklung der „Bildungsstandards im Fach Geographie ..." vier dieser metatheoretischen erkenntnisleitenden Ansätze in die Bildungsstandards übernommen und zu „Basiskonzepten" erklärt wurden und zwar die Ansätze: System, Struktur, Funktion und Prozess.

Literatur

Köck, H. [Hrsg.] (1986): Theoriegeleiteter Geographieunterricht. Lüneburg.

Köck, H. (2004): Erkenntnisleitende Ansätze. – In: Praxis Geographie, 34, 7/8, 60 – 62.

Köck, H. & A. Rempfler (2004): Erkenntnisleitende Ansätze. Köln.

Popper, K. R. (2005): Logik der Forschung. Tübingen.

Röd, W. (1989): Erkenntnistheorie. – In: Seiffert, H. & G. Radnitzky [Hrsg.] (1989): Handlexikon zur Wissenschaftstheorie. München, 52 – 57.

Vollmer, G. (1998): Evolutionäre Erkenntnistheorie. Stuttgart, Leipzig.

Helmuth Köck

Erklärungen, Charta und Positionspapiere zum Geographieunterricht

Definition

(Inter-)Nationale Erklärungen und Positionspapiere anerkannter Fachverbände widmen sich verschiedenen Dimensionen des Geographieunterrichts, um innere Impulse zur (Fort-) Entwicklung des Schulfaches zu setzen und es nach außen zu stärken.

Klassifikation

Die Vielfalt der Papiere ermöglicht mehrere Klassifikationen, wie etwa basierend auf Maßstab (national/international), Disziplinarität (geographisch/fachübergreifend – z.B. BNE, Interkulturelle Bildung), Akteure (z.B. Lehrkräftebildung, Forscher und Forscherinnen) oder Motivation (politisch, prospektiv, resümierend).

Ausgewählte internationale Erklärungen:

– 2016: International Charter on Geographical Education (Bedeutung, Ziele, Inhalte, Medien, Methoden und Rahmenbedingungen der Geographie in Lehrkräftebildung und Schule)

– 2015: International Declaration on Research in Geography Education (Formate, Kontext und Herausforderungen, Dissemination geographiedidaktischer Forschung, Nachwuchsförderung)

– 2013: Rome Declaration on Geographical Education in Europe (Stärkung des Geographieunterrichts in Europa)

– 2007: Luzerner Erklärung über Geographische Bildung für nachhaltige Entwicklung (Beitrag der geographischen Bildung zur nachhaltigen Entwicklung, Implementierung einer BNE in Lehrpläne und Curricula, Bedeutung der Informations- und Kommunikationstechnologie zur BNE)

– 2000: International Declaration on Geographical Education for Cultural Diversity (Beitrag des Geographieunterrichts zu einer gerechten, nachhaltigen Welt unter Berücksichtigung sozialer Kontexte und kultureller Unterschiede)

Ausgewählte nationale Erklärungen:

– 2010: Rahmenvorgaben für die Lehrerausbildung im Fach Geographie an deutschen Universitäten und Hochschulen (Aufgaben, Anforderungen, personelle Ausstattung)

– 2006: Bildungsstandards im Fach Geographie für den Mittleren Schulabschluss (Kompetenzen, die im Geographieunterricht vermittelt werden)

– 2002: Grundsätze und Empfehlungen für die Lehrplanarbeit im Schulfach Geographie (Curriculum 2000+) (Bildungsbeitrag, Zielsetzungen, Lernfelder des Geographieunterrichts, Such- und Prüfkriterien für Entscheidungen)

– 1996: Leipziger Erklärung zur Bedeutung der Geowissenschaften in Lehrerbildung und Schule (Beitrag der Geowissenschaften im Geographieunterricht, Ausbau des Geographieunterrichts)

Zur geographiedidaktischen Diskussion

Die meisten Erklärungen verfolgen ein politisches Ziel und sind somit normative Dokumente. Während die Entstehung einiger Erklärungen reaktiv und auf externen Druck erfolgte, lassen sich die meistens Papiere auf interne Initiativen der Geographiedidaktik und/oder der Schulgeographie zurückführen. Mischformen sind u.a. die Luzerner Erklärung und die → Bildungsstandards, die eine Positionierung des Faches erforderten, gleichzeitig aber auch Ergebnisse interner Diskussionen festhielten. Die meisten Dokumente nehmen davon Abstand, die konkreten Umstände ihrer Genese festzuhalten. Dennoch lässt sich an der Detailliertheit und der Autorenschaft ablesen, welche (internen) Rahmenbedingungen zu ihrer Entstehung beitrugen. Über die letzten Jahrzehnte lässt sich eine breitere Beteiligung an den Papieren beobachten, die nicht zuletzt der stärkeren Berücksichtigung (empirischer) Ergebnisse geographiedidaktischer Forschung zu verdanken ist. Hierin liegt, neben der volatilen (bildungs-)politischen Landschaft, die Notwendigkeit häufigerer Aktualisierungen. Eine noch offene Aufgabe ist eine Evaluierung des Effekts, die die einzelnen Papiere entfalten konnten.

Literatur

Alfred-Wegener-Stiftung für Geowissenschaften in Gemeinschaft mit der Deutschen Gesellschaft für Geographie e.V. und dem Institut für Länderkunde in Leipzig [Hrsg.] (1996): Leipziger Erklärung zur Bedeutung der Geowissenschaften in Lehrerbildung und Schule. o.O. (Im Netz unter: https://geographiedidaktik.org/positionspapiere-und-leitlinien/, entnommen: 11.02.2023).

Deutsche Gesellschaft für Geographie (DGfG) [Hrsg.] (2002): Grundsätze und Empfehlungen für die Lehrplanarbeit im Schulfach Geographie. Arbeitsgruppe Curriculum 2000+. Bonn. (Im Netz unter: https://geographiedidaktik.org/positionspapiere-und-leitlinien/, entnommen: 11.02.2023).

Deutsche Gesellschaft für Geographie (DGfG) [Hrsg.] (72012): Bildungsstandards im Fach Geographie für den Mittleren Schulabschluss. Bonn. (Im Netz unter: https://geographiedidaktik.org/positionspapiere-und-leitlinien/, entnommen: 11.02.2023).

HAUBRICH, H., REINFRIED, S. & Y. SCHLEICHER [HRSG.] (2007): Luzerner Erklärung über Geographische Bildung für nachhaltige Entwicklung. (Im Netz unter: https://geographiedidaktik.org/positionspapiere-und-leitlinien/, entnommen: 11.02.2023).

IGU CGE [Hrsg.] (2000): International Declaration on Geographical Education for Cultural Diversity. (Im Netz unter: https://geographiedidaktik.org/positionspapiere-und-leitlinien/, entnommen: 11.02.2023).

Hochschulverband für Geographiedidaktik (HGD) [Hrsg.] (2007): Der Beitrag des Fachs Geographie zur Bildung in einer durch Digitalisierung und Mediatisierung geprägten Welt. (Im Netz unter: https://geographiedidaktik.org/positionspapiere-und-leitlinien/, entnommen: 11.02.2023).

IGU CGE [Hrsg.] (2000): International Declaration on Geographical Education for Cultural Diversity. (Im Netz unter: https://geographiedidaktik.org/positionspapiere-und-leitlinien/, entnommen: 11.02.2023).

IGU CGE [Hrsg.] (2013): Rome Declaration on Geographical Education in Europe. (Im Netz unter: https://www.igu-cge.org/charters/, entnommen: 11.02.2023).

IGU CGE [Hrsg.] (2015): International Declaration on Research in Geographical Education. (Im Netz unter: https://www.igu-cge.org/charters/, entnommen: 11.02.2023).

IGU CGE [Hrsg.] (2016): 2016 International Charter on Geographical Education. (Im Netz unter: https://www.igu-cge.org/charters/, entnommen: 11.02.2023).

Darüber hinaus wird auf die Positionspapiere der Ständigen Kommission der Kultusministerkonferenz (SWK) und der Gesellschaft für Fachdidaktik (GFD) verwiesen.

Péter Bagoly-Simó

Evaluation

Definition

Evaluation ist die systematische Beschreibung, Analyse und Bewertung einer Aktivität oder eines Bündels von Aktivitäten in Bezug auf ein zuvor definiertes Ziel.

Um eine Evaluation von Leistungen sachgerecht durchführen zu können, müssen verschiedene Aspekte des zu erreichenden Ziels in Form von Niveaustufen dargestellt werden, damit der Grad der Zielerreichung einigermaßen nachvollziehbar festgestellt werden kann (→ Kompetenzorientierung).

Klassifikation

Viele Maßnahmen, die unter dem Titel Evaluation durchgeführt werden, sind genaugenommen ein Feedback unter Nutzung von Fragebögen. Das gilt z. B. für sogenannte Evaluationen von Lehrveranstaltungen, da sie oft nur ein sehr allgemein definiertes Ziel (Verbesserung der Qualität der Lehre) verfolgen ohne die Kriterien für die Zielerreichung zu benennen. In der Schule ist Evaluation auch in Bezug auf die Messung von Schülerleistungen wichtig. Hier werden vor allem Vergleichstests zu Kompetenzen diskutiert, die im Grunde Aussagen über die Qualität der Lehre machen sollen. Ein ernsthaft kompetenzorientierter Unterricht verlangt allerdings eher eine kontinuierliche Evaluation der Schülerleistung zum Zwecke ihrer Verbesserung. Eine dieser Absicht angemessene Evaluation der Schülerleistung unterscheidet sich von üblichen Bewertungsverfahren, weil sie einen deutlichen Fokus darauf legt, das prozedurale Wissen beschreiben und bewerten zu können. Um dies zu erreichen, müssen sich die Aufgaben durch bestimmte Merkmale auszeichnen: sie müssen komplexe Probleme ansprechen, die in einen bestimmten Kontext eingebunden sind, und sie müssen den funktionellen Gebrauch von Fachwissen in diesem Kontext einfordern. Es sind die von den Lernenden eingesetzten kognitiven Strategien zu analysieren, um ihre Kompetenzen durch die Evaluation weiterentwickeln zu können.

Eine an Kompetenzen ausgerichtete Evaluation setzt einen entsprechenden Unterricht voraus. Die von den Schülern erwarteten Leistungen müssen vor dem Beginn der Unterrichtseinheit formuliert werden, damit der Unterricht entsprechend auf sie abgestimmt werden kann.

Zur geographiedidaktischen Diskussion

Mit Bezug auf den Geographieunterricht erweist sich insbesondere die Formulierung von zu erreichenden Zielen und die Benennung von Niveaustufen als schwierig. Dies gilt speziell für die Berücksichtigung des die Kompe-

tenzen ausmachenden prozeduralen Wissens. Das eigentliche Problem ist aber deutlich älter und liegt in der mangelnden Progression der fachlichen Inhalte. Die fehlende Ausweisung von Niveauunterschieden zwischen den Klassenstufen erschwert ihre Bestimmung innerhalb eines Jahrgangs. Einen Ausweg bieten hier sowohl die geographical concepts als auch die Bemühungen der britischen Didaktik, einzelne Operatoren auf allen Niveaustufen der Bloom'schen Taxonomie darzustellen.

Literatur

ANDERSSON, C. & PALM, T. (2017): Characteristics of improved formative assessment practice. Education Inquiry 8 (2), 104-122

ROBERTS, M. (2003): Learning through enquiry. Making sense of geography in the key stage 3 classroom. Sheffield

ROLDÃO, M. C. (2013): Kompetenzen: Unterstützung von Unterrichtsplanung und Leistungsbewertung. – In: ROLFES, M. & A. UHLENWINKEL [Hrsg.] (2013): Metzler Handbuch für den Geographieunterricht .0 – Ein Leitfaden für Praxis und Ausbildung. Braunschweig, 96 – 104.

STOCKMANN, R. & W. MEYER (2010): Evaluation. Eine Einführung. Opladen, Farmington Hills.

STROEBE, W. (2016): Why Good Teaching Evaluations May Reward Bad Teaching. On Grade Inflation and Other Unintended Consequences of Student Evaluations. In: Perspectives on Psychological Science 11 (6), 800-816.

WEEDEN, P. & G. BUTT (2009): Assessing. Progress in your Key Stage 3 Geography Curriculum. Sheffield.

Anke Uhlenwinkel

Exemplarisches Prinzip

Definition

Das exemplarische Prinzip ist auf die Auswahl von repräsentativen Inhalten, Beispielen und Räumen gerichtet, an denen grundlegende und transferierbare allgemeingeographische Erkenntnisse und Verhaltensdispositionen gewonnen werden können (vgl. u. a. KLAFKI 1961, 189 f; SCHRAMKE 1982, 61 f; HAUSMANN 1988, 108 f).

Nach dem heutigen Verständnis ist ein Inhalt, Beispiel oder Raum erst dann exemplarisch, wenn er das im Besonderen liegende Allgemeine, d. h. das Elementare, als das eigentlich Bildende erkennbar werden lässt. Über das „Elementare" erhalten Schülerinnen und Schüler Zugang zu Grundprinzipien, Gesetzen, Regeln, Grundeinsichten, Grunderfahrungen, Methoden und Arbeitsweisen, d. h. zum „Fundamentalen".

Beispiel: Schülerinnen und Schüler erarbeiten exemplarisch anhand der Stadt Quito (Ecuador) den Grundriss einer lateinamerikanischen Stadt. Die dabei gewonnenen allgemeingeographischen Einsichten und Erkenntnisse, dass lateinamerikanische Städte in der Regel ein streng geometrisches Straßenmuster in Form eines Schachbretts haben und dass im Stadtzentrum stets ein Platz mit zentralen Gebäuden existiert, ist repräsentativ und kann dementsprechend auf andere lateinamerikanische Städte übertragen werden. Exemplarisches Lernen ermöglicht induktive Erkenntnisprozesse und schafft aktives, anschlussfähiges Wissen (Otto 2012, 53).

Klassifikation

Im länderkundlichen Unterricht versuchte man, die zunehmende Stofffülle durch zwei Varianten exemplarischen Lernens zu überwinden:

1. Ansatz: Individuum-Typus

Im sogenannten typisierenden Verfahren wurde anstelle der gleichgewichtigen Behandlung aller Länder der Erde (im systematischen Gang vom Nahen zum Fernen, genannt „Länderkundlicher Durchgang") ein typisches Land oder eine typische Landschaft intensiv als Repräsentant einer größeren, vergleichbare Phänomene aufweisenden Region bearbeitet. Zum Beispiel wurde das Individuum Sahara umfassend thematisiert und die typischen Merkmale dieses Landschaftsraumes herausgearbeitet. Das als typisch Herausgestellte repräsentierte

den „Typ Wüste", dem die übrigen Wüsten der Erde (Atacama, Gobi, Arabische Wüsten etc.) zuzuordnen waren. Deren Behandlung erfolgte dann zumeist in Form eines Überblicks. Im typisierenden Verfahren wurden neben Landschaften, z. B. Sylt als Typ einer Düneninsel, Eifel als Vulkanlandschaft, Dithmarschen als typische Marschlandschaft, auch Länder behandelt, beispielsweise England als Industrieland, Ungarn als Agrarland oder Ägypten als Stromoasenland (vgl. Knübel 1957, 58).

2. Ansatz: Pars pro toto (übersetzt: ein Teil stellvertretend für das Ganze)

Das Pars-pro-Toto-Verfahren lief wie folgt ab: Ein Land, z. B. Spanien, wurde mithilfe des länderkundlichen Schemas („Hettner'sches Schema") als charakteristisches Mittelmeerland untersucht. Das Mittelmeerland Spanien diente damit als Beispiel für alle übrigen Mittelmeerländer. Anschließend wurden – wenn überhaupt – im Schnellverfahren noch weitere Mittelmeerländer, z. B. Türkei, Griechenland oder Italien, besprochen.

Diese beide Verfahren wurden von Schultze (1959, 492) als „pseudoexemplarisch" eingestuft, weil die Bedeutungsgleichheit der transferierten typischen Merkmale in vielen Fällen nicht gewährleistet sei (s. u.).

Zur geographiedidaktischen Diskussion

In der Mitte des 20. Jahrhunderts entbrannte unter Bildungspolitikern, Allgemein- und Fachdidaktikern eine rege Diskussion über Wesen und Realisierung exemplarischen Lehrens und Lernens. An ihrem Beginn stand die sogenannte Tübinger Resolution von 1951. Die explosionsartige Zunahme an Wissen innerhalb der verschiedenen Wissenschaftsbereiche barg für den Schulunterricht die Gefahr, den Kompetenzerwerb durch die Fülle des Stoffes zu ersticken. Die Konferenz endete deshalb mit der Forderung nach Beschränkung auf exemplarische Inhalte, nach dem Motto: „Mut zur Lücke". WAGENSCHEIN (1956, 131) rief zugleich dazu auf, mehr Mut zur Gründlichkeit zu haben, d. h. die Zahl der Themen/Inhalte zu begrenzen, sich dafür aber länger und intensiver mit ihnen zu beschäftigen. Im weiteren Verlauf entwickelte sich das neue Verständnis von Exemplarität, das insbesondere von KLAFKI (u. a. 1961) stark beeinflusst wurde.

In der Geographiedidaktik hat SCHULTZE (1970) mit der These, dass sich das Prinzip des Exemplarischen nur im allgemeingeographischen Unterricht realisieren lasse, erheblich zur Klärung des Verständnisses von Exemplarität beigetragen. Allgemeine Geographie stellt im Gegensatz zur Länderkunde das „Nicht-Singuläre" (SCHULTZE 1970, 22) heraus, d. h. das Allgemeine, das Verallgemeinerbare, das Übertragbare, das Transferierbare auf allen Maßstabsebenen (→ Allgemeingeographischer Ansatz, → Regionalgeographische Ansätze).

Das exemplarische Prinzip ist heute in der Geographiedidaktik allseits anerkannt. Im Geographieunterricht spielt das besondere (Fall-)Beispiel häufig eine wesentliche Rolle, weil es vom Konkreten zum Allgemeinen, zum Abstrakten hinführt. Der Lernweg geht also vom (Fall-)Beispiel (→ Fallprinzip) zur Regel, wie es für eine induktive Vorgehensweise typisch ist (vgl. KROSS, 1988, 7).

Literatur

HAUSMANN, W. (1988): Exemplarisches Prinzip. – In: HAUBRICH, H. et al. [Hrsg.] (1988): Didaktik der Geographie konkret. München, 108–111.

KLAFKI, W. (1961): Stichwort: Das Elementare, Fundamentale, Exemplarische. – In: GROOTHOFF, H. H. & M. STALLMANN [Hrsg.] (1961): Pädagogisches Lexikon. Stuttgart, 189–194.

KNÜBEL, H. (1957): Exemplarisches Arbeiten im Erdkundeunterricht. Gedanken zum Problem der Stoffbeschränkung und Unterrichtsvertiefung. – In: Geographische Rundschau, 9, 2, 56–61.

KROSS, E. (1988): Die Fallstudie im Unterricht. – In: geographie heute, 9, 58, 4–10.

SCHRAMKE, W. (1982): Exemplarisches Prinzip. – In: JANDER, L., SCHRAMKE, W. & H. J. WENZEL [Hrsg.] (1982): Metzler Handbuch für den Geographieunterricht. Ein Leitfaden für Praxis und Ausbildung. Stuttgart, 61–70.

SCHULTZ, H.-D. (2008): Gegen die Stofffülle. Ideengeschichtlicher Rückblick zum exemplarischen Prinzip im Geographieunterricht. – In: Geographie und Schule, 30, 176, 4–10.

SCHULTZE, A. (1959): Das exemplarische Prinzip im Rahmen der didaktischen Prinzipien des Erdkundeunterrichts. – In: Deutsche Schule, 5, 492–500.

SCHULTZE, A. (1970): Allgemeine Geographie statt Länderkunde! Zugleich eine Fortsetzung der Diskussion um den exemplarischen Ansatz. – In: Geographische Rundschau, 22, 1, 1–10.

WAGENSCHEIN, M. (1956): Zum Begriff des Exemplarischen Lehrens. – In: Zeitschrift für Pädagogik, 2, 3, 129–153.

Karl-Heinz Otto

Exkursion

Definition

Die Exkursion ist eine Form außerschulischen Unterrichts, welche den Schülerinnen und Schülern die Erfassung geographischer Sachverhalte, Strukturen und Prozesse durch Realbegegnung mit der räumlichen Wirklichkeit ermöglicht.

Klassifikation

Eine Exkursion umfasst drei Phasen: Vorbereitung, Durchführung und Nachbereitung. Neben dem Exkursionsbegriff existieren zahlreiche weitere Bezeichnungen, die teilweise synonym verwendet werden, wie z. B. Schülerwanderung, Geländepraktikum, Unterrichtsgang, Feldarbeit, Erkundung, Klassenfahrt. Klassifiziert werden Exkursionen u. a. nach folgenden Kriterien (vgl. RINSCHEDE 2007, LÖSSNER 2011, NEEB 2012):

– zeitliche Dauer: Unterrichtsgang, Tagesexkursion, Mehrtagesexkursion
– didaktischer Ort: Einstiegs-, Erarbeitungs- oder Sicherungsexkursion
– räumliche Dimension: Realraum (Nahraum, Fernraum), virtueller Raum

- fachliche Ausrichtung: z. B. physisch-geographische, humangeographische, geologische, kartographische, virtuelle Exkursion
- Grad der Schüler-Lehrer-Aktivität: Überblicksexkursion, Arbeitsexkursion, (→) Spurensuche
- Art der Fortbewegung: Wander-, Fahrrad-, Boots-, Busexkursion etc.
- Zielgruppe: Schülerinnen und Schüler, Studierende, Lehrkräfte

Eine besondere Form der Exkursion stellt die Lehr-Lern-Exkursion (vgl. AMEND/WIRTH, 2020) dar. Vorbereitung, Durchführung und Nachbereitung der Exkursion werden hier von Schülerinnen und Schüler, Studierenden und Lehrenden gemeinsam übernommen.

Weitere Kategorien zur Klassifizierung von Exkursionen sowie weitere Anregungen zum Thema finden sich in der Literatur u. a. bei RINSCHEDE/SIEGMUND (2022), SECKELMANN/HOF (2020), REINFRIED/HAUBRICH (2015).

Zur geographiedidaktischen Diskussion

Der hohe Stellenwert von Exkursionen für den geographischen Kompetenzerwerb ist unstrittig. Darüber hinaus ist der Erwerb fachübergreifender Kompetenzen ein wichtiges Entscheidungskriterium für das außerschulische Lernen. Erschwert wird die Durchführung von Exkursionen im Schulalltag durch organisatorische (Vertretung der Lehrkraft, Stundenausfall), finanzielle und sozio-kulturelle Hemmnisse. Aus geographiedidaktischer Sicht sind Exkursionen eher noch stärker als bisher in das Unterrichtsgeschehen einzubinden, besonders auch unter fächerübergreifenden Aspekten. In allen Teilschritten ist ein möglichst hoher Grad an Teilnehmenden-Aktivität anzustreben. Durch die Erstellung und den Einsatz eines Feldbuchs kann dieser Forderung in allen Phasen einer Exkursion stärker entsprochen werden (vgl. AMEND, 2020).

Literatur

AMEND, T. (2020): Zettelchaos ade! Mit dem Feldbuch planvoll, strukturiert und forschend-entdeckend arbeiten. In: Seckelmann, A. & Hof. [Hrsg.] (2020): Exkursionen und Exkursionsdidaktik in der Hochschullehre. Erprobte und reproduzierbare Lehr- und Lernkonzepte. Berlin, 165-178.

AMEND, T. & WIRTH, D. (2020): Das Würzburger Modell der Lehr-Lern-Exkursion. In: Seckelmann, A. & Hof, A. [Hrsg.] (2020): Exkursionen und Exkursionsdidaktik in der Hochschullehre. Erprobte und reproduzierbare Lehr- und Lernkonzepte. Berlin, S. 93-100.

LÖSSNER, M. (2011): Exkursionsdidaktik in Theorie und Praxis. Forschungsergebnisse und Strategien zur Überwindung von hemmenden Faktoren. Weingarten.

NEEB, K. (2012): Geographische Exkursionen im Fokus empirischer Forschung. Weingarten.

REINFRIED, S. & HAUBRICH, H. [Hrsg.] (2015): Geographie unterrichten lernen. Die Didaktik der Geographie. Berlin.

RINSCHEDE, G. & Siegmund, A (2022): Geographiedidaktik. Paderborn.

SECKELMANN, A. & HOF, A. [Hrsg.] (2020): Exkursionen und Exkursionsdidaktik in der Hochschullehre. Erprobte und reproduzierbare Lehr- und Lernkonzepte. Berlin.

Thomas Amend, Helmer Vogel

Exkursionsdidaktik

Definition

Die Exkursionsdidaktik befasst sich in Forschung, Lehre und Transfer mit dem institutionalisierten Lehren und Lernen geographischer Inhalte vor Ort.

Klassifikation

Die Exkursionsdidaktik ist ein elementarer Teilbereich der Didaktik außerschulischer Lernorte, die neben der Gruppe der Schüler auch anderweitige Adressatenkreise einschließen kann.

Sie konzentriert sich im Bereich der Lehre auf die Förderung der spezifischen Kompetenzen, die zur Planung, Durchführung, Nachbereitung und Evaluation einer Exkursion notwendig sind. Im Bereich der Forschung widmet sie sich der Erforschung der Grundlagen des Lehrens und Lernens vor Ort, der theoriegeleiteten Entwicklung von Konzepten sowie deren Evaluation und Implementierung.

Zudem lässt sich inhaltlich zwischen der Metaebene und der schulpraktischen Ebene der Exkursionsdidaktik differenzieren; beide stehen in einem reziprok-rekursiven Verhältnis zueinander.

Auf der Metaebene erfolgt, ausgehend von der Begründung der Relevanz von (Schüler-) Exkursionen im Allgemeinen, eine Darlegung der Kenntnisse, Fähigkeiten und Einstellungen, die Schülerinnen und Schüler im Rahmen des institutionalisierten Lernens vor Ort grundlegend erwerben können. Bezogen auf die Exkursionsleiterin oder den Exkursionsleiter werden in Anlehnung an die Planung von Unterricht im Klassenzimmer die spezifischen Kompetenzen formuliert, die diese/r zur Planung, Durchführung und Nachbereitung einer Schülerexkursion benötigt (vgl. HEMMER/BEYER 2004, RINSCHEDE 2007). Ergänzt werden die theoretisch-konzeptionellen Überlegungen durch eine vorrangig empirisch ausgerichtete fachdidaktische Begleitforschung (z. B. Erforschung grundlegender Lernervoraussetzungen, Evaluation grundlegender konzeptioneller Zugriffe).

Die fachdidaktische Begleitforschung wird in Abgrenzung zur allgemeinen Ebene nunmehr auf den konkreten Fall fokussiert und widmet sich somit z.B. der spezifischen Evaluation und evidenzbasierten Weiterentwicklung eines Exkursionsmoduls.

Zur geographiedidaktischen Diskussion

Der Ansatz des Lernens vor Ort besitzt als methodischer Zugriff in der Geographiedidaktik eine lange fachliche Tradition. Im Geographieunterricht zählen Schülerexkursionen zum festen Bestandteil des methodischen Repertoires, wenngleich dieser Zugriff in der Schulpraxis bisweilen nur selten gewählt wird.

Zudem erfolgt der Einsatz von Schülerexkursionen im Geographieunterricht nicht immer auf einer theoretisch-konzeptionellen Grundlage. Dieser Umstand wurde bereits in den 1970er-Jahren diskutiert (vgl. BEYER/ITTERMANN 1973) und hat lokal zu einer Ausprägung unterschiedlicher exkursionsdidaktischer Konzepte geführt. Hierdurch bedingt existiert im deutschsprachigen Raum ein breites Feld konzeptioneller Ansätze, das nicht zuletzt durch den *spatial turn* in den Gesellschaftswissenschaften und den Ansätzen der neuen Kulturgeographie neue Impulse erhalten hat. Diese Ansätze lassen sich z.B. nach dem Grad der Schüleraktivität und der Schülerzentriertheit von passiv-rezeptiv bis aktiv-konstruktiv differenzieren (vgl. HEMMER/UPHUES 2009). Der fortdauernde Diskurs in der Exkursionsdidaktik hat seit der Kompetenzorientierung eine Revision hin zu kompetenzorientierten Ansätzen erfahren. Aktuell stellen digital unterstützte Lernumgebungen im Gelände ein breites Feld geographiedidaktischer Forschung und Entwicklungsarbeit dar.

Literatur

BEYER, L. & R. ITTERMANN (1973): Wider die herkömmliche Großexkursion. – In: Geographische Rundschau, 25, 4, 132 – 140.

DICKEL, M. & G. GLASZE [Hrsg.] (2009): Vielperspektivität und Teilnehmerzentrierung – Richtungsweiser der Exkursionsdidaktik (= Praxis Neue Kulturgeographie, Bd. 6). Wien u. a.

HEMMER, M. & L. BEYER (2004): Mit Schülerinnen und Schülern vor Ort – Grundlagen der Standortarbeit aufgezeigt am Beispiel des Potsdamer Platzes in Berlin. – In: RAAbits Geographie, 43, Beitrag 6, 1 – 17.

HEMMER, M. & R. UPHUES (2009): Zwischen passiver Rezeption und aktiver Konstruktion. Varianten der Standortarbeit aufgezeigt am Beispiel der Großwohnsiedlung Berlin-Marzahn. – In: DICKEL, M. & G. GLASZE [Hrsg.] (2009): Vielperspektivität und Teilnehmerzentrierung – Richtungsweiser der Exkursionsdidaktik (= Praxis Neue Kulturgeographie, Bd. 6). Wien u. a., 39 – 50.

HEMMER, M.: Geographische Erkundungen mit Schülerinnen und Schülern im Realraum – Lernen.Lehren. Forschen an öffentlichen Orten. In: JUNGWIRTH, M. et al. [Hrsg.]: Forschen.Lernen.Lehren an öffentlichen

Orten – The wider view (= Schriften zur Allgemeinen Hochschuldidaktik Bd. 5). Münster, 29-55.

MIENER, K. & M. HEMMER (2013): Field trips in geography lessons. Promotion of competence in didactic of field trip in teacher training. Im Druck.

NEEB, K. & U. OHL (2012): Exkursionsdidaktik: Methodenvielfalt im Spektrum von Kognitivismus und Konstruktivismus. – In: HAVERSATH, J.-B. [Moderator] (2012): Geographiedidaktik. Braunschweig, 259–288.

Michael Hemmer, Kim Miener

Experiment

Definition

Ein Experiment ist eine planmäßige, beliebig oft wiederholbare Beobachtung von natürlichen und auch gesellschaftlichen Vorgängen unter künstlich hergestellten Bedingungen. Es verfolgt den Zweck, durch Isolation, Kombination und Variation von Bedingungen eines Phänomens bzw. Objekts reproduzierbare und kontrollierbare Beobachtungen zu gewinnen, aus denen sich allgemeine Gesetzmäßigkeiten ableiten lassen (OTTO 2009, 4). Das Experiment ist also ein Werkzeug zur empirischen Erkenntnisgewinnung.

Klassifikation

Experimente lassen sich in vielfältiger Weise klassifizieren. Nachfolgend sind einige ausgewählte Klassifikationen übersichtlich zusammengestellt (Abb. 1).

Beim Experimentieren sollen eine Reihe von aufeinanderfolgenden Teilschritten befolgt werden. Dieser sogenannte experimentelle Algorithmus ist in Abb. 3 dargestellt.

Zur geographiedidaktischen Diskussion

Experimentieren im Geographieunterricht stellt vielfältige inhaltliche und methodische Ansprüche sowohl an die Lernenden als auch an die Unterrichtenden. Zugleich bietet es den Schülerinnen und Schülern die Möglichkeit, unter Berücksichtigung aller Dimensionen des erweiterten Lehr-/Lernbegriffs, ein breites Spektrum unterschiedlicher Fähigkeiten und Fertigkeiten im Sinne wissenschaftspropädeutischer Ausbildung (→ Wissenschaftsorientierung) zu erwerben (vgl. LETHMATE 2006, 4; OTTO 2009, 4).

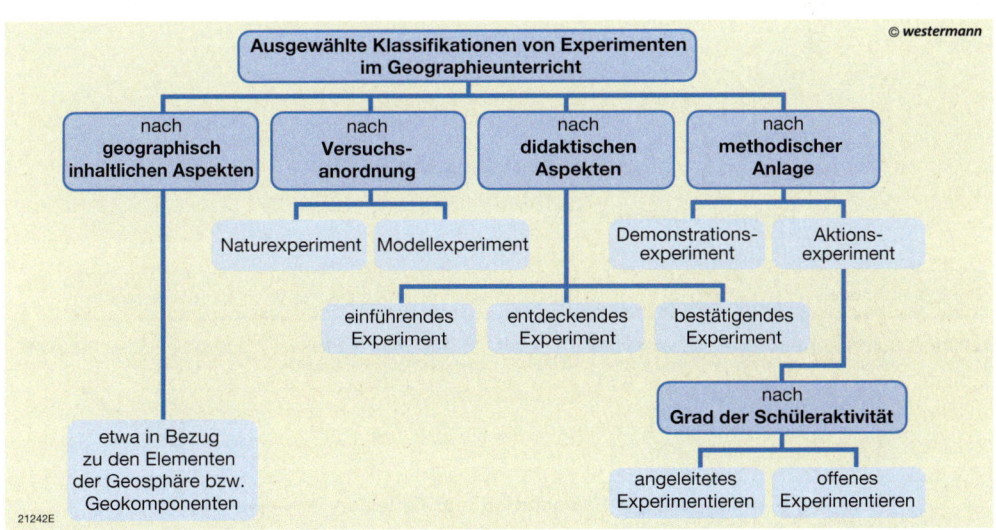

Abb. 2: Ausgewählte Klassifikationen von Experimenten im Geographieunterricht (Quelle: MÖNTER & HOF 2012, 302)

LETHMATE (2005, 252) kritisiert: „Experimente scheinen im geographiedidaktischen Verständnis weniger eine Erkenntnismethode denn ein Verfahren zur Nachahmung, Veranschaulichung und Simulation von Naturvorgängen zu sein". Mit Blick auf die propädeutische Funktion des Experimentierens im Geographieunterricht ist die präzise Bestimmung des Terminus, die Beachtung der Kriterien des Experiments und die Differenzierung zu anderen Wegen der Erkenntnisgewinnung, wie beispielsweise dem Beobachten und Untersuchen, aber zwingend erforderlich.

In den naturwissenschaftlichen Fachdidaktiken, in der pädagogischen Psychologie und in den Erziehungswissenschaften weisen zahlreiche Forschungsergebnisse darauf hin, dass bei Schülerinnen und Schülern in allen Phasen des experimentellen Algorithmus Schwierigkeiten auftreten bzw. Defizite erkennbar sind (vgl. u. a. HAMMANN et al. 2006, OTTO et al. 2010):

1. Defizite bei der Formulierung naturwissenschaftlicher Fragen (ungenaue Beobachtung; keine präzise Formulierung der Fragestellung)

2. Defizite beim Aufstellen und Testen von Hypothesen (Probleme beim Erkennen der Hypothese, die getestet wird; zu starke Eingrenzung der Hypothesen; unzureichende Suche nach Hypothesen)

3. Defizite bei der Planung von Experimenten (Vernachlässigung eines Kontrollansatzes; unlogische Kombination unterschiedlicher Testansätze)

4. Defizite bei der Auswertung von Experimenten (unsystematischer Umgang mit Variablen; keine systematische Erklärung der Ursache-Wirkungs-Beziehungen; Schülerinnen und Schüler beobachten nicht unbedingt das, was aus naturwissenschaftlicher Sicht offensichtlich zu beobachten ist; Formulierung von Kausalbeziehungen ohne Kontrollansatz; Formulierung unlogischer bzw. nicht bewiesener Schlussfolgerungen; mangelnde Berücksichtigung abweichender Ergebnisse).

Literatur

HAMMANN, M. et al. (2006): Fehlerfrei Experimentieren. – In: MNU. Der mathematische und naturwissenschaftliche Unterricht, 59, 5, 292–299.

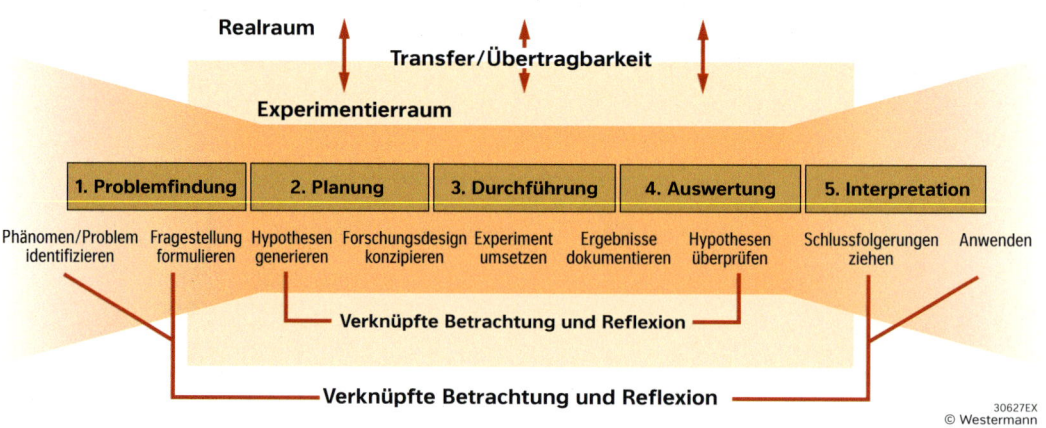

Abb. 3: Teilschritte und Einbettung des geographischen Experimentierens (OTTO/MÖNTER 2015, 6)

LETHMATE, J. (2005): „Geomethoden". Kritische Anmerkungen zum fachdidaktischen Verständnis geographischer Arbeitsweisen. – In: Geoöko, 26, 3/4, 251 – 282.

LETHMATE, J. (2006): Experimentelle Lehrformen und Scientific Literacy. – In: Praxis Geographie, 3, 11, 4 – 11.

MÖNTER, L. & S. HOF (2012): Experimente. – In: HAVERSATH, J.-B. [Moderator] (2012): Geographiedidaktik. Braunschweig, 289 – 313.

OTTO, K.-H. (2009): Experimentieren als Arbeitsweise im Geographieunterricht. – In: Geographie und Schule, 31, 180, 4 – 15.

OTTO, K.-H., MÖNTER, L. & S. HOF (2011): (Keine) Experimente wagen? – In: MEYER, C., RODERICH H. & G. STÖBER [Hrsg.] (2011): Geographische Bildung: Kompetenzen in didaktischer Forschung und Schulpraxis (= Geographiedidaktische Forschungen, Bd. 47). Braunschweig, 98 – 113.

OTTO, K.-H. et al. (2010): Das geographische Experiment im Fokus empirischer Lehr-/Lernforschung. – In: Geographie und ihre Didaktik, 38, 3, 133 – 145.

OTTO, K.-H. & L. MÖNTER (2015): Scientific Literacy im Geographieunterricht fördern. Experimentelle Lehr-/Lernformen und Modellexperimente. – In: geographie heute, 36, 322, 2 – 7.

SALZMANN, W. (1986): Experimente im Erdkundeunterricht. – In: geographie heute, 7, 43, 4 – 6.

Karl-Heinz Otto

Experimentelle Arbeitsweisen, experimentelle Lehr- und Lernformen im Geographieunterricht

Definition

Experimentelle Arbeitsformen/-weisen bzw. experimentelle Lehr- und Lernformen sind Sammelbegriffe für die im schulischen Kontext eingesetzten naturwissenschaftlichen Erkenntnismethoden (→) Beobachtung, (→) Untersuchung und (→) Experiment (LETHMATE 2006, 5, OTTO 2009, 6, in Anlehnung an PIETSCH 1954/55, 197). LETHMATE (2006, 5) bringt das Modellieren als weitere Erkenntnismethode an.

Klassifikation

Experimentelle Arbeitsweisen sind primär Arbeitsmethoden der Physischen Geographie (→ Physisch-geographischer Ansatz). Allen experimentellen Arbeitsweisen ist gemein, dass sie der Erkenntnisgewinnung dienen und bei einem unterrichtlichen Einsatz der naturwissenschaftliche Erkenntnisweg eingeübt werden kann (beim Experiment auch experimenteller Algorithmus genannt (STAECK 1998)). Sowohl der Grad des Eingriffs in Objekte bzw. Prozesse als auch der Komplexitätsgrad steigt von der Beobachtung zum Experiment hin an (MÖNTER/OTTO 2017, 6). Während experimentelle Arbeitsweisen Wege der Erkenntnisgewinnung umfassen, dienen die von diesen abzugrenzenden Darstellungsmethoden der Veranschaulichung (z. B. Protokollieren, Zeichnen, Verwenden von Diagrammen) (LETHMATE 2006, 4). In der Praxis sind beide Elemente meist miteinander verknüpft (ebd.).

Zur geographiedidaktischen Diskussion

In der geographiedidaktischen Literatur herrscht keine Einigkeit über die Verwendung der Sammelbegriffe. LETHMATE (2006) verwendet den Terminus „experimentelle Lehrform", während OTTO (2009) sich für die Begrifflichkeit „experimentelle Arbeitsformen/-weisen" ausspricht. WILHELMI (2012, 7) verwendet die Bezeichnung „experimentelle Lernform". In einigen geographiedidaktischen Beiträgen findet sich indes der Ausdruck ‚experimentelle Lehr- und Lernformen' (z. B. bei MÖNTER/OTTO 2017). Laut SCHUBERT (2016, 24) eignen sich sowohl „experimentelle Arbeitsformen/-weisen" als auch „experimentelle Lehr- und Lernformen" als Sammelbegriffe für die genannten naturwissenschaftlichen Erkenntnismethoden. Neben einer einheitlichen Verwendung der Begrifflichkeiten steht die (umfangreiche) Erforschung eines Einsatzes experimenteller Arbeitsweisen im Geographieunterricht noch aus. Auch wenn diese in den Bildungsstandards und Lehrplänen bereits Einzug gehalten haben, kann aufgrund der defizitären Forschungslage nicht umfänglich beantwortet werden, ob und inwiefern ein Einsatz tatsächlich erfolgt. Erste empirische Befunde legen die Vermutung nahe, dass experimentelle Arbeitsweisen kaum Bestandteil des Geographieunterrichts in Deutschland sind (HEMMER/HEMMER 2010, 130 f.), ihnen nicht genügend Relevanz zugeschrieben wird (HOF/HENNEMANN 2013, 72), mit ihrem Einsatz besondere Herausforderungen verbunden werden (HÖHNLE/SCHUBERT 2016, 156 ff.) und sich (angehende) Lehrkräfte nur ungenügend darauf vorbereitet sehen (HOF/HENNEMANN 2013, 72). Weitere Forschungsbefunde sind notwendig, um darauf aufbauend Maßnahmen entwickeln zu können (z. B. Schaffung von Professionalisierungsangeboten, Optimierung von Lehrplänen). Es gilt, experimentelle Arbeitsweisen als einen festen Bestandteil des Geographieunterrichts zu etablieren, denn nur dadurch kann der → naturwissenschaftlichen Grundbildung im Geographieunterricht mehr Gewicht verliehen werden.

Literatur

HEMMER, I. & M. HEMMER [Hrsg.] (2010): Schülerinteresse an Themen, Regionen und Arbeitsweisen des Geographieunterrichts (Geographiedidaktische Forschungen, Bd. 46). Weingarten.

HÖHNLE, S. & J. C. SCHUBERT (2016): Hindernisse für den Einsatz naturwissenschaftlicher Arbeitsweisen im Geographieunterricht aus Studierendenperspektive – Ausgewählte Ergebnisse einer empirischen Studie mit Lehramtsstudierenden. – In: GW-Unterricht, 142/143, 2-3, 153–161.

HOF, S. & S. HENNEMANN (2013): Geographielehrerinnen und -lehrer im Spannungsfeld zwischen erprobten und geforderten Kompetenzen. Eine empirische Studie zur zweiphasigen Lehramtsausbildung. - In: Geographie und ihre Didaktik, 41, 2, 57–80.

LETHMATE, J. (2006): Experimentelle Lehrformen und Scientific Literacy. – In: Praxis Geographie, 36, 11, 4–7.

MÖNTER, L. & K.-H. OTTO (2017): Experimentelles Arbeiten im Geographieunterricht: Grundlagen, Erkenntnisse und Konsequenzen. – In: MÖNTER, L., OTTO, K.-H. & C. PETER [Hrsg.]: Experimentelles Arbeiten. Beobachten, untersuchen, experimentieren (5–9). Braunschweig.

OTTO, K.-H. (2009): Experimentieren als Arbeitsweise im Geographieunterricht. – In: Geographie und Schule 32, 180, 4–15.

PIETSCH, A. (1954/55): Grundsätzliches zur experimentellen Lehrform im Biologieunterricht. – In: MNU, 7, 197–203.

SCHUBERT, J. C. (2016): Kognitiv aktivierend und eigenständig experimentieren. Schülerinnen und Schüler erforschen das Wasserhaltevermögen von Böden. – In: Geographie aktuell und Schule, 38, 219, 24–34.

WILHELMI, V. (2012): Die experimentelle Lernform. Herausforderung des kompetenzorientierten Geographieunterrichts. – In: Praxis Geographie, 42, 7/8, 4–8.

Nadine Rosendahl

Experten im Unterricht

Definition

Experten im Unterricht sind Sachverständige, die Informationen zu einem bestimmten Gebiet aufgrund von Erfahrung und/oder Fachwissen aus erster Hand liefern.

Klassifikation

Folgt man obiger weit gefasster Definition, kann es sich bei Experten sowohl um schulfremde Fachleute aus Wissenschaft oder Wirtschaft als auch um schulfremde Betroffene und Beteiligte handeln, aber auch um Eltern, Schüler und Lehrer, die sich in einem besonderen Bereich als Sachverständige auszeichnen (WILD 1998). Allerdings finden sich in der Literatur auch enger gefasste Definitionen, bei denen die Bezeichnung Experte ausschließlich schulfremde Personen beinhaltet. Der Experte im Unterricht wird den personalen Medien zugerechnet. Bei Experten kann es sich um Einzelpersonen, aber auch um Personengruppen handeln. Experten können entweder in ihrem Tätigkeitsfeld vor Ort im Rahmen eines Unterrichtsganges, einer (→) Exkursion oder eines Projekts (→ Projekt) hinzugezogen werden, möglich sind aber auch die Einladung des Experten in die Schule sowie eine Telefon- oder Videokonferenz. Methodisch können Experten z. B. im Rahmen einer Expertenbefragung oder eines Expertengespräches eingebunden werden. Die Expertenbefragung wird im Rahmen von Projekten eingesetzt und dem forschenden Lernen zugerechnet. Schüler befragen Experten mittels vorher festgelegter Fragen und nutzen die Methode zur eigenen Informationsbeschaffung. Ein Expertengespräch setzt sich im Gegensatz zur Expertenbefragung aus zwei Bausteinen zusammen: einem Vortrag des Experten sowie einer anschließenden Diskussion, die wesentlich freier angelegt ist als das Gespräch bei der Expertenbefragung (BUSSMANN 2002). Experten können auch hinzugezogen werden, wenn Schüler eigene Ideen und Lösungsvorschläge etwa im Gemeinderat vorstellen (WILD 1998).

Zur geographiedidaktischen Diskussion

Experten im Geographieunterricht kommt im Sinne einer Öffnung der Schule nach außen eine wichtige Funktion zu, insbesondere in Konzeptionen zum (→) globalen und (→) interkulturellen Lernen sowie zur (→) Bildung für nachhaltige Entwicklung. Organisationen wie die Bundeszentrale für politische Bildung, aber auch Wohlfahrtsverbände, Kirchen und Nichtregierungsorganisationen sowie Unternehmen können Experten vermitteln oder haben spezielle Programme für Schulklassen entwickelt. Unabhängig vom Kooperationspartner erscheint es wichtig, den Schülern eine kritische Sicht auf die Perspektive des Experten zu vermitteln. Als Mehrwert des Expertengesprächs sind die Förderung von Interesse und Motivation, Wertschätzung von Schüleranliegen, Berufsorientierung, die Verwendung im Unterricht erworbener Kenntnisse in authentischen Situationen ebenso zu sehen wie die Möglichkeit des Aufbaus von Handlungskompetenz im Sinne des Vortragens und des Einforderns eigener Anliegen. Die Expertenbefragung erfüllt eine wissenschaftspropädeutische Funktion (→ Wissenschaftsorientierung), wobei dieser Blickwinkel in der geographiedidaktischen Diskussion bislang wenig beachtet wurde. Einer repräsentativen Studie zum Image des Fachs Geographie unter der volljährigen Bevölkerung Deutschlands zufolge (HEMMER et al. 2015) kann die Einladung von Experten unter der Perspektive der Praxisrelevanz der Unterrichtsinhalte einen Beitrag zu einem besseren Image des Fachs Geographie leisten. Die vermehrte Nutzung digitaler Medien vereinfacht nicht nur den Einbezug lokaler Experten, sondern ermöglicht auch direkten Kontakt mit Experten aus aller Welt. In letzterem liegt insbesondere in Bezug auf den Geographieunterricht großes Potenzial. Schüler als Experten für ein Land oder gar einen Kontinent einzusetzen, wie es zum Teil in pädagogischen Fachzeitschriften vorgeschlagen wird (z. B. WILD 1998), kann durchaus kritisch betrachtet werden, da dies zum einen eine Überforderung des Schülers darstellen kann und zum anderen nur eine bestimmte Lebensweise innerhalb einer Kultur beleuchtet wird.

Literatur

BUSSMANN, M. (2002): Zusammenarbeit mit außerschulischen Experten. – In: Pädagogik, 54, 11, 28–30.

CONRAD, D. & ELLER, K. (2018): Experten im Geographieunterricht. – In: BRUCKER, A., HAVERSATH, H.-J. & A. SCHÖPS [Hrsg.] (2018): Geographieunterricht. 102 Stichworte. Baltmannsweiler, 68–69.

DETJEN, J. (2022): Forschend lernen: Recherche, Interview, Expertenbefragung. – In: SANDER, W. [Hrsg.] (52022): Handbuch politische Bildung. Bonn, 507–514.

HEMMER, I., HEMMER, M. & MIENER, K. (2015): Zum Image der Geographie – Schulfach. – In: GANS, P. & HEMMER, I. [Hrsg.] (2015). Zum Image der Geographie in Deutschland: Ergebnisse einer empirischen Studie. Leipzig, 48–63.

WILD, K. (1998): Experten im Unterricht. – In: Unterrichten, erziehen, 17, 4, 6–10.

Dominik Conrad

Fächerübergreifende Bildungs- und Erziehungsaufgaben

Definition

Fächerübergreifende Bildungs- und Erziehungsaufgaben umfassen Ziele und Inhalte, die eine besondere gesellschaftliche Relevanz aufweisen und die im Rahmen des bestehenden Fächerkanons von mehreren bzw. allen Unterrichtsfächern (→ Fächerübergreifender Unterricht) vermittelt werden sollen.

Klassifikation

Die einzelnen Schulfächer bringen bei ihrer Behandlung der fächerübergreifenden Bildungs- und Erziehungsaufgaben jeweils Teilaspekte ein. Das Unterrichtsfach Geographie spielt dabei je nach Aufgabe eine mehr oder weniger wichtige Rolle.

Leitfunktion hat die Geographie z. B. bei folgenden Aufgaben:
- (→) Bildung für nachhaltige Entwicklung
- Europa
- Friedenserziehung
- (→) globales Lernen
- (→) interkulturelles Lernen
- Medienerziehung
- (→) Umweltbildung
- Weltbild.

Daneben gibt es Aufgaben, bei denen die Geographie nur geringe Beiträge liefert (z. B. Technik, Mündigkeit, Familie, Sexualerziehung).

Zur geographiedidaktischen Diskussion

Die fächerübergreifenden Bildungs- und Erziehungsaufgaben werden von der Gesellschaft und der Bildungspolitik als wichtig erachtet. Dabei unterliegen sie einem steten Wandel. Formal werden sie in Rahmenrichtlinien, (→) Lehrplänen oder Bildungsplänen meist in einem übergeordneten Kapitel dargelegt. Es fehlt jedoch vielfach eine Konkretisierung, wie diese Aufgaben im Unterricht umgesetzt werden sollen. Dadurch entsteht die Gefahr, dass sie eine reine Alibifunktion einnehmen.

Auch schulinterne Lehrpläne können fächerübergreifende Bildungs- und Erziehungsaufgaben aufweisen, hier dienen sie zusätzlich oft als Mittel der Profilbildung und Schulentwicklung.

Literatur

BAHR, M. (2004): Fächerübergreifender Unterricht. – In: Praxis Geographie, 34, 1, 4 – 7.

MENZEL, D. (2006): Fächerübergreifende Bildungs- und Erziehungsaufgaben. – In: FRANK, N., MENZEL, D. & C. SCHLOMS [Hrsg.] (2006): Erziehung fördert Bildung. Donauwörth, 146 – 161.

Gabriele Obermaier

Fächer-/Fachübergreifender Unterricht

Definition

Unter fächer-/fachübergreifendem Unterricht versteht man die Verbindung der Ziele und Inhalte eines Unterrichtsfaches (hier Geographie) mit Inhalten und Zielen anderer Unterrichtsfächer.

Die Begriffe „fächerverbindender", „interdisziplinärer" oder „vernetzter" Unterricht werden dabei oft synonym verwendet.

(→ fächerübergreifende Bildungs- und Erziehungsziele, → heimatkundliches Prinzip, → Sachkunde)

Klassifikation

Unterschiede in der Intensität der Verbindung:
- Hinweise (Auf vergleichbare Inhalte und Ziele in anderen Fächern wird lediglich hingewiesen.)
- Aufbau auf Kompetenzen aus anderen Fächern (An Vorwissen aus anderen Fächern wird angeknüpft; dadurch werden Doppe-

lungen vermieden und Gelerntes verfestigt.)

– Auswahl fachspezifischer Aspekte bzw. fachspezifische Schwerpunktsetzung (Inhalte werden mit Lehrkräften anderer Fächer abgesprochen, damit ein Gegenstand bzw. ein Unterrichtsziel in möglichst vielen Facetten behandelt wird.)

– Gemeinsamer Unterricht (Einzelfächer arbeiten für eine gewissen Zeit gemeinsam an einem Themenbereich, z. B. durch (→) Projekte.)

– Überfachlicher Unterricht (Die Einzelfächer werden zugunsten von Lernbereichen aufgebrochen und zu integrativen Fächern zusammengeführt.).

Zur geographiedidaktischen Diskussion

Lebensweltliche Erfahrungen von Schülerinnen und Schülern werden nicht innerhalb von Fachgrenzen gemacht, deshalb wird ein fächerübergreifender Unterricht als unerlässlich angesehen. Dies bedeutet jedoch nicht, dass er den Fachunterricht ablösen soll. Der jeweilige Fachunterricht legt das nötige Basis- und Spezialwissen, das anschließend in übergreifenden Fragestellungen vernetzt eingesetzt wird. Die Schaffung sogenannter integrativer Fächer, bei denen die Geographie meist ausschließlich in einen gesellschaftswissenschaftlichen Bereich eingeordnet wird, ist somit kritisch zu sehen.

Im Regelunterricht ist die Umsetzung des fächerübergreifenden Unterrichts stark von dem persönlichen Ermessen der Lehrkräfte abhängig. In den Lehrplänen gibt es oft lediglich Hinweise, selten werden konkrete Bereiche ausgewiesen, in denen fächerübergreifend gearbeitet werden soll.

Literatur

APPLIS, S. u.a. (2019): Das Welthandelsspiel aus einer Perspektive geographischer, ethischer, philosophischer, ökonomischer, erziehungswissenschaftlicher, politischer und sozial-/gesellschaftswissenschaftlicher Bildung – Eine interdisziplinär-explorative Auseinandersetzung – Zeitschrift für Geographiedidaktik / Journal of Geography Education. H 3/2019, 98–125.

BAHR, M. (2004) Fächerübergreifender Unterricht. – In: Praxis Geographie, 34, 1, 4–7.

BAURIEGEL, G. & G. SCHRÜFER (2006): Der fächerübergreifende Unterricht in der bayerischen Hauptschule. – In: Geographie und ihre Didaktik, 34, 1, 3–20.

BRAMEIER, U. & N. V. D. RUHREN [Hrsg.] (2006): Geographieunterricht – fächerübergreifend (= Materialien-Handbuch Geographie, Bd. 10). Köln.

HAVERSATH, J.-B. (2018): Fachübergreifender/Fächerverbindender Unterricht – In: BRUCKER, A., HAVERSATH, H.-J. & A. SCHÖPS [Hrsg.] (2018): Geographie-Unterricht. 102 Stichworte. (Schneider) Hohengehren, 70–71

HENNINGS, W. (1998): Fächerübergreifender Unterricht und die Identität der Geographie. – In: Geographie und ihre Didaktik, 26, 2, 57–68.

KIRCHBERG, G. (1998): „Fächerübergreifender Geographieunterricht." Zu den Möglichkeiten, Formen und Grenzen des fachoffenen Lernens. – In: Geographie und Schule, 20, 114, 2–7.

RINSCHEDE, G. & A. SIEGMUND (^{4}2020): Geographiedidaktik. Paderborn; 174–176

SCHULTZ, H.-D. (1997): Fachunterricht oder fächerübergreifender Unterricht? Anregungen zur Diskussion. – In: Zeitschrift für den Erdkundeunterricht, 49, 10, 387 f.

Gabriele Obermaier

Fachliche Klärung

Definition

Die fachliche Klärung erhebt den Anspruch, fachwissenschaftliche Perspektiven auf den unterrichtsrelevanten Sachverhalt kritisch und methodisch im Hinblick auf die Vermittlungsabsicht zu analysieren. Sie stellt eine Komponente im Modell der didaktischen Rekonstruktion (→ Didaktische Rekonstruktion) dar. Die vier Kernaufgaben der fachlichen Klärung sind: die Elementarisierung, die kritische Prüfung, die Feststellung fachlicher Lernvoraussetzungen und die lebensweltliche Einbettung (HEIDENREICH 2020).

Klassifikation

Die fachliche Klärung entspricht in vielen Aspekten der Sachanalyse (→ Sachanalyse). Wie diese versucht die fachliche Klärung aus einer didaktischen Perspektive den Kern des Themas auf Basis fachwissenschaftlicher Literatur herauszupräparieren (→ Elementarisierung). Sie geht aber über die Sachanalyse hinaus: Sie analysiert die fachwissenschaftlichen Theorien, Termini und Darstellungen (insbesondere in Lehrbüchern) auch mit Blick auf die fachlichen Lernvoraussetzungen und auf deren Einbettung in die Lebenswelt der Lernenden. Die fachliche Klärung kann nicht losgelöst von den anderen Komponenten des fachdidaktischen Tripletts (fachliche Klärung, Lernerperspektive, didaktische Strukturierung) durchgeführt werden (→ Didaktische Rekonstruktion). Im Gegensatz zu Sachanalyse werden wissenschaftliche Vorstellungen nicht als eine objektiv vorgegebene Sachstruktur angesehen, sondern vielmehr als „Konstrukte einer Wissenschaftlergemeinschaft" (KATTMANN et al. 1997, 6) aufgefasst und deshalb auch kritisch geprüft. Bei der Analyse sollen folgende Bereiche berücksichtigt werden:

Zur geographiedidaktischen Diskussion

Die fachliche Klärung erweist sich auf der Ebene fachdidaktischer Forschungsarbeiten als ergiebig und gewinnbringend im Hinblick auf die didaktische Strukturierung von Unterricht. Die zunehmende Nutzung des Modells der didaktischen Rekonstruktion für die konkrete (→) Unterrichtsplanung führte zur Ausweisung einer „berufspraktischen Fachlichen Klärung" in Abgrenzung zur „Sachanalyse" (HEIDENREICH 2020). Neben der Unschärfe des Begriffes, der ein Verständnis der fachlichen Klärung z.B. als ein bloßes Sich-Informieren über den Sachverhalt fördert, erweist sich die Einnahme einer kritischen Perspektive auf z.B. Lehrbuchtexte und -abbildungen als große Herausforderung für die Anwendung dieser Planungskomponente durch Lehrkräfte. Als besonders fruchtbar bei der fachlichen Klärung für die konkrete Unterrichtsplanung erweisen sich Reflexionen über zentrale Fachbegriffe hinsichtlich ihrer Lernförderlichkeit (REINFRIED 2021), etwa durch die Analyse ihres metaphorischen Gehaltes (→ erfahrungsbasiertes Verstehen).

Literatur

HEIDENREICH, T. (2020): Die Bedeutung der fachlichen Klärung für die didaktische Rekonstruktion von Inhalten des Biologieunterrichts. Doktorarbeit. Hannover: Institutionelles Repositorium der Leibniz Universität Hannover.

KATTMANN, U. et al. (1997): Das Modell der didaktischen Rekonstruktion – ein Rahmen für naturwissenschaftsdidaktische Forschung und Entwicklung. – In: Zeitschrift für Didaktik der Naturwissenschaften, 3, 3, 3–18.

REINFRIED, S. (2021). Das Modell der Didaktischen Rekonstruktion in der Ausbildung von Geographielehrkräften – ein Lehr- und Lernangebot zur vertieften Auseinandersetzung mit Unterrichtsplanung und -reflexion. – In: HLZ – Herausforderung Lehrer*innenbildung, 4, 2, 28–50.

SCHULER, S. & K.-H. OTTO (2012): Pädagogisch-psychologische Ansätze. – In: HAVERSATH, J.-B. [Moderator] (2012): Geographiedidaktik. Braunschweig, 133–164.

Dominik Conrad, Dirk Felzmann
Thomas Basten

Fallprinzip

Definition

Das Fallprinzip ist eine Variante des exemplarischen Prinzips, in dessen Kern ein individuelles und konkretes Ereignis steht, in dem Personen oder Personengruppen handeln. Über das Einzelereignis hinaus müssen allgemeine Erkenntnisse gewonnen werden können.

Klassifikation

Es gibt zwei unterschiedliche Formen des Fallprinzips:

Fallanalyse: Ein konkreter (manchmal auch fiktiver) Fall wird analysiert, ohne von den Schülern persönliche Entscheidungen einzufordern. Schrittfolge (REINHARDT 2005, 124):

1. Außenbetrachtung: Analyse nach den W-Fragen (wer, was, warum, wann, wo?)
2. Innenbetrachtung: Schüler versetzen sich in die Lage der handelnden Personen
3. Urteilsbildung: Betrachtung des Falles im Hinblick auf die Möglichkeit und Wünschbarkeit bestimmter (politischer) Lösungen
4. Generalisierung: Prüfen, ob Beteiligte im konkreten Fall repräsentativ für gesellschaftliche Gruppen sind und ob die Entscheidungen allgemeine Gültigkeit haben können bzw. welche möglichen Alternativen bestehen.

Fallstudie (*case study*): Diese geht von realen Fällen (Beispielen) aus. Durch die Auseinandersetzung mit diesen sollen die Schüler zu Entscheidungen befähigt werden und persönlich Stellung beziehen. Die Fallstudie geht in folgenden Schritten vor (REINHARDT 2005, 127):

1. Konfrontation mit dem Fall: Sammeln von Fragen zum Fall und Klärung der darin enthaltenen Probleme
2. Informationen auswerten: Bewertung der Informationen im Hinblick auf die Fragestellung, Klärung der formulierten Fragen in Gruppenarbeit, Diskussion der Ergebnisse im Plenum
3. Exploration und Resolution für Handlungsmöglichkeiten: Entwickeln von Handlungsmöglichkeiten für die im Fall beteiligten Akteure
4. Disputation der Handlungsvorschläge: Vorstellung und Diskussion der in den Gruppen erarbeiteten Handlungsvorschläge
5. Kollation mit der Realität: Vergleich der von den Schülern entwickelten Lösungs-

und Handlungsvorschläge mit den in der Realität getroffenen.

In der Unterrichtspraxis beschränkt sich die Fallanalyse oftmals auf die Schritte 1 und 2.

Zur geographiedidaktischen Diskussion

Im Gegensatz zur Didaktik des Politikunterrichts sind die Formen des Fallprinzips in der Geographiedidaktik bislang wenig diskutiert. Im Hinblick auf die (→) Kompetenzbereiche Kommunikation, Beurteilung/Bewertung und Handlung sollte sich ein größerer Diskussionsbedarf entwickeln. In der Unterrichtspraxis wird das Fallprinzip als induktive Methode angewendet (→ Induktion – Deduktion). In Wirklichkeit wird jedoch oftmals deduktiv verfahren: Eine komplexe Aussage wird an einem Einzelfall vereinfacht dargestellt.

Literatur
MÜLLER, M. (2006): Die Verwendung der Fallmethode und des Fallunterrichts im Politikunterricht. München (E-Book).
REINHARDT, S. (2005): Politik-Didaktik. Praxishandbuch für die Sekundarstufe I und II. Berlin, 121 – 132.
STONJEK, D. (2005): Fallmethode. – In: KÖCK, H. & D. STONJEK (2005): ABC der Geographiedidaktik. Köln, 95.

Friedhelm Frank

Feedback

Definition
Feedback ist die Rückmeldung eines Nutzers an einen Anbieter in Bezug auf die Wirkung seines Angebots, in der Schule also in der Regel eine Rückmeldung des Schülers an den Lehrer.

Das Feedback kann sowohl unsystematisch, etwa über den Gesichtsausdruck, als auch systematisch durch die Nutzung verschiedener Methoden erfolgen.

Klassifikation

Der Begriff des Feedbacks stammt ursprünglich aus der Kybernetik und beschreibt die Korrektur von Eingangsgrößen aufgrund einer Rückmeldung des Systems in Bezug auf ihre Wirkungen. In der Pädagogik wird Feedback oft im Zusammenhang mit einer erhöhten Schülerpartizipation (→ Partizipation) an der Unterrichtsgestaltung gesehen. Dieses Verständnis führte dazu, dass Feedbackverfahren von Lehrern oft als negativ empfunden wurden, da sie sich ungeschützt einer oftmals auch wenig sachgemäßen Schülerkritik ausgesetzt sahen. Um eine solche Wirkung zu korrigieren, wurden später Feedbacks genutzt, die bewusst positive und negative Aspekte abfragten. Beide Formen des Feedbacks implizierten allerdings den Anspruch des Feedbackgebers zu wissen, wie die infrage stehende Leistung besser zu erbringen wäre.

Im Kontext der konstruktivistischen Erkenntnistheorie ist das klassische Feedback als wenig hilfreich kritisiert worden. Da Feedback immer die Rückmeldung subjektiv empfundener Zustände ist, sollte es auch entsprechend formuliert werden, also nicht: „Sie gehen im Stoff zu schnell voran", sondern: „Ich komme im Stoff nicht mit." Während die erste Formulierung vom Feedbacknehmer schnell als Projektion abgetan werden kann, wird in der zweiten Aussage ein Problem benannt, das sehr unterschiedliche Ursachen haben kann, aber gleichzeitig die Professionalität des Lehrenden herausfordert, nach der entscheidenden Ursache zu suchen. Ein solches Feedback lässt zudem verschiedene Handlungsmöglichkeiten offen, sodass der Feedbacknehmer entscheiden kann, welche mögliche Alternative er sowohl für angemessen als auch für sich selbst für machbar empfindet. Diese Form des Feedbacks gleicht strukturell dem unsystematischen primären Feedback, bei dem vor allem die Gemütszustände des Feedbackgebers ausgedrückt werden, die gerade in komplexen Situationen verschiedene Ursachen haben können.

Zur geographiedidaktischen Diskussion

Der Begriff des Feedbacks wird häufig gebraucht und viele Methoden des klassischen Feedbacks wie das Blitzlicht, die Zielscheibe oder die Punktabfrage sind in der Lehrerschaft bekannt; das wohl meistgenutzte Feedbackverfahren ist der Fragebogen, der allerdings oft unter dem Titel „Evaluation" firmiert.

Am Konstruktivismus orientierte Feedbacks, die die Relevanz eines intensiven kommunikativen Austausches betonen, bei dem beide Seiten zu Wort kommen, lassen sich im Kontext von Schule eher selten finden. Solche Feedbacks sind in der Regel zwar aufwendiger, aber auch effektiver.

Literatur

BASTIAN, J., COMBE, A. & R. LANGER (2007): Feedback-Methoden. Erprobte Konzepte, evaluierte Erfahrungen. Weinheim, Basel.

EIKENBUSCH, G. (2001): Erfahrungen mit Schülerrückmeldungen in der Oberstufe. – In: Pädagogik, 53, 5, 18 – 22.

RADATZ, S. (2009): Creative Knowledge Feedback. Eine neue Feedback-Kultur aufbauen – Wissensmanagement sichern. Wien.

STROEBE, W. (2016): Why Good Teaching Evaluations May Reward Bad Teaching. On Grade Inflation and Other Unintended Consequences of Student Evaluations. In: Perspectives on Psychological Science 11 (6), 800 – 816.

WOLBRING, T. & P. RIORDAN (2016): How beauty works. Theoretical mechanisms and two empirical applications on students' evaluation of teaching. In: Social Science Research 57, 253 – 272.

Anke Uhlenwinkel

Fernerkundung

Definition

Die Fernerkundung (Remote Sensing) ist die Gesamtheit der Verfahren zur Gewinnung von quantitativen oder qualitativen Informationen über die Erdoberfläche durch Messung und Interpretation der von ihr ausgehenden (Energie-)Felder. Als Informationsträger dient dabei die reflektierte oder emittierte elektromagnetische Strahlung (→ GIS).

Klassifikation

Zu unterscheiden sind:
- Aufnahmeverfahren (z.B. aktiv, passiv, Kamera, Multispektral-Scanner, Radar, Laser)
- Auswerteverfahren (visuell, rechnergestützt)
- Auflösungsarten (temporal, räumlich, spektral, radiometrisch)
- digitale Bildverarbeitungsverfahren (z.B. Bildverbesserung [Kontrast], radiometrische Verfahren [Atmosphärenkorrektur] oder Entzerrung).

Zur geographiedidaktischen Diskussion

Das Arbeiten mit Satellitenbildern ermöglicht es, viele Fragestellungen problemorientiert im Unterricht zu behandeln (z.B. Erdbeben, Hochwasser, Disparitäten, Ressourcenkonflikte etc.). Durch die Auswertung von Satellitenbildern können räumliche Strukturen erfasst, beschrieben, interpretiert und erklärt werden. Da Satellitenbilder immer in einem räumlichen Kontext stehen, können neben der rein visuellen Kompetenz auch die Fähigkeiten zur räumlichen Orientierung geschult werden. Die räumliche Orientierung wird zudem durch den zu vollziehenden Wechsel der Perspektive und den Blick von oben gefördert. Satellitenbilder tragen somit dazu bei, dass Schülerinnen und Schüler eigene Vorstellungen vom Raum aufbauen.

Die Verfügbarkeit von Fernerkundungsdaten hat in den letzten Jahren erheblich zugenommen. Fernerkundungsdaten mit einer hohen Aktualität und in einer Vielzahl an räumlichen, zeitlichen und spektralen Auflösungen stehen zur Verfügung. Durch ein breites Spektrum an unterschiedlichen räumlichen Auflösungen können Problemstellungen zwischen großen Übersichten und kleinräumigen Einzelphänomenen bearbeitet werden. Neben der Bearbeitung und Analyse von aktuellen Fragestellungen können über Zeitreihen räumliche Prozesse visualisiert, analysiert und bewertet werden. Über multispektrale Fernerkundungsaufnahmen kann die Darstellung des Satellitenbildes an die jeweilige Fragestellung angepasst werden. Da die Komplexität des Zustandes der Erdoberfläche ohne Reduktion festgehalten wird, ist der Informationsgehalt von Satellitenbildern besonders hoch.

Trotz dieser Vorteile nimmt die Fernerkundung im Schulunterricht heute immer noch eine untergeordnete Rolle ein und wird häufig mit der Interpretation analoger (→) Luft- und Satellitenbilder gleichgesetzt (BREITENBACH/ MAETZEL 1998). In der jüngsten Vergangenheit wurden daher neue Ansätze zur digitalen Analyse von Satellitenbildern im Unterricht entwickelt (DITTER 2011, NAUMANN et al. 2009, VOSS 2011). Ziel dieser Ansätze ist es, einen einfachen und zielgerichteten Einstieg in die Fernerkundung zu ermöglichen (→ Satellitenbild-Lesekompetenz).

Literatur

ALBERTZ, J. (2009): Einführung in die Fernerkundung: Grundlagen der Interpretation von Luft- und Satellitenbildern. Darmstadt.

ALEAN, J. & T. BIBER (2005): Entdeckendes Lernen mit Satellitenbildern. – In: geographie heute, 26, 235, 35–37.

BREITENBACH, T. & R. MAETZEL (1998): Satellitenbilder im Unterricht, Bd. 2. Bonn.

DITTER, R. (2011): Mit „BLIF" einen Wassernutzungskonflikt erforschen. – In: Praxis Geographie, 41, 11, 24–29.

LANGE, N. DE (2005): Geoinformatik in Theorie und Praxis. Berlin, Heidelberg.

LILLESAND, T. M., KIEFER, R. W. & J. W. CHIPMAN (2008): Remote Sensing and Image Interpretation. 6th Edition. New York.

NAUMANN, S. et al. (2009): Satellitenbilder in der Schule – von der Theorie zur praktischen Anwendung. – In:

DEUTSCHE GESELLSCHAFT FÜR PHOTOGRAMMETRIE, FERNERKUNDUNG UND GEOINFORMATION e.V. (DGPF) [Hrsg.] (2009): Tagungsbände der Wissenschaftlich-Technischen Jahrestagungen der DGPF, Bd. 18. Jena, 41 – 50.
VOSS, K. (2011): Fernerkundung – ein Thema für den modernen Geographieunterricht. – In: Praxis Geographie, 41, 11, 14 – 17.

Ulrich Michel, Kerstin Voß

Film im Geographie-unterricht

Definition

Der Film ist ein Laufbild und daher im Geographieunterricht besonders geeignet für die Darstellung räumlicher Prozesse (s.a. → Spielfilme im Geographieunterricht).

Klassifikation

Nach der ursprünglichen Zielgruppe:

- Schülerinnen und Schüler (speziell für den Unterricht produziert, u. a. Schulfernsehen, FWU)
- Öffentlichkeit (z. B. über das Internet, nicht für die Schule konzipierte, aber im Unterricht einsetzbare Filme)

Nach Inhalt und Intention:

- Der Übersichtsfilm erstrebt eine Gesamtschau eines bestimmten Raumes (z. B. Entlang des Rheins, Hochland von Bolivien).
- Der exemplarische Unterrichtsfilm hat nur wenige, oft allgemeingeographische Fragestellungen. Weitere Bezeichnungen dieser Filmart sind thematischer Film, Demonstrationsfilm und Arbeitsstreifen.
- Der ereignisbezogene Film, der von Laien und direkt Betroffenen in nahezu Realtime ins Netz gestellt wird und dabei den Zeitfaktor und die emotionale Komponente ins Zentrum rückt.

Nach der Darstellungsweise:

- Realaufnahmen
- zeichnerische und grafische Aufnahmen

Zur geographiedidaktischen Diskussion

Der Film übertrifft das „statische" Bild meist dort, wo Bewegungsabläufe (im natur- und kulturgeographischen Bereich) darzustellen sind. Noch stärker als das → Bild kann der Film durch subjektive Handhabung von Einstellungen, Kameraschwenks, Blenden, Einblendungen, Montagen, Tricks, Ausschnittauswahl, Szenenlänge und durch beigefügte Kommentare manipulieren bzw. unbeabsichtigte Wirkungen auslösen. Vorteile des Filmes sind u. a. die wirklichkeitsnahe Darstellung, die beliebige Reproduzierbarkeit und die Möglichkeit, Sequenzen zu stoppen. Nachteilig kann sich die Flüchtigkeit des Filmbildes, die Fülle der gezeigten Details und eine aufdringliche textliche Kommentierung auswirken.

Der Film sollte durch gezielte Arbeitsaufträge erschlossen werden.

Filme können auch selbst erstellt werden, was einen Beitrag zur Medienerziehung leistet.

Derzeit werden thematisch orientierte Filme den Übersichtsfilmen vorgezogen, da sie sich zielgerichteter einsetzen lassen. Der digitale Film rückt immer mehr in den Fokus, da das Angebot an digitalen Filmen, die im Internet kostenfrei zur Verfügung stehen, immer zahlreicher wird. Dabei ist zwischen professionellen Filmen und den von Laien aufgenommenen Filmen zu unterscheiden. Durch die einfache und schnelle Verfügbarkeit digitaler Filme ist es im Geographieunterricht möglich, Unterrichtsthemen mit aktuellen Filmsequenzen zu unterstützen und dadurch die Aufmerksamkeit und Motivation bei den Schülern zu steigern.

Die Hauptanforderungen an die Filmgestaltung lassen sich wie folgt zusammenfassen (KRAATZ 1997):

- Filme müssen im Horizont des Rezipienten gestaltet sein.

- Bild und Kommentar müssen aufeinander bezogen sein.
- Der Aufbau muss für den Schüler transparent sein.
- Filme müssen prozessorientiert sein.

Literatur

BRUCKER, A. [Hrsg.] (2009): Geographiedidaktik in Übersichten. Köln.

HAUBRICH, H. [Hrsg.] (2006): Geographie unterrichten lernen. Die neue Didaktik der Geographie konkret. München.

KRAATZ, T. (1997): Film (Unterrichtsfilm, Schulfernsehen und Fernsehen). – In: Birkenhauer J. [Hrsg.] (1997): Medien. Systematik und Praxis. München, 185–210.

SIEGMUND, A. (2011): Mehr als Infotainment. Digitale Filmeinspielungen im Geographieunterricht. – In: Praxis Geographie, 41, 11, 10–13.

Alexandra Siegmund

Geländearbeit

Definition

Geländearbeit bezeichnet den aktiven Prozess der Erkenntnisgewinnung im Realraum unter Anwendung geographischer Arbeitsweisen.

Klassifikation

Kennzeichen der Geländearbeit sind:
- Bearbeitung einer Frage oder Problemstellung
- unmittelbare Auseinandersetzung mit der räumlichen Umgebung
- Einübung und Anwendung geographischer Arbeitsweisen
- Auswertung der erhobenen Daten und Informationen
- Darstellung der Ergebnisse.

Phasen der Geländearbeit sind (vgl. FRAEDRICH 1989):
- Problemstellung: Ausgangspunkt ist eine konkrete Frage oder Problemstellung, die der Geländearbeit übergeordnet ist.
- Planung: Festlegung des Ablaufs der Geländearbeit unter Berücksichtigung inhaltlicher und organisatorischer Aspekte
- Durchführung: möglichst selbstständige Durchführung geographischer Arbeitsweisen
- Auswertung: Auswertung, Interpretation und (grafische) Darstellung der Ergebnisse
- Beurteilung: kritische Reflexion und abschließende inhaltliche Beurteilung

Zur geographiedidaktischen Diskussion

Die Geländearbeit gilt als unverzichtbarer Bestandteil geographischen Lernens im Realraum (→ Exkursion, → Außerschulische Lernorte). Geographische Phänomene oder Sachverhalte können vor Ort in unmittelbarem Kontakt zum Lerngegenstand unter Anwendung geographischer (→) Arbeitsweisen in höchstem Maße handlungsorientiert erarbeitet werden.

Diskussionen eröffnen sich bezüglich der Gestaltung des Verlaufs der Geländearbeit und der anzuwendenden Methoden. Eine traditionell kognitivistische Vorgehensweise mit festgelegtem Ablauf und vorgegebenen Methoden birgt die Gefahr eines stark instruktionsgeleiteten Verlaufs des Lernprozesses, der im Widerspruch zu aktuellen didaktischen Tendenzen steht, die einen möglichst selbstständig gestalteten, problemlösungsorientierten Lernprozessverlauf anvisieren. Geländearbeit in einer modernen Didaktik wird gekennzeichnet durch die selbsttätige und selbstständige Anwendung geographischer Arbeitsweisen und -techniken in der unmittelbaren Auseinandersetzung mit dem Lerngegenstand. Eine problemlösungsorientierte, ergebnisoffene Vorgehensweise ist dabei ebenso anzustreben wie eine grundsätzliche Offenheit gegenüber der Wahl der Methoden zur Bearbeitung der Frage oder Problemstellung.

Literatur

FRAEDRICH, W. (1989): Geländearbeit. – In: geographie heute, 76, 4, 2–4.

HITZ, H. (2001): Geländearbeit. – In: SITTE, W. & H. WOHL-SCHLÄGL [Hrsg.] (2001): Beiträge zur Didaktik des „Geographie und Wirtschaftskunde"-Unterrichts. Wien, 148–156.

RINSCHEDE, G. (2007): Geographiedidaktik. Paderborn, 108–110.

Kerstin Hepp

Geocaching

Definition

Geocaching ist eine GPS-gestützte Form der Schnitzeljagd oder High-Tech-Schatzsuche. Die Bezeichnung setzt sich aus den Wortbestandteilen *geo* (griechisch für Erde) und *cache* (englisch für Versteck oder geheimes Lager) zusammen. Mithilfe eines GPS-Gerätes und bestimmter Koordinaten, die z. B. aus dem Internet heruntergeladen werden können, wird ein versteckter „Schatz" (= der Cache) aufgesucht.

Klassifikation

Es gibt verschiedene Formen des Geocaching, hier in Auswahl:

- *traditional cache*: Ein Behälter wird an einem Ort versteckt, dessen Koordinaten im Web angegeben werden.
- *multi cache*: Es sind mehrere Stationen zu durchlaufen, deren Koordinaten genannt werden.
- *earth cache*: Der Cache befindet sich an einem geologisch bedeutsamen Ort.
- GPS-Bildungsrouten: Die Stationen befinden sich an – z. B. geographisch – bedeutsamen Plätzen.

Zur geographiedidaktischen Diskussion

Geocaching knüpft direkt an die Lebenswelt der Jugendlichen an, in deren Alltag GPS, Mobiltelefone, Smartphones und Internet allgegenwärtig sind. Für den Geographieunterricht bietet sich durch die Methode Geocaching eine Chance, Medienkompetenz mit der für dieses Fach wichtigen Geländearbeit zu koppeln, denn Geocaching kann nur im Realraum mit der Begegnung des Objekts vor Ort durchgeführt werden. Neben der Verbesserung der Medienkompetenz besteht auch die Möglichkeit, über die Aufgaben im Cache die Sachkompetenz zu einer Vielzahl an geographischen Inhalten zu fördern, besonders wenn die Schüler die Caches selbst gestalten. Nicht zuletzt unterstützt die sinnvolle Arbeit mit dem GPS-Gerät vor Ort den Aufbau der Raumorientierungskompetenz (→ Kompetenzbereich Räumliche Orientierung).

Literatur

HOF, A., HETZEL, I. & D. TELAAR (2012): eGeo-Trüffel: mobile tagging, geocaching and nature trails bundled into geoinformation production with Bachelor of Geography students. – In: JEKEL, T. et al. [Hrsg.] (2012): GI_Forum 2012: Geovisualization, Society and Learning. Berlin, Offenbach, 246–255.

SEITZ, D. (2011): Mobile Spielformen und soziale Netzwerkgemeinschaften. – In: WINTER, A. [Hrsg.] (2011): Spielen und Erleben mit digitalen Medien. München, 63–82.

ZECHA, S. (2012): Geographische Arbeitsweisen als Abenteuer – eine GPS Bildungsroute durch Eichstätt. – In: HÜTTERMANN, A. et al. [Hrsg.] (2012): Räumliche Orientierung. Räumliche Orientierung, Karten und Geoinformation im Unterricht (= Geographiedidaktische Forschungen, Bd. 49). Braunschweig, 128–134.

Angela Hof, Stefanie Zecha

Geodeterminismus

Definition

Der Begriff „Geodeterminismus" bezeichnet die Annahme, dass das menschliche Verhalten und Handeln in der Auseinandersetzung Mensch – Natur (bzw. Gesellschaft – Umwelt) wesentlich von den außermenschlichen Naturfaktoren, vom Naturmilieu und von der Lage bestimmt (determiniert) wird.

Der Gegenbegriff des Possibilismus unterstellt dagegen, dass die natürliche Umwelt zwar begrenzende Bedingungen setzt, dass aber die Menschen in ihrem Handeln stärker an soziale und kulturelle Strukturen gebunden sind und hier unter verschiedenen Möglichkeiten (*possibilism*) auswählen können.

Klassifikation

Ein vulgärer Materialismus geht aus von der absoluten Wirkmächtigkeit natürlicher und lagemäßiger Faktoren. Zum Beispiel wäre eine Trockenwüste dann ein Raum „an sich", in dem menschliches/ gesellschaftliches Leben nur in extremster Anpassung an die Natur möglich wäre. Die Möglichkeiten menschlichen Handelns sind aber auch hier – unter den relationalen Rahmenbedingungen der Natur und der Verletzlichkeit (Vulnerabilität) der Gesellschaften – vielfältig, von der Bewässerung über den Nomadismus bis hin zu künstlichen Umwelten auf Zeit (Tourismus, Rohstoffabbau). Die Relationen zur Natur sind demnach historisch, sozial, technisch, ökonomisch, wertegebunden/ideologisch etc. ausgeformt; sie werden sichtbar in einer Passung von Akteuren und Orten (Konnektivität). Die Natur ist kein Akteur, sie determiniert nicht, wie die Anpassung auszusehen hat; allerdings bewirkt sie (fast) überall eine Anpassungsleistung, die für die Akteure *viabel* (gehbar) ist (Noosphäre). Dabei können die physischen Bedingungen ihrerseits verändert und überwunden werden, bis hinein in ein sogenanntes Anthropozän (Crutzen 2002). Bereits im 19. Jahrhundert wurde dieses offene Verhältnis als ökologisches Denken und für eine beginnende Sozialgeographie entwickelt. Im modernen Diskurs (z. B. über den Klimawandel) wird ein einfaches Kausalitätsdenken sichtbar und auch politisch bedeutsam. Das beginnt bei einer Gleichsetzung von Wetter und Klima im Alltagsverständnis, in *folk theories* oder *cultural models*. Um die „Kausalkognition" im alltäglichen und im wissenschaftlichen Diskurs zu verstehen, bedarf es also einer Beobachtung auch der jeweiligen kulturellen Disposition (z. B. der Denkmuster der sogenannten Klimawandelskeptiker zwischen Negierung, Anerkennung, Relativierung), der jeweiligen räumlichen und zeitlichen Maßstäbe und der verwendeten Werte und Normen (z. B. allgemeines Leitbild der Nachhaltigkeit, Vorsorge/Nachsorge/(→) Empathie für betroffene Regionen und Populationen, Szenarien für künftige Generationen).

Zur geographiedidaktischen Diskussion

Ein einfacher Geodeterminismus hat den „Vorzug", dass sich die Welt in scheinbar klare Lebensweisen und Kulturen einteilen lässt. In einem Schulbuch der 5. Klasse beginnt z. B. das Kapitel „Die Erde – unser Lebensraum" mit den Indianern, den Eskimos und den Nomaden. Klima, Vegetation, Lage bestimmen demnach Handeln und Kultur. Damit wird ein Weltbild geformt, das sich auf traditionelle Gesellschaften bezieht und für moderne Gesellschaften nur sehr eingeschränkt oder gar nicht gilt. Ein Denken in komplexen Kausalitäten muss dagegen auf Monokausalitäten nicht nur verzichten, sondern davor warnen. Zum Beispiel kann das Modell der Push- und Pull-Faktoren, das wegen seiner Einfachheit ebenso verführerisch ist wie der sogenannte Teufelskreis der Armut in der Entwicklungsländerforschung, zwar behandelt werden; das Modell muss dann aber – z. B. in Fallstudien – in seiner Relativität zu anderen (weichen, subjektiven, wagnishaften „irrationalen") Kalkülen des Handelns vorgestellt werden.

Literatur

Crutzen, P. J. (2002): Geology of mankind. – In: Nature, 415, 23.

Dürr, H. & H. Zepp (2012): Geographie verstehen. Paderborn.

Gesang, B. (2011): Klimaethik. Berlin.

Goudie, A. (1994): Mensch und Umwelt. Eine Einführung. Heidelberg.

Knox, P. L.& S. A. Maarston [dt. Ausgabe hrsg. von Gebhardt, H., Meusburger, P. & D. Wastl-Walter] (2008): Humangeographie (Bes. Kap. 4: Natur – Gesellschaft – Technologie). Heidelberg.

Müller-Mahn, D. (2008): Beobachtungen zum Klimadiskurs. Neues Weltrisiko oder alter Geodeterminismus? – In: Diercke-Handbuch. Braunschweig, 264 f.

Varenholt, F. & S. Lüning (2012): Die kalte Sonne. Warum die Klimakatastrophe nicht stattfindet. Hamburg.

Werlen, B. (2000): Sozialgeographie. Eine Einführung. Bern, Stuttgart, Wien.

Tilman Rhode-Jüchtern

Geographical concepts

Definition

Geographical concepts sind Vorstellungen, die die fachliche Perspektive definieren und dem Fach damit eine eigene Identität geben.

Zu den derzeit für den Geographieunterricht als relevant erachteten Konzepten gehören die drei Kernkonzepte *place* (Ort), *space* (Raum) und *scale* (Maßstab), zusammen mit den Hilfskonzepten Vernetzung, Diversität, Wahrnehmung und Repräsentation sowie Wandel.

Klassifikation

Konzepte sind nichts Gegenständliches, sondern Denkakte, die nur in unseren Köpfen bestehen. Jedes Konzept weist drei Merkmale auf: (1) Es besteht aus mehreren Komponenten, die (2) im Kontext des Konzepts unzertrennlich sind und die sich (3) eher in der Form der Klassifikation als in Form von Relationen zwischen Konstanten und Variablen beschreiben lassen. Konzepte sind damit vergleichsweise fluide: Jedes Konzept hat sowohl eine Geschichte, aus der es hervorging, als auch eine Zukunft, in der es eventuell einen anderen Inhalt annimmt. Der Wandel von Konzepten verweist auf die gewandelten Probleme, zu

deren Verständnis und Lösung die Konzepte beitragen sollen. Kein Konzept enthält alle theoretisch möglichen Komponenten, da ein solches Konzept nichts mehr klären, sondern nur das Chaos reproduzieren könnte.

Im Rahmen dieser Definition kann die Geographie als Konzept verstanden werden, das sich aus mehreren Komponenten zusammensetzt, die ihrerseits Konzepte sind und einzeln auch in anderen Fachkonzepten vorkommen können, in ihrer speziellen Verbindung aber die geographische Perspektive ausmachen (→ Basiskonzepte).

Zur geographiedidaktischen Diskussion

Geographical concepts sind in Deutschland noch relativ wenig verbreitet. In England und Frankreich bilden sie dagegen unumstößliche Säulen des Geographieunterrichts. Die französische Interpretation der Konzepte findet sich zudem in Ansätzen in der spanischen und deutlicher auch in der portugiesischen Schulgeographie wieder. Obwohl britische und französische Ansätze heute vergleichsweise kompatibel sind, haben sie sich sehr unterschiedlich entwickelt.

In Frankreich gibt es keine der deutschen oder der britischen vergleichbare fachdidaktische Diskussion. Der konzeptuelle Ansatz ist Mitte der 1990er-Jahre relativ direkt aus der Fachwissenschaft in die Schulen gewuchtet worden und hat dort eine vergleichsweise regional ausgerichtete Geographie ersetzt. Unterrichtsmethodisch mussten die Lehrer erst lernen mit diesem eher diskursiven Ansatz umzugehen. In der französischen Öffentlichkeit dagegen hat er eine große Resonanz gefunden, was sich u. a. darin zeigt, dass die Tageszeitung Le Monde eine regelmäßige Beilage mit dem Titel „Géo&Politique" publiziert.

In England werden die *geographical concepts* sowohl in der Fachwissenschaft als auch in der Fachdidaktik intensiv diskutiert und genutzt. Die Konzepte wurden dabei über einen längeren Zeitraum aus älteren Konzepten heraus entwickelt: *Place* findet sich in anderer Form in älteren regionalgeographischen Ansätzen, *space* in der raumstrukturellen Geographie der 1950er- und 1960er-Jahre. Der Wandel findet aber nicht nur innerhalb der Konzepte selbst, sondern auch in ihrer Zusammensetzung statt, wobei es Veränderungen vor allem bei den Hilfskonzepten gibt.

Literatur

CLIFFORD, N. J. et al.[Hrsg.] (2009): Key Concepts in Geography. London, Thousand Oaks, New Delhi, Singapur.

LAMBERT, D. (2013): Geographical concepts. – In: ROLFES, M. & A. UHLENWINKEL [Hrsg.] (2013): Metzler Handbuch für den Geographieunterricht 2.0 – Ein Leitfaden für Praxis und Ausbildung. Braunschweig, 174 – 181.

DESSEN JANKELL, L., SANDAHL, J. & D. ÖRBRING (2021): Organising concepts in geography education: a model. In: Geography 106 (2), 66 – 75

UHLENWINKEL, A. (2013): Geographical Concepts als Strukturierungshilfe für den Geographieunterricht. Ein international erfolgreicher Weg zur Erlangung fachlicher Identität und gesellschaftlicher Relevanz. – In: Geographie und ihre Didaktik, 41, 1, 18 – 43.

UHLENWINKEL, A. (2017): Geographical Thinking: Is it a limitation or powerful thinking? In: Brooks, C., Butt, G. & Fargher, M. [Hrsg.]: The Power of Geographical Thinking. Dordrecht, Heidelberg, London, New York, 41 – 53.

Anke Uhlenwinkel

Geographie und wirtschaftliche Bildung im GW-Unterricht

Definition

„Geographie und Wirtschaftskunde" wurde mit Bundesgesetz vom 25. Juli 1962 über die Schulorganisation in Österreich als eigener Unterrichtsgegenstand eingeführt und hat seither Bestand. In den aktuellen Lehrplänen wird die Bezeichnung „Geographie und wirtschaftliche Bildung" verwendet.

Klassifikation

Die Bezeichnung Geographie und Wirtschaftliche Bildung (Abkürzung GW) findet in Österreich vor allem an den Allgemeinbildenden Höheren Schulen (AHS) Verwendung, die speziell auf ein Universitätsstudium vorbereiten sollen. GW wird dort sowohl in der Unterstufe (Sekundarstufe I / 5. bis 8. Schulstufe) als auch der Oberstufe (Sekundarstufe II / 9. bis 12. Schulstufe) unterrichtet und stellt durchgängig über alle Schuljahre einen festen Bestandteil der Stundentafel dar. In der Matura (Abitur) kann GW im Rahmen einer mündlichen Prüfung als Prüfungsgegenstand gewählt werden.

An den Berufsbildenden Höheren Schulen (BHS) ist die Bedeutung der Geographie generell niedriger und die Situation des Schulfachs je nach Schultyp und Schwerpunkt sehr verschieden. Wieder finden sich geographische und wirtschaftliche Inhalte häufig in ein und demselben Unterrichtsgegenstand, wenngleich in unterschiedlichen Gewichtungen. In aktuell gültigen bzw. in Entwicklung befindlichen Lehrplänen ist etwa von Fächern wie Geografie (Wirtschaftsgeografie) oder Globalwirtschaft, Wirtschaftsgeografie und Volkswirtschaft die Rede.

Explizit vertreten ist das Fach GW in Österreich auch in den Lehrplänen der Mittelschulen.

Zur geographiedidaktischen Diskussion

Wie es der Name besagt, umfasst GW Inhalte der Geographie und wirtschaftlichen Bildung, die integrativ zu betrachten und zu lehren sind. So steht der Bildungs- und Unterrichtsauftrag des Fachs von Anfang an unter der Auffassung, den mündig handelnden Menschen in Gesellschaft, Wirtschaft, Politik und Umwelt in den Mittelpunkt zu stellen. Ein wichtiger Ausgangspunkt der Lehr-/Lernprozesse sind dabei die Lebenswelten der Schülerinnen und Schüler. Im Bewusstsein, dass räumliche und ökonomische Prozesse sowie ihre Darstellung immer auch gesellschaftlich eingebettet sind, sollen diese für Schülerinnen und Schüler als aktiv gestaltbar und veränderbar erfahren werden.

Aus der fachdidaktischen Diskussion, die in Österreich und über seine Grenzen hinaus vor allem in der Zeitschrift GW-Unterricht dokumentiert ist, geht die wichtige Rolle ökonomischer Zusammenhänge für das Verständnis und die Lehre des Fachs hervor. Darüber hinaus will das Fach GW 60 Jahre nach seiner Einführung Bildung für nachhaltige Entwicklung etablieren sowie einen relevanten Beitrag dazu leisten, die Ziele nachhaltiger Entwicklung für alle Menschen in einer lebenswerten Welt von morgen zu erreichen.

Literatur

BUNDESMINISTERIUM FÜR BILDUNG UND FRAUEN (BMBF) [Hrsg.] (2018): Fachlehrplan Geographie und Wirtschaftskunde AHS Oberstufe. Wien. Online: https://www.ris.bka.gv.at/GeltendeFassung.wxe?Abfrage=Bundesnormen&Gesetzesnummer=10008568 (Zugriff am: 05.07.2023).

BUNDESMINISTERIUM FÜR BILDUNG UND FRAUEN (BMBF) [Hrsg.] (2012): Die kompetenzorientierte Reifeprüfung. Leitfaden für Geographie und Wirtschaftskunde. Richtlinien und Beispiele für Themenpool und Prüfungsaufgaben. Arbeitsgruppe Neue Reifeprüfung GWK. Wien. – Online: https://www.bmbwf.gv.at/dam/jcr:2a944cf6-f0f1-4bf2-bbfd-9bf62e87344d/reifepruefung_ahs_lfgw_22201.pdf (Zugriff am: 05.07.2023).

BUNDESMINISTERIUM FÜR BILDUNG, WISSENSCHAFT UND FORSCHUNG (BMBWF) [Hrsg.] (2023): Fachlehrplan Geographie und wirtschaftliche Bildung für Mittelschulen und die Unterstufe des Gymnasiums (AHS). Wien. Online: https://www.eduacademy.at/gwb/pluginfile.php/66916/mod_resource/content/1/GW_Lehrplan_2023_Verordnung_layoutiert_V11.pdf (Zugriff am: 05.07.2023).

FORUM GW – VEREIN FÜR GEOGRAPHIE UND WIRTSCHAFTSERZIEHUNG [Hrsg.]: GW-Unterricht. Graz, Innsbruck, Linz, Salzburg, Wien. – In: www.gw-unterricht.at.

SITTE, W. & H. WOHLSCHLÄGL [Hrsg.] (2001): Beiträge zur Didaktik des Geographie und Wirtschaftskunde-Unterrichts (= Materialien zur Didaktik der Geographie und Wirtschaftskunde, Bd. 16). Wien.

Lars Keller, Thomas Jekel, Herbert Pichler

Geographie-Machen

Definition

Geographie-Machen umschreibt nach WERLEN (1995) die durch das Handeln der einzelnen Menschen alltäglich vorgenommenen Regionalisierungen, das heißt die soziale Konstruktion von Räumen.

Raum als begrifflicher Eckpunkt der Geographie wird im Sinne von Geographie-Machen nicht (mehr) als Entität oder Container verstanden, sondern als sozial konstruiert, indem im Zuge des Handelns Bedeutungen an physisch-materielle Strukturen zugewiesen und diese so für das Handeln in Wert gesetzt werden. Handeln wird hierbei in Anlehnung an GIDDENS (1988) im Gegensatz zu Verhalten als intendiert angesehen. Gerade in spätmodernen, entankerten Gesellschaften wie der unsrigen sind im Gegenzug zu traditionellen Gesellschaften Raumkonstruktionen nicht mehr weitgehend persistent, sondern widersprüchlich und fluide, sodass ein Instrument zur Analyse jenes Geographie-Machens, wie es die handlungstheoretische Sozialgeographie aufzeigt, fachlich und didaktisch notwendig ist.

Klassifikation

WERLEN unterscheidet drei maßgebliche Bereiche des alltäglichen Geographie-Machens, die demzufolge auch einer Analyse im Geographieunterricht zugeführt werden müssen:

1. Geographien der Produktion und Konsumption beziehen sich auf die Konstruktion von Räumen durch Produktions- und Standortentscheidungen sowie Konsumentscheidungen und deren Zusammenwirken in globalen Wirtschaftszusammenhängen. (Beispiel: räumliche Auswirkungen einer Kaufentscheidung für als fair gehandelt klassifizierte Waren)

2. Politisch-normative Geographien erfassen die Ausübung von Macht über Menschen durch die soziale Konstituierung abgegrenzter Räume und Setzung von darin geltenden, mit Sanktionen verbundenen Regeln. (Beispiel: Gesetze in einem Nationalstaat, Zuordnung und Versagen von Rechten je nach Staatsbürgerschaft)

3. Informativ-signifikante Geographien umschreiben Raumkonstruktion durch Kommunikation im Sinne der Verbreitung und Zugänglichkeit von Information und der symbolischen Aufladung von Räumlichkeiten. (Beispiel: Kommunikation und Bedeutungsverfestigung eines bestimmten Ortes als Sehenswürdigkeit etwa in Social Media mit dem Ergebnis des Overtourism)

Die Idee des Geographie-Machens bzw. der sozialen Konstruktion von Räumen findet sich auch bei weiteren Autoren wie PAASI (1986) und MASSEY (1998).

Zur geographiedidaktischen Diskussion

Geographie-Machen im Sinne der Konstruiertheit von Räumen hat deutlichen Einfluss auf eine konstruktivistisch orientierte Geographiedidaktik genommen (vgl. z. B. RHODE-JÜCHTERN 2004). Das vierte der vier (→) Raumkonzepte nach dem Curriculum 2000+ bezieht sich ebenfalls auf die handlungstheoretische Sozialgeographie bzw. die soziale Konstruktion von Räumen und wird wiederum im Bereich Räumliche Orientierung der (→) Bildungsstandards aufgegriffen. Ebenfalls ist der Ansatz theoretischer Hintergrund einer konstruktivistischen (→) Exkursionsdidaktik. Ansätze zur Reflexion in der Kartenarbeit (→ Kartenkompetenz) basieren ebenso auf einem Verständnis der vielfältigen Bedeutungszuweisung an das Physisch-Materielle und verweisen im Besonderen auf die Kommuni-

kation dieser in informativ-signifikanten Geographien, also Medien wie Karten und weitere Geomedien.

Literatur
GIDDENS, A. (1988): Die Konstitution der Gesellschaft. Grundzüge einer Theorie der Strukturierung. Frankfurt a. M.

MASSEY, D. (1998): Power geometries and the politics of space-time. Heidelberg.

PAASI, A. (1986): The institutionalization of regions. A theoretical framework for understanding the emergence of regions and the constitution of regional identity. – In: Fennia, 164, 1, 105 – 146.

RHODE-JÜCHTERN, T. (2004): Derselbe Himmel, verschiedene Horizonte. Zehn Werkstücke zu einer Geographiedidaktik der Unterscheidung. Wien.

WERLEN, B. (1995): Sozialgeographie alltäglicher Regionalisierungen, Bd. 1. Zur Ontologie von Gesellschaft und Raum. Stuttgart.

Inga Gryl

Geographie/Erdkunde als Bezeichnung des Unterrichtsfaches

Definition

Geographie bzw. Erdkunde ist die Bezeichnung desjenigen Schulfaches, das zum Verständnis der Zusammenhänge von natürlichen Gegebenheiten und gesellschaftlichen Aktivitäten in Räumen verschiedener Art und Größe und der daraus zu entwickelnden raumbezogenen Verhaltenskompetenz beiträgt.

Klassifikation

Erdkunde: lange Zeit vorherrschende Bezeichnung vor allem des Schulfaches. Zeitweise auch als eingedeutschter Name für die wissenschaftliche Disziplin verwendet. Einige Geographiedidaktiker plädieren für die Beibehaltung dieses Namens, weil in der Schule nicht im strengen Sinn wissenschaftlich gearbeitet werden kann, Zielsetzung, Inhalts-

93

bestimmung, Methodik usw. einer eigenen Logik folgen und das Schulfach zahlreiche andere Wissensgebiete integriert, die in der Schule ansonsten nicht repräsentiert wären (→ Zentrierungsfach).

Geographie (Geografie): Diese Bezeichnung wird von der Mehrheit der Geographiedidaktikerinnen und Geographiedidaktiker befürwortet, weil dadurch die Anbindung des Schulfaches an die Geographie als Bezugswissenschaft betont wird, der Name international gebräuchlich ist und er auch strukturell mit den Fachbezeichnungen wie Mathematik, Biologie oder Physik konform geht. In den letzten Jahren hat sich die Bezeichnung Geographie für das Unterrichtsfach im deutschsprachigen Raum weitgehend durchgesetzt.

Zur geographiedidaktischen Diskussion

Trotz der inzwischen erreichten Übereinstimmung hinsichtlich der Ziele und Inhalte des Geographieunterrichts sowohl national (z.B. → Roadmap 2030), wie auch international (Internationale Charta der geographischen Erziehung), gibt es weiterhin fachinternen Klärungsbedarf, vor allem hinsichtlich der Stellung und Bedeutung des Faches im Fächerkanon. Diskutiert werden unter anderem folgende Themen:

- die Heterogenität des Faches, die sich in einer Vielzahl von Namen (z. B. Erdkunde, Geographie, Geschichte/Sozialkunde/Erdkunde, Geographie/Wirtschaft/Gemeinschaftskunde, Welt-Umwelt-Kunde, in Österreich: Geographie und Wirtschaftskunde), Lehrplänen und unterschiedlichen Stundentafeln ausdrückt und die Rückwirkungen z. B. auf das Ansehen des Faches in der Öffentlichkeit hat
- das Spannungsverhältnis zwischen Gesellschafts- und Geowissenschaften einerseits, Allgemeiner und Regionaler Geographie andererseits
- die Bedeutung der Geographie als Zentrierungs- und Dienstleistungsfach
- die weitere Eigenständigkeit des Faches oder sein Aufgehen in integrativen Fächern oder Fächerverbünden
- • die Orientierung an zentralen Herausforderungen des 21. Jahrhunderts, wie z.B.: anthropogener Klimawandel, geopolitische Konflikte, Endlichkeit der Ressourcen usw.

Literatur

GEIGER, M. & U. BRAMEIER (1998): Geographieunterricht 2000. Eine Einführung. – In: Praxis Geographie, 28, 4, 4 – 6.

KIRCHBERG, G. (2005): Die Geographielehrpläne in Deutschland heute. Bestandsaufnahme und Überblick. – In: Geographie und Schule, 27, 156, 2 – 9.

KÖCK, H. & D. STONJEK (2005): ABC der Geographiedidaktik. Köln, 112 – 113.

RICHTER, D. (1996): Notwendigkeit und Grenzen des Geographieunterrichts in Deutschland. Fünf Thesen zur Identitätskrise der Geographie. – In: Zeitschrift für den Erdkundeunterricht, 48, 4, 167 – 171.

https://geographiedidaktik.org/roadmap/ (Letzter Aufruf: 24.11.2022).

https://www.vdsg.de/wp-content/uploads/Geographie-das-Zukunftsfach-Online.pdf (Letzter Aufruf: 24.11.2022).

Gerd Bauriegel

Geographiedidaktik

Definition

Geographiedidaktik ist die Wissenschaft von der adressatenbezogenen begründeten Auswahl und Anordnung von raumbezogenen Zielen und Inhalten sowie ihrer Vermittlung in die Verständnisebene des Adressaten.

Klassifikation

Geographiedidaktik befasst sich wie alle Fachdidaktiken mit der „Auswahl, Legitimation und didaktischen Rekonstruktion von Lerngegenständen, der Festlegung und Begründung von Zielen, der methodischen Strukturierung von Lernprozessen sowie der angemessenen Berücksichtigung der psychischen und sozialen Ausgangsbedingungen der Lehrenden und Lernenden" (KVFF 1998, 14). Damit ist sie eine inhaltsorientierte fachspezifische Anwendung der Didaktik, die ihrerseits in zahlreiche „Schulen" gegliedert ist.

Als Fachdidaktik geht auch die Geographiedidaktik von pädagogischen Zielen und angestrebten Kompetenzen aus, denen fachliche Inhalte zugeordnet werden.
Die Geographiedidaktik arbeitet wie alle Fachdidaktiken normativ (z.B. Festlegung von Kompetenzen), hermeneutisch (z.B. adressatenbezogene Interpretation von Zielen und Inhalten) und empirisch (z.B. quantitative und qualitative Ermittlungen über die Erreichung von Zielen).

Köck (2005) gliedert die Geographiedidaktik nach verschiedenen Ansätzen, u. a.
– nach dem Erkenntniszweck (erkenntnisorientierte, philosophisch orientierte, effektivitätsorientierte Geographiedidaktik)
– nach dem methodologischen Status der Aussagen (empirische, normative Geographiedidaktik).

Eine in der Praxis sehr wichtige Unterscheidung ist die Differenzierung in eine
– Geographiedidaktik im engeren Sinn: Sie umfasst die durch Kompetenzen und andere Ziele begründete (legitimierte) Auswahl und Anordnung der Inhalte (was? wann? warum?).
– Geographiedidaktik im weiteren Sinn (Methodik): Sie befasst sich mit der effektiven Vermittlung der Inhalte an die jeweiligen Adressaten (wie? womit?).

Bei ihren Entscheidungen berücksichtigt sie die verschiedenen (→) Einflussfaktoren.
Der Schwerpunkt der Geographiedidaktik liegt in der Lehrerbildung. Die Geographiedidaktik wirkt aber auch außerhalb dieses Bereiches, z. B. bei der Erstellung von Konzepten für Lehrpfade und Museen, im Medienbereich und in der Hochschuldidaktik (z. B. Exkursionsdidaktik).

Zur geographiedidaktischen Diskussion

Rinschede/Siegmund (2020, 22) ergänzen die obige Definition durch den Zusatz „zum Zwecke des besseren Raumverhaltens". Gegen diese Einengung lässt sich argumentieren, dass die Geographiedidaktik auch Inhalte festlegt (z. B. (→) topographisches Grundwissen, Plattentektonik), die ein Schüler im Rahmen einer Allgemeinbildung kennen sollte. Köck (2005) und Hemmer (2012) sprechen vom „institutionalisierten Lehren und Lernen", doch erscheint eine Bindung an Institutionen nicht konstitutiv; zudem untersucht die Geographiedidaktik auch „außerinstitutionalisiertes Lernen", etwa die Alltagsvorstellungen von Schülerinnen und Schülern.
Seit den 1970er-Jahren, als die Geographiedidaktik als Wissenschaft entstand, gab es mehrere Fragestellungen, die kontrovers diskutiert wurden, hier eine Auswahl:
– Wissenschafts- oder Bildungsorientierung? Soll der Geographieunterricht nach wissenschaftlichen Kategorien aufgebaut sein (→ Abbilddidaktik) oder primär für die Person bedeutsame Kompetenzen vermitteln?
– Regionalgeographische oder allgemeingeographische Akzentuierung der Inhalte? Derzeit überwiegt eine Ausrichtung auf allgemeingeographische, transferierbare Erkenntnisse, auch werden einzelne Räume unter allgemeingeographischen Ansätzen behandelt (z. B. Deutschland, USA nach Ka-

tegorien wie Industrie, Städtische Räume, Umwelt).

- Welche regionale Differenzierung soll erfolgen? (→) „Eine Welt" oder „Dritte Welt", Gliederung nach (→) Kulturerdteilen?
- Wie kann „nachhaltige Entwicklung" als Bildungsziel vermittelt werden? Durch (→) Umweltbildung, durch (→) Bildung für nachhaltige Entwicklung oder (→) globales Lernen?
- Welche aktuellen pädagogischen und schulpraktischen Methoden sind für den Geographieunterricht relevant (s. zahlreiche Begriffe in diesem Band)?

Literatur

Deutsche Gesellschaft für Geographie (DGfG) [Hrsg.] (2020): Bildungsstandards im Fach Geographie für den Mittleren Schulabschluss. Bonn.

Hemmer, M. (2012): Die Geographiedidaktik – eine forschende Disziplin. – In: Haversath, J.-B. [Moderator] (2012): Geographiedidaktik. Braunschweig, 12–13.

Köck, H. (2005): Geographiedidaktik. – In: Köck, H. & D. Stonjek (2005): ABC der Geographiedidaktik. Köln, 109–112.

Konferenz der Vorsitzenden Fachdidaktischer Fachgesellschaften (KVFF) [Hrsg.] (1998): Fachdidaktik in Forschung und Lehre. Kiel. – In: http://compute.ku-eichstaett.de/hgd/images/content/pdf/Dokumente%20der%20Dachgesellschaften%20der%20Geographie/umbruch_kvff.pdf (Letzter Zugriff: 26.02.2023).

Rinschede, G.& A. Siegmund (2020): Geographiedidaktik. Paderborn, 22.

Dieter Böhn

Geographiedidaktische Forschung

Definition

Geographiedidaktische Forschung ist die methodisch-methodologisch normierte und somit intersubjektiv überprüfbare resp. nachvollziehbare Gewinnung und Begründung von Erkenntnissen über das Lehren und Lernen geographischer Sachverhalte innerhalb und außerhalb der Schule.

Klassifikation

Nebst einer Klassifikation nach thematisch akzentuierten Forschungsschwerpunkten (z.B. Interessenforschung, Kompetenzforschung) und den in der Wissenschaft gängigen methodologischen Unterscheidungen (z.B. quantitative und qualitative empirische Forschung, hermeneutischer Forschung) bietet sich in der Geographiedidaktik u.a. eine Differenzierung zwischen der Erforschung der Grundlagen geographischen Lehrens und Lernens, der Entwicklung von Konzepten sowie deren Evaluation, Dissemination und Implementierung an:

- Erforschung der Grundlagen (z.B. empirische Studien zu ausgewählten Kenntnissen, Fähigkeiten und Einstellungen von Schülerinnen und Schülern, Schulbuch- und Videoanalysen, historische Studien zur Ideen- und Disziplingeschichte)
- Entwicklung von Konzepten (z.B. theoriegeleitete, evidenzbasierte Konzepte zur Förderung des systemischen Denkens im Geographieunterricht (→ Systemkompetenz), zur (→) naturwissenschaftlichen Grundbildung, zur (→) Bildung für nachhaltige Entwicklung)
- Evaluation (z.B. experimentell-empirische Interventionsstudien zum Effekt unterschiedlicher methodischer Zugriffe auf den Lernerfolg und die Motivation von Schülerinnen und Schülern)
- Dissemination und Implementierung (z.B. Untersuchung, inwiefern die (→) Kompetenzorientierung Eingang in den Geographieunterricht, in die Lehrpläne und die Schulbücher gefunden hat)

Die Klassifikation skizziert in der angedeuteten Linearität nicht nur einen idealtypischen Forschungsrahmen, sondern unterstreicht zudem in ihren Wechselbeziehungen die Notwendigkeit und Zirkularität von Theorie,

Empirie und Praxis (vgl. Abb. 3 in HEMMER, M. 2021, 143).

Zur geographiedidaktischen Diskussion

Die Geographiedidaktik, die sich an den Universitäten und Hochschulen im deutschsprachigen Raum erst in den 1970er-Jahren konstituierte und damit eine vergleichsweise junge Disziplin darstellt, verstand sich von Anfang an als eine eigenständig forschende Disziplin. Thematisch zeichnen sich die Forschungsaktivitäten durch ein breites Spektrum und eine große Vielfalt aus. Hauptgegenstandsbereich ist das geographische Lehren und Lernen im Aktionsraum der Schule. Neben einzelnen Themen, die seit den 1970er-Jahren regelmäßig Gegenstand geographiedidaktischer Forschung sind (wie z.B. die Raumwahrnehmung, das Lernen vor Ort und der Umgang mit Karten), gibt es in Korrespondenz zu den gesellschaftlichen, fach- und bildungswissenschaftlichen Entwicklungen stets einzelne thematische Schwerpunkte, zu denen in einem bestimmten Zeitraum besonders viele Forschungsprojekte durchgeführt wurden, so z.B. ab Mitte der 1980er-Jahre zum computergestützten Lernen, zur (→) Umweltbildung und zum (→) interkulturellen Lernen, ab Mitte der 1990er-Jahre zu ausgewählten Lernvoraussetzungen (wie z.B. zum (→) Schülerinteresse und zu den (→) Schülervorstellungen), ab Mitte der 2000er-Jahre zum kompetenzorientierten Lehren und Lernen sowie gegenwärtig zum Umgang mit Heterogenität und Digitalisierung im Aktionsraum Schule und zur Lehrkräfteprofessionalisierung insbesondere in der ersten und dritten Phase der Lehrerbildung.

Während in den 1970er-Jahren anfänglich noch zahlreiche Publikationen auf Erfahrungswissen beruhten, hat sich in der Geographiedidaktik methodisch sehr früh ein Wandel von einer vornehmlich hermeneutisch-normativ ausgerichteten zur empirisch-analytischen Forschung vollzogen. Dabei stehen in der empirischen Lehr-Lernforschung heute quantitative und qualitative Ansätze gleichberechtigt nebeneinander und werden nicht selten im Sinne der Methodentriangulation (Mixed Methods) miteinander verknüpft. Unter Einbezug poststrukturalistischer Ansätze, bildungskritischer Positionen und innovativer forschungsmethodischer Zugriffe zielt das Erkenntnisinteresse geographiedidaktischer Forschung gleichermaßen auf Theoriebildung und empirische Fundierung. Einen übergeordneten Forschungsrahmen bietet in diesem Kontext der Design Based Research Ansatz. Desiderata liegen derzeit u.a. im Bereich einer differenzierten subjektbezogenen Erforschung ausgewählter Lern- und Unterrichtsprozesse sowie im Bereich der Evaluations- und Transferforschung. Positiv hervorzuheben ist der verstärkte Zusammenschluss einzelner Wissenschaftler zu interdisziplinären Forschungs- und Arbeitsgruppen, die zum Teil international zusammengesetzt sind. Die Kooperationen mit unterschiedlichen Partnern wie z.B. mit Psychometrikern und Kognitionspsychologen, mit Fachdidaktikern anderer Fächer, aber auch mit erfahrenen Lehrerinnen und Lehrern eröffnen vielfältige neue Perspektiven für die Forschung und leisten einen wichtigen Beitrag zur Professionalisierung und Anschlussfähigkeit geographiedidaktischer Forschung. Nebst der Sichtbarkeit geographiedidaktischer Forschung in zentralen Publikationsdatenbanken (z.B. Fachportal Pädagogik) und Open Science wird die (langfristige) Archivierung, Bereitstellung und Nachnutzung von Forschungsdaten (z.B. in standortübergreifenden Repositorien oder Forschungsdatenzentren) an Bedeutung gewinnen.

Literatur

BIRKENHAUER, J. (1986): Geographiedidaktische Forschung in der Bundesrepublik Deutschland 1975–1984. – In: Geographische Rundschau, 38, 5, 218–227.

BUDKE, A. & KANWISCHER, D. (2015): Aktuelle Forschungs- und Entwicklungsfelder der Geographiedidaktik. – In: Geographische Rundschau 67, H. 4, 52–57.

HAUBRICH, H. (1977): Situation und Perspektive geographiedidaktischer Forschung – In: HAUBRICH, H. [Hrsg.] (1977): Quantitative Didaktik der Geographie. Braunschweig, 13–35.

HEMMER; I., BAGOLY-SIMO, P. & HEMMER, M. (2018): Forschungsperspektiven in der Geographiedidaktik – In: WEISSENO, G. et al. [Hrsg.]: Gesellschaftswissenschaftliche Fachdidaktiken. Theorien, empirische Fundierungen und Perspektiven. Wiesbaden, 81–92.

HEMMER, M. (1997): Geographiedidaktische Forschung in der Bundesrepublik Deutschland von 1985 bis 1995. – In: Geographie und ihre Didaktik, 25, 2, 87–98.

HEMMER, M. (2021): Geographiedidaktik. In: ROTHGANGEL, M. et al. [Hrsg.]: Lernen im Fach und über das Fach hinaus. Bestandsaufnahmen und Forschungsperspektiven aus 17 Fachdidaktiken im Vergleich. Münster/New York, 132–154.

KÖCK, H. (1991): Didaktik der Geographie – Methodologie. München.

KÖCK, H. (1998): Desiderata der geographiedidaktischen Forschung in Deutschland. – In: Geographie und ihre Didaktik, 26, 4, 173–199.

Michael Hemmer

Geographieunterricht in der DDR

Definition

Der Geographieunterricht in der DDR hatte wie alle anderen Fächer im sozialistischen Schulsystem die Aufgabe, „allseitig entwickelte Persönlichkeiten" zu bilden und zu erziehen. Geographische Bildung war ein fester Bestandteil sozialistischer Allgemeinbildung. Entsprechend den in den Lehrplänen ausgewiesenen Bildungs- und Erziehungszielen wurde der Unterricht durch die Leitbilder Wissenschaftlichkeit, Parteilichkeit und Lebensverbundenheit bestimmt, d. h., die Erkenntnisse und Methoden der geographischen Wissenschaft bildeten das fachlich-inhaltliche Fundament für den Geographieunterricht, vor allem human-geographische Sachverhalte sollten vom Standpunkt der Arbeiterklasse aus bewertet und eng mit dem Leben in der DDR verbunden werden.

Klassifikation

Das Fach Geographie wurde in der Polytechnischen Oberschule (POS), welche die Klassen 1 bis 10 umfasste, in den Klassenstufen 5 bis 10 als eigenständiges Fach zweistündig (Klasse 9 einstündig) und in der Erweiterten Oberschule (EOS), welche die Klassen 11 bis 12 einschloss, einstündig in beiden Klassenstufen unterrichtet. Geographie war obligatorischer Bestandteil der mündlichen Abschlussprüfungen der POS und der Abiturprüfung der EOS.

Ziele des Faches Geographie in der DDR:

- Die Schüler sollten ein wissenschaftlich fundiertes geographisches Bild von der Erde erhalten. Sie sollten exaktes und anwendungsbereites physisch-, politisch- und ökonomisch-geographisches und topographisches Wissen über die Erde als Ganzes, über Kontinente und Länder und über ihr sozialistisches Vaterland erwerben.
- Die Schüler sollten befähigt werden, geographische Sachverhalte zu analysieren, ihnen zugrunde liegende Gesetzmäßigkeiten zu erfassen und sich sicher topographisch zu orientieren.
- Die Schüler sollten zum parteilichen Werten geographischer Erscheinungen und Prozesse befähigt werden, um ihren politisch-ideologischen Standpunkt zu festigen.
- Der Geographieunterricht sollte dazu beitragen, die Schüler zu einem verantwortungsbewussten Verhalten gegenüber der Natur zu erziehen.

Inhalte des Faches Geographie in der DDR:

Die für die gesamte DDR einheitlichen Geographielehrpläne hatten eine lange Gültigkeitsdauer. Sie wurden seit 1964 nur in Teilbereichen verändert bzw. geringfügig aktualisiert.

Stoffübersicht des Lehrplans Geographie:

(Ausgabe 1979; der 1989 für die Klassenstufen 5 – 7 in Kraft getretene Plan wurde infolge der politischen Veränderungen nicht mehr realisiert):

Klasse 5: Deutsche Demokratische Republik

Klasse 6: Überblick über Europa (sozialistische Länder, kapitalistische Länder)

Klasse 7: Gradnetz, Zeitzonen, Sowjetunion, Asien

Klasse 8: Afrika, Amerika

Klasse 9: Physische Geographie (Lufthülle, Wasserhülle, Gesteinskruste der Erde, Erdgeschichtliche Entwicklung Mitteleuropas, die Landschaft, Exkursion)

Klasse 10: Ökonomische Geographie der sozialistischen Staatengemeinschaft, Ökonomische Geographie der DDR, aktuelle ökonomisch-geographische Probleme

Klasse 11: Entwicklung und Struktur der Lithosphäre, geographische Zonen der Erde

Klasse 12: Struktur und Entwicklung ausgewählter Wirtschaftsgebiete im RGW, Nutzung und Gestaltung der Natur in Industrie- und Agrargebieten

Zur geographiedidaktischen Diskussion

Die Geographielehrpläne galten als verbindliche Vorgaben, die von den Lehrerinnen und Lehrern im Unterricht umzusetzen waren. Die geographiedidaktische Diskussion konzentrierte sich vor diesem Hintergrund auf die Konzipierung und Umsetzung der Geographielehrpläne: auf Ziele und Inhalte des Geographieunterrichts im Allgemeinen und in den verschiedenen Klassenstufen, auf Fragen der Gestaltung des Unterrichtsprozesses im Fach Geographie (Unterrichtsmethoden und -prinzipien, geographische Schülerexkursion), auf die Funktion und den Einsatz von Medien, auf die Aneignung von Begriffen, Arbeitsweisen u. a. Inhalten sowie auf die erzieherischen Aspekte des Geographieunterrichts.

Literatur
Barth, L. & W. Schlimme (1976): Methodik Geographieunterricht. Berlin.

Ministerium für Volksbildung der DDR (1979): Lehrplan Geographie 5 bis 10. Berlin.

Ministerium für Volksbildung der DDR (1989): Lehrplan Geographie 5 bis 7. Berlin.

Martina Flath

Geographische Allgemeinbildung

Definition

Geographische Allgemeinbildung umfasst die Kenntnis von Fakten, Strukturen und Prozessen sowie von Fertigkeiten, die gesellschaftlich als zur Allgemeinbildung gehörend angesehen werden. (→ Geographische Bildung)

Klassifikation

Was zur Allgemeinbildung gehört, wird von den gesellschaftlich führenden Schichten (*opinion leaders*) festgelegt. Dazu gehören für die Geographie u. a. topographisches Wissen und Kompetenz im Umgang mit Karten. Der Begriff „geographische Allgemeinbildung" bzw. „geographisches Allgemeinwissen" ist sehr unscharf; so wird in der Literatur unter Allgemeinwissen oftmals umfangreiches Wissen verstanden (z. B. Höhenstufen der Alpen, Gradnetz, Wasserkreislauf, Vulkane, Wolkenformen). Dabei werden sehr oft unstrukturiert und willkürlich Fakten zusammengestellt.

Zur geographiedidaktischen Diskussion

Umgangssprachlich wird unter geographischer Allgemeinbildung vielfach topographisches Wissen verstanden (→ Topographisches Grundwissen), dazu (→) Kartenkompetenz und räumliche Orientierungsfähigkeit (→ Orientierung im Realraum). In der Geographiedidaktik wird eine auf Topographie eingeengte Allgemeinbildung abgelehnt (eine häufig getroffene Aussage ist: „Geographie ist nicht Stadt, Land, Fluss!"). Viele sehen in der sogenannten Allgemeinbildung teilweise eine bloße Anhäufung von isoliertem Wissen ohne Anwendungsbezug. Von der Öffentlichkeit wird aber vielfach ein solches Wissen als Allgemeinbildung gesehen, es wird in Einstellungsprüfungen verlangt und ist in Quizsendungen sehr beliebt. Nicht nur Politikern mit erkennbaren Schwächen etwa im topographischen Wissen spricht man auch Kompetenzen in anderen Bereichen ab.

Literatur

BÖHN, D. et al. (1995): Deutschland. Einhundert topographische Begriffe. – In: geographie heute, 16, 131, 49 – 53.

CZAPEK, F.-M. (1992): Unterricht in Geographie – ein Schlüssel zur Allgemeinbildung. – In: Geographische Rundschau, 44, 7/8, 464.

HESS, J. (2012): Duden Allgemeinbildung: Stadt, Land, Fluss. Was jeder wissen muss. Mannheim.

KARL, J. (2015): Geografie. 560 Fragen und Antworten. Allgemeinbildung Band 11 (Kindle Ausgabe)

SCHILLING, A. & A. WEBER (2004): Teste deine Allgemeinbildung: Geografie (Humboldt) Baden-Baden

Dieter Böhn

Geographische Bildung

Definition

Eine geographisch gebildete Person verfügt über die notwendigen Kenntnisse, Fähigkeiten und Einstellungen, um sich auf der Erde zu orientieren und die Welt in ihrer räumlichen Dimensionalität zu verstehen, d. h. raumbezogene Phänomene und Prozesse, insbesondere die wechselseitigen Beziehungen zwischen Mensch und Umwelt, erfassen, analysieren und beurteilen zu können, und darauf aufbauende eine raumbezogene Handlungskompetenz zu entwickeln.

Klassifikation

Geographische Bildung ist ein zentraler Teilbereich der Bildung. Dies begründet sich u. a. darin, dass der Mensch ein zutiefst raumgebundenes und raumprägendes Wesen ist und nahezu alle Schlüsselprobleme der Gegenwart wie Klimawandel, Ressourcenknappheit, Migration und Globalisierung eine geographische Dimension aufweisen. Um eine umfassende, d. h. natur- und gesellschaftswissenschaftliche Perspektiven integrierende Analyse und Bewertung raumbezogener Problemfelder vorzunehmen und eine nachhaltige Entwicklung zu gewährleisten (→ Bildung für nachhaltige Entwicklung), ist die geographische Bildung unverzichtbar.

Neben einer adressatenbezogenen Klassifikation nach dem Grad der Spezialisierung und dem Lernort (z. B. universitäre geographische Bildung versus schulische (→) geographische Allgemeinbildung) sind unterschiedliche Klassifikationen möglich, z. B.

– nach der in der International Charter on Geographical Education vorgenommenen Differenzierung zwischen „Kenntnissen", „Fähigkeiten und Fertigkeiten" sowie „Einstellungen, Werten und Verhalten" (vgl. HAUBRICH 1994)

– nach der im Curriculum 2000+ verwendeten Unterscheidung zwischen inhaltlichen, methodischen und personal-sozialen Kompetenzen (vgl. DGFG 2003)

– nach den sieben raumbezogenen Schlüsselqualifikationen „Räumliche Orientierungsfähigkeit", „Denken und Handeln in räumlichen Strukturen", „(…) in räumlichen Prozessen", „(…) in Geoökosystemen", „(…) in weltweiten Zusammenhängen", „(…) in Raumgesetzen und -modellen" sowie „(…) in raumethischen Kategorien" (vgl. Köck 1993)

– - nach den in den Nationalen Bildungsstandards für den Mittleren Schulabschluss ausgewiesenen sechs (→) Kompetenzbereichen „Fachwissen", „Erkenntnisgewinnung/Methoden", „Beurteilung/Bewertung", „Räumliche Orientierung", „Kommunikation" und „Handlung" (vgl. DGFG 2020).

Korrespondierend zum doppelten Dualismus der Geographie wird zudem eine Unterscheidung zwischen der natur- und gesellschaftswissenschaftlichen Perspektive sowie zwischen der idiographischen und nomothetischen Perspektive vorgenommen.

Zur geographiedidaktischen Diskussion

Im Zuge des sich seit dem Jahr 2000 abzeichnenden Paradigmenwechsel hin zu einem kompetenzorientierten Lehren und Lernen (→ Kompetenzorientierung) und der darin enthaltenen Forderung, sich auf den Kern eines Faches zu konzentrieren, erfuhr der Begriff der Geographischen Bildung eine erneute Aufmerksamkeit. So wird beispielsweise in den Bildungsstandards (DGfG 2020), die als Konsenspapier aller geographischen Teilverbände den Versuch einer Standortbestimmung darstellen, in Kapitel 1 der Beitrag des Faches zur Bildung in der folgender Weise beschrieben: „Leitziele des Geographieunterrichts sind die Einsicht in die Zusammenhänge zwischen den natürlichen Gegebenheiten und gesellschaftlichen Aktivitäten in verschiedenen Räumen der Erde und eine darauf aufbauende raumbezogene Handlungskompetenz" (DGFG 2020, 5). Dass die Zielsetzung geographischer Bildung in Korrespondenz zu den Entwicklungen in der Gesellschaft, im Fach Geographie und in den Bildungswissenschaften einem steten Wandel unterliegt, steht außer Frage. Ein Beispiel hierfür ist der derzeit gültige Raumbegriff, der neben dem Realraum und dem Raum als System von Lagebeziehungen die Reflexionen über Raumkonstruktionen ebenso einschließt wie den subjektiven Wahrnehmungsraum. Neben einer wissenschaftlichen Auseinandersetzung mit den → Basiskonzepten, die von Seiten der Fachwissenschaft und der Geographiedidaktik zu leisten ist, steht der gegenwärtige Geographieunterricht vor der Herausforderung, Schülerinnen und Schülern über den additiven Umgang mit geographischen Themenfeldern hinausgehend ein metareflexives Wissen über den Gegenstandbereich, das Erkenntnisinteresse und die Wege der Erkenntnisgewinnung im Fach sowie die gesellschaftliche und individuelle Relevanz geographischer Bildung inklusive ihrer wert- und handlungsorientierten Dimension zu vermitteln.

Literatur

BETTE, J. (2011): Schülervorstellungen und fachliche Vorstellungen zur „Geographie" und ihre zentralen Konzepte. Eine empirische und hermeneutische Untersuchung. Münster.

DEUTSCHE GESELLSCHAFT FÜR GEOGRAPHIE (DGfG) [Hrsg.] (2003): Grundsätze und Empfehlungen für die Lehrplanarbeit im Schulfach Geographie. Arbeitsgruppe Curriculum 2000+. Bonn.

DEUTSCHE GESELLSCHAFT FÜR GEOGRAPHIE (DGfG) [Hrsg.] (2012): Bildungsstandards im Fach Geographie für den Mittleren Schulabschluss. Berlin.

HAUBRICH, H. [Hrsg.] (1994): International Charter on Geographical Education (= Geographiedidaktische Forschungen, Bd. 24). Nürnberg.

HEMMER, M. (2021): Geographiedidaktik. In: ROTHGANGEL, M. et al. [Hrsg.]: Lernen im Fach und über das Fach hinaus. Bestandsaufnahmen und Forschungsperspektiven aus 17 Fachdidaktiken im Vergleich. Münster/New York, 132 – 154.

KÖCK, H. (1993): Raumbezogene Schlüsselqualifikationen – der fachimmanente Beitrag des Geographieunterrichts zum Lebensalltag des Einzelnen und Funktionieren der Gesellschaft. – In: Geographie und Schule, 15, 84, 14 – 21.

MEYER, C., HENRY, R. & G. STÖBER [Hrsg.] (2011): Geographische Bildung. Kompetenzen in didaktischer Forschung und Schulpraxis. Braunschweig.

Michael Hemmer

Geographische Wettbewerbe

Definition

Ziel aller geographischen Wettbewerbe (Geo-Wettbewerbe) ist es, zur Förderung besonderer Begabung, Lernleistungen oder eigener bzw. in Gruppen durchgeführter Forschung auf dem Gebiet der Geowissenschaften beizutragen. Die Leistungskonkurrenz in Verbindung mit der Anerkennung durch Preise und Urkunden ist dabei das gemeinsame Grundmodell.

Klassifikation

Grundsätzlich muss zwischen eher auf topographisches Wissen und geographische Arbeitsweisen ausgerichteten Geowettbewerben (1 – 2) und jenen mit Schwerpunkt auf geowissenschaftlicher Forschung (3 – 5) unterschieden werden (Informationen jeweils online: Verband Deutscher Schulgeographen e.V.).

1. Diercke WISSEN (ehemals National Geographic Wissen)

Er ist der größte Geographie-Schülerwettbewerb Deutschlands (2018: 320 000 Teilnehmer) und als reiner Wissenswettbewerb konzipiert. Die Wettbewerbsrunde startet jedes Jahr kurz nach den Weihnachtsferien. Teilnahmeberechtigt sind alle Schüler der Klassen 7 bis 10. Austragungsebenen: Schulwettbewerb, Landeswettbewerb, Bundesfinale.

2. Diercke iGeo (ehemals Janus iGeo-Competition Deutschland)

Teilnahmeberechtigt sind alle Schülerinnen und Schüler zwischen 16 und 19 Jahren, die in der Lage sind, geographische Fragestellungen in englischer Sprache zu beantworten. Die Schüler müssen dabei zwei Kurzklausuren schreiben (je 30 Min.) sowie einen Wissenstest absolvieren. Der Wettbewerb findet alle zwei Jahre statt, z.B. nach den Sommerferien 2023. Austragungsebenen: Schulwettbewerb, Landeswettbewerb, Bundesfinale. Die besten Teilnehmer jedes Finales bilden das deutsche Nationalteam für die Internationale Geographie Olympiade (iGeo).

3. Schüler experimentieren (Bereich Geo- und Raumwissenschaften)

Hieran können alle Jungforscher im Alter von max. 14 Jahren und jünger (mindestens 4. Klasse) teilnehmen, entweder mit Einzel- oder Gruppenprojekten (max. drei Personen). Das Thema ist frei wählbar; reine Literaturarbeiten sind unerwünscht. Anmeldeschluss ist der 30. November. Austragungsebenen: Regionalwettbewerb, Finale im jeweiligen Bundesland.

4. Jugend forscht (Bereich Geo- und Raumwissenschaften)

Hierbei handelt es sich um den größten europäischen Jugendwettbewerb im Bereich Naturwissenschaften und Technik. Er richtet sich an Jungforscher im Alter von 15 – 21 Jahren. Weitere Einzelheiten entsprechen dem Wettbewerb Schüler experimentieren. Austragungsebenen: Regionalentscheid, Landesentscheid, Bundesfinale.

5. BundesUmweltWettbewerb

Der Wettbewerb ist aufgegliedert in

- BUW I (13- bis 16-Jährige; max. Teilnehmerzahl 20)
- BUW II (17- bis 21-Jährige; max. Teilnehmerzahl 6)

In diesem Wettbewerb sollen Ursachen von Umweltproblemen erkannt, nach Lösung für diese Probleme gesucht und Umsetzungen der Lösungen aufgezeigt werden. Ziel ist die Erkenntnis des Weges vom Wissen zum nachhaltigen Handeln. Einsendeschluss ist stets der 15. März; die Anmeldung sollte vorher erfolgen.

6. International Earth Science Olympiade

Dieser Wettbewerb bezieht sich inhaltlich auf Geo- und Umweltwissenschaften, er umfasst theoretische und praktische Prüfungen. Teilnahmeberechtigt sind 17-jährige Schülerinnen und Schüler, die sich in einem nationalen Auswahlverfahren für die internationale Olympiade qualifizieren (siehe online: International Geoscience Education Organisation).

7. Sonstige Wettbewerbe

Außerdem gibt es zahlreiche weitere geographisch ausgerichtete Wettbewerbe (z. B. von der Bundeszentrale für politische Bildung), an denen teilgenommen werden kann.

Zur geographiedidaktischen Diskussion

Schülerwettbewerbe haben in Deutschland eine lange Tradition. So findet im Jahr 2013 bereits die 48. Wettbewerbsrunde von Jugend forscht statt. Doch erst als im Jahr 2000 der damalige Wettbewerb GeoWissen vom Verband Deutscher Schulgeographen (VDSG) übernommen wurde, fand eine intensivere Förderung und Nutzung der Wettbewerbe für die Ziele der Geographie statt. Seit mehreren Jahren ist als Ansprechpartner des VDSG ein Referent für geographische SchülerWettbewerbe ernannt worden, der auch mit der Deutschen Gesellschaft für Geographie (DGfG) eng zusammenarbeitet. Der didaktische Wert von Geowettbewerben wird uneingeschränkt anerkannt.

Literatur

Huntemann, V. (2004): Geographische Schülerwettbewerbe. – In: Schallhorn, E. [Hrsg.] (2004): Erdkunde-Didaktik. Berlin, 55 – 64.

International Geoscience Education Organisation – In: www.geoscied.org/ (Letzter Zugriff: 07.07.2023).

Verband Deutscher Schulgeographen e.V. [Hrsg.]: Wettbewerbe. – In: http://www.vdsg.de/wettbewerbe (Letzter Zugriff: 07.07.2023).

Volker Huntemann

Geomedien

Definition

Unter Geomedien werden Medien verstanden, die eine explizit-räumliche Verortung aufweisen, oder sich räumlicher Analogien, etwa in Bildern, Symbolen oder Begriffen, bedienen (z.B. analoge und digitale Karten, georeferenzierte Bilder, Kurznachrichten mit raumbezogenen Hashtags, Anweisungen eines Navigationssystems). Durch die ubiquitäre Nutzung mobiler digitaler Endgeräte wie Smartphones werden Geomedien sowohl aktiv als auch passiv im Alltag verwendet und strukturieren die menschliche Raumaneignung mit. Zugleich dienen sie in der Vermittlung einer medial gestützten Erschließung geographischen bzw. raumbezogenen Wissens (Schulze & Gryl 2022). Entsprechend ist die Vermittlung eines analytischen und produktiven Umgangs mit ihnen ein wesentliches Desiderat zukunftsbezogener Geographiedidaktik (HGD 2020).

Klassifikation

In einem traditionellen Geomedienverständnis wurde zunächst von Karten, in der Folge verstärkt von Geographischen Informations-systemen (→ GIS) ausgegangen, die als Expertensysteme Laien lediglich die Rezeption von geographischen Informationen ermöglichten. Einfache digitale Geomedien, die auch Laien vielfältige Gestaltungs- und Partizipationsmöglichkeiten eröffnen, wurden ab etwa 2005 im Zuge des Aufkommens von Social Media verstärkt entwickelt und in der Folge für mobile Endgeräte optimiert (z.B. Bewertung von Orten, Georeferenzierung von Fotos, kollaborative Webkarten). Neben direkt auf georeferenzierter Information bzw. Koordinaten beruhenden Anwendungen wird zunehmend ein breiterer Geomedienbegriff genutzt, der auch sprachliche und bildliche Repräsentationen einbezieht, die einen räumlichen Bezug aufweisen (z.B. ortsbezogene Hashtags, ikonische Bilder bekannter Orte in sozialen Netzwerken, Forenbeiträge mit geodeterministischer Argumentation).

Zur geographiedidaktischen Diskussion

Die Breite der Geomediendefinition verweist auf sehr verschiedene didaktische Konzepte. Der Ansatz des → Spatial Thinking (NRC 2006), der sich auf die Aspekte der numerischen Repräsentationen von Raum, wie etwa in GIS, bezieht, bedient dabei eine naturwissenschaftliche und arbeitsmarktorientierte Perspektive, während → Spatial Citizenship (GRYL & JEKEL 2012) sowie eine Critical Geographical Media Literacy (HINTERMANN et al. 2020) der allgemeinbildenden Perspektive einer mündigen Geomediennutzung (SCHULZE et al. 2020) verpflichtet sind. → Spatial Citizenship geht dabei auf die sozialen Implikationen von Geomedien ein. Neben einer zunehmend vernachlässigbaren technischen Komponente sollen Geomedien sowohl reflektierend als auch reflexiv im Unterricht behandelt (z.B. kritische Analyse von Online-Karten, Abschätzung der

Effekte der Verortbarkeit mobiler Endgeräte für das eigene Leben), und zusätzlich kommunikativ und argumentativ zur Partizipation an Gesellschaft in Wert gesetzt werden (z.B. durch kollaborative Webkarten, zur Kommunikation in Raumplanungsprozessen). Der Ansatz einer Critical Geographical Media Literacy analysiert die Geographien digitaler Geomedien hinsichtlich ihres Beitrags zur individuellen und kollektiven Identitätsbildung (z.B. raumbezogene Narrationen in Social Media).

Literatur

GRYL, I. & T. JEKEL (2012): Re-centering GI in secondary education. Towards a spatial citizenship approach. In: Cartographica 47 (1), 18 – 28.

HGD (Hochschulverband für Geographiedidaktik) (2020): Der Beitrag des Fachs Geographie zur Bildung in einer durch Digitalisierung und Mediatisierung geprägten Welt. Positionspapier. Verfügbar: https://geographie-didaktik.org/download/der-beitrag-des-fachs-geographie-zur-bildung-in-einer-durch-digitalisierung-und-mediatisierung-gepraegten-welt/?wpdmdl=1501&refresh=6354f9d6a678c1666513366 (23.10.2022)

HINTERMANN, C., BERGMEISTER, F. M. & KESSEL, V. A. (2020): Critical Geographic Media Literacy in Geography Education: Findings from the MiDENTITY Project in Austria. In: Journal of Geography 119, 4, S. 115 – 126.

NRC (National Research Council) (2006): Learning to think spatially. GIS as a Support System in the K-12 curriculum. Washington DC: National Academic Press.

SCHULZE, U. & GRYL, I. (2022): Geographische Bildung in der digitalen Welt. In: Frederking, V. & Romeike, R. (eds.): Fachliche Bildung im Zeichen von Digitalisierung, Big Data und KI. Waxmann, 143 – 173.

SCHULZE, U., KANWISCHER, D., GRYL, I. & BUDKE, A. (2020): Mündigkeit und digitale Geomedien – Implementation eines digitalen Fachkonzepts in der geographischen Lehrkräftebildung. Journal für Angewandte Geoinformatik, 43(2), S. 139 – 164.

Thomas Jekel und Inga Gryl

Geowissenschaften im Geographieunterricht

Definition

Die Geowissenschaften beschäftigen sich mit der Erforschung der naturwissenschaftlichen

Aspekte des Systems Erde. Ihre vielfältigen Themenfelder finden sich an der Schule vor allem im Zentrierungsfach Geographie wieder.

Klassifikation

Geowissenschaftliche Inhalte sind über Geographie hinaus in weiteren Fächern wie Biologie, Chemie, und Physik sowie in Fächerverbünden (z. B. Natur und Technik, Heimat- und Sachunterricht) zu finden. Wegen der Interdisziplinarität geowissenschaftlicher Inhalte bietet sich eine fächerübergreifende Herangehensweise im Unterricht an.

Geowissenschaften im Geographieunterricht umfassen dabei die Betrachtung z. B. geologischer Inhalte unter besonderer Berücksichtigung ihrer Bezüge auf das Wirkungsgefüge des geographischen Raumes.

Zur geographiedidaktischen Diskussion

Die Lehrpläne für den Geographieunterricht (GU) der verschiedenen Schularten und Bundesländer nennen eine Vielzahl geowissenschaftlicher Inhalte. Dabei werden etliche Themen explizit erwähnt, wie z. B. Rohstoffe/Ressourcen, Gebirgsbildung, Vulkanismus und Erdbeben, Plattentektonik, Gesteine aus dem (→) Nahraum, Umweltrisiken, Klimawandel etc. Zudem bieten die Geowissenschaften im Geographieunterricht auch die Möglichkeit, die in den Lehrplänen und in den (→) Bildungsstandards ausgewiesenen Kompetenzen anschaulich und wissenschaftsorientiert (→ Wissenschaftsorientierung) zu behandeln. Darüber hinaus können spezielle Wahlkurse wie Geologie oder fakultative Lehrplanalternativen die Geowissenschaften im GU noch weiter ergänzen. Die intensive Miteinbeziehung außerschulischen Lernens auf geowissenschaftlichen (→) Exkursionen (z. B. zu einer stetig wachsenden Zahl an Geotopen und Geoparks), bei Museumsbesuchen (→ Muse-

um) und in (→) Schülerlaboren sind hier erfolgversprechende Ansätze.

Die in den letzten Jahren prägende Entwicklungslinie innerhalb der Geographiedidaktik in Richtung einer (→) Bildung für nachhaltige Entwicklung (BNE) fordert vom Geographieunterricht eine Berücksichtigung der hierfür notwendigen Kompetenzen. Eine Vielzahl an global sehr bedeutsamen geowissenschaftlichen Aufgabenstellungen (wie etwa die nachhaltige Nutzung der geologischen Rohstoffe oder die Erforschung und adäquate Reaktion auf tektonisch ausgelöste Umweltrisiken) bieten zahlreiche Anknüpfungspunkte zwischen BNE und geowissenschaftlich orientiertem Geographieunterricht.

Auch die Erkenntnisse der konstruktivistisch geprägten Didaktik können anhand geowissenschaftlicher Inhalte im GU authentisch, anwendungsbezogen und somit situiert umgesetzt werden. Geowissenschaftliche Inhalte und deren methodische Umsetzung durch (→) Exkursionsdidaktik und die (→) Geländearbeit oder auch durch (→) entdeckendes Lernen und (→) Experimente im GU erfüllen viele Forderungen einer konstruktivistischen Geographiedidaktik (→ Konstruktivismus).

Literatur

BAYERISCHES STAATSMINISTERIUM FÜR UMWELT UND GESUNDHEIT (STMUG) [Hrsg.] (2010): Lernort Geologie. München. - In: www.stmug.bayern.de/umwelt/boden/lernort_geologie/index.htm (Letzter Zugriff: 18.02.2013).

FRAEDRICH, W. (2004): Geologie im Unterricht. Ein Plädoyer für die Stärkung der Geowissenschaften in der Schule. - In: geographie heute, 25, 218, 6 – 8.

HANSEN, K.-H. & S. HLAWATSCH (2006): Geoinstitute als außerschulische Lernorte für den Geographieunterricht. - In: Geographie und ihre Didaktik, 34, 1, 21 – 36.

HEMMER, I. et al. (2007): Student's interest in geoscience topics, contexts and methods. - In: Geographie und ihre Didaktik, 35, 4, 185 – 197.

MÜLLER, M.X. (2023): Interesse an geowissenschaftlichen Inhalten. - In: Hlawatsch, Sylke; Felzmann, Dirk: Didaktik der Geowissenschaften. Berlin: Springer Nature.

Martin X. Müller

Geschichte der Geographiedidaktik

Definition
Die Geschichte der Didaktik des Schulfaches Geographie untersucht die Entwicklung von Theorie und Praxis gezielten Lehrens und Lernens für den Bereich geographischen Weltverstehens und -gestaltens im Kontext der jeweiligen Zeitumstände.

Klassifikation
Die Geschichte der Fachdidaktik ist ein Teil der Geschichte der Allgemeinen Didaktik und der Pädagogik resp. der Erziehungswissenschaft sowie der Institution Schule im Rahmen einer umfassenden Bildungsgeschichte, die ihrerseits eingebettet ist in allgemeingeschichtliche resp. allgemeinpolitische Bezüge. Die historische Analyse der geographischen Fachdidaktik darf sich daher nicht nur auf sich selbst beziehen: Bildungshistorische Diskurse, weltanschaulich-ideologische Strömungen und Kontroversen, wirtschaftliche und gesellschaftspolitische Entwicklungen, staatliche Lehrplanvorgaben, medientechnische Innovationen, die Publikationsorgane eines Faches u.v.m. sind stets mitzubeachten. Vor allem aber gehört zu einer Geschichte der Didaktik einer Schulwissenschaft ihr Verhältnis zur jeweiligen Bezugsdisziplin, hier der wissenschaftlichen Geographie. Beide, Fachwissenschaft wie Fachdidaktik, sind darüber hinaus mit zahlreichen um öffentliche Aufmerksamkeit konkurrierenden Nachbardisziplinen verbunden, wodurch Fragestellungen und Konzepte auf vielfältige Weise beeinflusst werden können.

Zur geographiedidaktischen Diskussion
In der normalen akademischen Ausbildung spielt die Geschichte der Geographie und ihrer Didaktik nur eine marginale Rolle. Das schließt nicht aus, dass kontextfrei und unkritisch in legitimatorischer Absicht auf berühmte Namen zurückgegriffen wird, wie etwa auf Immanuel Kant und Alexander von Humboldt, um ein bestimmtes Fachkonzept und die Stellung der Geographie an den Schulen zu sichern resp. zu stärken. Eine tiefergehende historische Reflexion geographischen Denkens gilt hingegen nicht als zwingend in der Ausbildung der Lehrkräfte, doch sind frühere Einsichten nicht schon deshalb überholt, weil sie früher erfolgten, noch ist Neues schon neu, weil es als neu präsentiert wird. Vielmehr gehört zu einem bewusst geführten, reflektierten Berufsleben auch ein prüfender Blick der Lehrenden auf die Vergangenheit des zu unterrichtenden Faches, der zeigt, dass frühere Intentionen und Konzepte durchaus zum Weltverständnis der heutigen beitragen können, sei es in klarer Zurückweisung kolonialen, imperialen, geopolitischen, rassistischen und antisemitischen Denkens, das die wissenschaftliche Geographie und mehr noch die Schulgeographie übereinstimmend mit Tendenzen der Gesamtgesellschaft zeitweise in ihr Weltbild integrierte, sei es in bewusster Anknüpfung und Weiterentwicklung früherer Ansätze.

Besonders misslich ist die fehlende historische Tiefenreflexion bezüglich der Kernfrage der Geographie als Wissenschaft, die auch nach ihrer endgültigen Akademisierung im letzten Drittel des 19. Jahrhunderts immer wieder und bis heute gerade für die Schulgeographie eine Herausforderung darstellt, die Frage: Was „ist" Geographie, was „ist" sie nicht? Für lange Zeit und noch weit bis ins 19. Jahrhundert galt die politische oder Staatengeographie als eigentliche Geographie, der mehr oder weniger additiv die mathematisch-astronomische und die physische Geographie zur Seite standen. Doch mit der stürmischen Entwicklung der Naturwissenschaften gewann auch die physische Geographie an Auftrieb, konnte aber die politische nicht zurückdrängen oder gar abschütteln, wie dies vereinzelt versucht wurde. So setzte sich das ganzheitliche Konzept der Landschafts- und Länderkunde als Raumwissenschaft durch, die weder Natur- noch Geisteswissenschaft sei, sondern beide Seiten integriere, wenngleich stark fokussiert auf die direkten oder mittelbaren Einflüsse der natürlichen Bedingungen auf das menschliche Leben. In den 1970/80er-Jahre änderte sich dies mit der Abkehr von der Länderkunde. Der Raum wurde in der Geographie des Menschen nicht mehr als dinglich gefüllter Realraum begriffen, sondern als Ergebnis menschlicher Handlungen unter bestimmten raumzeitlichen Bedingungen und somit zu einem sozialen Gebilde. Während bisher Fragestellungen ohne Bezug zur konkreten Natur resp. Landschaft aus dem Geltungsbereich der Geographie fielen, war dies nun kein Problem. Aus der Einheitsgeographie wurde eine Zwei-Lager-Geographie, deren Fraktionen zwar noch unter einem Dach lebten, sich aber deutlich voneinander entfernten. Die nun mit Macht innerhalb der wissenschaftlichen Geographie einsetzende Sozialgeographisierung wurde rasch, wenn auch vereinfacht von der Schulgeographie übernommen, u.a. in Gestalt der → Daseinsgrundfunktionen, während die physische Seite des Faches in den Hintergrund rückte. Ihre Themen erweckten in den sozialgeographisch orientierten Schullehrbüchern fast den Eindruck von Fremdkörpern, während ihnen in der abgelösten Länderkunde die prominente Rolle eines aus kausalen Gründen unverzichtbaren Unterbaus zukam.

Aktuell wird im Zeichen des Klimawandels und der Ausrufung des Anthropozäns zum jüngsten geologischen Zeitalter den Zweigen der physischen Geographie wieder verstärkte Aufmerksamkeit gewidmet. Geographiedidaktikerinnen und -didaktiker reagieren darauf mit der Forderung einer stärkeren Hinwendung der Geographie zu ihren naturwissenschaftlichen Bereichen und wollen sie als MINT-Fach im Rahmen einer Erdsystemwissenschaft etablieren. Das käme, wäre es erfolgreich, einem bildungspolitischen Erdrutsch gleich, denn die Geographie wurde seit ihrer Etablierung trotz ihres naturwissenschaftlichen Teils bisher immer der geisteswissenschaftlichen Gegenseite zugewiesen, der Geschichte, den deutschkundlichen Fächern und zuletzt der Gesellschaftskunde. Doch sollte man nicht der Versuchung erliegen, die Geographie geschichtsvergessen als das von vornherein zur Lösung der aktuellen Menschheitsprobleme prädestinierte Fach zu propagieren, sondern sich daran erinnern, dass es sich im 19./20. Jahrhundert als Anwalt des industriellen Fortschritts anbot und man noch bis in die 1970er-Jahre in der Didaktik euphorisch von „Inwertsetzung" der natürlichen Ressourcen sprach. Der Mensch, genauer der westeuropäische Mensch, war aus Sicht der Landschafts- und Länderkunde dazu prädestiniert, sich die Erde untertan zu machen, sie sich zu unterwerfen. Sein endgültiger Sieg über die konkrete Natur schien durch eine lange Reihe von umfassenden Umgestaltungen unaufhaltbar zu sein, der Fortschritt der Menschheit galt als gesichert, auch wenn man negative Entwicklungen, etwa lokalklimatische Veränderungen durch die Abholzung von Wäldern, nicht völlig ausblendete und Landschaftsverwüstungen verurteilte. Heute steht dagegen eine Natur ohne den Menschen als extremes Zukunftsbild vor Augen und erfordert bildungspolitische Weichenstellungen.

Für die Schulgeographie stellt sich wie für jedes andere Schulfach die Legitimationsfrage.

Sie ist ohne Rückgriff auf die Geschichte nicht fundiert zu beantworten.

Literatur
BROGIATO, H. P.: Geschichte der deutschsprachigen Geographie im 19. und 20. Jahrhundert – ein Abriss. In: SCHENK, W. & K. SCHLIEPHAKE: Allgemeine Anthropogeographie. Gotha/Stuttgart, S. 41 – 81

SCHLOTTMANN, A. & WINTZER, J.: Weltbildwechsel. Ideengeschichte geographischen Denkens und Handelns. Bern 2019

SCHULTZ, H.-D. (2004): Brauchen Geographielehrer Disziplingeschichte? – In: Geographische Revue, 6, 2, 43 – 57.

SCHULTZ, H.-D. (2012): Disziplingeschichte des Schulfaches Geographie. – In: HAVERSATH, J.-B. [Moderator] (2012): Geographiedidaktik. Braunschweig, 70 – 89.

Hans-Dietrich Schultz

Geschlechterdifferenzen

Definition
Geschlechterdifferenzen bezeichnen Unterschiede (Heterogenitätsmomente), die zwischen Jungen und Mädchen bzw. Frauen und Männern auftreten.

Klassifikation
Geschlechterdifferenzen werden auf der Ebene der Schülerinnen und Schüler sowie der Lehrkräfte festgestellt. Dabei kann man verschiedene Bereiche unterscheiden, in denen Differenzen auftreten, z.B. bei Leistung/Lernerfolg, bei der Interaktion und bei Motivation bzw. Interesse.

Zur geographiedidaktischen Diskussion
Bereits in den 1970er-Jahren wurden Geschlechterdifferenzen innerhalb der Schülerschaft festgestellt, die in den folgenden Jahren jedoch kaum weiter systematisch erforscht und diskutiert wurden. HEMMER (1995) erfasste Mitte der 1990er-Jahre erstmals den Stand der geographiedidaktischen Forschung.

Historische Fragen zur Mädchenbildung analysierte SCHULTZ (2006).

Die wenigen älteren empirischen Studien hinsichtlich Leistung und Lernerfolg befassten sich mit Teilen des Raumvorstellungsvermögens, mit der Kartenauswertung (SCHRETTENBRUNNER 1978), mit Topographiekenntnissen (OESER 1987) sowie mit internationalen Lernerfolgstests (vgl. NIEMZ 1991). In jüngeren Arbeiten wurde das Geschlecht bei mehreren empirischen Studien, insbesondere im (→) Kompetenzbereich Räumliche Orientierung, als unabhängige Variable mit erhoben. BUFF-KELLER (1991) scheint nach wie vor die einzige Studie veröffentlicht zu haben, die Interaktionsanteile im Unterrichtsverlauf analysierte und eine Benachteiligung der Mädchen konstatierte.

Seit Mitte der 1990er-Jahre setzen sich einige Untersuchungen intensiver mit der Frage von Interessendifferenzen von Jungen und Mädchen auseinander. Die Studie von HEMMER/HEMMER (2010) ergab, dass sich die Gesamtbewertung des Schulfaches bei Jungen und Mädchen nicht signifikant unterscheidet. Beim Interesse an einzelnen Themenbereichen und Einzelthemen (→ Schülerinteresse) zeigten sich hingegen sehr viele signifikante Differenzen.

Bei den Lehrpersonen (vgl. HEMMER/HEMMER 2010) wurde bislang nur das Interesse untersucht. Hier fanden sich hinsichtlich der Geschlechterdifferenzen ähnliche Ergebnisse wie bei der Schülerschaft, allerdings in abgeschwächter Form.

Die Frage nach den Gründen für die beobachteten Geschlechterdifferenzen im Bildungssystem allgemein wird noch immer lebhaft diskutiert (vgl. vbw 2009, Hannover & Ollrogge 2021), doch scheinen traditionsgebundene Erziehungsweisen, unterschiedliche Freizeitinteressen und die Identifikation mit Geschlechterstereotypen eine Rolle zu spielen.

Theorien, nach denen Geschlechterdifferenzen angeboren seien, erwiesen sich demgegenüber als wenig stichhaltig. Die Differenzen können im Unterricht dadurch gemildert werden, dass verstärkt Sichtweisen und Lebenssituationen beider Geschlechter thematisiert werden (→ Interesse).

In der jüngeren geographiedidaktischen Forschung widmen sich Studien eher der Heterogenität von Schülergruppen, wobei Geschlechterdifferenzen gelegentlich als Aspekt auftauchen, aber primär Fragen von Inklusion oder Migrationshintergrund im Vordergrund stehen.

Pichler et al. (2017) beschreiben das Projekt eines Gender-Atlanten (https://genderatlas.at/), der exemplarisch genderrelevanten Perspektiven, Aspekte und Themen speziell für den Geographieunterricht bietet.

Literatur

BRADLEY-SMITH & WOOD, P. (2006): Gender issues in Geography: why do girls perform better than boys? In: Teaching Geography, 31, 2, 76-78.

BUFF-KELLER, E. (1991): Werden die Mädchen im Geographieunterricht benachteiligt? – In: Geographie und ihre Didaktik, 19, 3, 141 – 148.

HANNOVER, B. & OLLROGGE, K. (2021): Bildungsungleichheiten zwischen den Geschlechtern. https://www.bpb.de/themen/bildung/dossier-bildung/315992/bildungsungleichheiten-zwischen-den-geschlechtern/

HEMMER, I. (1995): Geographie – kein Fach für Mädchen? – In: Geographie und ihre Didaktik, 23, 4, 211 – 225.

HEMMER, I. & M. HEMMER [Hrsg.] (2010): Schülerinteresse an Themen, Regionen und Arbeitsweisen des Geographieunterrichts (= Geographiedidaktische Forschungen, Bd. 46). Weingarten.

HEMMER, I. & M. HEMMER [Hrsg.] (2017): Teachers' Interests in Geography Topics and Region –How they Differ from Students' Interests. In: RIGEO, 7, 1, p. 9-23. Abrufbar unter http://rigeo.org/volume-7-number-1-spring-2017/

HEMMER, I. & M. HEMMER [Hrsg.] (2021): spring-2017/

Hemmer, I. & Hemmer, M. (2021): Das Interesse von Schülerinnen und Schülern an geographischen Themen, Regionen und Arbeitsweisen – ein Bundeslandvergleich zwischen Bayern und Nordrhein-Westfalen. In: Zeitschrift für Geographiedidaktik – Journal of Geography Education, 49, 1, 3-24.

NIEMZ, G. (1991): Inter Geo I. Ein internationaler geographischer Lernerfolgstest. – In: Praxis Geographie, 21, 1, 8 – 12.

OESER, G. (1987): Untersuchungen zum Lernbereich „Topographie" (= Geographiedidaktische Forschungen, Bd. 16). Lüneburg.

PICHLER, H., AUFHAUSER, E. UND CH. HINTERMANN (2017): genderATlas für die Schule - vorwissenschaftliches Arbeiten mit dem genderATlas. In. GW Unterricht, 146, S. 153 – 159.

SCHRETTENBRUNNER, H. (1978): Konstruktion und Ergebnisse eines Tests zum Kartenlesen (Kartentest KAT). – In: GEIPEL, R. [Hrsg.] (1978): Quantitative Didaktik der Geographie, Teil II (= Der Erdkundeunterricht, Bd. 28). Stuttgart, 56 – 75.

SCHULTZ, H. D. (2006): Mädchenbildung im früheren Geographieunterricht. Ein vergessenes Stück preußisch-deutscher Bildungsgeschichte. – In: Geographie und ihre Didaktik, 34, 2, 63 – 91.

VERBAND BAYERISCHER WIRTSCHAFT (VBW) [Hrsg.] (2009): Geschlechterdifferenzen im Bildungssystem. Jahresgutachten 2009. Wiesbaden.

Ingrid Hemmer

Geographische Informationssysteme (GIS)

Definition

Ein geographisches Informationssystem (GIS) ist ein rechnergestütztes System, das aus Hardware, Software, raumbezogenen Daten und Anwendungen besteht. Ein GIS stellt die reale Welt in einem Schichtenmodell verschiedener Datenebenen dar. Die GIS-Daten beschreiben die Objekte über ihre Position (Geometrie), ihre Attribute (Sachdaten) und ihre räumliche Verknüpfung (Topologie). Ein geographisches Informationssystem ist demnach ein Modell der realen Welt, das eine grafische Visualisierung und fachliche Auswertung eines Datenbestands ermöglicht. (→ Fernerkundung, Digitale Geomedien, GIS-Kompetenzmodell)

Klassifikation

Neben den klassischen GIS sind weitere Anwendungen wie WebGIS, Virtuelle Globen, GPS, Geo-Apps usw. anzuführen, die unter dem Sammelbegriff „(digitale) Geomedien" gefasst werden und die andere, meist gegenüber einem GIS reduzierte Funktionalitäten bieten.

GIS: Unter einem GIS wird nach enger Definition eine Software mit voller GIS-Funktionalität („full-function-GIS") verstanden. Im unterrichtlichen Kontext wird häufig der Begriff „DesktopGIS" verwendet.

WebGIS: ein webbasierten GIS, das in der Regel in den Funktionalitäten eingeschränkt ist. Für den Unterricht stehen mehrere WebGIS-Angebote zur Verfügung, die speziell für den schulischen Verwendungskontext entwickelt wurden. Daneben betreiben zahlreiche Städte, Kommunen, Regionalverbände, internetbasierte Geoinformationsdienste, ohne dass diese für die schulische Nutzung aufbereitet sind.

Virtuelle Globen: internetgestützte Kartendienste (wie z.B. GoogleEarth, Bing Maps, …), die in erster Linie Ansichtsfunktionalitäten bieten. Darüber hinaus sind einfache Analysefunktionen (Entfernungsmessungen, Overlays erstellen, …) integriert.

Geo-Apps: sie reichen von mobilen GIS-Lösungen, die den Einsatz von geografischen Informationssystemen auf Plattformen für mobile Endgeräte wie Smartphones, Pocket PCs oder Tablet PCs ermöglichen, bis hin zu im Funktionsumfang stark reduzierten Programmen, die z.B. für das Geocaching genutzt werden können, aber keine Analysefunktion beinhalten.

Zur geographiedidaktischen Diskussion

Geographischen Informationssystemen (GIS) kommt in vielen Lebensbereichen eine große Bedeutung zu (z.B. Standortplanung, Navigationssysteme usw.). Sie haben deshalb auch Eingang in die Bildungspläne und nationalen Bildungsstandards im Fach Geographie gefunden. Die bisherigen Bemühungen, GIS auch im Unterricht zu implementieren, greifen in der Regel aber trotz der Aufnahme in die Bildungspläne einiger Bundesländer nur punktuell an einzelnen Schulstandorten. Als wesentliche Barrieren bzw. Hinderungsgründe für den unterrichtlichen Einsatz erweisen sich aus Lehrerperspektive die fehlenden zeitlichen Ressourcen angesichts der technischen Komplexität der GIS-Anwendungen sowie mangelnde didaktisch-methodische Kenntnisse für eine sinnvolle Integration der Arbeit mit GIS in den Geographieunterricht. Die Bereitschaft der Lehrer und Motivation der Schüler zur Arbeit mit digitalen Geomedien sind aber offensichtlich vorhanden. Was kann dazu beitragen, Lehrern den Zugang zu digitalen Geomedien zu erleichtern? Drei Erfolgsfaktoren scheinen im Mittelpunkt zu stehen: Angebote zur fachlich methodischen Aus- und Fortbildung zu Geoinformationstechnologien, didaktische Konzepte zur Einbindung digitaler Geomedien in den Unterricht sowie praktische Arbeits- und Datenmaterialien (vgl. HÖHNLE, SCHUBERT, UPHUES 2012). Der unterrichtliche Einsatz wird hinsichtlich des didaktischen Mehrwertes diskutiert. Dabei werden als besondere Potenziale des GI(S)-Einsatzes schülerzentrierte Arbeitsweisen, die Stärkung des Lernens im Nahraumes, die Förderung des raumanalytischen Denkens, des partizipatorischen Lernens (i.S.v. spatial citizenship) sowie der Kartenkompetenz angeführt. Zudem soll die Arbeit mit GIS dazu dienen, im Unterricht vernetzendes, kritisches und systemisches Lernen durch die Aneignung von geographischem Wissen auf der Basis von problem- und verständnisorientierten Wissensstrategien zu fördern.

Darüber hinaus wird der Arbeit mit Geographischen Informationssystemen u.a. nicht nur ein hohes Motivationspotenzial, sondern auch eine wichtige Funktion bei der Vermittlung von Schlüsselqualifikationen wie Selbstständigkeit, Problemlösefähigkeit, Methodenkompetenz, Sozialkompetenz und Medienkompetenz zugeschrieben. Außerdem stellt der schulische GIS-Einsatz einen Beitrag zur informationstechnischen Grundbildung dar. Darüber hinaus kommt grundlegenden GIS-Kenntnissen eine Brückenfunktion in ein späteres Studien- oder Berufsleben zu.

Literatur

BARTOSCHEK, T. & J.C. SCHUBERT [Hrsg.] (2013): Geoinformation im Geographieunterricht. Grundlagen, Potenziale, Unterrichtsideen. Münster.

HÖHNLE, S., SCHUBERT, J. C. & R. UPHUES (2012): Lernen mit Geoinformation(ssystemen) aus der Perspektive deutscher Geographielehrer. – In: Geographie und ihre Didaktik, 40, 2, 49–68.

Jan Christoph Schubert

GIS-Kompetenz

Definition

Als GIS-Kompetenz wird allgemein der kompetente Umgang mit (→) geographischen Informationssystemen (GIS) und (→) digitaler Geoinformation verstanden.

Klassifikation

Aus unterschiedlichen Zielorientierungen heraus wurden seit der Jahrtausendwende eine Vielzahl von Dimensionen einer GIS-Kompetenz identifiziert und darauf aufbauende theoretisch basierte GIS-Kompetenzmodelle formuliert (vgl. u. a. zusammenfassend VOLZ/VIEHRIG/SIEGMUND 2010). Dabei unterscheiden sich:

- Modelle, die aus der Frage nach der Integration von GIS in den Schulunterricht resultieren und sich damit auf die geographische

Grundbildung beziehen (z. B. SIEGMUND/VIEHRIG/VOLZ 2009; SCHUBERT/UPHUES 2008; VOLZ/VIEHRIG/SIEGMUND 2010)
- Modelle, die aus GIS-spezifischen beruflichen Anforderungen resultieren und sich damit auf die Grundlagen einer erfolgreichen Arbeitsleistung beziehen (z. B. DIBIASE et al. 2006; vgl. auch SCHULZE/KANWISCHER/REUDENBACH 2011).

Neben einer Reihe von Ansätzen für ein GIS-Kompetenzstrukturmodell wurden auch Überlegungen zur Ableitung eines GIS-Kompetenzentwicklungsmodells veröffentlicht.

Zur geographiedidaktischen Diskussion

Die Themen GIS und Geoinformation haben sich mittlerweile als Teil des modernen Geographieunterrichts etabliert und Eingang in die (→) Bildungsstandards (DGFG 2012) gefunden. Neben der Nennung von GIS im Kontext der Kartenkompetenz im (→) Kompetenzbereich Räumliche Orientierung bestehen auch enge Bezüge zu den Standards im (→) Kompetenzbereich Erkenntnisgewinnung/Methoden (vgl. dazu VOLZ/VIEHRIG/SIEGMUND 2010). Innerhalb der Geographiedidaktik besteht im schulischen Kontext Konsens über eine Auslegung von GIS-Kompetenz als Grundlage eines erfolgreichen Lernens mit Geoinformationen. Der Erwerb von Konzeptwissen über die Grundidee eines GIS sowie Möglichkeiten der Visualisierung und Analyse von Geodaten ist dabei notwendige Voraussetzung – das Lernen über GIS steht jedoch nicht im Zentrum der schulischen Förderung von GIS-Kompetenz, sondern das Lernen mit GIS. Während mittlerweile eine Vielzahl von Studien im Kontext des GIS-Einsatzes existiert (vgl. zusammenfassend BAKER et al. 2012), steht die empirische Validierung der GIS-Kompetenzmodelle in weiten Teilen noch aus.

Literatur

BAKER, T. R. et al. (2012): A Call for an Agenda and Center for GIS Education Research. – In: Review of International Geographical Education online (RIGEO), 2, 3, 254–288. – In: www.rigeo.org/vol2no3/RIGEO-V2-N3-1.pdf (Letzter Zugriff: 12.02.2013).

DIBIASE, D. et al. [Ed.] (2006): Geographic information science and technology. Body of knowledge. Washington D.C. – In: www.aag.org/galleries/publications-files/GIST_Body_of_Knowledge.pdf (Letzter Zugriff: 18.02.2013).

DEUTSCHE GESELLSCHAFT FÜR GEOGRAPHIE (DGfG) [Hrsg.] (2012): Bildungsstandards im Fach Geographie für den Mittleren Schulabschluss. Bonn.

SIEGMUND, A., VIEHRIG, K. & D. VOLZ (2009): Mit GIS geographische Erkenntnisse gewinnen – Konzept eines Kompetenzmodells. – In: Praxis Geographie, 39, 2, 10–11.

SCHUBERT, J. C. & R. UPHUES (2008): Kumulatives Lernen mit Geoinformation. Überlegungen zu einem GI(S)-Kompetenzentwicklungsmodell. – In: JEKEL, T., KOLLER, A. & K. DONERT [Hrsg.] (2008): Lernen mit Geoinformation III – Learning with Geoinformation III. Heidelberg, 49–59.

SCHULZE, U., KANWISCHER, D. & C. REUDENBACH (2011): Competence Dimensions in a Bologna-oriented GIS Education. – In: JEKEL, T., KOLLER, A., DONERT, K. & A. VOGLER [Hrsg.] (2011): Learning with GI 2011. Implementing Digital Earth in Education. Berlin, 108–117.

VOLZ, D., VIEHRIG, K. & A. SIEGMUND (2010): Informationsgewinnung mit Hilfe Geographischer Informationssysteme – Schlüsselkompetenz einer modernen Geokommunikation. – In: Geographie und Ihre Didaktik, 38, 2, 102–108.

Kathrin Schulman, Daniel Volz

Globales Lernen

Definition

Globales Lernen bedeutet die Förderung von Kompetenzen, die Lernende befähigt, verantwortungsvoll mit Krisen umgehen zu können und eine gerechtere und nachhaltige Welt zu schaffen (UNESCO 2021).

Es wird als pädagogische Reaktion auf die zunehmenden Herausforderungen einer globalisierten Welt verstanden und als nicht-normatives Konzept verstanden.

Klassifikation

Globales Lernen steht ebenso wie (→) Bildung für nachhaltige Entwicklung unter dem Leitbild der nachhaltigen Entwicklung. Globales Lernen, das als Unterrichtsprinzip verstanden wird, soll die Schülerinnen und Schüler zu (→) Systemkompetenz, (→) Bewertungskompetenz und Handlungskompetenz befähigen. Um dem hohen Komplexitätsgrad globaler Zusammenhänge gerecht werden zu können, sollten Themen hinsichtlich ihrer Zusammenhänge und Wechselwirkungen auf ökonomischer, ökologischer, gesellschaftlicher und politischer Ebene betrachtet und analysiert werden. Dabei sind zudem unterschiedliche Maßstabsebenen zu berücksichtigen. Um mit der wachsenden Unübersichtlichkeit von Lebensbezügen umgehen zu können, ist auch der Umgang mit Unsicherheit und Nichtwissen ein wesentlicher Bestandteil Globalen Lernens. Zur Bewertung globaler Zusammenhänge werden Empathie und (→) Perspektivenwechsel benötigt. Globales Lernen zielt in diesem Sinne auf Solidarität und Mitverantwortung. Schülerinnen und Schüler sollen in der Lage sein, Wertmaßstäbe zu entwickeln und Werte gegeneinander abzuwägen, vor allem unter Einbeziehung kulturell bedingter Wertedifferenzen (vgl. →Interkulturelles Lernen). Schließlich sollen sie dazu befähigt werden, Strategien und Lösungsmöglichkeiten zu finden, um in die Entwicklung komplexer Systeme im Sinne von Nachhaltigkeit einzugreifen.

Globales Lernen wird als offener, lebenslanger Prozess verstanden. Im Unterricht sollen Lehr- und Lernarrangements geschaffen werden, die den Erwerb von Handlungskompetenz fördern. Diese zeichnen sich durch einen konstruktivistischen Charakter aus, die eine aktive Beteiligung des Lernenden, individuelle Steuerung des eigenen Lernprozesses, eine möglichst lebensweltnahe Auseinandersetzung mit Lerninhalten sowie soziale Interaktionen berücksichtigen.

Zur geographiedidaktischen Diskussion

Der Begriff begann sich im deutschsprachigen Raum in den 1990er-Jahren zu etablieren. In Deutschland entstand das Globale Lernen hauptsächlich aus der entwicklungspolitischen Bildung bzw. der Dritten Welt-/ Eine Welt-Pädagogik. Seit den 1970er-Jahren wurden hier verstärkt ökologische, seit den 1990er-Jahren politische Fragestellungen im Kontext von Umwelt und Entwicklung integriert und reflektiert. Konzepte der Friedenspädagogik und des (→) interkulturellen Lernens werden teilweise als Bestandteil Globalen Lernens gesehen. Globales Lernen kann ursprünglich als ein bildungstheoretisch initiiertes Konzept verstanden werden. Die Aufforderung nach einer nachhaltigen Entwicklung im Sinne der Agenda 21 wird als eine Bestätigung bisheriger konzeptioneller Zugänge aufgefasst. Globales Lernen hat alle Perspektiven der nachhaltigen Entwicklung sowie deren Zusammenspiel im Blick, wobei der Fokus stärker auf der sozialen Gerechtigkeit liegt als bei der (→) Bildung für nachhaltige Entwicklung.

Im Rahmen der UN-Dekade „Bildung für nachhaltige Entwicklung" wird das Konzept des Globalen Lernens auch von BMZ und KMK gefördert. Durch den gemeinsam herausgegebenen „Orientierungsrahmen für den Lernbereich Globale Entwicklung im Rahmen einer Bildung für nachhaltige Entwicklung" soll dazu beigetragen werden, das Konzept verstärkt im Bildungsbereich zu verankern.

Literatur

ASBRAND, B. (2009): Wissen und Handeln in der Weltgesellschaft. Münster.

LANG-WOJTASIK, G. & U. KLEMM [Hrsg.] (2012): Handlexikon Globales Lernen. Münster, Ulm.

SCHEUNPFLUG, A. & N. SCHRÖCK (2000): Globales Lernen. Einführung in eine pädagogische Konzeption zur entwicklungsbezogenen Bildung. Stuttgart.

SCHRÜFER, G. & J. SCHOCKEMÖHLE (2012): Nachhaltige Entwicklung und Geographieunterricht. – In: HAVERSATH, J.-B. [Moderator] (2012): Geographiedidaktik. Braunschweig, 107 – 132.

SCHRÜFER, G. & S. SCHULER [Hrsg.] (2010): Globales Lernen. Ein geographischer Diskursbeitrag. Münster.

SEITZ, K. (2009): Globales Lernen in einer weltbürgerlichen Absicht: zur Erneuerung weltbürgerlicher Bildung in der postnationalen Konstellation. – In: OVERWIEN, B. & H.-F. RATHENOW [Hrsg.] (2009): Globalisierung fordert politische Bildung. Politisches Lernen im globalen Kontext. Opladen, Farmington Hills, 37 – 48.

UNESCO (2021): Education for Sustainable Development. A Roadmap.

Gabriele Schrüfer

Globus

Definition

Der Globus ist ein Medium, das die Erde im Modell, in der Regel aufgrund des kleinen Maßstabs in einer idealisierten und abstrahierten Kugelgestalt, längen-, flächen- und winkeltreu repräsentiert.

Klassifikation

Ausgehend von einem kugelförmigen Modellkörper können analoge Globen sowie Projektionsgloben, deren Oberflächengestaltung in einer digitalen Projektion besteht, unterschieden werden. Virtuelle Globen (→ Google Earth, Diercke Globus) existieren in Form von in der Ebene eines Bildschirms oder in der dreidimensionalen Projektion im freien Raum als Erdkörper visualisierten Daten, wobei die Perspektive auf die Erdoberfläche (Richtung, Neigung) variiert werden kann und meist stufenloses Zoomen Maßstabsvariationen erlaubt. Dreidimensionale Reliefdarstellungen sind in analogen Globen überhöht und taktil erfassbar, in digitalen kann die Überhöhung variiert und durch verschiedene Maßstäbe und Neigungen sichtbar gemacht werden. Während sich analoge Globen, mit Ausnahme von Rollgloben, oftmals in einer festen Halterung entlang der Erdachse befinden, sind virtuelle frei drehbar.

Globen sind häufig mit einem Orientierungsraster, in der Regel dem Gradnetz geographischer Koordinaten, versehen oder hinterlegt. Neben der an kartographische Konventionen gebundenen physischen Darstellung finden sich auch thematische Globen (z. B. mit Darstellung der Staaten), selten weitgehend inhaltsleere Induktionsgloben zum eigenen zeichnerischen Gestalten. Auf Projektionsgloben und virtuellen Globen können analog zu (→) GIS verschiedene Layer mit zahlreichen Informationen und Darstellungsvarianten eingeblendet werden.

Bezüglich des Inhalts existieren zudem Globen, die über die Darstellung der Erdoberfläche hinausgehen und damit spezielle Themenbereiche des Geographieunterrichts ansprechen, etwa Globen mit Blick ins Erdinnere, Globen anderer Planeten des Sonnensystems oder Himmelsgloben, die, auf einer langen historischen Tradition fußend, eine (spiegelverkehrte) Projektion des geozentrischen Himmelsanblickes auf eine Kugeloberfläche bieten.

Zur geographiedidaktischen Diskussion

Die Eigenschaft von Globen, winkel-, längen- und flächentreu zu sein, erlaubt ihren Einsatz für (Distanz- und Flächen-)Messungen am Erdmodell ebenso wie, im Zusammenhang mit dem Verzicht auf Konventionen der Eurozentrierung und teilweise der Nordung (insbesondere bei virtuellen Globen und Rollgloben), die Unterstützung der Entwicklung einer weniger verzerrten und stärker flexibilisierten Vorstellung der Erde, als sie allein durch Vorstellungsbildung an Karten möglich wäre. Virtuelle Globen wiederum eröffnen durch stufenloses Zoomen zwischen Nahraum und Gesamtanblick ein Verständnis von Maßstä-

ben und Größenrelationen und durch Variation des Sichtwinkels den Wechsel von Alltagsperspektive über Schrägbild hin zur Aufsicht. Globen eignen sich durch die Kontinuität der Darstellung besser als Weltkarten zum Verstehen globaler Orientierungsraster wie Gradnetz und globaler Systeme wie das der globalen Zirkulation. Generell erlauben virtuelle Globen durch die Vielfalt der darstellbaren und durch die Nutzerin/den Nutzer wählbaren Informationen die komplexe Bearbeitung von Aufgabenstellungen bei gleichzeitigem Mitdenken ihrer globalen Vernetzung ohne Begrenzungen durch die Ränder einer Karte. Globen können in Modellen und Modellexperimenten eingesetzt werden, die eine Anschauung der Erde im Kontext ihres Umfeldes verlangen, etwa zur Illustration der Entstehung von Tag und Nacht, von Jahreszeiten und Klimavariationen.

Grundlegend bedürfen Globen ebenso wie andere Geomedien einer (→) Kartenkompetenz im Sinne des Dekodierens ihrer Zeichen, des Interpretierens ihrer Inhalte und der Reflexion ihrer inhaltlichen Grenzen.

Literatur

BRUCKER, A. (2006): Dreidimensionale Modelle. – In: HAUBRICH H. [Hrsg.] (2006): Geographie unterrichten lernen. Die neue Didaktik der Geographie konkret. München, 192 – 193.

HRUBY, F. (2009): Der digitale Globus. Begriff und Bedeutung für die Geographie. – In: KRIZ, K., KAINZ, W. & A. RIEDL [Hrsg.] (2009): Geokommunikation im Umfeld der Geographie. Wien, 154 – 160.

SCHEIDL, W. (2009): Virtuelle Globen im Geographieunterricht. – In: KRIZ, K., KAINZ, W. & A. RIEDL [Hrsg.] (2009): Geokommunikation im Umfeld der Geographie. Wien, 170 – 175.

SCHULZE, U. (2015): Digitale Globen im Unterricht – Möglichkeiten, Mehrwert und Grenzen. https://docplayer. org/62085541-Digitale-globen-im-unterricht-moeglichkeiten-mehrwert-und-grenzen.html

Inga Gryl

Google Earth

Definition

Google Earth bezeichnet das Computerprogramm eines digitalen bzw. virtuellen (→) Globus mit Karten-, Satelliten- und Luftbildmaterial mit zahlreichen Zusatzfunktionen zur Darstellung von Bilddaten (Rasterdaten) und Vektordatensätzen (für Ländergrenzen, Verkehrsnetze) mit Navigations-, Zoom- und Perspektivfunktion und verorteten Links zu weiterführenden Informationsquellen aus dem Internet.

Die Software ist im Internet für unterschiedliche Betriebssysteme kostenlos herunterladbar (Freeware) oder auch als Plug-in für Internet-Browser erhältlich. Mit Zusatzfunktionen (Datenimport; Kompatibilität zu weiteren Formaten) ist eine kostenpflichtige Version Google Earth Pro erhältlich. In beiden Versionen ist der virtuelle Übergang vom digitalen Erdglobus zum virtuellen Weltallmodell (→ Tellurium) möglich. Eine Alternative für einen Projektionsglobus mit anderen Optionen ist z. B. der EarthBrowser.

Klassifikation

Google Earth kann als Fortführung der didaktischen Überlegungen zu (→) Fernerkundung mit (→) Luft- und Satellitenbild sowie (→) GIS gesehen werden (HASSENPFLUG 2012). Während früher prägnante, kostenpflichtige Einzelaufnahmen den Schuleinsatz einschränkten, steht heute die Auswahl- und Interpretationskompetenz der Schülerinnen und Schüler im Vordergrund didaktischer Überlegungen.

Je nach gewählter Funktion kann der Anwender u. a.:

- Gradnetzangaben und Höhe von Orten anzeigen lassen und eintragen (digitale Globen), z. B. zur Kartierung von (→) Exkursionen, zur Speicherung von Kartenpunkten, jeweils GPS-Integration möglich
- in Deutschland: Orte, Straßennamen und z. T. Hausnummern, häufig Raummarkierungen suchen, z. B. Unternehmensstandorte, Hoteldichte
- hinterlegte Luft- und Satellitenbilder anzeigen lassen, u. a. zur Landnutzung und zu Siedlungsstrukturen
- Touren, Flüge und Fahrtrouten als Filmclip/Flugsimulation erstellen und aufzeichnen, z. B. zur Erarbeitung von Oberflächenformen oder zur Verdeutlichung eines Höhenprofils/Reliefs
- virtuellen Blick unter die Meeresoberfläche werfen (Google Ocean)
- historisches Bildmaterial zum Vergleich heranziehen (hierzu können Overlays per Schieberegler angezeigt werden), z. B. zur Siedlungsentwicklung, Gletscherveränderung, Waldabholzung
- verlinkte Fotoaufnahmen von Standorten finden (v. a. via Panoramio oder Webcams) oder 360°-Panorama-Fotos (Street View) für „virtuelle Exkursionen" nutzen
- Gebäude und (teilweise) Gelände in 3D anzeigen, z. B. Sehenswürdigkeiten und Aussichtspunkte besichtigen; virtuelle Schnitzeljagd (http://schnitzeljagd.ge-hilfe.de) durchführen
- Hintergrundinformationen verorten (zu Wikipedia sowie zu National Geographic Magazine)
- Tageslichtsimulation und -animation (Jahreszeiten fehlen noch) für Modellexperimente zum Sonnenstand einsetzen
- Planeten-/Weltraumsimulationen (Google Sky) erkunden
- das aktuelle Wetter anhand Wolkenstand und Niederschlag (Niederschlagsradarbild; derzeit nicht vektorbasiert) anzeigen lassen
- (→) globales Lernen mit Vorschlägen von Google Earth Outreach praktizieren.

Zur geographiedidaktischen Diskussion

Google Earth basiert auf einer ähnlichen Anzeige wie (→) digitale Medien, Karten und Flugsimulationen, die im Alltag (z. B. in Nachrichtensendungen, Navigationsgeräten) zur Verortung herangezogen werden. Der didaktische Einsatz von Google Earth kann im Zusammenhang mit einer (→) Satellitenbildlesekompetenz, zur Vertiefung von Beispielen oder auch eigenständig im Sinne der Medienerziehung (mit Verweis auf Fehler, Einschränkungen und Gefahren digitaler Überwachung) verwandt werden (Anwendungshinweise und Handreichungen bei Joachim 2008).

Seit der letzten Dekade befassen sich Artikel vermehrt mit dem Internet im Geographieunterricht, und dabei häufig mit GIS oder Google Earth (Padberg 2010). Dabei stehen Ortssuche und -vergleiche sowie Landschaftsbeschreibungen im Vordergrund (z. B. Schmid/Thierer 2010, Jenkins 2009). Vorkenntnisse werden meist vorausgesetzt (anders bei Pingold/Feick 2009). Dabei geht es um die Vorstellung von neu eingerichteten Möglichkeiten der Software Google Earth an bestimmten Beispielen, während der didaktische Mehrwert und der Einfluss der Internetnutzung auf die Lernleistung umstritten ist, jedoch selten empirisch untersucht und nur wenig kritisch hinterfragt wird (Padberg 2010).

Voraussetzung für den Unterricht mit Google Earth sind PCs, Internetverbindung, Medienkompetenz der Schüler und der Lehrkraft sowie Methodenkompetenz zur Informationsverarbeitung. Chancen für den Unterricht ergeben sich durch die mediale Motivation, durch die selbsttätige Sozialform und die Rolle der Lehrkraft als Berater (Padberg 2010). Durch offene, problemlösende Aufgabenstellungen (→ Entdeckendes Lernen) kann die Vielfalt der Fallbeispiele ausgenutzt werden. Vergleiche zwischen Räumen sind ohne (Karten-)Grenzen möglich und können durch „zusammenhängende Kartenausschnitte" zum Aufbau eines vernetzten (→) Raumverständnisses beitragen. Allerdings kann durch die virtuellen Möglichkeiten von Google Earth das Raumverständnis auch leiden. Trotz 3D-Imitation weist Google Earth gegenüber einem dreidimensionalen (→) Globus Einschränkungen auf, die thematisiert werden sollten. Beispielsweise sind Winkel-, Längen- und Flächentreue nicht im gleichen Maße gegeben und Maßstabswechsel können überfordern.

Kritik an Google Earth bezieht sich v. a. auf die Datenquantität und -qualität. Die Quantität erfordert Kompetenzen bei der Auswahl und Deutung von Informationen. Die Qualität und Herkunft der Daten ist sehr unterschiedlich (Auflösung zwischen 15 cm und 15 m pro Pixel; Bewölkung) und häufig fehlen detaillierte Angaben (z. B. wird das Satellitenbilddatum inzwischen meist angegeben, aber meist keine weiteren Quellen-, Aufnahme- und Höhenkennzeichnungen).

Rechtlich gestattet Google Earth die persönliche Nutzung von Bildern bei Angabe von Copyright und Bezugsquelle und stellt damit eine vielfältige, vernetzte Materialquelle für den Geographieunterricht dar.

Literatur

Hassenpflug, W. (2012): Verstehen, was wir sehen. Google Earth und Co machen möglich, wovon abgetretene Geo-Didaktiker träumten. – In: Hüttermann, A. et al. [Hrsg.] (2012): Räumliche Orientierung. Räumliche Orientierung, Karten und Geoinformation im Unterricht (= Geographiedidaktische Forschungen, Bd. 49). Braunschweig, 252 – 259.

Jenkins, N. (2009): Google Earth im Unterricht: Materialien und Konzepte. – In: www.educational-gaming.de/2009/06/google-earth-im-unterricht-materialien-und-konzepte (Letzter Zugriff: 28.11.2012).

Joachim, J. (2008): Google Earth - Spielerei oder Mehrwert für den Unterricht? – In: www.lehrer-online.de/google-earth.php (Letzter Zugriff: 28.11.2012).

Padberg, S. (2010): Macht der Einsatz des Internets den Geographieunterricht besser? – In: Geographie und Schule, 32, 188, 34 – 39.

PINGOLD, M. & S. FEICK (2009): Google Earth konkret. Anregungen zum Unterrichtseinsatz jenseits von Spiel und Intuition. – In: Praxis Geographie, 39, 11, 30 – 32.
SCHMID, A. & A. THIERER (2010): La Paz virtuell. – In: geographie heute, 31, 283, 26 – 30.

Christoph Koch

GPS: Global Positioning System (= Satelliten-Positionierungssystem)

Definition

Das Global Positioning System, kurz GPS, ermöglicht die Bestimmung der Position und der Geschwindigkeit von Objekten an jedem Ort der Erde.

Klassifikation

Jedes GPS-System weist drei Bestandteile auf: das Raum- (Satelliten im Weltall), das Kontroll- (Überwachungsstationen auf der Erde) und das Nutzersegment (GPS-Empfänger).

Insgesamt 24 Satelliten (Stand 2013) umrunden auf sechs unterschiedlichen Bahnebenen in einer Höhe von ca. 20 200 km in etwa zwölf Stunden die Erde. Diese Bahnen neigen sich 55° zur Äquatorebene und sind um 60° versetzt. Diese Konstellation sorgt dafür, dass ein GPS-Empfänger auf jedem Punkt der Erde immer Kontakt zu mindestens vier Satelliten hat. Jeder Satellit sendet ein kontinuierliches Radiosignal mit Informationen für die Lage und den Namen des Satelliten zum Sendezeitpunkt des Signals.

Mehrere Monitoring-Stationen auf dem Boden kontrollieren die Funktion des gesamten Systems und beobachten die Satellitenbewegungen und die Satellitenuhren.

Die Benutzerkomponente, der GPS-Empfänger, errechnet seinen Standort in Lage und Höhe auf der Erde durch den Empfang der Signallaufzeit von mehreren Satelliten.

Die Positionsbestimmung anhand des GPS-Systems basiert auf dem Prinzip des räumlichen Bogenschnitts (= Trilateration) und der Entfernungsbestimmung durch Messung der Laufzeit von Signalen vom Satelliten und zu dem GPS-Empfänger. Anhand der Zeitdifferenz zum Zeitpunkt des Empfanges kann das GPS-Gerät berechnen, wie groß seine Entfernung vom Satelliten ist. Aufgrund des Prinzips des Bogenschnitts braucht ein GPS-Gerät mindestens den Empfang von drei Satelliten. Da die Satellitenuhren nicht vollkommen synchron mit den Uhren in den Empfangsgeräten laufen, kommt es zu Zeitverschiebungen. Für die Korrektur wird ein vierter Satellit benötigt, folglich beansprucht der GPS-Empfänger immer Kontakt zu mindestens vier Satelliten.

Zur geographiedidaktischen Diskussion

Global Positioning Systeme wurden anfangs vor allem militärisch genutzt. Zunehmend steht nun die private Nutzung im Vordergrund. Zu den mittlerweile klassischen Anwendungen gehören die Navigation im Auto oder das Geocaching. Die Anwendung aktueller Navigationsmöglichkeiten auch im Unterricht kann die Begeisterung für das Fach Geographie wecken und die Lernmotivation fördern. Das Thema „GPS" wird als Aufgabenbereich der geographischen Bildung angesehen (→ Bildungsstandards für Geographie). Die Grundlage für die Arbeit im Unterricht bilden die wichtigsten Hauptfunktionen des Gerätes: Bestimmung der exakten Position eines Objekts, Bestimmung der Himmelsrichtung, Messung von Entfernungen oder Wegstrecken, Bestimmung von Höhenlagen, die u. a. zur Erstellung von Höhenprofilen dienen.

Literatur

LANGE, N. DE (2006): Geoinformationssysteme im Geographieunterricht: Paradigmenwechsel?! – In: GIScience, 1, 18–23.

LINKE, W. (2011): Orientierung mit Karte, Kompass, GPS. Bielefeld.

ZECHA, S. (2010): Wie funktioniert ein Global Positioning System (GPS)? – Eine Pilotstudie über Alltagsvorstellungen von Schülern und Studenten des Lehramts für Geographie. – In: JEKEL, T., KOLLER, A. & R. VOGLER [Hrsg.] (2010): Learning with Geoinformation V - Lernen mit Geoinformation V. Berlin, 210–219.

Stefanie Zecha

Gruppenpuzzle

Definition

Gruppenpuzzle ist eine Gruppenarbeit mit arbeitsteiliger Erarbeitung von Themen in Lerngruppen mit variierender Zusammensetzung. Grundsätzlich gibt es Stamm- und Expertengruppen. In den Expertengruppen wird ein Teilthema erarbeitet. Die nun zu Experten gewordenen Schülerinnen und Schüler bringen dieses Wissen in ihre Stammgruppe ein.

Klassifikation

Gruppenpuzzles sind eine Form des (→) kooperativen Lernens, wobei der Kern dieser Form des Lernens durch Lehren bzw. der WELL-Methoden (wechselseitiges Lehren und Lernen) darin besteht, dass sich jeder Schüler auch als Experte einbringt und dadurch ein hoher Grad an Aktivierung erreicht wird. Gruppenpuzzles greifen Phasen des kooperativen Lernens auf durch die Abfolge: Erarbeiten in Einzelarbeit, Austausch mit wenigen Schülern, Vortrag vor Stammgruppe (*Think-Pair-Share*; Partnerpuzzle). Häufig wird der Einarbeitungsphase (bzw. Aneignungsphase) der Experten eine Stammgruppenphase (in der späteren Vermittlungsphase identische Gruppenzusammensetzung) vorangestellt, in der die Schüler die Teilthemen untereinander aufteilen.

Abwandlungen:

– Partnerpuzzle

– Gruppen-Experten-Rallye

– Stamm- und Expertengruppe und wiederum Stammgruppe (s. o.)

– zusätzliche Anwendungsphase (→ Transfer) nach der Vermittlungsphase

– eigenständige Sammlung und Aufteilung von Teilfragen (→ Kooperatives Lernen)

– Experten arbeiten selbst mit unterschiedlichen Materialien

– Experten übernehmen auch Hefteintrag/ Heftskizze

– Expertendiskussion oder -referat vor dem Klassenplenum (z. B. Fishbowl)

Zur geographiedidaktischen Diskussion

Vater der Methode Gruppenpuzzle ist ARONSON, der in den 1970er-Jahren erste Artikel dazu veröffentlichte. Auch das Lernen durch Lehren von MARTIN greift diese Gedanken auf. Durch den aktuellen Diskurs um kooperatives Lernen werden Abwandlungen des Gruppenpuzzles in der Lehrerausbildung betont. In der vergangenen Dekade untersuchte ARONSON den Einsatz der Methode zur Gewaltprävention und zum Abbau von (→) Vorurteilen an Schulen. Für den Klassenverband sind positive Interdependenzen eine Chance. Da diese von Schülern auch als Druck empfunden werden können, dient die Absprache zwischen den Experten gegen Ende der Aneignungsphase der inhaltlichen Bestätigung und in der Vermittlungsphase das Feedback zur Ermutigung, vor einer Kleingruppe zu lehren. Zusätzliche Selbstsicherheit und Vertrauen bei allen Schülern in das Gelehrte kann eine explizite Zustimmung durch die Lehrkraft vor der Vermittlungsphase geben. Sowohl in der Aneignungs- als auch in der Vermittlungsphase können Schüler Wissen und Lösungen gemeinsam aushandeln und konstruieren. Voraussetzung für ein Gruppenpuzzle ist arbeitsteilig zu bearbeitendes Material (→ Arbeitsblätter für die Expertengruppen) zu einem Thema, dessen Teilthemen verschieden, gleichwertig, ergänzend, aber nicht linear aufeinander aufbauend gestaltet sind. Kontroverse Teilthemen der Experten ermöglichen in der Stammgruppenphase Diskussionen statt Vorträge, v. a. wenn die Gruppe als übergeordneten Auftrag hat, gemeinsam eine Situation zu bewerten. Schüler müssen neben der Kommunikationskompetenz auch über die Fähigkeit verfügen, mit den Materialien zu arbeiten (u. a. → Kompetenzbereich Erkenntnisgewinnung/ Methoden; → Arbeitstechniken). Für die Einführung der Methode eignen sich eine Puzzledarstellung auf Folie und gegebenenfalls analoge Farben für die Arbeitsblätter. Bei einer anschließenden Benotung sind mögliche Missverständnisse bei der Schülerkommunikation zu berücksichtigen. Die Sicherung kann auch im Plenum, z. B. als Quizspiel, gestaltet werden. Fragen könnten die jeweils anderen Experten an Stammgruppenschüler stellen. Im Gruppenpuzzle sollen die Schüler Steuerung und Verantwortung selbst übernehmen, ihre Teilthemen kritisch hinterfragen, ergänzen und erklären. Soziale Kompetenzen, Kommunikationskompetenzen, Selbststeuerung und (→) Metakognition können in Gruppenpuzzles nach entsprechender Anleitung (z. B. konstruktives (→) Feedback) eingeübt werden. In der Geographie eignen sich besonders Themen mit Vergleichen und mit unterschiedlichen Perspektiven im Raum.

Literatur

Aronson, E. (2012): Jigsaw Classroom – In: www.jigsaw. org (Letzter Zugriff: 26.02.2013).

Huber, A. A. (2010): Die Gruppenpuzzlemethode. – In: Huber, A. [Hrsg.] (2010): Kooperatives Lernen – kein Problem. Effektive Methoden der Partner- und Gruppenarbeit (für Schule und Erwachsenenbildung). Seelze, 48 – 56.

Kooperatives Lernen – ein Weg zum Kompetenzerwerb (Themenheft). – In: Praxis Geographie, 40, 12.

Martin, J.-P. (2006): Lernen durch Lehren. – In: Die Schulleitung. Zeitschrift für pädagogische Führung und Fortbildung in Bayern, 29, 4, 3 – 9.

Ohl, U. & S. Padberg (2009): Ein Exkursions-Gruppenpuzzle als geographiedidaktisches Lehr-Lern-Arrangement. – In: Dickel, M. & G. Glasze [Hrsg.] (2009): Vielperspektivität und Teilnehmerzentrierung – Richtungsweiser der Exkursionsdidaktik (= Praxis neue Kulturgeographie, Bd. 6). Münster, 69 – 82.

Rinschede G. (2007): Geographiedidaktik. Paderborn, 219 – 222.

Christoph Koch

Handlungsorientierung

Definition

Handlungsorientierung ist die Planung und Realisierung von konkreten und selbsttätigen Handlungsprozessen für und durch Schülerinnen und Schüler, durch welche diese eigene Handlungs- und Denkstrukturen konstruieren bzw. rekonstruieren können.

Klassifikation

Man unterscheidet folgende Stufen von Handlungsorientierung:

1. Stufe: Handlungs- und Produktionsorientierung, bei der nicht das Handlungsprodukt, sondern der Produktionsprozess als Zusammenspiel von Handeln und Denken sowie Emotion und Kognition entscheidend ist

2. Stufe: Handlungs- und Problemorientierung, wobei die konkreten Handlungsprodukte einen sinnvollen Nutzwert für die Beteiligten haben sollen

3. Stufe: Projektorientierung unter Beteiligung der Schülerinnen und Schüler bei der Inhaltsentscheidung bzw. Themenfindung

Die Emanzipation (Mit- und Selbstbestimmung) und Partizipation (Interesse an Lösungen für gesellschaftliche Probleme) der

Schülerinnen und Schüler nimmt auf jeder Stufe zu.

Zur geographiedidaktischen Diskussion

Die Entwicklung der Handlungsorientierung als methodisch-didaktisches Konzept reicht bis zu den Ansätzen der Reformpädagogik zurück und hat durch den (→) Konstruktivismus eine weitere lerntheoretische Begründung erfahren. Handlungsorientierung ist für den Aufbau einer umfassenden räumlichen Handlungskompetenz (→ Kompetenzbereich Handlung) im Sinne von Handeln können und Handeln wollen konstitutiv. Die Bandbreite für Handlungsorientierung im Unterricht reicht von einzelnen Unterrichtsphasen bis zum mehrere Tage umfassenden (→) Projekt. Bereits kleinere Formen der Handlungs- und Produktionsorientierung, wie z. B. die Erstellung und Präsentation von (→) *concept maps* oder Rollenspielen, fördern Fach-, Methoden-, Personal- und Sozialkompetenzen. Ein handlungsorientierter Unterricht mit instrumentellem (auf Objekte bezogenem) oder kommunikativem (auf Subjekte bezogenem) Handeln muss zugleich problemorientiert sein, damit Einsichten und Lösungsfindungen angeregt werden. Die Projektorientierung als anspruchsvollste Form der Handlungsorientierung strebt die größtmögliche Eigenverantwortung bei der Themenwahl, Materialbeschaffung, Arbeits- und Lernorganisation sowie der Ergebnispräsentation an.

Literatur

Gudjons, H. (2008): Handlungsorientiert lehren und lernen. Bad Heilbrunn.

Kirchner, P. (2005): Handlungs- und produktionsorientierter Geographieunterricht. – In: Praxis Geographie, 35, 4, 52 – 53.

Lenz, T. (2003): Handlungsorientierung im Geographieunterricht. – In: geographie heute, 24, 210, 2 – 7.

Peter Kirchner

Heimat

Definition

Heimat ist ein Raum, der durch eine im Allgemeinen idealisierte affektive Beziehung konstituiert ist.

Klassifikation

1. Dimensionen von Heimat sind insbesondere:
   - anthropologisch: In der Dauer der gelebten Zeit konstituiert sich eine affektiv-ambivalente Beziehung zum Raum, in dem man lebt.
   - biographisch: lebensgeschichtliche Prägung heimatspezifischer Wertbezüge (u. a. Zeit der Kindheit)
   - kulturhistorisch-gesellschaftlich: Die Konstitution individueller Heimat(en) vollzieht sich im Rahmen der kollektiven Lebensbedingungen einer Epoche.
   - sozialpsychologisch: Heimat steht in einem affektiv-komplementären Verhältnis zum Erleben gesellschaftlicher Realitäten, konfliktreinigend in der Verklärung von Vergangenheit und Kindheit sowie konfliktverstärkend in Entfremdungs- und Entwurzelungserfahrungen.
   - politisch: Heimat als Gegenstand der (z. B. nationalen bis nationalistischen) Ideologiebildung
2. Vergangenheitsbegriff (meistens im Sinn nostalgischer Geschichts- und Sozialverklärung) und Zukunftsbegriff (Heimat als Utopie im Sinn von Ernst Bloch)
3. Räumlich und zeitlich differenziert (Heimat ist nicht überall im gelebten Raum und nicht immer in der gelebten Zeit; verinselte Ordnung affektiv aufgeladener Räume)
4. Heimat als Handlungsraum (Bühne gesellschaftlichen und politischen Tuns)
5. Heimat als performativer Ereignisraum und atmosphärisches Milieu

Zur geographiedidaktischen Diskussion

Wegen des in vielen Lehr- bzw. Kompetenzplänen explizierten Heimatbezuges (→Heimatkundliches Prinzip) ist Heimat immer wieder Gegenstand geographiedidaktischer Diskussion. Thematisch relevant sind in diesem Kontext: Selbst- und Fremdzuschreibung von Identität als Thema der (→) didaktischen Rekonstruktion, vor allem kollektiver politischer Raum- und Umweltbeziehungen. Mit dem Begriff „Heimat" kommt eine ganzheitliche Lebens- und Umgebungsbewertung im Spiegel subjektiver Stimmungen zum Ausdruck. Heimatliche Räume werden zwischen dem Gefühl der Weite (im Falle der positiven Identifikation) und dem Gefühl der Enge (im Falle krisenhafter Wahrnehmung) erlebt. Heimat kann durch Individuen nicht selbst „gemacht" werden (Daum 2010); Heimat konstituiert sich. Geographie und Sozialwissenschaften meiden zuweilen den Heimat-Begriff durch die Verwendung des Begriffs „raumbezogene Identität" (lokal und regional).

In der Spätmoderne ist Heimat auch Spiegel steigender Spannungen zwischen der atmosphärischen Macht des Autochthonen (genius loci) und der Fremdzuschreibung von Identität durch globalisierungsbedingte Vereinheitlichungen. Zudem ist Heimat Indiz der Furcht vor Entwurzelung und Heimatverlust. Steigende (Zwänge zur) Mobilität haben eine biographiegeschichtliche Collage pluraler Heimaten zur Folge.

Die Verknüpfung von Heimat mit der Assoziation intakter Umwelt wird zunehmend prekär, seit ökologisch begründete Raumentwicklungen historisch langsam gewachsene Kulturlandschaften kurzzeitig in Energieindustrie-Landschaften (z. B. Windparks, Stromtrassen) verwandeln.

Literatur

Bausinger, H. (1986): Gesucht: Heimat. – In: Friedrich-Jahresheft, IV/1986, 89–90.

Daum, E. (2010): Heimatmachen durch subjektives Kartographieren. Kinder entwerfen Bilder ihrer Welt und setzen sich damit auseinander. – In: Grundschulunterricht Sachunterricht, 2, 17–21.

Frank, F. (1993): Schwerpunkt „Heimat bewußt erleben" – vom Bildungswert der Heimat heute. – In: Staatsinstitut für Schulpädagogik und Bildungsforschung [Hrsg.] (1993): Lernort Heimat. München, 31–36.

Hasse, J. (2002): Heimat - Ein Blick auf die Gefühle. – In: Engelhardt, W. & U. Stoltenberg [Hrsg.] (2002): Die Welt zur Heimat machen? Bad Heilbrunn, 68–72.

Hasse, J. (2006): Stadt als Heimat. – In: Paetzold, H. [Hrsg.] (2006): Integrale Stadtkultur (= Philosophische Diskurse, Bd. 7). Weimar, 156–179.

Zeiher, H. (1983): Die vielen Räume der Kinder. Zum Wandel räumlicher Lebensbedingungen seit 1945. – In: Preuss-Lausitz, U. et al. (1983): Kriegskinder, Konsumkinder, Krisenkinder. Zur Sozialisationsgeschichte seit dem 2. Weltkrieg. Weinheim, Basel.

Zöller, R. (2015): Was ist eigentlich Heimat? Annäherung an ein Gefühl. Berlin.

Friedhelm Frank

Heimatkundliches Prinzip

Definition

Das heimatkundliche Prinzip stellt den lebensweltlichen Nahraum (→ Heimat) der Lernenden in den Mittelpunkt des Unterrichts, vor allem in der Grundschule.

Klassifikation

1. Sachdimension (→ Heimat im Sinne von Nahraum); zugleich Brücke zur Regionalen Geographie:
   - idiographisch (das Besondere dieses Raumes)
   - nomothetisch (das in diesem Raum zum Ausdruck kommende Allgemeine)
2. Sinndimension (Heimat als emotionalisierte Beziehung zum Lebensraum); zugleich Brücke zur (→) ästhetischen Bildung
3. doppelter lernzieldimensionaler Bezug:
   - kognitiv (objektivierende Sozialraumanalyse)

– affektiv (Bewusstwerdung emotionaler Um- und Mitweltbindungen)

4. Methodische Dimension (Nahraum als Bühne für Realbegegnungen, z. B. Unterrichtsgang, (→) originale Begegnung)

Zur geographiedidaktischen Diskussion

Das heimatkundliche Prinzip musste sich von den Lasten der „alten" Heimatkunde vor 1970 freimachen (Heimat als „geistiges Wurzelgefühl" und Bodenverbundenheit, SPRANGER 1923) und sich fachdidaktisch neu konstituieren. BIRKENHAUER (1971) und FRANK (1993) plädierten wegen der ideologischen Belastung des Heimat-Begriffs für den Begriff des (→) Nahraumes.

In den heimatkundlichen Ansatz konnten Elemente einer Regionalen Geographie (z. B. idiographische Betrachtungsweise) integriert werden. Der Diskurs über (→) „Lernen mit allen Sinnen" kann im Rahmen heimatkundlichen Unterrichts zu einer Überwindung kognitivistischer Lernkonzepte beitragen.

Im Rahmen des heimatkundlichen Ansatzes (auch in der Kopplung mit umweltpädagogischen Ansätzen) können die Lernenden in Eigentätigkeit vor Ort in direkten und ganzheitlichen Kontakt zu ihrer räumlichen Wirklichkeit treten und grundlegende Einsichten gewinnen. Methodische Kompetenzen der Geographie können im Rahmen außerschulischen Lernens (Unterrichtsgang, (→) Exkursion) erworben werden (→) Einführung in das Kartenverständnis, systematisches Beobachten, Beschreiben und Dokumentieren etc., (→) Kompetenzbereiche).

Literatur

BIRKENHAUER, J. (1971): Erdkunde. Teil 1 (Kap. III. 5). Düsseldorf.

BUNDESZENTRALE FÜR POLITISCHE BILDUNG [Hrsg.] (1990): Heimat. Analysen, Themen, Perspektiven, Bd. 2. Bonn.

FRANK, F. (1993): Heimat – Überlegungen zur Renaissance eines Begriffes im Erdkundeunterricht. – In: Geographie und ihre Didaktik, 21, 3, 113 – 122.

GÖTZ, M. [Hrsg.] (2003): Zwischen Sachbildung und Gesinnungsbildung. Historische Studien zum heimatkundlichen Unterricht. Bad Heilbrunn.

HASSE, J. (2002): Heimat – Ein Blick auf die Gefühle. – In: ENGELHARDT, W. & U. STOLTENBERG [Hrsg.] (2002): Die Welt zur Heimat machen? Bad Heilbrunn, 68 – 72.

SPRANGER, E. (1923; 1967): Der Bildungswert der Heimatskunde. Stuttgart.

ZEIHER, H. (1983): Die vielen Räume der Kinder. Zum Wandel räumlicher Lebensbedingungen seit 1945. – In: PREUSS-LAUSITZ, U. et al. (1983): Kriegskinder, Konsumkinder, Krisenkinder. Zur Sozialisationsgeschichte seit dem 2. Weltkrieg. Weinheim, Basel.

Friedhelm Frank, Jürgen Hasse

Induktion – Deduktion

Definition

Mit Induktion bezeichnet man das Vorgehen vom Spezielleren, Einfacheren zum Allgemeineren, Komplexeren. Im Gegensatz dazu versteht man unter Deduktion das Fortschreiten vom Allgemeineren zum Spezielleren. RINSCHEDE/SIEGMUND zählen beide Formen zu den Organisationsformen des Unterrichts.

Klassifikation

Induktives Denken: Form des Denkens, bei dem von Bekanntem auf Unbekanntes geschlossen wird. Es kann daher zur Erweiterung des Wissens beitragen. Andererseits besitzen derartige Schlussfolgerungen nur einen bestimmten Grad an Wahrscheinlichkeit, weil sich logisch nicht belegen lässt, dass das, was für die bereits beobachteten Fälle gilt, auch für alle zukünftigen Fälle gelten muss.

Induktives Verfahren (induktives Vorgehen): Logische Operation, bei der aus der Analyse von Einzelfällen durch Vergleich und Synthese Regelhaftigkeiten, Gesetzmäßigkeiten, Modelle und Theorien abgeleitet werden (Phänomenansatz).

Deduktives Denken: Form des Denkens, bei der die Schlussfolgerung (Konklusion) logisch zwingend aus den Prämissen folgt. Dadurch ist der Informationsgehalt der Konklusion jedoch allenfalls genauso groß, wie derjenige der zugrunde liegenden Prämissen. Ein Gewinn an neuen Erkenntnissen ist auf diese Art nicht möglich.

Deduktives Verfahren (deduktives Vorgehen): Allgemein gültig formulierten Wissenstatbeständen (ausgedrückt z.B. in Modellen) werden konkrete geographische Einzelphänomene zugeordnet (Prämissenansatz).

Zur geographiedidaktischen Diskussion

In der Literatur wird, zumindest in der Unter- und Mittelstufe, ein Vorgehen nach dem induktiven Verfahren empfohlen. BIRKENHAUER (1986) plädiert dabei für die Form des von ihm sogenannten reduktiven Verfahrens, das von der beobachtbaren Erscheinung (z.B. Landschaftsgürtel der Erde) Schritt für Schritt zurückführt auf die für deren Entstehung verantwortlichen Ursachen (z.B. Klimazonen, Einstrahlungsbedingungen). Für diese Vorgehensweise werden unterrichtliche und lernpsychologische Gründe angeführt:

– Nur auf diese Weise wäre entdeckendes Lernen möglich, weil ein klar umrissenes Problem aufgeworfen wird, das sich anhand der bereitgestellten Medien sowie geeigneter Arbeitsaufträge von den Schülern selbst erarbeiten lässt.

– Unterricht wird kind- bzw. jugendgemäß, weil das Denken von Kindern und Jugendlichen meist von einer sie interessierenden Fragestellung an einem konkreten Beispiel ausgeht und von da aus deren Hintergründe oder Ursachen erforscht.

Im Lauf der Schulzeit kann deduktivem Denken dann zunehmend Raum gelassen werden, weil der Theoriehorizont der Schüler immer umfassender und differenzierter wird und sich Einzelbeispiele dadurch leichter bereits bekannten Theorien zuordnen lassen. Insbesondere wäre diese Vorgehensweise für die Oberstufe des Gymnasiums geeignet.

Gegen eine zu unkritische Verwendung des induktiven Weges wird aus erkenntnistheoretischer Sicht allerdings eine Reihe von Einwänden artikuliert, so z.B.:

– Ein naives, unstrukturiertes Wahrnehmen oder Beobachten und anschließendes Systematisieren von Phänomenen gibt es nicht. Vielmehr wird jede Beobachtung und jede Wahrnehmung bereits von Vorerfahrungen oder Hypothesen gelenkt.

– Während in der Wissenschaft Erkenntnisse originär gewonnen werden, handelt es sich in der Schule lediglich um den Nachvollzug dieser Erkenntnisse.

– Aus Zeitgründen wird im Unterricht meist anhand eines einzigen Beispiels auf eine allgemeine Regel geschlossen. Wissenspropädeutisch korrektes Arbeiten würde aber die Vorgabe mehrerer Beispiele erfordern („Pseudo-induktives Vorgehen").

Um die Vorteile beider Verfahren zu kombinieren und deren jeweilige Mängel zu vermeiden, empfehlen RINSCHEDE/SIEGMUND (2020) daher die Anwendung eines kombiniert deduktiv-induktiven Verfahrens.

Literatur

BIRKENHAUER, J. (1986): Induktives und deduktives Verfahren. – In: KÖCK, H. [Hrsg.] (1986): Grundlagen des Geographieunterricht (= Handbuch des Geographieunterrichts, Bd. 1). Köln, 95–97.

HOFMANN, R. (2009): Induktiver und deduktiver Ansatz. – In: BRUCKER, A. [Hrsg.] (2009): Geographiedidaktik in Übersichten. Köln, 36–37.

KÖCK, H. (1981): Zur Frage von Induktion und Deduktion in Geographie und Geographieunterricht. – In: SPERLING, W. [Hrsg.] (1981): Theorie und Geschichte des geographischen Unterrichts (= Geographiedidaktische Forschungen, Bd. 8). Braunschweig, 13–38.

KÖCK, H. & D. STONJEK (2005): ABC der Geographiedidaktik. Köln. „Induktives Denken", 129–131, „Induktives Verfahren", 131, „Deduktives Denken", 62–63, „Deduktives Verfahren", 63.

RINSCHEDE, G. & A. SIEGMUND (⁴2020): Geographiedidaktik. Paderborn, 221–225.

Gerd Bauriegel

Inklusiver Geographieunterricht

Definition

Inklusiver Geographieunterricht wird als gemeinsamer Fachunterricht Geographie für ausnahmslos alle Schülerinnen und Schüler verstanden. Auch bei sehr heterogenen individuellen Lernvoraussetzungen soll allen Schülerinnen und Schülern eine Teilhabe am Geographieunterricht und geographisches Lernen ohne Diskriminierung ermöglicht werden.

Klassifikation

Bildungsbezogen wird häufig zwischen einem engen und einem weiten Inklusionsbegriff unterschieden (LÖSER/WERNING 2015). Beiden ist gemeinsam, dass der Unterricht allen Schülerinnen und Schülern mit ihren heterogenen Lern- und Leistungsvoraussetzungen gerecht werden soll. Der enge Inklusionsbegriff fokussiert auf gemeinsames Lernen von Schülerinnen und Schülern mit und ohne sogenannten sonderpädagogischen Förderbedarf. Ein solcher liegt vor bzw. wird diagnostiziert, wenn Schülerinnen und Schüler aufgrund ihrer Beeinträchtigungen sonderpädagogische Unterstützung im Unterricht der allgemeinen Schule benötigen. Er kann in verschiedenen Bereichen vorliegen, beispielsweise im Bereich Sehen oder im Bereich Geistige Entwicklung. Der weite Inklusionsbegriff bezieht sich darüberhinausgehend auf verschiedenste Heterogenitätsdimensionen (z.B. Alter, Gender, ethnische Herkunft, kulturelle und religiöse Orientierungen).

Gemeinsames Lernen im inklusiven Fachunterricht macht unterschiedliche Lernsituationen erforderlich – neben Lernsituationen, in welchen Schülerinnen und Schüler beispielsweise an individuellen Lerngegenständen arbeiten, sind im inklusiven Fachunterricht im Besonderen auch Lernsituationen anzustreben, in welchen kooperativ und mit gegenseitiger Unterstützung an einem gemeinsamen fachlichen Lerngegenstand gearbeitet wird (HEIMLICH/BJARSCH 2020).

Zur geographiedidaktischen Diskussion

Fragen zu heterogenen Lernvoraussetzungen sowie darauf bezogene didaktisch-methodische Implikationen sind seit langer Zeit Gegenstand geographiedidaktischer Theoriebildung, Konzeptentwicklung und empirischer Forschung (beispielsweise in Bezug auf Interessenunterschiede). Dagegen steht die Auseinandersetzung in den Fachdidaktiken und auch in der Geographiedidaktik mit inklusivem Lernen von Schülerinnen und Schülern mit und ohne sogenannten sonderpädagogischen Förderbedarf (im Sinne des engen Inklusionsbegriffs) noch relativ am Anfang (GFD 2017). Neben zahlreichen grundlegenden Fragen (u.a. auf bildungspolitischer und pädagogischer Ebene) ergeben sich für die Geographiedidaktik sowohl didaktische als auch methodische Aufgaben, auf die es mit Blick auf die sehr große Bandbreite spezifischer Stärken und Schwächen der einzelnen Schülerinnen und Schüler keine pauschalen Antworten geben kann. Als didaktische Aufgabe zählt – neben zahlreichen weiteren – die Identifizierung von gemeinsamen geographischen Lerngegenständen für alle Schülerinnen und Schüler. In einer Lerngruppe, der beispielsweise Schülerinnen und Schülern mit starken Beeinträchtigungen im Bereich der geistigen Entwicklung angehören, kommt dabei dem Elementarisieren der Fachinhalte eine besondere Bedeutung zu. So stellt sich die Frage, welche elementaren Einsichten bzw. Erfahrungen ein geographisches Thema bietet, so dass alle Schülerinnen und Schüler am gemeinsamen Gegenstand lernen können. Zudem gewinnen unterschiedliche Zugänge zu einem geographischen Thema an Bedeutung; dazu zählen auch basal-perzeptive Zugänge und damit verbunden die Frage, welche grundlegenden sinnlichen Erfahrungen zu einem geographischen Thema möglich sind. Zugleich eignen sich je nach individuellen Stärken und Schwächen der Schülerinnen und Schüler in besonderem Maße technische bzw. digitale Hilfsmittel.

Hinsichtlich der Professionalisierung von (angehenden) Lehrpersonen für inklusiven Geographieunterricht kommt nicht nur dem Aufbau von fachdidaktischem Wissen zu individuellen, geographiebezogenen Lernvoraussetzungen und darauf bezogenen Diagnoseverfahren in inklusiven Settings sowie adäquaten instruktionalen Maßnahmen eine große Bedeutung zu. Vielmehr sollte zudem die Förderung von positiven Einstellungen bzw. Überzeugungen sowie (auf motivationaler Ebene) positiven Selbstwirksamkeitserwartungen gegenüber inklusivem Geographieunterricht in den Blick genommen werden (WINKELMAIER et al. 2022). Grundsätzlich kommt der Verbindung sonderpädagogischer und geographiedidaktischer Perspektiven, sowohl mit Blick auf Theoriebildung, Konzeptentwicklung und empirische Forschung im Bereich der Lehrerbildung als auch in der Unterrichtspraxis (Austausch, Lehrkräftetandems, Materialentwicklung etc.), ein wichtiger Stellenwert für das Gelingen von inklusivem Geographieunterricht zu.

Literatur

GFD (GESELLSCHAFT FÜR FACHDIDAKTIK) [Hrsg.] (2017): Position der Gesellschaft für Fachdidaktik zum inklusiven Unterricht unter fachdidaktischer Perspektive. Online unter www.fachdidaktik.org/veroeffentlichungen/positionspapiere-der-gfd/.

HEIMLICH, U. & S. BJARSCH (2020): Inklusiver Unterricht. In: HEIMLICH, U. & E. KIEL [Hrsg.]: Studienbuch Inklusion. Bad Heilbrunn. S. 248–294.

LÖSER, J. M. & R. WERNING (2015): Inklusion - allgegenwärtig, kontrovers, diffus? –In: Erziehungswissenschaft 26, 51, S. 17–24. DOI: 10.25656/01:11567

WINKELMAIER, A.-S., SCHUBERT, J.C., GÖLITZ, D., THIEROFF, B., TELLESCH-BÜLOW, C., & V. PLUHATSCH (2022): Inklusiver Geographieunterricht –Entwicklung, Struktur, ausgewählte Materialien sowie Erkenntnisse der Begleitforschung eines Workshops zur Qualifizierung von (angehenden) Geographielehrpersonen. In: LUTZ, D., BECKER, J., BUCHHAUPT, F., KATZENBACH, D., STRECKER, A. & M. URBAN [Hrsg.]: Qualifizierung für Inklusion. Münster, New York. S. 39–53.

Jan Christoph Schubert, Ann-Sophie Winklmaier

Interaktives Whiteboard

Definition

Ein interaktives Whiteboard (auch: Activboard oder digitale Tafel) ist eine elektronische Weißwandtafel, die mit einem Computer verbunden ist.

Das durch Berührung auf der sensitiven Tafelfläche erstellte Bild wird an den Computer übermittelt und mithilfe eines angeschlossenen Beamers unmittelbar auf der Boardoberfläche angezeigt.

Klassifikation

Insbesondere bei vorhandenem Internetanschluss eröffnet das interaktive Whiteboard die Möglichkeit, im Unterricht zielgerichtet auf eine Vielzahl von digital aufbereiteten Karten, Bildern, Texten und Zahlen/Tabellen sowie von multimedialen Elementen (u. a. Videoclips und Kurzfilmen) zuzugreifen. Diese können in beliebiger Größe gezeigt, vergrößert, verkleinert und durch Beschriftungen oder unterstützende Medien direkt auf der Boardseite ergänzt werden. Je nach Ausstattung der Boardsoftware sind weitere Aktionen möglich (z. B. gliedern; zerlegen; zusammenfügen; verknüpfen; überdecken).

Zur geographiedidaktischen Diskussion

Dem im Zusammenhang mit dem Einsatz eines interaktiven Whiteboards im Unterricht häufig angeführten Argument der Lehrerzentrierung ist entgegenzuhalten, dass eine sinnvolle, schülerorientierte Konzeptionierung des Unterrichts nicht abhängig vom Einsatz elektronischer Hilfsmittel ist. Durch den schnellen Zugriff auf einen digitalen Medienpool können mediengestützte Lernwege, angepasst an die individuellen Bedürfnisse der Lerngruppe und deren Fähigkeiten und Interessen, entsprechend geplant, umgesetzt und zudem spontan variiert werden. So kann das zur Verfügung gestellte Unterrichtsmaterial im Medienverbund zur Schüleraktivierung beitragen.

Die Motivation der Schülerinnen und Schüler und ihre Bereitschaft, mit einem interaktiven Whiteboard im Unterricht zu arbeiten, sind hoch, da die Arbeitsmöglichkeiten ihren an digitaler Kommunikation orientierten Seh- und Aktionsgewohnheiten entgegenkommen. Die unterrichtliche Einbeziehung aufbereiteter Informationen aus dem Internet eröffnet ferner vielfältige Möglichkeiten, die Schülerinnen und Schüler für einen kritischen und reflektierenden Umgang mit Medien zu sensibilisieren. (→ Kompetenzbereich Kommunikation).

Der Einsatz des interaktiven Whiteboards ist in allen Unterrichtsphasen sinnvoll möglich. Zu Beginn einer Stunde oder Sequenz aufgestellte Fragestellungen und Hypothesen können durch die Möglichkeit, erstellte Tafelbilder zu speichern, zu jedem Zeitpunkt des Unterrichts hervorgeholt, überprüft und/oder modifiziert werden. So bleiben Fragestellungen und Arbeitswege präsent und werden nicht aus den Augen verloren.

In der Erarbeitungsphase ermöglicht der Einsatz eines interaktiven Whiteboards unter Zuhilfenahme des Internets bzw. entsprechender Tools, Prozessabläufe, räumliche Entwicklungen und Veränderungen nicht nur anschaulich aufzuzeigen, sondern von den Schülerinnen und Schülern selbstständig darlegen und argumentativ vertreten zu lassen. Bei zunehmender Sicherheit im Umgang mit den grundlegenden Tools werden gemeinsam digitale Lernarrangements entwickelt, die helfen, die Komplexität und Beziehungszusammenhänge unterrichtlicher Inhalte aufzuzeigen und zu verstehen.

Die Unterrichtsergebnisse können jederzeit wieder aufgerufen und weiterbearbeitet werden. Ebenso ist es möglich, sie den Schülerinnen und Schülern zur Bearbeitung oder Sicherung digital oder in Papierform zur Verfügung zu stellen. Die Möglichkeiten des – auch spielerischen – Sicherns sind vielfältig.

Literatur

AUFENANGER, S. et al. (2010): Themenschwerpunkt: Interaktive Whiteboards. – In: Computer + Unterricht. Lernen und Lehren mit digitalen Medien, 78.

DEUTSCHE GESELLSCHAFT FÜR GEOGRAPHIE (DGfG) [Hrsg.] (2012): Bildungsstandards im Fach Geographie für den Mittleren Schulabschluss. Bonn.

SCHLIESZEIT, J. (2011): Mit Whiteboards unterrichten. Das neue Medium sinnvoll nutzen. Weinheim.

Ruth Kersting

Interkulturelles Lernen

Definition
Interkulturelles Lernen wird als ein Unterrichtsprinzip verstanden, das den Erwerb interkultureller Kompetenz als Ziel verfolgt.

Klassifikation
Zunächst wurden zwei unterschiedliche Ansätze im Geographieunterricht verfolgt. Während die einen die Gemeinsamkeiten verschiedener Kulturen betonen, heben andere die Differenzen hervor. Aktuelle Modelle verbinden beide Vorgehensweisen. Dabei erfolgt interkulturelles Lernen ähnlich wie die Entwicklung anderer menschlicher Fähigkeiten in verschiedenen Phasen. So beruht beispielsweise das Modell nach BENNET (1993) auf der Annahme einer kontinuierlichen Entwicklung immer komplexer werdender kognitiver Strukturen. Kulturelle Unterschiede werden erkannt und man gelangt somit von einer ethnozentristischen hin zu einer ethnorelativistischen Orientierung. Dabei reicht es nicht aus, nur unterschiedliche Werte und gängige Verhaltensmuster zu kennen, vielmehr spielt der Einfluss eigener Wertmaßstäbe, eigener Sozialisation oder eigener Interessen eine zentrale Rolle im Hinblick auf Denken und Handeln. Interkulturelles Lernen wird oft als Teilbereich des (→) Globalen Lernens gesehen. Gerade für den Bereich der (→) Bewertungskompetenz soll durch die Berücksichtigung verschiedener Werte und Normen, aber auch Macht und Interessen Mehrperspektivität zugrunde gelegt werden.

Zur geographiedidaktischen Diskussion
Die Diskussion interkulturellen Lernens lehnt sich in der Geographiedidaktik zunächst eng an der Interkulturellen Pädagogik an. Diese entwickelte sich Ende der 1970er-Jahre aus der Kritik an der Ausländerpädagogik mit dem hauptsächlichen Ziel, dass die Schüler frei von Ressentiments und Feindlichkeit gegenüber fremden Gruppen sein sollen. Durch Einsichten in unterschiedliche Lebensformen soll der Diskriminierung Fremder entgegengetreten werden und die Schüler vor allem Toleranz, Solidarität, Verständnis für andere und Ambiguitätstoleranz erwerben. Im Geographieunterricht hat in diesem Zusammenhang auch der Begriff der internationalen Erziehung an Bedeutung gewonnen. Hier geht es darum, den Blick über nationalstaatliche Grenzen hinaus zu lenken und durch gezielte Informationen über fremde Völker Vorurteile abzubauen. Dieses Konzept verlor durch die wachsende Bedeutung des Konstruktivismus und der Diskussion über den Konstruktcharakter von Kultur und Ländern seine Bedeutung. Seit den 1990er-Jahren fließen in die Diskussion nun nicht mehr nur Modelle der Pädagogik ein, sondern Ansätze vieler Disziplinen. Eigene und andere Wahrnehmung und vor allem die Fähigkeit, die eigene Wahrnehmung als nur ein Konstrukt unter vielen zu verstehen, stehen im Mittelpunkt. Das heißt, um interkulturelle Kompetenz zu erreichen, muss der Lernende zunächst auch die Fähigkeit entwickeln zu erkennen, dass die Grundannahmen der eigenen Gesellschaft und Kultur nicht so fest und unverrückbar sind, wie sie aus einer kulturellen Innenperspektive erscheinen. So besteht Konsens, dass Kultur nicht essentialistisch und als statisches, homogen in sich geschlossenes System gesehen werden darf. Vielmehr wird in den meisten Konzepten der Konstruktivismus hervorgehoben. Somit hat sich auch die Bedeutung der Selbstreflexion im Zusammenhang kulturgebundener Wahrnehmungsmuster in fast allen Konzepten durchgesetzt. Während in der Sekundarstufe I der Fokus auf einer vertieften Reflexion eigener und anderer Wertmaßstäbe liegt,

werden in der Sekundarstufe II verstärkt globale Machtverhältnisse (auch im Sinne der Intersektionalität), postkoloniale Ansätze und Postwachstumsansätze mit bei der Urteilsbildung berücksichtigt.

Literatur

BENNETT, M. (1993): Towards Ethnorelativism: A Developmental Model of Intercultural Sensitivity. – In: PAIGE, M. [Hrsg.] (1993): Education for the Intercultural Experience. Yarmouth, 20 – 72.

BUDKE, A. (2008): Zwischen Kulturerdteilen und Kulturkonstruktionen – Historische und neue Konzepte des Interkulturellen Lernens im Geographieunterricht. – In: BUDKE, A. [Hrsg.] (2008): Interkulturelles Lernen im Geographieunterricht. Potsdam, 9 – 29.

SCHRÜFER, G.(2012): Schritte auf dem Weg zur interkulturellen Sensibilität. – In: Praxis Geographie, 42, 11, 10 – 11.

SCHRÜFER, G., SCHWARZE, S. UND G. OBERMAIER (2018): Interkulturelle Bildung als Voraussetzung für Nachhaltigkeit – In: Geographische Rundschau, 70, 30 – 35.

Gabriele Schrüfer

Inwertsetzung

Definition

Inwertsetzung bedeutet die Umgestaltung eines Raumes in einen als qualitativ besser angesehenen Zustand.

Klassifikation

Die Inwertsetzung ist eine positive Bewertung raumwirksamen menschlichen Handelns. Der Bewertungsmaßstab wird dabei meist durch den Gestalter vorgegeben. Die Inwertsetzung kann aber von anderen bei Anlegung anderer Wertmaßstäbe als negativ angesehen werden (→ Werteerziehung/ethisches Urteilen). Beispiel: Wirtschaftliche Nutzbarmachung eines bisher nicht oder nur extensiv genutzten Raumes.

Zur geographiedidaktischen Diskussion

Die Bezeichnung des raumgestaltenden menschlichen Handelns als Inwertsetzung war in den 1970er- bis 1990er-Jahren vorherrschend (vgl. RINSCHEDE 2007). Das galt sowohl für die Fachwissenschaft Geographie, hier besonders für die Sozialgeographie, als auch für die Geographiedidaktik und den Geographieunterricht. Ein Wandel trat in den 1990er-Jahren ein (vgl. KROSS 1992), als der Schutz der Umwelt als vordringliches Ziel des Unterrichts definiert wurde. Inwertsetzung wurde nun teilweise als Zerstörung aufgefasst, eine Erschließung des tropischen Regenwaldes z. B. abgelehnt (vgl. HUPKE 2002). Weil die Entwicklungs- und Schwellenländer weiterhin eine Inwertsetzung des Raumes zur Verbesserung der sozialen Situation ihrer Bevölkerung forderten, führte dies zur Erklärung der „nachhaltigen Entwicklung" (→ Bildung für nachhaltige Entwicklung) als Ziel der Raumgestaltung. Dadurch sollen sowohl soziale wie ökonomische Entwicklung (und die damit verbundene Inwertsetzung von Räumen) als auch die Bewahrung der Umwelt erreicht werden. Der Geographieunterricht der deutschsprachigen Länder betont dabei stärker die Bewahrung der Umwelt. Die Thematik der Inwertsetzung bietet die Möglichkeit, die unterschiedliche Bewertung raumgestaltenden Handelns aufzuzeigen.

Literatur

Birkenhauer, J. (1994): Inwertsetzung – ein zentraler geographischer und geographiedidaktischer Begriff? – In: Geographie und ihre Didaktik, 22, 3, 117 – 130.

Hupke, K.-D. (2002): Der tropische Regenwald im Unterricht. Zum Wandel eines geographiedidaktischen Gegenstandes. – In: geographie heute, 23, 200, 30 – 33.

Köck. H. (2005): Inwertsetzung. – In: Köck, H. & D. Stonjek (2005): ABC der Geographiedidaktik. Köln, 138.

Kroß, E. (1992): Von der Inwertsetzung zur Bewahrung der Erde. – In: geographie heute, 13, 100, 57 – 62.

Leser, H. [Hrsg.] (2011): Inwertsetzung. – In: Diercke Wörterbuch Geographie, 409.

Rinschede, G. (2020): Geographiedidaktik. Paderborn, 27.

Dieter Böhn

Karikatur

Definition

Eine Karikatur (abgeleitet aus dem italienischen Wort *caricare* = übertreiben) ist eine in ihrer meist politischen Aussage komisch übertriebene zeichnerische Darstellung, die plakativ charakteristische Züge von Personen, Sachverhalten, Diskussionen oder eines Geschehens kommentiert, der Lächerlichkeit preisgibt und dem Betrachter sowohl Problembewusstsein als auch durch die Bedienung der emotionalen Ebene eine andere, oftmals entlarvende Perspektive des Dargestellten eröffnet.

Klassifikation

Eine Klassifikation von Karikaturen kann entlang der Kriterien Inhalt und Darstellungsart vorgenommen werden. Danach lassen diese sich unterscheiden in:
– überwiegend unpolitische, Geschichten erzählende Cartoons
– meist politisch-kritische Karikaturen; nach BRUCKER (2009, 86) zu unterscheiden in:
  – deskriptive Karikatur
  – kommentierende Karikatur
  – analytische Karikatur
  – agitatorisch-propagandistische Karikatur
– karikierende Portraits.

Zur geographiedidaktischen Diskussion

Die Mehrzahl der Karikaturen, die im Geographieunterricht eingesetzt werden, bezieht sich auf die Themen Wirtschaft, Soziales, Entwicklung oder Umwelt. Der Einsatz von Karikaturen ist aufgrund ihrer übertriebenen Darstellungsweise und damit verbundenen plakativen Aussage insbesondere als Einstiegsmaterial in den Geographieunterricht einzelner Stunden oder auch von Unterrichts-

einheiten geeignet, da sie vielfältige Sprechanlässe und Aussagen überprüfende Arbeitsaufträge ermöglichen. Zugleich besteht die Gefahr der Vereinfachung und der klischeehaften Meinungsbildung.

Da Karikaturen nur wenige Sachinformationen transportieren und sich zugleich einer symbolhaften Bildsprache bedienen, erfordert deren Analyse und Interpretation in der Erarbeitungsphase eine intensive, fragengeleitete deskriptive und interpretative Auseinandersetzung mit dem Ziel, die Botschaft des Karikaturisten zu artikulieren. Vorschläge für entsprechende Fragenkataloge haben BRUCKER (1997, 266), RINSCHEDE (2003, 314) und HOFFMANN (2006, 203) formuliert. Vor diesem Hintergrund wird der altersgerechte Einsatz von Karikaturen dahingehend diskutiert, ob Karikaturen bereits in der unteren Sekundarstufe oder aufgrund der Tatsache, dass zu deren Verständnis meist ein hohes Maß an Vorkenntnissen und Abstraktionsvermögen vorausgesetzt wird, erst in höheren Klassenstufen zum Einsatz kommen können. Beim Einsatz von Karikaturen ist zu beachten, dass die erforderliche Erklärungstiefe der karikierten Sachverhalte ausgeprägt sein muss, ihr Einsatz aber durchaus auch in unteren Klassenstufen sinnvoll erscheint. Die Analyse muss in jedem Fall intensiv trainiert werden, um die angestrebte Lesekompetenz entwickeln zu können. Die Kernaussage und Bewertungsgrundlagen des Karikaturisten sind eingehend zu prüfen und zu reflektieren und können gegebenenfalls ihrerseits zum Gegenstand einer kritischen Reflexion gemacht werden. Alternativ dazu ist es möglich, Karikaturen gegensätzlicher Aussage zur gleichen Problematik einzusetzen und auf diesem Weg das Urteilsvermögen zu stärken.

Literatur

BRUCKER, A. (1997): Die Karikatur. – In: HAUBRICH, H. et al. (1997): Didaktik der Geographie konkret. München, 266–267.

BRUCKER, A. (2009): Die Karikatur. – In: BRUCKER, A. [Hrsg.] (2009): Geographiedidaktik in Übersichten. Köln, 86–87.

HOFFMANN, T. (2004): Vom Schmunzeln zum Lernen – Leistungsmessung mit Karikaturen. – In: geographie heute, 25, 224, 28–31.

HOFFMANN, T. (2006): Karikaturen. – In: Haubrich, H. [Hrsg.] (2006): Geographie unterrichten lernen. Die neue Didaktik der Geographie konkret. München, 202–203.

RINSCHEDE, G.(2003): Karikaturen. – In: RINSCHEDE, G. (2003): Geographiedidaktik. Paderborn, 313–314.

STENGELIN, M. (2009): Karikaturen. – In: geographie heute, 30, 271/272, 64–71.

Thomas Hoffmann

Karte

Definition

Eine Karte ist ein doppelt verebnetes, maßstäblich verkleinertes, generalisiertes und inhaltlich begrenztes Modell von Informationen über raumbezogene Daten zu einem bestimmten Zeitpunkt.

Mithilfe von Punkt-, Linien- und/oder Flächensignaturen wird eine durch Kartenautoren vorbestimmte Auswahl an Informationen grafisch repräsentiert.

Klassifikation

Nach der Präsentationsform

1. Analoge Karten:

– Sogenannte Handkarten, die den Schülern meist als Kopien vorliegen. Da sie nicht in einem Kartenverbund stehen, ist die Legende zur Erläuterung der Darstellung ein wesentlicher Bestandteil.

– Atlaskarten, die in der Regel komplexe physische oder thematische Karten sind. Sie sind meist nicht nur zum einmaligen Einsatz bestimmt (anders als Schulbuchkarten), sondern können zu verschiedenen Fragestellungen in unterschiedlichen Al-

tersstufen genutzt werden. Das Problem besteht in der Reduktion der dargestellten Komplexität.

– Schulbuchkarten, die für ein bestimmtes Thema in einer bestimmten Jahrgangsstufe konzipiert, daher „passgenau", lerngruppengerecht und oft vereinfacht sind. Häufig stehen sie im Medienverbund mit Texten, Tabellen und Bildern.

– Wandkarten, die als großformatige Kartendrucke für alle Schülerinnen und Schüler gleichzeitig einsehbar sind. Sie sind auf Fernwirkung ausgerichtet und daher meist stark generalisiert. Sie dienen der gemeinsamen Verständigung und Orientierung der Klasse, können aber auch interaktiv verwendet werden, indem sie von Schülerinnen und Schüler mit zusätzlichen Informationen versehen werden (Post-its, Pfeile, Diagramme, Bilder etc.).

– Folienkarten, die als Einzelkarten auf dem Tageslichtprojektor liegen, dort bearbeitet und an eine Präsentationsfläche projiziert werden können.

2. Digitale Karten:

Karten, die mittels digitaler Technik erstellt und über eine digitale Schnittstelle (vgl. Smith 2011) bzw. ein digitales Endgerät präsentiert werden können. Digitale Karten sind elektronisch gespeichert (z. B. Internet oder Gerätespeicher) und können browserbasiert oder über bestimmte Anwendungen abgerufen werden.

– statische digitale Karten:
unveränderlicher statischer Speicher mit festgelegten kartographisch gestalteten Informationen, präsentiert über ein digitales Endgerät

– dynamische digitale Karten:
veränderbare Karten, lassen sich in interaktive digitale Karten und animierte digitale Karten unterteilen; hybride Formen möglich

a) interaktive digitale Karten:

reagieren auf Aktivität des Kartennutzers / der Kartennutzerin und ermöglichen einen interaktiven Umgang mit der Karte (z. B. in Form von Eingaben, abrufbaren Zusatzinformationen, Zoom-Funktionen, Auswahl von Inhaltsebenen, Markierungen) (vgl. VÍT/BLÁHA 2012; ROTH 2013). Sie können in einem bestimmten technischen Rahmen mitgestaltet, verändert bzw. angepasst werden (vgl. Lammes 2017) und stellen (programmabhängig) unterschiedliche Funktionen über Tools zur Verfügung. Je nach Funktionsumfang werden Form und Aussehen der Karte (z. B. Veränderung des Kartenausschnitts durch Zoom oder Hinzufügen/Wegschalten von Kartenlayern) beeinflusst (vgl. LAMMES 2017).

b) animierte digitale Karten:
ermöglichen (automatisch, per Klick oder Schieberegler) das Abspielen einer vorgefertigten Animation zu raum-zeitlichen Veränderungsprozessen. Der Animationseffekt wird durch eine schnelle Abfolge von Einzelbildern (z. B. Flächensignaturen zu Regenfällen in Wetterkarten oder zum Rückzug einer Gletscherzunge) erreicht, die eine fließende Veränderung der Karte suggerieren (vgl. HARROWER/FABRIKANT 2008).

Nach dem Karteninhalt

- Topographische Karten: Darstellungen von sichtbaren Erscheinungen der Erdoberfläche, vermessen und lagerichtig kartiert, im Grundriss z. T. durch Schrift erläutert, in den Maßstäben 1:25 000 bis 1:100 000. Sie entstehen in der Regel als hoheitliche Aufgabe staatlicher Behörden (z. B. Landesvermessungsämter).
- Physische Karten: Übersichten von Teilen oder der gesamten Erdoberfläche in größeren Maßstäben. Sie finden sich insbesondere in Atlanten. Charakteristisch ist die Auswahl der dargestellten Objekte (Höhenverhältnisse, Flüsse, wichtige Sied-

lungen, Verkehrswege, meist auch Grenzen) sowie die Darstellung in Höhenschichten (in Deutschland meist in den Farben Grün bis Braun). Der Begriff ist umstritten, hat sich aber fest eingebürgert.
- Thematische Karten: stellen raumbezogene Themen unterschiedlicher Art dar, ohne als Abbildung der Erdoberfläche verstanden werden zu müssen. Die Auswahl der Karteninhalte ergibt sich aus dem Thema der Karte und enthält daneben allenfalls zur Orientierung notwendige Elemente (Grenzen, Flüsse, Landschaftsnamen etc.).
- Stumme Karten: Übungskarten, in denen lediglich einige Elemente zur Orientierung enthalten sind und die vom Kartennutzer ergänzt werden sollen (z. B. durch Beschriftung)
- Kartenverwandte Darstellungen: u. a. Liniennetzpläne (z. B. U-Bahn-Pläne), die als stark vereinfachte Übersichtsschemata keinen Anspruch an eine lagerichtige Kartierung erheben (z. B. Abstände zwischen Haltestellen) oder Kartenanamorphoten, die Veränderungen des Maßstabs proportional zu einem Indikator aufweisen und so Verzerrungen entstehen lassen.

Nach der Darstellung

- Analytische Karten: Darstellung nur eines Inhaltsbereiches in grafisch einfacher Form
- Komplexe Karten: Darstellung mehrerer Inhaltsbereiche durch differenzierte Signaturen, zum Teil in verschiedenen Signaturebenen (thematische Gruppierung von Signaturen, Kombination von Signaturen, Einsatz von Farben zur inhaltlichen Differenzierung der Signaturen usw.)
- Synthetische Karten: Darstellung komplexer Sachverhalte in grafisch einfacher Form. Beispiel: Klimakarten, Karten des Entwicklungsstandes der Staaten etc., dargestellt in Flächenfarben und mit nur wenigen zusätz-

lichen grafischen Mitteln. Sie sind scheinbar leicht zu lesen, ihre Problematik liegt in der Definition der für die einfache Grafik verwendeten Begriffe.

Zur geographiedidaktischen Diskussion

Lange Zeit wurden Karten als Abbilder räumlicher Wirklichkeit verstanden, als objektive Darstellung der Erdoberfläche oder eines Teils von ihr. Die Schwächen solcher Definitionen lagen in der Beschränkung auf die Darstellung der sichtbaren Oberfläche der Erde und in der vermeintlichen Objektivität der Darstellung. Die hier verwendete Definition berücksichtigt Karteninhalte auch außerhalb der sichtbaren Objekte der Erdoberfläche, alle räumlich verortbaren Daten können in Karten dargestellt werden. Ein weiteres Kennzeichen ist der subjektive Charakter von Kartendarstellungen durch die jeweilige Kartenautorin bzw. den jeweiligen Kartenautor.

Aus schulischer Sicht sind insbesondere die Methoden zur Reduktion von Komplexität kartographischer Darstellungen von Bedeutung:
- Schichtenmethode: Einzelne thematische Ebenen werden aus der Karte isoliert (z. B.: „Wir schauen uns nur Verkehrswege an". Alles andere auf der Karte Dargestellte wird vernachlässigt.).
- Fenstermethode: Ein räumlicher Ausschnitt wird aus der Gesamtkarte isoliert (z. B.: „Wir schauen nur, welche Signaturen um Stuttgart herum zu finden sind" – und vergleichen sie z. B. mit denen um München: alles andere auf der Karte Dargestellte wird vernachlässigt).

Beide Verfahren lassen sich besonders gut an digitalen Darstellungen auch von Schülerinnen und Schülern durchführen: Ausblenden von Inhaltsschichten oder Ausschnitte von Karten erstellen und gegebenenfalls vergleichen.

Ebenso lassen sich heute die Probleme der Darstellung der dritten Dimension (sowohl des Geländes als auch der Kugel) mithilfe digitaler Karten/Geoinformationssystemen anschaulich vermitteln bzw. erarbeiten.

Schließlich erleichtern digitale Kartenprogramme die schnelle Erstellung eigener Karten durch Schüler, wodurch auch der subjektive Charakter von Karten verdeutlicht werden kann (wenn unterschiedliche Schüler mit gleichen Daten unterschiedliche Karten erstellen) → Kartenkompetenz, (→) Kartenverständnis, Einführung).

Literatur

FLATH, M. & S. WITTKOWSKE (2010): Die abgebildete Welt: Die Karte als Basismedium für raumwissenschaftliches Lernen. – In: Grundschulunterricht Sachunterricht, 4, 9 – 12.

HARROWER, R. & S. FABRIKANT (2008): The Role of Map Animation for Geographic Visualization. – In: DODGE, M. et al. [Hrsg.]: Geographic Visualization: Concepts, Tools and Applications. Chichester, 49 – 65.

HÜTTERMANN, A. (1998): Kartenlesen – (k)eine Kunst. Einführung in die Didaktik der Schulkartographie. München.

HÜTTERMANN, A. (2001): Die Reduktion von Komplexität in Karten – ein Beitrag zur Heranbildung von Lernkompetenz im Geographieunterricht. – In: Geographie und Schule, 23, 131, 23 – 31.

HÜTTERMANN, A. (2007): Karten als „nicht-kontinuierliche Texte". – In: GEIGER, M. & A. HÜTTERMANN [Hrsg.] (2007): Raum und Erkenntnis. Eckpfeiler einer verhaltensorientierten Geographiedidaktik. Festschrift für Helmuth Köck anlässlich seines 65. Geburtstages. Köln, 118 – 123.

KRAUTTER, Y. (2015): Karten – räumlich orientierte Medien. – In: REINFRIED, S. & H. HAUBRICH [Hrsg.] (2015): Geographie unterrichten lernen. Die Didaktik der Geographie. Berlin, 230 – 253.

LAMMES, S. (2017): Digital mapping interfaces: From immutable mobiles to mutable images. – In: new media & society, 19, 7, 1019 – 1033.

LENZ, T. (2006): Karten. – In: HAUBRICH, H. [Hrsg.] (2006): Geographie unterrichten lernen. Die neue Didaktik der Geographie konkret. München, 196 – 199.

LINKE, W. (2011): Orientierung mit Karte, Kompass, GPS. Bielefeld.

ROTH, R. (2013): Interactive Maps: What we know and what we need to know. – In: Journal of Spatial Information Science, 6, 59 – 115.

SMITH, M. J. (2011): Digital Mapping: Visualisation, Interpretation and Quantification of Landforms. – In: SMITH,

M.J., Paron, P. & J.S. Griffiths [Hrsg.] (2011): Developments in Earth Surface Processes 15. Kidlington/ Amsterdam, 225 – 251.

Vít, L. & J. D. Bláha (2012): A Study of the User Friendliness of Temporal Legends in Animated Maps. – In: AUC Geographica, 47, 2, 53 – 61.

Armin Hüttermann, Tobias Ulmrich

Kartenkompetenz

Definition
Kartenkompetenz ist die Fähigkeit, fertige (→) Karten nutzen, eigene Karten herstellen und eigene und fremde Karten kritisch analysieren, bewerten und reflektieren zu können. Das schließt sowohl kartographische Kenntnisse als auch kartenspezifische Anwendungen ein.

Klassifikation
1. Karten auswerten und nutzen:
Karten auswerten umfasst Kartenlesen und Karteninterpretieren. Zum Kartenlesen gehört die Fähigkeit, die grafische Darstellung der Karte dekodieren und den Karteninhalt beschreiben zu können. Einzelinformationen von Karten (Einzelelemente) müssen entnommen werden können. Zur Karteninterpretation gehört die Fähigkeit, die Beziehungen der Einzelelemente der Karte untereinander (Relationen) sowie ihr Zusammenwirken in räumlichen Systemen verstehen und bewerten zu können.

Karten nutzen bedeutet, kartographische Darstellungen in den für sie möglichen Zusammenhängen nutzen zu können. Dazu gehören die Orientierungsfunktion (→ Kompetenzbereich Räumliche Orientierung) von Karten ebenso wie die Informationsfunktion: Die (durch Kartenlesen und Karteninterpretation) aus der Karte entnommenen Informationen müssen in ihre über die Karte hinausgehenden Zusammenhänge eingebracht werden können.

2. Karten zeichnen:
In der Schule wird eigenes Kartenzeichnen in erster Linie die Anfertigung einfacher Karten unter Berücksichtigung kartographischer Grundsätze bedeuten. Das kann als analoge Kartendarstellung geschehen (z. B. Kartenskizze, Entnahme von Kartenschichten für eine eigene Darstellung) oder aber mithilfe entsprechender Technik als Anfertigung digitaler Karten (→ Kartenskizze, → Kartierung).

3. Karten analysieren, bewerten und über sie reflektieren:
Die Analyse und Bewertung von Karten kann sich auf die Grafik, den Inhalt oder den Herstellungsprozess beziehen. Eine grafisch angemessene Darstellung nutzt die kartographischen Grundregeln unter Berücksichtigung der angemessenen Repräsentation des Inhalts optimal (sind die Signaturen dem Inhalt angemessen, passt die Verwendung gerade dieser Farbe?), die inhaltliche Analyse kann sich auf Fragen der Auswahl der Inhalte oder der inhaltlichen Generalisierung (z. B. Gruppenbildungen in der Legende) beziehen. Fragen der Herstellung betreffen vor allem den Prozess der Auswahl von Inhalten und grafischen Mitteln, z. B. mit Fragen wie: „Passt die Grafik zum Inhalt oder wäre eine andere Darstellung besser?", „Wie würde sich die Aussage verändern, wenn eine andere Darstellung gewählt worden wäre?", „Welche Intentionen stehen hinter dieser Auswahl der Inhalte und der jeweiligen Grafik?".

Alle Teilbereiche der Kartenkompetenz (Karten zeichnen, Karten auswerten, über Karten reflektieren) sind in allen Altersstufen anzustreben, es gibt keine Progression dieser Teilbereiche untereinander, sondern nur innerhalb der Teilbereiche.

Zur geographiedidaktischen Diskussion

Nach den Bildungsstandards der Deutschen Gesellschaft für Geographie findet sich die Kartenkompetenz aufgrund ihrer fachspezifischen Bedeutung innerhalb der Geographie insbesondere im (→) Kompetenzbereich Räumliche Orientierung als Fähigkeit zum angemessenen Umgang mit Karten. Außerdem werden Aspekte der Kartenkompetenz im Bereich der Fähigkeiten zur Orientierung in Realräumen und bei der Fähigkeit zur Reflexion von Raumwahrnehmung und -konstruktion angesprochen. Damit sind alle Bereiche der Kartenkompetenz umfassend in den Bildungsstandards vertreten.

Im Einzelnen werden dazu folgende Standards ausgeführt:

Fähigkeit zu einem angemessenen Umgang mit Karten („Kartenkompetenz")

Schülerinnen und Schüler können:

- S5 die Grundelemente einer Karte nennen und den Entstehungsprozess einer Karte beschreiben
- S6 topographische, physische, thematische und andere alltagsübliche Karten lesen und unter einer zielführenden Fragestellung auswerten
- S7 Manipulationsmöglichkeiten kartographischer Darstellungen beschreiben
- S8 topographische Übersichtsskizzen und einfache Karten anfertigen
- S9 aufgabengeleitete einfache Kartierungen durchführen
- S10 einfache thematische Karten mit Web-GIS erstellen.

Fähigkeit zur Orientierung in Realräumen

Schülerinnen und Schüler können:

- S11 mithilfe einer Karte und anderer Orientierungsmittel ihren Standort im Realraum bestimmen

- S12 anhand einer Karte eine Wegstrecke im Realraum beschreiben
- S13 sich mithilfe von Karten und anderen Orientierungshilfen im Realraum bewegen
- S14 schematische Darstellungen von Verkehrsnetzen anwenden.

Fähigkeit zur Reflexion von Raumwahrnehmung und -konstruktion

Schülerinnen und Schüler können:

- S15 anhand von kognitiven Karten erläutern, dass Räume stets selektiv und subjektiv wahrgenommen werden
- S16 anhand von Karten verschiedener Art erläutern, dass Raumdarstellungen stets konstruiert sind.

Literatur

GRYL, I. (2009): Kartenlesekompetenz. Ein Beitrag zum konstruktivistischen Geographieunterricht (= Materialien zur Didaktik der Geographie und Wirtschaftskunde, Bd. 22). Wien.

GRYL, I. et al. (2010): Reflexion und Metaperspektive als notwendige Komponenten der Kartenkompetenz. – In: Geographie und ihre Didaktik, 38, 3, 172–179.

HEMMER, M. et al. (2010): Kartenauswertungskompetenz. Theoretische Grundlagen und erste Überlegungen zu einem Kompetenzstrukturmodell. – In: Geographie und ihre Didaktik, 38, 3, 158–171.

HÜTTERMANN, A. (2005): Kartenkompetenz: Was sollen Schüler können. – In: Praxis Geographie, 35, 11, 4–8.

HÜTTERMANN, A. et al.[Hrsg.] (2012): Räumliche Orientierung. Räumliche Orientierung, Karten und Geoinformation im Unterricht (= Geographiedidaktische Forschungen, Bd. 49). Braunschweig.

LENZ, T. (2009): Kartenkompetenz als Basisqualifikation des Geographieunterrichts – Anregungen zur methodischen Umsetzung. – In: KRIZ, K., KAINZ, W. & A. RIEDL [Hrsg.] (2009): Geokommunikation im Umfeld der Geographie. Tagungsband zum Deutschen Geographentag 2009 in Wien (= Wiener Schriften zur Geographie und Kartographie, Bd. 19). Wien, 189–197.

Armin Hüttermann

Kartenskizze

Definition

Eine Kartenskizze ist eine inhaltlich und grafisch reduzierte Karte. Auf messbare Lagegenauigkeit wird ebenso verzichtet wie auf korrekte Linienführungen.

Klassifikation

Nach dem Inhalt:

- Topographische Skizze: enthält einige wenige Informationen zur Orientierung im Raum
- Thematische Skizze: Die ausgewählten Elemente enthalten für eine spezielle Fragestellung wichtige Informationen. Insbesondere sollen inhaltliche Bezüge der dargestellten Objekte untereinander deutlich werden. Zusätzlich sind oft Elemente zur Orientierung im Raum notwendig.

Zur geographiedidaktischen Diskussion

Kartenskizzen unterstützen das Verständnis der dargestellten Themen und den Aufbau einfacher räumlicher Strukturen in (→) *mental maps*. Dazu können sowohl fertige Kartenskizzen dienen als auch das eigenständige Anfertigen von Kartenskizzen. Das gemeinsame Anfertigen von Kartenskizzen kann durch den miterlebten Prozess der Darstellung und der damit verbundenen Diskussion über Karteninhalte besonders hilfreich sein (→ Kartenkompetenz).

Literatur

Hüttermann, A. (1998): Kartenlesen – (k)eine Kunst. Einführung in die Didaktik der Schulkartographie. München.

Hüttermann, A. (2005): Streifenkarten selbst erstellt. Schüler zeichnen Kartenskizzen auf der Grundlage eigener Beobachtungen. – In: geographie heute, 26, 229, 14 – 18.

Lenz, T. (2009): Eine Kartenskizze zeichnen. – In: Lenz, T. [Hrsg.] (2009): Methodentraining Geographie. Seelze, 26 – 27.

Obermaier, G. & F. Frank (2009): Anfertigung topographischer Übersichtsskizzen und einfacher Karten im Geographieunterricht. – In: Praxis Geographie, 39, 11, 10 – 13.

Obermaier, G., Frank, F. & N. Raschke (2010): Kompetenz des Kartenzeichnens – Theoretische Grundlagen und Entwurf eines Kompetenzstrukturmodells. – In: Geographie und ihre Didaktik, 38, 3, 191 – 200.

Armin Hüttermann

Kartenverständnis, Einführung

Definition

Die Einführung in das Kartenverständnis ist die kindgemäße Erarbeitung einfacher kartographischer Grundregeln und ihrer Anwendungen. Sie bildet die Grundlage des Aufbaus einer eigenständigen (→) Kartenkompetenz.

Klassifikation

Das Kartenverständnis umfasst:

- die Kenntnis wichtiger kartographischer Grundlagen. Dazu gehören Grundrissdarstellung, Fragen der Verkleinerung, der Maßstäblichkeit, der Generalisierung und der Verebnung sowie der Orientiertheit. Erste Kenntnisse über Gestaltungsmittel (Signaturen, Schrift, Einsatz von Farbe) gehören ebenfalls dazu, werden aber im Rahmen einer kartendidaktischen Progression weiter vertieft.
- die Kenntnis des Herstellungsprozesses von Karten: Karten sollen bereits in dieser Phase als subjektive Produkte erfahren werden (z. B. im Vergleich verschiedener Darstellungen gleicher Sachverhalte).
- die Kenntnis von Anwendungsmöglichkeiten von Karten. Karten sollen sowohl in ihrer Orientierungsfunktion als auch als Rauminformationssysteme erlebbar werden.

Gängige methodische Wege der Einführung sind:

- synthetisches Verfahren: In kleinen, logisch aufeinanderfolgenden Schritten werden die Grundlagen kartographischer Darstellung erarbeitet. Der Lehrgang verläuft z. B. in folgenden Schritten: Grundriss des Klassenzimmers und des Schulhauses, das Schulviertel als Teil des Stadtplans, der Stadtplan, die Umgebung der Stadt. Jeder Schritt ist in sich klar gegliedert und aufgebaut, mit originaler Begegnung, Verwendung eines (→) Sandkastens, von Luftbildern, Bildkarten etc. Grundregeln kartographischer Darstellungen werden erörtert. Die Anwendungsmöglichkeiten von Karten treten gegenüber den Herstellungsfragen in den Hintergrund.

- genetisches Verfahren: Das Raumerleben der Kinder und ihre eigenen Darstellungen davon stehen im Vordergrund. Daraus werden Möglichkeiten kartographischer Darstellungen abgeleitet. Den Beginn bilden meist Schülerzeichnungen des Schulweges oder auch Phantasiekarten. Im Vergleich der unterschiedlichen Schüler-Darstellungen werden Herstellungsfragen (technische Details, Subjektivität der Darstellung) erörtert, zentral ist der Anwendungsbereich von Karten. Da Schüler auch schon vor und neben der Schule mit fertigen Kartenprodukten konfrontiert werden, besteht die Möglichkeit, diese einzubeziehen und zu weitergehenden Grundfragen der Kartographie zu kommen (→ Karte).

- analytisches Verfahren: Die fertige Karte steht am Anfang, sie wird der erlebten Wirklichkeit, als vorausgesetzte Erfahrung oder auch durch Ortsbegehung, gegenübergestellt. Im Vergleich von Karte und Wirklichkeit werden Grundregeln kartographischer Darstellungen erarbeitet. Die Deutung von Karten erfolgt aus der Eigenerfahrung, die kartographischen Mittel werden in ihren Zusammenhängen erfasst. Einen festen Lehrgang gibt es nicht, es wird an mögliche vorhandene Erfahrungen der Schüler angeknüpft.

Zur geographiedidaktischen Diskussion

Raumwahrnehmung führt schon bei kleinen Kindern zu eigenen (→) *mental maps,* Schüler kennen schon Karten und deren Potenzial, bevor sie in der Schule mit der „Einführung in das Kartenverständnis" konfrontiert werden. Sie gehen mit ihren *mental maps* genauso ungezwungen um wie mit fertigen Plänen und Karten. Oft genügen einfache Erörterungen zur Zeichensprache der Karten, zu den Regeln kartographischer Darstellungen, manchmal sind sogar diese anscheinend nicht notwendig. Der Weg zur Bewusstmachung solcher intuitiv erkannter Regeln ergibt sich am besten situativ, anknüpfend an die Erfahrungen der Kinder. Dann können sich sowohl Elemente analytischer, synthetischer oder eben genetischer Verfahren anbieten.

Wie man durch Handeln und Erfahrung sammeln seine *mental map* ständig verfeinert, so sollten auch Schülerinnen und Schüler im Umgang mit Karten ihre Kartenkompetenz ständig verbessern. Weniger in einem sturen Lehrgang, sondern immer wieder, situativ. Dabei liegt es am Lehrer, kartographische Grundlagen, ihre Herstellungsprozesse und Anwendungsmöglichkeiten transparent zu machen. Die Einführung in das Kartenverständnis erfolgt in der Regel in der Grundschule, darauf aufbauend wird in der Sekundarstufe die kartendidaktische Progression folgen, z. B. in Bezug auf bestimmte Darstellungsmöglichkeiten (Höhenlinien, anamorphe Darstellungen etc.), auf eine zunehmende Komplexität der Karten und eine kritische Auseinandersetzung mit dem Herstellungsprozess und den damit verbundenen Entscheidungen.

Literatur

FLATH, M. & S. WITTKOWSKE (2010): Karten helfen, sich zu orientieren. Eine Materialsammlung zur Arbeit mit Karten im Sachunterricht. – In: Grundschulunterricht Sachunterricht, 4.

HEMMER, M. & T. ENGLHART (2008): Wege zur Karte. Einblicke in die Kartenarbeit im Sachunterricht der Grundschule. – In: geographie heute, 29, 261/262, 86 – 89.

HÜTTERMANN, A. (1988): Wege mit der Karte: Anregungen zur „Einführung in das Kartenverständnis". – In: Sachunterricht und Mathematik in der Primarstufe, 16, 11, 491 – 499.

HÜTTERMANN, A. (1998): Kartenlesen – (k)eine Kunst. Einführung in die Didaktik der Schulkartographie. München.

ROHWER, G. & U. THEISSEN [Hrsg.] (2002): Lernen mit Karten. – In: geographie heute, 23, 199.

Armin Hüttermann

Kartierung

Definition

Die Kartierung ist eine geographische Arbeitstechnik, welche die raumbezogene Erfassung von Daten im Gelände und deren Darstellung in einer (→) Karte umfasst.

Klassifikation

Kartierungen können folgendermaßen unterschieden werden:

1. Nach der Verwendung der Karten:
Dabei kann das Eintragen der raumbezogenen Daten in vorhandene Karten bzw. Kartenumrisse erfolgen. Eine freie Kartierung erfolgt ohne Kartenvorlagen, dabei wird auch der zu kartierende Raum gezeichnet.

2. Nach den Inhalten von Karten (nach BÖHN 1999):
- Formalkartierung: Eintragung von physiognomischen und formal erkennbaren Strukturen in Karten
- Funktionalkartierung (Nutzungskartierung): Eintragung von Nutzungsstrukturen
- Alterskartierungen: Eintragung des Alters bestimmter Geländestrukturen

- Bewertungskartierung: Eintragung von Bewertungen bestimmter Strukturen und Funktionen.

Die Kartierung umfasst in der Regel folgende Schritte:

1. Aufstellen von raumbezogenen Fragestellungen und Hypothesen
2. Auswählen der Methode der Datenerhebung in Form der Kartierung
3. Auswählen der zu beobachtenden Indikatoren und Anlegen einer Legende (bei der standardisierten Kartierung)
4. Durchführen der Datenerhebung durch Beobachtung und Dateneintragung in eine Basiskarte (das eigentliche Kartieren)
5. Aufbereiten der Daten durch Eintragen in eine Präsentationskarte
6. Interpretation der erhobenen raumbezogenen Daten bezüglich der Fragestellungen und Hypothesen.

Zur geographischen Diskussion

Die Methode der Kartierung wird unterschiedlich verwendet, im weiteren Sinne wird das Eintragen von Sekundärinformationen (z. B. statistische Daten) in Karten, im engeren Sinne das Eintragen von selbst erhobenen Geländedaten (Primärdaten) in Karten verstanden. Das Kartieren ist ein Ergebnis der subjektiven Wahrnehmung und Bewertung von beobachteten Sachverhalten. Dabei erfolgt die Auswahl und damit das Bewerten der zu beobachtenden Daten subjektiv. Weil nicht alle beobachtbaren Indikatoren in einer Karte erfasst werden können, ist eine klare ziel- und themenorientierte Festlegung der zu kartierenden Daten erforderlich. Gleichzeitig stellt die Kartierung eine Momentaufnahme von bestimmten Strukturen und Funktionen dar, die über längere, aber auch kürzere Zeiträume veränderlich sein können, z. B. bei phänologischen Erscheinungen.

Die Kartierung ist eine Methode, die auf unterschiedlichen Niveaustufen in verschiedenen Klassenstufen eingesetzt werden kann. Neben der analogen papierbasierten Karte nehmen die Datenerhebungen mithilfe digitaler Karten unter Verwendung von (→) GPS und (→) GIS zu.

Literatur

Böhn, D. [Hrsg.] (1999): Didaktik der Geographie. Begriffe. München: Oldenbourg.

Hüttermann, A. (2008): Die Kartierung als geographische Arbeitsmethode in der Schule. – In: Geographie und Schule, Jg. 30, H. 12, S. 38 – 46.

Lindau, A.-K. (2010): Kartieren – eine Geländemethode im Geographieunterricht. – In: Geographie und ihre Didaktik, Jg. 38, H. 2, S. 109 – 117.

Meier Kruker, V. & J. Rauh (2005): Arbeitsmethoden der Humangeographie. Darmstadt: Wiss. Buchgesellschaft.

Anne-Kathrin Lindau

Kategorisierung

Definition

„Kategorisierung bedeutet, unterscheidbar verschiedenen Dingen Äquivalenz zu verleihen, die Objekte, Ereignisse und Leute um uns herum in Klassen zu gruppieren und auf sie eher bezüglich ihrer Klassenzugehörigkeit als bezüglich ihrer Einzigartigkeit zu reagieren" (Bruner u.a. 1956, S. 1, zit. in Edelmann & Wittmann 2019, S. 111).

Klassifikation

Kategorisierung zählt zu den basalen kognitiven Kompetenzen und bildet die Grundlage unserer kognitiven Orientierung. Bei der Wahrnehmung unserer Umwelt ordnen und klassifizieren wir die Vielzahl der einzelnen Objekte, Personen und Ereignisse und bilden dabei Kategorien. Dadurch ist es uns möglich, Wissen, das wir über eine Kategorie erworben haben, auf neue Situationen anzuwenden und diese damit einzuordnen und zu verstehen. Oftmals sind Kategorien einfach Begriffe unserer Sprache. Aber auch Stereotype sind Kategorien, die in einem Prozess der Kategorisierung von Menschen entstehen. Ohne Kategorisierung wären wir bei der Verarbeitung der wahrgenommenen Informationen hoffnungslos überfordert (Waldmann 2017). Beim Wissenserwerb entspricht die Kategorisierung dem Prozess der Begriffsbildung. Begriffe sind dabei nichts anderes als Kategorien (Edelmann & Wittmann 2019). In der Lernpsychologie werden verschiedene Arten der Kategorisierung bzw. Begriffsbildung unterschieden (Waldmann 2017).

– Nach der klassischen Sichtweise werden Kategorien bzw. Begriffe durch definierende Merkmale (kritische Attribute) bestimmt, durch die eindeutig festgelegt werden kann, ob ein Objekt zur Kategorie gehört oder nicht. Diese Betonung einer logischen Struktur entspricht der wissenschaftlich exakten Begriffsbildung, wie sie auch beim Begriffslernen im Unterricht angestrebt wird. Häufig lassen sich solche Begriffe hierarchisch in Taxonomien gliedern, z. B. Pflanzen – Bäume – Nadelbäume etc. oder Siedlungen – Städte – Megastädte etc.
– Nach der Prototypen-Sichtweise definieren wir im Alltag Kategorien oft nicht formallogisch, sondern eher pragmatisch und unscharf durch ein Bündel von Merkmalen, die typisch bzw. charakteristisch für die Kategorie sind, aber nicht unbedingt notwendig oder hinreichend. Dabei orientieren wir uns bisweilen an der Vorstellung von einem Prototyp, der diese charakteristischen Merkmale besitzt. Zum Beispiel gehört zur prototypischen Vorstellung von einem Vogel die Flugfähigkeit oder bei einem Vulkan die Berggestalt, obwohl nicht alle Vertreter dieses Merkmal aufweisen (z. B. Pinguin,).

Im Unterricht sollte der Denkprozess der Kategorisierung reflektiert und gezielt gefördert werden. Bei der Kategorisierung spielen zwei grundlegende Denkfertigkeiten eine zentrale Rolle: das Vergleichen von Einzelfällen im Hinblick auf gemeinsame und unterschiedliche Eigenschaften und das Abstrahieren von den Besonderheiten des Einzelfalls (→ Induktion – Deduktion). Gerade die scheinbar einfache Strategie des Vergleichens spielt nicht zuletzt bei der Förderung des Lerntransfers →Transfer) eine zentrale Rolle (KLAUER 2012).

Zur geographiedidaktischen Diskussion

Anders als in der Mathematik oder der Physik, in denen das deduktive, logische Schlussfolgern auf der Grundlage allgemeiner Gesetzmäßigkeiten im Vordergrund steht, spielt in der Geographie mit ihren vergleichsweise unübersichtlichen und komplexen Themenfeldern das induktive Denken, d.h. das Verallgemeinern und Kategorisieren von Einzelfällen eine besonders große Rolle. In der Geographiedidaktik haben sich verschiedene Methoden etabliert, mit denen das Kategorisieren und Systematisieren in fachspezifischen Kontexten geübt und gefördert werden kann. Beispiele dafür sind Mind-Mapping oder das Clustern von Moderationskarten im Rahmen der Moderationstechnik. Eine gezielte Förderung der Denkstrategien des Vergleichens und Kategorisierens ermöglichen verschiedene Methoden aus dem Ansatz „Denken lernen mit Geographie" (SCHULER u.a. 2017, SCHULER u.a. 2016), insbesondere die Methoden „Der Außenseiter", „Tabu", „Domino" und „Kategorien".

Literatur

EDELMANN, W. & S. WITTMANN (2019): Lernpsychologie. 8. Aufl., Weinheim, Basel.

KLAUER, K. J. (2012): Lerntransfer im Unterricht. – In: Praxis Geographie, 42, 12, 9 – 11.

WALDMANN, M.R. (2017): Kategorisierung und Wissenserwerb. In: Müsseler, J., Rieger, M. [Hrsg.]: Allgemeine Psychologie. 3. Aufl. Heidelberg. S. 358-399.

SCHULER, VANKAN, L. & ROHWER, G. (2017): Diercke - Denken lernen mit Geographie. Methoden 1. Braunschweig.

SCHULER, S., COEN, A., HOFFMANN, K. W., ROHWER, G. & L. VANKAN (2016): Diercke – Mehr Denken lernen mit Geographie. Methoden 2. Braunschweig.

Stephan Schuler

Kinder- und Jugendgeographien

Definition

Geographien von Kindern und Jugendlichen sind Themenfelder der Geographie bzw. der Geographiedidaktik, die Räumlichkeiten, Raumvorstellungen und alltägliche Regionalisierungen von Kindern und Jugendlichen untersuchen.

Unter den Begriffen *„children's geographies"* und *„young people's geographies"* fließen beide Arbeitsbereiche in den sich konstituierenden angelsächsischen *geographies of education and learning* zusammen.

Klassifikation

Die Beschäftigung mit den Geographien von Kindern ist traditionell stark von pädagogisch-psychologischen Ansätzen geprägt, welche räumliche Vorstellungen, Raumwahrnehmungen und Raumverhalten in der Interaktion mit der räumlich materiellen Umwelt untersuchen. Unter dem Einfluss einer handlungsorientierten Sozialgeographie und einer neuen Kulturgeographie wurden machtkritische Perspektiven weiterentwickelt, die in kreativer Weise Orte, Räume und Räumlichkeiten von Kindern und Jugendlichen in den Blick nehmen (SCHREIBER & HASSE 2019).

Zur geographiedidaktischen Diskussion

In der Geographiedidaktik wurden schon früh die umwelt- und entwicklungspsychologischen Erkenntnisse über die Raumvorstellung und das Raumverhalten von Kindern rezipiert. Dabei stehen insbesondere die Entwicklungsphasen des räumlichen Denkens nach Piaget und Inhelder im Vordergrund, welche die Interaktion zwischen Heranwachsenden und ihrer räumlich-materiellen Umwelt beschreiben (SCHMEINCK 2004) →Raumverständnis, Entwicklung).

Ein darauf aufbauender wichtiger Forschungszweig bezieht sich auf die räumliche Wahrnehmung von Kindern und Jugendlichen. Diese Arbeiten bedienen sich häufig der Methode der Bilder oder der (→) *mental maps*, um Einblicke in die Raumvorstellungen und Raumbilder von Kindern zu gewinnen; darüber hinaus werden Aktionsräume von Kindern und Jugendlichen untersucht. In der Tradition der *behavioural geography* steht dabei die Frage im Vordergrund, nach welchen Mustern sich Kinder und Jugendliche im Raum bewegen, welche Orte sie meiden und welche sie bevorzugt aufsuchen, um darauf aufbauend in einem Anwendungsbezug die Planung von Orten für Kinder und Jugendliche optimieren zu können.

Seit den 1990er-Jahren gibt es in der angelsächsischen *childrens' geography* unter dem Einfluss des Konstruktivismus und der neuen Kulturgeographie eine wachsende Kritik an den verhaltensgeographischen Ansätzen, die das Verhalten von Kindern primär als von der Umwelt determiniert begreifen. Kindheit solle vielmehr als sozial konstruiertes Phänomen untersucht und die mit ihr verbundenen Phänomene als kulturelle Erscheinungen konzipiert werden. Räumlich-materielle Bedingungen der Kindheit, wie Spielplätze, Kindergärten oder auch Spielzeug, werden dann weniger dem pädagogischen Kategorien zugeordnet, sondern unter dem Aspekt ihrer kulturellen Auswirkungen betrachtet (HOLLOWAY/VALENTINE 2000).

Die Jugendgeographien rücken Jugendliche als räumlich handelnde Subjekte in den Mittelpunkt und schlagen somit eine Brücke zwischen Fachdidaktik und handlungszentrierter Sozialgeographie. Mit Bezug auf das alltägliche (→) „Geographie-Machen" möchte BAUER bei Jugendlichen eine Selbstreflexionskompetenz fördern, welche das eigene, alltägliche geographische Denken und Handeln zum Gegenstand erhebt (BAUER 2009). Diese Debatte knüpft an die angelsächsische *young people's geographies* an, die, ausgehend von der Kritik, dass der Geographieunterricht die alltäglich gelebten Geographien von Kindern und Jugendlichen bislang nicht ausreichend berücksichtigt habe, Schülerinnen und Schüler selbst an der Curricularentwicklung beteiligt. Bislang sind die Geographien von Kindern und Jugendlichen in der deutschsprachigen Geographie als eigene Arbeitsfelder und Forschungszweige noch wenig etabliert. Dies ist vor allem darauf zurückzuführen, dass sich die deutschsprachige Geographiedidaktik für junge Menschen primär in ihrer Rolle als Schülerinnen und Schüler interessiert und deren geographisches Denken und Handeln überwiegend in Bezug auf geographische Lehrinhalte untersucht hat. Auch die Sozialgeographie, insbesondere die Bildungsgeographie, hat sich mit dem Fokus auf schulische Institutionen und Bildungsverhalten für Kinder und Jugendliche primär als Bildungsteilnehmer interessiert und die kulturelle Bedingtheit von Kindheit und Jugend bislang wenig berücksichtigt.

Literatur

BAUER, I. (2009): Jugendgeographien: ein subjekt- und handlungszentrierter Ansatz in Theorie und Praxis (= Praxis Neue Kulturgeographie, Bd. 7). Münster.

HOLLOWAY, S. L. & G. VALENTINE (2000): Children's geographies and the new social studies of childhood. – In: HOLLOWAY, S. L. & G. VALENTINE [Hrsg.] (2000): Children's geographies. Playing, living, learning. London, 1 – 28.

HOLLOWAY, S. L. et al. (2010): Geographies of education and the significance of children, youth and families. – In: Progress in Human Geography, 34, 5, 583 – 600.

SCHMEINCK, D. (2004): Die Entwicklung der geographischen Raumvorstellung von Grundschulkindern als Gegenstand wahrnehmungsgeographischer Forschung – ein Überblick. – In: SCHMEINCK, D. [Hrsg.] (2004): Forschungen zu Lernvoraussetzungen von Kindern – Wie Kinder die Welt sehen. Norderstedt, 97 – 113.

Holger Jahnke

Klimabildung

Definition

Der Terminus Klimabildung umfasst alle pädagogischen Bestrebungen, die eine inhaltliche Auseinandersetzung mit den verschiedensten Klimathemen zum Ziel hat.

Klassifikation

Im deutschsprachigen Raum haben sich Formulierungen wie Klimabildung (vgl. SIEMENS-STIFTUNG 2022) oder Klimabildung für nachhaltige Entwicklung (vgl. HUKLV 2022) etabliert, im englischsprachigen Raum sind die adäquaten Übersetzungen Climate Change Education (kurz: CCE) oder Climate Education (kurz: CE) geläufig (vgl. UNESCO 2019). Gemeinsamer Nenner ist der ausgeprägte Bezug zur Nachhaltigkeit, welcher besonders in der Nennung des von der UNESCO im Jahr 2010 etablierten Programms Climate Change Education for Sustainable Development (CCESD) deutlich wird (vgl. UNESCO 2015). Folglich lässt sich die Klimabildung auch als Aufgabe im Sinne einer Bildung für nachhaltige Entwicklung (BNE) begreifen (vgl. KELLER et al. 2019). Durch das internationale Programm BNE 2030 (UNESCO 2020) und die 17 UN-Nachhaltigkeitsziele (engl. Abkürzung: SDG's) wird der Zusammenhang zwischen BNE und der Klimabildung besonders deutlich: Für das Feld der Klimabildung sind dabei SDG 4 Quality Education und SDG 13 Climate Action besonders relevant.

Eine ganzheitliche Klimabildung behandelt naturwissenschaftliche Grundlagen im Klimasystem sowie Ursachen (natürliche und anthropogene) und Auswirkungen des Klimawandels auf verschiedenen Maßstabsebenen. Darüber hinaus zeigt sie lösungsorientierte Ansätze individuellen Handelns auf. Nicht zuletzt thematisiert eine ganzheitliche Klimabildung auch politische und ökonomische Klimaschutzmaßnahmen in Form von Minderungs- und Anpassungsstrategien (vgl. REINFELD et al. 2018). Zudem wird auch der Umgang mit Unsicherheiten im Kontext von Klimawissen und Klimamodellierungen zunehmend relevant (vgl. SCHAUSS & SPRENGER 2021).

Zur geographiedidaktischen Diskussion

Im Zuge verschiedener Klimaschutzinitiativen sind Rufe nach einem eigenen Schulfach Klima und nach einer Stärkung der Klimabildung innerhalb der Naturwissenschaften laut geworden. Dabei haben jüngste Studien eindeutig gezeigt, dass das Schulfach Geographie im schulischen Fächerkanon im Bereich der Klimabildung federführend ist (SIEGMUND SPACE / EDUCATION gGmbH / REGO 2021). Bezogen auf den Anspruch einer ganzheitlichen Klimabildung zeigt sich, bildungsföderalistisch bedingt, ein noch uneinheitliches Bild, was die Komplexität und Tiefe der Klimabildung im Geographieunterricht der einzelnen Bundesländer angeht. Dennoch lässt sich gerade in diesem Schulfach eine kontinuierliche Aufnahme von Themen mit Klimabezug in die Geographielehrpläne der vergangenen drei Dekaden darstellen (KLÜSENER / WITTLICH 2023). Von daher bedeutet eine Stärkung des

141

Schulfachs Geographie auch eine Stärkung einer zeitgemäßen wie anspruchsvollen Klimabildung.

Literatur

HMUKLV (2022): Klimabildung für nachhaltige Entwicklung in Hessen. https://www.klimabildung-hessen.de/ (27.04.2022)

KELLER, L., J. STÖTTER, A. OBERRAUCH, A. KUTHE, A. KÖRFGEN & K. HÜFNER (2019): Changing Climate Change Education Exploring moderate constructivist and transdisciplinary approaches through the research-education co-operation k.i.d.Z.21. In: GAIA – Ecological Perspectives for Science and Society 28(1). S. 35-43. DOI: https://doi.org/10.14512/gaia. 28.1.10

KLÜSENER, C. & C. WITTLICH (2023): Klimabildung in der Schulgeographie: Eine Inhaltsanalyse der Lehrpläne aus der Retrospektive. GW-Unterricht. 169 (1/2023), 5–18.

REINFRIED, S., M. PROBST, M. ADAMINA, P. HERTIG & P. STUCKI (2018): Klimabildung in allen Zyklen der Volksschule und der Sekundarstufe II. Grundlagen und Erarbeitung eines Bildungskonzepts. https://www.globeswiss.ch/files/Downloads/1568/Download/CCESO%20I%20Langbericht%202018.pdf (13.05.2022)

SCHAUSS, M. & S. SPRENGER (2021): Students' conceptions of uncertainties in the context of climate change. In: International Research in Geographical and Environmental Education 30(4). S. 332–347. DOI: https://doi.org/10.1080/10382046.2020.1852782.

SIEGMUND SPACE & EDUCATION gGmbH & RESEARCH GROUP FOR EARTH OBSERVATION (2021): Analyse zur Verankerung von Klimabildung in den formalen Lehrvorgaben für Schulen und Bildungseinrichtungen in Deutschland. https://Siegmund-se.de/wp-content/uploads/2021/10/Abschlussbericht_Klimabildung.pdf (13.05.2022)

SIEMENS-STIFTUNG (2022): Klimawandelbildung als Beitrag zu nachhaltiger Entwicklung. https://www.siemens-stiftung.org/stiftung/bildung/klimawandelbildung/ (28.04.2022)

UNESCO (2015): Not just hot air. Putting Climate Change Education into Practice. UNESCO, Paris

UNESCO (2019): Country progress on climate change education, training and public awareness: an analysis of country submissions under the United Nations Framework Convention on Climate Change. https://unesdoc.unesco.org/ark:/48223/pf0000372164 (15.04.2022)

UNESCO (2020): Education for sustainable development: a roadmap. ESD for 2030. UNESCO, Paris.

Christian Wittlich

Klimadiagramm

Definition

Ein Klimadiagramm ist eine spezielle Form des (→) Diagramms, in dem die über einen längeren Zeitraum – in der Regel 30 Jahre – erhobenen Monatsmittelwerte der wichtigsten Klimaelemente (meist Temperatur und Niederschlag) dargestellt werden.

Klassifikation

Die grafische Darstellung kann in unterschiedlicher Weise erfolgen. Verbreitet sind insbesondere die folgenden Formen:

- WALTER-LIETH-Diagramm: Temperatur-(Thermogramm) und Niederschlagswerte (Pluviogramm) erscheinen als Kurven. Beide Größen werden in einem festgelegten Verhältnis (1:2, z. B. 10° C Mitteltemperatur entsprechen 20 mm Niederschlag, bei Verkürzung der Niederschlagsskala über 100 mm) zueinander in Beziehung gesetzt. Dadurch lassen sich, stark vereinfacht, humide und aride Monate direkt aus dem Diagramm ablesen. Allerdings sind diese Zusammenhänge nur bedingt richtig, da der Feuchtigkeitsgrad dabei oft überschätzt wird (→ Klimaklassifikation). Eine bessere Einschätzung des Wasserhaushaltes einer Region ermöglicht die potenzielle Landschaftsverdunstung (pLV).

- Diagramm nach KÖPPEN und GEIGER: Niederschlagswerte werden der größeren Anschaulichkeit wegen (Niederschlagsmesser!) als Säulen dargestellt, Temperaturwerte als Kurven.

- Thermoisoplethendiagramm: Auf der Abszisse werden alle Monate des Jahres, auf der Ordinate die 24 Stunden eines Tages eingetragen. Für jeden Monat wird zu jeder Stunde die durchschnittliche Temperatur angegeben. Anschließend werden Punkte gleicher Temperatur durch Linien miteinander verbunden (Thermoisoplethen). Auf diese Weise lässt sich der unterschiedliche Tages- und Jahresgang der Lufttemperatur in Abhängigkeit von der geographischen Breite ablesen.

– Klimogramm (Klimagramm): Bei dieser nur selten verwendeten Form stellt die x-Achse die Niederschlagsskala und die y-Achse die Temperaturskala dar. Für jeden Monat werden die Durchschnittswerte von Temperatur und Niederschlag eingetragen und miteinander verbunden. Auf diese Weise lassen sich die jahreszeitlichen Schwankungsbreiten der beiden Klimaelemente erfassen und, sofern mehrere Stationen eingezeichnet sind, direkt vergleichen. Alternativ ist auch die Darstellung in Form eines Polarkoordinatendiagramms möglich.

Zur geographiedidaktischen Diskussion

Das Klimadiagramm stellt in der Geographie das am weitesten verbreitete Medium zur anschaulichen Darstellung des nicht unmittelbar beobachtbaren Klimas dar. Um das für Jugendliche schwierige Verständnis für die abstrakte Mittelwertbildung zu erleichtern, werden folgende Maßnahmen vorgeschlagen

– von dem den Schülern bekannten Wetter auszugehen

– zunächst mit getrennten Thermo- bzw. Pluviogrammen zu arbeiten

– mit einem Klimadiagramm des Heimatraumes zu beginnen und dieses auch immer wieder zum Vergleich heranzuziehen.

Frühestens ab der fünften Jahrgangsstufe kann die Arbeit mit Klimadiagrammen nach KÖPPEN und GEIGER einsetzen. Dabei lassen sich folgende Kompetenzen erwerben: einzelne Werte ablesen und das Klima in einfachen Sätzen beschreiben sowie einfache Zusammenhänge zwischen Klima, Vegetation und

wirtschaftlicher Nutzung beschreiben. In der siebten und achten Jahrgangsstufe kann das Klimadiagramm vom Typ WALTER und LIETH eingeführt werden. Hierbei lassen sich z.B. Klimadiagramme verschiedenen Temperaturzonen zuordnen und Wechselwirkungen zwischen Klima und Vegetation in einzelnen Klimazonen beschreiben. In der neunten und zehnten Jahrgangsstufe lernen die Schüler u.a., Klimadiagramme selbstständig auszuwerten und interpretieren. Hier, sowie im weiteren Verlauf der Schulzeit, können auch anspruchsvollere als die bisher genannten Darstellungen verwendet werden.

Literatur

GEIGER, M. (1986): Klimadiagramme im Geographieunterricht. – In: Praxis Geographie, 16, 7/8, 56 – 59.

HIEBER, U. (2009): Klimadiagramme. – In: geographie heute, 30, 271/272, 46 – 49.

KAUTTER, Y. (2015): Zahlen und Diagramme – quantitativ-dimensionsbildende Medien.- In: Geographie unterrichten lernen. Die Didaktik der Geographie. S. Reinfried & H. Haubrich [Hrsg.], Berlin, 264 – 267.

SCHRÖDER, P. (1997): Hinweise zu Aussagekraft und Gestaltung von Diagrammen im Erdkundeunterricht. Beispiele zum Themenkomplex Klima. – In: Geographie und Schule, 19, 105, 38 – 41.

SIEGMUND, A. (2008): Erde – Klima. – In: Diercke Handbuch, 415 – 418.

STONJEK, D. (2005): Klimadiagramm. – In: KÖCK, H. & D. STONJEK (2005): ABC der Geographiedidaktik. Köln, 145.

TIETZE, W. (1969): Klimadiagramm. – In: TIETZE, W. [Hrsg.] (1969): Westermann Lexikon der Geographie, Bd. 2. Braunschweig, 814 – 816.

Gerd Bauriegel

Klimaklassifikation

Definition

Unter einer Klimaklassifikation wird die generalisierende Typisierung atmosphärischer Zustände verstanden, die zu einer systematischen Einteilung und Beschreibung von Klimatypen, Klimaregionen und Klimazonen auf der Erde dient.

Klassifikation

Klimaklassifikationsansätze und daraus abgeleitete Klimakarten lassen sich in mehrerlei Hinsicht unterscheiden:

- nach dem Ausmaß einer vereinheitlichten systematischen Definition von Klimaten in deskriptive und typisierende
- nach der Anzahl der zur Klassifikation von Klimaten herangezogenen Klimaparameter in analytische und synthetische
- nach Fokus auf eine ursachen- oder wirkungsorientierte Einteilung von Klimaten in genetische und effektive.

Rein deskriptive Ansätze teilen die Klimate der Erde in individuelle, voneinander unabhängige Klimagebiete auf, die sie verbal und mithilfe klimatischer Parameter beschreiben. Demgegenüber basieren typisierende Ansätze auf fest definierten und voneinander abgegrenzten Klassifikationskriterien auf der Grundlage bestimmter Mittel-, Schwellen- und Andauerwerte einzelner Klimaelemente, die zur systematischen Einteilung der irdischen Klimate in verschiedene Klimatypen und Klimazonen führt. Die meisten gängigen Klimaklassifikationen stellen typisierende Ansätze dar.

Liegt der Typenbildung nur ein Klimaparameter zugrunde, stellt dies eine analytische Klassifikation dar. Von Klimaklassifikationen im engeren Sinne wird allerdings erst dann gesprochen, wenn der Definition der einzelnen Klimatypen und Klimazonen mehrere mess- oder beobachtbare Klimaelemente zugrunde liegen (synthetische Klassifikation).

Basieren die Einteilungskriterien eher auf Parametern, die zur Erklärung der Ursachen der unterschiedlichen Klimacharakteristika beitragen – in erster Linie den großräumigen Strahlungs-, Druck- und Windverhältnissen –, so handelt es sich um eine genetische Klassifikation. Hierzu zählen z. B. die Klimakarten von Neef (1954). Stehen hingegen die mess- und beobachtbaren Ausprägungen und differenzierten Charakteristika des Klimas im Mittelpunkt, so wird von einer effektiven Klimaklassifikation gesprochen. Ein Großteil der bekanntesten Klimaklassifikationen stellen solche effektiven Ansätze dar, wie etwa bei Köppen/Geiger (1928), Troll/Paffen (1963), Lauer/Frankenberg (1988) oder Siegmund/Frankenberg (2008) (vgl. auch Siegmund 1995; Siegmund/Frankenberg 1999).

Zur geographiedidaktischen Diskussion

Ein Teil der didaktischen Diskussion um Klimaklassifikationen bezieht sich auf die Vor- und Nachteile genetischer bzw. effektiver Ansätze. Hinzu kommt ein Diskurs um eine wissenschaftlich hinreichende und didaktisch sinnvolle Komplexität der Definition einzelner Klimate vor dem Hintergrund unterschiedlicher Einsatzfelder (verschiedene Jahrgangsstufen, Schularten etc.) sowie um das Alter der Datengrundlage der zumeist bis heute in ihrem ursprünglichen Kartenbild übernommenen Klassifikationen.

Die generellen didaktischen Vorteile genetischer Klassifikationsansätze liegen in der Förderung des Verständnisses für Entstehung und großräumige Verbreitungsmuster verschiedener Klimate auf der Erde. Dazu tragen die in der Regel wenig differenzierten und damit übersichtlichen Kartenbilder bei (vgl. z. B. Neef 1954; Diercke Weltatlas 2008, 230).

Die Gliederungskriterien genetischer Ansätze sind jedoch in der Regel schwer quantifizierbar, was eine genaue Zuordnung eines Ortes zu einzelnen Klimazonen ebenso erschwert wie die Vergleichbarkeit zwischen den einzelnen Zonen. Kleinräumige Klimaanalysen sind daher sehr schwierig. Durch die mess- und beobachtbaren Klimaelemente, die effektiven Klimaklassifikationen zugrunde liegen, ist indes eine räumlich differenzierte Analyse klimatischer Charakteristika möglich. Auf diese Weise lassen sich effektive Klimaklassifikationen sehr gut mit der Arbeit mit Klimadiagrammen verknüpfen, indem eine klare Zuordnung einzelner Orte zu entsprechenden Klimaregionen und Klimazonen möglich ist. Eingeschränkt wird die Arbeit mit effektiven Klassifikationsansätzen durch die räumlich heterogene Verfügbarkeit von Klimadaten, insbesondere für spezielle Klimaelemente wie die Verdunstung.

Einige der gängigen Klimaklassifikationen wie etwa von KÖPPEN/GEIGER (1928) und TROLL/PAFFEN (1963) (vgl. DIERCKE WELTATLAS 2008, 228/229) basieren auf Datensätzen, die gerade im Zeichen des globalen Klimawandels längst veraltet sind und vielfach nicht mehr die heutigen klimatischen Gegebenheiten widerspiegeln. Diese Karten orientieren sich oft auch an der (ursprünglichen) klimabedingten Verbreitung typischer natürlicher Pflanzenformationen, die es heute häufig nicht mehr (in dieser Form) gibt. Ein Problem stellt auch die oft fachlich wie didaktisch unzureichende Berücksichtigung von Höhenklimaten der Gebirge dar. Zudem werden v. a. bei KÖPPEN/GEIGER und TROLL/PAFFEN zum Ausweis arider und humider Zeiträume – aus damaligem Mangel an entsprechender Datengrundlage – Temperatur und Niederschlag zueinander in Beziehung gesetzt (vgl. Klimadiagramme nach WALTER/LIETH 1960). Dies ist physikalisch nicht korrekt und führt in vielen Teilen

der Erde zu einer Überschätzung des Feuchtigkeitsangebotes. Demgegenüber basieren aktuelle Ansätze wie etwa von SIEGMUND/FRANKENBERG (2008) (vgl. DIERCKE WELTATLAS 2008, 226/227) auf aktuellen globalen und inzwischen deutlich dichteren Datensätzen, die über die Ermittlung der sogenannten potenziellen Landschaftsverdunstung auch ein wissenschaftlich und klimatisch exakteres Ausweisen des Wasserhaushalts erlauben (vgl. SIEGMUND 2006).

Literatur

DIERCKE WELTATLAS (2008). Neubearbeitung. Braunschweig.

KÖPPEN, W. & R. GEIGER (1928): Erläuterungen zur Ergänzungskarte der Erde. – In: HAACK, H. [Hrsg.] (1928): Physikalischer Wandatlas. Eine Sammlung von Karten und Tafeln zur allgemeinen Erdkunde für den Unterricht. Gotha.

LAUER, W. & P. FRANKENBERG (1988): Klimaklassifikation der Erde. Erläuterungen zur Klimakarte im Diercke-Atlas. – In: Geographische Rundschau, 40, 6, 55 – 59.

NEEF, E. (1954): Erläuterungen zur Wandkarte „Die Erde, Klimazonen". Gotha.

SIEGMUND, A. (1995): Die Klimatypen der Erde – ein computergestützter Klassifikationsentwurf unter besonderer Berücksichtigung didaktischer Aspekte (= Materialien zur Geographie, Bd. 28). Mannheim.

SIEGMUND, A. (2006): Angewandte Klimageographie. Klimatabellen und ihre Auswertung. Diercke Spezial. Braunschweig.

SIEGMUND, A. & P. FRANKENBERG (1999): Die Klimatypen der Erde – ein didaktisch begründeter Klassifikationsversuch. – In: Geographische Rundschau, 51, 9, 494 – 499.

SIEGMUND, A. & P. FRANKENBERG (2008): Erde – Klima. – In: DIERCKE-WELTATLAS (2008). Braunschweig, 226 – 227.

TROLL, C. & K.-H. PAFFEN (1963): Jahreszeitenklimate der Erde – der jahreszeitliche Ablauf des Naturgeschehens in den verschiedenen Klimagürteln der Erde. – In: RODENWALDT, G. & H. J. JUSATZ [Hrsg.] (1963): Weltkarten zur Klimakunde. Berlin, Göttingen, Heidelberg, 7 – 28.

WALTER, H. & H. LIETH (1960): Klimadiagramm-Weltatlas. Jena.

Alexander Siegmund

Kollaboratives Lernen

Definition

Kollaboratives Lernen bezeichnet einen Lernprozess, bei dem mehrere Lernende in verschränkten Arbeitsprozessen an einer gemeinsamen Aufgabe arbeiten.

Anders als beim kooperativen Lernen erfolgt hierbei keine Arbeitsteilung unter den Gruppenmitgliedern, vielmehr verfügen alle über die gleiche Wissensbasis und unterstützen sich gegenseitig.

Klassifikation

Das interdisziplinär diskutierte Konzept basiert wie das kooperative Lernen auf einem konstruktivistischen Lernverständnis. Das gemeinschaftlich erarbeitete Ergebnis ist mehr als die Summe der (Arbeits-)Teile, Kollaboration stellt eine essentielle Kompetenz in der gegenwärtigen Berufswelt dar. Im 4K-Modell stellt Kollaboration neben Kommunikation, Kreativität und kritischem Denken eine von vier Kompetenzen für Lernen im 21. Jahrhundert dar.

Über digitale und soziale Medien (→ Web 2.0) lassen sich gemeinsam Dokumente verfassen, kommentieren und überarbeiten, mit Nutzer:innen weltweit virtuelle Welten erstellen oder über Lernplattformen zeitunabhängig zusammenarbeiten. Kollaboratives Lernen kann als Grundelement einer Neuen Lern- und Prüfungskultur verstanden werden. In diesem Kontext ist zu diskutieren, wie Kollaboration ebenso in Prüfungssituationen integriert werden kann. Damit einher gehen neue Rollenverständnisse von Lernenden und Prüfenden und eine gemeinsame Verantwortung für Lernprodukte (NOELTE 2022).

Zur geographiedidaktischen Diskussion

Während kollaboratives Lernen in vielfältiger Form im Unterricht Einsatz finden kann, beziehen sich viele Anwendungsbeispiele aus dem Geographieunterricht auf den Kompetenzbereich räumliche Orientierung : Über interaktive Karten und Webmapping-Tools können Lernende durch kollaboratives Arbeiten beispielsweise in partizipative Raumplanungsprozesse eingebunden werden (VOGLER et al. 2010). Für die Gestaltung und Diskussion von geovisualisierten Daten mittels Web 2.0 wird darüber hinaus der Begriff „Geokollaboration" verwendet.

Durch die Verwendung digitaler Endgeräte ist Kollaboration über Lernplattformen oder Schulclouds mittlerweile einfach in den Unterricht zu integrieren. Kollaboratives Lernen kann sehr gut, muss aber nicht über digitale Werkzeuge erfolgen. Für eine kollaborative Kartierung kann WebG(I)S genauso genutzt werden wie Stift und Papier. Das Web 2.0 erweitert allerdings enorm den Nutzendenkreis. Neben der Kollaboration einzelner Schüler:innen einer Klasse wird kollaboratives Lernen mitunter auch als schul- oder länderübergreifende Zusammenarbeit von Schulklassen verstanden. Durch diese Arbeitsweise entstehen nachweislich positive Lerneffekte u.a. durch den Austausch differierender internationaler Perspektiven, sowie tieferes Verständnis von globalen Verflechtung und räumlichem Problemlösen (KLEIN, SOLEM 2008).

Zu einer effektiven Implementierung kollaborativer Arbeitsweisen in die Vermittlung geographischer Inhalte in Studium und Schule sind nach JEKEL, PREE UND KRAXBERGER (2007) jedoch auch eine neue Kultur der Leistungserhebung sowie eine veränderte Lehrkräfterolle vonnöten. Denn wird kollaborativ im Unterricht gelernt, sollte Kollaboration auch in der

Prüfungssituation ermöglicht und genutzt werden (z. B. durch „Test zu zweit"), um die Prüfungskultur an die Lernkultur anzupassen (Noelte 2022).

Literatur

Jekel, T., Pree, J. & V. Kraxberger (2007): Kollaborative Lernumgebungen mit digitalen Globen – eine explorative Evaluation. – In: Jekel, T., Koller, A. & J. Strobl [Hrsg.] (2007): Lernen mit Geoinformation II. Heidelberg, 116–126.

Klein, P. & M. Solem (2008): Evaluating the impact of international collaboration on geography learning. – In: Journal of Geography in Higher Education, 32, 2, 245–267.

Noelte, B. (2022): Upgrade: Kollaboratives Lernen. Sehen – fördern- bewerten. Kallmeyer.

Vogler, R. et al. (2010): Partizipative Planung, kollaboratives Lernen und digitales Webmapping – Versuch einer Schnittmengenkonstruktion. – In: GW-Unterricht, 120, 15–29.

Nina Brendel

Kompetenz

Definition

Kompetenzen sind „die bei Individuen verfügbaren oder durch sie erlernbaren kognitiven Fähigkeiten und Fertigkeiten, um bestimmte Probleme zu lösen, sowie die damit verbundenen motivationalen, volitionalen [willensbestimmten, d. V.] und sozialen Bereitschaften und Fähigkeiten, um die Problemlösungen in variablen Situationen erfolgreich und verantwortungsvoll nutzen zu können" (Weinert 2001, 27 f).

Klassifikation

Der (erziehungswissenschaftliche, schulpolitische und fachdidaktische) Begriff „Kompetenz" hat u. a. den Begriff „Qualifikation" abgelöst: Das Ziel ist „Mündigkeit als Kompetenz für verantwortliche Handlungsfähigkeit" (Roth 1971, 180). Üblich geworden ist dabei – u. a. in den Präambeln der (→) Lehrpläne – die Unterscheidung von Sachkompetenz, Sozial-

kompetenz und Selbstkompetenz. Damit wird der kognitive Bereich von Wissen und Können erweitert um den Bereich von (subjektiver) Motivation und Willen sowie um den Bereich der (sozialen) Kontexte und Situationen. Abgerufen wird nicht mehr die Reproduktion von Inputs; vielmehr geht es um Outputs im Sinne der oben genannten Fähigkeiten.

Kompetenz ist ein Begriff u. a. aus der kritisch-konstruktiven Didaktik (Klafki 1976), in der die materialen Bildungsinhalte (notwendiges Wissen) und die formalen Bildungskonzepte (Verhalten und Motivation) verbunden werden zu einer kategorialen Bildung. Ein Inhalt kann dann zur Bildung führen, wenn er elementar ist (über sich selbst hinausweist), wenn er fundamental ist (Grunderfahrungen und Einsichten in die Welt erlaubt) und wenn er exemplarisch ist (als Einzelfall zugleich für einen Typus steht).

Bei der konkreten Formulierung von Kompetenzen für fachliche Bildungsstandards geht man entsprechend davon aus, dass anhand von fachlichen Beispielen und Wissensbeständen allgemeine Dispositionen zur Problemlösung und Handlungsorientierung entwickelt werden sollen; damit sollen im Prinzip alle fachlichen Herausforderungen bewältigt werden. Dies ist nicht zuletzt angesichts der geringen Stundenanzahl für ein Übermaß des Wissens unumgänglich.

Die Kompetenzbereiche lauten in den verschiedenen Fächern ähnlich; die Schüler sollen die Kompetenzen nicht einzelnen Fächern zuordnen, sondern diese zugleich als überall und immer wieder zu erprobende Fähigkeiten erkennen. Lesen und Textverständnis sind nicht nur Sache des Deutschunterrichts, Größen und Messen nicht nur Sache der Mathematik, Urteilen und Bewerten nicht nur Sache des Ethikunterrichts. Die Kompetenzbereiche bilden zusammen die angestrebte Fachkompetenz. Für die Mathematik (hier: KM Hessen,

2011) wurden z. B. folgende Kompetenzbereiche vereinbart: Darstellen, Kommunizieren, Argumentieren, Umgehen mit symbolischen, formalen und technischen Elementen, Problemlösen, Modellieren.

Für den Geographieunterricht (DGfG, 2012) wurden folgende (→) Kompetenzbereiche vereinbart, die wie in einem Spinnennetz miteinander in Spannung stehen: Fachwissen, Räumliche Orientierung, Erkenntnisgewinnung und Methoden, Kommunikation, Beurteilen und Bewerten, Handlungsorientierung.

Zur geographiedidaktischen Diskussion

Bei der Aufstellung der (→) Bildungsstandards Geographie waren zunächst vier Fachvertreter verschiedener Denkschulen der universitären Fachdidaktik beteiligt; dies sollte neben der Pluralität in der Sache auch die spätere Auseinandersetzung um das Konzept rationalisieren und erleichtern. Darüber hinaus waren alle Lehrerinnen und Lehrer aufgerufen, Aufgabenbeispiele zu entwickeln und damit auch die Machbarkeit der Bildungsstandards zu testen. Dieser Aufforderung sind mehrere hundert Fachlehrer gefolgt. Die dann folgende Implementierung bezog sich immer auch auf die schließlich ausgewählten 14 Aufgaben und konnte so kritisch-konstruktiv werden.

Gleichwohl entstand einige Jahre später erneut eine recht massive bildungstheoretische Auseinandersetzung um das Konzept: Kann man zugleich fachlich und methodisch standardisieren und subjektiv bilden? Mehrere Diskussionsfronten sind zu identifizieren:

Traditionelle Fachvertreter und Teile der Öffentlichkeit und Bildungsverwaltung behaupten den Primat des Fachwissens (z. B. eine basale topographische Orientierung) als Voraussetzung aller weitergehenden kognitiven oder handlungsorientierten Tätigkeiten.

Kritiker dieses Primats betonen dagegen die Gütekriterien eines relevanten Fachwissens, die nicht nur in den Kriterien einer bildungstheoretischen Didaktik zu sehen sind (Elementarität, Fundamentalität, Exemplarität), sondern auch in den Unterrichtsprinzipien der Problemorientierung, der Situationsgebundenheit, der Reflexivität und der Motivation der Schüler. Anstelle von „trägem Wissen" wird hier ein operatives/situiertes/reflexives Wissen angestrebt.

Die Bildungsstandards versuchen, die Kompetenzbereiche zu einem Netzwerk („Kompetenzspinne") zu verbinden, in dem Fachwissen als ein Kompetenzbereich neben fünf anderen (s. o.) eine relationale Rolle spielt.

Die Idee einer Standardisierung wird dagegen von fundamentalen, bildungstheoretisch und pädagogisch argumentierenden Kritikern als alter Wein in neuen Schläuchen betrachtet, insbesondere als Etikettenschwindel im Interesse einer ökonomisierten und funktionalisierten Schulausbildung (angefangen beim bloßen *training for the test* für die Entwicklung fungibler und flexibler Arbeitskräfte). Sie sprechen von einem Diktat der Standardisierung. Durch die Output-Orientierung und das Abfragen von Standards werde zudem die gesamte Verantwortung für den Output auf Lehrer und Schüler verlagert, ohne dass dazwischen noch Raum für subjektive Bildungsprozesse, für Bildungs-Reflexion und -Legitimation sei. Vertreter eines selbstreflexiven Kompetenzbegriffs sehen dagegen den Fortschritt, der weg von der reinen Instruktion und behavioristischen Lernzielorientierung hin zu einem komplexen problemlösenden und sozial vernetzten Unterrichtsprozess führen kann. Gütekriterium ist hier vor allem die Reflexivität im Umgang mit Problemen, mit Wissen und mit dem pädagogischen Bezug Schüler-Lehrer im System Schule.

(vgl. für die Auseinandersetzung in der Geographiedidaktik z. B. DICKEL 2011 und RHODE-JÜCHTERN und weitere Beiträge in GW-Unterricht, 2011).

Literatur

DEUTSCHE GESELLSCHAFT FÜR GEOGRAPHIE (DGfG) [Hrsg.] (2006, 2010, 2012): Bildungsstandards im Fach Geographie für den Mittleren Schulabschluss. Mit Aufgabenbeispielen. Bonn.

DICKEL, M. (2011): Geographieunterricht unter dem Diktat der Standardisierung. Kritik der Bildungsreform aus hermeneutisch-phänomenologischer Sicht. – In: GW-Unterricht, 123, 3–23.

HAVERSATH, J.-B. [Hrsg.] (2010): Themenheft zum kompetenzorientierten Geographieunterricht. – In: Geographie und ihre Didaktik, 38, 3.

HEMMER, I. (2012): Standards und Kompetenzen. – In: HAVERSATH, J.-B. [Moderator] (2012): Geographiedidaktik. Braunschweig, 90–106.

HENTIG, VON H. (1985): Die Menschen stärken, die Sachen klären. Ein Plädoyer für die Wiederherstellung der Aufklärung. Stuttgart.

KLAFKI, W. (1976): Aspekte kritisch-konstruktiver Erziehungswissenschaft. Weinheim.

KLIEME, E. et al. (2003): Zur Entwicklung nationaler Bildungsstandards. Eine Expertise für das BMBF. Bonn.

KULTUSMINISTERIUM (KM) HESSEN (2011): Kompetenzorientierung im Unterricht. Wiesbaden.

MEYER, C., RODERICH, H. & G. STÖBER [Hrsg.] (2011): Geographische Bildung. Kompetenzen in der didaktischer Forschung und Schulpraxis. Braunschweig.

RHODE-JÜCHTERN, T. (2011): Diktat der Standardisierung oder didaktisches Potenzial? – Die Bildungsstandards Geographie praktisch denken. – In: GW-Unterricht, 124, 3–114.

ROTH, H. (1971): Pädagogische Anthropologie, Bd. II. Entwicklung und Erziehung. Grundlagen einer Entwicklungspädagogik. Hannover.

WEINERT, F. E. (2001): Leistungsmessung in Schulen. Weinheim, Basel.

Tilman Rhode-Jüchtern

Kompetenzbereich Beurteilung/Bewertung

Definition

Bewertungskompetenz ist die „Fähigkeit, raumbezogene Sachverhalte und Probleme, Informationen in Medien und geographische Erkenntnisse kriterienorientiert sowie vor dem Hintergrund bestehender Werte in Ansätzen beurteilen zu können" (Bildungsstandards Geographie, DGfG 2012, 9).

Klassifikation

In der Geographie besteht (noch) kein Konsens über ein bestimmtes Modell zum Erwerb von Bewertungskompetenz. COEN/HOFFMANN (2010) haben für die Geographie Dimensionen geographischer Beurteilungs- und Bewertungskompetenz aufgezeigt, die im Unterricht gefördert werden. Hierzu zählen der Sachbezug, die Konstruktion, die Erkenntnisgewinnung, der Wertebezug, der Perspektivenwechsel sowie die Kommunikation. Das Fachwissen sollte in Zusammenhänge gestellt werden. Darüber hinaus sollte das Bewusstsein für die Konstruktion von Räumen geschärft werden. Beim Generieren und Reflektieren von Sachinformationen sollte zudem eine gewisse Medienkompetenz vorhanden sein (→ Kompetenzbereich Beurteilung, Bewertung; → Medienerziehung). Der Wertebezug bedeutet, dass die Wertgebundenheit von Entscheidungen berücksichtigt werden soll, und grenzt sich somit von einem intuitiven oder rechtfertigenden Entscheiden ab (→ Werteerziehung/ethnisches Urteilen). Die eigene Perspektive soll somit erweitert werden, gleichzeitig soll aber auch deren Begrenztheit reflektiert werden. Schließlich soll die Fähigkeit zu sachangemessener, situationsangemessener sowie adressatengerechter Kommunikation gefördert werden (→ Kompetenzbereich Kommunikation).

Zur geographiedidaktischen Diskussion

Die Fähigkeit zur Beurteilung/Bewertung wird in der Geographiedidaktik sowohl im Rahmen (→) globalen Lernens/interkulturellen Lernens als auch im Bereich der Werteerziehung/ethisches Urteilen diskutiert. Die Bewertungskompetenz wird aufbauend auf Systemkompetenz als Grundlage für Handlungskompetenz gesehen. Sie zielt darauf ab, unterschiedliche Werte zu reflektieren und zu akzeptieren. Hier besteht eine enge Verbindung zum (→) interkulturellen Lernen. Durch das Abwägen und Einbeziehen unterschiedlicher Werte und Normen sollen Schülerinnen und Schüler zum (→) Perspektivenwechsel befähigt werden, indem sie Phänomene aus unterschiedlicher Sicht beurteilen können. Für den Geographieunterricht ist es darüber hinaus wichtig, Schüler zu befähigen, unterschiedliche Interessen von Akteuren aufzudecken. Auch hier sind die jeweiligen Normen und Werte zu berücksichtigen. Methodisch spielen der (→) Dilemma-Diskurs sowie der praktische Syllogismus eine bedeutende Rolle. Beim praktischen Syllogismus wird im unterrichtlichen Kontext das Argumentationsmodell in folgende Teile gegliedert:

1. deskriptive Prämisse (Kennzeichen, Entscheidungs- und Handlungsmöglichkeiten, Folgen)
2. präskriptive Prämisse (unterschiedliche Wertmaßstäbe und Normen)
3. Konklusion.

Wichtig ist, die den Entscheidungen und Handlungen zugrunde liegenden Werte und Normen herauszuarbeiten. Das kann auch durch Aufgaben geschehen, die keine eindeutige Lösung zulassen.

Literatur

COEN, A. & K. W. HOFFMANN (2010): Beurteilen und Bewerten. Schlüsselkompetenzen eines modernen Geographieunterrichts. – In: Praxis Geographie, 40, 5, 10–11.
DEUTSCHE GESELLSCHAFT FÜR GEOGRAPHIE (DGfG) [Hrsg.] (2012): Bildungsstandards im Fach Geographie für den Mittleren Schulabschluss. Berlin.
Eggert, S. & S. Bögeholz (2006): Göttinger Modell der Bewertungskompetenz – Teilkompetenz „Bewerten, Entscheiden, Reflektieren" für Gestaltungsaufgaben Nachhaltiger Entwicklung. – In: Zeitschrift für Didaktik der Naturwissenschaften, 12, 177–199.
MEYER, C. & D. FELZMANN (2010): Ethische Urteilskompetenz im Geographieunterricht – theoretische Grundlagen für die Entwicklung eines Kompetenzmodells. – In: Geographie und ihre Didaktik, 38, 3, 125–132.
WILHELMI, V. (2007): Werteorientierte Urteilskompetenz. Ihre Rolle im Geographieunterricht. – In: Praxis Geographie, 37, 7/8, 30–33.

Gabriele Schrüfer

Kompetenzbereich Erkenntnisgewinnung/ Methoden

Definition

Der Kompetenzbereich Erkenntnisgewinnung/Methoden umfasst

1. die Kenntnis von geographisch/geowissenschaftlichen Informationsquellen, -formen und -strategien,
2. die Fähigkeit der Informationsgewinnung,
3. die Fähigkeit der Informationsauswertung und
4. die Fähigkeit, die methodischen Schritte zu geographisch/geowissenschaftlicher Erkenntnisgewinnung in einfacher Form zu beschreiben und zu reflektieren (DGfG 2012, 18–21).

Klassifikation

Mit dieser Begriffsbestimmung wird eine Definition vermieden, die nur den Umgang mit gegebenen Sachverhalten und Lernstoffen umfassen würde (z. B. Orte im Atlas suchen, Statistiken in Worte fassen, Merkmale von Ländern oder Ethnien aus Texten oder Bildern heraussuchen). Vielmehr wird – bezogen auf lohnende und ergebnisoffene Fragestellungen und dazugehörige Hypothesen – gefragt:
- welche Medien, Quellen und Informationen
- in welcher Form aufgesucht und ausgewählt werden können

- wie diese – womöglich je nach Art der Beobachtung und Zielstellung verschieden – ausgewertet werden können
- und wie man diesen Prozess metakognitiv nachvollziehen und reflektieren kann.

Daraus ergibt sich die Aufgabe, einen vernünftigen Umgang mit dem Übermaß des Wissens und ungefilterter Informationen zu erlernen. Dieser Umgang soll bewusst nicht nur als Reproduktion fertiger Informationen vollzogen werden, sondern als ein konstruktiver Prozess mit unterschiedlichen möglichen Pfaden. Der Gegenstand der Beobachtung ändert sich allein schon durch die Beobachtung und erhält eine bestimmte Charakteristik (in der Physik bekannt als das Heisenberg-Prinzip).
Ein wichtiges Prinzip für eine reflexive Erkenntnisgewinnung ist der bewusste Umgang mit der Reduktion von Komplexität. Ziel darf nicht sein, schwierige Sachverhalte für die Schule zu versimpeln; vielmehr sollten die komplexen Dinge und Bezüge multiperspektivisch entfaltet und nach und nach bearbeitet werden, immer im Bewusstsein der selektiven Pfade und Methoden und der übrigen Sachaspekte im Hintergrund.

Zur geographiedidaktischen Diskussion

Es wird in der Geographiedidaktik nicht infrage gestellt, dass Methoden und Erkenntnispfade reflektiert verwendet werden sollten. Dies ist aber ein anspruchsvoller Standard, der von der Lehrerausbildung und den Lehrkräften selbst erst einmal entwickelt werden muss. Ein umfassendes Kompetenzmodell dafür liegt noch nicht vor; andere Fachdidaktiken, wie der Chemie und Biologie, lassen diese über das IPN in Kiel arbeitsteilig an verschiedenen Universitäten im Kontext der Bildungsstandards erarbeiten („Chemie im Kontext", „Biologie im Kontext").

Reflexion darf nicht als private/subjektive oder beliebige (Luxus-)Tätigkeit erscheinen. Die Reflexion und ihre Befunde müssen kommunizierbar gemacht werden.
Einfache Standard-Fragen für den reflexiven Umgang mit Problemstellungen und Informationen im Geographieunterricht können sein:
- Wer beobachtet?
- Was wird beobachtet?
- Wie wird beobachtet?
- Wie könnte auch anders beobachtet werden?

Literatur

Deutsche Gesellschaft für Geographie (DGfG) [Hrsg.] (2012): Bildungsstandards im Fach Geographie für den Mittleren Schulabschluss – mit Aufgabenbeispielen. Bonn.

Kompetenzen: Methoden, Erkenntnisgewinnung (Themenheft). – In: Praxis Geographie, 38, 7 – 8.

Mayer, J. (2007): Erkenntnisgewinnung als wissenschaftliches Problemlösen. – In: Krüger, D. & H. Vogt [Hrsg.] (2007): Theorien in der biologiedidaktischen Forschung. Berlin, Heidelberg, New York.

Mayer, J., Grube, C. & A. Möller (2009): Kompetenzmodell naturwissenschaftlicher Erkenntnisgewinnung. – In: Harms, U. & A. Sandmann [Hrsg.] (2009): Lehr- und Lernforschung in der Biologiedidaktik, Bd. 3. Innsbruck, 63 – 79.

Rhode-Jüchtern, T. (2001): Perspektivenwechsel als Verstehenskultur. Über ein produktiv-konstruktives Konzept für die Geographie. – In: Internationale Schulbuchforschung, 23, 4, 423 – 438.

Rhode-Jüchtern, T. & A. Schneider (2012): Wissen, Problemorientierung, Themenfindung im Geographieunterricht. Schwalbach.

Schneider, A. (2012): Erkenntnisfiguren. Werkzeuge geographischer Reflexion (= Kleine Reihe Geographie, Bd. 4). Schwalbach.

Tilman Rhode-Jüchtern

Kompetenzbereich Fachwissen

Definition

Der Kompetenzbereich Fachwissen wird im Kontext der Fachwissenschaft wie folgt definiert: „Die Fachwissenschaft Geographie betrachtet die Erde als Mensch-Erde-/Umwelt-System unter räumlicher Perspektive. (...) Die Breite und Komplexität der Inhalte erfordern für das Schulfach die Reduktion auf den Kern geographischen/geowissenschaftlichen Wissens und ein exemplarisches Vorgehen. Dies kann auf der Grundlage von Basiskonzepten geschehen, welche die Inhalte des Faches Geographie strukturieren" (Bildungsstandards Geographie, DGfG 2012, 10).

Als Basiskonzept wird die Systemtheorie bestimmt. Es werden fünf Teilkompetenzen benannt, denen 25 Einzelstandards zugeordnet sind: (1) Fähigkeit, die Erde als Planeten zu beschreiben, (2) Fähigkeit, Räume unterschiedlicher Art und Größe als naturgeographische Systeme zu erfassen, (3) Fähigkeit, Räume unterschiedlicher Art und Größe als humangeographische Systeme zu erfassen, (4) Fähigkeit, Mensch-Umwelt-Beziehungen in Räumen unterschiedlicher Art und Größe zu analysieren und (5) Fähigkeit, individuelle Räume unterschiedlicher Art und Größe unter bestimmten Fragestellungen zu analysieren (DGfG 2012, 13 – 16).

Klassifikation

Das gemeinsame (→) Basiskonzept „System" befreit das Schulfach Geographie davon, die verschiedenen Theorien und Methoden der physisch-geographischen und der sozial-wissenschaftlichen Geographie/Geowissenschaften hinreichend solide zu kennen und zu handhaben; das wäre im Schulunterricht auch kaum seriös zu leisten. Stattdessen wird der Grundgedanke der Systemtheorie(n), nämlich die Vernetzung und Wechselwirkung der Phänomene, genutzt. Dabei ist allerdings darauf zu achten, dass ein natürliches System anders funktioniert als ein soziales System. Ein natürliches System ist weitgehend als kausales Gefüge zu erkennen, ein soziales System

dagegen als Gefüge von subjektiven, politischen, ökonomischen und ethischen Bedeutungszuweisungen verschiedener Akteure/Akteursgruppen und deren Kommunikation. Außerdem muss bewusst gemacht werden, dass auch die systemische Betrachtung jeweils eine Konstruktion ist: Etwas wird nicht an sich, sondern unter bestimmten Aspekten als etwas betrachtet.

Der Systembegriff der Bildungsstandards wird aufgegliedert in drei Ebenen: Die Struktur des Systems enthält die Elemente und deren Beziehungen an der erkennbaren Oberfläche; die Funktion des Systems betrifft den Sollzustand; die Prozesse in einem System beschreiben die tatsächlichen Zustände in einer bestimmten Situation →Systemkompetenz).

Wenn das Fachwissen exemplarisch und als Wissen von Systemen gehandhabt wird, kann damit jedes Problem in einer kompatiblen Weise bearbeitet werden: (1) Was fällt auf als ungelöstes, aber lösungsbedürftiges Problem, wie lässt sich dieses als beobachtbare Struktur/Oberfläche darstellen? (2) Wie sollte das System im Idealfall funktionieren und (3) wo lassen sich im konkreten Fall Abweichungen vom Gleichgewicht feststellen?

Diese drei Fragestellungen lassen sich auf jeden Einzelfall und folglich auch auf Orte/Regionen beziehen. Sie machen das jeweilige Thema dynamisch und erfordern ein vernetzendes Denken.

Die Themen werden nicht mehr aus dem unendlichen Vorrat und Kanon des disziplinären Fachwissens gewonnen, sondern aus Problemorientierungen, wofür Fachwissen herangezogen wird. Die Schüler brauchen einen fundamentalen und exemplarischen Erfahrungsschatz im Fach, aus dem heraus die System-Strukturen, System-Funktionen und System-Prozesse beschrieben werden können; damit können dann auch die lohnenden und noch zu lösenden Fragen erkannt werden

(In der Wissenschaft würde man hier von der Forschungsfront sprechen, die aus der Spannung von Wissen und Nichtwissen entsteht).

Zur geographiedidaktischen Diskussion

Die Idee vom Brückenfach Geographie (→ Brückenfunktion) oder gar vom (→) Zentrierungsfach ist von alters her weit verbreitet; die „zentrierten" Fächer (Ökonomie, Geophysik etc.) werden hier als Hilfswissenschaften oder als von der Geographie mit betreut angesehen. Aus allen einschlägigen Fächern wären dann basale Kenntnisse nötig, damit sie als Fächer jeweils thematisch „zentriert" werden können. Kritiker verweisen darauf, dass dies zwar angesichts der Komplexität der Themenfelder der Geographie praktisch wäre, aber nicht zu leisten ist. Dies liegt nicht nur an der Stundentafel, sondern vor allem an der Verschiedenartigkeit der Wissenschaften und ihrer Erkenntnisgewinnung (→ Kompetenzbereich Erkenntnisgewinnung). Selbst innerhalb der Geographie wird die Nicht-Integrierbarkeit der beiden Fächerteile Physische Geographie und Humangeographie behauptet. Stattdessen gibt es den Vorschlag, in einer „dritten Säule" zwischen der physischen und der sozialwissenschaftlichen Geographie die Themen zu definieren und dann nach Bedarf in den beiden Fachsäulen (oder bei anderen Fächern) nach fachlicher Hilfe zu suchen. Damit hat das Fachwissen keinen Selbstzweck als bloßes Vorrats- und Orientierungswissen, sondern ist die Basis zum Erkennen von Problemen und Fragestellungen.

Literatur

DEUTSCHE GESELLSCHAFT FÜR GEOGRAPHIE (DGfG) [Hrsg.] (2012): Bildungsstandards im Fach Geographie für den Mittleren Schulabschluss. Bonn.

FALK, G. (2006): Geographische Theorien und Konzepte pädagogisch fruchtbar machen. – In: HAUBRICH, H. [Hrsg.] (2006): Geographie unterrichten lernen. Die neue Didaktik der Geographie konkret. München, 27–48.

GEBHARD, H. et al. [Hrsg.] (2007): Geographie. Physische Geographie und Humangeographie (Bes. Kap. 4: Das Drei-Säulen-Modell der Geographie, 65–76). München.

REINFRIED, S. (2006): Interessen, Vorwissen, Fähigkeiten und Einstellungen von Schülerinnen und Schülern berücksichtigen. – In: HAUBRICH, H. [Hrsg.] (2006): Geographie unterrichten lernen. Die neue Didaktik der Geographie konkret. München, 50–78.

RHODE-JÜCHTERN, T. (2010): Wissen, Nichtwissen, Nichtweiter-Wissen? Sieben Versuche zu einem angestrengten Begriff. – In: Zeitschrift für Didaktik der Gesellschaftswissenschaften, 1, 11–41.

RHODE-JÜCHTERN, T. & A. SCHNEIDER (2012): Wissen, Problemorientierung, Themenfindung im Geographieunterricht. Schwalbach/Ts.

Tilman Rhode-Jüchtern

Kompetenzbereich Handlung

Definition

Handlungsorientierung ist die Fähigkeit, „auf der Grundlage der erworbenen Kompetenzen in allen bisher dargestellten Bereichen potentiell in konkreten Handlungsfeldern sach- und raumgerecht tätig zu werden, zu Lösungen von Problemen beizutragen" und dazu auch bereit zu sein (→ Bildungsstandards Geographie; DGfG 2012, 25).

Dabei wird unterschieden zwischen Informationshandeln, politischem Handeln und Alltagshandeln. Grundlegend ist das Verständnis des Zusammenwirkens von natur- und humangeographischen Faktoren auf verschiedenen Maßstabsebenen, die Kenntnis von verschiedenen Wertesystemen („Handlungslogiken" und „-grammatiken"), das Denken in Alternativen und die Reflexion möglicher Folgen.

Klassifikation

Die Liste der einzelnen Kompetenzen, aufgrund derer Handlungen gelingen können, ist lang: Kooperation und Partizipation, Abwägung von Alternativen und Risiken, Analyse dynamischer Systeme, Dialogfähigkeit und

Selbstreflexion u.v.m. Da es sich hier aber zunächst um wohlmeinende Leerformeln handelt, sind für die tatsächliche Entwicklung dieser Kompetenzen theoretische und praktische Klärungen notwendig.

Dazu gehören die Klärung und Reflexion der eingenommenen Perspektive, d. h. der Wahrnehmung bestimmter Situationen und Kontexte, eigener und fremder Pfade sowie der Kontingenz der Deutungen („etwas kann so sein, es könnte aber auch ganz anders sein") (vgl. → Perspektivenwechsel).

Die handlungsleitenden Perspektiven haben ihrerseits verschiedene Aspekte (vgl. DENK-SPIEGEL 2007); sie können in jeder Handlung analysiert und dekonstruiert werden:

- räumlicher Aspekt: Wer den Standort im Raum verändert, verändert damit auch das Blickfeld auf ein Phänomen, z. B. Innen – Außen, Nähe – Ferne.
- zeitlicher Aspekt: Wer sich in eine andere Zeit hineindenkt, bezieht die spezifischen Bedingungen einer historischen Situation in die Problematik und Interpretation ein.
- sozialer und situativer Aspekt: Wer sich gedanklich in die Haut der anderen („von dir aus gesehen", „stell dir vor") und in andere Situationen versetzt, weiß mehr über die vielfältigen Gründe und Motive des Handelns in der Gesellschaft; er wird – potenziell – fähig zur (→) Empathie und zur Abwägung zwischen Optionen.
- individueller Aspekt: Die „Dezentration" vom eigenen Zentrum und der „Geist der Gegenseitigkeit" (PIAGET 1969) sind eine Fähigkeit, die gewollt und gelernt werden will; diese Haltung setzt aber ein gefestigtes Ich voraus. „Ich sehe das – was siehst du?"
- sachlicher Aspekt: Alle Phänomene können mit verschiedenen Methoden dargestellt und analysiert werden, je nachdem, was der Produzent dieser Abbildung/Analyse damit bezweckt. Die Verbindung von Sa-

che, Absicht und Produkt soll erkannt und bewusst gestaltet werden.
- gestalterischer Aspekt: Wahrnehmung wird mit Ausdruck und Gestaltung verbunden.
- kognitiver Aspekt: Austausch über eigene und fremde Wahrnehmung und Gestaltung.

Zur geographiedidaktischen Diskussion

Es gibt eine langwährende Debatte in der Geographiedidaktik, wie das unterrichtliche Ziel und die gesellschaftliche Kompetenz fachspezifisch zu benennen wäre, z. B. „Raumverhaltenskompetenz" (KÖCK) oder „raumbezogene Handlungskompetenz"; hier wird sogar die sozialwissenschaftlich eingeführte Differenz von reaktivem Verhalten und intentionalem Handeln infrage gestellt (KÖCK 2011). Damit soll die fachliche Legitimation markiert werden; denn „räumlich" denken auch andere Fächer (vgl. z. B. den Buchtitel eines Historikers: „Im Raume lesen wir die Zeit" oder den *spatial turn* in der Soziologie/Stadtforschung etc.). Handeln soll sowohl in seiner Raumgebundenheit als auch in seiner Raumwirksamkeit untersucht werden. Die Definition der Bildungsstandards zeigt, dass hier ein Dilemma vorliegt: In dem Prädikat „sach- und raumgerecht" wird eine Unterscheidung gemacht, die nicht gewollt sein kann. „Räumlichkeit" ist immer Teil der „Sache". Es erleichtert die Aufgabe nicht, wenn man einen nur-räumlichen/raumbezogenen Handlungsbegriff installieren wollte, denn dieser bleibt auch dann in seiner Komplexität bestehen. Man kann aber den räumlichen Aspekt in seinen Bedeutungen besonders betonen/fokussieren.

Eine weitere Diskussionslinie betrifft die Frage, ob (→) Handlungsorientierung als unterrichtliches Prinzip verstanden werden soll; dann ginge es um die Aktivierung der Schüler in allen möglichen Tätigkeiten, über die bloße Rezeption hinaus. Oder Handlungsorientierung soll propädeutisch für das Leben außerhalb der Schule entwickelt werden, in Tätigkeiten und Übungen für potenzielle Handlungsfelder (z. B. Planspiele, Rollenspiele, Debatten). Ein Problem ist hier, inwieweit Schüler schon dadurch lernen können, dass sie noch Nicht-Gewusstes und Nicht-Erfahrenes auf einem soliden Niveau gedanklich bewegen sollen.

Literatur

Denkspiegel. Schlüsselkompetenz: Reflexionsfähigkeit (Themenheft) (2007). – In: Profi-L. Magazin für das Lehren und Lernen, 1. – In: http://profi-l.info/web/sites/default/files/complete/2007-01.pdf (Letzter Zugriff: 26.02.2013).

DEUTSCHE GESELLSCHAFT FÜR GEOGRAPHIE (DGfG) [Hrsg.] (2012): Bildungsstandards im Fach Geographie für den Mittleren Schulabschluss. Bonn.

DICKEL, M. & D. KANWISCHER [Hrsg.] (2006): TatOrte. Neue Raumkonzepte didaktisch inszeniert. Münster.

KÖCK, H. (2011): Raumbezogene Handlungskompetenz – eine begriffskritische Betrachtung. – In: Geographie und ihre Didaktik, 39, 3, 113 – 133.

LENZ, T. [Hrsg.] (2003): Handlungsorientierung mit Lernzirkel. – In: geographie heute, 24, 210.

MEUSBURGER, P. (1999): Handlungszentrierte Sozialgeographie. Benno Werlens Entwurf in kritischer Diskussion. Stuttgart.

PIAGET, J. (1969): Das Erwachen der Intelligenz beim Kinde. Stuttgart.

RHODE-JÜCHTERN, T. (2009): Eckpunkte einer modernen Geographiedidaktik. Hintergrundbegriffe und Denkfiguren (Bes. Kap. 5: Handlungszentrierte Geographie). Seelze.

SCHMIDTKE, V. (2012): Handlungszentrierung. Ein Konzept für den Geographieunterricht. Schwalbach.

Tilman Rhode-Jüchtern

Kompetenzbereich Kommunikation

Definition

Der Kompetenzbereich „Kommunikation" wird definiert (1) als die Fähigkeit, geographisch/geowissenschaftlich relevante Mitteilungen zu verstehen und sachgerecht auszudrücken und (2) als die Fähigkeit, sich

über geographische/geowissenschaftliche Sachverhalte auszutauschen, auseinanderzusetzen und zu einer begründeten Meinung zu kommen (Bildungsstandards Geographie, DGfG 2012, 21 – 22).

Die Fähigkeit, geographische/geowissenschaftlich relevante Mitteilungen zu verstehen, bedeutet im Einzelnen: geographisch relevante Aussagen in Alltags- und in Fachsprache zu verstehen, Sachverhalte/Darstellungen sachlogisch geordnet auszudrücken, zwischen Tatsachenfeststellungen und Bewertungen zu unterscheiden, Mitteilungen fach-, situations- und adressatengerecht zu organisieren und zu präsentieren.

Die Fähigkeit, sich über geographische/geowissenschaftliche Sachverhalte auszutauschen, bedeutet im Einzelnen: im Rahmen geographischer Fragestellungen die logische, fachliche und argumentative Qualität eigener und fremder Mitteilungen zu kennzeichnen und angemessen zu reagieren, an ausgewählten Beispielen fachliche Aussagen und Bewertungen abzuwägen und in einer Diskussion zu einer eigenen begründeten Meinung und/oder zu einem Kompromiss zu kommen.

Klassifikation

– Der Kompetenzbereich Kommunikation in den Bildungsstandards geht weiter als die klassischen Modelle von Sender und Empfänger. Er geht auch weiter, als sich nur auf das Miteinander-Sprechen im Unterricht zu beschränken. Kommunikation als fachspezifische Sprachkompetenz bedeutet, dass im Fach mit dem Werkzeug Sprache gelernt wird, während dieses Werkzeug noch in Entwicklung ist. Fachlernen und Sprachelernen sind miteinander verbunden. Sprache ist kein bloßes Transportmittel für Inhalte, sondern ein Konstruktionsmittel für das Verstehen. Lehrkräfte müssen sprachlich eindeutig agieren, insbesondere die sogenannten Operatoren sauber und widerspruchsfrei handhaben. Die hier geforderten Tätigkeiten der Schüler sind dabei ihrerseits als Konstruktionen zu erkennen. (z. B. Beschreiben: Diese Tätigkeit ist nicht reine Reproduktion, sondern eine – kognitive – Selektionsleistung unter bestimmten Aspekten.)

– Kommunikation als gesellschaftlicher Diskurs berücksichtigt, dass Gesellschaft (auch) durch Kommunikation konstituiert wird und dass hierbei die Massenmedien eine zentrale Rolle spielen. Die Themen des Diskurses wechseln (vgl. das Klafki-Konzept der „epochaltypischen Schlüsselprobleme"). Wissen stammt zumeist aus zweiter und dritter Hand und muss schon deshalb kritisch und reflektiert behandelt werden. Kommunikation als Diskurs findet statt auf der Ebene rationaler Argumentation und zugleich auf der Ebene von Machtwirkungen. Für den Unterricht ist das Erkennen von Problemen und das Definieren von Themen-/Aufgabenstellungen ein kommunikativ-konstruktiver Akt, der die Sachaspekte kreuzt mit den Perspektiven der Beobachtung.

– Kommunikation als Argumentationskompetenz findet in den Tätigkeitsdimensionen Rezeption, Interaktion und Produktion statt. Die Schüler können also verstehen, was gesagt wird, sie können auf Aussagen angemessen reagieren, sie können Aussagen in Form von Erörterungen und Kommentaren herstellen.

Zur geographiedidaktischen Diskussion

Für die Sozialwissenschaft und die Theorie der Gesellschaft kann der Satz von LUHMANN gelten: „Soziale Systeme bestehen demnach nicht aus Menschen, auch nicht aus Handlungen, sondern aus Kommunikationen" (LUHMANN 1986, 269). Das wäre der weitest denkbare Begriff von Kommunikation. Am anderen Ende der Skala stünde ein Begriff von Kommunikation in der Schule: Schüler kommunizieren miteinander im Unterricht/ im Geographieunterricht. Die Spannung zwischen diesen beiden Polen kann dadurch genutzt werden, dass Sätze über die Wirklichkeit(en) als Kommunikationsakte begriffen werden, die in einem sozialen System und dessen Funktionsbereichen (z. B. Politik, Wissenschaft, Religion, Schule/Erziehung, Wirtschaft) stattfinden und mit unterschiedlichen Logiken erkannt, dann miteinander in Verbindung (Diskurs) gebracht und schließlich von den Subjekten (LUHMANN: „psychischen Systemen") gehandhabt werden. Schüler lernen, über eine Sache in verschiedenen Logiken/Perspektiven zu sprechen und diese schließlich für eine Gesamtschau zu koppeln. Die Nutzung dieses Paradigmas von Kommunikation setzt allerdings voraus, dass die Akteure (Schüler, Lehrer, Schulbuchautoren etc.) Kommunikation nicht nur als Sprechaktmodell betrachten, sondern als Basisbegriff einer gesellschaftlichen (System-)Theorie kennen, akzeptieren und nützlich finden.

Literatur

BUDKE, A. [Hrsg.] (2012): Diercke – Kommunikation und Argumentation. Braunschweig.

CZAPEK, F.-M. (2000): Begriffs- und Sprachbildung als Prinzip des Geographie-Unterrichts. Gedanken zum lernstrukturellen Profil des Fach-Unterrichts. – In: Geographie und Schule, 22., 124, 24–30.

DEUTSCHE GESELLSCHAFT FÜR GEOGRAPHIE (DGfG) [Hrsg.] (2010): Bildungsstandards im Fach Geographie für den Mittleren Schulabschluss – mit Aufgabenbeispielen. Bonn.

FITTKAU, B., MÜLLER-WOLF, H.-M. & F. SCHULZ VON THUN (1994): Kommunizieren lernen (und umlernen). Aachen.

LEISEN, J. (2006): Sprache und Kommunikation im Fachunterricht. – In: www.leisen.studienseminar-koblenz.de/uploads2/04%20Sprache%20im%20Fachunterricht%20-%20Bilingualer%20Fachunterricht/22%20Sprache%20und%20Kommunikation%20im%20Fachunterricht.pdf (Letzter Zugriff: 29.04.2013).

LUHMANN, N. (1986): Ökologische Kommunikation. Kann sich die moderne Gesellschaft auf ökologische Gefährdungen einstellen? Wiesbaden.

MEYER, C., RODERICH, H. & G. STÖBER [Hrsg.] (2011): Geographische Bildung. Kompetenzen in der didaktischen Forschung und Schulpraxis. Braunschweig.

RHODE-JÜCHTERN, T. & A. SCHNEIDER (2012): Wissen, Problemorientierung, Themenfindung. Schwalbach/ Ts.

Tilman Rhode-Jüchtern

Kompetenzbereich Räumliche Orientierung

Definition

Räumliche Orientierungskompetenz umfasst Kenntnisse und Fähigkeiten, welche die Grundlage bilden zur Erfassung, Analyse und Beurteilung von Räumen unterschiedlicher Art und Größe sowie zur Erkundung und Orientierung selbiger. Dies beinhaltet sowohl reale Räume als auch deren mediale Repräsentationen. Räumliche Orientierungskompetenz stellt einen grundlegenden konstitutiven Bereich (->) geographischer Bildung dar.

Klassifikation

Im (→) Perspektivrahmen zur geographischen Perspektive (GDSU 2013, S. 50 f.) werden der räumlichen Orientierung verschiedene Denk-, Arbeits- und Handlungsweisen zugeordnet: Sich in Räumen orientieren, mit Orientierungsmitteln umgehen, Ordnungsmuster zu räumlichen Situationen und zu Mensch-Umwelt-Beziehungen aufbauen und weiterentwickeln.

In den (→ Bildungsstandards) für den Mittleren Schulabschluss im Fach Geographie (DGfG 2020, 16 – 18) wird die Räumliche Orientierung durch fünf Teilkompetenzen präzisiert:

- 01 Kenntnis grundlegender topographischer Wissensbestände (z. B. Kenntnis von Namen und Lage der Kontinente und Ozeane, Kenntnis der Klima- und Landschaftszonen der Erde)

- 02 Fähigkeit zur Einordnung geographischer Objekte und Sachverhalte in räumliche Ordnungssysteme (z. B. Beschreiben der Lage geographischer Objekte mithilfe des Gradnetzes)

- 03 Fähigkeit zu einem angemessenen Umgang mit Karten (z. B. Auswerten topographischer und thematischer Karten, Beschreiben der Manipulationsmöglichkeiten kartographischer Darstellungen)

- 04 Fähigkeit zur Orientierung in Realräumen (z. B. Verfolgen einer Wegstrecke mithilfe digitaler einer Kartendienste)

- 05 Fähigkeit zur Reflexion von Raumwahrnehmung und -konstruktion (z. B. Erläutern, dass Raumdarstellungen in Karten stets konstruiert sind)

Jede Teilkompetenz erfährt eine weitere Konkretisierung über insgesamt 16 Standards, welche angeben, über welche Kenntnisse und Fähigkeiten Schülerinnen und Schüler am Ende der Sekundarstufe I verfügen sollen.

Zur geographiedidaktischen Diskussion

Die räumliche Orientierung ist von jeher ein genuin geographisches Arbeitsfeld, die Vermittlung entsprechender Kenntnisse und Fähigkeiten im Aktionsraum Schule ein gesellschaftlich anerkanntes Alleinstellungsmerkmal des Unterrichtsfaches Geographie. Im Zuge der Reform des Geographieunterrichts in den 1970er-Jahren wurde das bis dahin gültige Topographieverständnis der klassischen Länderkunde durch die Fähigkeit zur Orientierung ersetzt, welche als allgemeine Qualifikation sowohl Orientierungswissen als auch Orientierungsfähigkeiten umfasst. Damit einhergehend erfolgte die Aufgliederung des Lernbereiches Topographie in die Lernfelder topographisches Orientierungswissen, räumliche Ordnungsvorstellungen und topographische Fähigkeiten und Fertigkeiten (vgl. KIRCHBERG 1980). Das dreisäulige Modell wurde mit der Ausweitung des Topographieverständnisses in den 1990er-Jahren um eine vierte Säule ergänzt: das Lernfeld der räumlichen Wahrnehmungsmuster, welches unterschiedliche Muster räumlicher Wahrnehmung sowie die Fähigkeit zum globalen Perspektiven- und Maßstabswechsel umfasst (vgl. KROSS 1995). In den 2006 erschienenen Bildungsstandards wurde die räumliche Orientierung als eigenständiger Kompetenzbereich ausgewiesen. wurden mit einer fünften Teilkompetenz Impulse aus der Neuen Kulturgeographie aufgegriffen; konkret: die Erkenntnisse, dass Raumdarstellungen stets Konstrukte sind und einer entsprechenden Dekonstruktion bedürfen. Stützend auf die Ergebnisse einer empirischen Studie zur Bedeutung der räumlichen Orientierungskompetenz (HEMMER et al. 2008) wird dort u. a. zudem eine Aufgliederung des Lernbereichs topographische Fähigkeiten und Fertigkeiten in die Fähigkeit zu einem angemessenen Umgang mit Karten und die Fähigkeit zur (→) Orientierung im Realraum vorgenommen. Des Weiteren wird Fähigkeit zur Reflexion von Raumwahrnehmungen um Impulse aus der Neuen Kulturgeographie ergänzt; konkret: die Erkenntnis, dass Raumdarstellungen stets Konstrukte sind und einer entsprechenden Dekonstruktion bedürfen.

In der geographiedidaktischen Forschungsliteratur zeichnet sich durchgängig eine umfassende Auseinandersetzung mit den Bereichen (→) Kartenkompetenz und topographisches Orientierungswissen (→ Topographisches Grundwissen) ab. In jüngerer Zeit ist eine wachsende Anzahl geographiedidaktischer Studien in den Bereichen (→) GIS, (→) Orientierung im Realraum sowie Raumwahrnehmung und -konstruktion sowie Orientierung im Realraum zu beobachten konstatieren (vgl. HÜTTERMANN et al.2012).

Literatur

ADAMINA, M. & ERZINGER, A. (2017): Kompetenzen und Kompetenzentwicklungen von Schülerinnen und Schülern zur räumlichen Orientierung in der Primarstufe. Schlussbericht zum Projekt und zur Längsschnittstudie. Bern.

Deutsche Gesellschaft für Geographie (DGfG) [Hrsg.] (2012): Bildungsstandards im Fach Geographie für den Mittleren Schulabschluss. Bonn.

Hemmer, I. & M. Hemmer (2009): Räumliche Orientierungskompetenz. Struktur, Relevanz und Implementierung eines zentralen Kompetenzbereichs geographischer Bildung. – In: Praxis Geographie, 39, 11, 4 – 9.

Hemmer, I. et al. (2008): Räumliche Orientierung. Eine empirische Untersuchung zur Relevanz des Kompetenzbereichs aus der Perspektive von Gesellschaft und Experten. – In: Geographie und ihre Didaktik, 36, 1, 17 – 32.

Hemmer, M. (2012): Räumliche Orientierungskompetenz – Herausforderung für Forschung und Schulpraxis. – In: Hüttermann, A. et al. [Hrsg.] (2012): Räumliche Orientierung. Räumliche Orientierung, Karten und Geoinformation im Unterricht (= Geographiedidaktische Forschungen, Bd. 49). Braunschweig, 10 – 21.

Hüttermann, A. et al. [Hrsg.] (2012): Räumliche Orientierung. Räumliche Orientierung, Karten und Geoinformation im Unterricht (= Geographiedidaktische Forschungen, Bd. 49). Braunschweig.

Kirchberg, G. (1980): Topographie als Gegenstand und Ziel des geographischen Unterrichts. – In: Praxis Geographie, 20, 8, 322 – 329.

Kross, E. (1995): Global lernen. – In: geographie heute, 16, 134, 4 – 9.

Ingrid Hemmer, Michael Hemmer, Katja Wrenger

Kompetenzmodelle

Definition

Kompetenzmodelle sind Modelle, die Auskunft darüber geben, wie einzelne Kompetenzen aufgebaut sind, d.h. unter anderem, welche (Teil-)Dimensionen und Niveaustufen sie aufweisen. Kompetenzmodelle bieten eine wissenschaftlich fundierte Grundlage für die gezielte subjektbezogene Förderung und Diagnose von Kompetenzen im Unterricht.

Klassifikation

Kompetenzmodelle werden entweder theoretisch hergeleitet und/oder empirisch abgesichert. Dabei werden folgende Modelle unterschieden:

- Kompetenzstrukturmodelle benennen die Dimensionen bzw. Komponenten einer Kompetenz und erläutern deren wechselseitige Beziehungen.
- Kompetenzniveaustufenmodelle weisen unter Angabe der differenzierenden Kriterien (z. B. Schwierigkeitsgrad, Komplexität) eine Graduierung einzelner Kompetenzen bzw. Kompetenzdimensionen aus.
- Kompetenzentwicklungsmodelle machen Aussagen darüber, in welchen Kontexten, bei welchen Altersstufen und unter welchen Einflüssen sich Kompetenzen entwickeln.

Zur geographiedidaktischen Diskussion

Die Notwendigkeit von Kompetenzmodellen wird bereits in der Expertise zur Entwicklung nationaler Bildungsstandards (KLIEME et al. 2003) betont. Kompetenzmodelle bilden u.a. die Grundlage für die Entwicklung von Bildungsstandards, die Konstruktion von Aufgaben und Tests sowie die Ausweisung von Mindeststandards. Im Unterrichtsalltag bieten sie den Lehrkräften ein wichtiges Referenzsystem, um einzelne Kompetenzen gezielt und individuell fördern und diagnostizieren zu können. Die Entwicklung evidenzbasierter Kompetenzmodelle, die theoretisch fundiert, empirisch belastbar und schulpraktisch handhabbar sind, ist eine zentrale Herausforderung aller Fachdidaktiken.

Mit den (→) Bildungsstandards Geographie wurde 2006 theoretisch fundiert ein Kompetenzstrukturmodell mit sechs Kompetenzbereichen konzipiert, das sich als schulpraktisch handhabbar erwies. Um es auch empirisch abzusichern und einzelne Kompetenzen tiefergehend zu modellieren, schlossen sich in den Jahren 2008 bis 2010 auf Initiative des HGD bundesweit rund 20 Geographiedidaktikerinnen und Geographiedidaktiker in der gemeinsamen Initiative GEOKOM zusammen (vgl. HEMMER, I. 2012, S. 96 – 103). Im Fokus standen dabei wesentliche geographische Kompetenzen; neben der Systemkompetenz galt die Aufmerksamkeit u. a. verschiedenen Varianten der Kartenkompetenz sowie der Bewertungs-, Argumentations- und Handlungskompetenz (vgl. Heft 3 (2010) der Zeitschrift für Geographiedidaktik). Obwohl derzeit weitere Kompetenzmodelle, wie z. B. für den Umgang mit Geoinformationen und das Experimentieren sowie zunehmend auch zur Lehrkräfteprofessionalisierung (vgl. HEMMER et al. 2020) entwickelt werden, stehen wir im Hinblick auf die empirische Validierung der Kompetenzmodelle ebenso wie die übrigen Fachdidaktiken noch am Beginn eines sehr zeit- und arbeitsintensiven Entwicklungsprozesses. Als wissenschaftliche Konstrukte unterliegen Kompetenzmodelle dem „notwendigen Zwang zur Revision im Prozess" (KLIEME et al. 2003, 68).

Literatur

HEMMER, I. (2012): Standards und Kompetenzen. – In: HAVERSATH, J.-B. [Moderator] (2012): Geographiedidaktik. Braunschweig, 90 – 106.

HEMMER, I. & M. HEMMER (2013): Bildungsstandards im Geographieunterricht – Konzeption, Herausforderung, Diskussion. – In: ROLFES, M. & A. UHLENWINKEL [Hrsg.] (2013): Metzler Handbuch für den Geographieunterricht. Braunschweig, 24 – 32.

HEMMER, M., LINDAU, A., PETER, C., RAWOHL, M. & G. SCHRÜFER [Hrsg.] (2020): Lehrerprofessionalität und Lehrerbildung im Fach Geographie im Fokus von Theorie, Empirie und Praxis (= Geographiedidaktische Forschungen, Bd. 72). Münster.

HOFFMANN, K. W. et al.(2012): Bildung und Unterricht im Fokus der Kompetenzorientierung – Aktuelle Anfragen an die Geographiedidaktik. – In: Geographie und Schule, 34, 195, 4 – 14.

KLIEME, E. et al. (2003): Zur Entwicklung nationaler Bildungsstandards. Berlin.

KLIEME, E. & D. LEUTNER (2006): Kompetenzmodelle zur Erfassung individueller Lernergebnisse und zur Bilanzierung von Bildungsprozessen. Überarbeitete Fassung des Antrags an die DFG auf Einrichtung eines Schwerpunktprogramms. Frankfurt.

Ingrid Hemmer, Michael Hemmer

Kompetenzmodellierung

Definition
Bei der Kompetenzmodellierung geht es um die theoretische oder empirische Erstellung bzw. Überprüfung von (→) Kompetenzmodellen.

Klassifikation
Man unterscheidet verschiedene Arten von Kompetenzmodellen:
- Strukturmodelle: Sie beschreiben die Kompetenz differenziert in Dimensionen, welche in Niveaustufen unterteilt sind.
- Entwicklungsmodelle: Sie beschreiben den Verlauf der Kompetenzentwicklung und gegebenenfalls welche Faktoren den Übergang von einer auf die nächste Kompetenzstufe begünstigen.

Außerdem lassen sich Kompetenzmodelle in Abhängigkeit von der Genese unterscheiden:
- Normative Modelle: Sie werden theoretisch abgeleitet.
- Deskriptive Modelle: Sie werden empirisch abgeleitet.

(vgl. u. a. EINHAUS 2007; SCHECKER/PARCHMANN 2006)

Bei der empirischen Überprüfung von Kompetenzmodellen kommen dabei neben konfirmatorischen Faktorenanalysen häufig auch zur sogenannten IRT (*item response theory*) gehörende Verfahren wie die Rasch-Skalierung zum Einsatz. Die Kompetenzmodellierung stellt dabei einen iterativen Prozess mit Formulierung von Kompetenzmodell und theoretischen Annahmen, Aufgabenentwicklung, Durchführung der Tests und empirischer Auswertung dar (vgl. u. a. HELMKE/HOSENFELD 2003).

Zur geographiedidaktischen Diskussion
Die Kompetenzmodellierung stellt ein wichtiges Thema von Forschungsarbeiten in vielen Fachdidaktiken dar (vgl. u. a. DIPF) und spielt im Zuge der zunehmenden (→) Kompetenzorientierung und Individualisierung des Unterrichts eine große Rolle.

In der geographiedidaktischen Forschung werden zurzeit eine Reihe von → Kompetenzmodellen entwickelt (vgl. u. a. → GIS-Kompetenz, Geographische → Systemkompetenz, → Satellitenbildlesekompetenz, → Kartenkompetenz).

Literatur
DEUTSCHES INSTITUT FÜR INTERNATIONALE PÄDAGOGISCHE FORSCHUNG (DIPF) – In: kompetenzmodelle.dipf.de (Letzter Zugriff: 26.02.2013).

EINHAUS, E. (2007): Schülerkompetenzen im Bereich Wärmelehre – Entwicklung eines Testinstruments zur Überprüfung und Weiterentwicklung eines normativen Modells fachbezogener Kompetenzen. Berlin.

HELMKE, A. & I. HOSENFELD (2003): Vergleichsarbeiten – Standards – Kompetenzstufen. Begriffliche Klärung und Perspektiven für VERA. Entwurf. – In: www.mwe.brandenburg.de/media/lbm1.a.4365.de/vera_standards_kompetenzstufen.pdf (Letzter Zugriff: 04.10.2012).

SCHECKER, H. & PARCHMANN, I. (2006). Modellierung naturwissenschaftlicher Kompetenz. – In: Zeitschrift für Didaktik der Naturwissenschaften, 12, 45 – 66.

Kathrin Schulman

Kompetenzorientierung

Definition
Kompetenzorientierung bezeichnet ein Paradigma institutionalisierten Lehrens und Lernens, bei dem sämtliche Prozesse im Bereich der Intervention und Diagnostik von der Kompetenz hergedacht und umgesetzt werden.

Klassifikation
Kompetenzorientierung basiert auf dem Kompetenzbegriff von WEINERT (2001, 27), demzufolge Kompetenzen „die bei Individuen

verfügbaren oder von ihnen erlernbaren kognitiven Fähigkeiten und Fertigkeiten [sind], bestimmte Probleme zu lösen, sowie die damit verbundenen motivationalen, volitionalen und sozialen Bereitschaften und Fähigkeiten, um die Problemlösungen in variablen Situationen erfolgreich und verantwortungsvoll nutzen zu können".

Kompetenzorientiertes Lehren und Lernen manifestiert sich u. a. in folgenden vier eng miteinander verknüpften Akzentverschiebungen und Forderungen:

- Sämtliche unterrichtlichen Prozesse sind vom Ziel her zu denken. Mit Blick auf die Kompetenzen und Standards, über die ein Schüler beispielsweise am Ende der Sekundarstufe I verfügen soll, ist ein kriteriengeleiteter, kumulativer und für die Lernenden transparenter Kompetenzaufbau anzustreben.
- Kompetenzorientierung verlangt ein hohes Maß an Schüleraktivierung, problemlösendem Denken und eigenverantwortlichem Lernen, da Kompetenzen nicht vermittelt, sondern nur vom Schüler individuell entwickelt werden können.
- Der Output-Orientierung, die vom individuellen Feedback über motivierende Kompetenzchecks bis zum nationalen Assessment reicht, wird ein höherer Stellenwert zugewiesen, als dies im traditionellen Unterricht der Fall war.
- Die Konzentration auf den Kern eines Faches erfordert u. a. ein kritisches Hinterfragen der Unterrichtsgegenstände auf ihren geographischen Gehalt sowie die Notwendigkeit metareflexiver Phasen im Unterricht (z. B. zum Gegenstandsbereich und zur spezifischen Fragestellung der Geographie oder zur Erkenntnisgewinnung im Fach).

Die genannten Merkmale besitzen eine hohe Anschlussfähigkeit an das bisherige Lehren und Lernen, sind jedoch weitaus revolutionärer, als dies auf den ersten Blick erscheinen mag.

Zur geographiedidaktischen Diskussion

Der durch die großen internationalen Vergleichsstudien (TIMSS und PISA) um die Jahrtausendwende ausgelöste Paradigmenwechsel in der Bildungspolitik der Bundesrepublik Deutschland hin zu einem kompetenzorientierten Lehren und Lernen erfolgte in der Geographie verstärkt mit der Veröffentlichung der fachbezogenen nationalen (→) Bildungsstandards für den Mittleren Schulabschluss im Jahr 2006. Neben diesem grundlegenden Orientierungsrahmen findet die Kompetenzorientierung im Fach Geographie sukzessiv ihren Niederschlag in den Kernlehrplänen einzelner Bundesländer, in schulinternen Curricula, in Schulbüchern und Materialangeboten, in vielfältigen Beiträgen der geographiedidaktischen und unterrichtspraktischen Zeitschriften sowie in der Aus- und Weiterbildung von Geographielehrkräften, darüber hinaus in der geographiedidaktischen Kompetenzforschung und nicht zuletzt im Geographieunterricht vor Ort. Insbesondere in der Anfangszeit gab es vielfältige Kritik an der Kompetenzorientierung. Die kritischen Stimmen reichen von einer grundlegenden bildungstheoretischen Kritik, die sich insbesondere an den Begriffen Standardisierung und Messbarkeit entzündete, bis hin zu konkreten Vorbehalten und Ressentiments aus der Schulpraxis, zu denen u. a. die Sorge zählte, dass die Vermittlung geographischen Fachwissens nur noch eine untergeordnete Rolle spiele, dass die Anzahl und das Anspruchsniveau der Bildungsstandards zu hoch seien und eine teaching-to-the-test Mentalität Einzug in die Schule halten könne (vgl. HOFFMANN et al. 2012; HEMMER/HEMMER 2013). Auch wenn die Kompetenzorientierung mittlerweile in sämtlichen Schulformen sowie darüber hinaus in Hochschulen und anderweitigen Bildungsbereichen einen festen Platz hat, kann die Weiterentwicklung von Schule und Unterricht im Sinne eines kompetenzorientierten Lehrens und Lernens nur dann gelingen, wenn in einem ehrlichen diskursiven Prozess alle Protagonisten und Gruppen im Bildungsgeschehen (einschließlich ihrer Bedenken) ernst genommen und integriert werden. Entscheidend dürften in diesem Zusammenhang überzeugende Beispiele und empirische Befunde sein, die im Vergleich zu bestehenden Materialien und Lernarrangements den Mehrwert eines kompetenzorientierten Lehrens und Lernens unterstreichen.

Literatur

HEMMER, I. & M. HEMMER (2013): Bildungsstandards im Geographieunterricht – Konzeption, Herausforderung, Diskussion. – In: ROLFES, M. & A. UHLENWINKEL [Hrsg.] (2013): Metzler Handbuch für den Geographieunterricht 2.0 – Ein Leitfaden für Praxis und Ausbildung. Braunschweig, 24 – 32.

HEMMER, M. (2010): Auf dem Weg zu einem kompetenzorientierten Geographieunterricht – der Beitrag des Netzwerks Fachliche Unterrichtsentwicklung Erdkunde. – In: www.standardsicherung.schulministerium.nrw.de/cms/netzwerk-fachliche-unterrichtsentwicklung/erdkunde (Letzter Zugriff: 04.03.2013).

HOFFMANN, K. W. et al. (2012): Bildung und Unterricht im Fokus der Kompetenzorientierung – Aktuelle Anfragen an die Geographiedidaktik. – In: Geographie und Schule, 34, 195, 4 – 14.

WEINERT, F. E. (2001): Vergleichende Leistungsmessung in Schulen – eine umstrittene Selbstverständlichkeit. – In: WEINERT, F. E. [Hrsg.] (2001): Leistungsmessungen in Schulen. Weinheim, 17 – 31.

Michael Hemmer

Komplexität

Definition

Unter Komplexität ist die Vielfalt und Vernetzung von Merkmalen und Einflussgrößen zu verstehen. Je mehr Merkmale einen Realitätsausschnitt prägen und je stärker diese voneinander abhängig sind, desto höher ist dessen Komplexität: „Der Grad an Komplexität ergibt sich also aus dem Ausmaß, in dem verschiedene Aspekte eines Realitätsausschnittes und ihre Verbindungen beachtet werden müssen, um eine Situation in dem jeweiligen Realitätsausschnitt zu erfassen und Handlungen zu planen" (DÖRNER 2011, 60).

Klassifikation

Zahlreiche Themen des Geographieunterrichts sind durch Komplexität geprägt. Insbesondere gilt dies für die zukunftsrelevanten Themen der (→) Bildung für nachhaltige Entwicklung (BNE) und des (→) globalen Lernens, in denen vielfältig vernetzte Teilaspekte aus ökonomischer, ökologischer und sozialer Perspektive bedeutsam sind.

Zur geographiedidaktischen Diskussion

Komplexe Themen weisen aus geographiedidaktischer Sicht einen hohen Bildungswert auf. Dabei liegt die Auffassung zugrunde, dass nur durch die Beschäftigung mit hinreichend komplexen Situationen anwendungsfähiges Wissen entstehen kann. Denn die individuelle Weiterentwicklung von Kompetenzen wird erst dann möglich, wenn die Bearbeitung von Aufgaben Kenntnisse, Fähigkeiten und Fertigkeiten erfordert, über die die Schüler noch nicht verfügen. Herausfordernde, komplexe Problemstellungen sind bedeutsam, da sie in sinnvoller Weise kognitive Anstrengungen erforderlich machen. Für die Lehrkraft stellt es eine Herausforderung dar, das richtige Maß an Komplexität für die entsprechende Lerngruppe zu treffen. Einerseits sollen zu oberflächliche Zugänge vermieden werden, andererseits kann eine zu detailreiche Betrachtung zur Verwirrung und Orientierungslosigkeit führen. Insbesondere zu Beginn des Lernprozesses ist deshalb ein angemessenes (→) *scaffolding* sinnvoll.

Die Behandlung komplexer Themen macht zum einen die Anwendung sinnvoller Reduktionsstrategien erforderlich, zum anderen ist ein Training der Fähigkeiten zum vernetzten Denken und damit der (→) Systemkompetenz notwendig.

Sinnvolle Reduktionsstrategien zeichnen sich dadurch aus, dass nicht nur wichtige Einzelaspekte erkannt und von unwichtigen getrennt werden, sondern auch bedeutsame inhaltliche Bezüge, Vernetzungen zwischen diesen Teilaspekten in der reduzierten Form erhalten bleiben. Dazu sind reduktiv-organisierende Strategien geeignet, welche die Inhalte reduzieren und organisieren. Dies gelingt in der Regel am besten in visuell-grafischen Darstellungen wie z. B. einfacheren Flussdiagrammen, (→) Mindmaps (v. a. zur Darstellung eigener Gedanken und eigenen Wissens in strukturierter Form geeignet), bei Themen mit hohem Komplexitätsgrad vor allem aber mit sogenannten (→) *concept maps*. Kausale Zusammenhänge und Wechselwirkungen werden bei Letzteren als komplexes Wirkungsgefüge visualisiert, sachlogisch angeordnete Schlüsselbegriffe durch beschriftete Verbindungslinien (meist Pfeile) zueinander in Beziehung gesetzt. Dadurch kann Wissen in logischer, aber nicht starrer Form reduziert und organisiert werden. *Concept maps* sind zugleich geeignet, Verständnisschwierigkeiten von Schülern zu diagnostizieren.

Methoden wie das (→) Mystery oder der (→) Syndromansatz arbeiten gezielt mit derartigen Wirkungsgefügen und zielen zugleich auf ein Training vernetzten Denkens ab. Aspekte der Komplexitätsreduktion spielen auch bei der Arbeit mit (→) Modellen oder bei (→) Simulationen eine Rolle.

Literatur

Dörner, D. (2011): Die Logik des Misslingens. Strategisches Denken in komplexen Situationen. Reinbek bei Hamburg.

Ohl, U. (2013): Komplexität und Kontroversität – Herausforderungen des Geographieunterrichts mit hohem Bildungswert. – In: Praxis Geographie, 43, 3, 4 – 8.

Schubert, J. C. (2006): Verstehen durch Verwandeln. Reduktionsstrategien. – In: Praxis Geographie, 36, 7/8, 14 – 17.

Ulrike Ohl

Konstruktivismus

Definition

Der Konstruktivismus geht von der Annahme aus, dass die Wahrnehmung der Wirklichkeit durch individuelle Aktivitäten im Gehirn verarbeitet und das Wissen subjektiv konstruiert wird. Aus lernpsychologischer bzw. didaktischer Perspektive folgt daraus für das Verständnis des Lernprozesses, dass beim Lernen neue Informationen aktiv konstruiert und mit den bereits vorhandenen Vorstellungen in einen individuell sinnvollen Gesamtzusammenhang gebracht werden (vgl. Reinfried 2016, 2020; Rolfes/Uhlenwinkel 2014).

Klassifikation

Eine Definition des Konstruktivismus fällt schwer, da der Begriff in sehr verschiedenen Kontexten Verwendung findet und sich unterschiedliche konstruktivistische Sichtweisen herausgebildet haben. Auf der einen Seite steht die Auffassung des radikalen Konstruktivismus, wonach aufgrund der ausschließlich subjektiv konstruierten Wirklichkeit das Lernen als letztlich nicht durch das Lehren beeinflussbar betrachtet werden kann. Eine stärkere Relevanz für die unterrichtliche Praxis und für die geographiedidaktische Diskussion kommt andererseits dem moderaten oder gemäßigten Konstruktivismus zu, bei dem der Lernprozess im Mittelpunkt steht. Folgende Leitprinzipien des Lernens im Sinne des moderaten Konstruktivismus sind für diesen Ansatz kennzeichnend (Vankan/Rohwer/Schuler 2007, Reinfried 2006, Reinmann/Mandl 2006):

- Lernen ist ein aktiver Prozess, der nur über die aktive Beteiligung der Lernenden möglich ist.
- Lernen ist ein selbst gesteuerter Prozess; letztlich ist der Lernende immer selbst für die Steuerung und Kontrolle seines Lernens verantwortlich.
- Lernen ist ein konstruktiver Prozess, der auf bereits vorhandenen Kenntnissen, Fähigkeiten und Einstellungen aufbaut.
- Lernen ist ein emotionaler Prozess, bei dem leistungsbezogene und soziale Emotionen einen starken Einfluss haben, insbesondere hinsichtlich der Motivation für das Lernen.
- Lernen ist ein situativer Prozess, d. h., Lernen erfolgt stets im spezifischen Kontext der Lernsituation, und dieser Kontext ist wichtig als Interpretationshintergrund für die Bewertung der Lerninhalte.
- Lernen ist ein sozialer Prozess, der von soziokulturellen Einflüssen und dem interaktiven Geschehen beim Lernen beeinflusst wird.

Zur geographiedidaktischen Diskussion

Im Sinne der moderat-konstruktivistischen Leitideen soll in der schulischen Praxis versucht werden, die Prinzipien der Konstruktion und der Instruktion gleichermaßen einzubeziehen und beim Lernen die Aktivierung von Vorstellungen und Vorkenntnissen, ihre Ordnung, Korrektur, Erweiterung, Ausdifferenzierung und Integration zu berücksichtigen. Die Konstruktivismusdiskussion hat das Bewusstsein dafür geschärft, dass der Wissenserwerb ein individueller Prozess der eigenaktiven Konstruktion und entsprechender kognitiver Strukturen ist. Besondere Bedeutung kommt dabei der Conceptual-Change-Forschung (vgl. Reinfried 2016) sowie der Metakognition und der Schaffung problemorientierter Lernsituationen

Literatur

Reinfried, S. (2020): Wissen erwerben und Einstellungen reflektieren. - In: Reinfried, S. & H. Haubrich [Hrsg.]: Geographie unterrichten lernen. Die Didaktik der Geographie. Berlin, S. 53 – 98.

Reinfried, S. (2016): Lernen als Vorstellungsänderung. Aspekte der Vorstellungsforschung mit Bezügen zur Geographiedidaktik. - In: Otto, K.-H. [Hrsg.]: Geographie und naturwissenschaftliche Bildung - Der Beitrag des Faches für die Schule, Lernlabor und Hochschule. Geographiedidaktische Forschungen, Bd. 63, 2016, S. 124–138. Münster.

Reinmann, G. & H. Mandl (2006): Unterrichten und Lernumgebungen gestalten. – In: Krapp, A. & B. Weidenmann [Hrsg.] (2006): Pädagogische Psychologie. Weinheim, 613 – 658.

Rolfes, M. & A. Uhlenwinkel (2014): Konstruktivismus und Geographie. - In: Rolfes, M., A. Uhlenwinkel [Hrsg.]: Metzler Handbuch 2.0. Geographieunterricht. Ein Leitfaden für Praxis und Ausbildung. Braunschweig. S. 358–365.

Vankan, L., Rohwer, G. & S. Schuler (2007): Diercke Methoden. Denken lernen mit Geographie. Braunschweig.

Leif Olav Mönter, Maria Schlitt

Kontroversitätsprinzip

Definition

Das Kontroversitätsprinzip besagt: Was in Wissenschaft und Politik kontrovers ist (d. h. Themen, bei denen widersprüchliche Sichtweisen vertreten werden oder widersprüchliche Erkenntnisse vorliegen), muss auch im Unterricht in seiner Kontroversität behandelt werden. Ansonsten besteht die Gefahr, einseitige Sichtweisen zu vermitteln oder die Schüler zu manipulieren.

Klassifikation

Das Kontroversitätsprinzip wurde als Unterrichtsprinzip zunächst in der politischen Bildung als normative Richtlinie formuliert. Bereits im Jahr 1976 kam es auf einer Tagung zur politischen Bildung in Beutelsbach zum sogenannten Beutelsbacher Konsens. Darin wurden bestimmte Maxime politischer Bildung, u. a. das Kontroversitätsprinzip, formuliert. Ziel ist es, Schüler zum kritischen Denken und differenzierten Urteilen (→ Werteerziehung/ethisches Urteilen) zu befähigen sowie Manipulation/Indoktrination zu vermeiden.

Zur geographiedidaktischen Diskussion

Eine Kontroverse (von lateinisch *contra* – gegen, versus – gerichtet), liegt dann vor, wenn in einem offenen Prozess mindestens zwei miteinander unvereinbare Standpunkte vorliegen. Dies trifft auf zahlreiche Themen des Geographieunterrichts zu, weshalb das Kontroversitätsprinzip hier eine besondere Bedeutung erhält.

Kontroversität tritt z. B. bei Fragen der Stadt- und Raumplanung auf, wenn eine Vielzahl von Akteuren Argumente aus verschiedenen Perspektiven beisteuert. Oder bei Themen des (→) globalen Lernens unter dem Leitbild der (→) Bildung für nachhaltige Entwicklung, wenn aus ökonomischer, ökologischer und sozialer Perspektive teils unvereinbare Bedürfnisse und Ziele aufeinandertreffen. Hierbei kann Kontroversität verstanden werden als das Existieren kontroverser Sichtweisen, Bewertungen und Positionierungen von Individuen oder gesellschaftlichen Gruppen. Damit ist eine erste Dimension von Kontroversität beschrieben.

Im Geographieunterricht erhält jedoch eine weitere Dimension von Kontroversität Relevanz, nämlich das Vorliegen widersprüchlicher wissenschaftlicher Erkenntnisse und Expertenmeinungen. Dies ist bei vielen Themen des globalen Wandels der Fall, z. B. bei der wissenschaftlichen Debatte um die Ursachen und Folgen des Klimawandels, widersprüchlichen Berechnungen von Ökobilanzen, unterschiedlichen Prognosen und Auffassungen zur Ressourcenverfügbarkeit oder zur nachhaltigen Energienutzung.

Beiden hier aufgezeigten Dimensionen ist gemeinsam, dass es bei den jeweiligen Themen keine eindeutigen, „einfachen Wahrheiten" gibt. Dieser Tatsache gilt es, im Unterricht durch die Anwendung des Kontroversitätsprinzips Rechnung zu tragen, um die Vermittlung einseitiger Sichtweisen zu vermeiden. Ein Mittel zur Umsetzung des Kontroversitätsprinzips kann der sogenannte (→) Perspektivenwechsel sein. Das Kontroversitätsprinzip und die Anwendung des Perspektivenwechsels lassen sich im Unterricht beispielsweise mithilfe der folgenden Methoden realisieren: Dilemmamethode (→ Dilemma-Diskurs), Rollenspiele und Planspiele (→ Spiele im Geographieunterricht).

Literatur

GRAMMES, T. (2005): Kontroversität. – In: Handbuch für politische Bildung. Schwalbach/Taunus, 126–145.

NEHRDICH, T. (2011): Kontroversität. Neue Herausforderungen für eine aktuelle Geographiedidaktik. – In: GW-Unterricht, 124, 15–25.

OHL, U. (2013): Komplexität und Kontroversität – Herausforderungen des Geographieunterrichts mit hohem Bildungswert. – In: Praxis Geographie, 43, 3, 4–8.

Ulrike Ohl

Kooperatives Lernen

Definition

Unter kooperativem Lernen versteht man Lernprozesse, bei denen mehrere Lernende durch effektive Zusammenarbeit zu einem gemeinsamen Arbeitsergebnis gelangen.

Klassifikation

Das Konzept des kooperativen Lernens wird v. a. in der Pädagogik diskutiert, wobei verschiedene Definitionen und Akzentuierungen vorliegen. Es unterscheidet sich vom (→) kollaborativen Lernen dadurch, dass einzelne Arbeitsschritte unter den Gruppenmitgliedern aufgeteilt werden. Nach JOHNSON/JOHNSON (1994) zeichnet sich echtes kooperatives Lernen durch die folgenden fünf Grundelemente aus:

- positive gegenseitige Abhängigkeit der Gruppenmitglieder
- eine Kommunikation und Interaktion fördernde Lernumgebung (Face-to-Face Interaktion)
- persönliche Übernahme von Verantwortung, sowohl für die eigene Leistung als auch für das Gruppenergebnis
- Förderung sozialer Fertigkeiten (*social skills*)
- Evaluation von Gruppenprozessen.

Als Grundprinzip wird häufig das Konzept „Denken – Austauschen – Vorstellen" („*Think-Pair-Share*") nach Lyman (1981) angeführt: Hierbei werden die Schüler zunächst aufgefordert, eine Aufgabenstellung in Einzelarbeit zu bearbeiten (Denken). Anschließend werden die Ergebnisse mit einem Partner oder in einer Kleingruppe verglichen und ergänzt (Austauschen) und der Klasse schließlich präsentiert (Vorstellen).

Eine typische Methode des kooperativen Lernens ist das (→) Gruppenpuzzle. In zahlreichen Studien konnten positive Effekte kooperativer Lernsituationen nachgewiesen werden, u. a. positive Beeinflussung von Schulleistung, Selbstwertgefühl, Kreativität, (→) Perspektivenwechsel, Bewertungskompetenz (→ Kompetenzbereich Bewertung) sowie Inklusion (Brady/Tsay 2010, Johnson/Johnson 1994, Slavin 1989). Grundlage des Konzepts ist ein konstruktivistisches Lernverständnis.

Mitunter wird kooperatives Lernen fälschlicherweise mit Gruppenarbeit gleichgesetzt. Weidner (2011) weist daher ausdrücklich darauf hin, dass kooperatives Lernen Gruppenarbeit beinhaltet, jedoch nicht jede Gruppenarbeit automatisch eine kooperative Lernsituation darstellt, die den oben beschriebenen Anforderungen entspricht.

Zur geographiedidaktischen Diskussion

Kooperative Arbeitsformen sind mittlerweile im festen Repertoire geographischer Bildung angekommen, mit einer Vielfalt von Ansätzen und Implementationsformen (siehe dazu Bahr 2010). Die Einsatzbereiche reichen von digitalen Lernwerkzeugen, die kooperative Lernformen wie Lerntempoduett oder Placemat in den digitalen Lernraum transferieren bis hin zu kooperativen Lernkonzepten vor dem Hintergrund von Sprachsensibilisierung und Sprachförderung (Morawksi, Budke, Schäbitz & Reisch 2017).

Literatur

Bahr, M. (2010): Kooperatives Lernen im Geographieunterricht. In: Praxis Geographie, Band 40, H. 12.

Berger, S.-K. (2021): Oncoo – online kooperativ lernen. In: Praxis Geographie, Band 356, S. 40.

Brady, M. & M. Tsay (2010): A case study of cooperative learning and communication pedagogy: Does working in teams make a difference? – In: Journal of the Scholarship of Teaching and Learning, 10, 2, 78 – 89.

Johnson, D. W. & R. T. Johnson (1994): An overview of cooperative learning. – In: Thousand, J., Villa, A. & A. Nevin [Hrsg.] (1994): Creativity and Collaborative Learning. Baltimore, 1 – 21.

Kooperatives Lernen – ein Weg zum Kompetenzerwerb (Themenheft). – In: Praxis Geographie, 40, 12/2010.

Lyman, F. T. (1981): The responsive classroom discussion: The inclusion of all students. – In: Anderson, A. [Hrsg.] (1981): Mainstreaming Digest. College Park: University of Maryland, 109 – 113.

Morawski, M., Budke, A., Schäbitz, F., & Reisch, J. (2017): Kooperative und begleitende Konzepte zur Sprachsensibilisierung und Sprachförderung im Fachunterricht Geographie: Geographisches Peer-Review, der Sprach-Checker, das Kulturtagebuch und das sprachbewusste Lexikon. In: A. Budke & M. Kuckuck [Hrsg.]: Sprache im Geographieunterricht. Bilinguale und sprachsensible Materialien und Methoden. Münster, New York, S. 83 – 98.

Slavin, R. E. (1989): Research on Cooperative Learning: an international Perspective. – In: Scandinavian Journal of Educational Research, 33, 4, 231 – 243.

Weidner, M. (2011): Kooperatives Lernen im Unterricht. Das Arbeitsbuch. Seelze-Velber.

Nina Brendel

Kulturerdteile

Definition

Die traditionelle Definition nach KOLB (1962): Kulturerdteile sind Räume subkontinentalen Ausmaßes, deren Einheit auf dem individuellen Ursprung der Kultur, auf der besonderen einmaligen Verbindung der landschaftsgestaltenden Natur- und Kulturelemente, auf der eigenständigen geistigen und gesellschaftlichen Ordnung und dem Zusammenhang des historischen Ablaufs beruht. Gemeinsame religiöse, geistige und weltanschauliche Traditionen sind für ihre Abgrenzung grundlegend. Eine andere Definition: Kulturerdteile sind Räume subkontinentalen Ausmaßes, deren Bewohner die gleichen kulturellen Grundlagen (z. B. Religion/Weltanschauung, Geschichte, Wirtschaft, Ethnie) teilen.

Kulturerdteile sind ein mögliches globales Raster. Andere Begriffe mit ähnlichem Wortfeld sind: Kulturkreise, Kulturräume. In der angloamerikanischen Literatur spricht man von *cultural regions* und *cultural realms* (→ Interkulturelles Lernen).

Klassifikation

Kulturräume sind Konstrukte; daher sind grundsätzlich unterschiedliche Abgrenzungen möglich.

1. KOLB gliederte die Welt in zehn Kulturerdteile: den abendländischen, sowjetischen, ostasiatischen, südostasiatischen, indischen, australisch-pazifischen, orientalischen, schwarzafrikanischen, angloamerikanischen und den lateinamerikanischen Kulturerdteil.
2. Nach der Überwindung des politischen West-Ost-Gegensatzes weist EHLERS (1996) folgende Kulturerdteile aus: westeuropäisch, osteuropäisch-russisch, arabisch-islamisch, südasiatisch, chinesisch, südostasi-

atisch, australisch, pazifisch, afrikanisch, nordamerikanisch und lateinamerikanisch.
3. NEWIG (1997) gliedert unter wirtschaftlichen, historischen, kulturgeschichtlichen, religiösen und ethnischen Kriterien in Angloamerika, Lateinamerika, Europa, Orient, Schwarzafrika, Russland, Ostasien, Südasien, Südostasien und Australien/Ozeanien.

Zur geographiedidaktischen Diskussion

Die Diskussion um die Kulturerdteile wurde über Jahrzehnte kontrovers geführt. Die Argumente wandelten sich jedoch im Laufe der Zeit; es war nicht zuletzt die Entwicklungsforschung, die nach der Jahrtausendwende der Diskussion unter den Einflüssen von Transformation, Globalisierung und Fragmentierung neue Perspektiven gab.

Am Anfang der Debatte steht ein konzeptionelles Problem. Zur Verknüpfung von allgemein- und regionalgeographischen Aspekten schlagen NEWIG/REINHARDT/FISCHER (1983) als räumliches Gliederungsprinzip geographischer Unterrichtsinhalte die Kulturerdteile vor. Das aus der Fachwissenschaft übernommene Konzept, das sogleich starker Kritik ausgesetzt war, stellt EHLERS (1996) mit den Thesen des Clash of Civilizations in einen neuen Zusammenhang, der sich aus dem Zusammenbruch einer überholten Weltordnung (Westliche Welt – Ostblock – Dritte Welt) ergebe. Die angeregte, z. T. polemische Diskussion um die Kulturerdteile erkennt durchaus die konzeptionellen Bemühungen dieses Ansatzes an, sie betont aber u. a. die Problematik einer wenig schlüssigen Auswahl und Anordnung der Inhalte.

In den Augen der Kritiker (z. B. RHODE-JÜCHTERN 2004) waren es vor allem die übermäßige Simplifizierung, Reduktion und Homogenisierung bei der Raumkonstruktion, die den Stein des Anstoßes bildeten. Zudem wurde der wiederholte Wechsel der Zuordnungskategorien (einmal Hautfarbe, einmal Religion, einmal Sprache) herausgestellt und massiv kritisiert. Die Gegenseite betonte, dass trotz unbestreitbarer Defizite, die jeder Ansatz habe, auch Differenzen, Gegensätzlichkeiten und unterschiedliche Interessenlagen innerhalb der einzelnen Kulturerdteile in den Horizont der Schüler gerückt werden und der Schwerpunkt nicht auf der Abgrenzung liege. Das ursprünglich starre, an linearen Grenzen orientierte Konzept sei dynamisch zu verstehen; Kulturerdteile seien als Hilfe aufzufassen, um in einer komplexen, schwer überschaubaren und widersprüchlichen Welt Orientierung zu gewinnen und Differenzen zu erkennen; im Unterricht eröffne sich die Chance, durch epochen- oder jahrgangsweises Verweilen in sogenannten Hauptübungsräumen Länder und Völker, Kulturen und Gesellschaften mit ihren Spezifika zu begreifen und diese zu respektieren, also die ethno- und eurozentrische Sichtweise zu überwinden (→ Vorurteil und Stereotyp). Damit wird allerdings das ursprüngliche Konzept der Einheitlichkeit (nach den Kennzeichen Sprache, Religion, Wirtschaft, Geschichte und Ethnie) verlassen und fast ins Gegenteil verkehrt.

Die vorläufige Bilanz ist (zumindest) ambivalent: Einerseits lassen die Anforderungen, die dieses Konzept in seiner immer weiter entwickelten Form (Differenzierung, (→) Empathie, Reflexion u. a.) bietet (NEWIG 1997), ein bedeutendes fachdidaktisches Potenzial erkennen, andererseits haben sich im Gefolge von Transformation, Globalisierung und Fragmentierung die Verhältnisse grundlegend gewandelt. Enträumlichung, Entgrenzung, Multikulturalität und Transnationalisierung (KREUTZMANN 2006, SCHOLZ 2012), wie sie heute an der Tagesordnung sind, wischten frühere Dominanzen, Zäsuren und Grenzverläufe weg.

Zunehmende soziale und politische Polarisierung scheinen die Entwicklung zu bremsen oder zurückzudrehen. Wirtschaftliche Globalisierung führt – wie das Beispiel China zeigt – nicht zu kultureller Angleichung und Vereinheitlichung. Die vielfältigen Unterschiede werden immer bestimmender und erfordern einen stark differenzierenden fachlichen Zugang. Mit dem Konstrukt der Kulturerdteile sind sie nur vordergründig zu erfassen.

Literatur

EHLERS, E. (1996): Kulturkreise – Kulturerdteile – Clash of Civilizations. Plädoyer für eine gegenwartsbezogene Kulturgeographie. – In: Geographische Rundschau, 48, 6, 338–344.

KOLB, A. (1962): Die Geographie und die Kulturerdteile. H.-von-Wissmann-Festschrift. Tübingen, 42–49.

KREUTZMANN, H. (2006): Neue Drei-Welten-Lehren der Entwicklungsforschung. – In: Geographische Rundschau, 58, 10, 13.

NEWIG, J. (1997): Die Kulturerdteile. Zur Arbeit mit der Wandkarte und dem Poster Kulturerdteile. Gotha.

NEWIG, J., REINHARDT, K. H. & P. FISCHER (1983): Allgemeine Geographie am regionalen Faden. Diskussionspapier für ein neues Konzept des Faches Erdkunde. – In: Geographische Rundschau, 35, 1, 38–39.

RHODE-JÜCHTERN, T. (2004): Derselbe Himmel, verschiedene Horizonte. Zehn Werkstücke zu einer Geographiedidaktik der Unterscheidung. Wien.

SCHOLZ, F. (2012): Entwicklungsländer. Entwicklung und Unterentwicklung im Prozess der Globalisierung. Braunschweig.

Johann-Bernhard Haversath

Länderkundlicher Ansatz

Definition

Unter dem länderkundlichen Ansatz versteht man die Erfassung und Beschreibung eines erdräumlichen Ausschnitts unterschiedlicher Größe unter Berücksichtigung verschiedener natur- und kulturgeographischer Aspekte.

Klassifikation

Es ist zu unterscheiden zwischen dem länderkundlichen Durchgang und dem länderkundlichen Schema:

- Der länderkundliche Durchgang bezeichnet die Abfolge des länderkundlichen Lehrstoffes über die Schuljahre hinweg. Bei der analytischen Methode wird von der Erde als Ganzes zur Heimat vorgegangen (vom Fernen zum Nahen), bei der synthetischen Methode ist der Stoff von der Heimat über den eigenen Staat bis hin zur Erde als Ganzes in konzentrischen Kreisen angeordnet (vom Nahen zum Fernen). Diese Abfolge hat sich in der Schule durchgesetzt.
- → Als länderkundliches Schema (auch Hettnersches Schema) wird die Darstellung eines räumlichen Sachverhaltes in einer vorgegebenen Reihenfolge der Geofaktoren bezeichnet. Geofaktoren sind unter anderem Lage, Relief, Gestein, Geologie, Klima, Vegetation, Boden, Landwirtschaft, Bodenschätze, Industrie, Gewerbe, Stadt und Siedlung (RINSCHEDE/SIEGMUND 2022). Von der Länderkunde nach dem länderkundlichen Schema ist die exemplarische Länderkunde zu unterscheiden, bei der Länder nicht mehr als Singularitäten betrachtet werden (idiographische Betrachtungsweise), sondern in einem Pars pro Toto-Verfahren exemplarisch behandelt und als Beispiele für ähnliche Länder gesehen werden (z.B. ein Mittelmeerland für alle Mittelmeerländer). Von dieser unterscheidet sich die Länderkunde nach dominanten Faktoren, bei der Dominanten zu Anknüpfungspunkten bei der Behandlung der anderen Teilaspekte des betrachteten Raumes werden (z.B. Brasilien als Schwellenland). Bei der Länderkunde nach dominanten Faktoren stehen im Gegensatz zur exemplarischen Länderkunde Regeln und Gesetzmäßigkeiten im Vordergrund, die im

Unterricht als exemplarisches, transferierbares Wissen erarbeitet werden (KESTLER 2000). Mit Problemländerkunde wird eine Länderkunde bezeichnet, bei der Fragestellungen im Vordergrund stehen, die nicht der Allgemeinen Geographie entnommen werden, sondern bei denen die räumliche Dimension eines Konfliktfeldes unter dem Blickwinkel kultureller und politischer Zusammenhänge analysiert wird (RINSCHEDE/SIEGMUND 2022). Ein Beispiel hierfür ist die Behandlung Nigerias als multi-ethnischer und multi-religiöser Staat.

Zur geographiedidaktischen Diskussion

Von der Einführung des Faches Erdkunde an den Schulen 1872 bis in die siebziger Jahre des vergangenen Jahrhunderts hinein wurden Lehrpläne nach dem länderkundlichen Ansatz angeordnet, wobei in den 1960-Jahren die Länderkunde nach länderkundlichem Schema bereits von einer exemplarischen Länderkunde bzw. einer Länderkunde nach dominanten Faktoren abgelöst wurde. Mit dem Kieler Geographentag 1969 folgte schließlich die Abwendung der Schulgeographie von der Länderkunde. Der Länderkunde, lange Zeit als „Krönung" der Geographie betrachtet, wurden Unwissenschaftlichkeit sowie mangelnde gesellschaftliche Relevanz vorgeworfen. Länderkunde mit ihrem lediglich beschreibenden Charakter verlange als alleinige kognitive Leistung des Schülers eine reine Reproduktion vorgegebener Inhalte. Neben dem Fehlen einer klaren Problemstellung sei ein Prinzip der Auswahl aus der Vielfalt der Singularitäten nicht zu erkennen. Zudem sei eine exemplarische Länderkunde nicht möglich, da diese den einzelnen Ländern nicht gerecht werde und somit keine übertragbaren Einsichten gewonnen werden könnten. Die Länderkunde nach dominanten Faktoren wiederum krankte aus Sicht der Kritiker daran, auf der einen Seite Übertragbares vermitteln und auf der anderen Seite möglichst viele Singularitäten erwähnen zu wollen, um dem jeweiligen Land dennoch gerecht zu werden. SCHULTZE (1970) forderte, den länderkundlichen Ansatz als Anordnungsprinzip der Lehrpläne durch einen (→) allgemeingeographischen Ansatz zu ersetzen. In der BRD erfolgte eine radikale Abwendung von der Länderkunde, in der DDR blieb eine stark auf die natur- und wirtschaftsgeographische Komponente ausgerichtete Länderkunde erhalten (→ Geographieunterricht in der DDR). Mit allgemeingeographischen Ansätzen war der Nachteil verbunden, dass Schülern der Aufbau eines fundierten topographischen Wissens erschwert wurde. In der Folge kam es mit der Problemländerkunde und dem Kulturerdteilprinzip zu einer Weiterentwicklung regionalgeographischer Ansätze. Der Entweder-Oder-Gegensatz allgemeingeographischer und regionalgeographischer Ansätze ist heute einem Sowohl-als-auch gewichen (→ Thematische Geographie in einer regionalen Anordnung).

Literatur

BIRKENHAUER, J. (1970): Die Länderkunde ist tot. Es lebe die Länderkunde. – In: Geographische Rundschau, 22, 5, 194 – 203.

KESTLER, F. (2002): Einführung in die Didaktik des Geographieunterrichts. Bad Heilbrunn, 68-80.

RINSCHEDE, G. (2007): Geographiedidaktik. Paderborn, 121 – 136.

SCHULTZE, A. (1970): Allgemeine Geographie statt Länderkunde. – In: Geographische Rundschau, 22, 1, 1 – 10.

Dominik Conrad

Landeskunde

Definition

Landeskunde bezeichnet die Erfassung, Bearbeitung und Darbietung von Informationen über Länder. Neben geographischen Inhalten schließt sie historische, wirtschaftliche, soziale, politische und kulturelle Aspekte ein. Benachbarte Begriffe sind „Heimatkunde" und „Länderkunde" (→ Heimatkundliches Prinzip, → Länderkundlicher Ansatz).

Klassifikation

Landeskunde zielt einerseits auf vernetzte Zusammenhänge und fachübergreifende Erschließung, andererseits als Bildungsinstrument auf die Ausprägung von Landesbewusstsein (Identität) (z. B. Reihe Berichte zur deutschen Landeskunde). Es lassen sich folgende traditionelle Richtungen unterscheiden:

1. Geographische Landeskunde als Regionale Geographie von Ländern, administrativen Einheiten oder anders definierten Räumen mit Erklärung der physisch-geographischen und humangeographischen Teilgebiete und ihrer Wechselwirkungen (Interdependenzen); diese Richtung wird auch als Länderkunde bezeichnet
2. Historische Landeskunde als geschichtliche Synopse von gesellschaftlichen, wirtschaftlichen und politischen Entwicklungen eines zuvor definierten Gebietes
3. Landeskunde im fremdsprachlichen Unterricht als Vermittlung von kulturellen und natürlichen Hintergrundinformationen (Region, Religion, Kunst, Architektur, Gesellschaft, Geschichte, politisches System, Bildungssystem, Landesnatur u. a.) zu dem Land, dessen Sprache erlernt wird
4. Landeskunde als umfassende Information über ein Land, die sich an die Allgemeinheit wendet

Zur geographiedidaktischen Diskussion

Das Schulfach Geographie bezieht zwar über die geographischen Inhalte hinaus seit Jahrzehnten auch historische, wirtschaftliche, politische, gesellschaftliche und kulturelle Aspekte in seinen Unterricht ein, macht aber die historische Landeskunde oder die Landeskunde des fremdsprachlichen Unterrichts nicht überflüssig.

Geht man von der Interessenlage der Schüler (→ Schülerinteresse), den stark zunehmenden Auslands- und Fernreisen (→ Reiseerziehung) sowie den Qualifikationen für das Leben (→ Alltagsorientierung) aus, so muss das transdisziplinäre Konzept zukünftig stärker betont werden. Die Geographie als Brückenfach zwischen den Natur-, Gesellschafts- und Kulturwissenschaften verfügt hierzu über die nötigen Methoden- und die Sachkompetenz. Der Geographieunterricht muss demnach über natur- und humangeographische Themen hinaus weitere Felder der komplexen Landeskunde aufgreifen, die mit lebensbedeutsamen Fragestellungen sozioökonomische Strukturen aus den Bereichen des Alltags, der zeitlichen Entwicklung oder der kulturellen Spezifika erklären. Dieser Zugang passt einerseits zu den Anforderungen und Erwartungen der postmodernen, multilokalen Geselschaft, andererseits bündelt der fachübergreifende, transdisziplinäre Ansatz vielfältige landeskundliche Aspekte im Unterrichtsfach Geographie; in diesem Sinne stellt die adressaten- und regionsbezogene Landeskunde ein offenes Produkt bzw. einen Prozess dar.

Literatur

ASCHAUER, W. (2002): Zwischen Theorie und Praxis – Anmerkungen zur Konzeption von Landeskunde. – In: Berichte zur deutschen Landeskunde, 76, 4, 253 – 271.

BÖHN, D. (1992): Mehr Landeskunde bei der Länderkunde. Der Alltag in verschiedenen Ländern als Inhalt des Geographieunterrichts. – In: BROGIATO, H. P. & H.-M. CLOSS [Hrsg.] (1992): Geographie und ihre Didaktik. Festschrift für Walter Sperling, Teil 2. Trier, 441 – 450.

FIRGES, J., HÜTTERMANN, A. & H. MELENEK (1990): Geographie und fremdsprachliche Landeskunde. – In: Geographie und Schule, 12, 66, 42 – 45.

FLEISCHMANN, K. (2008): Von Raumbildern und neuen Wegen in der Landes- und Länderkunde. – In: Berichte zur deutschen Landeskunde, 82, 1, 55 – 72.

GEBHARDT, H., REUBER, P. & G. WOLKERSDORFER (2004): Konzepte und Konstruktionsweisen regionaler Geographien im Wandel der Zeit. – In: Berichte zur deutschen Landeskunde, 78, 3, 293 – 312.

Johann-Bernhard Haversath

Landschaftszeichnung

Definition

Die Landschaftszeichnung ist eine unter geographischen Gesichtspunkten erstellte zeichnerische Abbildung eines Ausschnitts der Erdoberfläche. Sie verdeutlicht sichtbare landschaftliche Sachverhalte durch Strukturierung, Akzentuierung und (→) Vereinfachung.

Klassifikation

Die Landschaftszeichnung weist fließende Übergänge zu anderen Arten von Zeichnungen auf. Die Bandbreite reicht von Zeichnungen größerer Landschaftsteile aus schrägluftbildartiger Perspektive (Panoramabild) und Seitenansicht bis zu Abbildungen ausgewählter Einzelobjekte. Je nach Größe des gewählten Landschaftsausschnitts, der zeichnerischen Abstraktion sowie der gewählten Perspektive sind Übergänge zur (→) Kartenskizze, zum (→) Croquis und zur Sachzeichnung möglich. Durch Ergänzen der Landschaftszeichnung mit nicht an der Erdoberfläche sichtbaren Elementen entstehen das (→) Blockbild und der Landschaftsquerschnitt (→ Profil). Zur Sicherung der Unterrichtsergebnisse kann die Landschaftszeichnung die Funktion des (→) Merkbildes übernehmen.

Eine Sonderform der Landschaftszeichnung ist das Einzeichnen von Strukturen in Bilder. Das aspektbezogene Sehen wird hier in besonderem Maße gefördert.

Zur geographiedidaktischen Diskussion

Durch den Einsatz fotografischer Medien hat die Landschaftszeichnung in der geographiedidaktischen Literatur und im Unterricht stark an Bedeutung verloren. Sie besetzt aktuell nur noch eine Nische im Geographieunterricht; selbst im offenen, individualisierten Unterricht wird sie nur selten genutzt, weil u. a. die zeichnerischen Techniken bei Lehrern und Schülern kaum noch geübt werden oder bekannt sind.

Gleichwohl hat die Landschaftszeichnung unübersehbare Stärken:

1. Sie hat dort ihren didaktischen Ort, wo sie durch Anschaulichkeit, Klarheit und Verdeutlichung bestimmter Strukturen der fotografischen Darstellung überlegen ist.
2. Die zeichnerische Gestaltung fördert das fachliche Verständnis, weil die Auswahl wichtiger Bildinhalte, die Wahl der Perspektive und der Bildaufteilung eine intensive Durchdringung des Sachverhalts erfordern und zu bewusstem Sehen anleiten.
3. Ihr pädagogischer Wert liegt in der Förderung der Selbsttätigkeit der Schüler und der Schulung feinmotorischer Fähigkeiten. Die Einbeziehung ästhetischer Aspekte stellt an die Zeichnenden hohe Ansprüche; sie zielt auf eine starke Individualisierung des Unterrichts und auf die Förderung ausgewählter Techniken/Begabungen.

Angesichts der Bilderflut des digitalen Zeitalters könnten die Stärken der Landschaftszeichnung den Anstoß bilden, sie in neuem Licht erscheinen zu lassen. Als hemmend erweist es sich jedoch, dass bei der jeweiligen Zeichenfähigkeit der Schüler ihre Grenzen rasch erreicht sind.

Der stiefmütterliche Einsatz von Landschaftszeichnungen im Unterricht kommt in der ausbleibenden aktuellen Literatur prägnant zum Ausdruck. Die zahlreichen Treffer des Begriffs bei der Internetrecherche stehen dazu nicht im Widerspruch, sie zielen nämlich primär in Richtung Kunst und Kunsterziehung.

Literatur

Achilles, F.-W. (1979): Die Landschaftszeichnung. – In: Geographische Rundschau, 31, 7, 293–302.

Achilles, F.-W. (1983): Zeichnen und Zeichnungen im Geographieunterricht. Köln.

Theissen, U. (1993): Messen, Zeichnen, Fotografieren und Videografieren. – In: geographie heute, 14, 111, 4–9.

http://zeichnen-lernen.markus-agerer.de/zeichnen-lernen/landschaften-zeichnen.php

Johann-Bernhard Haversath

Lehrpfad

Definition

Ein Lehrpfad enthält mehrere Texttafeln bzw. Informationsstationen entlang eines (Wander-)Weges, die Passanten an korrespondierenden Orten auf Erscheinungen in der Landschaft/Umwelt hinweisen und dabei meist ein Lehrziel verfolgen.

Klassifikation

Lehrpfade können (→) außerschulische Lernorte sein, in Unterrichtsgänge, (→) Exkursionen oder in (→) Geocaching eingebaut werden und dabei originäre Begegnung (mit (→) originalen Gegenständen) vor Ort ermöglichen, Veränderungen beschreiben (z. B. direkter Vergleich eines historischen Bildes oder Modells mit der Realität) oder Verborgenes (z. B. aufgrund von Verbuschung) aufdecken.

Lehrpfade lassen sich nach zunehmendem Aktivierungspotenzial ordnen:
- Nummernpfad mit Begleitbroschüre
- Schilderpfad mit beschreibenden Inhalten
- Aufgabenlehrpfad (mit Fragen, Denkanstößen und Rätseln)
- Sinnespfad mit sensorischen Stationen zur Naturwahrnehmung

– Erkenntnispfad mit Experimentier- und Beobachtungsaufgaben
– Erlebnispfad mit interaktiven Stationen.

Verschiedene Bezeichnungen werden (z. T. aus Marketinggründen) uneinheitlich benutzt, z. B.:
– Kultur- und Heimatpfad zur (siedlungs-)historischen Entwicklung
– Lernpfad mit Betonung auf didaktischen Überlegungen, häufig inklusive Laufzettel/Arbeitsblatt
– Erlebnispfad mit Sinneswahrnehmungen/Sinnesexperimenten
– Themenweg und Problem(sensibilisierungs)pfad (z. B. zum Waldsterben)
– Naturlehrpfad/Naturerlebnispfad mit Betonung auf Umweltaspekten
– Naturbestimmungstafeln (z. B. Ornithologie, Botanik)
– Kulturlandschaftspfad (z. B. Weinbau, Streuobstwiesen)
– Landschaftsinterpretation
– Kunstpfade, Abenteuer- und Sport-Parcours sind ebenfalls Themenwege, allerdings selten mit geographischem Lehrinhalt.

Zur geographiedidaktischen Diskussion

In Deutschland erlebten Lehrpfade in den 1960er- und 1970er-Jahren eine Blütezeit. Anfangs waren Vereine die Träger, später entstanden schülerkonzipierte Lehrpfade im Zuge von Schulprojekten (z. B. Planetenlehrpfade). Häufig vermitteln die Informationstafeln hauptsächlich Fachwissen und wenige Zusammenhänge. Einige Autoren (z. B. LEHNES/GLAWION 2006) betonen die Notwendigkeit einer professionellen Aufbereitung der Interpretation des Raumes, um den Besuchern (→) entdeckendes Lernen zu ermöglichen.
Für den Geographieunterricht können Laufzettel mit Aufgaben zu verschiedenen Anforderungsniveaus eingesetzt werden. Ein Lehrpfad erhält dadurch den Charakter eines Stationenlernens (→ Lernen an Stationen). Gleichzeitig ermöglicht er eigenständiges Lernen und gegenseitiges Erklären an meist multidisziplinären Inhalten (→ originale Gegenstände) im Raum.
Neben Wissensvermittlung zielen Lehrpfade auf eine Verbesserung der (→) Raumverhaltenskompetenz, gelenkte Umweltsensibilisierung („man sieht nur, was man weiß"), aber auch auf Tourismusförderung. Bisher gibt es keinen einheitlichen Qualitätsstandard.
Mobiler Internetzugang ermöglicht Linkpfade, deren Informationstafeln neben sogenannten Eyecatchern einen Strichcode enthalten, der per Smartphone zusätzliche Informationen im Internet zugänglich macht. Dies ermöglicht multimediale, interaktive Inhalte an Orten, an denen ein „Schilderwald" störend wäre.

Literatur
BARTSCH-HERZOG, B. & C. OPP (2011): Interaktive Umweltbildung am Beispiel eines Gewässerlehrpfades an der Ulster. – In: Hallesches Jahrbuch für Geowissenschaften, Bd. 32/33, 19 – 32.
EBERS, S., LAUX, L. & H.-M. KOCHANEK (1998): Vom Lehrpfad zum Erlebnispfad. Handbuch für Naturerlebnispfade. Wetzlar: Förderverein Natur- und Schulbiologiezentrum, 1 – 183.
LANG, C. & W. STARK (2000): Schritt für Schritt NaturErleben. Ein Wegweiser zur Einrichtung moderner Lehrpfade und Erlebniswege. Wien: Forum Umweltbildung, 1 – 119.
LEHNES, P. & R. GLAWION (2006): Landschaftsinterpretation – Erd- und Landschaftsgeschichte als Freizeit-Erlebnis. – In: Geographie und Schule, 28, 159, 23 – 28.
Lehrpfade (Themenheft). – In: Praxis Geographie, 33, 1.

Christoph Koch

Lehrplan/Curriculum

Definition

Lehrpläne sind amtliche und/oder schuleigene Veröffentlichungen, die Ziele und inhalte des Unterrichts nennen.

Curricula sind amtliche und/oder schuleigene Veröffentlichungen, die neben den Inhalten auch Lernziele, Methoden und Formen der Evaluation der Endergebnisse des Lernprozesses umfassen.

Die Begriffe „Lehrplan", „Curriculum", „Richtlinien", „Rahmenplan" oder „Bildungsplan" werden in den amtlichen Veröffentlichungen oft synonym gebraucht. In der (geographie-)didaktischen Literatur werden die Begriffe teilweise unterschiedlich definiert.

Klassifikation

Lehrpläne bzw. Curricula oder wie die offizielle Bezeichnung auch lautet lassen sich nach didaktischen Zielen und formalen Kategorien gliedern.

1. Didaktische Ziele

- Lehrpläne im traditionellen Sinn enthalten nach allgemeinen Ausführungen über Ziele eine fachorientierte Zusammenstellung von Unterrichtsinhalten, meist eine vereinfachte Darstellung wissenschaftlicher Erkenntnisse.
- Curricula gehen primär von (Lern-)Zielen aus, denen Inhalte zugeordnet werden (→ Curricularer Ansatz). Außerdem enthalten sie Angaben zu Methoden und oft auch zur (→) Evaluation.
- Bildungspläne enthalten eine Zusammenstellung von (→) Kompetenzen, bei der Auswahl der Inhalte werden der Lehrkraft größere Freiheiten eingeräumt.

Die (→) Bildungsstandards selbst sind keine Lehrpläne oder Curricula, sondern bilden eine Grundlage, auf der diese aufbauen.

2. Formale Kategorien

In der Geographiedidaktik wird zwischen folgenden Kernformen des Curriculums unterschieden:

- Das geschlossene Curriculum beinhaltet alle in der Definition aufgelisteten Elemente des Lehr-/Lernprozesses und gilt daher als strenges Steuerungsinstrument der Unterrichtsorganisation.
- Das offene Curriculum bietet lediglich Richtlinien und Empfehlungen und trägt dadurch zur Öffnung des Unterrichts bei.
- Das Kerncurriculum enthält die (Lern-)Ziele und zugeordneten Inhalte, die als Basiskompetenzen bzw. grundlegende Inhalte angesehen werden.
- Das Spiralcurriculum baut Inhalte systematisch nach zunehmender Komplexität auf (z. B. Klimaelemente, Klimazonen, Klimaerscheinungen, Klimawandel).

Zur geographiedidaktischen Diskussion

Ende der 1960er-Jahre wurde der stark fachwissenschaftlich ausgerichtete Unterricht heftig kritisiert. Ähnlich wie anderen Unterrichtsfächern wurde der Erdkunde/Geographie auch vorgeworfen, dass der Unterricht nicht auf die Entwicklung von solchen Qualifikationen (Kompetenzen) ausgerichtet war, die zur Bewältigung künftiger Lebenssituationen der Lernenden relevant wären. Die bis dahin noch fehlenden Lernziele waren die wichtigsten Stellschrauben, die laut dem curricularen Ansatz oder der Lernzielorientierung von ROBINSOHN (1967) (→ Curricularer Ansatz) eine Anpassung des Fachunterrichts an diese Bedürfnisse ermöglichen können.

Geographiedidaktiker begleiteten, diskutierten und evaluierten in den 1970er-Jahren die Entwicklung von curricularen Lehrplänen und Curricula mit großer Aufmerksamkeit. Einige Autoren boten praktische Beispiele zur Implementierung des neuen Ansatzes in die Unterrichtspraxis an. Selbst wenn in den 1980er-Jahren die allgemeinbildende Rolle des Geographieunterrichts gegenüber der

Qualifikationsorientierung stärker zunahm, blieben einige Begriffe wie Spiralcurriculum oder Kerncurriculum über die Jahrzehnte der geographiedidaktischen Lehrplan- und Curriculumdebatte erhalten. Auch stammt aus dieser Zeit die Unterscheidung zwischen geschlossenen und offenen Curricula.

Fast drei Jahrzehnte später erlebte der Curriculumbegriff eine Renaissance. Die Arbeitsgruppe Curriculum 2000+ der DGfG erarbeitete 2002 die Grundsätze und Empfehlungen für die Lehrplanarbeit im Schulfach Geographie und baute dabei stark auf einen theoretischen Rahmen und ein Curriculumverständnis, das an den curricularen Ansatz angelehnt ist. Ähnliches lässt sich zu den Kerncurricula der Kultusministerkonferenz bzw. einzelner Länderministerien sowie zu den Schulcurricula feststellen, die im Zuge der Implementierung der nationalen (→) Bildungsstandards und nachfolgend der Lehrerkompetenzen an Bedeutung gewannen, dabei aber formal sehr unterschiedlich gestaltet sind.

Zu bemerken ist das (wiederholte) Bestreben der Schulgeographie, im Zuge der Kompetenzorientierung solche Kompetenzen zu identifizieren, die eine zukunftsrelevante Ausbildung der Schülerinnen und Schüler ermöglichen. Es bleibt zu verfolgen, ob es den neuen Curricula wirklich gelingt, Schlüsselkompetenzen für die Zukunft aus der Gegenwart abzuleiten und diese für die Unterrichtsgestaltung einzusetzen.

Literatur

Deutsche Gesellschaft für Geographie (DGfG) [Hrsg.] (2002): Grundsätze und Empfehlungen für die Lehrplanarbeit im Schulfach Geographie. Arbeitsgruppe Curriculum 2000+. – In: www.geographie.de/docs/curriculum2000.pdf (Letzter Zugriff: 26.02.2012).

Hieber, U. & T. Lenz (2005): Auf dem Weg zu einem fachinternen Methodencurriculum im Geographieunterricht. – In: geographie heute, 26, 235, 42 – 44.

Köck, H. (2005): Curriculum Geographie – Theorie und Realität. – In: Geographie und Schule, 27, 156, 10-22.

Ringel, G. (2002): Grundsätze und Empfehlungen für die Lehrplanarbeit im Fach Geographie. Gekürzte Fassung. – In: geographie heute, 23, 200, 4 – 7.

Robinsohn, S. B. (1967): Bildungsreform als Revision des Curriculums. Neuwied, Berlin.

Péter Bagoly-Simó

Leistungsmessung, Leistungsbeurteilung

Definition

Leistungserfassung kann im Kontext von Schule und Unterricht verschiedene Funktionen haben. Leistungsmessung ist die möglichst exakte, standardisierte Erfassung von Leistung (in der Regel Wissen, Fähigkeiten/ Fertigkeiten) zu Zwecken der Bildungsforschung oder Diagnostik. Schulische Leistungserfassung ist demgegenüber die Erfassung des Lernerfolges von Schülerinnen und Schülern hinsichtlich der festgesetzten (→) Lernziele, auf die Leistungsbeurteilung und gegebenenfalls Benotung folgt.

Klassifikation

Leistungsmessung und schulische Leistungserfassung unterscheiden sich hinsichtlich der Ziele, Instrumente und Bezugssysteme.

1. Leistungsmessung verfolgt je nach Maßstabsebenen (Bildungssystem, Schulebene, Schülerebene) verschiedene Zielsetzungen (Systemmonitoring, Schulevaluation, Individualdiagnostik). In der quantitativen Bildungsforschung geschieht dies v. a. mit psychometrischen Tests. Die Divergenz der Testdesigns etwa bzgl. der fachlichen Tiefe und Breite bedingt, dass Ergebnisse im Regelfall nicht auf andere Maßstabsebenen übertragbar sind.

Messinstrumente der standardisierten Leistungsmessung müssen den Gütekriterien Objektivität, Reliabilität und Validität genügen. Hinzu kommen die Nebengütekriterien Normierung, Vergleichbarkeit, Testökonomie und Nützlichkeit.

Leistungsmessung kann sich auf folgende Bezugsnormen beziehen:

- kriteriale Normen, der fachlich-sachliche Anforderungen zugrunde liegen
- soziale oder kollektive Normen, die die Leistung des Einzelnen im Verhältnis zu der der Gruppe beurteilen
- individuelle Normen, die den individuellen Lernfortschritt berücksichtigen.

2. Schulische Leistungserfassung kann der Selektion, Sozialisation, Legitimation, Kontrolle, Prognose, Rückmeldung, Disziplinierung, Lehr- und Lerndiagnose sowie der Lern- und Leistungserziehung dienen. Lernergebnisse können am Ende (summativ) oder während eines Bildungsabschnittes (formativ) erfasst werden.

Traditionelle Instrumente der schulischen Leistungserfassung sind schriftliche und mündliche Prüfungen. Dabei finden meist mehrere Bezugsnormen Berücksichtigung.

Zur geographiedidaktischen Diskussion

Es ist strittig, ob in der Schulpraxis Leistungen tatsächlich gemessen werden oder ob das Benoten nur formal ein Messen, inhaltlich aber ein Beurteilen darstellt, da den Testgütekriterien im Regelfall nur eingeschränkt Genüge geleistet wird.

Der routinemäßige Einsatz von diagnostischen Tests in der Schulpraxis gilt wegen ihrer Komplexität als nicht praktikabel. Ihre Verwendung zur Individualdiagnostik und Notengebung wird zudem kritisch gesehen. Dies zeigt die Diskussion um die Rolle von (→) Bildungsstandards für die schulische Leistungsbeurteilung. Erstens umfassen diese nicht alle inhaltlichen Aspekte der Curricula. Zweitens

stützt sich schulische Leistungsbeurteilung nicht nur auf inhaltliche Kriterien.

Erfahrungen v. a. in den USA zeigen potenzielle Nebenwirkungen des Einsatzes von Tests für die schulische Leistungserfassung wie Umwidmung von Unterrichtszeit und -material (*teaching to the test*) und manipulierenden Einfluss auf die Testbearbeitung durch Lehrende.

Dennoch ist derzeit ein Trend zur stärkeren Standardisierung von schulischer Leistungserfassung (Vergleichsarbeiten, Lernstandserhebungen, Zentralabitur) festzustellen, wobei gleichzeitig zunehmende Heterogenität in Lerngruppen und offene, schülerzentrierte Unterrichtsmethoden zum Einsatz von neuen Formen der Leistungserfassung wie (→) Lerntagebuch, Portfolio bis hin zur Selbstbeurteilung anregen.

Vor dem Hintergrund der Neuausrichtung des Faches Geographie an (→) Kompetenzen werden neue Formen der Leistungsbeurteilung diskutiert, die etwa (→) Schülerorientierung, einzelne (→) Kompetenzbereiche und (→) Raumkonzepte stärker berücksichtigen.

Literatur

HELLER, K. A. & E. A. HANY (2002): Standardisierte Schulleistungsmessungen. – In: WEINERT, F. E. [Hrsg.] (2002): Leistungsmessung in Schulen. Weinheim, Basel, 87–101.

HIEBER, U., LENZ, T. & M. STENGELIN (2011): (Sich) geographische Aufgaben stellen. Neue Aufgabenkultur im kompetenzorientierten Geographieunterricht. – In: geographie heute, 32, 291/292, 2–9.

SACHER, W. (2004): Leistung entwickeln, überprüfen und beurteilen. Bad Heilbronn.

Johanna Mäsgen,
Dorothea Wiktorin

Lern(ziel)kontrolle

Definition
Die Lern(ziel)kontrolle (auch Lern(erfolgs)kontrolle) dient der Überprüfung, ob und inwieweit die für den Lernprozess konzipierten Ziele (→ Lernziele) und Inhalte erreicht wurden (vgl. → Leistungsmessung).

Klassifikation
Die Lern(ziel)kontrolle hat zwei Funktionen im Lernprozess:

Auf Seiten der Lehrkraft:
– dient unterrichtsvorbereitend der Ermittlung von Lernvoraussetzungen
– steuert unterrichtsbegleitend nötige Änderungen in Bezug auf den Lernprozess
– liefert unterrichtsabschließend eine Beschreibung zum tatsächlichen Lernstand des Lernenden
– gibt Aufschluss über die Wirksamkeit der Unterrichtsplanung und des Unterrichts selbst
– ist Grundlage für eine Leistungsmessung
– schafft mit verlässlichen Daten die Voraussetzung für eine Evaluation des erdkundlichen Bildungs- und Lehrplans

Auf Seiten des Lernenden:
– dient der Feststellung des persönlichen Lernfortschritts, auch im Vergleich zu den Mitschülern
– ist Grundlage für eine Leistungsmessung

Zur geographiedidaktischen Diskussion
Eine Überprüfung des Lernzuwachses bereitet, abhängig von der jeweiligen Lernzieldimension, unterschiedliche Schwierigkeiten. Eine Kontrolle des Lernzuwachses ist z. B. bei kognitiven Lernzielen über eine Lern(ziel)kontrolle gegeben, wobei Reproduktion im Vergleich zu Reflexion und Problemlösung deutlich leichter zu kontrollieren ist. Hingegen ist eine Überprüfung angestrebter Wertehaltungen und Einstellungen wie bei affektiven Lernzielen kaum möglich. Die Lernzielkontrolle erfolgt oftmals durch Aufgaben (→ Aufgabenkultur).

Literatur
RINSCHEDE, G. & A. SIEGMUND (2022): Geographiedidaktik. Paderborn, 273.
STONJEK, D. (2005): Lernzielkontrolle. – In: KÖCK, H. & D. STONJEK (2005): ABC der Geographiedidaktik. Köln, 166.

Berta Hamann

Lernen an Stationen

Definition
Lernen an Stationen ist eine Lernform des (→) offenen Unterrichts, bei der die Schüler an Stationen ein in verschiedene Teilaspekte differenziertes Thema in der Regel selbstbestimmt erarbeiten.

Klassifikation
Für Lernen an Stationen wird eine Reihe von Bezeichnungen vielfach synonym verwendet, wie z. B. Lernzirkel, Stationenlernen, Lernstraße, Lerntheke oder Lernzone (LENZ 2003, 44; RINSCHEDE & A. SIEGMUND, 2022, 273), wobei deren unterschiedliche Anordnungsformen Varianten des Stationenlernens darstellen (MEYER 2015, 154).

Begriffsklärungen:
– Lernzirkel: Das zu bearbeitende Thema gliedert sich in abgrenzbare Lernabschnitte, die Stationen. In einer meist selbstgewählten festen Lerngruppe erarbeiten die Lernenden nacheinander den Stoff einer Unterrichtseinheit an inhaltlich aufeinander aufbauenden Stationen. Die vorab festgelegte Bearbeitungszeit ist für alle Stationen identisch, damit die Lernenden im einheitlichen Rhythmus wechseln können.

– Stationenlernen: Die stärkere Beachtung unterschiedlicher Lernwege und Lernzugänge äußert sich in einer Differenzierung und Individualisierung des Lernens. Die einzelnen Stationen können in einer thematisch variablen Reihenfolge in freier Auswahl und nicht an eine bestimmte Sozialform gebunden bearbeitet werden. Steht Teamarbeit bei der Aneignung von Wissen und Erkenntnissen oft im Vordergrund, gilt bei dieser Lernform Einzelarbeit als besonders effektiv. Neben Pflichtstationen als gemeinsame Wissensgrundlage verhelfen Wahlstationen zu vertieftem oder erweitertem Wissen. Als besonderes Kennzeichen für Stationenlernen gilt, dass bei der Bearbeitung die Lernenden selbst ihr Lerntempo bestimmen. Unterschiedliche Materialien und Zugänge (z.B. Texte, Grafiken, originale Gegenstände, Podcasts, Videos) ermöglichen den Lernenden, ihren Lernweg entsprechend ihren persönlichen Schwerpunktsetzungen und Fähigkeiten individuell zu steuern. Ein Laufzettel dokumentiert, welche Stationen bearbeitet wurden. Stationenlernen muss nicht ausschließlich in der Schule stattfinden. Für diese Lernform eignen sich auch außerschulische Lernorte wie z.B. Lernstationen am Ufer eines Baches oder ein Bauernhof.

– Lernstraße: Die Stationen sind linear nach Arbeitsaufträgen und Material mit einem zunehmenden Grad an Schwierigkeiten/ Komplexität angeordnet und bauen inhaltlich aufeinander auf. Damit werden alle Stationen von allen Lernenden in der identischen Reihenfolge durchlaufen.

– Lerntheke: Alle Materialien und Aufgaben liegen auf einer „Theke" an einer zentralen Stelle im Klassenzimmer aus, stehen den Lernenden dort in freier Auswahl zur Verfügung und werden in Einzel- oder Partnerarbeit bearbeitet. Die Reihenfolge ist nicht festgelegt, somit ähnelt die Lerntheke sehr stark dem Stationenlernen. Lerntheken können thematisch weniger gebunden sein und sich aus mehreren Unterrichtseinheiten zusammensetzen.

– Lernzone: Einzelne thematisch verknüpfte Stationen werden zu Lernzonen zusammengestellt, die wiederum Bestandteil eines größeren Themenkomplexes sind (MEYER 2015, 154). Das notwendige Grundwissen wird vorab im Klassenunterricht oder in einer vorangestellten, verpflichtenden Basiszone vermittelt. Danach können die Lernenden zwischen den einzelnen Unterthemen (Vertiefungszonen) wählen (KESTLER 2020, 217). Diese Lernform eignet sich insbesondere für vielschichtige, fächerübergreifende Themen (Beispiel: Die Gezeiten im Geographie- und Physikunterricht).

Gemeinsam ist allen Lernvarianten eine Ausstattung mit einer Vielfalt an Materialien und Arbeitsaufträgen für adressatengerechte Zugänge, die inhaltlich als auch didaktisch verschiedene Lernzwecke verfolgen: Lerntätigkeiten wie Lesen, Einprägen, Nachmachen verfolgen ein ‚aufnehmendes Lernen'; Anlass zum Interpretieren oder Entdecken wie Versuche oder Experimente gibt das ‚ausbauende Lernen'; in kreativen Entwürfen und Gestaltung wie z.B. zu klimaneutraler Mobilität äußert sich ‚konstruierendes Lernen'(vgl. REICH 2012, 8).

Unterrichtsphasen:

1. In der Einführungsphase beginnt Lernen an Stationen zunächst im Klassenverband mit einer Hinführung zum Thema. Ein kurzer Rundgang mit Informationen zu den einzelnen Stationen und den dazugehörigen Materialien und Aufgaben gibt Hilfestellung für die Lernenden, ihren Arbeitsweg vorauszuplanen.

2. In der Arbeitsphase arbeiten die Lernenden an den Stationen in der Regel selbstbestimmt in Einzelarbeit, Partnerarbeit oder in Kleingruppen. Für die Überprüfung in der Schlussphase werden die Ergebnisse ihrer Arbeit nach jeder Station gesichert. Der Lehrkraft kommt die Rolle als Beobachter, Helfer und Berater zu.

3. In der Schlussphase werden in einem abschließenden Gespräch im Klassenverband die Ergebnisse ausgewertet, zusammengefasst und verschiedene thematische Aspekte eventuell noch vertieft. Je nach Lernform, wie z.B. beim Lernzirkel, können die Ergebnisse der einzelnen Gruppen den Mitschülern in einer Präsentation vorgestellt werden.

Zur geographiedidaktischen Diskussion

Als eine methodische Großform für selbstbestimmtes, handelndes Lernen ist Lernen an Stationen ein fester Bestandteil im Geographieunterricht.

Befürworter dieser Form offenen Unterrichtens argumentieren, dass methodisch vielfältige Wege bis hin zu ganzheitlichem Lernen (→ Lernen mit allen Sinnen) aufgezeigt werden, sich Wissen und Erkenntnisse entsprechend der eigenen Möglichkeiten und Interessen selbstbestimmt und selbsttätig anzueignen sowie die eigene Leistung auszuloten (vgl. z.B. RASCH 1995, 38; BAUER 2012, 107, 109; REICH 2012, 5). Auch eine „Bereitschaft zum konkreten Handeln in geographisch/geowissenschaftlich relevanten Situationen [...]" (DGfG 2020, 27) lässt sich in Aufgabenstellungen mit gezielten Aufforderungen für Entscheidungen fördern (Beispiel: Skifreizeit in Zeiten des Klimawandels?). Damit wird dem Lernenden eine engagierte, verantwortungsvolle Rolle innerhalb des Lernprozesses zugewiesen.

Kritiker merken an, dass relevante und nachhaltige Ergebnisse aus eigenverantwortlichem Arbeiten und handelndem Lernen mit dem Angebot, der Auswahl und der Gestaltung Lerner-orientierter Materialien stehen und fallen. Eine Untersuchung von z.B. UHLENWINKEL (2005) zu veröffentlichten Lernzirkeln im Hinblick auf Materialien, Aufgaben und Fachinhalten kam zu dem Ergebnis, dass das Materialangebot kaum methodische Vielfalt aufwies, die Aufgaben zu einem großen Teil problemlösendes Denken, Förderung von Schlüsselqualifikationen und geographischer Lern- und Arbeitstechniken vermissen ließen, Fachinhalte kaum systematisch aufbereitet, oft verfälscht oder gänzlich falsch dargestellt wurden. Weiterhin wird kritisiert, dass schwächere Lernende oftmals mit offenen Lernumgebungen schlechter zurechtkommen.

Eigene Beobachtungen in Schulpraktika zeigten, dass bei Lernen an Stationen trotz wesentlicher Steigerung im Niveau eine fachkundige, sachgerechte Vorbereitung und Umsetzung immer noch abhängig ist von der Kreativität und dem Einfühlungsvermögen der Lehrkraft, was ihrer Klasse zuträglich ist.

Literatur

BAUER, R. (2012): Schülergerechtes Arbeiten in der Sekundarstufe I: Lernen an Stationen. Berlin.

DEUTSCHE GESELLSCHAFT FÜR GEOGRAPHIE [HRSG.] (2020): Bildungsstandards im Fach Geographie für den Mittleren Schulabschluss – mit Aufgabenbeispielen. Bonn, 27.

KESTLER F. (2020): Einführung in die Didaktik des Geographieunterrichts. Grundlagen der Geographiedidaktik einschließlich ihrer Bezugswissenschaften. Bad Heilbrunn, 217.

LENZ, T. (2003): Lernzirkel, Stationenlernen & Co. – Klärungsversuch im Begriffsdschungel. – In: Geographie und Schule, 142, 44–45.

MEYER, C. (2015): Lernen an Stationen. – In: REINFRIED, S. & H. HAUBRICH [Hrsg.] (2015): Geographie unterrichten lernen. Die Didaktik der Geographie. Berlin, 154-155.

RASCH, A. (1995): Lernen an Stationen. Möglichkeit selbstbestimmten Arbeitens im Erdkundeunterricht. – In: Praxis Geographie, 25, 7/8, 58–61.

REICH, K. [Hrsg.] (2012): Stationenlernen. – In: REICH, K. [Hrsg.] (2012): Methodenpool. http://methodenpool. uni-koeln.de (Letzter Zugriff: 13.11.2022).

RINSCHEDE, G. & A. SIEGMUND (2022): Geographiedidaktik. Paderborn, 270 – 278.

UHLENWINKEL, A. (2005): Lernzirkel – ein oft genutztes ungenutztes Potenzial. – In: Praxis Geographie, 35, 3, 48 – 49.

Berta Hamann

Lernen mit allen Sinnen

Definition

Lernen mit allen Sinnen ist eine Unterrichtsmethode, die zum Lernerfolg alle Wahrnehmungskanäle (Sehen, Hören, Riechen, Schmecken, Tasten/Fühlen) einsetzt.

Klassifikation

In der Pädagogik forderte schon PESTALOZZI ein Lernen mit Kopf, Herz und Hand. Auch die Reformpädagogik verlangt, beim Lernen neben den kognitiven Aspekten auch körperliche und emotionale zu berücksichtigen.

Die Lernpsychologie weist nach, dass es verschiedene Lernkanäle gibt. Lernen mit allen Sinnen berücksichtigt die unterschiedlichen Zugänge (Wahrnehmungskanäle). Damit soll für jeden Schüler ein adäquater Lernweg ermöglicht werden.

Zur geographiedidaktischen Diskussion

Der Geographieunterricht bietet eine Vielzahl von Möglichkeiten, Lernen mit allen Sinnen zu verwirklichen. Dabei ist es nicht entscheidend, dass alle Sinne gleichzeitig angesprochen werden, es genügt eine themenbezogene Auswahl. So können z.B. beim Thema Boden alle Sinne mit Ausnahme des Hörens sinnvoll eingesetzt werden (OTTO 2001, 16). Lernen mit allen Sinnen lässt sich sowohl im Klassenzimmer, z.B. durch den Einsatz (→) originaler Gegenstände, als auch an (→) au-

ßerschulischen Lernorten durchführen. Von pädagogischer (z.B. KAHLERT 2000) wie geographiedidaktischer Seite (HASSE 2010) wird darauf hingewiesen, dass eine ganzheitliche Erfassung nicht möglich ist, weil die Wahrnehmung durch die Fragestellung (Handlungsabsicht) selektiert wird. Zudem wird im Unterricht die Lernsituation schon durch die Lernorganisation vorgegeben, d.h. auch dadurch die Wahrnehmung beeinflusst.

Literatur

ENGELHARDT, W. (1991): Lernen mit allen Sinnen im Erdkundeunterricht. – In: geographie heute, 12, 96, 4 – 7.

HASSE; J. (2010): Ästhetische Bildung. „Lernen mit allen Sinnen": und vollem Verstand. Mit einem Exkurs zur geographischen Exkursionsdidaktik – In: EGGER, R. & HACKL, B. [Hrsg.]: Sinnliche Bildung? Wiesbaden.

KAHLERT; J. (2000): Ganzheitliches Lernen mit allen Sinnen? Plädoyer für einen Abschied von unergiebigen Begriffen – In: Grundschulmagazin 12/2000, 37 – 40.

OTTO, K.-H. (2001): Boden – die geheimnisvolle Haut unserer Erde. – In: GÄRTNER, H. & G. HELLBERG-RODE [Hrsg.] (2001): Umweltbildung und nachhaltige Entwicklung, Bd. 2: Praxisbeispiele. Baltmannsweiler, 13 – 46.

Dieter Böhn,
Gabriele Obermaier

Lerntagebuch, Portfolio

Definition

Lerntagebücher und Portfolios sind Instrumente der kontinuierlichen Reflexion des individuellen Lernvorgangs in Form einer persönlichen Dokumentation, aus welcher der Prozesscharakter des eigenen Lernens ersichtlich wird. Sie dienen der Förderung individueller Lernprozesse und können von Lehrenden als Diagnose- oder Beurteilungsinstrument eingesetzt werden (u. a. GLÄSER-ZIKUDA 2007, 95).

Klassifikation

Im Rahmen der konstruktivistischen Didaktik (→ Konstruktivismus) und der damit verbundenen gestiegenen Aufmerksamkeit für die Individualität von Lernprozessen wurden Werkzeuge entwickelt, die vorrangig der Expression, Dokumentation und Reflexion der Etappen des Lernprozesses mit Blick auf ein oder mehrere Lernziele dienen. Diese Begriffe und Konzepte werden dabei nicht immer trennscharf verwendet.

Das Lerntagebuch dient primär der Reflexion des eigenen, linear angelegten Lernprozesses sowie der meist schriftsprachlichen Dokumentation desselben. Lerntagebücher können auch als Bestandteil von Portfolios eingesetzt werden. In beiden Fällen sind sie auch in elektronischer Form umsetzbar, beispielsweise als Einträge in einem Blog.

Unter einem Portfolio wird die eigenständige, zielgerichtete Sammlung von individuellen Arbeitsergebnissen zu einem oder mehreren Themengebieten verstanden, die jeweils reflektiert werden. In der schulischen oder universitären Lehrpraxis wird der Begriff „Portfolio" inzwischen sehr weit verwendet und kann sich sowohl auf kommentierte Materialsammlungen als auch auf sehr stark strukturierte Dokumente, ähnlich dem Lerntagebuch, beziehen.

Hauptmerkmal beider Instrumente ist die Selbstreflexion der Lernenden, durch die allen Beteiligten ein tieferes Verständnis der Lernprozesse ermöglicht wird. Für Lernende können sie damit ein Instrument zur (→) Evaluation des eigenen Lernprozesses sein mit dem Ziel, eine methodische Lernkompetenz zu entwickeln (z. B. SCHREDER 2007, 54 f.).

Lehrende können Lerntagebücher und Portfolios als Diagnoseinstrumente für den Lernstand des oder der Lernenden und als Grundlage für eine gezielte, begleitende Lernförderung im Sinne des binnendifferenzierten Unterrichts einsetzen (→ Binnendifferenzierung). Eine weitere Funktion für Lehrende kann die Evaluation des eigenen Unterrichts

sein, da dieser selbst direkt und indirekt Gegenstand der rückblickenden Betrachtung wird (SCHREDER 2007, 55).

Zur geographiedidaktischen Diskussion

Portfolios und Lerntagebücher sind inzwischen in der deutschsprachigen Bildungsforschung und -praxis breit rezipiert und werden primär in ihrer Bedeutung für die Entwicklung methodischer Lernkompetenzen diskutiert (u. a. GLÄSER-ZIKUDA 2007). Dabei werden sie mit einem Lernbegriff verbunden, der Lernen als „individuelle (Konstruktions-)Leistung" versteht (SCHREDER 2007, 54). Für eine erfolgreiche Umsetzung der Portfolio- oder Lerntagebucharbeit wird daher die Gestaltung partizipativer Lernumgebungen (offener, handlungsorientierter Unterricht, selbstbestimmtes Lernen) als förderlich erachtet.

In der Geographiedidaktik nimmt die Bedeutung von Lerntagebüchern und Portfolios als Instrumente der Metakognition zu. In der schulischen Unterrichtspraxis werden Portfolios in der projektorientierten Arbeit – z. B. ein Länderprojekt oder ein Themenprojekt – verwendet, häufig jedoch ohne deren lernpsychologische Dimension auszuschöpfen.

In der Hochschuldidaktik finden Portfolios und Lerntagebücher vor allem in der biographiezentrierten Lehrerinnen- und Lehrerbildung Verwendung. Hierbei steht die regelmäßige Reflexion der Entwicklung der eigenen Lehrpersönlichkeit mit Blick auf das angestrebte Berufsziel im Zentrum.

Literatur

GLÄSER-ZIKUDA, M. (2007): Potenziale und Grenzen von Lerntagebuch und Portfolio im Bildungsbereich. – In: Empirische Pädagogik, 21, 2, 95 – 100.

REICH, K. [Hrsg.] (2012): Methodenpool. – In: http://methodenpool.uni-koeln.de (Letzter Zugriff: 31.08.2012).

SCHREDER, G. (2007): Lerntagebuch. – In: LANGE, D. & V. REINHARDT [Hrsg.] (2007): Basiswissen Politische Bildung. Handbuch für den sozialwissenschaftlichen

Unterricht, Bd. 5. Planung Politischer Bildung. Baltmannsweiler, 54–59.

Birte Schröder, Holger Jahnke

Lernziel

Definition

Ein Lernziel beschreibt die (→) Kompetenz, die Lernende nach einem systematischen und zielgerichteten Lernvorgang sich angeeignet haben sollen. Es ist ein pädagogisches Verfahren zur Legitimation, Auswahl und Strukturierung eines Lernprozesses. Das geographische Lernziel ist durch seinen (erd-)räumlichen Bezug gekennzeichnet.

Klassifikation

1. Formalstruktur:

Lernziele sind Einzelschritte auf dem Weg zu Kompetenzen, über die Lernende verfügen, wenn Bildungsziele erreicht wurden. Zur Konkretisierung und Überprüfung des Lernprozesses werden Lernziele operationalisiert. Die Lernzielformulierung enthält präzise Angaben zum Inhalt, oft auch Angaben zu Bedingungen und Mitteln, zum Beurteilungs- und Bewertungsmaßstab sowie zum Endverhalten. Mit Operatoren/Verben werden Handlungsweisen des Schülers beschrieben und die verschiedenen Schwierigkeitsgrade (Anforderungsbereiche [AFB] I-III) des jeweiligen Lernprozesses gekennzeichnet (AFB I: Reproduktion; AFB II: Reorganisation und Transfer; AFB III: Reflexion und Problemlösung).

Beispiel 1: Mithilfe geeigneter Atlaskarten (= Mittel) ein West-Ost-Profil durch Kanada entlang des 50. Breitengrades skizzieren und beschriften (= Verhaltensangabe „Erstellen", AFB II), das den Zusammenhang zwischen Klima, Relief und landwirtschaftlicher Nutzung (= Inhalt) in Grundzügen (= Bedingung) aufzeigt.

Beispiel 2: Möglichkeiten überprüfen (= Verhaltensangabe „Beurteilen und Bewerten", AFB III), um den Verkauf von fair gehandelter Schokolade zu fördern (= Endverhalten).

2. Taxonomie von Lernzielen:

Mit Bezug auf die Ordnungsschemata von Lernzielen in der Allgemeinen Didaktik werden in der Geographiedidaktik die Lernziele nach Zielklassen oder Lerndimensionen gegliedert (horizontales Klassifikationsschema).

– Kognitive Lernziele sind ausgerichtet auf Wissen und Erkenntnisse, auf die Analyse eines Sachverhalts. Beispiel: Den Prozess der Desertifikation erläutern.
Eine Untergruppe der kognitiven Lernziele sind die affirmativen Lernziele, die Grundkenntnisse (z.B. Begriff „Kartenlegende"), aber auch grundlegende Fähigkeiten enthalten (z.B. Einen Stadtplan lesen).

– Instrumentale/instrumentelle Lernziele dienen dem Aufbau von Methodenkompetenz, d.h. dem Einüben geographischer Arbeitsweisen oder Fachmethoden („Instrumente" zur Datenerhebung, -darstellung und -auswertung). Beispiel: Mittels einer Grafik „Bevölkerungspyramide Deutschlands" die Problematik der Überalterung erklären und bewerten.
Instrumentale Lernziele können nicht strikt vom kognitiven Bereich abgetrennt werden. Sie sind stets mit Fachinhalten verknüpft. Die erworbenen Fähigkeiten und Fertigkeiten ermöglichen wiederum neue Kenntnisse und Erkenntnisse.

– Affektive Lernziele beziehen sich auf Werteorientierung sowie auf Einstellungen, d.h. die Bereitschaft, einen Sachverhalt wahrzunehmen und/oder auf ihn zu reagieren. Beispiel: Entwicklungshilfe für gesellschaftlich, politisch und wirtschaftlich benachteiligte Staaten befürworten.

Neben Sach- und Methodenkompetenz führte die zunehmende Bedeutung auch einer Sozialkompetenz in der Pädagogik zur Ausbildung weiterer Lernzielbereiche, die in der Geographiedidaktik ebenfalls Anwendung finden:

– Aktionale Lernziele bauen auf kognitiven und affektiven Lernzielen auf, die den Boden für konkretes Handeln bereiten. Beispiel: Sich an der Lokalen Agenda des Heimatortes beteiligen.

– Soziale Lernziele beziehen sich auf den zwischenmenschlichen Verhaltensbereich. Sie können in Sozialformen wie Gruppen- oder Partnerarbeit sowie in dialogischen Aktionsformen wie Simulationsspiele erreicht werden. Beispiel: In einer Diskussion unterschiedliche Meinungen respektieren.

Der in der Allgemeinen Didaktik gebräuchliche Begriff „psychomotorisches Lernziel" wird in der Geographiedidaktik nicht verwendet.

3. Hierarchie von Lernzielen:

Die Einteilung von Lernzielen nach dem Abstraktionsgrad (vertikales Klassifikationsschema) ist der Allgemeinen Didaktik entlehnt. Vom Abstrakten zum Konkreten wird in der Geographiedidaktik heute folgende hierarchische Ordnung und Nomenklatur verwendet:

– Regulative Ziele (Leitziele, auch als Verhaltensdispositionen benannt): Bezeichnung für ständig leitende Prinzipien des Unterrichts wie „Mündigkeit", „Kritikfähigkeit", „politische Sensibilität", „Mitverantwortung" usw. Oberste Leitziele des Geographieunterrichts wie „Raumverhaltenskompetenz" (KÖCK, 1980), „Bewahrung der Erde" (KROSS, 1994) und „Bildung für nachhaltige Entwicklung" (HAUBRICH, 1998) münden in einer geographischen Gesamtkompetenz der „[...] reflektierten, ethisch begründeten

und verantwortungsbewussten raumbezogenen Handlungsfähigkeit" (DGFG 2020, 8).

– Richtziele: Kennzeichen ist der sehr geringen Grad an Eindeutigkeit und Präzision mit sehr weit gefassten, unspezifischen Formulierungen. Vereinfacht: Richtziele entsprechen den Kapitelüberschriften des Lehrplans. Beispiel: Die USA im Spannungsfeld globaler Einflüsse.

– Grobziele: Sie weisen einen mittleren Grad an Eindeutigkeit und Präzision des zu erreichenden Ziels auf, die Inhalte sind bereits stärker festgelegt. In der Schulpraxis beschreibt das Grobziel oftmals das angestrebte Ergebnis einer Unterrichtsstunde/-einheit. Beispiel: USA – topographischen Überblick und naturräumliche Gliederung darstellen und kategorisieren.

– Feinziele bzw. Teilziele: Mit sehr genauen Angaben zu Ziel und Inhalt, die keine Alternativen erlauben, besitzen sie den höchsten Grad an Eindeutigkeit und Präzision. In der Schulpraxis konkretisieren die Feinziele häufig einen Teilabschnitt einer Unterrichtsstunde/-einheit. Beispiel: USA – Maßnahmen nennen, beschreiben und zuordnen, die der Bodendegradation in den Great Plains entgegenwirken.

Zur geographiedidaktischen Diskussion

Lernziele wurden Anfang der 1970er-Jahre als entscheidender Faktor bei der Neugestaltung des Geographieunterrichts betrachtet. Die Pädagogik sah sie als unabdingbar, ihre bedeutsame Wirkung wurde von der Lernpsychologie belegt. Lernziele sind jedoch nicht unumstritten:

Ihre Befürworter betonen u. a., dass damit die Zielklarheit des Unterrichts zunimmt, Strukturierungshilfen für die Planung und Analyse von Lernprozessen gegeben und Lernleistungen erfassbar werden. Mit der Operationalisierung der Lernziele erhält der Schüler eine objektivere Beurteilung seiner Lernleistung und Möglichkeiten zur Selbstkontrolle.

Die Kritiker sehen in einem lernzielorientierten Unterricht eine zu starke Gängelung des kognitiven Lernens. Folglich würden die Handlungsfreiheit der Lehrkraft, die Mitbestimmungsmöglichkeiten der Lernenden, das Recht auf Umwege, Kreativität, Ergebnisoffenheit, aber auch auf Fehler beim Lernen eingeschränkt werden.

Grundsätzlich ist Lernzielbestimmung ein instrumenteller Gewinn (als Planungshilfe insbesondere für Lehranfänger), da Lernziele in der Summe drei wesentliche didaktische bzw. methodische Aufgaben erfüllen:
- Legitimation (Begründung des geographischen Inhalts)
- Selektion (zielbestimmte Auswahl des Inhalts und damit Reduktion der Stofffülle)
- Strukturierung (Gliederung des Inhalts durch Sinnabschnitte, d. h. durch Fein- bzw. Teilziele).

Literatur

ARNOLD, K-H. (2013): Kompetenz versus Lernzielorientierung im Unterricht? – In: Bildung und Erziehung, 66 (2), 173–187.

DEUTSCHE GESELLSCHAFT FÜR GEOGRAPHIE (DGfG) [Hrsg.] (2020): Bildungsstandards im Fach Geographie für den Mittleren Schulabschluss – mit Aufgabenbeispielen. Bonn.

FRAEDRICH, W., HIEBER, U. & T. LENZ (2011): Operatorenliste. – In: geographie heute, 32, 291/292, 10–11.

HAUBRICH, H. (1998): Nachhaltige Entwicklung in Europa – eine zentrale Perspektive geographischer Bildung. – In: HEINRITZ, G., WIESSNER, R. & M. WINIGER [Hrsg.] (1998): Nachhaltigkeit als Leitbild der Umwelt- und Raumentwicklung in Europa, Bd. 2. Stuttgart, 203–205.

HAUBRICH, H. (2015): Zur Hierarchie geographischer Lernziele. – In: REINFRIED, S. & H. HAUBRICH [Hrsg.] (2015): Geographie unterrichten lernen. Die Didaktik der Geographie. Berlin, 22–23.

KECK, R. W. (2004): Lehrziele – Lernziele. – In: KECK, R. W., SANDFUCHS, U. & B. FEIGE [Hrsg.] (2004): Wörterbuch Schulpädagogik. Bad Heilbrunn, 275–278.

KESTLER, F. (2020): Einführung in die Didaktik des Geographieunterrichts. Grundlagen der Geographiedidaktik einschließlich ihrer Bezugswissenschaften. Bad Heilbrunn, 68–77.

KIPER, H. (2009): Lehrziele/Lernziele. – In: ARNOLD, K-H., SANDFUCHS, U. & J. WIECHMANN [Hrsg.] (2009): Handbuch Unterricht. Bad Heilbrunn, 140–143.

KÖCK, H. (1980): Theorie des zielorientierten Unterrichts. Köln.

KÖCK, H. (2005): Lernziel. – In: KÖCK, H. & D. STONJEK (2005): ABC der Geographiedidaktik. Köln, 166.

KROSS, E. (1994): Die Erde bewahren – die neue Leitidee für den Geographieunterricht. – In: FLATH, M. & G. FUCHS [Koord.] (1994): Die Erde bewahren – Fremdartigkeit verstehen. Geographische Bausteine, Neue Reihe, 39. Gotha, 16–23.

RINSCHEDE, G. & A. SIEGMUND (2022): Geographiedidaktik. Paderborn, 132–146.

Berta Hamann

Lösungsorientierter Geographieunterricht

Definition

Der lösungsorientierte Geographieunterricht stellt die Analyse und Bewertung von Lösungsvorschlägen zur Bewältigung globaler Herausforderungen thematisch wie zeitlich in den Mittelpunkt des Unterrichts. Die Analyse der zugrundeliegenden Problematik erfolgt daher im Rahmen der Bewertung des Lösungsvorschlags.

Klassifikation

Der problemorientierte Unterrichtsansatz befasst sich - etwa am Beispiel der Bodendegradation - ausschließlich mit dem Problem in all seinen Facetten und Dimensionen, seinen Ursachen und Folgen, die umfassend benannt, analysiert und bewertet werden. Davon zu unterscheiden ist ein problemlösungsorientierter Unterrichtsansatz, der, ebenfalls ausgehend von einer globalen Herausforderung, etwa der globalen Wasserkrise, zum Unterrichtsbeginn das Problem breit darlegt, dann aber konsequent, wenn auch zeitlich oftmals zu knapp dazu übergeht, ziel- und fallgerichtet nach möglichen Lösungsansätzen hinsichtlich der diskutierten Problematik fragt. Positiv hervorzuheben an diesem Ansatz ist, dass die diskutierten Lösungsansätze in hohem Maß auf die gegebene Problematik und deren detaillierter Analyse hin ausgerichtet sind.

Demgegenüber stellt der lösungsorientierte Unterrichtsansatz Lösungsideen und –konzepte bereits an den Anfang des Unterrichts sowie thematisch in dessen Mittelpunkt und widmet der Analyse und Bewertung von Lösungsvorschlägen zur Bewältigung globaler Herausforderungen den Großteil der Unterrichtszeit. Dabei geht es grundsätzlich darum, aktuell in der wissenschaftlichen, technischen, ökonomischen oder gesellschaftspolitischen Diskussion befindliche Projekte aufzugreifen und dahingehend zu hinterfragen, inwieweit sie geeignet sind, globale Herausforderungen auf unterschiedlichen Maßstabsebenen zu überwinden. Konstruktiv-kritische Fragen nach der Finanzierbarkeit und Übertragbarkeit, der Reichweite und Praktikabilität oder auch der Alltagstauglichkeit prägen die wertende Diskussion etwa über prämierte Beiträge anerkannter Wettbewerbe wie Jugend forscht, Deutscher Nachhaltigkeitspreis, Deutscher Zukunftspreis oder Deutscher Solarpreis. Die realen Dimensionen globaler Herausforderungen sind dabei fundiert zu analysieren, nicht zu relativieren und vor allem nicht zu ignorieren. Dennoch wird die dafür aufzuwendende Unterrichtszeit auf das Minimum begrenzt, das zur Erfassung und Analyse des Problems als Grundlage einer Lösung erforderlich ist.

Dem problem- sowie dem problemlösungsorientierten Unterrichtsansatz ist gemein, dass die Auseinandersetzung mit den globalen Herausforderungen an angstauslösenden Katastrophenszenarien ausgerichtet ist. Diese individuell unterschiedlich wirkenden Impulse zeichnen in der Summe ihrer Handhabung ein düsteres Bild der Zukunft und somit des Lebens der Schülerinnen und Schüler. Eine auf dieser Grundlage zu Verhaltensänderungen und Innovationen motivierende Aktivierung der Jugendlichen darf infrage gestellt werden. Demgegenüber versetzt ein lösungsorientierter Unterrichtsansatz die Lernenden von Anfang an in einen lösungsorientierten Denkmodus und zielt darauf ab, so einen Beitrag zur Persönlichkeitsentwicklung der Schülerinnen und Schüler im Sinne lösungsorientiert denkender und handelnder Menschen zu leisten. Dies setzt genau die Kreativität, Zukunfts- und Lösungsorientierung, aber eben auch das angestrebte kritische Denken frei, die zu den zu entwickelnden Schlüsselkompetenzen im Rahmen einer Bildung für nachhaltige Entwicklung zählen.

Zur geographiedidaktischen Diskussion

IDie aktuelle Diskussion des lösungsorientierten Unterrichtsansatzes zielt insbesondere auf die Stimmigkeit von Lösung und Problem ab und konzentriert sich auf die Frage, ob die Analyse eines Problems nicht zu einem sehr viel passenderen, ggf. eigenständig entwickelten Lösungsansatz führe als umgekehrt die Lösung in den Vordergrund zu stellen und dann gleichsam nach dem passenden Problem zu suchen. Diese Position lässt die Tatsache außer Acht, dass beim lösungsorientierten Unterrichtsansatz die Lösung in Kombination mit dem Hinweis, dies sei die Lösung für dieses oder jenes Problem in den Raum gestellt wird. Offen ist jedoch bislang, ob der lösungsorientierte Geographieunterricht gegenüber dem problem(lösungs)orientierten Geographieunterricht eine wie vermutet positive psychologische Wirkung auf die Schülerinnen und Schüler hat. Hierzu stehen derzeit noch empirische Ergebnisse aus.

Literatur

APPLIS, S.: Doing Geo and Ethics. Blog
https://doinggeoandethics.com/2022/10/04/was-versteht-man-unter-loesungsorientierter-didaktik-das-erklaer-video-zum-neuen-ansatz-im-bereich-bne/

HOFFMANN, T. (2018): Globale Herausforderungen. Die Zukunft, die wir wollen. Stuttgart-Leipzig 2018

HOFFMANN, T. (2021): Globale Herausforderungen und SDGs – ein strikt lösungsorientierter Unterrichtsansatz. In: Eberth, A./Meyer, C. [Hrsg.]: SDG Education – Die Sustainable Development Goals mit digitalen Medien erschließen und reflektieren. (Hannoversche Materialien zur Didaktik der Geographie 11). Hannover, S. 33-41

HOFFMANN, T. (2022): Globale Herausforderungen als Thema im Geographieunterricht. Von einem problemorientierten hin zu einem lösungsorientierten Unterricht. In: geographie heute, Heft 359, S. 10-12

Thomas Hoffmann

Luft- und Satellitenbilder

Definition

Luft- und Satellitenbilder sind bildhafte Momentaufnahmen von Ausschnitten der Erdoberfläche, die von Flugzeugen (Luftbilder) oder aus dem Weltall (Satellitenbilder) aufgenommen werden.

Klassifikation

Luft- und Satellitenbilder sind reale Aufnahmen der Erdoberfläche, die sich nach folgenden didaktisch relevanten Kriterien unterscheiden lassen:

- Nach der räumlichen Auflösung: Satellitenbilder zeigen zumeist größere Ausschnitte der Erdoberfläche und besitzen häufig eine gröbere räumliche Auflösung (d.h. ein Bildpunkt deckt eine größere Fläche am Boden ab). Vom Flugzeug aus aufgenommene Luftbilder zeigen nur kleine Ausschnitte der Erde, bieten oft aber eine sehr feine räumliche Auflösung. Die ehemals klare Trennung von Luft- und Satellitenbildern hat dadurch, dass nahezu alle Bilder digital gespeichert und ähnlich ausgewertet werden, an Relevanz verloren.

– Nach dem Aufnahmewinkel (vor allem bei Luftbildern relevant): Senkrecht- oder Schrägluftbilder
– Nach der Art der elektromagnetischen Strahlung, die das Aufnahmegerät erfasst und dem damit verbunden Realitätscharakter der Farbdarstellung (vor allem bei Satellitenbildern relevant):

1. Graustufenbilder
– für uns sichtbare Spektralbereiche, z. B. Luft- oder Satellitenbilder in Schwarzweiß (panchromatisch).
– für uns nicht sichtbare Spektralbereiche: Mikrowellenbilder (Radarbilder) werden mit speziellen Mikrowellensensoren aufgenommen (Wellenlänge 1 – 80 µm). Diese Bilder eignen sich v. a. zur Erkennung von Reliefformen. Thermalinfrarotdarstellungen (echte Wärmebilder) werden mit elektronischen Thermalsensoren aufgenommen (Wellenlänge 3 – 15 µm) und zeigen beispielsweise die Wärmeverteilung im Stadt-Umland-Bereich.

2. Mehrkanalbilder
– für uns sichtbare Spektralbereiche: Echtfarbenbilder zeigen die für uns sichtbare Realität.
– für uns nicht sichtbare Spektralbereiche: Infrarotbilder (sowohl Falschfarben- als auch Schwarzweißdarstellung); kombinierte Bilder (Multispektralbilder), die sowohl sichtbare als auch unsichtbare Realität darstellen und beispielsweise einen Infrarotkanal mit Kanälen aus dem sichtbaren Licht kombinieren; verarbeitete Bilder, in denen bestimmte Oberflächeneigenschaften per definitionem Farben zugeordnet werden. Die Farbe besitzt dann die Funktion einer Flächensignatur und entspricht in der Regel nicht der natürlichen Oberflächenfarbe. Ein Beispiel

hierfür ist das Wärmebild, in dem hohen Temperaturen warme (gelb bis rot) und niedrigen Temperaturen kalte (blau bis grün) Farben zugeordnet werden.

Zur geographiedidaktischen Diskussion

In den Bildungsstandards und den meisten Lehrplänen verankert, in den Methodik-Seiten von vielen Geographiebüchern aufgegriffen und in diversen Fortbildungsangeboten und Publikationen vermittelt, hat der Einsatz von Luft- und Satellitenbildern im Geographieunterricht in den letzten beiden Jahrzehnten deutlich zugenommen. Dies ist in erster Linie auf die leichte und zumeist kostenfreie Verfügbarkeit zurückzuführen, die durch die Einführung von digitalen Globen wie → Google Earth, Microsoft Bing oder Nasa World Wind seit 2005 oder die Bereitstellung der Luftbilder der Landesvermessungsämter gegeben ist. Die Zunahme der Verwendung erfolgte sowohl hinsichtlich der Themengebiete als auch hinsichtlich der methodischen Einsatzmöglichkeiten. Sowohl bei physischen (z.B. bei der Veranschaulichung von Oberflächenformen oder dem Gletscherrückgang) als auch bei kulturgeographischen (beispielsweise beim Wachstum von Städten) Themen erschlossen sich eine Vielzahl neuer Einsatzideen. Noch tiefgreifender sind die Veränderungen im methodischen Einsatz, die sich durch Google Earth und vergleichbare Programme ergaben. Luft- und Satellitenbilder dienen aufgrund der technischen Möglichkeiten wie Zoomen, Kombination mit Zusatzwerten (Ebenen), Distanz- und Flächenmessungen, dem Betrachten von Zeitreihen etc. nicht nur der Einführung ins Kartenverständnis, sondern auch anderen Aspekten der Orientierungskompetenz sowie etlichen Aspekten aus den Kompetenzbereichen Fachwissen und Beurteilung/Bewertung.

Die mobile Verfügbarkeit digitaler Luftbilder auf Smartphones und Tablets ermöglich zahlreiche Einsatzmöglichkeiten auf Exkursionen und bei geographischer Geländearbeit.

Die dargestellte häufige Nutzung bezieht sich nur auf Echtfarbenbilder. Die Verwendung von Falschfarben-Satellitenbildern u. ä., die für das menschliche Auge unsichtbare Wellenlängenbereiche (beispielsweise Infrarot) darstellen, spielt im Geographieunterricht nach wie vor nur eine randliche Rolle.

Die gesteigerte Verwendung von Luft- und Satellitenbildern im Geographieunterricht geht einher mit einer gesteigerten Präsenz im Alltag (Wetterbericht, Adress-Darstellungen, …).

Literatur

Albertz, J. (2009): Einführung in die Fernerkundung. Grundlagen der Interpretation von Luft- und Satellitenbildern. Darmstadt.

De Lange, N. (2020): Geoinformatik in Theorie und Praxis: Grundlagen von Geoinformationssystemen, Fernerkundung und digitaler Bildverarbeitung.

Fuchsgruber, V., R. Ditter und A. Siegmund (2017): Geographieunterricht mit Satellitenbildern innovativ gestalten. In: Praxis Geographie, Band 47, Heft 3, S. 8 – 9.

Rienow, A. (2017): Die Atmosphäre im Blick. Interaktiver MINT-Unterricht mit ISS-Videos und Satellitenbildern. In: Praxis Geographie, Band 47, Heft 3, S. 10 – 12.

Reuschenbach, M. (2015): Der Blick von oben. Landnutzungsänderungen aus Satellitenbildern erarbeiten. In: Geographie heute, Band 36, Heft 324, S. 22 – 25

Reuschenbach, M. (2013): Fernerkundung im urbanen Raum. Anhand von Satellitenbildern den städtischen Wandel ermitteln. In: Geographie heute, Band 34, Heft 311/312, S. 40 – 49

Markus Pingold

Maßstabsebenen

Definition

Maßstabsebenen bezeichnen die Größe des Raumausschnitts, der für eine geographische Betrachtung gewählt wird.

Klassifikation

Maßstabsebenen resultieren daraus, dass im Geographieunterricht Räume unterschiedlicher Größe behandelt werden, von sublokal (z.B. City) bis global (z.B. Weltmeere). Die Wahl der Maßstabsebene ist abhängig von der Fragestellung. Die kartographische Darstellung korrespondiert mit der Größe des Raums. Großmaßstäbige Karten enthalten zahlreiche räumliche Details, mit ansteigender Verkleinerung des Maßstabs erfolgt eine zunehmende Auswahl und Generalisierung der Rauminhalte und raumbezogenen Daten.

Es gibt eine Vielzahl von Klassifikationen, gemeinsam ist den meisten, dass sie von großmaßstäbigen lokalen Räumen in Stufen bis zum kleinmaßstäbigen globalen Raum reichen. Die einzelnen Maßstabsebenen werden unterschiedlich benannt. Richter (1997) definiert vier Maßstabsebenen: topologische oder mikrogeographische Dimension (z.B. Nahraum), mesogeographische Dimension (z.B. Staat), makrogeographische Dimension (z.B. Kulturerdteil) und megageographische Dimension (z.B. Klimazone). Rinschede/Siegmund (2020) unterteilt nach mikrotoper (z.B. Stadt), mesotoper (z.B. Staat), makrotoper (z.B. Großraum) bis megatoper Dimension (global). Köck (2005) unterscheidet ähnlich nach mikro-, meso-, makro- und megachorischer Maßstabsebene.

Weil die Maßstabsebenen oftmals Schwierigkeiten beim Erfassen der Größe eines Raumes bereiten, werden bei kleinmaßstäbigen Karten häufig Zusatzkarten des gleichen Maßstabs beigefügt, z.B. bei einer Karte Südamerikas eine Umrisskarte Deutschlands.

Zur geographiedidaktischen Diskussion

Bei der Abfolge „vom Nahen zum Fernen" resultiert z.B. in Atlanten eine Abfolge der Maßstabsebenen. Es beginnt bei der großmaßstäbigen Betrachtung des → Nahraums und endet bei der kleinmaßstäbigen globalen Betrachtung. Dies ist gut an den Übersichtskarten zu erkennen (z.B. Deutschland 1:2,25 Mio., Europa 1:4 Mio., Asien, Amerika, Afrika 1:16 Mio.). Man bemüht sich, möglichst viele Karten im gleichen Maßstab zu verwenden, da so dem Nutzer ein Vergleich der Raumdimensionen (z.B. Flächen, Entfernungen) und der Rauminhalte erleichtert wird. Im heutigen Geographieunterricht erfolgt von Anfang an eine Verschränkung der Maßstabsebenen. So beginnt vielfach der Geographieunterricht mit einem globalen Überblick, bevor der Nahraum behandelt wird.

Die Methode „Fenster zur Welt" und „Lupe zur Heimat" muss keinen Wechsel der Maßstabsebenen bedeuten, da bei den Vergleichen meist der gleiche Maßstab verwendet wird (z.B. beim Vergleich städtischer Strukturen).

Literatur

Deutsche Gesellschaft für Geographie (DGfG) [Hrsg.] (2020): Bildungsstandards im Fach Geographie für den Mittleren Schulabschluss. Bonn, 17.

Köck, H. (2005): Maßstabsebene. – In: Köck, H & D. Stonjek (2005): ABC der Geographiedidaktik. Köln, 169.

Richter, D. (1997): Lehrplansäule „Sich orientieren". – In: Haubrich, H. et al. (1997): Didaktik der Geographie konkret. München, 142.

Rinschede, G. & A. Siegmund (2020): Geographiedidaktik. Paderborn, 116.

Dieter Böhn

Medien

Definition

Medien sind Träger von Informationen oder von Eindrücken, über die sich Anschauung vermittelt.

Klassifikation

1. (fach-)didaktisch relevante mediale Ebenen:
   - Wahrnehmungsmedien (Sinne)
   - Verstehensmedien (z. B. Nationalsprachen, sogenannte Körpersprache, Zeichen)
   - Verbreitungsmedien (z. B. Massenmedien wie Zeitung, TV, Internet)
2. Arbeitsmittel (z. B. (→) Karte, (→) Atlas, (→) originale Gegenstände, Computerprogramm)
3. ein und dasselbe Arbeitsmittel (z. B. das Bild eines innerstädtischen Quartiers) kann je nach didaktischem Ort sein: Motivations-, Informations-, Kommunikations-, Wahrnehmungs- oder Erkenntnismedium.
4. nach dem Grad der Abstraktion:
   - originale Medien, die der sinnlichen Wahrnehmung zugänglich sind
   - abstrakte Medien der Imagination (z. B. das geographische Modell der zentralen Orte)
5. lineare Medien (vom Sender zum Empfänger) und sogenannte „interaktive" Medien
6. fachspezifische Medien (z. B. Karte, Globus, Atlas)
7. nicht fachspezifische Medien (z. B. Geste, Stimme, Sprache, sich artikulierende Person, Zeitung, Fernsehen).

Zur geographiedidaktischen Diskussion

Ein zu enges unterrichtsspezifisches Verständnis von Medien (wie bei Tulodziecki 2012) fördert Routinen zulasten kritischer Reflexion von Medien in (Lern-) Umgebungen. Die Auswahlbegründung von Medien im Rahmen der Unterrichtsplanung erfolgt kriteriengestützt (entwicklungspsychologische Angemessenheit, Evidenz des Gegenstandsbezuges, kommunikative Intentionen, motivationale Wirkung, Synthetisierbarkeit mit anderen Medien etc.). Die Kritik der Produktion von Medien wie ihres massenkulturellen wie mediendidaktischen Gebrauchs ist auch im Geographieunterricht Gegenstand der Medienerziehung (z. B. Kritik der Objektivitätssuggestion von Karten).

Bild-Medien (→ Bild) dienen daher nur eingeschränkt der Orientierung in der Welt. Vermehrt erweisen sie sich als Aufbaumedien eines „globalen Bildszenariums" (Flusser 1983, 10). Seit dem *pictorial turn* verdrängt das Bild auch im Schulbuch zunehmend den Text (Problem der Entalphabetisierung und Entdifferenzierung des Wissens). Bild-Medien vermitteln keine Abbilder der Wirklichkeit, sondern nur Ansichten. Als Folge ihrer herstellungsbedingten Abhängigkeit von Interessen, Perspektiven und Standpunkten repräsentieren sie allein Segmente von Situationen. Didaktisch arrangierte mediale Vermittlungen sind meist weniger „von subjektiven Interessen gesteuert" (Frank 2012, 174) als von kulturindustriell produzierter Wahrnehmung.

Literatur

Birkenhauer, J. [Hrsg.] (1997): Medien. Systematik und Praxis. München.

Flusser, V. (1983): Für eine Philosophie der Fotografie. Göttingen.

Frank, F. (2012): Medienerziehung. – In: Haversath, J.-B. [Moderator] (2012): Geographiedidaktik. Brauschweig, 167 – 174.

Hubig, C. (2010): Medialität/Medien. – In: Sandkühler, H. J. [Hrsg.] (2010): Enzyklopädie Philosophie, Bd. 2. Hamburg, 1516 – 1522.

Rinschede, G. (2003): Medien im Geographieunterricht. – In: Rinschede, G. (2003): Geographiedidaktik. Paderborn u.a., 287 – 372.

Tulodziecki, G. (2012): Medien im Unterricht. – In: Enzyklopädie Erziehungswissenschaft Online. Fachgebiet Schulpädagogik. Weinheim und München.

Ziemann, A. (2006): Soziologie der Medien. Bielefeld.

Jürgen Hasse

Medienerziehung

im Rahmen des Geographieunterrichts

Definition

Die Medienerziehung ist ein angewandter Teil der Medienpädagogik. Sie hat die Hinführung der Schüler als Mediennutzer zu einem kompetenten und bewussten, d.h. kritischen und verantwortungsvollen Umgang mit Medien inner- und außerhalb der Schule zum Ziel.

Klassifikation

Die Ziele der Medienerziehung sind:

- Kennenlernen der Vielfalt an Medien, ihrer unterschiedlichen Ausprägungen und spezifischen Ausdrucksformen (eigentlicher Bereich der Medienkunde)
- Erkennen der Wirkungs- und Einflussnahmemöglichkeiten von Medien auf persönlicher wie gesellschaftlicher Ebene (Medienpsychologie und -soziologie)
- Fähigkeit zu kritischer Betrachtung der Inhalte, Aussagen und Zielsetzungen von Medien sowie zur eigenständigen Meinungsbildung und sinnvollen Auswahl vor dem Hintergrund eines vielfältigen Medienangebots (Medienkritik)
- Beherrschung eines grundlegenden Instrumentariums zur Erstellung einfacher, selbstgefertigter Medien (Medienpraxis) sowie Befähigung zum zielführenden (→) Einsatz von Medien, um Sachverhalte und Meinungen zum Ausdruck bringen zu können.

Zur geographiedidaktischen Diskussion

Medienerziehung (bzw. Medienbildung) wird in praktisch allen Lehrplänen als übergeordnetes und fächerübergreifendes Lernziel aufgeführt. Sie zielt auf die Vermittlung eines überlegten, das heißt durchdachten, verantwortungsvollen und gewinnbringenden Umgangs mit Medien und somit auf die Fähigkeit zur sinnvollen Nutzung einer wichtigen Kulturtechnik ab (Medienkompetenz), womit auch ein entscheidender Beitrag zur Sozialisation der Schüler geleistet wird.

Der Geographie als besonders medienintensivem Fach kommt dabei eine wichtige Rolle zu. Durch die häufige Arbeit mit Texten, Graphiken, Diagrammen, Karten u.a. ergeben sich immer wieder Möglichkeiten aufzuzeigen, wie ein Sachverhalt mit unterschiedlichen Darstellungsweisen zum Ausdruck gebracht, wie aber auch durch geschickte Wahl der Darstellung eine beabsichtigte Aussage besonders betont oder sogar in verfälschender, manipulatorischer Weise dargeboten werden kann.

Eine wichtige Rolle kommt dabei einem sinnvollen Einsatz der sogenannten Neuen Medien zu. Hier kann einerseits oftmals auf Fertigkeiten der Schüler aufgebaut werden, andererseits gilt es auch, medialen Konsumgewohnheiten im privaten Bereich entgegenzuwirken, wobei ein Zusammenwirken mit dem Elternhaus eine wichtige Voraussetzung darstellt.

Literatur

Frank, F. (2012): „Medienerziehung".- In: Haversath. J.-B. (Mod.): Geographiedidaktik. Das Geographische Seminar. Braunschweig: S. 167–174.

Rinschede, G. & A. Siegmund A. (⁴2020): „Medienerziehung." In: Rinschede, G. & A. Siegmund: Geographiedidaktik. Grundriss Allgemeine Geographie. Paderborn: S. 386–393.

Tulodziecki, G., Herzig, B. & S. Grafe (2010): Medienbildung in Schule und Unterricht. Grundlagen und Beispiele. Bad Heilbrunn.

Thomas Schneider

Mental maps

Definition

Mental maps (auch kognitive Karten, Karten im Kopf) bezeichnen subjektive, strukturierte Abbildungen eines Raumes. Sie spiegeln „die Welt so wider wie ein Mensch glaubt, dass sie ist, sie muss nicht korrekt sein" (Downs/Stea 1982, 24). *Mental maps* sind das Ergebnis eines mentalen Verarbeitungsprozesses, der dazu befähigt, Rauminformationen (z. B. die relative Lage) aus dem kognitiven oder Realraum gewinnen, kodieren, speichern, aufrufen und dekodieren zu können. In der (Wahrnehmungs-)Geographie wird unter dem Begriff „*mental maps*" oft deren grafisch (oft als → Kartenskizze) dargestellte Abbildung verstanden.

Klassifikation

Nach ihrer Entstehung wird zwischen drei Typen von *mental maps* unterschieden:
- aus persönlicher Erfahrung entstandene kognitive Karten;
- aus medialer Erfahrung entstandene kognitive Karten;
- aus der Sichtung von Kartenmaterial entstandene *mental maps*.

Nach der Art der Anfertigung gibt es:
- Freihandzeichnungen, die ohne Umriss oder jegliches unterstützendes Raster entstehen;
- Ergänzungszeichnungen, die meistens eine inhaltliche Vervollständigung von vorgegebenen Strukturen anstreben.

Zur geographiedidaktischen Diskussion

Seit über 40 Jahren setzen Geographinnen und Geographen vorrangig im angelsächsischen Raum in der (universitären) Lehre Übungen mit *mental maps* zur Verbesserung topographischer Kenntnisse ein. Eine ähnliche Aufgabe weist die deutsche Schulgeographie den *mental maps* zu: die Ergänzung von lückenhaften Raumvorstellungen und die Behebung falscher (topographischer) Kenntnisse.

Im Kontext einer stärker sozialgeographisch ausgerichteten Schulgeographie wurden der Deutung von Schülerzeichnungen in Form von *mental maps* zusätzliche Aufgaben zugeschrieben. Die Entdeckung der Subjektivität und Individualität der Darstellungen führte zur Bestrebung, die Vorstellungsbilder der Schülerinnen und Schüler zu versachlichen und einen Beitrag zur Medienkritik zu leisten. Die meist quantitativ ausgerichteten Forschungsarbeiten legten jedoch bei der Datenauswertung hohen Wert auf die Standardisierung, wodurch die *mental maps* oft nach vordefinierten Elementen und Mustern durchsucht wurden. Als Handreichung für die Praxis wurden – ähnlich, wie im Falle der Schülervorstellungen – modellhafte Kategorien mit mehr oder weniger scharf definierten Grenzen ausgearbeitet. Der Individualität blieb somit wenig Raum.

Erst jüngere Arbeiten achteten mehr auf die Subjektivität und Individualität der Inhalte und Darstellungstechniken von *mental maps*. Zentral für diese Perspektive sind neben den geographischen Informationen die nicht-geographischen jedoch geographisch dargestellten Konstrukte, die oft nicht aus dem Geographieunterricht stammen. Regionale kulturelle Identitäten spielen dabei eine wesentliche Rolle. Somit bieten *mental maps* neben einfachen Instrumenten der Diagnose topographischen Wissens zusätzlich die Möglichkeit der Analyse von nicht-geographischem, für den Geographieunterricht aber Relevantem z. B. Wissen, Werten und Einstellungen.

Literatur

BAGOLY-SIMÓ, P. (2012): Nationale Räume: Selbst- und Fremdbilder in kognitiven Karten von mexikanischen und rumänischen Schülern. - In: HÜTTERMANN, A. et al. [Hrsg.]: Räumliche Orientierung, Karten und Geoinformation im Unterricht. Braunschweig, 169 – 178.

DOWNS R. & D. STEA (1982): Kognitive Karten: Die Welt in unseren Köpfen. New York.

HEINEKEN, E. & H. OLLESCH (1992): Gesellschaftlich bedingte Verzerrungen kognitiver Landkarten. Topographie der ehemaligen DDR und BRD in der Vorstellung von Oberschülern aus ehemals Ost- und Westberlin. – In: Internationale Schulbuchforschung, 14, 157 – 172.

HEMMER, I. & M. HEMMER (1998): Eichstätter Mental Maps – Untersuchungen zur Raum- und Problemwahrnehmung ausgewählter Bevölkerungsgruppen. – In: GRÖTZBACH, E. [Hrsg.]: Eichstätt und die Altmühlalb. Eichstätt, 35 – 58.

MOSER, E., KROPPF, E. & M. MOSER (2008): Place cells, grid cells, and the brain's spatial representation system. – In: Annual Review of Neuroscience, 31, 68 – 81.

Péter Bagoly-Simó

Mentale Modelle

Definition

Mentale Modelle (MM) sind innere systematische konzeptuelle Repräsentation der externen Realität. Sie sind keine Abbilder dieser Realität, sondern idealisierte, schematisierte und vereinfachte Abstraktionen von wahrgenommenen oder vorgestellten Phänomenen, Situationen, Ereignissen oder Prozessen, die sich der Mensch in Form von strukturellen Analogien oder Modellen mental veranschaulicht. Als analoge Arbeitsmodelle dienen sie der Veranschaulichung, Vereinfachung und Analogiebildung zum Zweck des Erkenntnisgewinns und der Problemlösung.

Klassifikation

MM werden spontan aus Vorwissen und Vorerfahrungen während des alltäglichen Denkens gebildet. Sie dienen dazu, Alltagsbeobachtungen zu erklären, zu verstehen oder vorherzusagen, Entscheidungen zu treffen und Ereignisse stellvertretend zu erfahren. MM und (→)

Schülervorstellungen überlappen sich in ihrer Anwendung, obwohl MM in der Regel spezifischer sind (GENTNER 2002). Der Aufbau und die Beschaffenheit von MM stimmen im Hinblick auf ihre zeitlichen, räumlichen, kausalen oder symbolischen Relationen mit dem Realitätsausschnitt oder Ereignis, auf welche sie sich beziehen, mehr oder weniger gut überein und können sowohl falsche als auch richtige Ergebnisse liefern (JOHNSON-LAIRD 1983). MM ermöglichen oft auch mentale Simulationen, d.h. man kann ein MM mental durchspielen, um zu beobachten, wie es sich verhält und was das Ergebnis des Prozesses sein wird.

MM von Laien beruhen meist auf unvollständigen, wenig qualifizierten und anfechtbaren Fakten und sind, verglichen mit der komplexen Realität, weniger reichhaltig und begrenzt. Das folgende Beispiel verdeutlicht dies: Das mentale Modell der Erdatmosphäre von Laien ist häufig das eines Behälters, der nach außen von einer Schicht, die oft als Ozonschicht gedacht wird, begrenzt wird. Die Erwärmung der Atmosphäre erfolgt durch Sonnenstrahlen, die durch ein Loch in der Schicht, das oft als Ozonloch gedacht wird, eindringen. Bei der Konstruktion dieses mentalen Modells werden Vorerfahrungen, Vorwissen und Analogien angewendet, wie z. B. die abstrahierte Wahrnehmung von trennenden Grenzen um Räume, hier um die Lufthülle. Oder die Erfahrung, dass Sonnenstrahlen auf der Haut als warm empfunden werden, dass es ein „Ozonloch" gibt und die Erfahrung, dass durch ein Loch etwas hindurchkommen kann. Das Phänomen der globalen Erwärmung wird zum Beispiel so gedacht, dass heutzutage die Sonne stärker scheint als früher und deshalb mehr Sonnenstrahlen durch das Loch hereinkommen. Die Strahlen werden an der Erdoberfläche reflektiert und finden das Loch, d.h. den Ausgang, nicht mehr (REINFRIED/SCHULER/AESCHBA-CHER/HUBER 2008; Reinfried/Tempelmann 2014).

Ein MM repräsentiert das, was ein Individuum für wahr hält. Es ist insofern in sich stimmig, als die in ihm enthaltenen Zusammenhänge und Abläufe einen Sinn ergeben, auch wenn das MM aus wissenschaftlicher Sicht falsch ist. Diese Eigenschaft von MM führt dazu, dass Laien systematische Fehler beim Ziehen von Schlussfolgerungen begehen (JOHNSON-LAIRD 1993).

Mentale Modelle sind keine im Gedächtnis fixierten Strukturen, sondern werden dann konstruiert, wenn sie gebraucht werden, um eine Lernsituation mit ihren spezifischen Anforderungen zu meistern (SEEL, 2003). Welches mentale Modell eine Person in einer bestimmten Situation konstruiert und wie es inhaltlich und strukturell beschaffen ist, hängt in erster Linie vom Vorwissen der Person ab, auf dessen Grundlage ein geeignetes Erklärungsmodell gebildet wird. Ein mentales Modell repräsentiert somit eine von verschiedenen Möglichkeiten, die im Hinblick auf ein Phänomen oder einen Prozess denkbar und plausibel sind.

Die Veränderung von MM wird, wie allgemein die Veränderung von → Schülervorstellungen, mit dem Begriff → Conceptual Change umschrieben.

Zur geographiedidaktischen Diskussion

Beim geographischen Lernen spielen MM eine große Rolle, denn sie versetzen Menschen in die Lage, Phänomene der Objekt- und Ereigniswelt zu verstehen, Schlussfolgerungen zu ziehen und Entscheidungen zu begründen. MM können das Lernen erleichtern, wenn sie mit der Struktur des neu zu lernenden Konzepts konsistent sind. Die pädagogische Aufgabe im Geographieunterricht besteht darin, Lernenden bei der Konstruktion von wissenschaftsnahen mentalen Modellen, die einen

Sachgegenstand zugrunde liegen, zu helfen. Die Analyse der MM der Lernenden kann Fehler aufdecken und dazu beitragen, Lernhindernisse im Lernprozess zu erkennen.

Literatur:

GENTNER, D. (2002): Mental models, Psychology of. In: N.J. Smelser & P.B. Bates (Eds.), International Encyclopedia of the Social and Behavioral Sciences. Amsterdam, 9683-9687. https://groups.psych.northwestern.edu/gentner/papers/Gentner02d.pdf (Letzter Zugriff: 25.9.2022).

JOHNSON-LAIRD, P.N. (1983): Mental Models: Towards a Cognitive Science of Language, Inference, and Consciousness. Cambridge.

REINFRIED, S., SCHULER, S., AESCHBACHER, U. & E. HUBER (2008). Der Treibhauseffekt – Folge eines Lochs in der Atmosphäre? Wie Schüler sich ihre Alltagsvorstellungen bewusst machen und sie verändern können. geographie heute, 265/266, 24-33

REINFRIED, S. & TEMPELMANN, S. (2014). Wie Vorwissen das Lernen beeinflusst – Eine Lernprozessstudie zur Wissenskonstruktion des Treibhauseffekt-Konzepts. Zeitschrift für Geographiedidaktik (ZGD), 42(1), 31-56. https://archiv.ipn.uni-kiel.de/zfdn/jg19.html#Art011 (Letzter Zugriff: 25.9.2022).

SEEL, N. (2003): Psychologie des Lernens. München, Basel.

Sibylle Reinfried

Merkbild

Definition

Das Merkbild ist die graphisch gestaltete Darstellung von unterrichtlichen Ergebnissen, die die Kernaussagen anschaulich und vereinfacht skizziert und somit den Schülern das Erfassen und Einprägen des Wesentlichen erleichtert. Das Merkbild ist ein „strukturiertes bildhaftes Ganzes".

Klassifikation

Der Begriff Merkbild wird sehr oft synonym mit dem Wort *Tafelbild* verwendet. Während der Begriff Merkbild die Funktion des „Bildes" zum Ausdruck bringt, beschreibt der Begriff Tafelbild lediglich den Ort, an dem das „Bild" entwickelt wird.

Es werden mehrere Arten von Merkbildern unterschieden. Die Auswahl hängt zum einen vom Unterrichtsgegenstand, zum anderen vom Entwicklungsstand der Schüler ab. Die verschiedenen Arten von Merkbildern lassen sich terminologisch mit der Bezeichnung „Skizze" zusammenfassen. Als geographische Unterrichtsskizzen sind sie grafische Medien, die die Sachverhalte didaktisch reduziert und in eine grafische Gestalt umgesetzt darstellen. Unterschieden werden bei THIERSCH (1963) Kartenzeichnung, Profilzeichnung, (→) Blockbild, (→) Diagramm und Sachzeichnung, bei ACHILLES (1983) zusätzlich (→) Landschaftszeichnung und (→) Schemazeichnung, bei BARTH (1985) zusätzlich die tabellarische Skizze und das kombinierte Merkbild, bei BRUCKER (1988, 2009) zudem die Funktionsskizze, die Typenskizze und die Bildsymbolskizze.

Zur geographiedidaktischen Diskussion

Unbestritten sind die Zielsetzungen, warum im Unterricht Merkbilder entwickelt werden. Es geht um die Festigung des Wissens und Könnens der Schüler, um die Elementarisierung, Strukturierung und Visualisierung geographischer Sachverhalte sowie um die Aktivierung der Schüler und die Steigerung ihrer Motivation.

Der Einsatz moderner Medien wie Computer und Beamer, die PowerPoint-Präsentation und die Verwendung des Whiteboards sind keine Argumente dafür, das Merkbild aus dem selbstverständlichen Methodenrepertoire der Lehrkräfte zu streichen und die grüne Tafel, das zeitlose Medium, aus dem Klassenzimmer zu verbannen. Nur ein mit Schülerinnen und Schülern entwickeltes Merkbild kann „in einem schöpferischen Prozess zu einem abgerundeten Ganzen gefügt werden" (BRUCKER 1988).

Literatur

ACHILLES, F. W. (1983): Zeichnen und Zeichnungen im Geographie-Unterricht. Köln.

BARTH, L. (1985): Geographieunterricht mit Merkbildern. Berlin.

BARTH, L. & A. BRUCKER (1992): Merkbilder im Geographieunterricht. Berlin.

BRUCKER, A. (1988): Das Tafelbild im Geographieunterricht. – In: Praxis Geographie, 18, 1, 4 – 33.

BRUCKER, A. (2018): Merkbild/Skizze. In: BRUCKER – HAVERSATH – SCHÖPS [Hrsg.]: Geographie-Unterricht – 102 Stichworte. Hohengehren, 144-147

BRUCKER, A. (2022): Merkbild. In: BRUCKER, A. u. FLATH, M. (Hrsg): Geographiedidaktik in Übersichten. Hannover, 92 – 93

HAUBRICH, H. (2000): Tafelbilder. Erlernen einer alten Kunst. – In: geographie heute, 21, 185, 18 – 19.

LENZ, T. (2002): Durch Visualisierung zu räumlichen Vorstellungen. – In: geographie heute, 23, 199, 8 – 13.

THIERSCH, G. (1963): Zeichnen im Erdkundeunterricht. – In: Der Erdkundeunterricht, 3/1963, 13 – 20.

Ambros Brucker

Metakognition

Definition

Unter Metakognition versteht man das Denken über Denken.

Klassifikation

Es sind vier Komponenten der Metakognition zu unterscheiden:

- metakognitives Wissen
- metakognitive Kontrolle
- metakognitive Erfahrungen
- metakognitive Sensitivität.

Das metakognitive Wissen setzt sich aus den drei Teilbereichen personenbezogenes Wissen (intra- und interpersonales Wissen, allgemein personenbezogenes Wissen), aufgabenbezogenes und strategiebezogenes Wissen zusammen und beinhaltet die deklarative Komponente der Metakognition. Metakognitive Kontrolle stellt hingegen die exekutive Seite der Metakognition dar und umfasst Steuerungs-, Überwachungs- und Bewertungsprozesse des eigenen Tuns. Mit metakognitiven Erfahrungen werden sowohl bewusste kognitive als auch affektive Erfahrungen hinsichtlich der eigenen kognitiven Aktivität bezeichnet. Metakognitive Sensitivität meint das situative Gespür für den Einsatz von Strategien.

Die Komponenten der Metakognition stehen untereinander in Wechselbeziehung. So ermöglicht erst metakognitive Sensitivität den gezielten Einsatz von Strategien, bei der Planung des Handelns wird auf metakognitives Wissen zurückgegriffen, dieses erfährt Modifikationen durch Bewertungsprozesse. Metakognitive Erfahrungen (z. B. Verwirrtsein) bilden den Ausgangspunkt, das eigene Denken zu reflektieren (KAISER/KAISER 2006; HASSELHORN/GOLD 2009). Metakognition gilt als wichtiger Baustein des selbstregulierten Lernens und hat lernpsychologischen Studien zufolge eines großen Einflusses auf den Lernerfolg (SCHULER/OTTO 2012).

Zur geographiedidaktischen Diskussion

Auch weil das Erlernen metakognitiver Strategien an das Erlernen von Fachinhalten gekoppelt ist, wird Metakognition zu einem wichtigen Aufgabenfeld der Geographiedidaktik. In einem kompetenzorientierten Unterricht gelten Aufgaben zur Metakognition als unerlässlicher Baustein des Kompetenzerwerbes (→ Aufgabenkultur). Der gezielte und erfolgreiche Einsatz von Taktiken und Strategien erfordert sowohl in der Übungs- als auch in der Anwendungsphase beim Lösen komplexer Probleme metakognitives Wissen sowie die Ausführung metakognitiver Planungs-, Überwachungs- und Bewertungsprozesse (LASKE/SCHULER 2012). Um transferfähig zu werden, sollten kognitive Strategien möglichst durch Reflexion des eigenen Vorgehens abstrahiert und zu einem Großteil selbst erarbeitet werden (SCHULER/OTTO 2012). Auf die Bedeutung metakognitiver Phasen wird unter anderem auch im Zusammenhang mit (→) kooperativem Lernen (vgl. BRÜNING 2010) und dem Aufbau reflexiver Geomedienkompetenz (GRYL/KANWISCHER 2011) hingewiesen, ein erfolgreicher (→) *conceptual change* basiert zu einem großen Teil auf metakognitiven Denkvorgängen. Einem stetig wachsenden Stellenwert in der geographiedidaktischen Diskussion stehen bislang nur wenige unterrichtliche Umsetzungsbeispiele gegenüber, so zum Beispiel im Konzept „Denken lernen mit Geographie" (→ *Thinking through geography*). Beispiele für den Aufbau metakognitiven Wissens und den Einsatz von Bewertungsstrategien im Unterricht finden sich auch bei CONRAD/KOCH/LASKE (2012a). Beim SPDR-Problemlöserad (CONRAD/KOCH/LASKE 2012b) werden diese um gezielte Steuerungs- und Überwachungsprozesse im Rahmen selbstständigen Problemlösens erweitert.

Literatur

BRÜNING, L. (2010): Kompetenzorientiert unterrichten durch kooperatives Lernen. – In: Praxis Geographie, 40, 12, 6 – 14.

CONRAD, D., KOCH, C. & J. LASKE (2012a): Energieversorgung. Zentral oder dezentral. – In: Praxis Geographie, 42, 12, 24 – 27.

CONRAD, D., KOCH, C. & J. LASKE (2012b): Problemlösen im Geographieunterricht. – In: Praxis Geographie, 42, 12, 28 – 31.

HASSELHORN, M. & A. GOLD (2009). Erfolgreiches Lehren und Lernen. Stuttgart.

KAISER, R. & A. KAISER (2006): Denken trainieren. Lernen optimieren. Augsburg.

LASKE, J. & S. SCHULER (2012): Mit Geographie denken und Probleme bearbeiten lernen. – In: Praxis Geographie, 42, 12, 12 – 17.

SCHULER, S. & K.-H. OTTO (2012): Metakognitives Lernen. – In: HAVERSATH, J.-B. [Moderator] (2012): Geographiedidaktik. Braunschweig, 159 – 160.

SCHULER, S. (2016): Theoretische Grundlagen und Anregungen für die metakognitive Reflexion. – In: SCHULER, S, COEN, A., HOFFMANN, K.W., ROHWER, G / L. VANKAN (Hrsg): Mehr Denken lernen mit Geographie. Methoden 2. Braunschweig, 207 – 213.

Dominik Conrad

Methodik

Definition

Methodik ist die Lehre von den Lehr- und Unterrichtsverfahren zur Vermittlung von fachlichen Inhalten, um ein vorgegebenes Ziel oder eine angestrebte Kompetenz möglichst effektiv zu erreichen.

Klassifikation

Die Methodik als Teilbereich der (→) Geographiedidaktik behandelt die Methode (wie?) (→ Methodische Analyse) und die eingesetzten Mittel (womit?) (→ Medien) einer adressatengemäßen Vermittlung raumwissenschaftlicher und raumstrukturierender Inhalte (BIRKENHAUER 1995) (→ Unterrichtsmethoden).

Pädagogik und Fachdidaktiken haben zahlreiche Klassifikationen konzipiert, hier seien einige vorgestellt:

1. **Inhalts- und Umsetzungsbezug der Methoden (RINSCHEDE/SIEGMUND 2020, 157)**
- Fachmethoden (z. B. Methoden der Informationsbeschaffung, -darstellung, -deutung)
- Unterrichtsmethoden (z. B. methodische Grundformen wie Sozialformen und methodische Großformen wie (→) Exkursionen)

2. **Aufgaben der Methoden**
- Anordnung der Inhalte: In welcher Reihenfolge sollen Inhalte vermittelt werden?

– Formulierung der Inhalte in die Verständnisebene der jeweiligen Zielgruppe: Wie sollen Inhalte vermittelt werden?

– Wahl der Organisationsformen im Hinblick auf unterschiedliche Lerntypen und unterschiedliches Sozialverhalten: In welcher Form sollen Inhalte vermittelt werden?

– Auswahl und Einsatz von (→) Arbeitstechniken und (→) Medien: Wie und womit sollen Inhalte vermittelt werden?

3. Ebenen der Methoden (MEYER 2006, 107)

– Makromethodik (Grundformen des Unterrichts, z. B. Frontalunterricht, Projektarbeit)

– Mesomethodik (Dimensionen methodischen Handelns, z. B. Sozialformen, Aktionsformen)

– Mikromethodik (Inszenierungstechniken, z. B. Impulse geben, Fragen stellen)

4. Allgemeindidaktische Ansätze und ihre Auswirkungen auf die Methoden (vgl. RINSCHEDE/SIEGMUND 2020, 148 – 156)

– Lerntheoretische Didaktik: Methoden sind Verfahrensweisen, mit denen der Unterricht strukturiert werden kann, z. B. durch Sozialformen wie Frontal- und Gruppenunterricht.

– Kybernetisch-informationstheoretische Didaktik: Methoden werden als Steuerungsmaßnahmen angesehen, mit denen Lernziele erreicht werden sollen, z. B. Rollenspiel.

– Lernzielorientierte Didaktik: Methoden ermöglichen das Erreichen der Lernziele, z. B. Kartierung bei einem instrumentalen Lernziel, Rollenspiel bei affektiven Lernzielen.

– Kritisch-kommunikative Didaktik: Methoden sind von der Art der Kommunikation abhängig, z. B. Frontalunterricht, Gruppendiskussion.

– Konstruktivistische Didaktik: Ein Kennzeichen ist die möglichst eigenständige Auswahl der Methoden durch die Schülerinnen und Schüler.

Nur wenige Methoden sind fachspezifisch (z. B. → Kartenverständnis, Einführung in das), die meisten sind überfachlich, d. h., sie kommen außer im Geographieunterricht auch in anderen Fächern zum Einsatz (z. B. → *concept mapping*, → Croquis, → Dilemma-Diskurs, → Gruppenpuzzle).

Zur geographiedidaktischen Diskussion

Die Geographiedidaktik ist durch eine Vielzahl bewährter wie innovativer Methoden gekennzeichnet. Das zeigt sich nicht nur in den zahlreichen methodenbezogenen Begriffen in diesem Band, sondern auch in den aktuellen Veröffentlichungen.

Literatur

BUDKE, A. [Hrsg.] (2012): Diercke Kommunikation und Argumentation. Braunschweig.

BIRKENHAUER, J. (1995): Zum Stand der Fachdidaktik Geographie. – In: Schulmagazin, 10, 1, 10 – 13.

MEYER, C. (2006): Vielfältige Unterrichtsmethoden sachgerecht anwenden. – In: HAUBRICH, H. [Hrsg.] (2006): Geographie unterrichten lernen. Die neue Didaktik der Geographie konkret. München, 107 – 172.

RINSCHEDE, G. & A. SIEGMUND (2020): Geographiedidaktik. Paderborn, 148 – 160.

SCHLEICHER, Y. [Hrsg.] (2010): Diercke multimediale Methoden. Braunschweig.

STONJEK, D. (2005): Methodik. – In: KÖCK, H. & D. STONJEK (2005): ABC der Geographiedidaktik. Köln, 177.

VANKAN, L. [Hrsg.] (2007): Diercke Methoden – Denken lernen mit Geographie. Braunschweig.

WÜTHRICH, C. (2013): Methodik des Geographieunterrichts (Das Geographische Seminar, Band 28) Braunschweig

Dieter Böhn

Methodische Analyse

Definition

Die methodische Analyse dient der Umsetzung von Zielen und Inhalten des Unterrichts mittels einer Strukturierung durch Teilziele, Unterrichtsformen und Medien.

Klassifikation

Die methodische Analyse als Reflexion der interdependenten Beziehungsstruktur von Unterrichtsvariablen wird im Rahmen der lerntheoretischen Didaktik in den 1960er-Jahren von HEIMANN/OTTO/SCHULZ (1965) entwickelt. Bei diesem didaktischen Modell wird davon ausgegangen, dass methodische Entscheidungen, Medienwahl, Inhalt und Ziele einer Stunde sich gegenseitig bedingen. Die methodische Analyse umfasst Entscheidungen über

1. die Berücksichtigung von Unterrichtsprinzipien (→ Unterrichtsprinzipien)
2. Sozial- und Aktionsformen
3. die Organisation der Unterrichtsinhalte (z. B. induktives oder deduktives Verfahren; (→) Induktion – Deduktion)
4. den Einsatz von (→) Medien
5. die Verlaufsstrukturen des Unterrichts.

Zur geographiedidaktischen Diskussion

Die methodischen Entscheidungen werden durch die übrigen Unterrichtsvariablen beeinflusst und umgekehrt (sogenannter Implikationszusammenhang). Informierende Medien (Zeitungsberichte, Sachtexte, Interviews) könnten beispielsweise in Kombination mit visualisierenden Methoden (→ Mindmapping, → concept mapping) eingesetzt werden. Sind diese inhaltlich durch eine Kontroverse geprägt, werden also unterschiedliche Perspektiven und Meinungen aufgezeigt, bieten sich beurteilende Methoden (Wertequadrat) (→ Thinking through geography) an. Diagramme oder Statistiken lassen sich über verlebendigende Methoden (Wo ist was möglich?) veranschaulichen. Bestimmte Ziele, beispielsweise im instrumentellen Bereich, setzen entsprechende handlungsorientierte Methoden (→ Handlungsorientierung) voraus. Im Rahmen der methodischen Analyse sollte also die Angemessenheit der Methoden in Hinblick auf die gewählten Medien, Inhalte und Ziele (→ Lernziel) reflektiert werden (vgl. HIEBER/LENZ/STENGELIN 2009, 2 ff).

Bei der Diskussion um die Zugänglichkeit der Inhalte, also der Frage, inwiefern diese für Lernende interessant und herausfordernd gestaltet werden können, sind Ergebnisse der Interessenforschung ebenso relevant wie die der conceptual-change-Forschung (→ Conceptual change). Lernaufgaben sollten etwas aus Schülersicht Unstimmiges, Fragwürdiges, Widersprüchliches, Rätselhaftes oder Bedeutsames enthalten und eingebettet sein in ansprechende Kontexte wie komplexe Problem-, Entscheidungs-, Gestaltungs- oder Beurteilungsfälle (vgl. HOFFMANN 2009, 105 ff; TULODZIECKI/HERZIG/BLÖMEKE 2009, 87 ff).

Literatur

HEIMANN, P., OTTO, G. & W. SCHULZ (1965): Unterricht. Analyse und Planung. Hannover.

HIEBER, U., LENZ, T. & M. STENGELIN (2009): MEDIEN AUSWERTEN. FACHTYPISCHE METHODEN IM SPIRALCURRICULUM. – IN: GEOGRAPHIE HEUTE, 30, 271/272, 2–12.

HOFFMANN, K. W. (2009): Mit den Nationalen Bildungsstandards Geographieunterricht planen und auswerten. – In: Geographie und ihre Didaktik, 37, 3, 105–119.

TULODZIECKI, G., HERZIG, B. & S. BLÖMEKE (2009): Gestaltung von Unterricht. Eine Einführung in die Didaktik. Bad Heilbrunn.

Thomas Basten

Methodologie der Geographiedidaktik

Definition

Die Methodologie der Geographiedidaktik ist dasjenige metatheoretische Aussagensystem, das Gegenstand und Fragestellung, Methodik und Aussagearten sowie die intra- und interdisziplinäre Systematik der Geographiedidaktik unter dem Aspekt ihrer wissenschafts- und erkenntnistheoretischen Voraussetzungen, Bedingungen, Regeln und Geltungsmodi abhandelt.

Während die Geographiedidaktik eine *Objekt*wissenschaft ist, insofern sie sich mit dem realen Gegenstandsbereich des Lehrens und Lernens geographischer Sachverhalte befasst, ist die Methodologie der Geographiedidaktik eine *Meta*wissenschaft. Als solche ist sie der Geographiedidaktik übergeordnet und generiert Aussagen über die Geographiedidaktik.

Klassifikation

Um derartiges Lehren und Lernen wissenschaftlich zu begründen und zu prozessieren, generiert die geographiedidaktische Forschung Aussagen unterschiedlichen Typs, so vor allem:

- definitorische Aussagen: legen die Bedeutung (= Inhalt, Merkmalsgesamtheit) sowie dadurch auch den Umfang (= Objektgesamtheit, auf die ein Begriff zutrifft) von geographiedidaktischen Begriffen (z. B. exemplarisches Prinzip) fest und normieren damit deren Verwendung, wodurch Begriffe zu Termini werden
- empirische Aussagen: beschreiben (deskriptive Aussagen), wie Lehren und Lernen geographischer Sachverhalte in all seinen Komponenten (Lerner, Ziele, Inhalte, curriculare Konzepte, Verfahren, Methoden usw.) beschaffen ist oder war, und erklä-

ren (kausale Aussagen), warum dies so ist oder war
- normative Aussagen: fordern/schreiben vor, wie Lehren und Lernen geographischer Sachverhalte beschaffen sein soll, und begründen, warum und wozu dies so sein soll
- Wertaussagen/-urteile: bewerten die Komponenten des Lehrens und Lernens geographischer Sachverhalte und begründen die Bewertung. In dieser Eigenschaft dienen sie der Begründung normativer Aussagen.

Bezieht sich eine geographiedidaktische Aussage auf ein oder mehrere einzeln aufgeführte und benannte Elemente (ein Land, die Schüler G, M und R, die Schule X am Ort Y, usw.), so handelt es sich um eine singuläre (idiographische) Aussage. Bezieht sie sich dagegen auf alle Elemente einer bestimmten Klasse von Elementen (alle Länder, alle Schüler, alle Schulen), so handelt es sich um eine universale (nomologische) Aussage.

Die wichtigste der verschiedenen internen Systematisierungsmöglichkeiten orientiert sich an den das geographische Lehren und Lernen tragenden, untereinander interdependenten Sachverhaltsklassen (Lerner, Ziele, Inhalte …). Weitere Gliederungsmöglichkeiten ergeben sich aus

- den Typen von Institutionen geographischen Lehrens und Lernens (Vorschule bis Universität),
- dem Generalisierungsgrad der Aussagen (s. o.),
- den Aussagentypen (s. o.).

Zur geographiedidaktischen Diskussion

Wenngleich die Geographiedidaktik wissenschaftsorganisatorisch vielfach Geographischen Instituten zugeordnet ist, ist sie wissenschaftssystematisch betrachtet jedoch keine geographische Disziplin. Denn sie generiert keine geographischen Aussagen, sondern Aussagen über geographische Aussagen bzw. Sachverhalte. Vielmehr gehört sie zur Klasse der didaktischen Disziplinen, konkret der Fachdidaktiken, die ihrerseits eine Unterklasse der Didaktiken, noch ranghöher der Erziehungswissenschaften bzw. letztlich der Geisteswissenschaften konstituieren.

Literatur

KÖCK, H. (1991): Didaktik der Geographie: Methodologie. München.

KÖCK, H. (2012): Methodologischer Grundriss [der Geographiedidaktik].- In: HAVERSATH, J. B. [Mod.]: Geographiedidaktik. Braunschweig, 20–36.

Helmuth Köck

Mindmap

Definition

Eine Mindmap (Gedanken- bzw. Gedächtnis(land)karte) ist eine individuelle Visualisierungstechnik, die von BUZAN entwickelt wurde. Dabei werden sprachliche Schlüsselbegriffe zu einem bestimmten zentralen Thema grafisch in Form von Hauptästen angeordnet. Zu diesen werden Teilthemen assoziiert, die weiter in dazugehörige Begriffe mithilfe von weiteren Verzweigungen untergliedert werden. Mindmaps dienen aus didaktischer Perspektive dazu, Begriffe bzw. Themen vernetzt zu strukturieren.

Klassifikation

Eine Mindmap kann aus der Perspektive der grafischen Medien als Schemazeichnung oder -skizze (→ Schemazeichnungen) aufgefasst werden. Sie erfüllt dabei folgende Kriterien:

– sie kann Inhalte strukturieren und einfache Zusammenhänge verdeutlichen
– sie ist individuell anwendbar und kann eigene Stärken unterstützen

– sie kann das Lernen erleichtern.

Das Mindmapping-Verfahren kann somit auch als Lernstrategie verstanden werden. Hierbei sind die Förderung der Kompetenz des vernetzten Denkens und der Metakognition im Geographieunterricht von Bedeutung.

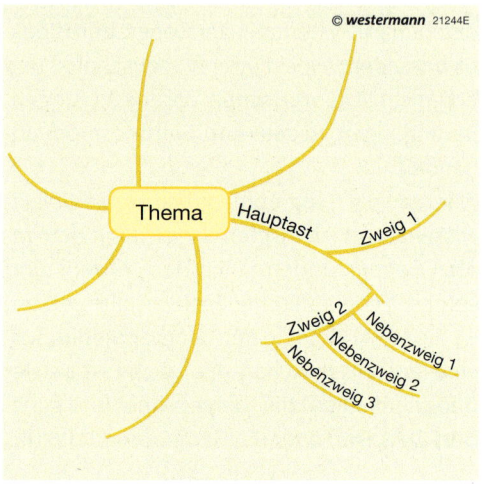

Abb. 4: Entstehung einer Mindmap

Zur geographiedidaktischen Diskussion

Eine Mind Map ist das Ergebnis der Methode des Mind Mappings. Die beim Mind Mapping angestrebte bildhafte Darstellung der eigenen Gedanken ist sinnvoll, um die zu einem Thema gehörenden Begriffe übersichtlich anzuordnen und hierarchische Ebenen innerhalb der entstehenden Komplexe zu visualisieren. Dadurch kann eine große Informationsmenge zu einem Thema auf wenig Raum übersichtlich dargestellt werden. Dies erleichtert z. B. die Ausarbeitung von wichtigen Informationen aus einem Text oder die Vorbereitung auf ein Referat.

Die beim Mind Mapping geforderte Mischung von textlichen und bildhaften Darstellungen der individuellen Gedanken ist äußerst sinnvoll, denn als Ergebnis des Verfahrens entsteht eine aus Schlüsselwörtern aufgebaute Darstellung eigener Gedanken und eigenen Wissens zu einem bestimmten Thema in einer individuellen Form (vgl. BUZAN 1993).

Literatur

BUZAN, T. & B. BUZAN (2013): Das Mind-Map-Buch. Die besten Methoden zur Steigerung Ihres geistigen Potentials. München: mvgVerlag.

REINFRIED, S. & HAUBRICH, H. (2015): Geographie unterrichten lernen. Die Didaktik der Geographie. Berlin: Cornelsen, S. 174 – 175.

STROBAND, H. & JEBBINK, K. (2018): Das Lernbild. Individuelle Darstellung von Strukturen und Inhalten. In: Praxis Geographie, Jg. 48, H. 7-8, 46 – 47.

WILHELMI, V. (1999): Mind Mapping. Eine Lernmethode und ihr Anwendung im Geographieunterricht. – In: Praxis Geographie, Jg. 29, H. 2, S. 44 – 45.

WOLLNIK, C. (2002): MindMaps und ConceptMaps. – In: Praxis Geographie, Jg. 32, H. 11, S. 12 – 14.

Daniela Hottenroth, Anne-Kathrin Lindau

Modelle

Definition

Im Geographieunterricht eingesetzte Modelle sind als Rekonstruktionen von geographischer Wirklichkeit bzw. Repräsentationen geographischer Vorstellungen über Wirklichkeit zu verstehen. Beim Modellierungsprozess trifft der Modellierer mit Blick auf den Verwendungszweck und auf Basis theoretischer Grundlagen, Konventionen, aber auch eigener Vorstellungen zahlreiche Auswahl- und Gestaltungsentscheidungen, die dazu führen, dass das Modell im Vergleich zum Original in der Regel vereinfacht, verkleinert sowie auf bestimme Aspekte reduziert bzw. fokussiert und somit kein Abbild geographischer Wirklichkeit ist. Modelle können im Geographieunterricht von Schülerinnen und Schülern selbst erstellt und/oder genutzt werden, um geographische Phänomene, Prozesse, Gesetzmäßigkeiten etc. zu veranschaulichen, Erklärungen zu formulieren und/oder Vorhersagen zu treffen.

Klassifikation

Es liegt eine große Vielzahl von Klassifikationsmöglichkeiten für Modelle vor. Etabliert ist die Unterscheidung zwischen Denkmodellen (Modelle als Repräsentationen geographischer Vorstellungen über Wirklichkeit) und Anschauungsmodellen (Modelle als Rekonstruktionen von geographischer Wirklichkeit), wobei letztere u.a. nach ihrer Repräsentationsform (gegenständlich-dreidimensional / bildlich-zweidimensional) weiter differenziert werden können. Eine andere, aktuelle Klassifikation (BETTE 2021) unterscheidet zwischen Modellen ohne Raumbezug (z.B. Vorgänge in einer Kläranlage) und Raummodellen, welche hinsichtlich ihres Zwecks (Erkenntnismodelle, Prognosemodelle und Planungsmodelle) weiter differenziert werden. Erkenntnismodelle wiederum können nach dem Inhalt des Modells in konkrete und theoretische gegliedert werden.

Zur geographiedidaktischen Diskussion

In der geographiedidaktischen Diskussion werden Modelle zum einen als (häufig speziell für unterrichtliche Zwecke erstellte) Unterrichtsmedien aufgefasst, die das Verständnis geographischer Inhalte insbesondere durch Anschaulichkeit erleichtern sollen. Ein Vergleich von Modell und Realität (Parallelisieren) soll im Sinne einer Modellkritik die Unterschiede sowie damit verbunden die Grenzen bzw. Schwächen von Modellen verdeutlichen - unter anderem mit dem Ziel, mögliche fehlerhafte Rückschlüsse auf die geographische Wirklichkeit zu verhindern. Zugleich liegt in diesem Vorgehen die Chance, über Modelle in dem Sinne zu lernen, dass Modelle nicht als Kopien oder Abbilder, sondern als Rekonstruktionen von Wirklichkeit zu verstehen sind. Zum anderen können Modelle als Denk- und Arbeitsweisen (also Methoden) im Prozess der Erkenntnisgewinnung betrachtet werden (vgl. BETTE 2021), wodurch insbesondere die Modellbildung bzw. das Modellieren in den Fokus rückt.

In der naturwissenschaftsdidaktischen Diskussion erfolgt seit einigen Jahren eine intensive Auseinandersetzung mit Modellkompetenz bzw. Modellierkompetenz (u.a. KRÜGER/KAUERTZ/UPMEIER ZU BELZEN 2018). Modellierkompetenz wird dabei in fünf Teilkompetenzen gegliedert und „umfasst die Fähigkeiten, beim Herstellen von Modellen einen theoriegeleiteten oder kreativen Erkenntnisprozess zu initiieren, bei der Anwendung von Modellen zweckbezogen Erkenntnisse zu gewinnen, über Modelle mit Bezug auf ihren Zweck zu urteilen und über den Prozess der Erkenntnisgewinnung durch Modelle und das Modellieren zu reflektieren" (KRÜGER/KAUERTZ/UPMEIER ZU BELZEN 2021). Für die Geographiedidaktik schlägt BETTE (2021) insbesondere mit Blick auf die Unterrichtspraxis drei Grunddimensionen der Modellkompetenz vor, die die Modellauswertung (learning science), die Modellbildung/-anwendung (doing science) und das geographische Modellverständnis (learning about science) umfassen.

Literatur

BETTE, J. (2021): Modelle im Geographieunterricht der gymnasialen Oberstufe. Eine quantitative Befragung von Lehrkräften zum Einsatz theoretischer Raummodelle. Geographiedidaktische Forschungen, Bd. 76, Norderstedt.

Krüger, D., Kauertz, A., & A. UPMEIER ZU BELZEN (2018): Modelle und das Modellieren in den Naturwissenschaften. In: KRÜGER, D., PARCHMANN, I. & H. SCHECKER [Hrsg.]: Theorien in der naturwissenschaftsdidaktischen Forschung. Berlin, S. 141–157.

KRÜGER, D. & A. UPMEIER ZU BELZEN (2021): Kompetenzmodell der Modellierkompetenz – Die Rolle abduktiven Schließens beim Modellieren. ZfDN 27, 127–137. https://doi.org/10.1007/s40573-021-00129-y

Jan Christoph Schubert

Museum

Definition

Ein Museum ist eine Einrichtung, die bedeutsame, lehrreiche oder exemplarische Gegenstände aufbewahrt, erforscht und der Öffentlichkeit zugänglich macht. Durch die Bildungsfunktion unterscheidet sich das Museum von der bloßen Sammlung.

Klassifikation

Es ist üblich, zwischen Naturmuseen (Museen der exakten Naturwissenschaften, naturhistorische Museen) und Kulturmuseen (Kulturhistorische Museen, Kunstmuseen) zu unterscheiden. Für den Geographieunterricht werden als besonders geeignet angesehen:

– Geowissenschaftliche Museen (z.B. Mineralogie, Geophysik, Geomorphologie)
– Völkerkundemuseen
– Freilichtmuseen
– Heimatmuseen
– Botanische Gärten (nach der Definition können sie auch zum Museum gezählt werden)

Dem Museum kommt im Rahmen des Geographieunterrichts die Aufgabe zu, Brücken vom Schüler zu räumlich bzw. zeitlich entfernten Sachverhalten zu bauen. Dazu bedient es sich originaler Gegenstände und Medien (→ Begegnung). Als außerschulischer Lernort ermöglicht das Museum Schülerinnen und Schülern den Aufbau kognitiver, instrumentaler und emotionaler Kompetenzen

Zur geographiedidaktischen Diskussion

Die Komplexität der in solchen Museen gezeigten Objekte, v. a. die Erarbeitung von Zusammenhängen, macht für die Schüler zusätzliche Informationen und meist eine strukturierte Unterweisung notwendig. Bei der Planung von Museumsbesuchen kann zunehmend auf museumspädagogische Angebote der Museen mit Möglichkeiten zu selbstständigen und handelnden Schüleraktivitäten zurückgegriffen werden.

Literatur

BIRKENHAUER, J. (1997): Das Museum. – In: BIRKENHAUER, J. [Hrsg.] (1997): Medien. Systematik und Praxis. München, 227 – 232.

BORSDORF, A. (1996): Das Museum im Projektunterricht, Geographie und Wirtschaftskunde. – In: GW-Unterricht, 62, 48 – 58.

ERNST, E. (1992): Edukative Chancen und Lernziele im Freilichtmuseum. – In: BIRKENHAUER, J. & D. NEUKIRCH [Hrsg.] (1992): Geographiedidaktische Furchen. Festschrift für Helmtraut Hendinger (= Münchner Studien zur Didaktik der Geographie, Bd. 2). München, 89 ff.

FRANK, F. (1995): Museum und Erdkundeunterricht. – In: BIRKENHAUER, J. [Hrsg.] (1995): Außerschulische Lernorte (= Geographiedidaktische Forschungen, Bd. 16). Nürnberg, 65 – 74.

FRANK, F. (2001): Das geowissenschaftliche Museum als außerschulischer Lernort. Überlegungen und Untersuchungen am Beispiel des Rieskrater-Museums Nördlingen (= Münchner Studien zur Didaktik der Geographie, Bd. 11). München.

FRANK, F. (2018): Museum. – In: BRUCKER, A., J.-B. HAVERSATH und A. SCHÖPS Hrsg.) (2018): Geographie – Unterricht. 102 Stichworte. Baldmannsweiler, 155 – 157

KERSTING, R. (2000): Museen im Erdkundeunterricht. – In: geographie heute, 21, 182, 3 – 7.

MICHELS, J. (2000): Arbeiten im Museum. – In: geographie heute, 21, 182, 37 – 39.

STONJEK, D. (2005): Museum, Museumsdidaktik, Museumspädagogik. – In: KÖCK, H. & D. STONJEK (2005): ABC der Geographiedidaktik. Köln, 183 – 184.

Friedhelm Frank

Mystery

Definition

Die Mystery-Methode ist eine Unterrichtsmethode, bei der die Schüler knappe, ungeordnete Informationen zu einem Fallbeispiel sinnvoll miteinander in Beziehung setzen müssen, um eine rätselhafte Leitfrage lösen zu können.

Klassifikation

Die Mystery-Methode ist eine von mehreren Methoden aus dem konstruktivistisch geprägten Ansatz „Denken lernen mit Geographie" (LEAT 1998, LEAT/NICHOLS 2003). Das zentrale Ziel dieses unterrichtsmethodischen Ansatzes ist die Förderung von Denkfertigkeiten und kognitiven Kompetenzen im Geographieunterricht durch Aufgabentypen, die zugleich motivierend, kognitiv aktivierend und problemorientiert sind. Durch Mysterys können Schüler lernen, komplexe, unstrukturierte Sachverhalte zu erfassen und systematisch zu analysieren. Mysterys fördern dabei vor allem Denkfertigkeiten wie das Vergleichen, das (→) Kategorisieren sowie das vernetzende bzw. systemische Denken (→ Systemkompetenz). Zu Beginn erhalten die Schülergruppen eine Leitfrage sowie einen Umschlag mit 20 – 30 unsortierten Informationskärtchen. Diese Informationen beziehen sich auf die Alltagswelt konkreter Menschen, auf Ereignisse von der lokalen bis zur globalen Ebene und auf allgemeine bzw. abstrakte Zusammenhänge und Hintergründe. Zunächst müssen die Schüler die Informationen ordnen und strukturieren, indem sie Kärtchen nach einer selbst entwickelten Ordnungsstruktur gruppieren und dabei auch nach Relevanz gewichten. Anschließend werden die Kärtchen miteinander in Beziehung gesetzt, Zusammenhänge zwischen den Informationen untersucht sowie vielfältige Hypothesen aufgestellt und überprüft, um das Fallbeispiel zu rekonstruieren und die Leitfrage zu beantworten. Abschließend reflektieren die Schüler, wie sie beim Lösen der Aufgabe vorgegangen sind und wie eine optimale Lösungsstrategie aussehen könnte (metakognitive Reflexionsphase). Dieses Vorgehen entspricht dem Ideal des (→) problemorientierten Unterrichts, bei dem die Schüler möglichst authentische, alltagsnah konzipierte Probleme mit offenen

Aufgabenstellungen bearbeiten, selbst eine geeignete Lösungsstrategie entwickeln und unterschiedliche Lösungsvarianten diskutieren. Durch diese Reflexion soll eine effektive Förderung verschiedener Denkfertigkeiten erreicht werden (vgl. LEAT/NICHOLS 2003).

Zur geographiedidaktischen Diskussion

Mysterys sind die bekannteste Methode aus dem Methodenpool „Denken lernen mit Geographie", der von LEAT (1998) gemeinsam mit einem Team von Geographielehrern an der University of Newcastle entwickelt wurde. Mittlerweile sind diese Methoden ein fester Bestandteil des Geographieunterrichts in Großbritannien (LEAT/NICHOLS 2003). Auch in der deutschsprachigen Geographiedidaktik hat v. a. die Mystery-Methode inzwischen weite Verbreitung gefunden. Viele Mysterys widmen sich Fallbeispielen aus dem Kontext des globalen Lernens, um globale und lokale Verflechtungen zu erarbeiten. Die Methode lässt sich allerdings auch in vielen anderen Themenbereichen einsetzen (vgl. SCHULER 2005, 2012).

Literatur

HEMPOWICZ, J. (2021): Systemorganisationskompetenz im Geographieunterricht. Videobasierte Fallanalysen von Schüler*innen im Rahmen der Mystery-Methode. Geographiedidaktische Forschungen Bd. 75. Norderstedt

LEAT, D. (1998): Thinking through Geography. Cambridge.

LEAT, D. & A. NICHOLS (2003): Mysteries Make you Think. Series: Theory into Practice, professional Development for Geography Teachers. Sheffield.

MEISTER, J. (2021): Eine videogestützte Prozess- und Produktanalyse der Systemkompetenz : am Beispiel der Bearbeitung eines Mysterys. Dissertation. Universität Gießen. urn:nbn:de:hebis:26-opus-158461

SCHULER, S. (2005): Mysterys als Lernmethode für globales Denken. – In: Praxis Geographie, 35, 4, 22–27.

SCHULER, S. (2012): Denken lernen mit Mystery-Aufgaben. – In: Praxis Geographie extra. Mystery. Geographische Fallbeispiele entschlüsseln. Braunschweig, 4–7.

SCHULER, S., VANKAN, L. & ROHWER, G. (2017): Diercke - Denken lernen mit Geographie. Methoden 1. Braunschweig.

VANKAN, L., ROHWER, G. & S. SCHULER (2017): Diercke – Denken lernen mit Geographie. Methoden 1. Braunschweig.

SCHULER, S. (2021): Der Bergsturz von Bondo. Mysterys binnendifferenziert einsetzen. In: Geographie heute 42(352), S. 36–41

Stephan Schuler

Nahraum

Definition

Der Nahraum ist der Raum in der Umgebung der Schule, in dem es möglich ist, vor Ort zu lernen bzw. in direkten Kontakt zum Lerngegenstand zu treten.

Klassifikation

Im Gegensatz zum Heimatraum (→ Heimat, → Heimatkundliches Prinzip) bleibt der Nahraum auf die Sachebene beschränkt.

Der Nahraum kann in seiner Individualität erfasst werden (→ Heimatkunde) und zum Erarbeiten übertragbarer Strukturen (nomothetischer Ansatz) dienen.

Zur geographiedidaktischen Diskussion

Die Bedeutung des Nahraumes zum Erlangen grundlegender Einsichten ist unumstritten. Im Nahraum können die Schüler selbsttätig vor Ort arbeiten und ihre eigenen Erfahrungen einbringen. Ein besonderer Stellenwert kommt dabei dem Einüben und Anwenden fachspezifischer (→) Arbeitsweisen zu (Messen, Zählen usw.). In der Sek. I hat sich der Begriff „Nahraum" gegenüber dem „Heimatraum" weitgehend durchgesetzt. Zudem muss der Nahraum nicht identisch mit dem Heimatraum sein (z. B. für Schüler mit Migrationshintergrund).

Literatur

FRANK, F. (1993): Heimat – Überlegungen zur Renaissance eines Begriffes im Erdkundeunterricht. – In: Geographie und ihre Didaktik, 21, 3, 113 – 122.

RINSCHEDE, G. (2007): Nahraum. – In: RINSCHEDE, G. (2007): Geographiedidaktik. Paderborn, 181 – 182.

SCHRAND, H. (1992): Erdkunde vor Ort als didaktisches Prinzip. – In: geographie heute, 13, 104, 2 – 5.

STONJEK, D. (2005): Nahraum, Nahraumkonzept. – In: KÖCK, H. & D. STONJEK (2005): ABC der Geographiedidaktik. Köln, 185 – 186.

Friedhelm Frank

Naturwissenschaftliche Grundbildung

Definition

Das international als Scientific Literacy diskutierte Konzept wird im deutschsprachigen Raum meist mit Naturwissenschaftliche Grundbildung bzw. Naturwissenschaftliche Kompetenz übersetzt und als ein zentraler Baustein im Rahmen der PISA-Studien regelmäßig bei Schülerinnen und Schülern erhoben. Für die PISA-Studie 2025 wird naturwissenschaftliche Grundbildung als die „Fähigkeit Jugendlicher bezeichnet, sich an einem begründeten Diskurs über Wissenschaft, Nachhaltigkeit und Technologien zu beteiligen und daraus Schlüsse für informierte Handlungen zu ziehen" (OECD/TUM o.J.). In vorherigen PISA-Studien wird naturwissenschaftliche Grundbildung differenzierter umschrieben und zwar als „die Fähigkeit,

– naturwissenschaftliches Wissen anzuwenden, um Fragestellungen zu erkennen, sich neues Wissen anzueignen, naturwissenschaftliche Phänomene zu beschreiben und aus Belegen Schlussfolgerungen zu ziehen

– die charakteristischen Eigenschaften der Naturwissenschaften als eine Form menschlichen Wissens und Forschens zu verstehen

– zu erkennen und sich darüber bewusst zu sein, wie Naturwissenschaften und Technik unsere materielle, intellektuelle und kulturelle Umwelt formen

– sowie die Bereitschaft, sich mit naturwissenschaftlichen Ideen und Themen zu beschäftigen und sich reflektierend mit ihnen auseinanderzusetzen" (PISA-KONSORTIUM DEUTSCHLAND 2007, 65).

Klassifikation

Zur theoretischen Strukturierung bzw. Stufung naturwissenschaftlicher Grundbildung existieren unterschiedliche Modelle (vgl. ROBERTS 2007), von denen insbesondere das Stufenmodell von BYBEE (1997) Beachtung gefunden hat. Darin werden vier Level ausgewiesen, die ein zunehmendes und ausdifferenzierteres naturwissenschaftliches Verständnis beschreiben:

1. nominale,
2. funktionale,
3. konzeptuelle und prozedurale sowie
4. multidimensionale naturwissenschaftliche Bildung.

Die für die Testung in den PISA-Studien notwendige Operationalisierung erfolgt in Anlehnung an dieses Konzept wird fortlaufend weiterentwickelt und strukturiert naturwissenschaftliche Kompetenz für PISA 2025 in drei Bereiche:

(1) Phänomene naturwissenschaftlich erklären,

(2) Entwürfe für wissenschaftliche Untersuchungen erstellen und bewerten sowie Daten und Beweise kritisch interpretiern sowie

(3) wissenschaftliche Informationen recherchieren, bewerten und für die Entscheidungsfindung sowie das Handeln nutzen.

Als Wissensbereiche werden konzeptuelles Wissen (relevante Konzepte der Geowissenschaften, der Biologie sowie der Chemie und der Physik), prozedurales Wissen (Prozess- und Methodenwissen beispielsweise zu → Experimenten und → Modellen) und epistemisches Wissen (inbesondere Wissen über die Naturwissenschaften) unterschieden. Für PISA 2025 soll über die Einstellungen und motivationalen Orientierungen hinausgehend Handlungskompetenz berücksichtigt werden (vgl. OECD/TUM o.J.).

Zur geographiedidaktischen Diskussion

Naturwissenschaftliche Bildung ist neben gesellschaftswissenschaftlicher Bildung Aufgabe des Geographieunterrichts, in den nationalen (→) Bildungsstandards wird das Fach Geographie an der Schnittstelle zwischen beiden Bereichen positioniert (vgl. DGfG 2012, 5). In diesem Kontext wird auf die besondere Bedeutung des Einsatzes naturwissenschaftlicher Arbeitsweisen im Geographieunterricht als Beitrag zur naturwissenschaftlichen Grundbildung verwiesen (vgl. LETHMATE 2006; OTTO 2009).

Literatur

BYBEE, R. (1997): Achieving scientific literacy: From purposes to practices. Portsmouth, NH.

DEUTSCHE GESELLSCHAFT FÜR GEOGRAPHIE (DGfG) [Hrsg.] (2020[10]): Bildungsstandards im Fach Geographie für den Mittleren Schulabschluss – mit Aufgabenbeispielen. Berlin.

LETHMATE, J. (2006): Experimentelle Lehrformen und Scientific Literacy. – In: Praxis Geographie, 27, 11, 4–11.

PISA-KONSORTIUM DEUTSCHLAND [Hrsg.] (2007): PISA 2006 – Die Ergebnisse der dritten internationalen Vergleichsstudie. Münster.

ROBERTS, D. A. (2007): Scientific literacy/science literacy. – In: ABELL, S. K. & N. G. LEDERMAN [Hrsg.] (2007): Handbook of research on science education. Mahwah, NJ, 729–780.

OECD PROGRAMME FÜR INTERNATIONAL STUDENT ASSESSMENT (PISA), TECHNISCHE UNIVERSITÄT MÜNCHEN (TUM) [Hrsg.] (o.J.): Naturwissenschaftliche Kompetenz. Online unter www.pisa.tum.de/pisa/kompetenzbereiche/naturwissenschaftliche-kompetenz/

Jan Christoph Schubert

Offener Unterricht

Definition

Offener Unterricht bedeutet, dass den Schülern im jeweils vorgegebenen Rahmen Freiräume zu selbstgesteuertem und selbstständigem Lernen eingeräumt werden. Der Lehrer fungiert dabei nicht mehr vorrangig als Wissensvermittler, sondern als Lernberater.

Klassifikation

Im Allgemeinen werden in der Literatur drei Dimensionen für die Öffnung des Unterrichts genannt, die in verschieden großem Umfang erreicht werden können:

1. Die inhaltliche Öffnung hin zum Alltagsleben der Schüler berücksichtigt deren unterschiedliche Interessen und Vorerfahrungen.
2. Die methodische Öffnung ermöglicht eine Beteiligung an der Planung und Gestaltung der Lernformen des Unterrichts.
3. Die organisatorische Öffnung verzichtet auf eine starre Bindung an Unterrichtsstunden und schafft dadurch die Voraussetzungen für die inhaltliche und methodische Öffnung.

In Abhängigkeit vom Entscheidungsspielraum der Lernenden gibt es verschiedene Formen des offenen Unterrichts. Zu den auch im Geographieunterricht häufig genannten gehören:
1. Lernen an Stationen: Oft als Oberbegriff für eine Vielzahl, teilweise synonym verwendeter Bezeichnungen (z.B. Lernzirkel, Lernen an Stationen, Stationenlernen, Lernstraße, Übungszirkel) verwendet. Allen Formen gemeinsam ist, dass:

– sich das Thema in zeitlich etwa gleich umfangreiche Teileinheiten gliedern lassen muss
– die Schüler in einer meist selbst gewählten Lerngruppe den Lerninhalt einer Unterrichtseinheit an verschiedenen Stationen weit gehend selbstständig erarbeiten
– die Arbeitsmittel vielfältig und abwechslungsreich gestaltet sein sollen und möglichst viele Sinne ansprechen.

Unterschiede bestehen vor allem in der Frage der Individualisierung und Differenzierung: Fordert man nämlich, dass Bearbeitungsreihenfolge und –zeit individuell bestimmt werden können (Stationenlernen, freies Stationentraining), ergeben sich daraus als Konsequenz:

– die einzelnen Stationen dürfen nicht aufeinander aufbauen, da die Schüler oder Schülergruppen an verschiedenen Stationen beginnen können und sie in beliebiger Reihenfolge bearbeiten können
– es muss mehr Stationen als Schüler(gruppen) geben
– eine Unterscheidung nach Pflicht- und Wahlstationen erleichtert den reibungslosen Durchlauf.

Bei der Lernstraße (Lernzirkel i.e.S.) müssen die Stationen von allen Schülern in derselben Reihenfolge durchlaufen werden, da sie inhaltlich aufeinander aufbauen (z.B. bei bestimmten Themen der physischen Geographie). Aus organisatorischen Gründen (hohe Zahl an gleichartigen Materialien, Platzbedarf, Beschäftigung wartender Schüler) kommt dieser Form in der Praxis nur eine geringe Bedeutung zu.

2. Lerntheke: Die Materialien und Arbeitsaufträge werden an einem zentralen Platz im Klassenzimmer zur Verfügung gestellt. Dort können sie von den Schülern abgeholt und meist in Einzel- oder Partnerarbeit, ggf. auch in Gruppen erledigt werden. Die Lerntheke stellt eine praktikable Alternative zum Lernzirkel i.e.S. dar.

3. (Wochen-) Planarbeit: Die Schüler erhalten einen schriftlichen Aufgabenplan, den sie im Allgemeinen in dafür eigens ausgewiesener Unterrichtszeit (z.B. vor Beginn des regulären Unterrichts) oder zu Hause bearbeiten. Der Arbeitsplan setzt sich aus Pflicht- und Wahlaufgaben zusammen, die in Einzel-, Partner- oder Gruppenarbeit erledigt werden können. Am Ende der Bearbeitungsfrist (z.B. Woche) werden die Ausarbeitungen entweder der Klasse vorgestellt oder vom Lehrer zusammen mit dem betreffenden Schüler besprochen.

4. Freiarbeit: Sie geht über die bisher angesprochene Öffnung des Unterrichts hinaus und erlaubt den Schülern (theoretisch) die vollkommen freie Wahl:
– des zu behandelnden Themas
– der für die Erarbeitung notwendigen Medien
– der Sozialform
– der Dauer und des Lernorts.

5. Projektunterricht (→ Projekt)

Zur geographiedidaktischen Diskussion

Die Ursprünge des Offenen Unterrichts reichen bis in die Zeit der Reformpädagogik zurück. Die Grundsätze moderner Lernzirkel wurden 1952 in England zunächst im Fach Sport entwickelt. Seit den 1980er-Jahren wurde das Prinzip auch auf andere Fächer übertragen und zunehmend ausdifferenziert. Seine in der Gegenwart stark zunehmende Bedeutung wird damit begründet, dass die Lebenslagen und Interessen der Schüler heute erheblich vielfältiger wären als noch vor einigen Jahrzehnten. Ein einheitlicher Unterricht für alle Schüler wäre dadurch nicht mehr in dem Maße möglich wie früher, weil die unterschiedlichen Alltagserfahrung der Schüler aufgenommen und in den Unterricht integriert werden müssten. Eine wesentliche Rolle spielt auch die Vermittlung von Kompetenzen im fachlichen, methodischen und sozialen Bereich, die sich im Offenen Unterricht erfolgreicher vermitteln ließen als im traditionellen.

Obwohl der offene Unterricht in der theoretischen Diskussion also einen hohen Stellenwert besitzt, führt er in der Unterrichtspraxis nicht selten ein Nischendasein. Als wesentliche Gründe werden folgende Probleme angeführt:

- organisatorische Rahmenbedingungen: Klassenstärken, zu kleine Klassenzimmer, Zeitdruck
- Anforderungen bei der Durchführung: Anpassung an die neue Lehrerrolle, fehlende Schülervoraussetzungen (Selbstständigkeit, Lern- und Arbeitstechniken, Durchhaltevermögen), unattraktive Arbeitsmaterialien (hoher Textanteil, fast ausschließlich reproduktive Aufgabenstellungen, nicht erkennbare Gesamtstruktur des Themas)
- Lernkontrolle: Diskussion der grundsätzlichen Notwendigkeit, Form, Umfang, Schwierigkeit der Notenerhebung insbesondere bei Partner- und Gruppenarbeiten
- Auswirkungen: vor allem bei Wochenplan- und Freiarbeit kann es dazu kommen, dass sich die Leistungsschere zwischen stärkeren und schwächeren Schülern – entgegen der Intention – weiter öffnet.

Unterstützer des Offenen Unterrichts führen ins Feld, dass diese Nachteile bei einer geeigneten Unterrichtsplanung aufgehoben werden könnten. J. Hattie kommt dagegen in einer groß angelegten Studie aus dem Jahr 2009 (dt. Ausgabe 2013) zu dem Ergebnis, dass Offener Unterricht keinen messbaren Erfolg auf die Lernleistung ausübt. Welche der beiden Einschätzungen zutrifft, ist Gegnern und Befürwortern des Offenen Unterrichts nach wie vor umstritten.

Literatur

Lenz, T. (2003): Lernzirkel, Stationenlernen & Co. Klärungsversuch im Begriffsdschungel. – In: Geographie und Schule, 25, 142, 44–45.

Hattie, J. (2013): Lernen sichtbar machen. Baltmannsweiler.

Morawietz, H. (1997): Probleme der Wochenplan- und Freiarbeit. Analysen und Lösungsansätze. – In: Pädagogische Welt, 29, 6, 254–259.

Nebel, J. (1997): Freiarbeit im Geographieunterricht. – In: Praxis Geographie, 27, 12, 4–7.

Peschel, F., (o.J.): Mr. Hattie und der Offene Unterricht. https://visible-learning.org/wp-content/uploads/2013/06/John-Hattie-Offener-Unterricht-Falko-Peschel.pdf (Letzter Aufruf: 02.12.2022).

Uhlenwinkel, A. (2000): Offener Unterricht. Nicht immer, aber immer öfter. – In: Praxis Geographie, 30, 7/8, 4–7.

Uhlenwinkel, A. (2005): Lernzirkel – ein oft genutztes ungenutztes Potenzial. – In: Praxis Geographie, 35, 3, 48–49.

Gerd Bauriegel

Ökologischer Ansatz

Definition

Der ökologische Ansatz im Geographieunterricht setzt sich mit Systemzusammenhängen von Geofaktoren sowie mit Wechselbeziehungen zwischen Natur und Gesellschaft auseinander.

Dieser für die Schulgeographie historisch bedeutende Ansatz konkretisierte sich einerseits auf inhaltlicher Ebene im landschaftsökologischen Ansatz und in der Siedlungsökologie, andererseits aber auch in fächerübergreifenden Bildungsaufgaben wie der Umwelterziehung und später der (→) Umweltbildung.

Klassifikation

Mit besonderem Blick auf den Maßstab lassen sich folgende Systemzusammenhänge identifizieren:

- Systemzusammenhänge innerhalb von Ökotopen am Beispiel von Nahräumen
- Systemzusammenhänge innerhalb von Landschaftseinheiten mittlerer Größe, aufgezeigt an der Region

– Systemzusammenhänge innerhalb von Landschaftsgürteln auf subkontinentaler oder kontinentaler Ebene
– maßstabsübergreifende Systemzusammenhänge, die z. B. Ökotope im Kontext von Landschaftsgürteln abhandeln.

Nach der Art der Wechselbeziehungen unterscheidet man:

– Wechselbeziehungen zwischen den einzelnen Subsystemen des Geosystems (Hydrosphäre,...)
– Wechselbeziehungen zwischen dem Geosystem und der Gesellschaft (in der Anthroposhäre abgewickelt).

Zur geographiedidaktischen Diskussion

Der ökologische Ansatz lässt sich, wie aus der Definition abzuleiten ist, mit zwei wichtigen Diskussionssträngen der Geographiedidaktik (Bildung für nachhaltige Entwicklung, Systemdenken) verbinden.

1. Der ökologische Ansatz stellt eine Grundlage der (→) Bildung für nachhaltige Entwicklung (BNE) dar. Ein Ausgangspunkt der BNE geht auf die frühe Umweltbewegung der 1960er-Jahre zurück, die sich im Zuge des *greening the curriculum* für die Umwelterziehung und später für die Umweltbildung engagierte.
2. Das Umweltkonzept, das diesen fächerübergreifenden Aufgaben zugrunde lag, ist mit dem zweiten Diskussionsstrang, dem Systemdenken (→ Systemkompetenz), eng verzahnt. Durch die starke Betonung der Umweltaspekte wurden Systemzusammenhänge zwischen einzelnen Lebewesen und deren Populationen stärker betont. Die ökologische Perspektive sah zwar eine Berücksichtigung des Biotops und damit implizit auch der abiotischen Komponenten des Ökosystems vor, trotzdem blieb deren Berücksichtigung marginal. Das

Systemkonzept gewann in der jüngeren Zeit im Rahmen der Entwicklung der nationalen Bildungsstandards im Kontext der Basiskonzepte erneut an Bedeutung. In diesem Zusammenhang wurde eine Erforschung und Förderung der Systemkompetenz aktuell.

Literatur

BREITBACH, T. (1999): Ökologischer Ansatz. – In: BÖHN, D. [Hrsg.] (1999): Didaktik der Geographie. Begriffe. München, 112–114.

KAMINSKE, V. (1996): Vernetztes Denken im Unterricht – der geosystemare Ansatz in einer Klasse 11. – In: Geographie und Schule, 18, 102, 36–43.

KLUG, H. & R. LANG (1983): Einführung in die Geosystemlehre. Darmstadt.

SYSTEMDENKEN (THEMENHEFT) (1985) – In: Geographie und Schule, 7, 33.

Péter Bagoly-Simó

Ökologischer Fußabdruck

Definition

Der ökologische Fußabdruck (*ecological footprint*) ist eine Modellvorstellung, die die Auswirkungen menschlichen Verhaltens und Konsumierens auf die Umwelt und somit den Ressourcenverbrauch plakativ zum Ausdruck bringt. Er gibt die nötige Fläche zur Erzeugung wie auch zur Entsorgung der natürlichen Ressourcen an, die zur Aufrechterhaltung einer bestimmten Lebensweise nötig ist bzw. wäre.

Klassifikation

Der ökologische Fußabdruck lässt sich für alle möglichen Maßstabsklassen ermitteln, z. B.

– in globaler Betrachtung (weltweiter Ressourcenverbrauch)
– auf nationaler Ebene
– auf kommunaler Ebene
– für Gruppen mit vergleichbarem Verhalten
– für Unternehmen oder Maßnahmen
– für Individuen.

Zur geographiedidaktischen Diskussion

Das 1994 von REES und WACKERNAGEL entwickelte Bild des Ökologischen Fußabdrucks, den der Mensch in der Natur hinterlässt, bietet eine sehr eingängige, auch schon für jüngere Schüler nachvollziehbare und auch graphisch sehr gut umsetzbare Möglichkeit, die Folgen bestimmter Konsumverhaltensweisen auf das globale Ökosystem verständlich zu machen. Gerade auch seine Angabe in Flächenäquivalenten (gemessen in globalen Hektar) ergibt einen direkten Bezug zur Raumwirksamkeit menschlichen Handelns, die ja im Zentrum geographischer Betrachtungen steht. Dabei dient er als Indikator für den Grad der Nachhaltigkeit bzw. des Umwelt-/Ressourcenverbrauchs vor dem Hintergrund der begrenzten Biokapazität der Erde und kann somit einen wichtigen Beitrag zur Bildung für Nachhaltige Entwicklung leisten.

Neben hochkomplexen Modellen, die versuchen, sämtliche Stoff- und Energieflüsse mit in eine wissenschaftlich aussagefähige Berechnung einzubeziehen, existieren im Internet verschiedene ‚Footprint-Rechner‘, mit Hilfe derer Nutzer auf einfache Weise ihren persönlichen Fußabdruck ermitteln können (z.B. footprintcalculator.org); hierbei ist aufgrund einer stark reduzierten Parametereingabe allerdings mit einer größeren Streubreite der Ergebnisse zu rechnen. Eine weitere Möglichkeit besteht in der isolierten Betrachtung einzelner Parameter (z.B. „Kohlenstoff-Fußabdruck").

Interessante und im Unterricht gut einsetzbare Daten liefern Vergleichstabellen bzw. Graphiken über den jeweiligen Fußabdruck der Einwohner verschiedener Länder bzw. über die Entwicklung des Ökologischen Fußabdrucks der gesamten Menschheit („Wie viele Erden bräuchten wir?").

Eindrucksvoll und gut nachvollziehbar ist auch der jährlich ermittelte ‚Earth Overshoot Day‘.

Literatur

BUNDESZENTRALE FÜR POLITISCHE BILDUNG (2017): https://www.bpb.de/kurz-knapp/zahlen-und-fakten/globalisierung/255298/oekologischer-fussabdruck-und-biokapazitaet/

BUNDSCHUH, C./BAYER. LANDESAMT F. UMWELT, Hg. (o.J.): http://www.lfu.bayern.de/umweltwissen/doc/uw_bm_01_schuelerblaetter_oekologischer_fussabdruck.zip

SCHNAUSS, M. (2007): Ökologischer Fußabdruck als Indikator für nachhaltige Entwicklung. - Praxis Geographie, H. 9, S. 45-49.

UNNERSTALL, T. (2021): Der ‚ökologische Fußabdruck‘. In: Unnerstall, T. (Hg.): Faktencheck Nachhaltigkeit: Ökologische Krisen und Ressourcenverbrauch unter der Lupe. Springer, Berlin, Heidelberg, S. 155-171.

WACKERNAGEL, M. & W. REES (1997): Unser ökologischer Fußabdruck: Wie der Mensch Einfluss auf die Umwelt nimmt. Basel, Berlin, Boston, Birkenhäuser.

Thomas Schneider

Ökologischer Rucksack

Definition

Der Ökologische Rucksack gibt die Menge an Ressourcen in Gewichtseinheiten an, die über den Lebenszyklus eines Produkts, also bei dessen Herstellung und Veredelung sowie seiner Verwendung und Entsorgung, inklusive Gewinnung der dafür nötigen Rohstoffe und des Transports, bzw. im Rahmen von Dienstleistungen verbraucht wird; er kann auch als versteckter Ressourcenverbrauch bezeichnet werden.

Klassifikation

Der ökologische Rucksack wird in der Regel ermittelt für:

- ein einzelnes Produkt
- eine Dienstleistung

– Personen (welche Ressourcen stecken in den in meinem Besitz befindlichen Dingen?).

Zur geographiedidaktischen Diskussion

Etwa zur gleichen Zeit entwickelt wie das Modell des Ökologischen Fußabdrucks (SCHMIDT-BLEEK, 1994), bietet das Modell des Ökologischen Rucksacks eine ebenso gut verständliche, griffige, wenngleich im schulischen Kontext weniger bekannte Möglichkeit, die Konsequenzen bestimmter Konsumverhaltensweisen transparent zu machen. Angegeben wird dabei nicht in Flächen-, sondern in Gewichtseinheiten, die sozusagen als ökologische Hypothek („Material-Inputfaktoren") einem Produkt „anhängen", beispielsweise bei der Gewinnung und Veredelung von Rohstoffen oder der Herstellung von Kleidungsstücken. Als Vergleichsmaß für den Ressourcenverbrauch eines Produkts oder einer Dienstleistung kann der Materialinput pro Serviceeinheit („MIPS") herangezogen werden. Auch für die Berechnung von Ökologischem Rucksack bzw. MIPS ausgewählter Produkte, Dienstleistungen oder Verfahren finden sich Seiten im Internet (z.B. Wuppertal-Institut, o.J.), die unterrichtlich interessantes Material liefern und eine (→) Bildung für nachhaltige Entwicklung anregend unterstützen können. Allerdings bleibt der Ökologische Rucksack mit seinen groben Ressourcenverbrauchs-Mengenangaben etwas unscharf, wenn es um die konkrete Umweltrelevanz, etwa den Anteil und Anfall gesundheitsgefährdender Stoffe im Lebenszyklus eines Produkts, geht.

Literatur

BUNDESMINISTERIUM FÜR BILDUNG UND FORSCHUNG, PROJEKTGRUPPE WISSENSCHAFTSJAHR ZUKUNFTSPROJEKT ERDE [Hrsg.] (2012): Lern- und Arbeitsmaterial. Die Rohstoff-Expedition. Entdecke, was in (d)einem Handy steckt. – In: www.die-rohstoff-expedition.de/zielgruppen/downloads.html (Letzter Zugriff: 29.01.2013).

SCHMIDT-BLEEK, F. (2007): Nutzen wir die Erde richtig? Die Leistungen der Natur und die Arbeit des Menschen. Frankfurt a. M.

WUPPERTAL-INSTITUT (o.J.): https://www.ressourcenrechner.de/

Thomas Schneider

Orientierung im Realraum

Definition

Die Orientierung im Realraum umfasst Kenntnisse und Fähigkeiten, die ein Mensch benötigt, um sich mithilfe von Karten und anderen Orientierungshilfen (z.B. Straßennamen, Himmelsrichtungen, Navigationssystemen) in einer realen Umgebung zurechtzufinden.

Klassifikation

In den Nationalen Bildungsstandards im Fach Geographie ist die Fähigkeit zur Orientierung in Realräumen als eine von fünf Teilkompetenzen innerhalb des (→) Kompetenzbereichs Räumliche Orientierung ausgewiesen und wird durch vier Standards präzisiert, welche Angaben zu Kenntnissen und Fähigkeiten von Schülern und Schülerinnen am Ende der Sekundarstufe I enthalten. Dabei sind sowohl auszuführende Tätigkeiten als auch unterschiedliche Orientierungshilfen und räumliche Umgebungen zu berücksichtigen.

– Zur Orientierung im Realraum gehört u. a., mithilfe einer Karte und anderer Orientierungshilfen den eigenen Standort, den Zielort sowie eine geeignete Wegstrecke bestimmen und sich entlang dieser bewegen zu können.

– Zur Orientierung können sowohl im Realraum vorhandene Orientierungshilfen wie z.B. Straßennamen, Landmarken und Himmelsrichtungen als auch Hilfsmittel im engeren Sinne, wie z.B. analoge und digitale Karten und kartenverwandte Darstellungen, Kompasse und GPS-Geräte, herangezogen werden.

– Die Orientierung kann in unterschiedlichen realen Umgebungen, wie z.B. in der Stadt oder im Gelände, erfolgen und in Abhängigkeit davon neben unterschiedlichen Orientierungshilfen und Hilfsmitteln auch spezifische Orientierungsstrategien erfordern.

Zur geographiedidaktischen Diskussion

Die Förderung der räumlichen Orientierung im Realraum stellt sowohl aus Sicht der Gesellschaft als auch nach Einschätzung von Expertinnen und Experten einen Kernbereich geographischer Bildung dar (HEMMER et al. 2008). Diesbezügliche empirische Untersuchungen belegen jedoch, dass sowohl bei Kindern als auch bei Erwachsenen erhebliche Leistungsunterschiede und Defizite bestehen. Während im Rahmen des Sach- bzw. Geographieunterrichts zwar eine Einführung in das Kartenverständnis und die Orientierung mit der Karte erfolgt, werden Orientierungskompetenzen im Realraum eher randlich gefördert. In der geographiedidaktischen Literatur finden sich lediglich vereinzelte Hinweise zur Förderung genannter Kompetenzen, wie z.B. dem Umgang mit Stadtplan und Maßstab (z.B. SPITTA 2016, KRAUTTER 2016). Psychologische Erkenntnisse im Bereich des deklarativen und prozeduralen Kartenwissens sind meist sehr grundlegend auf kognitive Kompetenzen und ihre ontogenetische Entwicklung bezogen und bieten daher nur eingeschränkt Auskunft. Erst in jüngerer Zeit sind Untersuchungen zur Orientierung im Realraum mit Schülerinnen und Schüler unterschiedlicher Jahrgangsstufen und Schulformen in den Fokus gerückt (z.B. HEMMER et al. 2012; WRENGER 2016; ADAMINA 2020). Dabei zeigen sich u.a. das räumliche Denken, Vorkenntnisse im Kartenlesen sowie Eigenaktivität in der Umgebung als relevante Einflussfaktoren auf Leistungen bei der Bearbeitung von Aufgaben zur räumlichen Orientierung im Realraum. Neben den genannten kindbezogenen Faktoren sind aus psychologischer und geographischer Sicht die Komponenten Realraum und Karte (Hilfsmittel) zu berücksichtigen. Insgesamt zeichnen sich in Teilen große Unterschiede zwischen den oben formulierten Kompetenzerwartungen und den Kompetenzleistungen und -entwicklungen der Lernenden ab.

Literatur

ADAMINA, M. (2020): Wie sich Kompetenzen von Lernenden der Primarstufe zur räumlichen Orientierung entwickeln und was dies für die Unterrichtsentwicklung und die Professionalität der Lehrpersonen bedeutet. Geographie für den Mittleren Schulabschluss. Bonn. In: Geographiedidaktische Forschungen, 72, S.165-176.

DEUTSCHE GESELLSCHAFT FÜR GEOGRAPHIE (DGfG) [Hrsg.] (2020): Bildungsstandards im Fach Geographie für den Mittleren Schulabschluss. Bonn.

GESELLSCHAFT FÜR DIDAKTIK DES SACHKUNDEUNTERRICHTS (GDSU) [HRSG.] (2013): Perpektivrahmen Sachunterricht. Bad Heilbrunn.

HEMMER, I. et al. (2012): Einflussfaktoren auf die kartengestützte Orientierungskompetenz von Kindern in einer ihnen unbekannten Stadt --Format einer geographiedidaktischen Studie im Realraum. – In: BAYRHUBER, H. et al. [Hrsg.] (2012): Formate Fachdidaktischer Forschung. Empirische Projekte – historische Analysen – theoretische Grundlegungen (= Fachdidaktische Forschungen, Bd. 2). Münster u.a., 129–144.

HEMMER, I. et al. (2008): Räumliche Orientierung. Eine empirische Untersuchung zur Relevanz des Kompetenzbereichs aus der Perspektive von Gesellschaft und Experten. – In: Geographie

WRENGER, K. (2016): Links, rechts, geradeaus? – Ergebnisse einer empirischen Studie zur kartengestützten Orientierung in Realräumen mit Schülerinnen und Schülern zu Beginn der Sekundarstufe I. In: Zeitschrift für Geographiedidaktik, 44, 1, 29–54.

Katja Wrenger

Originale Begegnung
Definition
Die originale Begegnung bezeichnet die unmittelbare, aktive und intensive Auseinandersetzung mit einem realen Lerngegenstand.
Klassifikation

Die Art und Weise, mit der die originale Begegnung mit dem Lerngegenstand erfolgt, kann folgendermaßen differenziert werden:

– Die originale Begegnung bezeichnet meist die unmittelbare Auseinandersetzung mit einem realen Objekt oder Phänomen vor Ort in dessen natürlicher Umgebung (z. B. im Rahmen von (→) Exkursionen).

– Stellvertretend kann eine originale Begegnung – z. B. wenn die unmittelbare Auseinandersetzung mit einem Lerngegenstand aufgrund dessen Lage, Form usw. nicht möglich ist – durch sogenannte (→) originale Gegenstände erfolgen, die sich außerhalb ihres natürlichen Umfeldes (z. B. im Klassenzimmer, (→) Museum) befinden.

Zur geographiedidaktischen Diskussion

Die originale Begegnung hat sich als Synonym für eine aktive Konfrontation mit einem originalen Gegenstand manifestiert, durch die die Intensität der Auseinandersetzung gesteigert werden soll. In der Geographiedidaktik wird jedoch oft auch die Meinung vertreten, dass die originale Begegnung nur im Realraum stattfinden kann (z. B. FLATH 2012, 252; STONJEK 2005, 194).

Nach einer modernen ganzheitlichen Auffassung von Lernen besitzt die individuelle Wahrnehmung von Lerngegenständen und die Aneignung von Wissen auf der Basis multisensueller Eindrücke eine große Bedeutung. Die sinnlich spürbare Wahrnehmung und selbsttätige Auseinandersetzung mit der außerschulischen Lernumgebung im Zuge originaler Begegnungen gelten als Voraussetzung für eine intensive und nachhaltige Beschäftigung mit den Lerngegenständen in einer kognitivistischen Didaktik.

Das ursprüngliche Prinzip der originalen Begegnung nach ROTH (1963) betont die Notwendigkeit einer intensiven Begegnung mit dem Lerngegenstand in allen Momenten des Lernens, durch die der Gegenstand zum Ereignis wird, indem Fragen provoziert werden und eine Auseinandersetzung mit dem Gegenstand aus seiner Ursprungssituation heraus im sozialen Kontext erfolgt.

Unterschiede existieren heute in der Art und Weise, wie originale Begegnungen interpretiert und realisiert werden. Einerseits erfolgt die originale Begegnung instruktionsgeleitet mit dem Ziel der unmittelbaren Auseinandersetzung mit dem Lerngegenstand durch die Anwendung geographischer Arbeitsweisen. Andererseits sollen durch die unmittelbare Konfrontation geographische Erkenntnisprozesse initiiert werden. Inwieweit die Konfrontation mit dem Lerngegenstand von Instruktionen geleitet wird oder in einem möglichst selbst gesteuerten Lernprozess stattfindet, kennzeichnet das breite Spektrum an Eigenaktivität und Selbstständigkeit.

Literatur

BRUCKER, A. (2006): Originale Gegenstände. – In: HAUBRICH, H. [Hrsg.] (2006): Geographie unterrichten lernen. München, 194 – 195.

FLATH, M. (2012): Mit Methoden den Individuen näherkommen. – In: HAVERSATH, J.-B. [Moderator] (2012): Geographiedidaktik. Braunschweig, 252 – 253.

RINSCHEDE, G. (2007): Geographiedidaktik. Paderborn, 179.

ROTH, H. (1963): Pädagogische Psychologie des Lehrens und Lernens. Hannover.

STONJEK, D. (2005): Originale Begegnung. – In: KÖCK, H. & D. STONJEK (2005): ABC der Geographiedidaktik. Köln, 194.

Kerstin Hepp

Originale Gegenstände

Definition

Unter originalen Gegenständen werden reale Objekte verstanden, die innerhalb des (geographischen) Lernprozesses eingesetzt werden.

Klassifikation

Originale Gegenstände lassen sich wie folgt unterscheiden:

- nach den angesprochenen Sinnen (z. B. Tast-, Geruchs- Geschmackssinn)
- nach dem Themenbezug: direkt oder indirekt (z. B. direkt: Gesteine, Früchte; indirekt: japanische Kameras für Japans wirtschaftliche Bedeutung)
- nach allgemeingeographischen Bereichen (z. B. Pedologie: Boden; Industriegeographie: Industrieprodukte; Politische Geographie: Wahlplakate, Geldschein).

Zur geographiedidaktischen Diskussion

Originale Gegenstände bieten die Möglichkeit des direkten Kontakts mit realen Objekten geographischen Lernens mit einem hohen Maß an Authentizität und Multisensualität. Sie sollen ein primäres (→) Schülerinteresse am Lerngegenstand wecken, für den mit dem Gegenstand verbundenen Lernprozess motivieren und den Prozess der Fragen- und Problemfindung sowie -bearbeitung wirksam unterstützen. Dabei werden originale Gegenstände häufig als stellvertretende Arbeitsmittel für die Auseinandersetzung mit einem Lerngegenstand in dessen natürlicher Umgebung (→ Originale Begegnung) verwendet.

Literatur

BRUCKER, A. (2006): Originale Gegenstände. – In: HAUBRICH, H. [Hrsg.] (2006): Geographie unterrichten lernen. München, 194–195.

RINSCHEDE, G. (2007): Geographiedidaktik. Paderborn, 317–319.

STEIN, C. (1986): Originale Gegenstände. – In: BRUCKER, A. [Hrsg.] (1986): Medien im Geographie-Unterricht. Düsseldorf, 432–439.

Kerstin Hepp

Partizipation

Definition

Partizipation wird im allgemeinen Sprachgebrauch in der Regel synonym mit „Beteiligung" verwendet. Im Geographieunterricht wird Partizipation im engeren Sinne als politische Teilhabe an Entscheidungsprozessen verstanden.

Klassifikation

Der Partizipationsbegriff weist Schnittstellen zur (→) politischen Bildung sowie zu den Ansätzen der (→) Bildung für nachhaltige Entwicklung auf.

Partizipation nach dem Grad der politischen Beteiligung

Im Hinblick auf die Beteiligung von Kindern und Jugendlichen an Planungs- und Entscheidungsprozessen existieren diverse Stufenmodelle. Als Grundlage dient hierbei oft die Ladder of children's participation von HART (1997).

- *„non-participation"*, wie z. B. die Alibibeteiligung. Als solche können Projekte angesehen werden, in denen Kinder scheinbar ein Mitspracherecht haben, tatsächlich aber Erwachsene die wesentlichen Entscheidungen treffen.
- Hinsichtlich „tatsächlicher Partizipation" lassen sich drei Stufen unterscheiden:
  1. Mobilisierung: Wirken Schüler z. B. an Bau- und Gestaltungsmaßnahmen in ihrem Stadtteil mit, die im Vorfeld von Erwachsenen geplant wurden, so handelt es sich lediglich um ein Mobilisieren von Kindern oder Jugendlichen.
  2. Mitwirkung: Auf der Stufe der Mitwirkung äußern Schüler in indirekter Einflussnahme, z. B. durch Fragebögen oder Interviews, ihre Vorstellungen oder Kritik, z. B. an der Aufenthaltsqualität in ihrem

Stadtteil. Sie haben jedoch keine Entscheidungskraft hinsichtlich der konkreten Umsetzung einer Maßnahme.

3. Mitbestimmung: Partizipation im Sinne von echter Mitbestimmung ist erst dann gegeben, wenn in einem Projekt alle Entscheidungen gemeinsam und demokratisch mit den Beteiligten getroffen werden.

Partizipation im Kontext der Bildung für nachhaltige Entwicklung

Hinsichtlich der Möglichkeiten, an der Gestaltung der eigenen Lebenswelt zu partizipieren, lassen sich nach SCHOCKEMÖHLE (2009) ebenfalls Stufen unterscheiden, die beginnend mit „Wahrnehmen und Erkennen" (von Problemen, die aus einer nichtnachhaltigen Lebens- und Wirtschaftsweise resultieren) über „Analysieren", „Beurteilen und Entscheiden" sowie „Planen und Beraten" zum „Handeln" führen.

Zur geographiedidaktischen Diskussion

Im Geographieunterricht spielen pädagogische Ziele der Partizipation eine besondere Rolle. Lerneffekte werden dabei in unterschiedlichen (→) Kompetenzbereichen angestrebt: Fachwissen (Wissen über Planung, funktionale Bedürfnisse und soziale Prozesse in der Kommune), räumliche Orientierung (das Handeln im realen Raum und dessen Darstellung in Modellen oder Plänen trainieren räumliches Denken), Erkenntnisgewinnung/ Methoden (Schüler lernen, als Grundlage ihrer Entscheidungen Daten zu erheben und auszuwerten, z. B. in Form von Interviews oder Kartierungen), Kommunikation (Planungsprozesse sind Aushandlungsprozesse, in denen unterschiedliche Sichtweisen diskutiert werden) und Beurteilung (es gilt, zu einer begründeten Entscheidung zu gelangen) (vgl. OHL 2009b).

In Partizipationsverfahren bedient man sich unterschiedlicher Methoden, wie z. B. Stadtteilbegehungen, Foto- und Videostreifzüge, Modellbauaktionen oder (→) Zukunftswerkstätten.

Partizipation im Sinne politischer Beteiligung

Eine politische Dimension von Partizipation ist im Geographieunterricht z. B. dann relevant, wenn Schüler sich im Rahmen des Geographieunterrichts an kommunalen Entscheidungsprozessen beteiligen, z. B. durch die Unterbreitung von Planungsvorschlägen in der eigenen Gemeinde. Die Notwendigkeit der Partizipation wird hierbei mit quartiersbezogenen Argumentationen begründet (durch die Beteiligung der von Planung Betroffenen soll die Qualität der Planung verbessert werden), aber auch mit demokratietheoretischen Argumentationen (man erhofft sich eine stärkere Identifikation der Schüler mit dem demokratischen System und eine erhöhte zukünftige Partizipationsbereitschaft auf der Grundlage von frühen positiven Partizipationserfahrungen).

Partizipation im Kontext der Bildung für nachhaltige Entwicklung

Die Bedeutung der Fähigkeit zur Partizipation wird hier mit der Einsicht begründet, dass Solidarität und Zukunftsvorsorge für Mensch und Natur Gemeinschaftsaufgaben darstellen. Auf allen genannten Stufen der Partizipation ist eine explizite Werteorientierung in Bezug auf „Nachhaltigkeit" bedeutsam, die den Schülern offengelegt werden muss, um Manipulation zu vermeiden. Methoden, die in diesem Kontext zum Einsatz kommen, sind beispielsweise Pro- und Kontra-Diskussionen, Fishbowl, das stumme Schreibgespräch, Planspiele, (→) Projekte oder (→) Zukunftswerkstätten.

Literatur

HART, R. (1997): Children's Participation. London.

OHL, U. (2009a): Spielraumerweiterung. Institutionelle Rahmenbedingungen und Akteursstrategien in der großstädtischen Stadtteilentwicklung unter Einbezug von Kindern und Jugendlichen. Heidelberg.– In: http://opus.bsz-bw.de/phhd/volltexte/2009/7506/ (Letzter Zugriff: 25.02.2013).

OHL, U. (2009b): Partizipationsprojekte mit Schülern in der großstädtischen Stadtentwicklung – Herausforderungen und Bewältigungsstrategien. – In: FLATH, M. & J. SCHOCKEMÖHLE [Hrsg.] (2009): Regionales Lernen – Kompetenzen fördern und Partizipation stärken (= Geographiedidaktische Forschungen, Bd. 45). Weingarten, 50–62.

SCHOCKEMÖHLE, J. (2009): Außerschulisches regionales Lernen als Bildungsstrategie für eine nachhaltige Entwicklung. Weingarten.

Ulrike Ohl

Perspektivenwechsel

Definition

Ein Perspektivenwechsel ist ein Wechsel der Sichtweisen.

Der Begriff Perspektivenwechsel gründet sich auf die Annahme, dass jeder Gegenstand aus verschiedenen Beobachtungsrichtungen und unter verschiedenen Sachaspekten gesehen werden kann bzw. gesehen wird und dass diese Perspektiven vom Beobachter gewechselt werden können.

Die Beobachtungsgegenstände umfassen alles, was von Subjekten beobachtet, beurteilt, bewertet und kommuniziert werden kann: eine Wahrnehmung, ein Problem, einen Streitfall. Aus der unendlichen Fülle von Dingen und Beziehungen in der äußeren Realität wird etwas je nach Interessen- und Problemlage selektiert und als eine jeweilige Wirklichkeit konstruiert.

Das Prinzip der Perspektivität besteht also aus zwei Dimensionen

(1) der Subjektivität des Standpunktes und Beobachtungswinkels und

(2) der Auswahl bestimmter Eigenschaften einer – unendlich aspektreichen – Sache.

Der Perspektivenwechsel geschieht als bewusster Akt im Erkenntnisprozess und als Vereinbarung für eine gelingende Kommunikation über eine Sache (Problem, Anschauung etc.).

Definitionsgemäß sind Perspektiven und Perspektivenwechsel re- und dekonstruierbar; d. h. sie können von anderen Subjekten als fremde Perspektive erkannt und gedeutet werden. Dies kann auch im Wege der Selbstreflexion geschehen und damit vom unvermeidlichen Prinzip zu einer bewussten Kompetenz entwickelt werden.

Klassifikation

Ausgangspunkt ist die Erkenntnis, dass es nicht die Wahrheit gibt, weil sich interpersonell Voraussetzungen und Ziele unterscheiden.

Der Philosoph HUSSERL forderte in seiner „Phänomenologie der Lebenswelt", neben den „eigentlich-wahrgenommenen" auch die „eigentlich-nichtwahrgenommenen Seiten" eines Gegenstandes zu erkennen: „Dreh mich doch nach allen Seiten!" (HUSSERL 1986, 57). Der (→) Konstruktivismus schließt daran an: „Die Welt führt nicht zu unseren Konzepten. Vielmehr helfen uns unsere Konzepte, die Welt auf eine bestimmte Weise zu organisieren. Botanikerinnen, Landschaftsplaner und Maklerinnen sehen meinen Garten in unterschiedlicher Weise, da sie sich dem Garten mit unterschiedlichen mentalen Kategorien zuwenden" (GERGEN 2002, 20–23).

Jean Piaget hat aus pädagogisch-psychologischer Sicht gezeigt, wie sich aus der egozentrischen Weltsicht des Kindes nach und nach soziale und auch räumliche Perspektiven entwickeln. Einfühlung, Verstehen und Verständigung gelten als entwickelte bzw. zu entwickelnde Kompetenzen (vgl. GRAUMANN 1960). Die Frage, wie eine komplexe Gesellschaft überhaupt funktionieren kann, stellt u. a. der Soziologe LUHMANN. „Gesellschaft ist Kommunikation" lautet dafür ein Grundsatz. Kommunikation setzt Beobachtung voraus; diese setzt wiederum Vertrauen in den Beobachter voraus und diese kann vergewissert werden durch Beobachtung der Beobachtung („Beobachtung zweiter Ordnung"). Es geht um den Wechsel von der Was- zur Wie-Beobachtung. Es geht dabei nicht um „richtig oder falsch"; die Standpunkte und Ansichten sind vielmehr Bilder, die miteinander gekoppelt werden müssen.

Zur geographiedidaktischen Diskussion

Das Prinzip und Konzept des Perspektivenwechsels hat sich in der Geographiedidaktik durchgesetzt (vgl. u. a. HASSE/ISENBERG 1991, HASSE 1993, DGfG 2010). Früher war z. B. die schlichte Form des Rollenspiels als Methode geläufig. Im „Beutelsbacher Konsens" von 1976 wurde die Einheit von Problemanalyse, wohlverstandenem Eigeninteresse, (→) Empathie in die Lage von Betroffenen und Problemlösung in Mitverantwortung für das soziale Zusammenleben und das politische Ganze beschworen. Mittlerweile ist der Perspektivenwechsel eine erkenntnistheoretische Figur, die funktional und normativ genutzt und angeeignet werden soll. Es beginnt beim Wechsel der Blickwinkel: dieselbe Sache kann so oder auch ganz anders erscheinen. Weitere Perspektivenwechsel sind der (→) Maßstabswechsel (von sublokal bis global), die professionellen Fenster der Weltbeobachtung. Dies mündet in der Handlungstheorie in der Frage: Handeln die Menschen alle nach einer Logik und Rationalität (etwa als Homo oeconomicus)? Man kann in den Fragestellungen und verwendeten Begriffen dekonstruieren, wie

beobachtet wird. Im „alten Denken" war das verbunden mit dem Ergebnis: „Es ist so!", in der „anderen Intelligenz" wird demgegenüber gefragt: „Ist es so?". Schwierigkeiten macht das Konzept zuweilen noch in der lebens- und weltklugen Handhabung der Relationalität (unterschiedliche Bezugsrahmen und Kontexte) und der Kontingenz („Es kann so, aber auch ganz anders sein").

Literatur

DEUTSCHE GESELLSCHAFT FÜR GEOGRAPHIE (DGfG) [Hrsg.] (2010): Bildungsstandards im Fach Geographie für den Mittleren Schulabschluss. Bonn.

GERGEN, K. J. (2002): Konstruierte Wirklichkeiten. Eine Hinführung zum sozialen Konstruktionismus. Stuttgart.

GRAUMANN, C. F. (1960): Grundlagen einer Phänomenologie und Psychologie der Perspektivität. Berlin.

HASSE, J. [Hrsg.] (1993): Vielperspektivischer Geographieunterricht. Bensberg, Osnabrück.

HASSE, J. & W. ISENBERG [Hrsg.] (1991): Die Geographiedidaktik neu denken. Perspektiven eines Paradigmenwechsels. Bensberg, Osnabrück.

HUSSERL, E. (1986): Phänomenologie der Lebenswelt. Ausgewählte Texte II. Stuttgart.

LUHMANN, N. (1997): Die Kunst der Gesellschaft. Frankfurt a. M.

RHODE-JÜCHTERN, T. (2006): Derselbe Himmel, verschiedene Horizonte (Bes. Kap. 2: Fenster der Weltbeobachtung, und Kap. 3: Wirklichkeiten sind vielfältig). Wien.

WELTVERSTEHEN DURCH PERSPEKTIVENWECHSEL (THEMENHEFT). – In: Praxis Geographie, 26, 4.

ANDERERSIGHTS. SCHLÜSSELKOMPETENZ: PERSPEKTIVENWECHSEL (THEMENHEFT) (2006). – In: Profi-L. Magazin für das Lehren und Lernen, 3. – In: http://profi-l.info/web/sites/default/files/complete/2006-03.pdf (Letzter Zugriff: 18.02.2013).

Tilman Rhode-Jüchtern

Physisch-geographischer Ansatz

Definition

Der physisch-geographische Ansatz zielt im Sinne eines holistischen Geographieverständnisses auf die unterrichtliche Implementierung geowissenschaftlicher Inhalte im Kontext des Systems Erde-Mensch ab. Im Fokus stehen dabei die Analyse der komplexen Mensch-Umwelt Interaktionen und die Frage nach einer nachhaltigen Entwicklung auf globaler, regionaler und lokaler Ebene. Ziel ist es, die Lernenden zu einer nachhaltigen Teilhabe am System Erde zu befähigen. Als geowissenschaftliches Zentrierungsfach finden auch spezifische Inhalte der benachbarten Geowissenschaften Berücksichtigung.

Im Fokus stehen dabei die Analyse der komplexen Mensch-Umwelt-Interaktionen und die Frage nach einer nachhaltigen Entwicklung ökonomischer, ökologischer und sozialer Wirkungsgefüge auf globaler, regionaler und lokaler Ebene. Als (→) Zentrierungsfach finden auch spezifische Inhalte der benachbarten Geowissenschaften Berücksichtigung.

Klassifikation

Im 20. Jahrhundert entwickelte sich die Physische Geographie zu einer spezialisierten Wissenschaft, die sich mit der Beschreibung, Analyse und Interpretation unserer natürlichen Umwelt und dem Einfluss menschlichen Wirkens auf diese befasst. Betrachtet werden die vielfältigen und miteinander in Beziehung stehenden Phänomene und Prozesse des Erdsystems, sowie die Raumwirksamkeit menschlichen Handelns.

Die Digitalisierung hat neue Perspektiven geöffnet, Prozesse in allen zeitlichen und räumlichen Dimensionen zu analysieren. Die eingesetzten Technologien reichen von der Satellitenfernerkundung über Verfahren der geophysikalischen Sondierung bis hin zu Laborexperimenten zur Modellierung und Datierung von Geoprozessen.

In den Lehr- und Bildungsplänen werden physisch-geographische Aspekte vielfach in größere Themenblöcke eingebettet (z.B. Klimawandel im Kontext der Globalisie-rungsthematik) und selten als eigenständige Kurssequenz berücksichtigt. Aus naturwissenschaftlicher Perspektive problematisch ist in diesem Zusammenhang eine oft fehlende oder nur unzureichend erfolgende systematische Erschließung der geowissenschaftlichen Inhalte.

Überdies erfolgt eine Einbettung in regionalgeographische Themen (z.B. Verwitterung in den Tropen, Klimawandel in Bangladesch, eiszeitlicher Formenschatz in Norddeutschland). Physisch-geographische Tatsachen werden im geodeterministischen Sinne zuweilen immer noch in Kausalzusammenhängen mit ökonomischen Defiziten „benachteiligter" Regionen betrachtet, obgleich die geographische Entwicklungsforschung entsprechende Annahmen in verschiedenen regionalen Kontexten seit Jahren widerlegt.

Die Geographie ist Leitfach einer Bildung für nachhaltige Entwicklung; besondere Bedeutung in diesem Zusammenhang ist der Vermittlung von Erdsystemkompetenzen beizumessen.

Zur geographiedidaktischen Diskussion

Der naturwissenschaftlich geprägte Teil der Geographie und die Inhalte benachbarter Geowissenschaften spielen im schulischen Kontext trotz der hohen Relevanz der Themen (Naturrisiken, Klimawandel, Ressourcenverfügbarkeit etc.) oft nur eine nachgeordnete Rolle, vielfach steht die Geographie in direkter Konkurrenz mit anderen MINT Fächern.

Hindernisse bei der Einbindung physisch-geographischer Aspekte liegen u.a. in der bundesweit zu beobachtenden Reduzierung von Geographiestunden, insbesondere zugunsten wirtschaftswissenschaftlich geprägter Fächer, sowie der Einordnung der Geographie in den sozialwissenschaftlichen Fächerverbund und gipfelt in einigen Bundesländern sogar in der völligen Auflösung der Fachstrukturen zugunsten von Fächerverbünden. In der Folge unterrichten nicht im Fach ausgebildete Lehrende geowissenschaftliche Inhalte, ohne über die gebotenen naturwissenschaftlichen Fachkompetenzen zu verfügen.

Im Bereich der fachdidaktischen Forschung gewinnt die Auseinandersetzung mit subjektiven Theorien (Alltagstheorien, Schülervorstellungen) als zu berücksichtigende Komponente unterrichtlicher Planung zunehmend an Bedeutung. Wie auch in anderen naturwissenschaftlichen Fachdidaktiken steht dabei der Ansatz des Conceptual Change, also die Frage, wie Alltagstheorien in wissenschaftlich tragfähige aber dennoch ggf. didaktisch reduzierte Konzepte überführt werden können, im Zentrum der zumeist qualitativ ausgerichteten Forschung. Thematisch widmen sich vorliegende Studien unter anderem den Schülervorstellungen über den Klimawandel, das Grundwasser, die Böden oder die Polarregionen.

Untersuchungen dokumentieren, dass insbesondere die Naturkatastrophen (Erdbeben) aber auch die Themen Klimawandel, Wasser und Biodiversität auf hohes Interesse der Lernenden stoßen. Vielfältig im Unterricht anwendbar sind auch die Arbeitsmethoden der Physischen Geographie: beobachten, messen und zählen (Gewässer, Boden, Wetter und Klima, räumliche Orientierung), analysieren und darstellen (GIS, Satellitenbilder). Das Experimentieren im forschend- entdeckenden naturwissenschaftlichen Geographieunterricht trägt zur Förderung einer „Scientific Literacy" bei. Auch die Arbeit im Gelände bildet eine wichtige Säule zur Vermittlung physisch-geographischer Kompetenzen, dabei gewinnt auch die Einbindung von Smartphone Apps zunehmend an Relevanz.

Literatur

Falk, G. C. & M. Scholliers [Hrsg.] (2021): Terra Physische Geographie. Stuttgart.

Chatel, A. & G.C. Falk (2022) Bildung für nachhaltige Entwicklung geht App! App-Touren für eine Bildung für nachhaltige Entwicklung rezipieren und generieren. In: Digitale Bildung für nachhaltige Entwicklung. Anwendung und Praxis in der Hochschulbildung. Heidelberg.

Gebhardt, H. et al. [Hrsg.] (2020): Physische Geographie u. Humangeographie. Heidelberg.

Glawion, R., Glaser, R. & H. Saurer (2019): Physische Geographie. Braunschweig.

Hemmer, I. & M. Hemmer (2017): Teachers' Interests in Geography Topics and Regions -How They Differ from Students' Interests? Empirical Findings. In: Review of International Geographical Education Online, 7 (2017) 1, S. 9 – 23

Reinfried, S. (2010): Schülervorstellungen und geographisches Lernen. Aktuelle Conceptual-Change-Forschung und Stand der theoretischen Diskussion. Berlin.

Strahler, A. (2013[6]): Introducing Physical Geography.

Gregor Falk

Podcast (Audio-/Video-)

Definition

Podcasts sind Audio- und Videodateien, die zur Speicherung und Wiedergabe aus dem Internet heruntergeladen werden können.

Klassifikation

Art des Podcasts:

- Bei Audio-Podcasts handelt es sich um ein Tonmedium (Sprache, Musik, Geräusche).
- Bei audiovisuellen Podcasts handelt es sich um Filme, die größtenteils nicht für den Unterricht produziert wurden.

Produzent des Podcasts:

- außerschulische Produzenten (z. B. Verlage; Rundfunk- und Fernsehanstalten; Privatpersonen),
- Eigenproduktionen durch Schülerinnen und Schüler.

Zur geographiedidaktischen Diskussion

Audio-/Video-Podcasts eignen sich in besonderer Weise für einen kompetenzfördernden Unterricht. Sachaspekte müssen recherchiert, reorganisiert und strukturiert werden, damit sie medial umgesetzt werden können. Die Produktorientierung und die Möglichkeit der weltweiten Verbreitung erzeugen eine hohe Motivation zur Auseinandersetzung mit einem Thema. Neben der handwerklichen Medienkompetenz wird durch eine sachbezogene Nutzung von Social Media auch die raumbezogene Handlungskompetenz im Sinne einer medialen Partizipation über das Internet gefördert (→ Web 2.0). Aufgrund des erhöhten zeitlichen Aufwands der Podcastproduktion und einer damit angemessen verbundenen medienkritischen Reflexion (→ Medienerziehung) sollte ein fächerübergreifendes (z. B. mit Deutsch und Kunst) Vorgehen angestrebt werden.

Literatur

Krüger, O. (2008): Goethe und Schiller als MP3? Vom Podcasting zum Audio-Guide. – In: Deutschunterricht, 61, 2, 47 – 51.

Richardson, W. (2011): Wikis, Blogs und Podcasts. Überlingen, 167 – 192.

Wanhoff, T. (o. J.): Podcast Wiki (Internetauftritt: http://wiki.podcast.de (Letzter Zugriff: 13.03.2013).

Wirth, K. H. (2010): Filmen im Unterricht 2.0 / Podcastingeducation. Marburg.

André Szymkowiak

Politische Bildung im Geographieunterricht

Definition

Politische Bildung zielt darauf ab, Einsichten in politische und gesellschaftliche Strukturen zu vermitteln sowie die Schüler in die Lage zu versetzen, politische und soziale Sachverhalte und Konflikte eigenständig zu analysieren und zu beurteilen, um letztlich selbst politisch aktiv werden zu können. Die Zielperspektive politischer Bildung lässt sich zusammenfassend als „Entwicklung politischer Mündigkeit" (GPJE 2004, 9) bezeichnen.

Klassifikation

Politische Bildung ist ein Unterrichtsprinzip und kann unter anderem durch den Geographieunterricht vermittelt werden. Zum einen ist die politische Dimension des Geographieunterrichts bei wesentlichen Themenbereichen enthalten, z.B. in Zusammenhang mit Entwicklungspolitik, Weltwirtschaft oder Ressourcenkonflikten. Zum anderen stellt sie einen integralen Bestandteil zentraler Zielsetzungen des Geographieunterrichts dar, wenn etwa eine „raumbezogene Handlungskompetenz" (DGfG 2020, S. 5) angestrebt wird, die notwendig politische Partizipation, z. B. in Bezug auf Planungsvorhaben, beinhaltet (vgl. MÖNTER 2019). Voraussetzung dafür ist die Entwicklung von Kompetenzen, die für das Verständnis von und die Teilnahme an politischen Auseinandersetzungen bedeutsam sind, wozu nach REUSCHENBACH (2012, 26) insbesondere zählen:

- das Erkennen von Chancen der Einflussnahme und des politischen Handelns in bestehenden Systemen
- die Bereitschaft, sich mit politischen Problemen zu beschäftigen, entsprechende Prozesse der Auseinandersetzung und Problemlösung zu verfolgen und sich an ihnen zu beteiligen
- die Fähigkeit, unterschiedliche Informationsangebote zu sichten, zu bewerten und zu nutzen
- unterschiedliche Wertvorstellungen und Interessen in politischen Auseinander-setzungen zu erkennen und sich eine eigene Meinung zu bilden und diese überzeugend zu vertreten.

Der sogenannte Beutelsbacher Konsens von 1976 legt drei bis heute anerkannte Grundsätze fest, die vonseiten der Lehrenden in Zusammenhang mit der politischen Bildung beachtet werden müssen (vgl. WEHLING 1977):

– Das Indoktrinationsverbot besagt, dass Schülern keine politische Meinung aufgezwungen werden darf, sondern sie zu eigener Urteilsbildung und Mündigkeit befähigt werden sollen.
– Dem Kontroversitätsgebot nach muss ein in der Gesellschaft kontrovers diskutiertes Thema ebenso kontrovers im Unterricht dargestellt werden.
– Das Prinzip der Schülerorientierung soll die Schüler dazu befähigen, politische Aspekte in Beziehung zu eigenen Interessen zu setzen und somit ein „Untertanendenken" vermeiden.

Zur geographiedidaktischen Diskussion

Im Rückblick lässt sich festhalten, dass der Geographieunterricht oft für politische Zielsetzungen instrumentalisierbar war bzw. Geographen häufig aktiv daran mitgewirkt haben, den Unterricht einseitig in den Dienst der jeweilig vorherrschenden politischen Überzeugungen zu stellen. Beispiele hierfür finden sich etwa in der Kaiserzeit, während des Nationalsozialismus, in der Geographie in der DDR oder dem Pendant einer gegen den Ostblock orientierten Geographie in der Bundesrepublik. Häufig erfolgte diese Vermittlung politischer Inhalte im Gestus der Politikferne (vgl. SCHÄFER 2007, 597). In Bezug auf die klassische Länderkunde stellt SCHULTZ (1999, 44) fest, dass „die Geographie ihrem Selbstverständnis nach mehr über als in der Gesellschaft und dem jeweiligen Zeitgeist" stand und sich gerne als „unpolitisches Gesinnungsfach" stilisierte.

Es stellt sich die Frage, ob der Geographieunterricht auf die Behandlung politischer Themen oder die Berücksichtigung politischer Zielsetzungen verzichten kann. BÖHN (2006, 713) stellt dazu fest, dass, „wenn die Schule auf das Leben und Handeln in einer durch politische Entscheidungen geprägten Gesellschaft vorbereiten soll, […] die Einbeziehung des Politischen auch in den Geographieunterricht zwingend [ist]". Dann allerdings gilt es auch, die Grundsätze der politischen Bildung im Sinne einer Entwicklung politischer Mündigkeit zu berücksichtigen (vgl. BUDKE 2016). Dabei zeigt sich ein Konfliktpotenzial zwischen einer häufig geforderten Werteerziehung und dem Ziel der Entwicklung politischer Mündigkeit.

Literatur

BÖHN, D. (2006): Geopolitik – (k)ein Thema für den Geographieunterricht? – In: KULKE, E., MONHEIM, H. & P. WITTMANN [Hrsg.] (2006): GrenzWerte. 55. Deutscher Geographentag Trier. Tagungsbericht und wissenschaftliche Abhandlungen. Berlin, Leipzig, Trier, 713–721.

BUDKE, A (2016): Potentiale der Politischen Bildung im Geographieunterricht. In: Budke, A.; Kuckuck, M. [Hrsg.]: Politische Bildung im Geographieunterricht. Stuttgart, 11–23.

DEUTSCHE GESELLSCHAFT FÜR GEOGRAPHIE (DGfG) [Hrsg.] (2012): Bildungsstandards im Fach Geographie für den Mittleren Schulabschluss – mit Aufgabenbeispielen. Bonn.

GESELLSCHAFT FÜR POLITIKDIDAKTIK UND POLITISCHE JUGEND- UND ERWACHSENENBILDUNG (GPJE) [Hrsg.] (2004): Nationale Bildungsstandards für den Fachunterricht in der Politischen Bildung an Schulen. Ein Entwurf. Schwalbach.

MÖNTER, L. (2019): Geographie und Politikunterricht. In: Wochenschau. Politik und Wirtschaft im Unterricht. Sonderausgabe: Disziplinen des Politikunterrichts (70/2019), 38–42.

REUSCHENBACH, M. [Hrsg.] (2012): Geoaktiv. Grundlagen der Geographie für Schweizer Maturitätsschulen. Zug/ Schweiz.

SCHÄFER, K. M. (2007): Die politische Funktion der Geographie in der höheren Schule – vom Auf- und Niedergang eines Schulfaches nebst einem Vorschlag für die Zukunft. Aachen.

SCHULTZ, H.-D. (1999): Geographieunterricht und Gesellschaft. Kontinuitäten und Variationen am Beispiel der klassischen Länderkunde. – In: KÖCK, H. [Hrsg.] (1999):

221

Geographieunterricht und Gesellschaft (= Geographische Forschungen, Bd. 32). Nürnberg, 35 – 47.

WEHLING, H.-G. (1977): Konsens à la Beutelsbach? – In: SCHIELE, S. & H. SCHNEIDER [Hrsg.] (1977): Das Konsensproblem in der politischen Bildung. Stuttgart, 173 – 184.

Leif Olav Mönter, Maria Schlitt

Problemorientierter/ -lösender Unterricht

Definition

Im Zentrum eines problemorientierten (problemlösenden, „problem-based") Unterrichts steht die Auseinandersetzung mit einem Problem und die Reflexion über die hierbei benutzten Lösungsstrategien.

Klassifikation

Im Gegensatz zu Aufgaben stehen bei Problemen die Wege und Mittel zu deren Bearbeitung nicht von vornherein fest. Vielmehr ist das Entwickeln von Problemlösestrategien und deren Reflexion zentrales Ziel eines entsprechenden Unterrichts.

Problemorientierter Unterricht wird innerhalb der Geographiedidaktik unterschiedlich verstanden: eine primär inhaltliche Orientierung, wobei über Probleme (z.B. über Schlüsselprobleme) unterrichtet wird; eine primär methodische Orientierung, wobei mit Problemen unterrichtet wird; eine Orientierung primär an prozessbezogenen Kompetenzen, in der durch Probleme für den kompetenten Umgang mit Problemen unterrichtet wird (SCHULER 2017, LEHNER/GRYL/GRUBER 2021).

Die im Zentrum des Unterrichtes stehenden Probleme lassen sich unterteilen in analytische und komplexe Probleme. Für analytische Probleme existiert meistens eine der Lehrkraft bekannte Lösung und die Herausforderung besteht in der Entwicklung passender Lösungswege. Komplexe Probleme sind ergebnisoffen aufgrund der ihnen inhärenten

Ungewissheiten und der häufig zusätzlich vorhandenen ethischen und politischen Dimensionen. Sehr viele geographische Unterrichtsthemen entsprechen komplexen Problemen. Problemorientierter Unterricht kann sich auf einzelne problemorientierte Aufgaben, auf die Strukturierung einer einzelnen Unterrichtsstunde („problemorientiertes Unterrichtsverfahren"), eine Lernaufgabe oder eine ganze Unterrichtseinheit beziehen.

Für den problemorientierten Unterricht bestehen verschiedene Phasen- oder Schrittfolgemodelle, z.B. 1) Problemidentifikation, 2) Ziel- und Situationsanalyse, 3) Planerstellung, 4) Planausführung, 5) Ergebnisbewertung (SCHULER 2017).

In stärker wissenschaftsorientierten Kontexten weist problemorientierter Unterricht hohe Ähnlichkeiten mit dem Ansatz des forschenden Lernens auf.

Zur geographiedidaktischen Diskussion

Ausgehend von einem stärker methodischen Verständnis problemorientierten Unterrichts wird diskutiert, wie geeignet diese Unterrichtsform für die Vermittlung neuen Fachwissens ist. Die empirischen Befunde hierzu sind uneindeutig. Für die Anwendung zuvor vermittelten Fachwissens und für das Erlernen epistemischen Wissens, z.B. fachspezifischer Denk- und Arbeitsweisen, zeigen sich deutlich positive Effekte gegenüber einem stark lehrerzentrierten Unterricht. Problemorientierter Unterricht erweist sich als motivierend und kann damit das gegenstandsspezifische Interesse an Fachinhalten fördern (HATTIE 2009, KNOGLER/HETMANEK/CHU RESEARCH GROUP 2017, REUSSER 2005).

Insbesondere über die „Denken lernen mit Geographie"-Aufgaben rückte problemorientierter Unterricht in den letzten Jahren verstärkt in den Fokus geographiedidaktischer

Forschungs- und Entwicklungsarbeit. Dabei werden besonders die Metakognition zur Reflexion der selbstgewählten Problemlösungsstrategien, die Einbettung in authentische Kontexte, die vorstrukturierte Offenheit der Materialien, die Aktivierung von Alltagswissen und Vorkenntnissen, der Einsatz kooperativer Sozialformen bei der Problembearbeitung und die Förderung geographischer Denk- und Arbeitsweisen als wichtige Kriterien betont (SCHULER 2017).

LEHNER/GRYL/GRUBER (2021) argumentieren, dass bisherige Konzepte problemorientierten Unterrichts im Falle sozialgeographischer Themen dem Anspruch einer an Mündigkeit orientierten Bildung nicht gerecht würden. Das von der Lehrkraft inszenierte Problem fungiere als unhinterfragter Rahmen, innerhalb dessen dann die Schüler nach Lösungen suchen sollen. Entsprechend ihres Konzeptes einer „immanent-kritischen Problemorientierung" gelte es vielmehr diese Problemsetzung in ihrer gesellschaftlichen Konstruiertheit aufzudecken.

Literatur

HATTIE, J. (2009): Visible Learning. A Synthesis of over 800 Meta-Analyses Relating to Achievement. London, 210–212.

KNOGLER, M., HETMANEK, A. & CHU RESEARCH GROUP (2017): Forschendes Lernen oder lehrerzentrierte Ansätze im naturwissenschaftlichen Unterricht: Was ist effektiver? www.clearinghouse-unterricht.de, Kurzreview 1.

LEHNER, M., GRYL, I., & GRUBER, D. (2021): Problemorientierter Unterricht. Erprobung einer immanent-kritischen Problemorientierung anhand sozialgeographischer Themen. – In: GW-Unterricht, 163, 3, 40–55.

REUSSER, K. (2005): Problemorientiertes Lernen. – Tiefenstruktur, Gestaltungsformen, Wirkung. - In: Beiträge zur Lehrerinnen- und Lehrerbildung, 23, 2, 159–82.

SCHULER, S. (2017): Problemlösen durch Planen und Entscheiden im Geographieunterricht. – In: Geographie aktuell und Schule, 39, 225, 25–37.

Dirk Felzmann

Profil

Definition

In den Geowissenschaften ist ein Profil der Längs- oder Querschnitte eines Raumes, in der Regel der Ausschnitt von einem Teil der Erdoberfläche. Die Darstellung des Profils ist zweidimensional und erfolgt in einer Abbildung oder einer Grafik, wobei auch andere Elemente (z.B. Diagramme oder Tabellen) integriert sein können. Das Profil dient zur vereinfachten Darstellung komplexer physisch-geographischer Verhältnisse (z.B. Relief, geologische Schichten oder Gesteine) sowie gegebenenfalls der kulturlandschaftlichen Ausstattung (z.B. Besiedlung, Wirtschaftsformen) in ihren Bedingungszusammenhängen.

Klassifikation

Profile lassen sich nach der Darstellungsweise differenzieren:

– Reliefprofil: Es beschränkt sich auf die Wiedergabe der Reliefzüge. Die Darstellung erfolgt in der Regel überhöht, da sich die Höhenangaben im Meterbereich, die Längenangaben aber im Kilometerbereich bewegen. Ein Beispiel hierfür ist das Nord-Süd-Profil durch Deutschland mit entsprechenden Höhenabgaben in Metern, beginnend mit dem Norddeutschen Tiefland über das Mittelgebirgsland, das Alpenvorland bis hin zu den Alpen. Synonyme Begriffe sind Linienprofil, topographisches Profil und Höhenprofil.

– Kausalprofil: Es zeigt physisch-geographische und kulturgeographische Faktoren auf und stellt darüber hinaus die Zusammenhänge zwischen diesen Faktoren dar. Ein Beispiel hierfür ist die Darstellung einer Grundwasseroase: Naturraum = Relief, Steigungsregen im Gebirge, wasserdurchlässige und wasserundurchlässige Schichten;

Kulturraum = Brunnen, Siedlung, Anbauformen.

- Synoptisches Profil (auch synoptisches Schema): Es setzt sich aus einem Relief- oder Kausalprofil und weiteren Elementen zusammen. Diese können z. B. eine unter dem Kausalprofil angeordnete Tabelle oder Diagramme sein. Ein Beispiel hierfür ist das Nord-Süd-Profil durch Deutschland mit weiteren tabellarischen Angaben, beispielsweise zu landwirtschaftlichen Nutzformen, Vegetation, Klima.

Nach dem abgebildeten Objektbereich:

- Landschaftsprofile: Darstellung von typischen Landschaftsräumen in Höhenprofilen, z. B. Profil durch die Antarktis, Höhenstufen in den Alpen
- geologische Profile: Verdeutlichung von Lagerung und Schichtung der Gesteine in der Erdkruste, z. B. Lage von Braunkohlenflözen
- meteorologische Profile: Wiedergabe von Schichtung und Lagerungen in der Atmosphäre, z. B. Passatzirkulation
- hydrologische Profile: Veranschaulichung von Gewässern, z. B. durch die Darstellung von Strömungen, wasserführenden Schichten, Schichtungen in Seen, Meeren und Ozeanen; z. B. artesischer Brunnen
- Bodenprofile: Darstellung der Ausbildung verschiedener Bodenhorizonte bei unterschiedlichen Bodentypen
- Vegetationsprofile: Veranschaulichung von unterschiedlichen Pflanzeninformationen, gegebenenfalls mit Erklärung durch Klimaelemente, z. B. Ökosystem Tropischer Regenwald
- kulturgeographische Profile: Schnitt durch Wohn-, Anbau- oder Industriegebiete
- technische Profile: Querschnitte durch Industrieanlagen, z. B. Querschnitt einer Bohrplattform

Zur geographiedidaktischen Diskussion

Systematische empirische Untersuchungen zum Umgang und zu Vorstellungen von Schülerinnen und Schülern unterschiedlichen Alters mit verschiedenen Arten von Profilen fehlen, sodass die genannten Anmerkungen erfahrungsbasiert erfolgen.

Profile reduzieren und vereinfachen komplexe geographische Sachverhalte sehr stark. Hier liegt einerseits der Vorteil, da einfache Profile sehr anschaulich sind und zum Teil sogar anschaulicher als Karten sein können. Deshalb sind in der Regel schon Lernende in der Primarstufe (zumindest nach der Einführung in das Kartenverständnis) in der Lage, Profildarstellungen (Relief- und Kausalprofil) zu verstehen. Der Einsatz des etwas komplizierten, synoptischen Profils ist aus lernpsychologischen Gesichtspunkten erst in späteren Jahrgangsstufen angebracht, etwa ab der 8. / 9. Jahrgangsstufe, wenn entsprechende Vorkenntnisse (z.B. der Umgang mit Diagrammen vorausgesetzt werden können). Aufgrund der starken Reduktion des Inhalts gehen den Profilen andererseits viele geographische Informationen verloren. Daher sollte in einer abschließenden Betrachtung mit den Lernenden die Grenzen der jeweiligen Darstellungsform im Vergleich zur Realität an ausgewählten Beispielen besprochen werden.

In der Literatur wird das Profil oft in Zusammenhang mit dem → Blockbild und dem Landschaftsquerschnitt (→ Landschaftszeichung) genannt. Die Übergänge zwischen Profil und Blockbild sind fließend. Das Profil zeigt den Raumausschnitt zweidimensional, während der Raumausschnitt im Blockbild bzw. dem Landschaftsquerschnitt dreidimensional gezeichnet ist.

Literatur

BRUCKER, A. (2018):): Profil. In BRUCKER, A., HAVERSATH, J-B.,SCHÖPS, A. [Hrsg.]: Geographie-Unterricht. 102 Stichworte. Hohengehren: Schneider , S. 175 – 177.

KRAUTTER, Y. (2015): Bilder als vorstellungsbildend-anschauliche Medien. In: REINFRIED, S. & HAUBRICH, H. [Hrsg.] Geographie unterrichten lernen. Berlin: Cornelsen, S.254 – 261.

RINSCHEDE, G. & SIEGMUND, A. (2020): Geographiedidaktik. Paderborn.

Sandra Sprenger

Projekt

Definition

Ein Projekt ist ein handlungsorientiertes, fachübergreifendes Lernunternehmen, welches durch hohe Selbsttätigkeit und Selbstständigkeit der Schüler gekennzeichnet ist und unter maßgeblicher Schülerbeteiligung geplant, durchgeführt und nachbereitet wird.

Nicht nur in der Geographie(-didaktik), sondern auch in anderen Disziplinen wird der Begriff „Projekt" vieldeutig verwendet (z. B. FREY 2012; GUDJONS 2014; RINSCHEDE/SIEGMUND 2022). Darüber hinaus existieren eine Reihe von teilweise synonym verwendeten Begriffen: Projektartiges Lernen, Projektlernen, Projektorientierung, projektorientierter Unterricht, Projektunterricht.

Klassifikation

In der Literatur finden sich folgende allgemeine Kennzeichen für Projekte:
- gesellschaftliche Relevanz der Fragestellung bzw. des Projektthemas
- Handlungsorientierung
- Interdisziplinarität, mehrere Fächer bzw. Disziplinen sind beteiligt
- Produktorientierung
- Selbstorganisation und Selbstverantwortung der Lernenden, kooperative Lernformen, meist in Kleingruppen
- Schülerbeteiligung an der Unterrichtsplanung, Orientierung an den Interessen der Beteiligten
- veränderte Formen der Leistungsbewertung (gegenüber Tests und Klausuren)
- Wirklichkeitsnähe/Situationsbezug
- zielgerichtete Projektplanung

Sofern nicht alle Kriterien umgesetzt werden, wird oftmals nicht mehr der Begriff „Projekt" verwendet, sondern an ihn angelehnte Bezeichnungen wie Projektartiges Lernen oder Projektorientierter Unterricht.

Idealtypisches Grundmuster für den Projektablauf (nach FREY 2012):

- Projektinitiative: Am Beginn des Projekts steht die Projektinitiative, die von den Schülerinnen und Schülern oder von der Lehrkraft kommen kann. Entscheidend ist eine Offenheit der Ausgangssituation, die z. B. durch ein Brainstorming oder einen Ideenwettbewerb entstehen kann. Ist das Stoffgebiet durch den Lehrplan stärker vorgegeben, kann man ein Projekt aus einer engeren Ausgangssituation in offene Strukturen überführen. Dies ist durch Wahlmöglichkeiten innerhalb eines bestimmten Themengebietes möglich.
- Projektskizze: Das Vorhaben wird von den Teilnehmern als Skizze verschriftlicht. Hierbei handelt es sich um Angaben und Vereinbarungen zu Zielen, zu Verhaltensregeln, zum Zeitlimit, zu den Teilnehmerinteressen, zum Minimalprogramm und zur Wahl des Produkts.
- Projektplan: Im nächsten Schritt werden konkretere Vorstellungen zum Verlauf des Projekts gemacht, die Teilnehmer äußern Wünsche für bestimmte Tätigkeiten, entwerfen Ablaufpläne und verteilen untereinander die Aufgaben. Der Projektplan muss keine einmalige Phase sein, sondern kann das Projekt an mehreren Stellen begleiten,

wenn neue Ideen auftreten oder die Notwendigkeit zur Abweichung vom ursprünglichen Plan besteht.

- Projektdurchführung: Die Projektdurchführung ist das Kernstück der Projektmethode. In dieser Phase setzen die Teilnehmer in der Regel in Kleingruppen die Idee und den Plan in die Tat um. Hier stehen Aktivitäten wie die Beschaffung von Informationsmaterial, Interviews, Befragungen oder Kartierungen im Vordergrund. Während dieser Phase arbeiten die Kleingruppen weitgehend selbstständig und ohne kontrollierende Aufsicht.
- Projektabschluss: Am Ende des Projekts steht ein Produkt, welches in der Öffentlichkeit präsentiert wird. Dies können eine Ausstellung, ein Film, ein Radiobericht oder ein handwerkliches Produkt sein.
- Hinzu kommen Fixpunkte und Metainteraktionen, die eingeschoben werden können, um das Projekt am Laufen zu halten und den Fortschritt sicherzustellen:
  - Fixpunkte: An diesen Fixpunkten informieren sich die Beteiligten gegenseitig über die letzten Tätigkeiten und formulieren gegenseitig Anregungen für die nächsten Arbeitsschritte.
  - Metainteraktion: Hierbei werden bestehende Probleme zwischen den Projektbeteiligten aufgearbeitet, z. B. Fragen der Zusammenarbeit und des Umgangs miteinander.

Projekte, die sich mit geographischen Fragestellungen auseinandersetzen, behandeln u. a. Themen aus folgenden Bereichen:

- Nachhaltigkeit/Umwelterziehung: z. B. Energiesparen in der Schule und zu Hause, Müllreduzierung und -vermeidung
- interkulturelle Erziehung: z. B. Integration, Frauenrollen in anderen Kulturen
- Strukturwandel und Fragestellungen im Nahraum: z. B. Planungsvorhaben, Sanierung von Wohnhäusern
- Verkehrsprobleme: z. B. Planung einer Ortsumgehung
- Freizeitaktivitäten: z. B. Bau eines Radweges, Ausstattung eines Spielplatzes.

Zur geographiedidaktischen Diskussion

Schule leistet einen Beitrag zur individuellen und gesellschaftlichen Weiterentwicklung. Durch Projektarbeit und die während ihres Verlaufs angewandten Arbeits- und Sozialformen sowie die Methodenvielfalt leistet sie einerseits einen wesentlichen Beitrag beim Erwerb von geographiedidaktisch relevanten Schlüsselqualifikationen und trägt auf diese Weise zur kritischen Auseinandersetzung mit raumwirksamen Fragestellungen bei. Andererseits ist sie kein geeignetes Lernverfahren für einen schnellen Erwerb von Fakten oder Kenntnissen wie Namen und Daten. Darüber hinaus werden andere Formen der Leistungsbewertung benötigt. In der unterrichtlichen Praxis nimmt sie einen sehr weiten Stellenwert ein: In einer Schule kann Projektarbeit Bestandteil des Regelunterrichts sein, z.B. durch feste Projektzeiten. In anderen hingegen wird sie als grundsätzliche Alternative zum Fachunterricht verstanden.

Literatur

FREY, K. (2012): Die Projektmethode. Der Weg zum bildenden Tun. Weinheim, Basel: Beltz.

GUDJONS, H. (2014): Handlungsorientiert lehren und lernen: Schüleraktivierung-Selbsttätigkeit-Projektarbeit. 8. Auflage. Bad Heilbrunn: Julius Klinkhardt.

REINFRIED, S. (2015): Projekt. – In: HAUBRICH, H. [Hrsg.] (2015): Geographie unterrichten lernen. Berlin: Cornelsen, S.176–177.

RINSCHEDE, G. . & SIEGMUND, A. (2020): Geographiedidaktik. 4. Auflage. Paderborn: Schöningh. (2020): Geographiedidaktik. Paderborn, 263–268.

Sandra Sprenger

Prozedurales Wissen

Definition

Im Kontext von Lehren und Lernen versteht man unter prozeduralem Wissen den „Gebrauch des Wissens".

Gemeint ist damit die Fähigkeit, erworbenes deklaratives Wissen mit den Informationen aus neuen Kontexten argumentativ so verknüpfen zu können, dass (kognitive) Problemlösungen entstehen.

Klassifikation

Analog zum Verständnis des nicht-deklarativen Gedächtnisses in der Psychologie wird prozedurales Wissen oft als „Wissen, wie" verstanden und beschrieben. Ein solches Verständnis ist für Schulfächer, in denen mechanistische und automatisierte Fähigkeiten ausgebildet werden sollen, wie z. B. in den Sprachen oder im Sport, sicherlich sinnvoll. In den Sozial- und Naturwissenschaften ist es nicht zielführend, da es hier weniger um die mechanische Anwendung als um den Gebrauch von Wissen geht: Die Erstellung einer Karte ist nicht einfach die Anwendung kartographischer Darstellungsmittel, sondern das Produkt der Aktivierung von Wissen. Dabei wird bekanntes, deklaratives Wissen, z. B. über kartographische Darstellungsmittel, in Bezug auf eine neue Fragestellung, z. B. die West-Ost-Verlagerung der Migrationsströme aus Afrika nach Europa, genutzt, um neues Wissen zu produzieren.

Zur geographiedidaktischen Diskussion

Der Begriff spielt in der fachdidaktischen Diskussion meist nur implizit eine Rolle, da durch prozedurales Wissen Kompetenz evaluiert werden kann. Die Schwierigkeiten, die sich dabei ergeben, werden allerdings kaum explizit diskutiert. Oft wird prozedurales Wissen den Anforderungsbereichen II und III zugeschrieben, in denen Operatoren wie erklären, erläutern und bewerten die gewünschte Leistung definieren. Dabei ergibt sich dasselbe Problem wie beim deklarativen Wissen: eine Erklärung kann zwar Ausdruck von prozeduralem Wissen sein, sie kann aber auch einfach aus einem Text reproduziert worden sein, sodass keine eigene Denkleistung erbracht wurde. Erschwerend kommt hinzu, dass die Evaluation von prozeduralem Wissen an sich nicht einfach ist, da man es nur bedingt an einem Resultat ablesen kann. Um prozedurales Wissen von deklarativem Wissen unterscheiden zu können, ist es notwendig metakognitives Wissen in die Evaluation miteinzubeziehen, denn nur so lässt sich feststellen, nicht ob, sondern wie der Lernende über das gefragte Wissen verfügt, welche Verbindungen er zwischen den einzelnen Teilen seines Wissens herstellen und ob und wie er sein Wissen mit einem neuen Kontext in Beziehung setzen kann.

Literatur

Neuweg, G. H. (2020): Etwas können. Ein Beitrag zu einer Phänomenologie der Könnerschaft. In: Hermkes, R., Neuweg, G. H. & T. Bonowski [Hrsg.]: Implizites Wissen. Berufs- und wirtschaftspädagogische Annäherungen. Bielefeld, 13–35

Nichols, A. (2006): Thinking skills and the role of debriefing. – In: Balderstone, D. [Hrsg.] (2006): Secondary Geography Handbook. Sheffield, 180–197.

Roberts, M. (2003): Learning through enquiry. Making sense of geography in the key stage 3 classroom. Sheffield.

Roldão, M. C. (2013): Kompetenzen: Unterstützung von Unterrichtsplanung und Leistungsbewertung. – In: Rolfes, M. & A. Uhlenwinkel [Hrsg.] (2012): Metzler Handbuch für den Geographieunterricht 2.0 – Ein Leitfaden für Praxis und Ausbildung. Braunschweig, 96–104.

Wood, P. (2013): How is the learning of skills articulated in the geography curriculum? In: Lambert, D. & M. Jones (Hrsg): Debates in Geography Education. London, New York, 169–179.

Anke Uhlenwinkel

Rallye, Stadtrallye

Definition

Eine (Stadt-)Rallye ist ein Geländespiel, bei dem die Schüler und Schülerinnen paarweise, meist aber in Gruppen durch das gemeinsame Lösen verschiedener Aufgaben zu einem Zielort gelangen. Dabei können unterschiedliche Verkehrsmittel benützt werden. Auf dem Weg erkunden sie ihre Umgebung, z.B. die eigene oder eine fremde Stadt selbstständig und spielerisch. Ein Wettbewerbscharakter sowie die Belohnung der Sieger („Schatzsuche") sind möglich, aber nicht zwingend.

Klassifikation

Rallyes können sowohl in der Stadt als auch im offenen Gelände, z. B. als Wald- oder Umweltrallyes, stattfinden. Zwei grundsätzliche Varianten lassen sich bei der Durchführung unterscheiden:

- Die gesamte Wegstrecke ist bekannt: In der „klassischen Form" erhalten die Schüler (-gruppen) bereits zu Beginn ein Arbeitsblatt mit möglichst motivierend formulierten Aufgaben unterschiedlichen Charakters die sie an verschiedenen Standorten zu lösen haben. Auch die Route kann bereits vorgegeben sein.
- Nur ein Teilabschnitt der Wegstrecke ist bekannt: Die Rallye erfolgt in Form einer abgewandelten „Schnitzeljagd" (gelegentlich auch als „Erkundungslauf mit Hindernissen" bezeichnet). Hier lösen die Schülergruppen immer nur die aktuelle Aufgabe. Der nächste Arbeitsauftrag inklusive Wegstrecke ist an der gerade angelaufenen Station zu finden.

Zur geographiedidaktischen Diskussion

Die Rallye ist keine methodische Großform, die ausschließlich auf den Geographieun-

terricht beschränkt ist. Als Stadtrallye ist sie weit verbreitet und wird oft auch kommerziell angeboten. Als Geländespiel findet sie vielfachen Einsatz im Freizeit- und Jugendarbeitsbereich. Rallyes können aber gerade im Geographieunterricht als besonders sinnvoll angesehen werden, weil sich durch die Verknüpfung von inhaltlichen Fragestellungen mit geographischen Arbeitsweisen, die gemeinsam in Gruppen bearbeitet werden, fachliche, methodische und soziale Kompetenzen gleichermaßen schulen lassen. Neben der Möglichkeit, moderne Hilfsmittel zur Orientierung, wie GPS-Empfänger (→ Geocaching) zu nutzen und konstruktivistische Methoden zur Erkenntnisgewinnung (→ Spurensuche) einzusetzen, finden auch traditionelle Arbeitstechniken Anwendung, wie z.B. das Schätzen von Entfernungen, die Gesteinsbestimmung oder die Anfertigung von Kartenskizzen. Empfohlen wird darüber hinaus der Wechsel der Aufgabenarten, um die Motivation hochzuhalten. Wegen ihres spielerischen Charakters bietet sich die Durchführung einer Stadtrallye in der Primarstufe und der Sekundarstufe I besonders an.

Organisatorisch aufwendig ist die Stadtrallye vor allem dann, wenn sie in Form einer Schnitzeljagd veranstaltet wird, weil hier u. a. folgende Herausforderungen zu meistern sind:

- Die Gruppen müssen in so großem Abstand (mindestens fünf Minuten) voneinander starten, sodass sie sich auf dem Weg nicht treffen.
- Insbesondere bei größeren Klassen, besteht die Notwendigkeit, die später startenden sowie die früher ans Ziel gelangten Gruppen sinnvoll zu beschäftigen.
- Werden verschiedene Startpunkte und Wege zum Ziel gewählt, um ein Aufeinandertreffen der einzelnen Gruppen zu vermeiden, erhöht sich der Vorbereitungsaufwand, weil

die unterschiedlichen Wegstrecken jeweils individuell beschrieben werden müssen.

– Die Verstecke für die zu lösenden Aufgaben müssen so bestimmt werden, dass sie für die Teilnehmer jederzeit zugänglich sind, von anderen Personen aber nicht gefunden und unbrauchbar gemacht werden, außerdem sollten sie z.B. vor Feuchtigkeit geschützt sein.

Literatur

Knecht, G. (2008): Rallyes. – In: gruppe & spiel. Zeitschrift für kreative Gruppenarbeit, 34, 3, 4–6.

Rinschede, G. & A. Rinschede (⁴2020): Geographiedidaktik. Paderborn, 261–263

Gerd Bauriegel

Raum (Begriffe und Konzepte)

Definition

Als „geographischer Raum" wird in traditioneller Definition ein dreidimensionaler Ausschnitt der Erdoberfläche als Gefüge von physiogenen und anthropogenen Elementen, Prozessen und Kräften in unterschiedlichen Größenordnungen verstanden.

Neben dieser eher dinglich verstandenen Definition haben sich Begriffsbestimmungen etabliert, die sich eher erkenntnistheoretisch verstehen.

Klassifikation

Die Diskussion um den Raumbegriff, der immer zugleich auch die Konzepte der Geographie betrifft, ist vielfältig. Um weitere Verhärtungen und Fraktionierungen in der Fachgemeinschaft zu umgehen, hat die DGFG im Jahre 2002 das Dokument „Curriculum 2000+ – Grundsätze und Empfehlungen für die Lehrplanarbeit im Schulfach Geographie" erarbeiten lassen; damit sollen verschiedene begriffliche Zugriffsweisen sowohl ausdifferenziert als auch miteinander verträglich gemacht werden. Das bedeutet aber zugleich, dass alle vier gefundenen Klassifikationen nebeneinander (und nicht etwa alternativ) genutzt werden sollen:

1. „Raum" wird als Container aufgefasst, in dem bestimmte Sachverhalte als Wirkungsgefüge natürlicher und anthropogener Faktoren verstanden werden, und zwar als das Ergebnis von Prozessen, die die Landschaft gestaltet haben, oder als Prozessfeld menschlicher Tätigkeiten (Dinglich erfüllte Erdoberfläche im Sinne von Ritter und Ratzel).

2. „Raum" wird als System von Lagebeziehungen materieller Objekte betrachtet, wobei der Akzent der Fragestellung besonders auf der Bedeutung von Standorten, Lagerelationen und Distanzen für die Schaffung gesellschaftlicher Wirklichkeiten liegt (Relationale Raumauffassung im Sinne von Leibniz).

3. „Raum" wird als Kategorie der Sinneswahrnehmung und damit als Anschauungsform gesehen, mit deren Hilfe Individuen und Institutionen ihre Wahrnehmung einordnen und so Welt in ihren Handlungen ‚räumlich' differenzieren (*spaceperception*/Raumwahrnehmung im Sinne einer subjekt- bzw. handlungszentrierten Sozialgeographie).

4. „Raum" wird in der Perspektive seiner sozialen, politischen, technischen und wirtschaftlichen Konstruiertheit aufgefasst, indem danach gefragt wird, wer unter welchen Bedingungen und aus welchen Interessen wie über bestimmte Räume kommuniziert und sie durch alltägliches Handeln fortlaufend produziert und reproduziert (Perspektive des Konstruktivismus).

Zur geographiedidaktischen Diskussion

Zwar ist in der philosophischen Geschichte des Raumbegriffs der Raum ebenso wie die Zeit zunächst „nur" eine Existenzdimension der Menschen und eine Voraussetzung der Sinneswahrnehmung (eine „Anschauungsform" im Sinne von Kant) und also kein „Alleinstellungsmerkmal" eines Faches. Gleichwohl ist der (chorologische) Raum für die Identität der Fachgemeinschaft die (epistemologische) „Mitte der Geographie" (z. B. KÖCK 2006). „Mitte" beansprucht eine methodologisch allzuständige Letzt- oder Ausgangsinstanz zu sein, und als solche ist sie dann zwangsläufig auch eine Schlüssel-, Zentral- oder Leitkategorie" (KÖCK 2006, 45). Gegenüber einem solchen axiomatischen und exklusiven Verständnis von „Raum" müssen Überschriften wie „Wozu Raum?" (REDEPENNING 2006) oder „Geographie ohne Raum" (WERLEN 1993) als Provokation erscheinen; sie werden dann entweder zu einer Grenzüberschreitung zur Soziologie erklärt oder sie stehen für einen *spatial turn* in den Sozialwissenschaften – beides scheinbar gleichermaßen gefährlich für das abgesteckte Revier der (Schul-)Fächer. Auch ohne eigene Positionsbestimmung in diesem unübersichtlichen und anspruchsvollen Fach-Diskurs können die oben zitierten Raumdefinitionen für eine tragfähige Konzeption des Geographieunterrichts entscheidend weiterhelfen.

Literatur

BRUNOTTE, E. et al. [Hrsg.] (2002): Lexikon der Geographie. Heidelberg, Berlin.
DEUTSCHE GESELLSCHAFT FÜR GEOGRAPHIE (DGfG) [Hrsg.] (2002): Grundsätze und Empfehlungen für die Lehrplanarbeit im Schulfach Geographie. Arbeitsgruppe Curriculum 2000+. – In: : www.geographie.de/docs/curriculum2000.pdf (Letzter Zugriff: 26.02.2012).
HARD, G. (2002): Landschaft und Raum (= Aufsätze zur Theorie der Geographie, Bd. 1). Osnabrück.
KÖCK, H. (2006): Der Chorologische Raum – Die Mitte der Geographie. – In: HORST, U., KANWISCHER, D. & D. STRA-
TENWERTH [Hrsg.] (2006): Die Kunst sich einzumischen. Berlin, 45 – 56.
LESER, H. [Hrsg.] (2005): Diercke Wörterbuch Allgemeine Geographie. Braunschweig.
REDEPENNING, M. (2006): Wozu Raum? Systemtheorie, critical geopolitics und raumbezogene Semantiken. Leipzig.
RHODE-JÜCHTERN, T. (2009): Eckpunkte einer modernen Geographiedidaktik. Seelze-Velber, 136 – 142.
SCHULTZ, H.-D. (2004): Brauchen Geographielehrer Disziplingeschichte? – In: geographische revue, 6, 2, 43 – 57.
WARDENGA, U. (2002): Alte und neue Raumkonzepte für den Geographieunterricht. – In: geographie heute, 23, 200, 8 – 11.
WERLEN, B. (1993): Gibt es eine Geographie ohne Raum? Zum Verhältnis von traditioneller Geographie und zeitgenössischen Gesellschaften. – In: Erdkunde, 47, 4, 241 – 255.

Tilman Rhode-Jüchtern

Raumanalyse (Strukturanalyse eines Raumes)

Definition

Eine Raumanalyse ist die systematische Analyse raumprägender Strukturen und raumwirksamer Prozesse mithilfe von fachspezifischen Methoden, um damit zu einem tieferen Verstehen komplexer räumlicher Zusammenhänge zu gelangen.

Klassifikation

Nach ihrem wissenschaftlichen und methodischen Ansatz lassen sich drei unterschiedliche Verfahren feststellen:
– analytisch-länderkundliches Verfahren: Einzelne Geofaktoren und Phänomene des Untersuchungsgebietes werden nacheinander untersucht und in ihrem Zusammenwirken sowie in ihrer Entwicklung erfasst (Beispiel Allgäu, dazu JAHN 1976).
– themen- bzw. problemorientiertes Verfahren: Ausgangspunkt der Strukturanalyse ist ein aktuelles Problem, das in seinen raumrelevanten Aspekten untersucht wird (z. B. Urbanisierung, Tsunami in Japan).

– fragengeleitete Raumanalyse: Sie erfolgt nach einem thematisch begrenzten problemorientierten Verfahren und hat einen geringeren wissenschaftspropädeutischen Anspruch als die oben genannten. Ausgehend von einem konkreten Ereignis (Sportereignis, Urlaubsplanung usw.) beschäftigen sich die Schülerinnen und Schüler genauer mit einem Raum, indem sie sich Fragen stellen, was sie über den Raum wissen wollen, und unter Anwendung geographischer Methoden nach Antworten suchen (POITSCHKE 2007).

Zur geographiedidaktischen Diskussion

Nachdem bei der Einführung der Strukturanalyse in die Lehrpläne in den 1970er-Jahren zunächst das analytisch-länderkundliche Verfahren (→ länderkundlicher Ansatz) im Vordergrund gestanden hatte, wurde bald dem problemorientierten Verfahren eindeutig der Vorzug gegeben. In diesem Verfahren geht man von aktuellen, Wahrnehmungsgeographischen (→ Raum- und Umweltwahrnehmung) oder hypothesengeleiteten Fragestellungen aus, um das Untersuchungsgebiet unter statischer, dynamischer, rekonstruktiver und prognostischer (→) Betrachtungsweise auf verschiedenen Komplexitätsebenen zu analysieren. Im Sinne einer fächerübergreifenden politischen Bildung sollen die Schüler z. B. dazu befähigt werden, planerische Maßnahmen zu beurteilen und dazu Stellung zu nehmen. Die Anwendung geographischer Arbeitsweisen steht im Vordergrund der Schüleraktivitäten. Aus diesem Grund besteht Konsens, dass ein Problem aus dem Nahraum der Schule Gegenstand der Raumanalyse sein soll. Die Bezeichnung „Nahraumanalyse" ist deshalb ebenfalls gebräuchlich. In der Sekundarstufe II wird die Raumanalyse in den Dienst wissenschaftspropädeutischen Arbeitens gestellt. Als Folge des sehr hohen Zeitaufwands und der vermeintlich geringen Abiturrelevanz spielte die Raumanalyse zwischenzeitlich nur noch eine untergeordnete Rolle. In der vereinfachten Form der fragengeleiteten Raumanalyse wird sie zunehmend schon in der Sekundarstufe I eingesetzt. Ziel dieser Variante ist die Informationsbeschaffung über (auch entfernte) Räume unter Anwendung geographischer Methoden und Verwendung geographischer Informationsquellen.

Literatur

BÖHN, D., et al. [Hrsg.] (1993): Geographie 11. Gymnasien Bayern (Darin: Strukturanalyse des Heimatraumes). Berlin, 128 ff.

BRODENGEIER, E. & B. LEHNIG [Hrsg.] (2008): TERRA. Geographie Sachsen 11 (Darin: Raumanalyse: Kenia und Malaysia). Stuttgart, Leipzig, 102–109.

DEURINGER, L. [Hrsg.] (1993): Fundamente. Jahrgangsstufe 11. Deutschland – Natur-, Wirtschafts- und Sozialräume (Darin: Strukturanalyse des Heimatraumes). Stuttgart, 162 ff.

FRAEDRICH, W. (2005): Wie führt man eine Raumanalyse durch? – In: geographie heute, 26, 231/232, 64–66.

JAHN, W. (1976): Strukturanalyse eines Raumes. Beispiel Allgäu. Einführungsheft. – In: HIMMELSTOSS, K. & W. JAHN (1976): Erdkunde. Sekundarstufe II. München und Paderborn.

POITSCHKE, B. (2007): Fragengeleitete Raumanalyse. – In: Geographie aktuell, 27, 2, 39–43.

RUPPERT, H. (1982): Strukturanalyse – was ist das? – In: geographie heute, 3, 9, 2–9.

Friedhelm Frank

Raumverhaltenskompetenz

Definition

Raumverhaltenskompetenz wird als „die Fähigkeit und Bereitschaft zu effektivem und adäquatem erdraumbezogenen Verhalten" definiert (KÖCK 2005, 210). (→ Systemkompetenz)

Klassifikation

Erdraumbezogenes Verhalten gliedert KÖCK in sieben Komplexitätsgrade und unterscheidet dabei die Aspekte „Denken" und „Handeln":

1. räumliche Orientierungsfähigkeit
2. Denken und Handeln in räumlichen Strukturen
3. Denken und Handeln in räumlichen Prozessen
4. Denken und Handeln in Geoökosystemen
5. Denken und Handeln in weltweiten Zusammenhängen
6. Denken und Handeln in Raumgesetzen und -modellen
7. Denken und Handeln in raumethischen Kategorien

(KÖCK 1993, 2005; KÖCK/REMPFLER 2004; vgl. Übersicht in SIEGMUND/VIEHRIG/VOLZ 2008) (→ spatial thinking, Geographische (→) Systemkompetenz).

Jeder Komplexitätsgrad kann sich dabei auf unterschiedliche Maßstabsebenen – von lokal bis global – beziehen.

Effektiv ist erdraumbezogenes Verhalten gemäß KÖCK dann, „wenn es erfolgreich bzw. wirkungsvoll im Sinne der verfolgten und als solchen begründeten Absicht ist", adäquat darüber hinaus, „wenn es in natur- wie sozialräumlicher Hinsicht ethisch wie systemisch verträglich ist" (KÖCK 1999, 128).

Zur geographiedidaktischen Diskussion

Der von KÖCK seit Ende der 1970er-Jahre als oberstes Leitziel des Geographieunterrichts etablierte Begriff „Raumverhaltenskompetenz" fand weithin Anerkennung. Er war jedoch auch kritischen Diskussionen ausgesetzt. Im Zuge der Erstellung der nationalen (→) Bildungsstandards verständigte man sich schließlich auf eine Ablösung durch eine neue Formulierung des Leitziels als „Einsicht in die

Zusammenhänge zwischen natürlichen Gegebenheiten und gesellschaftlichen Aktivitäten in verschiedenen Räumen der Erde und eine darauf aufbauende raumbezogene Handlungskompetenz" (DGFG 2012, 5).

Literatur

DEUTSCHE GESELLSCHAFT FÜR GEOGRAPHIE (DGFG) [Hrsg.] (2012): Bildungsstandards im Fach Geographie für den Mittleren Schulabschluss. Bonn.

KÖCK, H. (1993): Raumbezogene Schlüsselqualifikationen – der fachimmanente Beitrag des Geographieunterrichts zum Lebensalltag des Einzelnen und Funktionieren der Gesellschaft. – In: Geographie und Schule, 15, 84, 14 – 22.

KÖCK, H. (1999): Raumverhaltenskompetenz. – In: BÖHN, D. [Hrsg.] (1999): Didaktik der Geographie. Begriffe. München, 128.

KÖCK, H. (2005): Raumverhaltenskompetenz. – In: KÖCK, H. & D. STONJEK (2005): ABC der Geographiedidaktik. Köln, 210.

KÖCK, H. & A. REMPFLER (2004): Erkenntnisleitende Ansätze – Schlüssel zur Profilierung des Geographieunterrichts mit erprobten Unterrichtsvorschlägen. Köln.

SIEGMUND, A., VIEHRIG, K. & D. VOLZ (2008): GIS@school – new didactical aspects of using GIS in geography education. – In: DONERT, K. [Hrsg.] (2008): EUC'07 HERODOT Proceedings. ESRI European User Conference 2007, Stockholm, Sweden, 25. – 27. September 2007. Stockholm.

Kathrin Viehrig, Daniel Volz

Raumverständnis (Entwicklung)

Definition

Der Begriff „Raumverständnis" umfasst die Fähigkeit eines Individuums, die visuell-räumliche Welt wahrzunehmen und nach der jeweiligen Intention zu erfassen. Vertiefend bedeutet Raumverständnis die Fähigkeit, den Raum in entsprechende (→) mentale Modelle zu transformieren, die das Denken in dreidimensionalen Lagebeziehungen ermöglichen und physisch-materielle als auch kommunikativ-soziale Strukturen, Funktionen und Prozesse im Raum aufdecken.

Klassifikation

Grundlagen zur Erforschung des Raumverständnisses liefert die Entwicklungspsychologie. Sie beschäftigt sich u. a. mit Fragen räumlicher Intelligenz und räumlichen Denkens. Zu unterscheiden ist die endogene Auffassung, nach der die Entwicklung des räumlichen Denkens primär vom Alter abhängt, von der exogenen Auffassung, nach der äußere Einflüsse wie beispielsweise Erfahrungen im Realraum oder mit Kartenarbeit im Geographieunterricht die Entwicklung des Raumverständnisses maßgeblich prägen. Stufenmodelle beschreiben verschiedene qualitative Niveaus der kognitiven Entwicklung des Raumverständnisses. So wird beispielsweise unterschieden zwischen (1) der Stufe der dynamischen Ordnung, bei der sich das Raumerleben auf einzelne, nicht kohärente Plätze beschränkt, (2) der Stufe der gegenständlichen Ordnung, bei der Räume linear aufgrund von zurückgelegten Wegstrecken betrachtet werden und (3) der Stufe der figuralen Ordnung, bei der Räume als Überschau in Hinblick auf ihre Lagebeziehungen, ihre Größe sowie geometrische oder figurale Strukturen betrachtet werden (PIAGET/INHELDER 1977). Beim Übergang von der Grundschule in die Sekundarschule dominiert bei Lernern ein auf das eigene Ich bezogenes und am Nahraum orientiertes Raumverständnis der Niveaustufen 1 und 2 (SCHMEINCK 2007). Mit Eintritt in die Sekundarstufe II sind Schülerinnen und Schüler zunehmend in der Lage, in figuralen Ordnungen zu denken. Auf dieser Niveaustufe ist auch das Erkennen und Analysieren von physisch-materiellen und kommunikativ-sozialen Funktionen und Prozessen im Raum möglich (BIRKENHAUER 2004).

Zur geographiedidaktischen Diskussion

Der Beitrag des Schulfaches Geographie zur Bildung umfasst unter anderem Fähigkeiten und Fertigkeiten der räumlichen Orientierung (→ Kompetenzbereich Räumliche Orientierung), die auf dem Raumverständnis basiert. Modelle räumlicher Orientierungskompetenz berücksichtigen daher die Entwicklungsniveaus räumlichen Denkens (HEMMER 2012). Die Entwicklung des Raumverständnisses lässt sich im Geographieunterricht u. a. durch (→) Exkursionen, die Einbindung von Geographischen Informationssystemen (→ GIS), Visualisierungstechniken (LENZ 2002), Arbeit mit Karten und subjektiven Raumvorstellungen (→ *mental maps*) fördern.

Literatur

BIRKENHAUER, J. (2004): Wahrnehmung von Raum und Landschaft bei Kindern und Jugendlichen. – In: Praxis Geographie, 34, 12, 58 – 60.

HEMMER, M. (2012): Räumliche Orientierungskompetenz – Herausforderung für Forschung und Schulpraxis. – In: HÜTTERMANN, A. et al. [Hrsg.] (2012): Räumliche Orientierung. Räumliche Orientierung, Karten und Geoinformation im Unterricht (= Geographiedidaktische Forschungen, Bd. 49). Braunschweig, 10 – 21.

LENZ, T. (2002): Durch Visualisierung zu räumlichen Vorstellungen. – In: geographie heute, 23, 199, 8 – 13.

PIAGET, J. & B. INHELDER (1977): Von der Logik des Kindes zur Logik des Heranwachsenden. Olten.

SCHMEINCK, D. (2007): Wie Kinder die Welt sehen – eine empirische Ländervergleichsstudie über die räumliche Vorstellung von Grundschulkindern. Bad Heilbrunn.

Thomas Basten

Regionalgeographischer Ansatz

Definition

Der regionalgeographische Ansatz untersucht Räume als Individuen im Hinblick auf Spezifika und Besonderheiten (idiographischer Ansatz).

Klassifikation

Die Geographie lässt sich vereinfacht in die Allgemeine Geographie und die Regionale Geographie gliedern. Als regionalgeographischer Ansatz erfasst die Länderkunde jeden als Individuum untersuchten Raum, unabhängig von der Größe.

Ein Verfahren der Regionalen Geographie ist das Länderkundliche Schema (Hettner'sches Schema) (→ Länderkundlicher Ansatz). Spätestens in den 1960er-Jahren wird jedoch der Vorwurf erhoben, dass die Länderkunde zu enzyklopädisch und unwissenschaftlich sei, da sie sich starr an einem vorgegebenen Schema orientiere. Aus dieser Kritik heraus entstand die dynamische Länderkunde, die nach dominierenden Geofaktoren sucht, die problemorientierte Länderkunde, bei der zentrale Probleme den roten Faden der Landesdarstellung prägen, sowie die vergleichende Länderkunde (vgl. RINSCHEDE 2007, 122 ff).

Zur geographiedidaktischen Diskussion

Die frühe und mittlere Phase des Schulfaches Geographie, etwa von 1872 bis 1970, wird durch den länderkundlichen Durchgang geprägt (vgl. RINSCHEDE 2007, 122 ff). Länder werden unter Berücksichtigung des Hettner'schen Schemas in ihrer Abfolge vom Nahen zum Fernen betrachtet. Diese Anordnung vom Bekannten zum Unbekannten wird als lernpsychologisch sinnvoll erachtet. Zudem fördert das Verfahren die Entwicklung eines kohärenten, umfassenden topographischen und thematischen Orientierungswissens. Nachteile des regionalgeographischen Ansatzes sind: Die Interessen der Schülerinnen und Schüler können zu wenig berücksichtigt werden. Fehlende Problemorientierung und die additive Wiederholung der der Länderanalyse zugrunde liegenden Kriterien wirken wenig motivierend. Zudem sprengt die Stofffülle den Rahmen. Daher wird ab den 1950er-Jahren der exemplarische Ansatz im Geographieunterricht praktiziert, entweder als Pars-pro-toto-Verfahren, bei dem eine typische Teilregion eine größere Gesamtregion repräsentiert, oder als typisierendes Verfahren, bei dem ein typischer Raum exemplarisch für mehrere gleichartige Räume steht. Mit dem Kieler Geographentag 1969 geht eine Abkehr vom länderkundlichen Geographieunterricht einher und eine Stärkung des allgemeingeographischen Ansatzes (SCHULTZE 1970) (→ Allgemeingeographischer Ansatz). In der aktuellen Diskussion um den regionalgeographischen Ansatz spielt der Befund eines mangelnden topographischen Orientierungswissens bei Schülerinnen und Schülern eine Rolle. Entsprechend werden Ansätze eines regional-thematischen oder thematisch-regionalen Geographieunterrichts entwickelt (SCHULTZ 2012). Die Bedeutung topographischer Wissensbestände wird im (→) Kompetenzbereich Räumliche Orientierung hervorgehoben (DGFG 2012, 16 f).

Literatur

DEUTSCHE GESELLSCHAFT FÜR GEOGRAPHIE (DGFG) [Hrsg.] (2012): Bildungsstandards im Fach Geographie für den Mittleren Schulabschluss. Bonn.
RINSCHEDE, G. (2007): Geographiedidaktik. Paderborn.
SCHULTZ, H. (2012): Disziplingeschichte des Schulfaches Geographie. – In: HAVERSATH, J.-B. [Moderator] (2012): Geographiedidaktik. Braunschweig, 70 – 89.
SCHULTZE, A. (1970): Allgemeine Geographie statt Länderkunde. – In: Geographische Rundschau, 22, 1, 1 – 10.

Thomas Basten

Reisedidaktik

Definition

Reisedidaktik zielt auf die Vermittlung von Perspektiven, wie sich die unterschiedlichen Modi der Weltbegegnung auf Reisen – das Konzipieren, das Wahrnehmen und Erleben

– in eine fruchtbare Beziehung zueinander stellen lassen. Das multimodale Verstehen bildet eine grundlegende Voraussetzung für ein verantwortungsbewusstes Reisen.

Klassifikation

Das Reisen ist eine dem Menschen innewohnende Eigenschaft (Bianchi 1997, 50). Auf Reisen verlässt dieser seinen gewöhnlichen Aufenthaltsort, die ausgetretenen Pfade und eingeschliffenen Routinen des Alltags. Neben der äußeren (mechanischen) Bewegung, die mit einem vorübergehenden Ortswechsel verbunden ist, konstituiert die Reise stets auch eine innere Bewegung. Sie ist Selbstbewegung, Erfahrung der Fremde und Veränderung. In neueren Ansätzen wird die Eigenaktivität des Reisenden als notwendige Voraussetzung der Reise infrage gestellt. Während man früher noch abreisen musste, kommen die Dinge jetzt auf einen zu. Wenn wir den Prozess, der dadurch in Gang gesetzt wird, dass etwas auf uns zukommt, das Staunen, Stutzen oder Wundern, Ratlosigkeit, Verwirrung oder gar Ausweglosigkeit in uns auslöst und den Fluss des Selbstverständlichen durchbricht, als Reisen bezeichnen, wird deutlich, dass in diesem Sinne die Reise zum Sinnbild der Erfahrung oder Durchquerung der Welt wird.

Reisedidaktik hat zum Ziel, Lernprozesse so zu gestalten, dass unterschiedliche Dimensionen z.B. die des Räumlichen beim Reisen erkannt und besprochen werden können. Dabei werden die alltäglichen Reiseerfahrungen der Schülerinnen und Schüler nicht nur in der Planung des Unterrichts berücksichtigt. Vielmehr soll der Unterricht zum Reisen neue Erfahrungen ermöglichen. Reisedidaktik hat eine Bildung durch, auf und als Reisen im Sinn.

Zur geographiedidaktischen Diskussion

Im Zuge der Neuorientierung der Geographiedidaktik zu Beginn der 1970er-Jahre findet die Urlaubsplanung Eingang in Lehrpläne und Schulbücher. Während es zunächst um die Vermittlung von Kenntnissen und Fähigkeiten zur Reiseplanung ging (z.B. die Beschaffung und sachgerechte Auswertung von Informationsmaterialien), kennzeichnet die Reiseerziehung in den 1990er-Jahren eine wertorientierte Dimension, die sich an dem Leitbild des sanften Tourismus orientierte und auf ein umwelt- und sozialverträgliches Reisen im intrapersonalen Verantwortungsbereich zielte. Heute geht es weniger um die Vermittlung „richtiger Werte" als um die Vermittlung von Hilfen zur eigenbestimmten Urteilsfindung. Im Zuge des *cultural turn* wendet sich die Reisedidaktik den Motiven des Reisenden zu. Zentral ist die Überlegung, dass Urlaubswahrnehmungen durch kollektive und individuelle Vorstellungen, Wünsche und Phantasien präformiert werden. Touristen suchen die sinnliche Erfahrung imaginärer Welten. Die scheinbare Paradoxie des Reisens, in der materiellen und imaginären Welt gleichzeitig unterwegs zu sein, wird u. a. über Codes, die unsere Wahrnehmung leiten, ermöglicht (vgl. Hennig 1997). Im Geographieunterricht, in dem nach wie vor die Entwicklung und Raumordnungsmuster des Reisens, die geographische Analyse touristischer Destinationen und Problemfelder sowie Facetten eines nachhaltigen Tourismus thematisiert werden, geht es nun auch um eine Bestimmung und Entschlüsselung von Wahrnehmungs- und Verhaltenscodes, über die die Praxis des Reisens einen sinnlich erfahrbaren und zeitlich ausgedehnten Ausstieg aus dem Alltag vorbereitet. Im Zuge des *materialistic turn* rückt die materielle Welt in den didaktischen Fokus. Diese entzieht sich unserem Versuch, sie rein rational zu verstehen und zu bestimmen. Mit der Kategorie der ästhetischen Erfahrung wird das gefasst, was in der Begegnung mit Fremdem geschieht. Aufzeichnungen, z. B. das Reisetagebuch oder die Kartierung, fungieren im Sinne einer Selbst-Verortung auf Reisen. Im mehrfachen Wechselspiel der Aufzeichnung der Erfahrung, die zur Erfahrung der Aufzeichnung führt, ergibt sich ein Eigendrehmoment, ein Eigen-Spin, der persönliche Sinn-Bildungen auf Reisen antreibt.

Literatur

BIANCHI, P. (1997): Go, Travel, Drive, Move. – In: Bianchi, P. [Hrsg.] (1997): Ästhetik des Reisens (= Kunstforum international, Bd. 136). Roßdorf, 50 – 58.

DICKEL, M. (2006): Reisen. Zur Erkenntnistheorie, Praxis und Reflexion für die Geographiedidaktik (= Praxis Neue Kulturgeographie, Bd. 2). Münster.

DICKEL, M. (2011): Durchkreuzen und Durchqueren – Kartographie als Praxis der Selbst-Verortung auf Reisen. – In: DAUM, E. & J. HASSE [Hrsg.] (2011): Subjektive Kartographie. Beispiele sozialräumlicher Praxis (= Wahrnehmungsstudien, Bd. 26). Oldenburg.

DIEKMANN, N., HEMMER, M. & REEH, T. (2023): Geographische Bildung im Gepäck – das Thema Tourismus im Geographieunterricht und Aktionsraum Schule. In: HOPFINGER et al. [Hrsg]: Mensch und Raum - Neue Geographie des Tourismus und der Freizeit (im Druck).

HEMMER, M. (1996): Reiseerziehung im Geographieunterricht. Konzept und empirische Untersuchungen zur Vermittlung eines umwelt- und sozialverträglichen Reisestils (= Geographiedidaktische Forschungen, Bd. 28). Nürnberg.

HENNIG, C. (1997): Reiselust. Touristen, Tourismus und Urlaubskultur. Frankfurt a. M., Leipzig.

LEED, E. J. (1993): Die Erfahrung der Ferne. Reisen von Gilgamesch bis zum Tourismus unserer Tage. Frankfurt a. M., New York.

Mirka Dickel, Michael Hemmer

roadmap 2030

Definition

Die roadmap 2030 ist eine Initiative, die 2019 auf dem Deutschen Kongress Geographie in Kiel ins Leben gerufen wurde. Ihr Ziel besteht darin, durch proaktive und langfristig angelegte Aktivitäten auf verschiedenen Feldern das Schulfach Geographie in der schulischen Praxis dauerhaft zu stärken (als Ergänzung zu den weiterhin notwendigen ad hoc-Maßnahmen, die auf aktuelle Entwicklungen wie Stundenkürzungen etc. reagieren müssen). Die Initiative wird vornehmlich durch die Mitglieder des Hochschulverbandes für Geographiedidaktik (HGD) und des Verbands Deutscher Schulgeographen (VDSG) getragen. Inhaltlich fokussiert die roadmap 2030 sich auf sieben zentrale Handlungsfelder:

1. Ist-Analysen: z.B. Wie stark ist die Stellung des Schulfachs Geographie?
2. Politische Lobbyarbeit: z.B. Wie kann der Einfluss der Geographie bei schul-/bildungspolitischen Entscheidungen gesteigert werden?
3. Öffentlichkeitsarbeit: z.B. Wie kann die Relevanz geographischer Bildung stärker im Bewusstsein der breiten Öffentlichkeit verankert werden?
4. Bildungspläne: z.B. Wie sieht ein idealer Bildungs-/Lehrplan für das Fach Geographie aus?
5. Fachschaftsarbeit vor Ort: Wie können die Geographielehrkräfte vor Ort in ihrer Fachschaftsarbeit unterstützt werden, um die Stellung des Faches an ihrer Schule zu stärken?
6. Aus-/Weiterbildung & Forschungstransfer: Wie können aktuelle fachwissenschaftliche/-didaktische Forschungsergebnisse umfassender und mit geringerer Zeitverzögerung in der schulischen Praxis implementiert werden?
7. Sachunterricht: z.B. Wie kann geographische Bildung im Bereich der Grundschule gestärkt werden?

„Meilensteine" der Initiative

Die Initiative hat verschiedene Phase durchlaufen: In der ersten Phase wurden in einem Brainstorming mehr als 90 Ideen für potenzielle Maßnahmen in den verschiedenen Handlungsfeldern gesammelt. In der sich anschließenden Phase wurden diese Maßnahmen kriteriengestützt (Wirkmächtigkeit, realistisches Realisierungspotenzial, stemmbarer Finanzbedarf, …) priorisiert. Darauf aufbauend wurden konkrete Konzepte für die Ideen verfasst. Gegenwärtig befindet sich die Initiative in der vierten Phase, in der ausgewählte Maßnahmen umgesetzt werden. Wichtige „Meilensteine" der roadmap 2030 sind u.a. die deutschlandweite Befragung von Lehrkräften, Fachleitungen und Hochschuldozierenden (1. Ist-Analyse), bildungspolitische Gespräche mit wichtigen Stakeholdern wie z.B. dem KMK-Generalsekretär (2. politische Lobbyarbeit), die Entwicklung der Broschüre „Geographie – Das Zukunftsfach" (3. Öffentlichkeitsarbeit), die Konzeption der Bildungsstandards Sekundarstufe II (4. Bildungspläne), Handreichungen zu verschiedenen Themen wie Fachräume und Facharbeiten (5. Fachschaftsarbeit vor Ort), eine geplante Datenbank für Exkursionskonzepte (6. Aus-/Weiterbildung & Forschungstransfer) sowie die intensive Mitgestaltung des Perspektivrahmens Sachunterricht (7. Sachunterricht).

Zur geographiedidaktischen Diskussion

Hintergrund der Initiative ist, dass das Schulfach Geographie zunehmend unter Druck steht. In manchen Bundesländern wurde die Stundentafel gekürzt. Andernorts wurde die Fächer Politik und/oder Wirtschaft auf Kosten der Geographie im Wahlbereich gestärkt. An Schulen der Sekundarstufe I geht die Geographie zunehmend in einem Fächerverbund auf. In der Vergangenheit haben sich zahlreiche engagierte Kollegen intensiv bemüht, solchen Tendenzen entgegenzuwirken. Häufig entstand dieses Engagement aus aktuellem Anlass, z.B. infolge anstehender politischer Entscheidungen, die sich negativ auf die Geographie ausgewirkt hätten. Dies hat oftmals das Schlimmste verhindert, eine Sicherung des Status quo oder gar eine Trendumkehr ist jedoch durch diesen „reaktiven Ansatz" nicht gelungen.

Literatur

Der Internetauftritt der roadmap 2030: www.geographie-didaktik.org/roadmap

MEHREN, R. (2021). roadmap 2030. Die Geographie in der schulischen Praxis stärken – ein Zwischenbericht. Der Bayerischer Schulgeograph. H. 89, 10 – 14.

Rainer Mehren

Sachanalyse/ Sachinformation

Definition

Sachanalyse bedeutet die gründliche Auseinandersetzung mit dem Unterrichtsinhalt auf fachwissenschaftlicher Ebene bei gleichzeitiger Einbeziehung didaktischer, methodischer und auf die Situation der Lernenden und des Unterrichtenden sowie der Schule bezogener Überlegungen.

Die Sachanalyse richtet sich primär auf den Erwerb themenspezifischer Kenntnisse, die Erschließung der Sachstruktur und die Auswahl der Themenschwerpunkte.

Klassifikation

Unter analytischen Gesichtspunkten lässt sich die Sachanalyse in zwei Arbeitsschritte gliedern:

1. **Themenbezogene Materialrecherche und -auswertung sowie Erschließung der Sachstruktur**

Die Sachanalyse setzt eine möglichst umfassende themenbezogene Materialrecherche und -auswertung voraus.

Das ausgewählte geographische/geowissenschaftliche Unterrichtsthema sollte zunächst in einen größeren, übergeordneten fachwissenschaftlichen Zusammenhang eingeordnet werden. Dabei sollte auch darauf geachtet werden, inwieweit sich das Thema von anderen abgrenzen lässt bzw. sich mit diesen überschneidet oder gar vernetzt ist. Nachdem der fachliche Rahmen abgesteckt ist, kann die eigentliche Erschließung der Sachstruktur des Themas mithilfe folgender Überlegungen/Kriterien durchgeführt werden:

- individuelle (regionalgeographische) und allgemeingeographische Merkmale bzw. Einsichten; tragende Strukturelemente; Transfermöglichkeiten/Modellbildung
- physiogeographische/geowissenschaftliche Strukturelemente und in ihnen wirkende Gesetzmäßigkeiten (z. B. Plattentektonik, Verwitterung, Luftdrucksysteme, Biodiversität, Kohlenstoffkreislauf)
- anthropogeographische Strukturelemente (z. B. Siedlungslage und -gefüge, Bevölkerungsdichte und -verteilung, soziale Schichtung)
- geographische Betrachtungsweisen (formal, funktional/kausal, genetisch/prozessual) und ihr Zusammenwirken
- Beziehungszusammenhang zwischen ökologischem und gesellschaftlichem/ökonomischem Wirkungsgefüge (z. B. ökologische Grundlagen – Wirtschaft, Bevölkerung, Siedlung)
- systemische Beziehungen und Verflechtungen/Netzwerke (z. B. Gefüge eines Ökotops und seiner funktionalen Vernetzungen; Wandel eines Entwicklungslandes zum Industriestaat: problematische Mensch-Umwelt-Wechselwirkungen, etwa das Raubbau-Syndrom)

- fachübergreifende und fächerintegrierende Aspekte und Zusammenhänge (z. B. geotektonische Besonderheiten, politische Lage, historische Zusammenhänge)
- historisch-genetische Entstehungsbedingungen des analysierten Sachverhaltes; heutiger gesellschaftlicher Kontext
- Einordnungsmöglichkeiten des Themas in die Struktur der Disziplin; welche fachlichen Strukturbegriffe lassen sich gewinnen?
- Maßstabsebenen des jeweiligen Themas (lokal, regional, national, international, global).

Die Ergebnisse des ersten Teilschrittes der Sachanalyse sollten stichwortartig in einer tabellarischen Übersicht oder in einem Strukturdiagramm dargestellt werden. Beides zwingt zur Beschränkung auf das Wesentliche, macht den Gesamtzusammenhang transparent, deckt bestehende sachliche Unklarheiten auf, erleichtert die Auswahl und Festlegung der unterrichtlichen Schwerpunkte (s. u.) und fördert Flexibilität und Variabilität im Lehrverhalten (z. B. für offene Lernarrangements) (vgl. ENGELHARD/OTTO/HAUBRICH 2006, 264).

2. Auswahl und Ausarbeitung der unterrichtlichen Schwerpunkte

Die Auswahl und Festlegung der Unterrichtsschwerpunkte erfolgt stets unter wechselseitiger Einbeziehung sowohl didaktischer und methodischer Überlegungen als auch von Aspekten, die aus der Bedingungsanalyse resultieren. Die hier zu treffenden Entscheidungen werden insbesondere durch die zuvor festgelegten Lernziele bzw. ausgewählten Kompetenzen beeinflusst. Im Anschluss daran werden nur diejenigen thematischen Schwerpunkte differenziert weiter ausgearbeitet und dann schriftlich fixiert, die tatsächlich Gegenstand des konkreten Unterrichts werden. Dieses Vorgehen gibt dem Unterrichtenden bei der Unterrichtsdurchführung die notwendige (fachliche) Sicherheit.

Zur geographiedidaktischen Diskussion

Je intensiver und differenzierter ein Unterrichtsgegenstand analysiert und durchdacht wird, desto optimaler lässt er sich für den Unterricht didaktisch und methodisch modellieren. Diese Aussage ist unstrittig. Uneinigkeit herrscht dagegen immer noch bei der Frage, ob die Sachanalyse unabhängig von didaktischen und methodischen Aspekten und Problemen erfolgen kann. Bisweilen wird in der Literatur auch zwischen einer fachwissenschaftlichen Sachanalyse und einer didaktischen Sachanalyse unterschieden (vgl. Rinschede 2007, 420). Folgt man den Ausführungen u. a. von Daxner (1982, 46), Jank/Meyer (2002, 360), Engelhard/Otto/Haubrich (2006, 262 f) oder Böhrmann/Schäfer-Munro (2008, 73 f), dann ist der „Glaubenskampf" entschieden, weil es keine „reine" Sachanalyse gibt. Denn sie erfolgt – wie oben aufgezeigt – immer vor dem Hintergrund einer didaktischen Fragestellung, eines didaktischen Interesses oder einer didaktischen Entscheidung. (Engelhard/Otto 2015, 328 ff.)

Literatur

Böhrmann, M. & R. Schäfer-Munro (2008): Kursbuch Schulpraktikum. Unterrichtspraxis und didaktisches Grundwissen. Weinheim und Basel.

Daxner, M. (1982): Didaktik/ Didaktischer Kommentar. – In: Jander, L., Schramke, W. & H.-J. Wenzel [Hrsg.] (1982): Metzler Handbuch für den Geographieunterricht. Ein Leitfaden für Praxis und Ausbildung. Stuttgart, 43 – 60.

Engelhard, K., Otto, K.-H. & H. Haubrich (2006): Geographieunterricht fachgerecht planen und analysieren. – In: Haubrich, H. [Hrsg.] (2006): Geographie unterrichten lernen. Die neue Didaktik der Geographie konkret. München, 251 – 308.

Engelhard, K. & K.-H. Otto (2015): Sachanalyse und fachliche Klärung. - In: Reinfried, S. & H. Haubrich [Hrsg.] (2015): Geographie unterrichten lernen. Die Didaktik der Geographie. Berlin, S. 328 – 331

Jank, W. & H. Meyer (2002): Didaktische Modelle. Berlin.

Kattmann, U. et al. (1997): Das Modell der Didaktischen Rekonstruktion – Ein Rahmen für naturwissenschaftsdidaktische Forschung und Entwicklung. – In: Zeitschrift für Didaktik der Naturwissenschaften, 3, 3, 3 – 18.

Rinschede, G. & A. Siegmund (2020): Geographiedidaktik. Paderborn, München, Wien, Zürich.

Karl-Heinz Otto

Sachunterricht/ Heimat- und Sachkunde

Definition

Sachunterricht bzw. Heimat- und Sachkunde ist ein integratives Unterrichtsfach in der Grundschule mit dem Ziel, grundlegende Kompetenzen für die Auseinandersetzung mit der Um- und Mitwelt zu erwerben.

Klassifikation

1. Administrativ festgelegte Bezeichnungen, z. B.: Sachunterricht, Heimat- und Sachkunde, Heimat- und Sachunterricht und andere Fächerbezeichnungen (z. B. „Mensch, Natur und Kultur")

2. Didaktische Aspekte, z. B.:
   - Vielperspektivität
   - Ganzheitlichkeit
   - Problem- und Handlungsorientierung
   - entdeckendes Lernen
   - exemplarisches Lernen
   - Orientierung an den Interessen und der Lebenswirklichkeit der Kinder
   - überfachliche Lernbereiche (Zusammenleben, Raum und Zeit, Tiere und Pflanzen, Natur, Technik u. a., je nach länderspezifischem didaktischem Profil)
   - Verbindlichkeit vorgegebener Begriffe, Themen und Methoden, je nach Bundesland unterschiedlich.

Zur geographiedidaktischen Diskussion

Zwischen den verschiedenen Fachbezeichnungen sind auf der Ebene der curricularen Konkretisierung (Ziele, Inhalte und Methoden) kaum Differenzen erkennbar. Drei Viertel der Bundesländer bezeichnen das Fach als Sachunterricht, wenige Länder als Heimat- und Sachunterricht oder Heimat- und Sachkunde. Ex- wie implizite Heimat-Bezüge betonen (lebensweltliche) Nähe-Beziehungen in der Spannung zu (psychologischen wie räumlichen) Ferne-Beziehungen. Lediglich der Fächerverbund Mensch, Natur und Kultur (Baden-Württemberg) setzt didaktisch neue Akzente, indem das Philosophieren mit Kindern fachdidaktisch integriert und eine bildungstheoretische Brücke zur ästhetischen Bildung geschlagen wird.

Mit dem Aufkommen der (→) Wissenschaftsorientierung des Unterrichts (ab ca. 1970) wurde die alte Heimatkunde mit ihrer starken regionalgeographischen Ausrichtung zugunsten einer Vermittlung elementarer Sachkenntnisse abgelöst (→ heimatkundliches Prinzip). Heute vermittelt der Sach(kunde)unterricht eine allgemeine Propädeutik (z. B. erkenntnistheoretisches Methodenlernen durch systematisches Beobachten, Beschreiben, Dokumentieren und Experimentieren).

Insbesondere der Sach(kunde)unterricht der Grundschule soll von den „Interessen der Kinder" ausgehen (sogenannte Schülerorientierung). Dass diese aber nicht nur in Form „subjektiver Interessen" (partikularistisch), sondern auch auf dem Niveau „objektiver Interessen" vorliegen, drückt sich wieder vermehrt in der Vermittlung von allgemeinem (propositionalem) Wissen aus.

Literatur

Daum, E. (2004): Der Sachunterricht des „eigenen Lebens" – Grundkonzeption und empirische Relevanz. – In: Hempel, M. [Hrsg.] (2004): Sich bilden im Sachunterricht. Bad Heilbrunn, 139 – 152.

Engelhard, W. (2006): Unterrichtsplanung im Sachunterricht der Primarstufe. – In: Haubrich, H. [Hrsg.] (2006): Geographie unterrichten lernen. Die neue Didaktik der Geographie konkret. München, 288 – 292.

Katzenberger, L. (2000): Konzeptionelle Geschichte des Sachunterrichts in der Grundschule 1969 – 1980. – In: Hinrichs, W. & H. F. Bauer [Hrsg.] (2000): Zur Konzeption des Sachunterrichts. Donauwörth, 162 – 191.

Lauterbach, R. (1992): Von der Heimatkunde zum Sachunterricht: Erinnerungen für die Zukunft. – In: Lauterbach, R. et al. [Hrsg.] (1992): Brennpunkte des Sachunterrichts. Kiel, 83 – 106.

Rauterberg, M. (2002): Die „alte Heimatkunde" im Sachunterricht: eine vergleichende Analyse der Richtlinien für den Realienunterricht der Grundschule in Westdeutschland von 1945 bis 2000. Bad Heilbrunn.

Jürgen Hasse

Sachunterrichtlicher Ansatz – geographische Perspektiven

Definition

Der Sachunterricht unterstützt Schülerinnen und Schüler dabei ihre Lebenswelt wahrzunehmen, zu verstehen und sich in ihr zu orientieren, Erkenntnisse und Interesse aufzubauen, die eigene Persönlichkeit weiterzuentwickeln und verantwortungsvoll mit der Umwelt umzugehen. In der Unterrichtsplanung stehen die Bildungsinhalte, also der Sachen, um die es gehen soll, im Vordergrund. Das geographische Lernen wird dabei integrativ behandelt.

Klassifikation

Die Gesellschaft für Didaktik des Sachunterrichts beschreibt im Perspektivrahmen Sachunterricht (GDSU 2013) die grundlegenden Strukturen des sachunterrichtlichen Ansatzes. Um die Anschlussfähigkeit des Sachunterrichts an die weiterführenden Schulen zu sichern, werden fünf Perspektiven differenziert:

- sozialwissenschaftliche Perspektive (Politik, Wirtschaft, Soziales)

- naturwissenschaftliche Perspektive (belebte und unbelebte Natur)
- geographische Perspektive (Räume, Naturgrundlagen, Lebenssituationen)
- historische Perspektive (Zeit, Wandel)
- technische Perspektive (Technik, Arbeit).

Perspektivenübergreifende Themenbereiche (Mobilität, Gesundheit, Medien, nachhaltige Entwicklung) ergänzen die perspektivenbezogenen Themen.

Die geographische Perspektive bezieht sich auf Räume, Naturgrundlagen und Lebenssituationen. Frühes geographisches Lernen wird im sachunterrichtlichen Ansatz, wie jede der fünf Perspektiven im Perspektivrahmen Sachunterricht in zwei Dimensionen differenziert:

1. Denk-, Arbeits- und Handlungsweisen:
- Räume und Lebenssituationen in Räumen wahrnehmen; Vorstellungen und Konzepte dazu bewusst machen und reflektieren (Vorstellungen und Vor-Urteile, subjektive Karten)
- Räume erkunden, untersuchen und Ergebnisse dokumentieren (Arbeit im Nahraum)
- sich in Räumen orientieren, mit Orientierungsmitteln umgehen (Grundrisse lesen und zeichnen, Wege beschreiben, Skizzen und Karten lesen und anfertigen, Umgang mit Luftbildern, Himmelsrichtungen, Entfernungen, Maßstab)
- Ordnungsmuster zu räumlichen Situationen und zu Natur-Mensch-Beziehungen aufbauen und weiterentwickeln.

2. Perspektivenbezogene Themenbereiche:
- Naturphänomene, natürliche Zyklen und Kreisläufe (z. B. Wettererscheinungen und -beobachtungen; kosmologische Zusammenhänge: Erde, Mond, Sonne, Sterne; Tag und Nacht; Wasserkreislauf)

- Menschen nutzen, gestalten, belasten, gefährden und schützen Räume (z. B. Wohnen, Arbeiten, Dienstleistungen, Ver- und Entsorgungseinrichtungen, Freizeit, Verkehr)
- Vielfalt und Verflechtungen von Räumen; Lebenssituationen nah und fern
- Entwicklungen und Veränderungen in Räumen (z. B. Entwicklung und Zukunft des Schulortes, Umwelt, Erdgeschichte).

Zur geographiedidaktischen Diskussion

Sowohl die Berücksichtigung geographischer Themen und Arbeitsweisen als auch die Qualität der Umsetzung im Unterricht steht in der Kritik. Durch die Offenheit der Bildungspläne/Lehrpläne im Sachunterricht ist die Auswahl der geographischen Inhalte und Methoden für die Lehrkräfte, vor allem wenn Sie das Fach unterrichten ohne Geographie studiert zu haben, eine Herausforderung. Es gilt passende räumliche Bezüge und exemplarische Beispiele (z. B. Welche europäischen Länder werden beim Thema Europa behandelt und unter welchen Aspekten?), wie auch sinnvolle Begriffe im Rahmen des topographischen Lernens (z. B. Welche deutschen Flüsse sollten Grundschülerinnen und Grundschüler kennen?) festzulegen. Damit einher geht das Streben nach einer Balance zwischen Nähe und Ferne im Unterricht. Die kindgemäße Behandlung von Regionen aus Europa und dem Rest der Welt sind heute fester Bestandteil des Unterrichts in der Grundschule. Die Behandlung von fachlich-komplexen Themen z. B. zu fremden Kulturen „So leben Kinder in Grönland" und zu Einsichten in Mensch-Umwelt-Wechselbeziehungen (z. B. Klimawandel), erfordert hohes Fachwissen. Es besteht im Unterricht der Grundschule die Gefahr den Sachunterricht vor allem als Raum für sinnliche Erfahrungen, ausgleichende Aktivitäten und als Ort für soziales Lernen zu sehen. Kognitiv anspruchsvolle Kompetenzziele werden tendenziell auf den Deutsch- und Mathematikunterricht konzentriert (MURMANN 2021, 164). Die Folge ist eine unterkomplexe Behandlung von Sachthemen und das Unterschätzen der zu entwickelten Kompetenzen.

Literatur

ADAMINA, M. , HEMMER, M. , SCHUBERT, J. CHRISTOPH & HARTINGER, A. [Hrsg.]. (2016). Die geographische Perspektive konkret. Begleitbände zum Perspektivrahmen Sachunterricht. Bad Heilbrunn

GESELLSCHAFT FÜR DIDAKTIK DES SACHUNTERRICHTS E.V. (GDSU) – In: www.gdsu.de).

GESELLSCHAFT FÜR DIDAKTIK DES SACHUNTERRICHTS E.V. (GDSU) (2013): Perspektivrahmen Sachunterricht. Bad Heilbrunn.

KRAUTTER Y. (2015) Lehrpläne für die Grundschule. In: REINFRIED S. & H. HAUBRICH [Hrsg.] Geographie unterrichten lernen. Die Didaktik der Geographie, Berlin, S. 110–113

KRAUTTER Y. (2015) Unterrichtsplanung im Sachunterricht der Grundschule. In: REINFRIED S. & H. HAUBRICH H. [Hrsg.] Geographie unterrichten lernen. Die Didaktik der Geographie, Berlin, S. 356–363

MURMANN L. (2021) Sachunterricht als Forum für Welterschließung. In: BILLON-KRAMER T. [Hrsg.] Wirksamer Sachunterricht, S.157–166. Baltmannsweiler

SCHUBERT J.C. (2021) Sachunterricht aus geographischer Perspektive. In: BILLON-KRAMER T. [Hrsg.] Wirksamer Sachunterricht. Unterrichtsqualität: Perspektiven von Expertinnen und Experten. Band 16, Hohengehren, S. 197–205

Yvonne Krautter

Sandkasten

Definition

Der Sandkasten ist ein mit formbarem, feinem Lockermaterial gefülltes Behältnis, das es ermöglicht, geographische Sachverhalte in ihrer Dreidimensionalität schülergerecht und -aktiv als konkrete Modelle darzustellen.

Klassifikation

1. Nach Arbeitsform und Abmessungen:
- Klassensandkasten: ca. 100 x 130 cm; für die gesamte Klasse steht ein Sandkasten zur Verfügung

- Gruppensandkasten: ca. 60 x 60 cm; leicht, transportabel, mehrfach vorhanden (in der Regel Kunststoffeinschübe in Schubladenkästen)

2. Nach dem verwendeten Füllmaterial:
- Sand (Quarzsand, besser formbar: Kalksand)
- Sägemehl bzw. sägemehlähnliches, bindiges Material

3. Nach Funktion und Art der Veranschaulichung:
- Dimensionswechsel: Zweidimensional dargestellte Sachverhalte (z.B. Karteninhalt) können im Sandkasten in ein dreidimensionales topographisches Modell umgesetzt werden (Visualisierung, Veranschaulichung, Überprüfung des Karten- und Raumverständnisses); umgekehrt können im Sandkasten erstellte Modelle die Grundlage für die Reduzierung dreidimensionaler Gegebenheiten (Topographie, Relief) in zweidimensionale Darstellungen bieten (Grundriss: einfacher Lageplan; Reliefdarstellung: Herleitung der Höhenlinien).
- Darstellung dynamischer Prozesse: Neben statischen Modellen bietet der Sandkasten auch die Möglichkeit, Vorgänge in reduzierter Form experimentell nachzuvollziehen (z. B. Deflation und Dünenbildung).

4. Nac der Lehrer-/Schüleraktivität:
- Die Lehrkraft demonstriert einen Sachverhalt anhand eines Sandkastenmodells.
- Schüler arbeiten an einem von der Lehrkraft vorgegebenen Modell
- Nach vorgegebener Aufgabenstellung erarbeiten die Schüler das Sandkastenmodell selbstständig bzw. unter Anleitung.

Zur geographiedidaktischen Diskussion

Der Sandkasten ist ein angestammtes Lehr- und Arbeitsmittel im Erdkunde- bzw. Heimat-

und Sachunterricht der Grundschule; ungeachtet seiner unbestrittenen didaktischen Vorzüge setzt sich seine Verwendung in den unteren Klassenstufen der weiterführenden Schularten jedoch bedauerlicher Weise kaum fort. Der hohe pädagogische Stellenwert rührt nicht zuletzt daher, dass der Spieltrieb der Kinder positiv für Unterrichtszwecke umgesetzt werden kann. So kann auch von den Schülern Gehörtes, Gesehenes, Gelesenes, Erlebtes spontan und kreativ unter Einsatz der eigenen Phantasie und handwerklichen Fertigkeit seinen Ausdruck finden.

Hervorzuheben ist die (teils nicht immer trennscharf dargestellte) Tatsache, dass nicht das Medium Sandkasten an sich zu den Modellen zu zählen ist, sondern die dreidimensionale Darstellung des darin geformten Sachverhalts.

Anwendungsgebiete, bei denen der Sandkasten nutzbringend eingesetzt werden kann, sind:

- Veranschaulichung bestimmter Oberflächenformen (z.B. Drumlin) bzw. Formengesellschaften (z.B. glaziale Serie).
- Vermittlung gesicherter Vorstellungen über räumliche Verteilungsmuster (z.B. Gliederung und Struktur des Schulumfelds bzw. des Heimatraums), wobei auch ergänzende Materialien (Häuser, Straßen, Vegetation u.a.) einzusetzen sind.
- Lernhilfe bei der Einführung in das Kartenverständnis: Neben dem einfachen Nachvollziehen des Lageplans (Siedlungsstruktur, Verkehrsnetz, Hydrographie u.a.) kann vor allem der Vorgang der Verebnung (Überführung der dreidimensionalen Reliefgegebenheiten in die zweidimensionale Kartenebene) verständlich gemacht werden, üblicherweise durch Projektion von am Geländemodell angelegten Höhenlinien (Wollfäden o.ä.) auf eine dem Sandkasten aufgelegte Plexiglasplatte.

- Anfertigung eines Profils: Transparente Sandkasten-Seitenwände ermöglichen eine direkte Herleitung der Profillinie durch Nachfahren des Geländeoberflächenverlaufs mit einem Filzstift.
- Im Rahmen eines problemorientierten Unterrichts können Sandkastenmodelle als Grundlage für die Diskussion raumbezogener Wertungs- und Entscheidungsprozesse herangezogen werden (z.B. Trassierung einer Umgehungsstraße, Planung eines Wohn- bzw. Gewerbestandorts u.a.).
- In eingeschränktem Maße können im Sandkasten auch Experimente durchgeführt werden. Vom Einbringen von Flüssigkeiten (z.B. Erosionsexperimente) ist allerdings abzuraten; in solchen Fällen sind Freilandexperimente bzw. spezifische Versuchsaufbauten vorzuziehen.

Neue Impulse könnte der Einsatz des Sandkastens durch Versuche erhalten, dieses Medium mit digitalen Geländevisualisierungsmöglichkeiten (*augmented reality*) zu verbinden.

Literatur

HAAS, H.-P. (1982): Verwirklichung instrumentaler Lernziele in der Orientierungsstufe mit Hilfe des Sandkastens. In: Der Erdkundeunterricht, H. 41, S. 10 – 18.

JEKKERBLUEHILL, P., OHL, U. (2018): Unsere Region in der Augmented Reality Sandbox: Eine Unterrichtskonzeption zur Einführung der Höhendarstellung in physischen Atlaskarten. Augsburger Geographiedidakt. Impulse, 1. 24 S. - https://opus.bibliothek.uni-augsburg.de/opus4/frontdoor/deliver/index/docId/43161/file/Jekkerbluehill_Ohl_2018_ARSandbox.pdf

RAMM, K. R. S. & K. PLANER (1968): Vom Sandkasten zur Karte: Ein praktisches Arbeitsbuch für Heimat- und Erdkunde. 4. Aufl., München.

REIMITZ, K. (1994): Einführung der Höhenlinien mit dem Sandkasten. – In: Praxis Geographie, 24, 7/8, 14 – 16.

SCHMIDTKE, K.-D. (1977): Geographische Modelle im Sandkasten oder der Wiederbelebungsversuch eines traditionellen Arbeitsmittels. – In: Geographie im Unterricht, 2, 9, 293 – 299.

Thomas Schneider

Stufe	Natürliches und indikatorisches Bildverstehen	Darstellen und Beurteilen des Aussagewertes
3	im Sinne einer Gesamtorientierung und im Bildvergleich in Echt- und Falschfarben-Satellitenbildern wesentliche Elemente und deren Bedeutung erkennen sowie deren Beziehungen beschreiben	Potenziale und Grenzen von Satellitenbildern erkennen und beurteilen
2	in Falschfarben-Satellitenbildern Elemente und deren Bedeutung erkennen und beschreiben	Eignung von Satellitenbildern im Hinblick auf ihre Auflösung (räumlich wie spektral) auf Fragestellungen erkennen und beurteilen
1	in Echtfarben-Satellitenbildern Elemente und deren Bedeutung erkennen und beschreiben	in Echt- und Falschfarben-Satellitenbildern Elemente selektieren und Strukturen erkennen

Tab. 1: Kompetenzstrukturmodell der Satellitenbild-Lesekompetenz

Satellitenbild-Lesekompetenz

Definition

Die Satellitenbild-Lesekompetenz ist die Fähigkeit, wesentliche Elemente in Satellitenbildern der Erdoberfläche (Echt- und Falschfarben-Satellitenbilder) zu erkennen, ihre Beziehungen zueinander zu beschreiben sowie den Aussagewert (Potenziale und Grenzen) von Satellitenbildern zu erkennen und zu beurteilen.

Klassifikation

Das Kompetenzstrukturmodell der Satellitenbild-Lesekompetenz setzt sich aus zwei Dimensionen zusammen: dem „natürlichen und indikatorischen Bildverstehen" und dem „Darstellen und Beurteilen des Aussagewertes" mit jeweils drei aufeinander aufbauenden Niveaustufen (Tab. 1).

Die hier beschriebene Satellitenbild-Lesekompetenz bezieht sich auf Echtfarben- sowie eine beschränkte Auswahl an Falschfarben-Satellitenbilder. Sie gilt beispielsweise nicht für Radarbilder oder atmosphärische Aufnahmen, wie sie die (→) Fernerkundung auch bietet.

Zur geographiedidaktischen Diskussion

Basierend auf theoretischen Überlegungen zu (→) Bildungsstandards und (→) Kompetenzen (beispielsweise in der Geographiedidaktik, aber auch zur Lesekompetenz nach PISA), allgemeinen Ansätzen zum Lernen mit Bildern (z. B. dem psychologischen Modell des Bildverstehens nach WEIDENMANN oder der visual literacy) und zu Arbeiten mit Satellitenbildern (vor allem im Geographieunterricht, vgl. stellvertretend HASSENPFLUG) kann ein theoriebasiertes Kompetenzstrukturmodell der Satellitenbild-Lesekompetenz aufgestellt werden → Kompetenzmodelle).

Das Kompetenzstrukturmodell versteht sich als Baustein zu einer differenzierten Ausgestaltung der aktuellen Bildungsstandards der DEUTSCHEN GESELLSCHAFT FÜR GEOGRAPHIE (2012). Wichtig erscheint solch ein Modell aus unterschiedlichen Sichtweisen. Eine Satellitenbild-Lesekompetenz nimmt für die Schülerinnen und Schüler stark an Bedeutung zu, da uns schon heute unterschiedliche Satellitenaufnahmen (z. B. in Wettervorhersagen) begegnen. Satellitenbilder als bildhafter Ausdruck der Fernerkundung können zudem durch ihre ungewohnte Perspektive besonders bei Schülerinnen und Schülern Interesse und Faszination auslösen und sie zum Nach- und Weiterdenken ermuntern.

Literatur

DEUTSCHE GESELLSCHAFT FÜR GEOGRAPHIE (DGfG) [Hrsg.] (2012): Bildungsstandards im Fach Geographie für den Mittleren Schulabschluss – mit Aufgabenbeispielen. Bonn.

HASSENPFLUG, W. (1996): Satellitenbilder im Erdkundeunterricht. – In: geographie heute, 17, 137, 4 – 11.

KOLLAR, I. (2012): Die Satellitenbild-Lesekompetenz. Empirische Überprüfung eines theoriegeleiteten Kompetenzstrukturmodells für das „Lesen" von Satellitenbildern. (Dissertation) Heidelberg.

WEIDENMANN, B. (1988): Psychische Prozesse beim Verstehen von Bildern. Bern.

Isabelle Kollar

Scaffolding

Definition

Scaffolding bezeichnet eine Lehrstrategie, die in Form eines „Baugerüstes" von gezielt bereitgestellten Orientierungshilfen, speziellen Anleitungen und Denkanstößen Lernunterstützungen anbietet und diese im Verlauf des *scaffolding*-Prozesses schrittweise verringert, damit Lernende Lern- und Problemlöseprozesse eigenständig entwickeln und ihren Wissenszuwachs kompetent aufbauen.

Klassifikation

Bei der Durchführung eines instruierten *scaffolding*-Prozesses lassen sich vier Phasen identifizieren:

- *modelling*: Die Lehrkraft formuliert die Wissensinhalte klar und erläutert den Lernenden den zu erlernenden Unterrichtsstoff mit der angestrebten Zielsetzung, den anzuwendenden Mitteln und Methoden. Dabei wird die von der Lehrkraft entwickelte Vorgehensweise beim Erarbeiten der neuen Lerninhalte deutlich angewiesen, verbal kommentiert und den Lernenden detailliert dargestellt.

- Imitation: Durch den von der Lehrkraft kreativ gestalteten Frontalunterricht sammeln die Lernenden Erfahrungen, indem Aufgabenteile sowohl nachvollzogen als auch selbstständig bearbeitet werden.

- *Assisting* und Monitoring: Die ersten eigenständigen Übungen der Lernenden werden weiterhin von der Lehrkraft unterstützt (*assisting*). Gleichzeitig erfolgt eine Einschätzung des Lernfortschritts der Lernenden durch die Lehrkraft (Monitoring). Mit zunehmender Erfahrung und selbstständiger Anwendung verbessert und steigt das Verständnis für die Wissensinhalte und Vorgehensweise. Es erfolgt eine schrittweise dem Lernfortschritt angepasste Verringerung der Unterstützungsangebote seitens der Lehrkraft.

- Performance: Im Folgenden werden der Wissensinhalt und die Komplexität der Aufgaben erhöht. Die Bearbeitung der gesamten Aufgabe erfolgt durch den Lernenden ohne Unterstützung seitens der Lehrkraft.

Zur geographiedidaktischen Diskussion

Die von VYGOTSKIJ (2002) entwickelte Vorstellung einer „Zone der nächsten Entwicklung" orientiert sich an den jeweiligen individuellen Entwicklungsspielräumen von Lernern, deren erreichbarer Leistungsstand als Differenz eines unteren und eines oberen Niveaus definiert wird. Der individuelle Leistungsstand erreicht – im Gegensatz zu einer selbstständigen Bewältigung einer Anforderung auf einem unteren Niveau – durch eine effektive Unterstützung ein oberes Niveau. Um den Lernenden weder zu über- noch zu unterfordern, bedingen geeignete pädagogische Maßnahmen seitens eines instruierenden Experten optimale Lernfortschritte. Zu Beginn eines im Sinne VYGOTSKIJS entwickelten *scaffoldings* modelliert die Lehrkraft einen den Lernenden eigens angepassten Lehrplan, der zu einem tieferen Verständnis von Wissensinhalten und zu weiterem Können führt. Unter Einbeziehung vorhandenen Vorwissens sowie verfügbarer Fähigkeiten und Fertigkeiten werden Lerninhalte und neue Informationen vorbereitet, um an den vorhandenen und weiterzuentwickelnden Wissensstand der Lernenden optimal angebunden zu werden.

Eine Übernahme der Merkmale des *scaffolding*-Prozesses erfolgt in der Regel bei der Gestaltung von computergestützten Lehr- und Lernumgebungen, z. B. im Bereich von GIS-Anwendungen. Geographische Lerninhalte werden dabei im Sinne des Instruktionsdesigns sequenziell aufbereitet. Lernprozesse, die durch Instruktionen, Lern- und Strukturierungshilfen anfänglich fremdgesteuert werden, gehen im Verlauf zur Selbststeuerung über. Eine weitere Anwendung des *scaffoldings* findet sich in Form von (→) WebQuest (DODGE 1995; MARCH 1998; MARCH o. J.) als internetbasierte Unterrichtskonzeption wieder. Lernende werden mithilfe klarer Aufgaben- und Problemstellungen, durch gezielte Internetrecherchen, bereitgestellte Materialien und deutlich beschriebene Arbeitsprozesse angeleitet, geographische Lerninhalte inhaltlich differenziert zu erarbeiten, aufzubereiten, zu präsentieren und zu bewerten. Die von DODGE entwickelten Aufgabentypologien entsprechen in Teilen den im TTG-Projekt (LEAT 1998; NICHOLS/KINNINMENT/LEAT 2001) verwendeten und im Sinne eines *scaffoldings* gestalteten Lernmethoden.

Literatur

DODGE, B. (1995, update 1997): Some Thoughts About WebQuests. – In: http://webquest.sdsu.edu/about_webquests.html (Letzter Zugriff: 27.05.2013).

LANGE, V. L. (2002): Instructional scaffolding. A Teaching Strategy. – In: http://condor.admin.ccny.cuny.edu/~group4/Cano/Cano%20Paper.doc (Letzter Zugriff: 02.01.2013).

LEAT, D. (1998): Thinking through Geography. Cambridge.

LIPSOM, L., SWANSON, J. & A. WEST (2004): Scaffolding. – In: http://projects.coe.uga.edu/epltt/index.php?title=Scaffolding (Letzter Zugriff: 02.01.2013).

MARCH, T. (1998): Why WebQuests? – In: http://tommarch.com/writings/why-webquests/ (Letzter Zugriff: 27.05.2013).

MARCH, T. (o. J.): What WebQuests (Really) Are. – In: http://tommarch.com/writings/what-webquests-are/ (Letzter Zugriff: 27.05.2013).

MCKENZIE, J. (1999): Scaffolding for Success. – In: FNO – The Educational Technology Journal, 9, 4. – In: http://fno.org/dec99/scaffold.html (Letzter Zugriff: 02.01.2013).

NICHOLS, A., KINNINMENT, D. & D. LEAT (2001): More Thinking Through Geography. Cambridge.

VYGOTSKIJ, L. S. (2002): Denken und Sprechen. Weinheim, Basel.

Yvonne von Roux

Schemazeichnung

Definition

Eine Schemazeichnung oder Schemaskizze ist eine auf das Wesentliche reduzierte, abstrahierende Darstellung von Objekten, Begriffen, funktionalen Zusammenhängen, Prozessen und Systemen. Die übersichtliche Abbildung kann aus textlichen, grafischen und numerischen Elementen bestehen.

Klassifikation

Schemazeichnungen werden in der Geographiedidaktik in die Kategorie der grafischen (→) Medien eingeordnet.

Arten von Schemazeichnungen:

- Schemazeichnung zur Darstellung von geographischen Begriffssystemen und Assoziationen (→ Mindmap): ordnet mit grafischen Mitteln Begriffe und Sachverhalte hierarchisch einander zu (z. B. zum Thema „Europa")

- Schemazeichnung zur Darstellung von geographischen Prozessen und Kreisläufen: stellt kausale, funktionale und genetische Zusammenhänge zwischen Natur- und Humanfaktoren dar (z. B. der Weg des

Zuckers), dabei ist es möglich, wiederholende Abläufe als Kreislauf-Schemaskizze darzustellen (z. B. Kohlenstoffkreislauf). Als Darstellungsformen werden häufig Ursache-Wirkungs-Gefüge und (→) *concept maps* verwendet.

Zur geographiedidaktischen Diskussion

Schemazeichnungen können helfen, ein Thema bzw. einen Themenkomplex grafisch zu verarbeiten und zu strukturieren. Dabei sollte die Gefahr berücksichtigt werden, dass ein Schema durch seine starke Vereinfachung auch eine Schwäche darstellt. Ein Schema ist letztlich nur ein Gedankenkonstrukt, welches durch Zusatzinformationen und die Darstellung von Zusammenhängen unterstützt werden muss.

Literatur

REINFRIED, S. (2006): Mapping-Verfahren. – In: HAUBRICH, H. [Hrsg.] (2006): Geographie unterrichten lernen. Die neue Didaktik der Geographie konkret. München: Oldenbourg, 144–145.

RINSCHEDE, G. (2007): Geographiedidaktik. Paderborn: Ferdinand Schoningh, S. 345–346.

RINSCHEDE, G. & A. SIEGMUND (2020): Geographiedidaktik. Paderborn: Ferdinand Schöningh, S. 178–181.

Anne-Kathrin Lindau,

Daniela Hottenroth

Schulbuch

Definition

Das geographische Schulbuch ist ein für den Unterricht konzipiertes Lehr-, Lern- und Arbeitsmittel, das sich an den Vorgaben des Lehrplans bzw. der geographischen Bildungsstandards orientiert. Es vermittelt die dort festgelegten Ziele, Inhalte sowie Kompetenzen adressatenbezogen. Als Verbundmedium und gleichermaßen als Teil eines Medienverbundes integriert es zielorientiert vielfältige Medien und Methoden.

Klassifikation

1. Nach Schulbuchtypen:

– Lernbuch: Bis Ende der 1960er-Jahre bot es den Unterrichtsstoff hauptsächlich in Lern- und Ergebnistexten für wiederholendes Nachlesen und Festigen an (nachvollziehendes Lernen). Spätere intensivierte Informationsvisualisierungen brachten keine essenzielle Optimierung für einen Einsatz im Unterricht, da der Textcharakter beibehalten wurde.

– Arbeitsbuch: Als didaktisch aufbereitete Materialsammlung einer Vielzahl von eingebetteten Einzelmedien ermöglicht und fördert es (→) „entdeckendes Lernen", auch im Hinblick auf Sozial- und Aktionsformen. Die Ergebnissicherung ist von der Lehrkraft oder vom Lernenden selbst zu leisten, da sie nicht in dem Maße gegeben ist wie im Lernbuch.

– Kombiniertes Lern- und Arbeitsbuch: Es vereint die positiven Eigenschaften beider Schulbuchtypen in der Zusammenführung vielfältiger Materialien für eine selbstständige Erarbeitung und zusammenfassenden Ergebnissen. Diese Konzeption hat als Fundament einer Schulbuchentwicklung bis heute Bestand.

- E-Books: Sie reichen von digitalisierten Schulbüchern bis zu eigens konzipierten Unterrichtswerken. wie z.B. multimedial-interaktive digitale Schulbücher.

2. Nach Funktionen:

- Strukturierung: Vorgaben der Lehrpläne und Standards werden in Themenkomplexen inhaltlich und methodisch umgesetzt. Eine Transparenz in Gliederung (Kapitel, Unterkapitel) und Aufbau der Schulbuchseiten (Motivations-, Arbeits-, Methoden- sowie Übungsseiten) ist dabei von besonderem Wert. In Deutschland z.B. ist ein Schulbuch sehr oft nach dem „Aufschlagprinzip" strukturiert, eine Doppelseite entspricht einer Unterrichtsstunde/-einheit. Diese Strukturierungshilfen dienen der Lehrkraft als Orientierung für ihre tägliche wie für ihre Langzeitunterrichtsplanung und bieten damit Entlastung in der Unterrichtsvorbereitung. Die Lernenden erhalten einen konkreten Überblick über den jeweils anstehenden Wissenserwerb, die fachspezifische/fachübergreifende Methodenkompetenz und über soziale Kompetenzen. Für Eltern, die ihr Kind beim Lernen unterstützen wollen, geben klar strukturierte Schulbücher ebenso eine wertvolle Hilfestellung.
- Repräsentation: An adäquaten Raumbeispielen wird die räumliche Wirklichkeit durch ein breitgefächertes, nach unterschiedlichen Leistungsniveaus differenziertes Medienangebot dargestellt und macht damit Unterrichtsinhalte zugänglich.
- Steuerung: Mit der Auswahl und Anordnung von Medien und Methoden zur begleitenden Umsetzung von Inhalten, mit individuell fördernden Aufgabenstellungen (→ Aufgabenkultur), Fragen und Impulsen, welche die Auswertung der Materialien lenken, führt das Schulbuch Lehrende und Lernende zum vorgesehenen Unterrichts-

ziel. Die Steuerungsfunktion hat darüber hinaus besondere Bedeutung aufgrund der wachsenden Zahl fachfremd unterrichtender Lehrkräfte.
- Reduktion: Komplexe fachgeographische Lerninhalte werden unter Beachtung der (→) Unterrichtsprinzipien Altersgemäßheit, Gegenwarts- und Zukunftsbedeutung sowie Exemplarität zieladäquat so aufbereitet, dass deren Verständlichkeit für die Lernenden gesteigert wird. Das Schulbuch wendet hierfür quantitative und qualitative Maßnahmen an. Im quantitativen Verfahren werden z.B. inhaltliche Aspekte unter Einhaltung der fachlichen Korrektheit vereinfacht, im qualitativen Verfahren kompliziertere Lerninhalte z.B. durch illustrierende Medien wie Erklärfilme ergänzt.
- Motivation: Interesse, Neugier und Lust am Lernen wecken originelle und anschauliche Darstellung geographischer Sachverhalte, Einbeziehung der Lebenswelt und der Eigenerfahrung der Lernenden (→ Werteerziehung/ethisches Urteilen), Aufgaben mit Aufforderungs- und Handlungscharakter, spielerische Elemente wie Rätsel, (→) Karikaturen und Comics, desgleichen ein attraktives Layout des Schulbuchs insgesamt.
- Übung und Kontrolle: Variable Übungsangebote (z.B. Aufgaben mit unterschiedlichen Anforderungs- und Kompetenzbereichen, materialgeleitete Aufgaben wie der Bau von Modellen für eine selbstständige Wissenskonstruktion, Spiele (→ Spiele im Geographieunterricht), Lückentexte usw. ermöglichen zum einen die Festigung des Gelernten, zum anderen eine Differenzierung nach Leistung und Interessen.
- Methodenschulung: Eine adressatenbezogene Vermittlung fachübergreifender und fachtypischer Methoden (z.B. Karteninterpretation, Anfertigung von Kartenskizzen, Auswertung von (→) Klimadiagrammen) so-

wie eine Methodenprogression von der Primar- bis zur Sekundarstufe II unterstützen den Weg zu Selbsttätigkeit und eigenverantwortlichem Arbeiten (→ Arbeitsweisen).

– Innovation: Das Schulbuch greift Innovationen in der konzeptionellen und curricularen Diskussion auf und setzt diese exemplarisch um: Methodentraining (Beispiel „Eine geotektonische Profilskizze erstellen"), offene und handlungsorientierte Unterrichtsformen (Beispiel „Eine Befragung zu nachhaltiger Stadtentwicklung durchführen"), fächerverbindende Elemente (Beispiel „Ein Portfolio anlegen").

– Medienverbund: Als Verbundmedium von Informations- und Quellentexten sowie Abbildungen (Karten, Bilder, Diagramme, Tabellen, Profile, Blockbilder usw.) verknüpft das Schulbuch für Lehrende und Lernende weitere Medien miteinander wie z.B. (→) Arbeitsheft, (→) Atlas, Lehrerhandreichungen, auf zusätzliche Lernkanäle abgestimmte digitale Medien.

Zur geographiedidaktischen Diskussion

Das Schulbuch gilt als Garantie für die Umsetzung der Lehrplaninhalte („heimlicher Lehrplan") und wird als das Steuerungsinstrument von Bildungsinhalten und Werteorientierungen im Unterrichtsdiskurs betrachtet.

Ein konstruktivistisches Lernverständnis mit dem Anspruch auf verstärkte Selbsttätigkeit und Selbststeuerung (→ Konstruktivismus), Veränderungen im Mediengebrauch und Medienumgang heutiger Kinder und Jugendlicher führen zu intensivierter Nutzung digitaler Medien aus dem Internet. Verlage reagieren auf die neuen, außerschulischen Lernkontexte mit ergänzenden digitalen Lernangeboten zu den Themen des Schulbuchs: Über Online-Codes im Schulbuch kann der Lernende auf der Verlags-Website vielfältige, medial attraktive Lehrmaterialien abrufen (Beispiel: TERRA Geographie 5, GY Bayern 2017, Vorsatz). In ihrer Funktion unterscheiden sich diese nicht vom herkömmlichen, fachlich überprüften und adressatengemäß aufbereiteten Schulbuch. Hier wie dort wird einer pädagogisch-didaktischen Wissensvermittlung, Werteerziehung und sozialer Kompetenz Rechnung getragen. Im digitalen Medienzeitalter besteht ihr grundlegender Vorteil in einer Aktualität und Aktualisierung von beispielsweise Themen, Raumbeispielen, Informationsvisualisierungen und verwendeter Methoden. Mit Blick auf die Ergebnisse neuerer Schulbuchforschung zu Effektivität und Effizienz des Lernprozesses könnte die gegenwärtig noch vielfach genutzte Printkombination Lern- und Arbeitsbuch deshalb von einem Schulbuchtyp abgelöst werden, der sich eher am Arbeitsbuch als einer Verknüpfung von Print- und Online-Medium orientiert.

Literatur

BEHNKE, Y. (2016): Nutzung und Bewertung visueller Gestaltungselemente in Schulbüchern durch Lernende. Zur Legitimierung von Schulbuchgestaltung aus lernpsychologischer und designtechnischer Sicht. – In: Mathes, E. & Schütze, S. [Hrsg.] (2016): Schulbücher auf dem Prüfstand. Bad Heilbrunn, 267–278.

FUCHS, E. & K. HENNE (2019): Klassische Printmedien: Das Schulbuch. – In: KÖLLER, O., HASSELHORN, M., HESSE, F. W., MAAZ, K.; SCHRADER, J., SOLGA, H., SPIESS, C. K. & K. ZIMMER [Hrsg.] (2019): Das Bildungswesen in Deutschland. Bestand und Potenziale. Bad Heilbrunn, 839–863.

HILLER, A. (2012): Das Schulbuch zwischen Internet und Bildungspolitik. Marburg.

KRAUTTER, Y. (2015): Basismedien im Geographieunterricht. – In: REINFRIED, S. & H. HAUBRICH [Hrsg.] (2015): Geographie unterrichten lernen. Die Didaktik der Geographie. Berlin, 220–221.

LATHAN, H. (2021): Das geographische Schulbuch aus der Schülerperspektive: Ein Beitrag zur Anwenderorientierung in Lehr-Lern-Materialien. URI: http://hdl.handle.net/21.11106/389 (Letzter Zugriff: 27.11.2022).

RINSCHEDE, G. & A. SIEGMUND (2022): Schulbuch. – In: RINSCHEDE, G. & A. SIEGMUND (2022): Geographiedidaktik. Paderborn, 365-369.

TERRA Geographie 5, GY Bayern (2017). Stuttgart, Vorsatz.

Berta Hamann

Schülerinteresse

Definition

Interesse ist eine spezifische Form der Lernmotivation, welche im Gegensatz zur intrinsischen Motivation einen konkreten Inhaltsbezug aufweist. In Anlehnung an die pädagogisch-psychologische Interessentheorie stellt dieses eine bedeutungsmäßig herausgehobene Person-Gegenstands-Relation dar.

Ein entscheidendes Merkmal von Interesse ist die Bereitschaft, sich aus eigenem Antrieb mit dem jeweiligen Interessengebiet zu beschäftigen. Dafür sind zwei Faktoren verantwortlich, positive Emotionen bei der Realisierung des Interesses (gefühlsbezogene Valenz) und eine hohe persönliche Wertschätzung der Inhalte und Handlungsmöglichkeiten des jeweiligen Interessengebietes (gefühlsneutrale Valenz).

Klassifikation

Neben dem Interesse an der Geographie allgemein (Sachinteresse) kann sich das Interesse auf das Unterrichtsfach beziehen (Fachinteresse). Im schulischen Kontext besonders relevant ist die Unterscheidung zwischen individuellem Interesse als dauerhaftem Personenmerkmal und situationalem Interesse, das z.B. durch einen guten Unterrichtseinstieg geweckt werden kann, wobei diese Zustände auch ineinander übergehen können (vgl. KRAPP 2010). Das Interesse kann sich in Anlehnung an die pädagogisch-psychologische Interessentheorie 1.) auf konkrete Objekte (z.B. auf Globen, Gesteine), 2.) auf Themen (z.B. Klimawandel, Italien) oder 3.) auf (→) Arbeitsweisen (z.B. Kartenlesen, Geländearbeit) beziehen.

Zur geographiedidaktischen Diskussion

Interesse ist nicht nur eine wichtige Voraussetzung für gelingende Lernprozesse, sondern gleichermaßen Ziel von Unterricht (SCHIEFELE & SCHAFFNER 2020). Aus diesem Grund ist die Erhebung, Diagnose und Berücksichtigung der individuellen Schülerinteressen eine lohnenswerte fachdidaktische Aufgabe.

Die geographiedidaktische Forschung hat sich insbesondere seit Mitte der 1990er-Jahre in einer Reihe von empirischen Untersuchungen intensiv mit der Frage beschäftigt, für welche Themen, Regionen und Arbeitsweisen des Geographieunterrichts sich Schülerinnen und Schüler besonders bzw. für welche sie sich nur wenig oder gar nicht interessieren sowie welchen Einfluss verschiedene Faktoren (z.B. Alter, Geschlecht) auf das individuelle Interesse haben (HEMMER/HEMMER 2010, 2021). Die Ergebnisse nationaler sowie internationaler Studien zeigen im Wesentlichen eine relativ hohe Übereinstimmung der Interessenausprägungen. So interessieren sich Schülerinnen und Schüler vorzugsweise für die Themenbereiche Georisiken, Mensch-Umwelt-Beziehungen und Nachhaltigkeit, hingegen weniger für abstraktere physisch- und wirtschaftsgeographische Themen (z.B. KIDMAN 2018). Bei den Interessen an Regionen zeigt sich eine Zunahme des Interesses vom Nahen zum Fernen und eine auf allen (→) Maßstabsebenen ausgeprägte Ost-West-Interessendiskrepanz. Zudem haben Schülerinnen und Schüler hohes Interesse an handlungsorientierten und konkret-ikonische Arbeitsweisen.

Als bedeutsame Einflussfaktoren erwiesen sich Schulart, Jahrgangsstufe und Geschlecht. Hauptschülerinnen und -schüler waren deutlich weniger interessiert als die Jugendlichen aus anderen Schularten. Dabei scheint sich die Einbindung in ein Verbundfach zusätzlich negativ auszuwirken. Das Interesse nimmt im Fach Geographie, wie auch in anderen Schulfächern, mit dem Alter zunächst ab, steigt dann aber am Ende der Sekundarstufe I und in der Sekundarstufe II wieder an. Mädchen und Jungen sind an der Geographie insgesamt gleichermaßen interessiert; gleichwohl gibt es sehr viele signifikante Unterschiede beim Interesse an einzelnen Themen und Regionen. OBERMAIER (1997) stellte bei den Jugendlichen einen Unterschied zwischen Sach- und Personeninteresse fest, der zum Teil an die (→) Geschlechterdifferenzen anschlussfähig ist, so ist das Personeninteresse bei Mädchen und das Sachinteresse bei Jungen höher.

Ein Vergleich mit dem Interesse von Lehrkräften und Lehramtsstudierenden zeigt bei insgesamt höherem Interesse der Lehrkräfte parallele Züge zum Interesse von Schülerinnen und Schülern (HEMMER/HEMMER 2017). Wenngleich vielfältige, empirisch untermauerte Vorschläge zur Förderung des Interesses im Geographieunterricht vorliegen (z.B. DITGES 2015), besteht in der geographiedidaktischen Forschung noch immer ein Desiderat in der Durchführung von Interventionsstudien, die die Effekte eines interesseorientierten Unterrichts prüfen.

Literatur

DITGES, T. (2015): Didaktisch-methodische Empfehlungen zur Weckung eines situationalen Interesses an einem für Schülerinnen und Schüler wenig interessanten Unterrichtsthema. Eine Befragung von Geographielehrkräften in Nordrhein-Westfalen (= Münstersche Arbeiten zur Geographiedidaktik, Bd. 8). Münster.

HEMMER, I. & M. HEMMER [Hrsg.] (2010): Schülerinteressen an Themen, Regionen und Arbeitsweisen des Geographieunterrichts (= Geographiedidaktische Forschungen, Bd. 46). Weingarten.

HEMMER, I. & M. HEMMER [Hrsg.] (2021): Das Interesse von Schülerinnen und Schülern an geographischen Themen, Regionen und Arbeitsweisen – ein Bundeslandvergleich zwischen Bayern und Nordrhein-Westfalen.

In: Zeitschrift für Geographiedidaktik 49 (1), 3-24. DOI: 10.18452/2278.

KIDMAN, G. (2018): School Geography: What Interests Students, What Interests Teacher? In: International Research in Geographical and Environmental Education 27 (4), 311-325.

KRAPP, A. (2010): Die Bedeutung von Interessen für die Lernmotivation und das schulische Lernen – eine Einführung. – In: HEMMER, I. & M. HEMMER [Hrsg.] (2010): Schülerinteressen an Themen, Regionen und Arbeitsweisen des Geographieunterrichts (= Geographiedidaktische Forschungen, Bd. 46). Weingarten, 9–26.

OBERMAIER, G. (1997): Strukturen und Entwicklung des geographischen Interesses von Gymnasialschülern in der Unterstufe – eine bayernweite Untersuchung (= Münchener Studien zur Didaktik der Geographie, Bd. 9). München.

SCHIEFELE, U. & E. SCHAFFNER (2020): Motivation. In: WILD, E. & J. MÖLLER [Hrsg.]: Pädagogische Psychologie. 3. Aufl. Berlin, Heidelberg, S. 163–185.

Ingrid Hemmer, Michael Hemmer,
Melissa Meurer, Gabriele Obermaier,

Schülerlabor/ Lehr-Lern-Labor

Definition

Schülerlabore/Lehr-Lern-Labore sind (→) außerschulische Lernorte, an denen Schülerinnen und Schüler hauptsächlich in den naturwissenschaftlich-technischen Fächern selbstständig oder unter Anleitung experimentieren und forschen.

Klassifikation

– Klassische Schülerlabore bieten regelmäßig Veranstaltungen an, die sich inhaltlich an den Lehrplänen orientieren und vorwiegend an ganze Schulklassen gerichtet sind. In der Regel erfolgt die Vor- und Nachbereitung durch die Lehrkraft im Unterricht.

– Davon abzugrenzen sind Schülerforschungszentren (Science-Center, Universitäts- und Forschungseinrichtungen, Industrie- und Technologiezentren), in denen Schülerinnen und Schüler häufig im Zusammenhang mit Forschungsprojekten in kleinen Gruppen forschend tätig sind.

– Außerdem bieten Lehr-Lern-Labore an Universitäten Lehramtsstudierenden die Möglichkeit, selbstständig experimentierende Schülerinnen und Schüler zu betreuen und praktische Erfahrungen zu sammeln. Die Lehr-Lern-Labore werden in der Regel von den Fachdidaktiken angeboten (vgl. M!ND-Center).

Zur geographiedidaktischen Diskussion

Ein wichtiges Anliegen der Schülerlabore ist, neben der Wissenschaftsorientierung, die Begeisterung für naturwissenschaftliche Themen und (→) Arbeitsweisen zu wecken. Sie leisten einen wesentlichen Beitrag zum besseren Verständnis von geowissenschaftlichen Phänomenen und Zusammenhängen. Thematisch konzentrieren sich Schülerlabore auf physisch-geographische Sachverhalte und sind zwischen realer Begegnung und medialer Vermittlung einzuordnen.

Durch die hohe Akzeptanz der Schülerlabore (nach Angaben des Bundesverbands der Schülerlabore e.V. waren 2012 bereits über 300 derartige Labore deutschlandweit in Betrieb) steigt die Bedeutung außerschulischer Lernorte im naturwissenschaftlich orientierten Unterricht laufend.

Die Implementierung von Lehr-Lern-Laboren (vgl. M!ND-Center) in die universitäre Lehrerausbildung betont die aktuelle und zukünftige Bedeutung des experimentellen Arbeitens im Geographieunterricht.

Literatur

Lernortlabor – Bundesverband der Schülerlabore e.V. – In: www.lernort-labor.de (Letzter Zugriff: 29.11.2022).
Meyer, C. (2015): Außerschulische Lernorte. – In: Reinfried, S. & H. Haubrich [Hrsg.] (2015): Geographie unterrichten lernen. Die Didaktik der Geographie. Berlin. 148 – 149.

M!ND-Center – In: www.mind.uni-wuerzburg.de (Letzter Zugriff: 29.11.2022).
Pawek, C. (2009): Schülerlabore als interessefördernde außerschulische Lernumgebungen für Schülerinnen und Schüler aus der Mittel- und Oberstufe. Kiel. – In: www.dlr.de/schoollab/Portaldata/24/Resources/dokumente/Diss_Pawek.pdf (Letzter Zugriff: 10.07.2023).
Treisch, F. (2018): Die Entwicklung der Professionellen Unterrichtswahrnehmung im Lehr-Lern-Labor Seminar: Assessing the professional vision of pre-service teachers in the Student-Lab. (Diss.) Würzburg

Thomas Amend, Helmer Vogel

Schülerorientierung

Definition

Schülerorientierung ist ein pädagogisches Unterrichtsprinzip, wonach die Zielstellung, Auswahl und Gestaltung von Unterrichtsinhalten wesentlich auf die Persönlichkeit, die Lebenssituation und Interessenlage von Schülern bezogen werden soll.

Klassifikation

Der Schüler gilt nach einer (älteren) Definition von Schule als Objekt von Erziehung und fachlicher Unterrichtung. Didaktik und Methodik befassen sich hier mit dem disziplinierten Lernen von Stoff und vorbestimmten Erwerb von Fertigkeiten (Instruktion). Seit der Aufklärung und besonders seit der Reformpädagogik gibt es eine zweite Theorie: der Schüler als Subjekt des Unterrichts. Dabei wird der Schüler als handelnde Person angesehen, seine Individualität anerkannt und seine gegenwärtige Situation (z. B. familiäre Verhältnisse, Migrationshintergrund) berücksichtigt. Wissen und Erfahrungen des Schülers werden für die Zielsetzung und die Unterrichtsgestaltung genutzt.

Diese beiden Theorien zum Schüler als Objekt und als Subjekt bestimmen bis heute die teils heftige Diskussion, zum einen als pädagogisches Selbstverständnis, zum anderen als funktionales Erfordernis der Anpassung an die

Bedingungen in einer globalisierten Welt und/oder der Selbstbestimmung in einer demokratischen Gesellschaft. Neue Zuschreibungen an die Schule als Institution und die Schulfächer als Qualifikationsressource gehen im Sinne der Inklusion (z. B. von Behinderungen) und des Grundsatzes „No child left behind" noch einen anderen Weg der Schülerorientierung.

Zur geographiedidaktischen Diskussion

Die Diskussion richtet sich nicht nur auf das Fach, sondern vor allem auf das Unterrichtsprinzip und den jeweiligen Begriff von Allgemeinbildung. Kritisch wird hier diskutiert, (1) inwieweit es ein basales Wissen bzw. Orientierungswissen geben soll, das auch unabhängig von der Motivation der Schüler zu vermitteln und abzufragen ist, (2) inwieweit eine zu hohe Selbstständigkeitserwartung an die Schüler in Konflikt mit einer tatsächlichen Unselbstständigkeit gerät, (3) inwieweit die Konkurrenz der Schulen, Länder und Ökonomien eine zu individualisierte Unterrichtsgestaltung in der globalisierten Welt noch (oder nicht mehr) erlaubt.

Grundsätzlich wird die Diskussion über Schülerorientierung über den Begriff der (→) Kompetenzen und der Bildungsstandardisierung zwischen Input (Freiheit für Lehrer und Schüler) und Output (Standard-Ergebnisse) geführt.

Literatur

Daum, E. (2002): Das eigene Leben und die Geographie. – In: GW-Unterricht, 86, 1 – 11.

Einsiedler, W. & H. Härle [Hrsg.] (1976): Schülerorientierter Unterricht. Donauwörth.

Fauser, P. (1996): Wozu die Schule da ist. Eine Streitschrift der Zeitschrift Neue Sammlung. Seelze.

Helmke, A. (2009): Unterrichtsqualität und Lehrerprofessionalität. Diagnose, Evaluation und Verbesserung des Unterrichts. Seelze-Velber.

Schmidt-Wulffen, W. (2008): Motivation und Unterrichtserfolg durch Schülermitplanung. Baltmannsweiler.

Wagner, A. (1978): Schülerzentrierter Unterricht. München, Berlin, Wien.

Tilman Rhode-Jüchtern

Schülervorstellungen

Definition

Mit dem Begriff Schülervorstellungen werden individuelle Denkmuster von Schülerinnen und Schülern bezeichnet. In der Fachliteratur findet man dafür auch die Bezeichnungen Präkonzepte, intuitive oder naive Konzepte, Fehlvorstellungen (Misconceptions), alternative Vorstellungen, Alltagsvorstellungen, Alltagswissen, Alltagstheorien oder subjektive Theorien. Die Begriffe sind nicht scharf voneinander abgrenzbar und werden häufig synonym verwendet. Schülervorstellungen sind aufgrund ihrer Plausibilität und fortgesetzten Bewährung im Alltag oft sehr stabil und manchmal nur mäßig modifizierbar.

Klassifikation

Schülervorstellungen bezeichnen subjektive gedankliche Konstruktionen über Phänomene der physikalischen und sozialen Welt, die sich Menschen früh im Leben bilden, um die eigene Lebenswelt einleuchtend und nachvollziehbar zu machen. Schülervorstellungen gehen sowohl auf die Übertragung von Denkschemata, die durch individuelle Beobachtungen, Erfahrungen, Annahmen und Hypothesen konstruiert wurden, als auch auf zahlreiche, durch das sozio-kulturelle Umfeld vermittelte Erklärungen zurück (Reinfried 2010). Sie bilden nicht eine objektiv vorgegebene Realität ab, sondern sind das Ergebnis eines individuellen kognitiven Konstruktionsprozesses und unterscheiden sich oft stark von fachlichen Vorstellungen. So beruht z.B. die bei Kindern verbreitete Vorstellung, dass die Erde eine Scheibe sei (Vosniadou/Brewer 1992) auf der frühen Beobachtung und Erfahrung, dass ein Mensch von seinem Standort auf der Erde nur einen Ausschnitt der Erdoberfläche sehen kann, die Krümmung der Erdoberfläche nicht bewusst wahrnimmt und die tägliche Sonnenbahn am Landschaftshorizont bogenförmig verläuft. Auch Analogismen und Metaphern tragen zur Vorstellungsbildung bei. So wurden zum Beispiel schon in der griechischen Antike in Analogie zum menschlichen Körper angenommen, dass Wasser im Erdkörper generell in Hohlräumen, also in unterirdischen Höhlen („Grundwasserblasen") oder Kanälen („Wasseradern") vorkomme (REINFRIED/TEMPELMANN/AESCHBACHER 2012).

Alltagsvorstellungen kommen in den Denkstrukturen aller Altersgruppen vor. Sie sind keine isolierten Wissenseinheiten, sondern vielfach mit anderen Vorstellungen zu → mentalen Modellen mit hohem Erklärungswert verknüpft. Alltagsvorstellungen können Lern- und Verstehensprozesse erheblich beeinträchtigen, was in Hunderten von Studien nachgewiesen wurde (vgl. REINFRIED/SCHULER 2009). Aus kognitionspsychologischer Sicht kann Lernen als ein Prozess des permanenten Umbaus, der Erweiterung und Differenzierung des Vorwissens verstanden werden. Da Lernende stets mit Präkonzepten in den Unterricht kommen, geht es beim Lernen grundsätzlich um das Verändern und Weiterentwickeln von Schülervorstellungen (→ Conceptual Change), weshalb diese bei der Unterrichtsplanung zu beachten sind.

Zur geographiedidaktischen Diskussion

Schülervorstellungen spielen beim Lehren und Lernen in der Geographie eine große Rolle. Eine Lehrkraft sollte deshalb die gängigen Schülervorstellungen kennen, bzw. die Präkonzepte ihrer Lernenden im Unterricht immer wieder selbst erkunden. Unterricht, der fertiges Wissen vermitteln will, ist wenig geeignet, um Lernenden bei der Veränderung ihre Präkonzepte und dem Aufbau von sinnvollem Wissen zu helfen. Erfolgreicher sind Lernarrangements, die Lernenden ermöglichen, neues Wissen in die eigene Wissensstruktur zu integrieren. Unterstützt wird verstehendes Lernen, wenn (1) an den Präkonzepten angeknüpft wird, (2) die Aufmerksamkeit der Lernenden auf bedeutsame Lerninhalte zentriert wird, (3) dazu angeleitet wird, Beziehungen zwischen den zu lernenden Inhalten und bestehendem Wissen herzustellen und (4) durch ko-konstruktives Erforschen und Diskutieren neue Erfahrungen gesammelt werden können, so dass Lernende sich der Unzulänglichkeit ihrer Alltagsvorstellungen bewusst werden.

Literatur

REINFRIED, S. (2010): Lernen als Vorstellungsänderung: Aspekte der Vorstellungsforschung mit Bezügen zur Geographiedidaktik. – In: REINFRIED, S. [Hrsg.] (2010): Schülervorstellungen und geographisches Lernen. Aktuelle Conceptual-Change-Forschung und Stand der theoretischen Diskussion. Berlin, 1–31.

REINFRIED, S., TEMPELMANN, S. & U. AESCHBACHER (2012): Addressing secondary school students' everyday ideas about freshwater springs in order to develop an instructional tool to promote conceptual reconstruction. – In: Hydrology and Earth System Science, 16, 4, 1365–1377.

REINFRIED, S. & S. SCHULER (2009): Die Ludwigsburg-Luzerner Bibliographie zur Alltagsvorstellungsforschung in den Geowissenschaften – ein Projekt zur Erfassung der internationalen Forschungsliteratur. Geographie und ihre Didaktik, 37(3), 120-135. Publikation der Bibliographie (Stand 2011) auf http://hozir.org/ludwigsburg-luzerner-bibliographie-zur-alltagsvorstellungsfors.html Zugriff am 8.7.2023.

VOSNIADOU, S. & W.F. BREWER (1992): Mental models of the earth: A study of conceptual change in childhood. – In: Cognitive Psychology, 24, 535–585.

Sibylle Reinfried

Schulgarten

Definition

Der Begriff „Schulgarten" bezeichnet dem Schulgelände angeschlossene Flächen, die gärtnerisch oder ökologisch genutzt werden, um biologische, ökologische und geographische Inhalte zu vermitteln sowie soziale und handwerkliche Fähigkeiten zu entwickeln.

Klassifikation

Die Funktionen und Ziele des Schulgartens sind vielfältig und interdisziplinär:

– Erfahrung- und Erlebnisraum
– Lernumgebung für Übungen, handwerkliche Fähigkeiten
– Lernort zur Veranschaulichung, Begriffsbildung und für Experimente
– Ort für fächerübergreifende, handlungsorientierte Lernsituationen
– Raum für soziale Aspekte, Einzel- und Gemeinschaftshandeln
– Ort der Entspannung, Erholung, Sinnesschulung
– Lernumgebung zur Wertebildung
– Ort für ästhetische, gartenbauliche Gestaltung
– Lernort für Naturverstehen, (→) Umweltbildung und (→) Bildung für nachhaltige Entwicklung.

Stark vereinfacht lassen sich zwei Hauptfunktionen definieren:

1. der Schulgarten als Lernort für die eigene Gartennutzung (z. B. sachgerechter Anbau von Gemüse zur Eigenernährung)
2. der Schulgarten als Lernanlass für geographische, botanische und ökologische Zusammenhänge.

Zur geographiedidaktischen Diskussion

Heutzutage erhält der Schulgarten im Kontext von Bildung für nachhaltige Entwicklung, Globalisierung und gesunder Ernährung einen neuen gesellschaftspolitischen Stellenwert. Zahlreiche pädagogische Konzepte und Unterrichtsmaterialien sowie Handreichungen der Kultusministerien der Länder sind online verfügbar.

Die geographiedidaktische Dimension beinhaltet spezifische Lernarrangements, in denen geographische Prozesse und systemische Zusammenhänge veranschaulicht, gemessen und nachgestellt (modelliert) werden. Hierzu gehören Themenfelder, die sich mit Boden und Bodenbildungsprozessen, Wetterelementen und -phänomenen, Wasserkreislauf, Wasser- und Luftuntersuchungen, klimatischen Bedingungen und Anpassungen (Vegetation), natürlichen und anthropogenen Umwelteinflüssen, Anbauprodukten und Verwendung derselben befassen.

Literatur

AID INFODIENST ERNÄHRUNG, LANDWIRTSCHAFT, VERBRAUCHERSCHUTZ E.V. [Hrsg.] (2005): Lernort Schulgarten – Projektideen aus der Praxis. Bonn.

AID INFODIENST ERNÄHRUNG, LANDWIRTSCHAFT, VERBRAUCHERSCHUTZ E.V. [Hrsg.] (2010): Schulgarten im Unterricht – Von Mathematik bis Kunst. Bonn.

MINISTERIUM FÜR KULTUS, JUGEND UND SPORT & MINISTERIUM FÜR LÄNDLICHEN RAUM UND VERBRAUCHERSCHUTZ [Hrsg.] (2011): Umwelterziehung und Nachhaltigkeit. Fächer verbindendes Arbeiten im Schulgarten. Sekundarstufe. Heft 1. Stuttgart. – In: www.mlr.baden-wuerttemberg.de/mlr/bro/Bro_Umwelterziehung_Heft1.pdf (Letzter Zugriff: 19.02.2013).

MINISTERIUM FÜR KULTUS, JUGEND UND SPORT & MINISTERIUM FÜR LÄNDLICHEN RAUM UND VERBRAUCHERSCHUTZ [Hrsg.] (2011): Umwelterziehung und Nachhaltigkeit. Fächer verbindendes Arbeiten im Schulgarten. Sekundarstufe. Heft 2. Stuttgart. – In: www.mlr.baden-wuerttemberg.de/mlr/bro/Bro_Umwelterziehung_Heft2.pdf (Letzter Zugriff: 19.02.2013).

WALDER, F. (2002): Schulgarten in seiner Bedeutung Erziehung. Rieden.

Yvonne von Roux

Schullandheim

Definition
Schullandheime sind außerschulische Lernorte, die mehrtägig Klassen der verschiedenen Schularten offenstehen und über spezifische Räumlichkeiten zur Unterrichts- und Freizeitgestaltung verfügen.

Klassifikation
Schullandheime sind Lern- und Erziehungsorte für Lehrende und Lernende aller Schulformen und Schulstufen. Darüber hinaus können sie aber auch von außerschulischen Gruppen und Vereinen wie Sport- und Musik-, Jugendgruppen, Kinderhorten und Kindergärten, kirchlichen und Selbsthilfegruppen belegt werden.
Wichtigste Unterrichtsprinzipien sind die (→) originale Begegnung und handlungsorientiertes Lernen (→ Handlungsorientierung). Schülerinnen und Schüler lernen emotionale und handlungsbezogene Komponenten der Bildung kennen und erwerben vielfältige Kompetenzen durch ganzheitliches, vernetztes und nachhaltiges Lernen in unterschiedlichen sozialen Kontexten. Sinnvolle Freizeitgestaltung sowie verantwortliches Sozialverhalten sind weitere Kompetenzen, die durch Schullandheimaufenthalte in besonderem Maße gefördert werden.

Zur geographiedidaktischen Diskussion
Schullandheime sind nicht nur Lernorte außerschulischer Bildung und Erziehung, sondern tragen u. a. durch pädagogische Arbeitsgruppen, die an vielen Einrichtungen etabliert sind, zur Entwicklung neuer Lerninhalte (vergleiche u. a. die sogenannten Wasserschulen in unterfränkischen Einrichtungen) und Lernmethoden bei.

Nichtsdestoweniger ist die Akzeptanz durch die vielfältigen Nutzer nicht durchgehend hoch. So gibt es eine Vielzahl ähnlicher Einrichtungen wie Jugendherbergen und Bildungszentren an häufig attraktiven Lokalitäten. Außerdem stehen bei Schülerinnen und Schülern größere Städte im In- und Ausland hoch im Kurs und genießen auch bei Lehrkräften hohe Wertschätzung.
Eine Weiterentwicklung innovativer Lehr- und Lernformen sowie Lerninhalte wie bei der Bildung zur nachhaltigen Entwicklung können möglicherweise Schullandheimaufenthalte auch für höhere Jahrgangsstufen und neue Zielgruppen wieder attraktiver erscheinen lassen.

Literatur
PFRIEM, P. (2000): Geowissenschaftliche Erziehung im Schullandheim (= Beiträge zur Schullandheimpädagogik, Bd. 4). Burgthann.

STAMMBERGER, J. (1987): Zum Ge- und Verbrauch der Begriffe Schullandheim und Schullandheimaufenthalt. – In: Das Schullandheim, 140, 4 – 24.

VERBAND DEUTSCHER SCHULLANDHEIME E.V. (2010): Das Schullandheim – eine gute Wahl. Leitlinien und Informationen zur Schullandheimarbeit. Hamburg. – In: www.schullandheim.de/service/texte/leitlinien_vds_2010.pdf (Letzter Zugriff: 26.02.2013).

VERBAND DEUTSCHER SCHULLANDHEIME E.V [Hrsg.]: Fachzeitschrift „Das Schullandheim" – In: www.schullandheim.de/fz (Letzter Zugriff: 26.02.2013).

Helmer Vogel

Simulation

Definition
Simulationen stellen natürliche oder anthropogene Prozesse realitätsnah nach, reduzieren dabei gleichzeitig die Realität so weit, dass es möglich wird, bestimmte Aspekte besonders hervorzuheben.

Klassifikation

Simulationen stellen bestimmte Prozesse aus der Realität nach und verdeutlichen ihre Wirkungen im zeitlichen Verlauf. Es können drei Gruppen von Simulationen unterschieden werden:

Schülerversuche: Die Simulation erlaubt es, nicht relevante Aspekte auszuschalten und die Veränderungen im Versuchsaufbau unmittelbar zu beobachten, z. B. die Erosionswirkung von Niederschlägen auf verschiedene Untergründe (→ Experiment).

Rollenspiele und Planspiele: Hier werden sowohl die unterschiedlichen Interessen als auch der Prozess der Entscheidungsfindung simuliert, z. B. die Diskussion über ein umstrittenes Bauvorhaben im Gemeinderat (→ Spiele im Geographieunterricht).

Computergestützte Simulationen: Zunehmend finden sich im Internet computergestützte Simulationen, besonders zu Themen der physischen Geographie, z. B. zur Entstehung von Ebbe und Flut oder zur Plattentektonik. Ihre Stärken liegen vor allem einerseits in der anschaulichen Darstellung und andererseits in der Möglichkeit, langfristige Prozesse im Zeitraffer abzubilden und damit deren Beobachtung erst zu ermöglichen. Einige Computersimulationen sind so angelegt, dass der Nutzer bestimmte Parameter verändern und somit selbst die „Stellschrauben" der Simulation drehen kann. Auf diese Weise wird deutlich, welchen Einfluss ein bestimmter Aspekt auf den Prozess und das Ergebnis hat. Dadurch werden besonders die Wechselwirkungen des jeweiligen Systems erkennbar.

Zur geographiedidaktischen Diskussion

Simulationen haben generell einen hohen Aufforderungscharakter und wirken motivierend im Geographieunterricht. Mithilfe der Simulation lässt sich die Realität zu einem hohen Grad in den Klassenraum holen. Ein höherer Grad an Realitätsbezug ist nur bei einer originalen Begegnung möglich. Die Simulation ermöglicht jedoch häufig eine ausschnitthafte und pointiertere Beobachtung, als dies in der Realität möglich wäre.

Die verschiedenen Formen von Simulationen erfordern einen unterschiedlichen Umgang im Unterricht. Schülerinnen und Schüler führen die Simulation möglichst selbst durch, sie beobachten die Ergebnisse, werten sie anschließend aus und reflektieren den Unterschied der Simulation zur Realität.

Literatur

LESER, H. et al. [Hrsg.] (1993): Diercke Wörterbuch der Allgemeinen Geographie, Bd. 2 N-Z. Braunschweig, 209.

OPENSHAW, S. & C. OPENSHAW (1997): Artificial Intelligenz in Geography. Chichester.

RINSCHEDE, G. (2007): Geographiedidaktik. Paderborn, 278 ff.

SCHLEICHER, Y. (2006): Simulationen und Animationen: digitales Potenzial. – In: HAUBRICH, H. [Hrsg.] (2006): Geographie unterrichten lernen. Die neue Didaktik der Geographie konkret. München, Düsseldorf, Stuttgart, 214 f.

Klaus Jebbink

Sozialgeographische Ansätze

Definition

Sozialgeographische Ansätze betonen die Raumwirksamkeit des Handelns menschlicher Gruppen und Gesellschaften.

Klassifikation

Die Sozialgeographie der Münchner Schule (RUPPERT, SCHAFFER u. a.) verstand sich als die „Wissenschaft von den räumlichen Organisationsformen und raumbildenden Prozessen der Daseinsgrundfunktionen menschlicher Gruppen und Gesellschaften" (MAIER et al. 1977, 21). Nicht mehr der Raum an sich war Gegenstand der Forschung, er war (nur noch)

„Registrierplatte menschlicher Aktivitäten" (RINSCHEDE/SIEGMUND 2020).

Zur geographiedidaktischen Diskussion

Die Übernahme sozialgeographischer Ansätze in den Geographieunterricht erfolgte fast gleichzeitig mit der Aufgabe der traditionellen Länderkunde. Ein Grund war die gute Aufbereitung der Thematik durch Unterrichtsprogramme, welche die einzelnen Daseinsgrundfunktionen behandelten (SCHRETTENBRUNNER 1970). In den 1970er-Jahren wurden ganze Lehrpläne sozialgeographisch geprägt (z. B. Grundschule in Bayern durch Daseinsgrundfunktionen). Für den gesamten Geographieunterricht gilt, dass nicht „der Mensch an sich" handelt, sondern dass die Raumwirksamkeit von den Wertvorstellungen sozialer Gruppen ausgeht (→ Raumwirksamkeit von Wertvorstellungen). In den 1980er-Jahren wurde der sozialgeographische Ansatz durch den (→) ökologischen Ansatz ergänzt.

Literatur

Köck, H. (2005): Sozialgeographischer Ansatz. – In: Köck, H. & D. Stonjek (2005): ABC der Geographiedidaktik. Köln, 228–229.

Maier, J. et al. (1977): Sozialgeographie. Braunschweig.

Rinschede, G. & A. Siegmund (2020): Geographiedidaktik. Paderborn, 107–109.

Ruppert, K. & F. Schaffer (1969): Zur Konzeption der Sozialgeographie. – In: Geographische Rundschau, 21, 6, 205–214.

Schrettenbrunner, H. (1970): Die Daseinsfunktion „Wohnen" als Thema des Geographieunterrichts. – In: Geographische Rundschau, 22, 6, 229–235.

Dieter Böhn

Spatial Citizenship

Definition

Spatial citizenship ist ein Ansatz der geographischen Bildung, der vor dem Hintergrund eines relationalen Raumverständnisses gemachter Geographien (→ Geographie-Machen) und der Arbeit mit Geomedien (→ Digitale Geomedien), Geographiedidaktik und emanzipatorische politische Bildung miteinander verbindet.

Citizenship bezieht sich hierbei weniger auf feste, administrativ-räumlich verankerte Gesellschaften als vielmehr auf fluide Verständigungsgemeinschaften, wie sie durch Aushandlung etwa im Web 2.0 entstehen. Normative Zielstellung ist die Befähigung zu einer mündigen Raumaneignung.

Klassifikation

Unter mündiger Raumaneignung wird die eigene bewusste und folgenbewusste Bedeutungszuweisung an physisch materielle Sachverhalte zur Vorbereitung des Handelns verstanden. Das Hinterfragen von heute oftmals in Geomedien repräsentierten sozialen Konstruktionen von Raum und damit von sozial konstruierten handlungsleitenden Regeln sowie die Produktion und Kommunikation eigener, alternativer Raumdeutungen in Geomedien und deren Aushandlung sollen hierbei zur aktiven Partizipation in formellen und informellen räumlichen Gestaltungs- und Planungsprozessen anleiten. Bildung für *spatial citizenship* zielt auf drei sich ergänzende Kompetenzfelder:

– Eine reflexive Dekonstruktion von Geomedien basiert auf den Ideen der kritischen Kartographie zur Dekonstruktion von Karten nach HARLEY (1989), beinhaltet aber zugleich die hinterfragende Herangehensweise an die eigene Geomediennutzung im Sinne einer Reflexion des eigenen Hypothesenbildens mit (Geo-)Medien.

– Eine reflexive Konstruktion von Geomedien meint die intendierte und sich ihrer potenziellen Wirkungen bewusste Produktion eigener Raumdeutungen, deren Kommunikation mittels Geomedien und deren Aushandlung mit anderen Akteuren, basierend auf demokratischen Grundsätzen.

- Eine mündige Nutzung von Geomedientechnologien erfasst neben den technischen Kompetenzen der konsumptiven und produktiven Anwendung von insbesondere im (→) Web 2.0 ohnehin bereits nutzerfreundlich gestalteten Geomedien eine Mündigkeit in Hinblick auf bewusste und selektive Nutzung, Wissen um Hintergründe der Technologien und Intentionen ihrer Anbieter sowie Datenschutz.

Zur geographiedidaktischen Diskussion

Vor dem Hintergrund der Ausweitung der Geomediennutzung in Alltag und Wissenschaft, insbesondere im Kontext des Geowebs (der zunehmenden Verwendung von Geomedien im Web 2.0) und des verstärkten Bezugs zum Handeln vor Ort durch mobile Technologien, wird eine Mündigkeit im Umgang mit Räumlichkeit und Geomedien im Sinne von Spatial Citizenship essentiell und zum schulischen Bildungsziel. Programme einer technologieorientierten schulischen Geomedienarbeit sowie Ansätze des → Spatial Thinking werden mit der Betrachtung sozial konstruierter Räume durch Spatial Citizenship fachlich um die Alltagsperspektive erweitert und für die politische Bildung nutzbar gemacht.

Im Sinne einer mündigen Raumaneignung finden sich Parallelen zum subjektiven Kartographieren nach Daum (2010). Im Unterschied hierzu soll jedoch erstens durch die Nutzung digitaler Geomedien, durch die Generierung und Darstellung raumbezogener Daten eine erhöhte Kommunikationsfähigkeit von Schülerinnen und Schüler in partizipativen Prozessen sichergestellt werden und zweitens soll explizit neben die Ebene der Selbstreflexion des eigenen Geographie-Machens auch die

gesellschaftliche Teilhabe durch kompetenten Einsatz adäquater Raumkonzepte treten.

Literatur

Bennett, W. L., Wells, C. & A. Rank (2009): Young citizens and civic learning. Two paradigms of citizenship in the digital age. – In: Citizenship studies, 13, 2, 105–120.

Daum, E. (2010): Heimatmachen durch subjektives Kartographieren. Kinder entwerfen Bilder ihrer Welt und setzen sich damit auseinander. – In: Grundschulunterricht Sachunterricht, 2, 17–21.

Gryl, I. & T. Jekel (2012): Re-centering geoinformation in secondary education: Toward a spatial citizenship approach. – In: Cartographica, 47, 1, 18–28.

Harley, J. B. (1989): Deconstructing the map. – In: Cartographica, 26, 2, 1–20.

Jekel, T., Gryl, I. & A. Oberrauch (2015): Education for Spatial Citizenship. Versuch einer Einordnung. In: GW-Unterricht, 137, 5-13.

Spatial Citizenship – In: www.spatialcitizenship.org (Letzter Zugriff: 13.03.2013).

Inga Gryl,
Thomas Jekel

Spatial thinking

Definition

Mit dem Begriff des *spatial thinking* wird die Kompetenz des räumlichen Denkens umschrieben.

Es zeichnet sich durch drei Merkmale aus: eine konzeptuelle Vorstellung von *space* im Sinne von Raum, verschiedene Mittel der Darstellung und den Prozess der Begründung.

Klassifikation

Spatial thinking kann nach zwei Seiten hin klassifikatorisch bestimmt werden: Im Rahmen anderer Formen des Denkens und im Kontext der fachlichen Perspektive. Zu den anderen Formen des Denkens gehören z. B. das verbale, logische, metaphorische oder das statistische Denken. Spatial thinking unterscheidet sich von all den anderen Formen des Denkens durch das Merkmal einer konzeptuellen Vorstellung von Raum. In dieser konzeptuellen Vorstellung wird der Raum durch bestimmte Eigenschaften charakterisiert wie etwa die Dimensionalität, Kontinuität, Nähe und Distanz, die sich alle entweder in Kilometern oder Zeitdistanzen messen oder in verschiedene Koordinatensysteme einordnen lassen. Zwar haben alle diese Eigenschaften Affinitäten zu verschiedenen geographischen Konzepten, sie sind aber primär überfachlich gedacht und eher im Sinne eines geometrischen Raumverständnisses zu lesen. Ein solches Raumverständnis wiederum gibt es in verschiedenen Fächern, z. B. in der Mathematik oder in verschiedenen Naturwissenschaften, aber auch in der darstellenden Kunst. Dementsprechend bedarf es zur Bestimmung eines genuin geographischen *spatial thinking*, das von einigen Autoren auch als *geospatial thinking* bezeichnet wird, weiterer klassifizierender Merkmale. Dazu wird in der Regel auf geographisches Fakten- und Theoriewissen zurückgegriffen. Die Theoriebildung beruht dabei oft auf der Idee eindeutiger räumlicher Beziehungen, die sich mithilfe von GIS erschließen lassen. Konsequenterweise dient u. a. die Theorie der Zentralen Orte von Christaller als Musterbeispiel für geographisches *spatial thinking*: sie hat sowohl geometrische Anteile als auch eine geographische Theorie und sie lässt sich mithilfe von GIS darstellen.

Zur geographiedidaktischen Diskussion

Der inzwischen oft ins Deutsche übernommene Begriff des *spatial thinking* wird vor allem im amerikanischen Sprachraum vielfach verwendet. Im britischen Sprachraum dagegen wird eher von *thinking geographically* gesprochen. Das dahinterstehende Konzept des geographischen Denkens unterscheidet sich vom *spatial thinking* durch seine explizite Fachbezogenheit, d. h., es geht hier nicht darum, ein allgemein räumliches Denken zu definieren,

das in verschiedenen Fächern relevant sein kann, sondern es geht um ein genuin geographisches Denken, durch das sich das Fach definieren und von anderen abgrenzen kann. Im Zentrum stehen dabei geographische Konzepte (→ Basiskonzepte) wie *place* (Ort), *space* (Raum) und *scale* (Maßstab), durch die diese geographische Sicht auf die Welt beschrieben wird. Dementsprechend wird der Begriff „*space*" hier anders konzeptualisiert als im Kontext des *spatial thinking*. Er wird nicht in erster Linie metrisch verstanden, sondern als das Ergebnis von Vernetzungen zwischen *places.* Diese Vernetzungen bestehen nicht nur aus Handelsbeziehungen etc., sondern sie können auch über Bilder anderer Orte in der eigenen Umwelt hergestellt werden. Durch sie werden die vielen sich gleichzeitig in verschiedenen *places* ereignenden Geschichten miteinander verknüpft, wodurch jeder *place* in anderen *places* weiteren Wandel provoziert. *Spaces* werden demnach immer auch als *stories-so-far* (was bisher geschah…) definiert. Diese *stories-so-far* werden maßgeblich durch die entsprechenden Machtverhältnisse in und zwischen den *places* beeinflusst.

Das dem *spatial thinking* zugrunde liegende Raumkonzept gleicht den Vorstellungen der Raumstrukturforschung. Aus diesen konzeptuellen Vorstellungen ist die britische, einem konstruktivistischen Raumverständnis entsprechende Vorstellung von *space* weiterentwickelt worden. Das *thinking geographically* ist weniger explizit an die Nutzung von GIS gekoppelt als das *spatial thinking*. Dafür behandelt es bewusst Machtstrukturen und territoriale Konflikte, wodurch es die gesellschaftliche Relevanz des Faches unterstreicht. Dieses geographische Denken ist auch für das in der Geographie praktizierte *spatial thinking* relevant, da es den Umgang mit GIS fachlich untermauert und geographisch wenig aussagefähige Kartendarstellungen hinterfragen kann. Eine Verzahnung beider Denkweisen wäre somit für die Kennzeichnung der Identität des Faches mehr als wünschenswert.

Literatur

JACKSON, P. (2006): Thinking Geographically. – In: Geography, 91, 3, 199–204.

NATIONAL RESEARCH COUNCIL (2006): Learning to Think Spatially. GIS as a support system in the K-12 curriculum. Washington D. C.

UHLENWINKEL, A. (2013): Geographisches Denken in der kartographischen Repräsentation der Wirklichkeit. – In: GW-Unterricht 129, 18-28

UHLENWINKEL, A. (2013):). Spatial Thinking or Thinking Geographically? On the Importance of Avoiding Maps without Meaning. In: JEKEL, T., CAR, A., STROBL, J. & GRIESEBNER, G. [Hrsg.], GI_Forum 2013. Creating the GISociety. Conference Proceedings. Berlin, Wien, 294-305.

WARDENGA, U. (2002): Alte und neue Raumkonzepte für den Geographieunterricht. – In: geographie heute, 23, 200, 8–11.

Anke Uhlenwinkel

Spiele im Geographieunterricht

Definition

Spiele im Geographieunterricht sind regelgeleitete, zielgerichtete Lernarrangements, die über verschiedene Zugangsweisen ein Entdecken und Sammeln von neuen Erfahrungen und Informationen ermöglichen.

Klassifikation

Der Begriff „Spiele" umfasst eine Vielzahl an Unterrichtsformen, die erkenntnisfördernd eingesetzt werden können. Dazu gehören:

1. Interaktionsspiele

Im Geographieunterricht werden sie vorwiegend zur Festigung von Fachwissen und zur Förderung des sozialen Lernens eingesetzt. Gewinnen oder Verlieren stehen dabei noch häufig im Vordergrund, auch wenn einige neuere Tendenzen das Spielen ohne Sieger und Besiegte bevorzugen. Die gängigsten Formen sind Lern- und Erkundungsspiele.

– Lernspiele: Der Klassiker „Stadt, Land, Fluss" zählt ebenso zu den Lernspielen wie das Spielen eines selbst erstellten geographischen Tabu-Spiels, eines Quiz (z. B. „Wer wird Millionär?") oder eines Rätsels. Die Spielform reicht von Brett- oder Kartenspielen über Memorys und Puzzles bis zu computergestützten Spielen. Diese sind häufig auch als Denk- oder Strategiespiele angelegt.

– Erkundungsspiele: Bei Erkundungsspielen (z. B. Rallyes, (→) Geocaching) können Karten, Kompasse oder digitale Medien zum Einsatz kommen. Durch diese und andere geographische Arbeitsweisen und -techniken kann z. B. die räumliche Orientierung spielerisch geschult werden. Das Verlassen des Klassenzimmers ermöglicht zudem eine Realbegegnung mit den zu erkundenden Sachverhalten.

2. Simulationsspiele

Diese trainieren die Entscheidungsfähigkeit in Konflikt- und Planungsprozessen. In einem regelgeleiteten Kontext schulen sie die rationale Auseinandersetzung mit politischen, sozialen und ökonomischen Aspekten, welche die gesellschaftliche Wirklichkeit abbilden.

– Rollenspiele: Spieler übernehmen mehr oder weniger festgelegte Rollen (freies oder gelenktes Rollenspiel). Nach einer Vorbereitungszeit treten die verschiedenen Rollenträger in Kontakt und stellen in einer Diskussion ihre Standpunkte dar. Die (→) Perspektivenwechsel fördern dabei die (→) Empathie. Typische Positionen sind Vertreter von Interessengruppen oder Behörden (z. B. bei Nutzungskonflikt im Regenwald oder in der Raumplanung). Meist wird zum Abschluss nach einem Kompromiss gesucht.

- Planspiele: Planspiele sind stärker gelenkte und regelgeleitete Erweiterungen von Rollenspielen. Die Planungssituation soll zu einer Lösung oder einem Ziel führen. Es werden einzelne Parameter verändert, um kausale Zusammenhänge systematisch zu verstehen. Entscheidungen werden oft in Gruppen getroffen, was die Diskussions- und Argumentationsfähigkeit schult. Eine wichtige Rolle übernimmt der Spielleiter. Aufgrund des höheren Zeitaufwandes eignen sie sich besonders für (→) Projekte.
- Computersimulationsspiele: In zunehmendem Maße gewinnen computergestützte Simulationsspiele an Bedeutung. Entscheidungen und deren Folgen können in komplexeren Zusammenhängen dargestellt und durch die grafische Darstellung anschaulich präsentiert werden. Bekannte Beispiele sind „SimCity" oder „Energetika 2010".

3. Szenische oder darstellende Spiele

Durch eine körperbezogene Darstellung können symbolische Wirklichkeiten veranschaulicht werden. Im freien darstellenden Spiel oder in theaterähnlichen Phasen können z. B. Begriffe, Beziehungen, Prozesse oder Empfindungen ausgedrückt und dargestellt werden. Für die Umsetzung eines Standbildes oder einer dynamischen Szene können Textvorlagen sowie Regieanweisungen verwendet werden.

Im Geographieunterricht wird ein Spiel meist in drei Phasen durchgeführt:

1. Vorbereitungsphase: Information über Sachverhalt, Ablauf und Regeln, über angestrebte Ziele
2. Durchführungsphase: eigentliches Spiel
3. Reflexionsphase: Reflexion über z. B. angewandte Strategien zur Zielerreichung, Übertragbarkeit in die Realität

Zur geographiedidaktischen Diskussion

Spiele im Unterricht ermöglichen Schülerinnen und Schülern Handlungsfreiheit, Selbsttätigkeit und ganzheitliches Lernen. Neben der Vermittlung von fachlichen Inhalten stehen vor allem soziale Aspekte im Vordergrund. Damit das große Potenzial von Spielen richtig ausgeschöpft werden kann, müssen Spielinhalt und -mechanismus aufeinander abgestimmt sein.

Computergestützte Spiele und der zunehmende Einsatz mobiler Endgeräte eröffnen weitere Möglichkeiten. Außerdem gewinnen kooperative Spielformen an Bedeutung. Ein Beispiel dafür sind sog. Edu-Breakouts. Sie orientieren sich an den „Escape Games", die aus dem Freizeitbereich stammen. Sie verfolgen das Ziel, dass innerhalb einer vorgegebenen Zeit durch das Bearbeiten verschiedener fachlicher Aufgaben ein Rätsel gelöst wird (und dann z. B. die Schlösser einer Schatzkiste geöffnet werden können).

Wenn lediglich auf einzelne spielerische Elemente zurückgegriffen wird, die in einer ansonsten spielfreien Lernumgebung eingesetzt werden, dann spricht man von „Gamification". Dies ist ein anderer spielbasierter Ansatz, der zunehmend im Bildungskontext zu finden ist.

Literatur

HOFFMANN, T. (2009): Spiele. – In: BRUCKER, A. [Hrsg.] (2009): Geographiedidaktik in Übersichten. Köln, 120–121.

KLINGSIEK, G. (1997): Spielen und Spiele im Geographieunterricht. – In: Praxis Geographie, 20, 5, 4–10.

MEYER, C. (2006): Spiele. – In: HAUBRICH, H. [Hrsg.] (2006): Geographie unterrichten lernen. Die neue Didaktik der Geographie konkret. München, 138–140.

MEYER, H. (2010): Unterrichts-Methoden, Bd. 2. Praxisband. Berlin, 345–347.

UHLENWINKEL, A. (2010): Spielen im Geographieunterricht. Möglichkeiten und Herausforderungen. – In: Praxis Geographie, 40, 7–8, 4–8.

Barbara Feulner

Spielfilmeinsatz im Geographieunterricht

Definition

Der Spielfilm erzählt mit Hilfe audio-visueller Elemente eine fiktive Geschichte und hebt sich deshalb vom Dokumentarfilm ab. Er besteht aus einzelnen Sequenzen, in denen Figuren agieren und er lässt uns (un)bekannte Orte und Landschaften erleben (SOMMERLAD 2021: 118). Im Geographieunterricht dient der Einsatz von filmischen Narrationen dem Aufbau einer (raumbezogenen) Medienkompetenz.

Klassifikation

Die Erlebnisse (un)bekannter Orte und Landschaften durch Spielfilme sind gelenkt, intensiviert und bei den erfahrbaren filmischen Geographien handelt es sich um filmästhetische Konstruktionen und geographische Imaginationen, die keine Entsprechung auf der Erdoberfläche haben (weil sie unter anderem die Message der FilmemacherInnen erfahrbar machen wollen und den Sehgewohnheiten der RezipientInnen entsprechen müssen). Einige filmische Geographien sind ferner zum Bestandteil der *cinematic world* geworden. Denn durch die wiederholende Inszenierung gleicher Ausschnitte von Siedlungen und Landschaften im Kontext ähnlicher filmischer Narrationen entstehen *cinematic cities* und *cinematic landscapes*, die unsere Weltwahrnehmung bestimmen (ESCHER 2006). Das „Leitziel" des Geographieunterrichts besteht darin, Jugendliche dabei zu unterstützen die sie umgebenden, medial vermittelten und physisch erfahrbaren Orte und Landschaften mit Hilfe der Basiskonzepte des geographischen Denkens zu verstehen, um eine „raumbezogene Handlungskompetenz" zu entwickeln (DGFG 2020: 5). Dazu müssen sie erkennen, dass filmische Geographien kein Fenster zur Welt sind, sondern eigene Welten erzeugen und, dass diese Welten einen Einfluss auf ihre geographischen Imaginationen und Alltagspraktiken haben (PLIEN 2017).

Das kompetenzorientierte Filmbildungskonzept von Visionkino (Länderkonferenz Medienbildung 2015:5) bietet in Kombination mit den Erkenntnissen aus den verschiedenen filmgeographischen Forschungsperspektiven (ausführlich: SOMMERLAD 2021) hierfür eine Hilfestellung. Die vier ausgewiesenen Kompetenzbereiche (*Filmanalyse, Filmnutzung, Film in der Mediengesellschaft, Filmproduktion und Präsentation*) geben Anregungen zur Förderung eines kritisch geographischen Blicks auf filmische Narrationen und filmische Geographien. Die Teilkompetenz *Filmanalyse* kann im Geographieunterricht durch die Dekonstruktion filmischer Geographien bspw. mit Hilfe der klassischen Form- und Inhaltsanalyse gefördert werden. Die Untersuchung des Einflusses einer filmischen Narration auf den individuellen *sense of place* oder die eigene geographische Imagination durch eine eingehende Betrachtung derjenigen Sequenzen, die eine besonders starke Wirkung auf die Jugendlichen erzielt haben, fördert bspw. eine bewusste (geographische) *Filmnutzung*. Die unterrichtliche Thematisierung von Phänomenen wie den Film- und Screentourismus, gesellschaftlichen Praktiken (ESCHER, KARNER und RAPP 2021), die dem Filmerlebnis ähneln sowie die Wechselwirkung zwischen gesellschaftlich geteilten geographischen Imaginationen und den filmischen Imaginationen verdeutlichen die Wechselwirkung zwischen filmischen Geographien und Lebensrealitäten und unterstützen damit die Teilkompetenz *Filme in der Mediengesellschaft*. Schließlich fördert die Entwicklung eigener Storyboards zur Inszenierung von Orten und Landschaften eine vertiefere Reflexion im Bereich der Teilkompetenz *Filmproduktion und Präsentation* (ausführlich: PLIEN 2019: 1–30).

Vor allem die Form- und Inhaltsanalyse mit Hilfe eines Sequenz- und Einstellungsprotkolls offenbart die vom Film erzählte Geschichte, annähernd die Lenkung der Rezeption durch die FilmemacherInnen sowie die persönliche Aneignung, sodass in methodischer Hinsicht der Einsatz dieses Analysetools besonders sinnvoll ist (PLIEN 2019).

Zur geographiedidaktischen Diskussion

Im Gegensatz zur fachwissenschaftlichen Diskussion spielen filmische Geographien in der Didaktik der Geographie bisher eine untergeordnete Rolle. In einigen der Einführungswerke in die Geographiedidaktik fehlt eine Unterscheidung der filmischen Formate wie (TV-)Spielfilm, TV-Serie, Dokumentarfilm, Dokumentation, Unterrichtsfilm oder Filme aus dem Web 2.0 und deren differente Art, Inhalte zu sehen zu geben. Die Ausführungen verdeutlichen aber, dass vornehmlich Dokumentationen und Unterrichtsfilme gemeint sind, deren lernpsychologischer Vorteil in ihrer Anschaulichkeit gesehen wird und vornehmlich zur Erarbeitung von fachlichen Inhalten dienen sollen. Daneben gibt es einige Unterrichtsvorschläge, die Lernarrangements zur Dekonstruktion filmischer Konstruktionen anbieten oder ihr Potential für eine Bildung für nachhaltige Entwicklung aufzeigen (vgl. bspw. DICKEL & LEHMANN 2020, PLIEN 2012). Schließlich existiert eine qualitative Erhebung zum Einfluss von Spielfilmen auf die imaginären Geographien von Jugendlichen (PLIEN 2017).

Literatur

DGFG ([10]2020): Bildungsstandards im Fach Geographie für den mittleren Abschluss mit Aufgabenbeispielen. Bonn.

DICKEL, M. & LEHMANN J. (2020): Meuterei auf der Bounty. Der Spielfilm im Geographieunterricht. In: DICKEL, M. & M. KOWASCH [Hrsg.] (2020): Ozeanien im Geographieunterricht. Fachliche Annäherungen und Didaktisierungsvorschläge. Münster: 41 – 60.

ESCHER, A., M. KARNER & H. RAPP (2021): Cinematic cruising: Reel and real spaces between imagination and experience. In: Research Outreach (126).

ESCHER, A. (2006): The geography of cinema – a cinematic world. In: Erdkunde 60 (4): 307 – 314.

Länderkonferenz Medienbildung ([2]2015): Filmbildung. Kompetenzorientiertes Konzept für die Schule. Internet: https://www.visionkino.de/fileadmin/user_upload/lehrplan/Kompetenzorientiertes_Konzept_Filmbildung_fu%CC%88r_die_Schule_2015.pdf (12.01.2023).

PLIEN, M. (2019): Spielfilme geographisch sehen lernen. Filmische Narrationen aus fachwissenschaftlichen und didaktischen Perspektiven. Mainzer Kontaktstudium Geographie, Band 15. Mainz.

PLIEN, M. (2017): Filmisch imaginierte Geographien Jugendlicher. Der Einfluss von Spielfilmen auf die Wahrnehmung der Welt. Stuttgart.

PLIEN, M. (2012): Filmische Geographien im Unterricht. - Didaktisch-methodische Reflexionen und Impulse für den Einsatz von filmischen Geographien im Unterricht. In: Geographie und Schule, 34 (199):30 – 40.

SOMMERLAD, L. (2021): Film Geography. In: ADAMS, P. C. & B. WARF [Hrsg.] (2021): Routledge Handbook of Media Geographies. London & New York: 118 – 131.

Marion Plien

Spuren, Spurensuche

Definition

Spuren sind Indikatoren, die Hinweise auf natürliche, gesellschaftliche, kulturelle, wirtschaftliche oder politische Zustände und Entwicklungen geben; sie treten in unterschiedlichen Varianten (als Denkmäler, Ensemble, Relikte usw.) auf und lenken den Blick auf vergangene und/oder gegenwärtige Zustände und Prozesse. Spurensuche ist das gezielte Aufsuchen derartiger Indikatoren. Ziel ist ein bewusstes Sehen und Verstehen geographischer Erscheinungen und Prozesse.

Klassifikation

Es sind in Anbetracht der sachlichen Breite und Tiefe vielfache Klassifikationen möglich. Für die Geographiedidaktik bietet sich eine Unterteilung nach Phänomenen und Erkenntniszielen an.

1. Phänomene:

- materielle Spuren: geologische Spuren (z. B. Fossilien); archivalische Zeugnisse (z. B. Altkarten, Urkunden, Aufzeichnungen); botanische Spuren (z. B. Brennnesseln als Wüstungsindikator); Siedlungsspuren (z. B. Hausreste); landwirtschaftliche Spuren (z. B. Ackerterrassen, Wölbäcker, Lesesteine); Verkehrsspuren (z. B. Altstraßen, Hohlwege, ehem. Bahndämme); symbolische Orte (z. B. Denkmäler, Prachtbauten, Kirchen, Moscheen) u. a.
- immaterielle Spuren: sprachliche Spuren (z. B. Orts-, Flur-, Gelände-, Straßen- und Häusernamen); Zeugnisse zu Lebens- und Arbeitsformen (z. B. Bräuche, Spiele, Feste, Sagen) u. a.

2. Erkenntnisziele:

- Naturgeographische Einsichten: Prozesse der Bodenbildung können über die Horizonte eines Profils erschlossen werden; die Flussgeschichte spiegelt sich in Altwässern, Mäanderdurchstichen, Maßnahmen des Hochwasserschutzes usw.; die Bodenerosion hat ihr Pendant in der Aufschüttung von Terrassen; Spiegelschwankungen von Gewässern kommen in Strandwällen zum Ausdruck usw.
- Kulturgeographische Einsichten: Räumliche Disparitäten werden aus unterschiedlichen Formalelementen und spezifischer Funktionsausstattung erkannt; kulturlandschaftliche Phasen (Progression, Stagnation, Regression) lassen sich aus Ruinen, Wüstungen, Neubauvierteln, Straßennamen erschließen; die gesellschaftliche Polarisierung und Individualisierung findet in Segregationsprozessen, in der Auf- oder Abwertung von Häusern bzw. Vierteln, in Lifestyle-Bezirken (Szenen) sowie in der Differenzierung des Grundstücksmarkts ihren Ausdruck.

Zur geographiedidaktischen Diskussion

Die Beobachtung von Spuren und insbesondere die Spurensuche dienen im Unterricht vor allem dem Erlernen des aspektbezogenen, zielgerichteten Sehens und Denkens. Es verschafft Primärerlebnisse, es wirkt motivierend und faszinierend, Spuren lesen zu lernen, wie ein Indianer auf Spurensuche zu gehen und so neue Facetten der Welt zu entdecken.

Ausgangspunkt des Spurenlesens sind in der Regel Gegenstände der Alltagswelt (z. B. Pflanzen, Straßenschilder, Gebäude, Geländeformen), die – zuvor vielleicht nur unreflektiert aufgenommen, oft auch übersehen – nun in einen nachprüfbaren Erklärungszusammenhang gebracht werden. „Ein solches Spurenlesen ist umso reizvoller, je detektivischer man vorgeht und je mehr der alltäglich darüber hingleitende Blick unalltäglich verfremdet, der Alltagsgegenstand sozusagen exotisiert wird" (HARD 1988, 16). Diese Verfremdung des Blicks führt einerseits zu einer kritischen geistigen Distanz und damit zu sachlicher Durchdringung. Andererseits kann sie zur Entwicklung von Konstrukten führen, die schwer überprüfbar, nebulös oder stark ideologisch gefärbt sind; eine Dekonstruktion aus einer anderen Perspektive muss sich daher anschließen. Der Schwerpunkt der Spurensuche liegt im Gegensatz zum (→) Geocaching auf dem geographischen Erkenntnisgewinn. Mittel der Spurensuche sind u. a. Fotos, Filme, Videos, Tagebücher, Erzählungen, Kartierungen.

Neben dem Einsatz im Geographieunterricht kommt der Beschäftigung mit Spuren auch in der Vor- und Grundschule, in der Erwachsenenbildung sowie in der Freizeitpädagogik (Outdoor-Bereich) erhöhte Bedeutung zu.

Literatur

Fiedler, A. (2012): Kulturelle Spuren im Geographieunterricht (B.A.-Arbeit). Hannover – In: www.didageo.uni-hannover.de/fileadmin/institut/BA_Fiedler.pdf (Letzter Zugriff: 17.07.2012).

Hard, G. (1988): Umweltwahrnehmung und mental maps im Geographieunterricht. – In: Praxis Geographie, 18, 7/8, 14 – 17.

Rhode-Jüchtern, T. (1997): Den Raum lesen lernen. München.

Theissen, U. [Hrsg.] (1986): Spuren. – In: geographie heute 7, 41.

Johann-Bernhard Haversath

Strukturgitter

Definition

Strukturgitter ist (in der Geographiedidaktik) eine zweidimensionale Matrix aus fachlichen und gesellschaftsbezogenen Begriffen oder Kategorien.

Klassifikation

Strukturgitter sind eine Methode, die Auswahl der fachlichen Inhalte auch aus der Sicht der gesellschaftlichen Relevanz zu begründen. Damit sollte einer unreflektierten Stoffhuberei auf der einen Seite und einem ideologisch-heimlichen Lehrplan zielorientiert und zweckrational begegnet werden. Jedes relevante Themenstichwort sollte in seinen fachlichen Aspekten und in der didaktischen Zweckbestimmung strukturiert und damit in seinem Potenzial transparent gemacht werden.

Zur geographiedidaktischen Diskussion

Die geographiedidaktische Diskussion ist sehr stark in die allgemein-pädagogische eingebettet. Die Curriculum-Debatte um die gegenwärtigen und zukünftigen Lebenssituationen (Robinsohn 1967) und um die Qualifikation durch Schlüsselkompetenzen signalisierte ein fachdidaktisches Bedürfnis nach Modernisierung, nach Subjektorientierung und Nützlichkeit; sie mündete aber oft in einem Unbehagen wegen der anstrengenden gesellschaftstheoretischen und pädagogischen Legitimierung und der andauernden Befürchtung um den Verlust der fachlichen Identität des Geographieunterrichts.

Strukturgitter greifen die bildungstheoretische Didaktik nach Klafki (1964, 1997) auf. Jedes Thema kann/soll nach der Vergangenheits-, Gegenwarts- und Zukunftsbedeutung für den Schüler (den Bürger, den Menschen) analysiert werden. Als Ausweg aus der Stofffülle und dem Übermaß des Wissens werden zudem epochaltypische Schlüsselprobleme vorgeschlagen (Frieden, Umwelt, Leben in der Einen Welt etc.). Diese Kreuzung von Thematik und Bedeutungszuweisung ist ein bis heute eingängiger und viel genutzter Weg zur Strukturierung von Unterrichtsthemen.

Um eine prinzipiell mögliche Willkür und Subjektivität auszuschließen, legte eine Kommission um Blankertz (1974, 1975) einen Vorschlag mit dem Namen „didaktisches Strukturgitter" vor. Die Lehrplanarbeit sollte heuristisch (nicht: logisch-deduktiv) angeleitet werden.

In der Geographiedidaktik griff Rhode-Jüchtern (1977) die Idee auf. Hier lauteten die zwei Dimensionen für jedes Themenstichwort z. B. (1) fachwissenschaftlich: Arbeit (= Produktion, Technologie, Auseinandersetzung Mensch – Natur), Verfügung über Ressourcen (= soziale Struktur, regionale Struktur, Nutzungskonflikte), Gesellschaftsorganisation (= Herrschaftsrahmen, Machtrealität, Konflikte) und (2) didaktisch: deskriptiv (beschreibend), prospektiv (vorausschauend), präskriptiv (normbezogen).

Aus heutiger Sicht kann die geographiedidaktische Strukturierung an moderne Strukturationstheorien angelehnt werden. Nach Werlen (2010) wären neben der Dimension (1) der sachlichen Aspekte (2) die Strukturmerkmale des regionalisierten Handelns in globalisierten Lebenswelten: produktiv-konsumtiv, normativ-politisch und informativ-signifikativ, und dies wiederum unterschieden nach zweckrational, normorientiert, kommunikativ.

Unter dem Namen „didaktisches Strukturgitter" werden heute die Konzepte zur Lehrplan- und Unterrichtskonstruktion nicht mehr geführt. Gleichwohl bleibt es eine Daueraufgabe, die Fülle der Probleme und Themen, der Aspekte und Perspektiven plausibel, legitimiert und reflektiert zu strukturieren. Lernen über Differenzen/Unterscheidungen, Lehren und Forschen in Pluralität, Reflektieren über Normen und Alternativen sind die Aufträge, die mit dem Strukturgitter seit mehr als 30 Jahren in der Debatte sind (→ Perspektivenwechsel).

Literatur

BLANKERTZ, H. (1974): Curriculumforschung. München.

BLANKERTZ, H. (1975): Theorien und Modelle der Didaktik. München.

KLAFKI, W. (1997): Schlüsselprobleme, epochaltypische. – In: KAISER, A. [Hrsg.] (1997): Lexikon Sachunterricht. Baltmannsweiler.

KROSS, E. [Hrsg.] (1979): Geographiedidaktische Strukturgitter. Eine Bestandsaufnahme (= Geographiedidaktische Forschungen, Bd. 4). Braunschweig.

RHODE-JÜCHTERN, T. (1977): Didaktische Strukturgitter für die Geographie in der Sekundarstufe II. Ein praktisches Instrument für Unterrichtsplanung und -legitimation. – In: Geographische Rundschau, 29, 10, 340–343.

RHODE-JÜCHTERN, T. (1982): Didaktische Strukturgitter. – In: JANDER, L., SCHRAMKE, W. & H.-J. WENZEL [Hrsg.] (1982): Metzler Handbuch für den Geographieunterricht. Stuttgart, 49–54.

ROBINSOHN, S. B. (1967): Bildungsreform als Revision des Curriculum. Stuttgart.

WERLEN, B. (2010): Gesellschaftliche Räumlichkeit 1. Orte der Geographie. Stuttgart.

Tilman Rhode-Jüchtern

Syndromansatz

Definition

Mit dem Syndromansatz können krisenhafte Muster (Syndrome) des globalen Wandels beschrieben werden, die eine nicht nachhaltige Entwicklung zur Folge haben und auf charakteristische Ursache-Wirkungs-Mechanismen der Mensch-Umwelt-Beziehungen zurückzuführen sind.

Klassifikation

Der Syndromansatz ist ein lösungs-, anwendungs- und interdisziplinär orientierter Forschungsansatz. Die Grundannahme besteht darin, dass der globale Wandel nur verstanden werden kann, wenn die Erde als System begriffen wird und die Wechselwirkungen zwischen den einzelnen Teilsystemen analysiert werden. In Analogie zur Humanmedizin werden als Syndrome „Krankheitsbilder" der Erde verstanden, die durch charakteristische Wechselwirkungen zwischen verschiedenen Symptomen entstehen und sich in unterschiedlichen Regionen der Welt identifizieren lassen. Der WBGU (wissenschaftlicher Beirat „Globale Umweltveränderungen" der deutschen Bundesregierung) hat bisher 16 Syndrome beschrieben, wie z. B. das Sahel-Syndrom, das die landwirtschaftliche Übernutzung marginaler Standorte beschreibt. Jedes einzelne Syndrom ist das Resultat von charakteristischen Interaktionen verschiedener Symptome. Insgesamt wurden bisher 80 Symptome, wie z. B. Verlust von Artenvielfalt und Rückgang traditioneller gesellschaftlicher Strukturen, identifiziert und deren Wechselwirkungen beschrieben. Ein Syndrom ist somit ein typisches Muster der Nicht-Nachhaltigkeit, das verschiedene Kernprobleme des globalen Wandels in sich vereinigt. Neben der Beschreibung und Identifizierung von Syndromen ist es das Ziel des Ansatzes, die „Krankheitsbilder" zu heilen bzw. zu lindern.

Zur geographiedidaktischen Diskussion

Durch die Orientierung am Leitbild der nachhaltigen Entwicklung, der Sicht auf die Erde als System, der Verdeutlichung globaler Zusammenhänge, der Betonung der Handlungsrelevanz, der problemorientierten Herangehensweise, der Interdisziplinarität und dem direkten oder indirekten Bezug zu natürlichen Ressourcen und sozio-kulturellen sowie wirtschaftlichen Strukturen liefert der Syndromansatz sowohl für die Planung wie auch für die Analyse von Unterricht hilfreiche Ansatzpunkte. Darüber hinaus besteht der Denkansatz in der Abkehr vom einfachen Ursache-Wirkungs-Denken und linear-kausalen Lösungsstrategien hin zu einem Denken, das nicht nur die Rückwirkungen auf die Ursache erkennt, sondern auch die indirekten Wirkungen, d. h. die Folgen der Folgen, und somit die komplexen Zusammenhänge zwischen Teilsystemen erfasst sowie Selbstverstärkungseffekte berücksichtigt. Mit einem solchen Denkhabitus eröffnet sich im Unterricht die Möglichkeit, die Vielfalt von Einflussfaktoren zu erfassen, die Wechselwirkung von natürlichen und anthropogenen Phänomenen sowie die Phänomene, die sich aus der Interaktion zwischen Natur- und Anthroposphäre ergeben, sichtbar zu machen.

Neben diesen positiven Eigenschaften sind jedoch auch einige kritische Anmerkungen zu nennen, die beim unterrichtlichen Einsatz berücksichtigt werden müssen. Generell berücksichtigt der Ansatz keine grundsätzlichen Entwicklungsfragen, wie z. B. Kolonialgeschichte oder kapitalistisches Wirtschaftssystem. Das westliche und nordamerikanische Entwicklungsmodell wird nicht zur Diskussion gestellt, d. h. es wird davon ausgegangen, dass die Umweltprobleme im Rahmen der jetzigen Systeme gelöst werden können. Darüber hinaus werden Akteurs- und Machtfragen weitestgehend ausgeblendet. Daher bietet sich als Ergänzung für die unterrichtliche Arbeit der Ansatz der politischen Ökologie an.

Literatur

Cassel-Gintz, M. & D. Harenberg (2002): Syndrome des Globalen Wandels als Ansatz interdisziplinären Lernens in der Sekundarstufe. Berlin.

Krings, T. (2002): Zur Kritik des Sahel-Syndromansatzes aus der Sicht der Politischen Ökologie. – In: Geographische Zeitschrift, 90, 3/4, 129–141.

Schrüfer, G. & J. Schockemöhle (2012): Syndromansatz. – In: Haversath, J.-B. [Moderator] (2012): Geographiedidaktik. Braunschweig, 122.

Wissenschaftlicher Beirat Globale Umweltveränderungen der Bundesregierung (WBGU) [Hrsg.] (1996): Welt im Wandel: Herausforderungen für die deutsche Wissenschaft. Jahresgutachten 1996. Bremerhaven.

Detlef Kanwischer

Systemkompetenz

Definition

Systemkompetenz meint die Fähigkeit, einen komplexen Wirklichkeitsbereich sozialer und/oder natürlicher Prägung unterschiedlicher Maßstabsgröße in seiner Struktur und seinem Verhalten als System zu erkennen, zu beschreiben und zu modellieren und auf der Basis dieser Modellierung Prognosen und Maßnahmen zur Systemnutzung und -regulation zu treffen.

Klassifikation

Systemkompetenz ist kein isolierbarer und mit einem einzigen Wert zu kennzeichnender Kompetenzbereich. Vielmehr konnte anhand von Item-Response-Theory-Modellierungen der Nachweis der Unabhängigkeit der Dimension «Systemorganisation und Systemverhalten» von der Dimension der «Systemadäquaten Handlungsintention» erbracht werden. Daher sollten ausdrücklich beide Dimensionen im Geographieunterricht gefördert werden. Die zweite Dimension wird oft vernachlässigt, indem die systemischen Zusammenhänge zwar dargestellt, aber nicht prognostisch oder regulativ bearbeitet werden (z.B. mit „Was wäre, wenn ...? -Fragen, die auf der Basis dieser Zusammenhänge zu beantworten sind).

Entsprechend dieser Modellvorstellungen wird die Erde als das größtmögliche System verstanden, das aus unzähligen (geographisch) komplexen, dynamischen Teilsystemen besteht. Im Gegensatz zum nicht-systemischen Denken berücksichtigen Systemdenker übergeordnete Prinzipien von Systemen bei der kognitiven Analyse und mentalen Repräsentation geographischer Phänomene. Solche Prinzipien sind z.B. nichtlineare Dynamik, Emergenz, begrenzte Vorhersagbarkeit. Diese prinzipiengeleitete Perspektive ermöglicht ein kognitiv tiefgründiges Verstehen des internen und externen Zusammenspiels sowie der Komplexität von Systemen, was verhindern kann, dass menschliche Eingriffe in solche Systeme unvorhersehbare und unerwünschte negative Auswirkungen haben.

Zur geographiedidaktischen Diskussion

Das Fach Geographie beschäftigt sich mit hochkomplexen Herausforderungen des 21. Jahrhunderts wie Klimawandel, Globalisierung und Migration. Um mit dieser Komplexität adäquat umgehen zu können, sind angepasste Denkstrategien erforderlich. Schülerinnen und Schüler müssen lernen, bei der Entwicklung von Lösungsstrategien nicht monokausal und nach dem Trial-and-Error-Prinzip vorzugehen, sondern mehr kognitive Entscheidungen pro Handlung zu treffen. Das bedeutet, dass sie in der Lage sein müssen, Ursachen und deren

Ursachen oder Folgen und Folgen von Folgen usw. im Kopf durchzuspielen. Entsprechend und in Anlehnung an das Hauptbasiskonzept System der Bildungsstandards sind Komplexität und Systemisches Denken konstitutiv für einen wirksamen Geographieunterricht. Neben der Fähigkeit, mit dieser faktischen Komplexität kompetent umzugehen, bedarf ein reflektiertes, ethisch begründetes raumbezogenes Handeln aber zusätzlich der hohen Kompetenz im Umgang mit ethischer Komplexität. Eine umfassende theoretisch-empirische Fundierung dieser ethischen Komplexität steht allerdings noch weitgehend aus, ebenso die Frage, in welchem Verhältnis faktische und ethische Komplexität zueinander stehen.

Literatur

Deutsche Gesellschaft für Geographie. DGfG. [Hrsg.]. (2020): Bildungsstandards im Fach Geographie für den Mittleren Schulabschluss (10., aktual. und überarb. Auflage). Selbstverlag

Laub, J. & E.-M. Ulrich-Riedhammer (2022): Ethische Komplexität und ethisches Urteilen. – In: Rempfler, A., Schönauer, U., Grob, R. & M. Landtwing Blaser [Hrsg.]: Abstract-Band HGD Symposium Luzern 2022, S. 53–54. https://doi.org/10.5281/zenodo.7276547

Mehren, R., Rempfler, A., Ulrich-Riedhammer, E. M., Buchholz, J. & J. Hartig (2016): Systemkompetenz im Geographieunterricht. Ein theoretisch hergeleitetes und empirisch überprüftes Kompetenzstrukturmodell. – In: Zeitschrift für Didaktik der Naturwissenschaften. 22(1), S. 147–163. https://doi.org/10.1007/s40573-016-0047-y

Mehren, R., Rempfler, A., Buchholz, J., Hartig, J. & E.-M. Ulrich-Riedhammer (2018): System competence modelling: Theoretical foundation and empirical validation of a model involving natural, social, and human-environment systems. – In: Journal of Research in Science Teaching. 55(5), S. 685–711. doi:10.1002/tea.21436

Rainer Mehren, Armin Rempfler

Szenariotechnik

Definition

Bei der Szenariotechnik handelt es sich um eine Methode, bei der unter Verknüpfung qualitativer und quantitativer Daten mögliche Entwicklungen in Zukunftsszenarien zusammengefasst werden. Hierbei werden vielfach drei Szenarien (Worst-Case, Trend- u. Best-Case) entworfen, so dass die gesamte Spannweite möglicher Zukünfte Beachtung findet. Die Schülerinnen und Schüler erkennen, dass die Zukunft abhängig ist von Handlungen und Entscheidungen unterschiedlicher Akteure in der Gegenwart und entwickeln in der anschließenden Reflexion konkrete Handlungsoptionen, die eine gewünschte Entwicklung begünstigen. Im Idealfall werden einige der ausgearbeiteten Handlungsoptionen von der Klasse im Anschluss an die Durchführung direkt umgesetzt.

Klassifikation

Schon in den 1950er-Jahren wurde die Szenariotechnik zur Entwicklung militärischer Strategien genutzt. Eine breite Öffentlichkeit erlangte sie mit dem in den 1970er-Jahren erschienenen Bericht des Club of Rome zur Lage der Menschheit (MEADOWS et al. 1972: Grenzen des Wachstums). In den Folgejahren wurde sie in Konzernen zur Strategieplanung, aber auch in Politikberatung und Regionalplanung großflächig eingesetzt (ALBERS & BROUX 1999). Für den schulischen Einsatz werden seit den 1980er-Jahren Unterrichtsvorschläge im Rahmen von politischer, ökonomischer und Umweltbildung (ab den 1990er-Jahren: Bildung für nachhaltige Entwicklung) entwickelt. Die hierfür notwendige didaktische Reduktion liegt zumeist in der Begrenzung auf in der Regel fünf Schritte: 1. Problemanalyse, 2. Einflussanalyse, 3. Deskriptorenanalyse, 4. Entwicklung der Szenarien und 5. Entwicklung von Strategien und Maßnahmen zur Problemlösung (vgl. HOFMANN 2011).

Die Szenariotechnik zählt zu den zukunftsorientierten Unterrichtsmethoden. In Abgrenzung zur Zukunftswerkstatt werden mehre-

re möglichst realistische Zukunftsszenarien entworfen, im Gegensatz zum Planspiel liegt der Fokus nicht auf dem Treffen einer raumwirksamen Entscheidung. In Abgrenzung zu Computersimulationen werden nicht wiederholt neue Entscheidungen in einer neu geschaffenen Gegenwart getroffen (MEYER & KULINYAK 2010).
.

Zur geographiedidaktischen Diskussion

Im Rahmen der Bildung für eine nachhaltige Entwicklung wird der Szenariotechnik ein großes Potenzial für den Geographieunterricht zugesprochen, da Schülern auf Basis realitätsnaher Szenarien deutlich werden kann, dass mehrere zukünftige Entwicklungen möglich sind und Zukunft somit beeinflussbar ist. Diese Einsicht kann die Motivation zu verantwortungsvollem Handeln in der Gegenwart steigern. Auch andere Teilkompetenzen der Gestaltungskompetenz, insbesondere die Kompetenz, vorausschauend Entwicklungen zu analysieren und zu beurteilen, werden gefördert (SCHRÜFER & SCHULER 2021). Im Hinblick auf die Umsetzung des Kompetenzbereiches Handlung im Unterricht bietet die Szenariotechnik Möglichkeiten, alle Teilkompetenzen gleichermaßen zu fördern. Zwar liegen in geographiedidaktischen Zeitschriften einige wenige Beispiele für den Einsatz der Szenariotechnik vor, dennoch dürfte sich an der Einschätzung MEYERS und KULINYAKS (2010) wenig geändert haben, dass sie bislang kaum Verwendung in der Praxis findet. Neben der Komplexität der Methode und dem erheblichen Zeitbedarf kann ein Grund darin gesehen werden, dass es bislang an für die Praxis tauglichen Darstellungen des Einsatzes der Methode im Unterricht mangelt. Meist erfolgt in den Unterrichtsbeispielen die Entwicklung zweier Extremszenarien, aber auch eine Beschränkung auf ein Trendszenario (HOFMANN

2011) ist möglich. In der Regel wird der Einsatz der Szenariotechnik ab Klasse 10 für sinnvoll erachtet.

Literatur

ALBERS, O. & A. BROUX (1999): Zukunftswerkstatt und Szenariotechnik. Weinheim.

HOFMANN, T. (2015): Szenariotechnik. – In: REINFRIED, S. & HAUBRICH. H. [Hrsg.]: Geographie unterrichten lernen. Die Didaktik der Geographie. Berlin, 172 – 173.

HOFMANN, T. (2011): Grüne Investitionen. – In: geographie heute, 31, 295, 44 – 51.

MEADOWS, D. et al. (1972): Die Grenzen des Wachstums. Bericht des Club of Rome zur Lage der Menschheit. Stuttgart.

MEYER, T. & A. KULINYAK (2010): Nicht für die Schule, für die Zukunft lernen wir. – In: Geographie und Schule, 32, 184, 29 – 38.

SCHOCKEMÖHLE, J. (2005): Landwirtschaft 2030. – In: Praxis Geographie, 35, 10, 34 – 39.

SCHRÜFER, G. & SCHULER, S. (2021): Didaktisches Konzept. – In: Orientierungsrahmen für den Lernbereich Globale Entwicklung: Teilausgabe Geografie. Bonn, 29 – 53.

Dominik Conrad

Tafelbild

Definition

Das Tafelbild ist die strukturierte Darstellung von Ergebnissen einer Unterrichtsstunde. Es zeigt geographische Sachverhalte in übersichtlicher und vereinfachter Weise.

Meist wird es während der Unterrichtsstunde entwickelt und steht damit am Ende einer Unterrichtsstunde als gestaltetes Ganzes an der Tafel oder auf einem (→) interaktiven Whiteboard.

Klassifikation

Tafelbilder enthalten verbale, numerische und grafische Informationen, die oft miteinander verflochten sind (→ Merkbild).

Neben Tafel und Overheadfolien der traditionellen Tafel gibt es auch die elektronische Tafel (interaktives Whiteboard).

Zur geographiedidaktischen Diskussion

Das Tafelbild unterstützt das Lernen durch Visualisierung, dient der Transparenz des Unterrichts für den Schüler und hilft ihm, den Unterrichtsverlauf nachzuvollziehen. Der Hefteintrag der Schüler entsteht in der Regel mit dem Tafelbild und ist meist mit ihm identisch. Die Bedeutung von Tafelbildern für den Unterricht ist deshalb unstrittig. Umstritten ist lediglich die Frage der Art der Präsentation (Kreide, Overheadfolien oder Computerpräsentation). Viele der zu Unterrichtsanregungen veröffentlichten Tafelbilder zeigen, dass zu viele Informationen in ein Tafelbild gepackt werden. Die (Schul-)Tafel zwingt zu inhaltlicher Reduktion.

„In einer Zeit immer schneller und parallel ablaufender Prozesse, eingefangen in Filmen, Animationen, Musik und Texten stellt die Tafel ein Medium der Entschleunigung dar. Die Konzentration auf wesentliche, bildhaft veranschaulichte Inhalte einer Stunde erleichtert Schülern Verstehen und Lernen gerade in einem hektischen Schulalltag (…) Das Tafelbild hat für Schüler und Lehrer nach wie vor eine herausragende Funktion, indem der tatsächlich stattfindende Unterricht mit den Gedanken und Filtern von vielen Gehirnen nachgezeichnet wird" (WILHELMI 2009, 57).

Literatur

BARTH, L. & A. BRUCKER (1992): Merkbilder im Geographieunterricht. Berlin.

BRUCKER, A. (2006): Merkbild/Tafelbild. – In: HAUBRICH, H. [Hrsg.] (2006): Geographie unterrichten lernen. Die neue Didaktik der Geographie konkret. München, 188 – 189.

BRUCKER, A. (2018): Merkbild / Skizze. – In: BRUCKER, A., J.-B. HAVERSATH UND A. SCHÖPS [Hrsg.] (2018): Geographie – Unterricht. 102 Stichworte. Baldmannsweiler, 144 – 146.

BÜHS, R. (1986): Tafelzeichnen kann man lernen. Hamburg.

BUSKE, H. (1984): Das Tafelbild im Erdkundeunterricht. – In: Geographie im Unterricht, 9, 1, 13 – 24.

ERNST, M. & W. SALZMANN [Hrsg.] (1995, 1998, 2002): Kommentierte Tafelbilder Geographie, Bd. 1 (Klassenstufe 5/6), Bd. 2 (Klassenstufe 7/8), Bd. 3 (Klassenstufe 9/10). Köln.

HAUBRICH, H. (2000): Tafelbilder. Erlernen einer alten Kunst. – In: geographie heute, 21, 185, 18 – 19.

WILHELMI, V. (2009): Zur Erinnerung: Das Tafelbild lebt! – In: Praxis Geographie, 39, 7/8, 56 – 57.

Friedhelm Frank

Tellurium

Definition

Ein Tellurium ist ein (→) Modell, das die Bewegung der Erde um die Sonne, die des Mondes um die Erde und die Drehung der Erde um ihre eigene Achse demonstriert.

Es besteht aus einem drehbaren Hebelarm, an dessen einem Ende sich ein gegenüber der Bahn der Erde um die Sonne um 23,5 Grad geneigter (→) Globus (mit Mond) befindet und an dessen anderem Ende eine Lichtquelle angebracht ist, die die Sonne simulieren soll.

Klassifikation

Durch die Berücksichtigung der natürlichen Schiefstellung des Globus gegenüber der Sonnenbahn erlaubt das Modell durch Drehung um 360 Grad bzw. eines Viertels davon, die Jahreszeiten darzustellen.

Unter anderem kann am Modell simuliert werden:

- Jahreszeiten
- Tageszeiten
- Polartag und Polarnacht (Äquinoktien und Solstitien)
- scheinbare Wanderung der Sonne zwischen den Wendekreisen (Dies wird durch das Wandern des zur Mittagszeit schattenlosen Punktes zwischen den Wendekreisen erkennbar. Durch die Projektion eines Lichtpunktes auf die Erde mithilfe einer verschiebbaren Linse kann der Ort sichtbar gemacht werden, an dem zu einem bestimmten Zeitpunkt die Sonne senkrecht steht.)
- Mondphasen (Dabei lässt sich anschaulich zeigen, dass der Mond uns immer dieselbe Seite zuwendet.)

Zur geographiedidaktischen Diskussion

Dass wir in einem modernen Unterricht verpflichtet sind, in der Schule ein grundlegendes naturwissenschaftliches Weltbild aufzubauen, ist unbestritten, und ebenso, dass ein dreidimensionales Modell das Verständnis dieser Vorgänge erleichtern kann.

Tellurien verstaubten jedoch früher oft auf oder in den Regalen der Sammlungs- oder Klassenräume, weil sie einen grundlegenden Konstruktionsfehler aufwiesen, der die praktische Verwendung stark einschränkte: Die Lichtstärke war meist zu gering. Die Lichtquelle gab nur ein diffuses Licht ab, dies hatte zur Folge, dass die Licht-Schatten-Grenze an der falschen Stelle lag und dass die Helligkeitsunterschiede zwischen Tag und Nacht nicht genügend ausgeprägt waren. Heute gibt es Tellurien, die aufgrund der Zwischenschaltung einer Fresnellinse das büschelförmig ausgesandte Licht der Lichtquelle parallel auf den Globus schicken und damit den wahren Verhältnissen in der Natur nahekommen. Ihre große Helligkeit lässt selbst bei abgedämpftem Tageslicht den Unterschied von Tag- und Nachtseite erkennen.

Ein weiteres Problem liegt darin, dass den Lehrkräften oft die fachlichen Kenntnisse fehlen, dieses für die Erzeugung eines konkreten Weltbildes so wichtige Gerät anzuwenden.

Literatur

NEWIG, J. (2005): Ein neues Tellurium mit gerichtetem Licht. – In: Der Globusfreund, 51/52, Wien, 133 – 138.

NEWIG, J. & CORNELSEN EXPERIMENTA (2003): Tellurium N. Versuchsbeschreibung/Gebrauchsanleitung. Berlin.

Jürgen Newig

Thematische Geographie in regionaler Anordnung

Definition

Thematische Geographie in regionaler Anordnung ist die Verbindung von Themen und Inhalten aus der Allgemeinen Geographie zu einer regional geordneten Abfolge.

Klassifikation

Bei der Umsetzung dieses Konzepts in den Lehrplänen der Länder Deutschlands sind grundsätzlich drei Varianten zu unterscheiden:

1. Der thematische Aspekt wird betont. Ein allgemeingeographisches Thema (z. B. Globalisierung und Stadtentwicklung oder Klimawandel geht uns alle an) wird an regionalen Fallbeispielen erarbeitet. Die Themen bestimmen die inhaltliche Schwerpunktsetzung, die Fallbeispiele sind austauschbar und nicht verbindlich.

2. Der regionale Aspekt wird betont. Räume (z. B. Deutschland, Europa, Asien), die im Verlauf der Jahrgangsstufen wechseln, bilden die Fundgrube für Fall- oder Raumbeispiele, an denen allgemeingeographische Zusammenhänge erarbeitet werden.

3. Es gibt auch in den länderspezifischen Lehrplänen Konzeptionen, die mit wechselnden oder anders gewichteten Schwerpunkten arbeiten; diese sind einer Mischgruppe zuzuordnen (z. B. Deutschland, USA, Indien, jeweils Landwirtschaft).

Zur geographiedidaktischen Diskussion

Der Dualismus von Allgemeiner Geographie (→ Allgemeingeographischer Ansatz) und Regionaler Geographie (→ Regionalgeographische Ansätze) leitet sich aus dem System der Geographie ab; er hat einerseits terminologische, andererseits wissenschaftstheoretische Ursachen. Dabei darf nicht übersehen werden, dass jede Systematik der Erkenntnisgewinnung dient. Beide Teilgebiete schließen sich folglich in Wissenschaft und Unterricht nicht aus, sondern ergänzen einander. Diese Einsicht hat den pointierten Positionen der 1970er-Jahre – z. B. Allgemeine Geographie statt Länderkunde – die Spitze genommen. Auf der Suche nach einer Synthese ist über Jahrzehnte hinweg das generelle Bemühen zu erkennen, in den Lehrplänen der verschiedenen Länder thematisch-allgemeingeographische und regional-länderkundliche Aspekte zu verbinden. Die unterschiedliche Gewichtung thematischer und regionaler Elemente spiegelt nicht nur eine differenzierte Beurteilung dieser Komponenten wider, sondern sie reflektiert und bewertet auch die Erfahrungen aus den 1970er- und 1980er-Jahren. So ist es aus dieser disziplingeschichtlichen Phase zu erklären, dass die Konzeptionen der einzelnen Bundesländer in Deutschland von da an bis zur Jahrtausendwende weiter auseinanderlagen als in den Zeiten zuvor und in der Gegenwart. Die auffallende Einheitlichkeit unter den Ländern im Osten Deutschlands, in denen die regionale Anordnung Priorität genießt, ist mit der länderkundlichen Prägung und Stofforientierung in der ehemaligen DDR, also disziplingeschichtlich, zu erklären.

Mit dem Grundlehrplan des Verbandes Deutscher Schulgeographen (1998) und dem Curriculum 2000+ wurde eine schrittweise Überbrückung der entstandenen Kluft intendiert, die jedoch erst mit den (→) Bildungsstandards (DGfG 2010) zu einer deutlichen Annäherung der Länder führte. Unter neuem Aspekt →Kompetenzen) werden die divergierenden Entwicklungen nun wieder stärker gebündelt. Wie die einzelnen Kompetenzen erreicht werden sollen, wird allerdings oftmals freigestellt, sodass mehrere Wege wie der ei-

273

ner „thematischen Geographie in regionaler Anordnung" möglich sind.

Literatur

DEUTSCHE GESELLSCHAFT FÜR GEOGRAPHIE (DGfG) [Hrsg.] (2002): Grundsätze und Empfehlungen für die Lehrplanarbeit im Schulfach Geographie. Arbeitsgruppe Curriculum 2000+. – In: www.geographie.de/docs/curriculum2000.pdf (Letzter Zugriff: 26.02.2012).

DEUTSCHE GESELLSCHAFT FÜR GEOGRAPHIE (DGfG) [Hrsg.] (2010): Bildungsstandards im Fach Geographie für den Mittleren Schulabschluss. Bonn.

RINSCHEDE, G. (2007): Geographiedidaktik. Paderborn, 130–137.

VERBAND DEUTSCHER SCHULGEOGRAPHEN [Hrsg.] (1998): Grundlehrplan Geographie. Ein Vorschlag. – In: www.erdkunde.com/info/grundlp.htm (Letzter Zugriff: 17.07.2012).

Johann-Bernhard Haversath

Thinking through geography

Definition

Das sozial und konstruktivistisch geprägte Lernkonzept des *thinking through geography* (TTG) verfolgt einen Ansatz, durch herausfordernde wissens- und problemorientierte Lernmethoden geographische Denkfertigkeiten anzuregen, die in schülerorientierten Lernarrangements stufenweise herausgebildet und in komplexen geographischen Kontextbezügen erfolgreich entfaltet werden.

Klassifikation

Der von LEAT (1998) konzipierte und von NICHOLS/KINNINMENT/LEAT (2001) weiterentwickelte TTG-Ansatz orientiert sich an drei Leitvorstellungen zur gezielten Förderung der Lernenden:

1. Flexible und anpassungsfähige Lernmethoden und Materialien gestalten den Geographieunterricht spannend und fordern Lernende heraus, sich aktiv mit geographischen Wissensinhalten zu beschäftigen.

2. Anleitungen und Hilfestellungen fördern das Verständnis von geographischen Denkstrategien und Schlüsselkonzepten sowie die Übertragbarkeit und Anwendung der erworbenen kognitiven Fertigkeiten auf andere Kontexte.

3. Angemessene Bedingungen und Möglichkeiten im Geographieunterricht unterstützen den intellektuellen Entwicklungsprozess der Lernenden und führen zur erfolgreichen Bewältigung komplexer geographischer Informationen (→ *scaffolding*).

Zur geographiedidaktischen Diskussion

Die Prinzipien des TTG folgen der Tradition des (→) problemorientierten Unterrichtens. Alltagsnahe Wissenskonstruktionen werden aufgegriffen und methodisch aufbereitet, um Schülern zu ermöglichen, geographische Sachverhalte in ihrer Vielschichtigkeit zu erfahren und vor dem Hintergrund eigener Vorstellungen zu analysieren. Das Lernen wird als aktiver, selbst gesteuerter und konstruktiver Prozess aufgefasst, der das Einordnen von neuen sinngebenden Informationen in vorhandene Wissensstrukturen ermöglicht und geographische Denkfähigkeiten und Problemlösefähigkeiten der Lernenden unterstützt →Konstruktivismus). Gleichzeitig wird ein schlussfolgerndes vernetztes Denken trainiert, das die eigenen Wissensbasen, geographische Denkweisen sowie Vorstellungen von räumlichen Zusammenhängen und Wechselwirkungen durch systematische Reflexion erweitert. Die im TTG verwendeten Konzepte sind vielfältig ausgeprägt und lassen sich durch Merkmale wie Ordnen, Klassifizieren, Ursache-Wirkungs-Zusammenhänge, Verorten, Planen, Bewerten, Entscheiden usw. charakterisieren.

Die inhaltliche und methodische Anpassbarkeit der Lernmethoden ermöglicht eine flexible Einsetzbarkeit und kreative Ausgestaltung der Aufgabenstellungen. In der Durchführung spielen sowohl die Aktivierung und Integration von Alltagswissen der Lernenden als auch Kooperation in Form von Kleingruppenarbeit eine wichtige Rolle. Die vorstrukturierte Offenheit in Verbindung mit eingesetzten scaffoldings bietet eine gute Basis für Binnendifferenzierung auf unterschiedlichen Bearbeitungsniveaus und ermöglicht vielfältige Lösungswege. Beispiele für Lernmethoden im Sinne des TTG sind „Mystery", „Karten im Kopf", „Lebendige Diagramme", „Bilder befragen", Außenseiter", „Tabu" usw.

Literatur

LEAT, D. (1998): Thinking through Geography. Cambridge.

NICHOLS, A., KINNINMENT, D. & D. LEAT (2001): More Thinking Through Geography. Cambridge.

SCHULER, S. et al. (2013): Diercke Methoden 2 – Mehr Denken lernen mit Geographie. Braunschweig.

VAKAN, L., ROHWER, G. & S. SCHULER (2007): Diercke Methoden – Denken lernen mit Geographie. Braunschweig.

Yvonne von Roux

Topographisches Grundwissen

Definition

Das topographische Grundwissen ist eine Zusammenstellung von als wichtig erachteten topographischen Daten.

Klassifikation

- ($\rightarrow$) Maßstabsebenen: Grobraster (global), Mittelraster (territoriale Einheiten), Feinraster (regionale Ebene) (BÖHN/HAVERSATH 1994)
- Anforderungsniveau: Basisniveau (Auffinden in einer Karte), Basisniveau (Auffinden in einer stummen Karte), Leistungsniveau (eigenständiges Einzeichnen in einer stummen Karte) (BÖHN/HAVERSATH 1994)
- Auswahlkriterien (vgl. BIRKENHAUER 1996; SCHLIMME 1983; FUCHS 1985):
  - übergeordnete Raumeinheiten (Kontinente, Ozeane,...)
  - linienhafte Elemente (Grenzen, Flüsse,...), die zur Einordnung sinnvoll sind
  - Relief der Kontinente (Tiefländer, Gebirge,...)
  - Individualbegriffe mit funktional-lebenspraktischer Bedeutung (z. B. Bundesländer)
  - höchste Erhebung usw.
  - Grundzüge des Gradnetzes
  - Längen und Entfernungen (z. B. Länge des Äquators, Nord-Süd-Erstreckung Deutschlands).

Zur geographiedidaktischen Diskussion

Kaum ein Begriff wird unter Fachdidaktikern so kontrovers diskutiert wie Topographie. Dies ist eine Folge ihrer unterschiedlichen Bedeutung im Laufe der Geschichte des Geographieunterrichts. Bildete sie beim länderkundlichen Durchgang noch einen wichtigen Teil, so wurde sie anschließend als funktionslos, motivationshemmend, oberflächlich usw. abgestempelt. Gleichwohl bildet sie ein geographisches Spezifikum, das für den systematischen Aufbau eines Bildes von der Erde unerlässlich ist. Im Gegensatz zu früher wird jedoch heute die thematische Einbindung der topographischen Inhalte betont; topographisches Wissen muss mit Inhalten verknüpft werden.

Um die Fülle der topographischen Begriffe hierarchisch zu ordnen und um einen systematischen Aufbau topographischen Wissens und topographischer Fähigkeiten zu ermöglichen, schlagen BÖHN/HAVERSATH (1994) das Konzept der topographischen Raster vor; sie bezeichnen hiermit Raumausschnitte mit vereinfachten Umrissen und ausgewählten erdräumlichen Inhalten. Auf den verschiedenen Maßstabsebenen unterscheiden sie Feinraster (lokal), Mittelraster (regional, national) und Grobraster (kontinental, zonal, global).

Umstritten ist weiterhin die Frage des sogenannten topographischen Mindestwissens. Vorgeschlagene Begriffskataloge (z. B. Böhn et al. 1995; Birkenhauer 1996) sind in keinem Fall als verbindlich zu verstehen, sondern sie versuchen Zusammenstellungen zu bieten, die den Forderungen vor allem der Öffentlichkeit nachkommen. Kernpunkte der fachdidaktischen Diskussion bleiben die Auswahlkriterien für topographische Begriffe, die Umsetzung lernpsychologischer Erkenntnisse zur Entwicklung des (→) Raumverständnisses bei Kindern und Jugendlichen sowie die wissenschaftliche Reaktion auf Forderungen von Elternverbänden und politischen Organisationen.

Untersuchungen wiesen nach (Hemmer et al. 2008), dass topographisches Grundwissen eine hohe gesellschaftliche Relevanz besitzt. Dem wurde Rechnung getragen in dem es in die (→) Bildungsstandards übernommen wurde und der Bereich der Orientierung einen eigenen Kompetenzbereich konstituiert (→ Kompetenzbereich Räumliche Orientierung).

Literatur

Birkenhauer, J. (1996): Topographisches Mindestwissen. Orientierung als grundlegende Aufgabe des Erdkundeunterrichts. – In: Praxis Geographie, 26, 7/8, 38 – 42.

Böhn, D. et al. (1995): Deutschland. Einhundert topographische Begriffe. – In: geographie heute, 16, 131, 49 – 53.

Böhn, D. & J.-B. Haversath (1994): Zum systematischen Aufbau topographischen Wissens. Ein Beitrag der Fachdidaktik Geographie zum Erlernen räumlicher Orientierungspunkte und Strukturen. – In: Geographie und ihre Didaktik, 22, 1, 1 – 20.

Deutsche Gesellschaft für Geographie (DGfG) [Hrsg.] (2012): Bildungsstandards im Fach Geographie für den Mittleren Schulabschluss. Bonn. – In: www.geographie.de/docs/geographie_bildungsstandards.pdf (Letzter Zugriff: 07.06.2013).

Fuchs, G. (1977): Überlegungen zum Stellenwert und zum Lernproblem des topographischen Orientierungswissens. Methodische Rezeptologie oder didaktische Neubewertung im Rahmen der „geographischen Lage"? – In: Hefte zur Fachdidaktik der Geographie, 1, 3, 4 – 24.

Hemmer, I. et al. (2008): Räumliche Orientierung. Eine empirische Untersuchung zur Relevanz des Kompetenzbereichs aus der Perspektive der Gesellschaft und der Experten. – In: Geographie und ihre Didaktik, 36, 1, 17 – 32.

Lamkemeyer T. (2013): Topographische Kenntnisse und Fähigkeiten von Schülerinnen und Schülern am Ende der Sekundarstufe I. Waltrop.

Schlimme, W. (1983): Topographisches Wissen und Können im Geographieunterricht. Berlin (Ost).

Dieter Böhn,
Johann-Bernhard Haversath,
Gabriele Obermaier

Transfer/Lerntransfer

Definition

Transfer bezeichnet die Fähigkeit, bereits Gelerntes in neuen Aufgaben und Problemstellungen anzuwenden.

In der pädagogischen Psychologie wird auch der Begriff „Lerntransfer" verwendet.

Klassifikation

Transferfähig sind für geographisches Denken und Arbeiten die Fach- bzw. Basiskonzepte, da sie Strukturen und Strategien beinhalten (vgl. Klauer 2011). Mit z.B. dem Nachhaltigkeitsviereck werden sowohl fachliche Strukturen durch die vier Bereiche als auch Strategien – alle Bereiche müssen zuerst analysiert, dargestellt und dann verknüpft werden – vermittelt, somit auch eine Vorgehensweise, um Aufgaben bzw. Fragestellungen in immer wieder neuen Kontexten beantworten zu können (nichttrivialer Transfer).

Es gibt verschiedene Arten, Transfer zu kategorisieren. Grundlegend ist die Unterscheidung zwischen positivem und negativem Transfer:

- negativer Transfer: bereits Gelerntes erschwert späteres Lernen
- positiver Transfer: bereits Gelerntes beeinflusst (erleichtert) neues Lernen bzw. Problemlösen (z. B. Strukturen, Strategien).

Beim Lernen und Aufgabenlösen gehen wir normalerweise von positivem Transfer aus, auch wenn negativer nicht ausgeschlossen werden kann.

Trivialer und nichttrivialer Transfer:
Für die Unterrichtspraxis hilfreich ist die folgende im Rahmen des Lernprozesses nach KLAUER 2011

- trivialer Transfer: selbstständige Anwendung des Gelernten in geübten Aufgabenstellungen
- nicht trivialer Transfer: selbstständige Anwendung des Gelernten in nicht geübten, neuen Aufgabenstellungen

Transfer von Strukturen und Strategien:
- Transfer von Strukturen: Übertragung von gelernten Strukturen auf neue Inhalte oder Probleme (verschiedene Sachverhalte weisen eine vergleichbare Grundstruktur auf).
- Transfer von Strategien: Kognitive Strategien bzw. Techniken/Handlungsfolgen werden jeweils für einen bestimmten Zweck gelehrt bzw. gelernt (KLAUER 2012).

Zur geographiedidaktischen Diskussion

In der Geographiedidaktik wurde die Diskussion vor allem um die Begriffe „Exemplarik und Transfer" geführt (vgl. SCHULTZ 2008). Den Begriffsdefinitionen lagen nur selten die Erkenntnisse aus der Lehr- und Lernforschung bzw. der Pädagogischen Psychologie zugrunde, sodass für die Geographiedidaktik getroffene Einteilungen und Ansichten ohne Anbindung an die Psychologie tradiert wurden (z. B.

räumlicher Transfer). Die Versuche, Arten des Transfers zu unterscheiden, kritisiert SCHMID (2006), der aufzeigt, dass auf diesem Weg eine praktikable Definition und Operationalisierung des Begriffes nicht erreicht wurde. Mit KLAUER (2012) liegt ein Ansatzpunkt für die Geographiedidaktik vor, der eine klare Unterscheidung zwischen trivialem und nichttrivialem Transfer bezüglich des Anspruches trifft, und damit für die Schulpraxis Hinweise für nachhaltiges Lernen gibt. Die Vermittlung von fachlichen Strukturen und Strategien bildet die Voraussetzung, damit Lerntransfer möglich wird. Ob und in welchem Umfang dieser eintritt, kann vom Lehrenden nicht unmittelbar beeinflusst werden (GRUBER/HARTEIS 2008, 251). Ergebnisse der Lehr- und Lernforschung zeigen, dass nur über Üben ein Lerntransfer möglich wird (KLAUER/LEUTNER 2007) (→ Aufgabenkultur).

Literatur
FÖGELE, J. & MEHREN, R. (2017): Raumkonzepte der Geographie. Förderung eines erweiterten Raumverständnisses. In: PG 4/2017, S. 4 – 8.

FÖGELE, J. & MEHREN, R. (2021): Basiskonzepte. Schlüssel zur Förderung geographischen Denkens. In: PG 5/2021, S. 50 – 55.

KLAUER, K. J. & D. LEUTNER (2007): Lehren und Lernen. Einführung in die Instruktionspsychologie. Weinheim, Basel.

KLAUER, K. J. (2011): Lerntransfer des Lernens. Warum wir oft mehr lernen als gelehrt wird. Stuttgart.

KLAUER, K. J. (2012): Lerntransfer im Unterricht. – In: Praxis Geographie, 42, 12, 9 – 11.

LASKE, J. (2012): Neue (?) Aufgabenkultur im Fach Geographie. – In: Praxis Geographie, 42, 12, 4 – 8.

LASKE, J. & S. SCHULER (2012): Mit Geographie denken und Probleme bearbeiten lernen. Aufgaben im problemlösenden Unterricht. – In: Praxis Geographie, 42, 12, 12 – 17.

GRUBER, H. & C. HARTEIS (2008): Lernen und Lehren im Erwachsenenalter. – In: RENKL, A. [Hrsg.] (2008): Lehrbuch Pädagogische Psychologie. Bern, 205 – 261.

SCHMID, C. (2006): Lernen und Transfer: Kritik der didaktischen Steuerung. Bern.

Jochen Laske

Transformative Geographische Bildung

Definition

Aus gesellschaftswissenschaftlicher Perspektive bezeichnet der Begriff Transformation in seiner Prägung durch KARL POLANYI (1944) die fundamentale Veränderung einer sozialen und wirtschaftlichen Gesellschaftsordnung, wie sie sich etwa im Zuge der industriellen Revolution vollzogen hat. Der Wissenschaftlichen Beirat der Bundesregierung (2011) überträgt den Begriff auf die globale Krise der Moderne. Unter dem Leitbild der „Großen Transformation" wird insbesondere die Notwendigkeit einer post-fossilen Wirtschaftsweise formuliert. Aus pädagogischer Perspektive geht die Idee der Transformation unter anderem auf JACK MEZIROWS Konzept des „Transformativen Lernens" (1997) zurück. Es bezeichnet einen Lernprozess, bei dem kritische (Selbst)Reflexionen dazu führen, dass individuelle Vorannahmen, spezifische Perspektiven, Denkweisen oder -gewohnheiten transformiert, also verändert oder erweitert werden.

Aus der Zusammenführung dieser Perspektiven formiert sich mit der transformativen geographischen Bildung ein Bildungsentwurf, der in Zeiten tiefgreifender sozialer, politischer, ökonomischer und ökologischer Krisen dazu beiträgt, komplexe Problemzusammenhänge zu verstehen und hoffnungsvolle Wege für eine gemeinsame Zukunft unter besonderer Berücksichtigung raumbezogener Herausforderungen zu denken, zu finden und zu begehen.

Klassifikation

Transformative geographische Bildung zeichnet sich durch drei Leitideen aus:

1. (Für)Sorge: Aus einer Verbundenheit mit und Verantwortung gegenüber der Welt eröffnet transformative geographische Bildung Lernenden Angebote, sich mit den Schlüsselproblemen der Gegenwart zu befassen, sich zu ihnen in Beziehung zu setzen und ins (für) sorgende Handeln zu kommen.

2. Demokratie: Im Bewusstsein um bestehende Bildungsungleichheiten und die Gefahren einer Relativierung von Wissen bemüht sich transformative geographische Bildung um eine dialogische Diskussionskultur und ein kollektiv gestaltetes Bildungsgeschehen.

3. Emanzipation: Die gesellschaftliche Bedeutsamkeit verantwortungsvoll denkender und handelnder Subjekte für eine gemeinsame Zukunft in der Welt anerkennend, bahnt transformative geographische Bildung emanzipatorische Selbst- und Weltbildungsprozesse an, die Raum und Zeit für ein kritisches und selbstbestimmtes Lernen geben.

Zur geographiedidaktischen Diskussion

Über transformative Bildung wird derzeit aus unterschiedlichen disziplinären Perspektiven nachgedacht (vgl. z. B. EICKER/HOLFELDER, 2020; O'SULLIVAN et al. 2002; SINGER-BRODOWSKI, 2016). Von Seiten der Geographiedidaktik wird der Ansatz insbesondere um raumbezogene Aspekte und Fragen erweitert. Das Lehrbuch „Transformative Geographische Bildung" (NÖTHEN/SCHREIBER 2023) führt in diesem Sinne gegenwärtige Schlüsselprobleme, gesellschaftstheoretische und bildungsphilosophische Perspektiven, situative und lebensweltlich-sensible Forschungsweisen und explorative Vermittlungspraktiken zusammen und entwirft hierdurch den didaktisch-methodischen Rahmen für ein raumbezogenes transformatives Lehren und Lernen. Auch FABIAN PETTIG greift den Ansatz auf und konzipiert aus der Verknüpfung transformativen Lernens nach MEZIROW (1997), dem befreiungspädagogischen Lernbegriff nach PAOLO FREIRE (1973) und den Prinzipien einer konstruktivistischen Didaktik nach KERSTEN REICH (2002) transformatives Lernen als „reflexiven Umlernprozess" (PETTIG 2021). Darüber hinaus finden sich in Veröffentlichungen und Tagungsbeiträgen zunehmend Positionierungen aus geographiedidaktischer Perspektive zu theoretischen sowie forschungspraktischen Zugängen und vermittlungsbezogenen Konkretisierungen (vgl. z. B. Praxis Geographie 2023, 1).

Literatur

EICKER, J. & A.-K. HOLFELDER (2020): Bildung Macht Zukunft. Lernen für die sozial-ökologische Transformation? Einleitung. In: EICKER, J., EIS, A., HOLFELDER, A.-K., JACOBS, S. & S. YUME [Hrsg.]: Bildung Macht Zukunft. Lernen für die sozial-ökologische Transformation? Wochenschau Wissenschaft. Frankfurt a.M., S. 11 – 15.

NÖTHEN, E. & V. SCHREIBER [Hrsg.] (2023): Handbuch Transformative Geographische Bildung. Heidelberg.

PETTIG, F. (2021): Transformative Lernangebote kritisch-reflexiv gestalten. Fachdidaktische Orientierungen einer emanzipatorischen BNE. – In: GW-Unterricht, Jg. 44, H. 162, S. 5 – 17.

O'SULLIVAN, E., MORRELL, A. & M. O'CONNOR (2002): Expanding the Boundaries of Transformative Learning. Essays on Theory and Praxis. New York.

SINGER-BRODOWSKI, M. (2016): Transformative Bildung durch transformatives Lernen. Zur Notwendigkeit der erziehungswissenschaftlichen Fundierung einer neuen Idee. – In: Zeitschrift für internationale Bildungsforschung und Entwicklungspädagogik, Jg. 39, H. 1, S. 13 – 17.

Wissenschaftlicher Beirat der Bundesregierung Globale Umweltveränderungen [WBGU] (2011): Welt im Wandel. Gesellschaftsvertrag für eine Große Transformation. https://www.wbgu.de/de/publikationen/publikation/welt-im-wandel-gesellschaftsvertrag-fuer-eine-grosse-transformation (Zugriff: 2022-10-12).

Eva Nöthen, Verena Schreiber

Umweltbildung

Definition

Umweltbildung ist ein Unterrichtsprinzip und eine fächerübergreifende Bildungsaufgabe mit dem Ziel, in der Auseinandersetzung mit der natürlichen, sozialen und gebauten Umwelt die Bereitschaft und die Kompetenz zum Handeln unter Berücksichtigung ökologischer Gesetzmäßigkeiten zu entwickeln. Umweltbildung wird als Teilbereich einer (→) Bildung für nachhaltige Entwicklung angesehen.

Klassifikation

Das Konstrukt des Umweltbewusstseins umfasst die Dimensionen Umweltwissen (kognitive), Umwelteinstellung (affektive) und Umwelthandeln (aktionale). Es gibt verschiedene Strömungen der Umweltbildung, die zeitlich nach-, aber auch nebeneinander existieren, sich mehr oder weniger auf die eine oder andere Dimension stützten und dabei unterschiedlichen Leitbildern folgten (STEIN 1994; HEMMER 1998):

– Naturforscher (kognitiv ausgerichtete Pädagogik)
– Naturfreund (Naturerlebnispädagogik)
– Naturschützer (Naturschutzpädagogik)
– Umweltschützer (Ökopädagogik)

Zur geographiedidaktischen Diskussion

Der frühere Begriff Umwelterziehung wurde nach und nach zugunsten von Umweltbildung aufgegeben, um die reflexive und konstruktivistische Ausrichtung zu betonen.

Geographie und Biologie sind die Zentrierungsfächer der Umweltbildung (u.a. SCHOCKEMÖHLE 2012). Der Zusammenhang zwischen Mensch und Umwelt kann nach Stein (1986) von keinem Schulfach kompetenter aufgezeigt werden als von der Geographie, weil sie eine regionale Differenzierung von Umweltproblemen vornimmt, unterschiedliche Maßstabsdimensionen berücksichtigt (lokal bis global), auf Fernwirkungen von Umweltproblemen aufmerksam macht und gesellschaftliche Konflikte in die Betrachtung einschließt.

Obwohl die Integration der Umweltbildung in den Geographielehrplänen bis zu einem gewissen Grad realisiert wurde und unstrittig ist, haben empirische Untersuchungen (z.B. OTTO 1997) ergeben, dass Umweltbildung in den Schulen weder quantitativ noch qualitativ hinreichend betrieben wird. Weiter wurde herausgefunden, dass trotz hohen Interesses an Umweltthemen (affektive Dimension) das Wissen (kognitive Dimension) unzulänglich ist und die Bereitschaft zum umweltbewussten Handeln (aktionale Dimension) zu wünschen übrig lässt (z.B. DE HAAN & KUCKARTZ 1996, KÖCK 2003, BRAUN 2004). Diskutiert wurden diesbezüglich in der Literatur (z.B. WILHELMI 2011) auch die psychologischen Barrieren, um vom Wissen zum Handeln zu kommen.

Um Handlungsbereitschaft zu erreichen, ist die rationale Durchdringung komplexer Umweltthemen zwar notwendig, aber nicht hinreichend. Vielmehr sind im Unterricht alle drei Dimensionen zu berücksichtigen. Eröffnet der Unterricht Möglichkeiten umweltbewussten Handelns und übt er diese ein, so zeigen die Schüler ein nachweisbar umweltbewussteres Handeln (BRAUN 2004). Die affektive Dimension kann z.B. durch Naturerlebnisspiele angesprochen werden. Um die Handlungsdimension abzudecken, empfiehlt es sich, Themen zu wählen, die aktuell sind oder im Nahbereich der Schüler liegen. Methodisch ist besonders das Lernen vor Ort empfehlenswert. Gut geeignet sind auch Experimente und Projektarbeit, die im Geographieunterricht, aber auch fächerübergreifend stattfinden können.

Unabdingbar für die Glaubwürdigkeit und Effektivität der Umweltbildung ist die Vorbildfunktion der Schulen (Umweltpapier, Gestaltung des Schulgebäudes usw.) und der Lehrpersonen. Bedeutsame Einflussfaktoren sind Naturerfahrungen und Familien (vgl.

ZECHA 2011). Als wichtige Voraussetzung für die Erreichung einer wirkungsvollen Umweltbildung wird eine quantitative und qualitative Verbesserung der Lehrkräftebildung in diesem Bereich angesehen.

In der Geographiedidaktik fanden durchaus kritische Auseinandersetzungen mit den dargestellten Dimensionen, Zielsetzungen und Ansprüchen statt. So wird z.B. in Frage gestellt, inwieweit die Handlungsdimension durch den Geographieunterricht beeinflusst werden kann und ob nicht der Unterrichtsauftrag auf Wissensvermittlung und kritische Reflexion begrenzt ist (LETHMATE 2009). Kritisiert wurde der normative Charakter. WILHELMI (2011) betont die Bedeutung der freien Entscheidung der Schüler und Schülerinnen. Hingewiesen wurde zudem auf die Gefahr der Individualisierung bei der Lösung von Umweltproblemen (LETHMATE 2000).

Etwa seit der Jahrtausendwende wurde als Folge der Agenda 21 von Rio 1992 die nachhaltige Entwicklung zum neuen Leitbild und die Umweltbildung ebenso wie das Globale Lernen zu einem wesentlichen Teilbereich einer (→) Bildung für nachhaltige Entwicklung (BNE). Viele in der Umweltbildung gewonnenen Erkenntnisse können auf eine BNE übertragen werden. BNE ist jedoch übergreifender und umfasst weitere Dimensionen und Kompetenzen.

Literatur

BRAUN, A. (2004): Umweltbewusstsein und Umweltverhalten. Aufgabenfeld und Forschungsstand der Geographiedidaktik. – In: Geographie und Schule, 26, 152, 2–9.

HAAN, DE G. & U. KUCKARTZ (1996): Umweltbewusstsein. Denken und Handeln in Umweltkrisen. Opladen.

KÖCK, H. (2003): Dilemmata der (geographischen) Umwelterziehung. In: Geographie und ihre Didaktik GuiD, 31, 1, 28–43 u. 2, 61–79.

HEMMER, I. (1998): Nachhaltige Entwicklung als neues Leitbild der Umwelterziehung und des Geographieunterrichts? In: Regensburger Beiträge zur Didaktik der Geographie. Band 5, 197 – 206.

LETHMATE, J. (2000): Ökologie gehört zur Erdkunde – aber welche? Kritik geographiedidaktischer Ökologien. Die Erde 131,1, 61 – 79.

LETHMATE, J. (2009): Geoökologie, Umweltmonitoring und Umweltbildung. In: LETHMATE, J. [Hrsg.]: Luft-Boden-Wasser-Wald. Geoökologische und ökologiedidaktische Untersuchungen in Westfalen. Münster (= Westfälische Geographische Studien, Bd. 57). 7 – 21.

OTTO, K.-H. (1997): Umwelthandeln in der Schule, das Beispiel „Abfall und Entsorgung". Münster.

SCHOCKEMÖHLE, J. (2012): Nachhaltige Entwicklung und Geographieunterricht. In: HAVERSATH, J.-B. [Hrsg.]: Geographiedidaktik. Braunschweig.

STEIN, CH. (1986): Umwelterziehung als Handlungsänderung. In: Praxis Geographie,16, 6, 6 – 8

STEIN, CH. (1994): Leitbilder für ökologisches Lernen. In: Praxis Geographie, 24, 3, 40 – 44.

WILHELMI, V. (2011): Umweltbildung weiterdenken. In: Praxis Geographie, 31, 2, 4 – 8.

ZECHA, S. (2011): Welche Rolle spielt die Umwelt für Jugendliche heute? Eine empirische Studie zum Umweltbewusstsein in unterschiedlichen Jahrgangsstufen In: Geographie und ihre Didaktik, 39 ,1, S. 15 – 23.

Ingrid Hemmer

Unterrichtsanalyse

Definition

Unterrichtsanalyse ist die kritische Reflexion des gehaltenen Unterrichts anhand kriterienbezogener Gestaltungsgrundsätze im Hinblick auf das Erreichen didaktischer und fachlicher Ziele und Kompetenzen.

Klassifikation

Um die vielfältigen Kriterien als verbindliche Standards zu definieren, bedarf es einer theoretisch und empirisch fundierten begrifflichen Kategorisierung. Diesen Anspruch erfüllen Merkmalskataloge, wie sie unter anderem von Erziehungswissenschaftlern wie HELMKE, KIEL und MÜHLHAUSEN entwickelt wurden: Ihre Validität stützt sich auf Erkenntnisse der Unterrichtsforschung und erweist sich durch breite Anwendung in Qualitätssicherungsmaßnahmen. Da die Systeme weitgehend

übereinstimmen, kann hier stellvertretend der Kriterienkatalog von HELMKE (2008a) stehen:

- Strukturiertheit, Klarheit, Verständlichkeit
- effiziente Klassenführung und Zeitnutzung
- lernförderliches Unterrichtsklima
- Ziel-, Wirkungs- und Kompetenzorientierung
- Schülerorientierung, Unterstützung
- angemessene Variation von Methoden und Sozialformen
- Aktivierung: Förderung aktiven, selbstständigen Lernens
- Konsolidierung, Sicherung, intelligentes Üben
- vielfältige Motivierung
- Passung: Umgang mit heterogenen Lernvoraussetzungen.

HATTIE (2013) weist auf wesentliche Punkte hin, die das Lernen fördern, z. B. auf das Lehrerfeedback, einen problemlösenden Unterricht und ein vertrauensvolles Verhältnis zwischen Lehrkraft und Schülern. Diese Punkte sollten daher auch in der Unterrichtsanalyse berücksichtigt werden.

Zur geographiedidaktischen Diskussion

Im Zentrum der Betrachtung stand lange Zeit der Zusammenhang von Unterrichtsmethoden und Leistungen der Schüler. In jüngeren Untersuchungen werden jedoch zunehmend weitere Variablen, z. B. Lehrerkognitionen, Schülermotivation usw., einbezogen, um einer ganzheitlichen Analyse von Unterrichtsprozessen näherzukommen. Unbestritten ist, dass Beratungsgespräche eines angemessenen äußeren Rahmens bedürfen, ohne zeitlichen Druck und ohne äußere Störungen. Ziel der Unterrichtsanalyse ist die Förderung der Selbstreflexionskompetenz und die Bereitschaft, an kollegialer Beratung teilzunehmen.

Literatur

HATTIE, J. (2013): Unterricht sichtbar machen. Baltmannsweiler.

HELMKE, A. (2008a): Unterrichtsqualität und Lehrerprofessionalität. Diagnose, Evaluation und Verbesserung des Unterrichts. Stuttgart, Seelze.

HELMKE, A. (2008b): Was wissen wir über guten Unterricht. – In: Pädagogik, 58, 2, 42 – 45.

KIEL, E. [Hrsg.] (2008): Unterricht sehen, analysieren, gestalten. Bad Heilbrunn.

MÜHLHAUSEN, J. & U. MÜHLHAUSEN (2012): Unterrichtsanalyse online – Didaktische Kategorien mit angereicherten Unterrichtsvideos erschließen und überprüfen. Begleit-DVD mit 60 Web-basierten Übungen zur Unterrichtsanalyse. Hohengehren, Baltmannsweiler.

RINSCHEDE, G (2007): Geographiedidaktik. Paderborn, 459 – 465.

STONJEK, D. (2005): Unterrichtsanalyse. – In: Köck, H. & D. Stonjek (2005): ABC der Geographiedidaktik. Köln, 253.

Michael Ernst

Unterrichtseinstieg

Definition

Der Unterrichtseinstieg ist der erste thematische Moment im Unterricht.

Klassifikation

Die Begriffe „Unterrichtseinstieg" und „Stundeneröffnung" sind voneinander abzugrenzen. Stundeneröffnungen sind ritualisierte Vorgänge der ersten Unterrichtsminuten, in denen z. B. die gegenseitige Begrüßung oder eine körperlich-seelische Distanzierung von der Pause im Vordergrund steht. Dieses ritualisierte Vorgehen besitzt wichtige pädagogische Funktionen.

Der Unterrichtseinstieg (UE) ist durch folgende didaktische Funktionen gekennzeichnet:

- Thematisierungsfunktion (Thematisierung des Unterrichtsgegenstands)
- Informationsfunktion (Hinführung zu relevanten Inhalten und Kompetenzen)
- Strukturierungsfunktion (Phasierung des Stundenverlaufs, Strukturierung der Inhalte)
- Motivationsfunktion (Wecken von Neugier und Interesse, Steigerung von Lernmotivation)
- Mobilisierungsfunktion (Aktivierung von Vorkenntnissen, Förderung der Handlungs-/Kommunikationsbereitschaft)
- Problematisierungsfunktion (Identifikation einer für die Lerngruppe bedeutsamen Problemsituation)

Bei der Planung und Gestaltung von Unterrichtseinstiegen können nicht immer alle Funktionen gleichzeitig berücksichtigt werden, auch wenn von starken Wechselwirkungen zwischen den einzelnen Funktionen auszugehen ist. Für jeden Unterrichtseinstieg ergibt sich somit ein differentes Kombinationsmuster an Funktionen.

Der Unterrichtseinstieg kann nach Lehrer-, Schüler- und Handlungszentrierung klassifiziert werden. Beim lehrerzentrierten Unterrichtseinstieg (z. B. Lehrervortrag, fragend-entwickelnder UE) besitzt der Lehrende eine führende Rolle und erzeugt eine stark gesteuerte Lernumgebung gemäß seinen Vorstellungen. Trotz des vergleichsweise hohen Grads an Lehrerzentrierung sollte die Lehrperson versuchen, einen für die Schüler nachvollziehbaren Denk- und Handlungsraum zu entwickeln, auf dessen Grundlage sie in der Erarbeitungsphase aktiv werden können.

Dem schülerzentrierten Unterrichtseinstieg (z. B. rätselhafter UE, stummer Impuls) kommt in der Unterrichtspraxis eine hohe Bedeutung zu. Dieser weitere Typ soll die Schüler am Unterrichtseinstieg stärker teilhaben lassen, wodurch ihre Lernmotivation und Aufmerksamkeit gesteigert werden kann. Der schülerzentrierte ist dem handlungszentrierten Unterrichtseinstieg didaktisch ähnlich, wobei bei Letzterem der Grad an Handlungsorientierung vergleichsweise höher ist. Durch erzeugte Handlungssituationen im Unterrichtseinstieg (z. B. Lernspiele, Umgang mit originalen

Gegenständen) werden die Schüler motorisch aktiv und erhalten zusätzliche Gelegenheiten, neue Informationen an ihr Vorwissen anzubinden.

Weiterhin gibt es die Möglichkeit, Unterrichtseinstiege nach Problemen zu kategorisieren. Dieser Auffassung zufolge werden mit Lücken, Widersprüchen und Kompliziertheit drei Grundtypen des Unterrichtseinstiegs beschrieben (Budke 2007).

Zur geographiedidaktischen Diskussion

Die in der Literatur vorgenommene Synonymverwendung von Stundeneröffnung, Unterrichtseinstieg und Einstiegsphase ist problembehaftet und kann in der Praxis zu didaktisch-methodischen Fehlinterpretationen führen. Grundsätzlich sind schüler- und handlungszentrierte Unterrichtseinstiege dann empfehlenswert, wenn gezielt an das vorhandene Alltagswissen angeknüpft oder eine Schülervorstellung hervorgerufen werden soll.

In diesem Zusammenhang sollte berücksichtigt werden, dass die an die Schüler herangetragenen Probleme und Fragestellungen auf den entwicklungs- und lernpsychologischen Stand der Lernenden abgestimmt sein sollten. Darüber hinaus kann die künstliche Erzeugung von Problemen in hohen Altersstufen kontraproduktiv sein, da die Schüler im Zuge der Adoleszenz zwischen realen und künstlichen Problemen unterscheiden lernen und häufig ein höheres Interesse an gesamtgesellschaftlichen Problemsituationen entwickeln.

Literatur

Brühne, T. & P. Sauerborn (2020): Einstiege in Geographiestunden. In: Praxis Geographie 37 (H. 1), 4 – 7.

Budke, A. (2007): Einstiege in Geographiestunden. – In: Praxis Geographie, 37, 1, 4 – 7.

Greving, J. & L. Paradies (1996): Unterrichts-Einstiege. Berlin.

Thomas Brühne

Unterrichtsentwurf

Definition

Ein Unterrichtsentwurf ist eine schematische Darstellung der ziel-/kompetenzorientierten Unterrichtsplanung.

Er dient zur Vorbereitung und als Leitfaden einer Unterrichtsstunde.

Klassifikation

Bei den verschiedenen Fachdidaktiken besteht kein Konsens darüber, wie ein einheitlicher Unterrichtsentwurf aufgebaut sein soll. Folgende Punkte werden bei der Erstellung eines Unterrichtsentwurfes empfohlen:

- Vorüberlegungen (z. B. Klassensituation, Vorwissen und Fähigkeiten, mediale, räumliche und zeitliche Rahmenbedingungen, (→) Einflussfaktoren)
- Einordnung der Unterrichtsstunde in die Bildungsstandards bzw. den Fachlehrplan des jeweiligen Bundeslandes (→ Lehrplan, Curriculum)
- (→) Sachanalyse der gewählten Inhalte auf einem fachwissenschaftlichen Niveau und deren didaktische Reduktion entsprechend der Lerngruppe
- (→) didaktische Analyse (Begründung der gewählten Kompetenzen und Inhalte, deren Strukturierung und Reduzierung)
- Kompetenz- und Lernzielformulierung für die zu planende Unterrichtsstunde
- (→) methodische Analyse (Begründung der methodischen und medialen Gliederung (Einstiegs-, Erarbeitungs- und Ergebnissicherungsphase) sowie deren Interaktionen zwischen Lehrkraft, Lernenden und Medium, z. B. Aktionsformen, Sozialformen, Medieneinsatz)
- Unterrichtsverlaufsplanung (meist in Tabellenform), dazu können folgende Aspekte in der Kopfspalte Berücksichtigung finden: Zeit, Kompetenzen/Ziele, Unterrichtsinhal-

te, methodische Bemerkungen (Aktions- und Sozialformen, Lehrkraft-Lernenden-Interaktionen), Medien
– eine Form der Ergebnissicherung, z. B. (→) Tafelbild.

Hinsichtlich der Aufteilung der Unterrichtsverlaufsplanung bietet sich eine Einteilung in Einstiegs-, Erarbeitungs- sowie Ergebnissicherungsphase (Festigung und Anwendung) an. Zur Anlage zählen in einem schriftlichen Unterrichtsentwurf die verwendeten Unterrichtsmaterialien. Nach der gehaltenen Unterrichtsstunde kann der schriftliche Unterrichtsentwurf mit einer Selbstreflexion abgeschlossen werden.

Zur geographiedidaktischen Diskussion

Um der kompetenzorientierten Unterrichtsplanung gerecht zu werden, sollte sich das Planungsergebnis in einem kompetenzorientierten Unterrichtsentwurf widerspiegeln. Dazu wird eine wichtige didaktische Grundfrage gestellt: Welcher fachliche Inhalt ist besonders geeignet, eine bestimmte Kompetenz zu entwickeln? Dabei laufen die Ziel- und Inhaltsauswahl meist gleichzeitig ab.
Damit für die Lernenden ein Spannungsbogen und ein „roter Faden" im Unterrichtsverlauf erkennbar sind, kann eine problemorientierte Leitfrage dienlich sein, die zu Beginn einer Unterrichtseinheit, im Idealfall mit den Lernenden, entwickelt und am Ende der Unterrichtsstunde/-einheit, beantwortet wird. Die Leitfrage bezieht sich dabei auf das Thema der Unterrichtsstunde bzw. -sequenz (→ problemorientierter Unterricht).
Grundsätzlich ist auf eine zu detaillierte Fixierung des Unterrichtsverlaufs zu verzichten, um situationsangemessen auf unterrichtsbeeinflussende Faktoren reagieren zu können, z.

B. individuelle Lernwege der Lernenden oder unvorhergesehene Unterrichtssituationen.

Literatur

Becker, G. E. (2007): Unterricht planen. Handlungsorientierte Didaktik Teil I. Weinheim, Basel, 224.

Engelhard, K. & K.-H. Otto (2015): Verlaufs- und Prozessplanung. In: Reinfried, S. & Haubrich, H. [Hrsg.]: Geographie unterrichten lernen. Die Didaktik der Geographie. Berlin, 348-355. 251 – 308.

Hoffmann, K. W. (2012): Lehrpläne und Bildungsstandards für den Geographieunterricht. – In: Kanwischer, D. [Hrsg.] (2012): Geographiedidaktik: Theorie – Themen – Forschung. Stuttgart.

Rinschede G. & A. Siegmund (2020): Geographiedidaktik. Paderborn, 421 – 461.

Daniela Hottenroth, Anne-Kathrin Lindau

Unterrichtsmethoden

Definition

Unterrichtsmethoden sind Verfahren, die der Aneignung von Inhalten und der Kompetenzbildung dienen. Sie folgen klaren Regeln, werden zielgerichtet eingesetzt und definieren die Art und Weise, wie Lerninhalte erarbeitet und präsentiert werden.

Klassifikation

Eine einheitliche Klassifikation ist aktuell nicht vorhanden (Rinschede/Siegmund, 2022). Allerdings bietet das „Drei-Ebenen-Modell" der Makro-, Meso- und Mikromethodik (vgl. Meyer 2015) ein anerkanntes Konzept zur Klassifizierung der Unterrichtsmethoden.

Makromethodik – methodische Großformen/Grundformen des Unterrichts:

– Offener Unterricht: individualisierende Formen
– Projekte, Zukunftswerkstatt: kooperative Unterrichtsformen

– Exkursionen, außerschulische Lernorte (Lehr-Lern-Labore etc.), außerschulische Formen des Lehrens und Lernens

Mesomethodik – Dimensionen methodischen Handelns:
– Sozialformen: Einzel- und Partnerarbeit, Gruppen- und Klassenunterricht
– Aktionsformen: u. a. Spiele, Mysterys, Experimente, Lernen an Stationen
– Leitende Prinzipien: u. a. Differenzierung, geographische Konzepte, Denken lernen mit Geographie

Mikromethodik – Inszenierungstechniken von Lehrern und Schülern:
– Impulse geben
– Fragen stellen
– Feedback geben etc.

Weitere Möglichkeiten der Klassifikation von Unterrichtsmethoden im Geographieunterricht bieten die Gliederung in Unterrichts- und Fachmethoden sowie die weitere Differenzierung in methodische Grund- und Großformen (vgl. RINSCHEDE/SIEGMUND, 2022, S. 156 – 160).

Zur geographiedidaktischen Diskussion

Die Bedeutung der Unterrichtsmethoden in der fachdidaktischen Betrachtung ist nach wie vor sehr hoch, da insbesondere die Heterogenität der Lernenden große Herausforderungen für die Planung und Durchführung individueller Lernprozesse mit sich bringt. Aus dem Bereich des (→) kooperativen Lernens stammen zahlreiche Anregungen und methodische Verfahren (vgl. GREEN/GREEN 2018), die auch im Geographieunterricht erfolgreich eingesetzt werden. Eine große Methodenvielfalt bietet der Lehrkraft die Möglichkeit, auf Stärken und Schwächen der Schülerinnen und Schüler eingehen und diese individuell fördern zu

können. Gerade für den Geographieunterricht sind durch die fortschreitende Digitalisierung zahlreiche methodische Verfahren neu- und weiterentwickelt worden, z. B. der Einsatz von StoryMaps, VREs etc.

Unterrichtsmethoden werden planvoll und zielgerichtet eingesetzt. Hierfür ist ein umfassendes Methodenwissen der Lehrenden essenziell, um einen bestmöglichen und professionellen Einsatz (Ablauf, Passung, Intention/Ziel, Stärken/Schwächen etc.) der vielfältigen Methoden zu gewährleisten. Bei der Planung werden die zu erarbeitenden Inhalte, äußeren Rahmenbedingungen sowie Interessen und Kompetenzen der Schülerinnen und Schüler besonders berücksichtigt. Ein methodisch abwechslungsreicher Unterricht wird den Prinzipien der Schüler-, Handlungs- und Kompetenzorientierung besonders gerecht. Zur Weiterentwicklung der Unterrichtsmethoden kommt der gezielten Reflexion der Unterrichtsprozesse (Feedback) eine sehr bedeutende Rolle zu.

Verwirrend können die häufig synonym verwendeten Bezeichnungen für Methoden sein, die in der fachdidaktischen und schulpädagogischen Literatur zu finden sind (z. B. Placemat, Platzdeckchen oder Tableset).

Literatur

GREEN, N. & K. GREEN (2018): Kooperatives Lernen im Klassenraum und Kollegium. Das Trainingsbuch. Seelze.

MEYER, C. et al. (2015): Die Bedeutung von Unterrichtsmethoden. – In: REINFRIED, S. & H. HAUBRICH [Hrsg.] (2015): : Geographie unterrichten lernen. Die neue Didaktik der Geographie konkret. München, Düsseldorf, Stuttgart, 150 – 153.

Rinschede, G. & A. Siegmund (2022): Geographiedidaktik. Paderborn, S.147 – 294.

Thomas Amend

Unterrichtsplanung

Definition

Unterrichtsplanung ist die Vorbereitung eines Unterrichtsgeschehens unter Berücksichtigung der am Unterrichtsprozess beteiligten Faktoren.

Klassifikation

Die Unterrichtsplanung kann auf verschiedenen Ebenen der zeitlichen Abfolge und Konkretisierung ablaufen:

Zweijahres-/Jahresplanung:

Hierbei werden leitende fachdidaktische Grundperspektiven auf der Basis des gültigen bundesland- und schulformspezifischen Fachlehrplans herausgearbeitet, die für die Kompetenzentwicklung über einen längeren Zeitraum hinweg richtungsweisend sind. Als Ergebnisform kann ein Schulcurriculum stehen.
Beispiel: Einen Kontinent themenorientiert analysieren: Europa (6. Jahrgangsstufe)

Unterrichtssequenzplanung (oder mittelfristige Planung):

Diese Planung bezieht sich auf eine thematisch abgegrenzte Sinneinheit mit dem Ziel der Kompetenzentwicklung. Die sich aus mehreren Unterrichtsstunden (bzw. Block- und Projektunterricht) zusammensetzende Sequenz füllt einen zeitlich überschaubaren Rahmen aus. Das Ziel der Unterrichtssequenz wird in verschiedene Teilziele (Grobziele) aufgegliedert, dadurch ergeben sich die Unterrichtseinheiten.
Beispiel: Ausgewählte Länder Europas unter einer Fragestellung analysieren (6. Jahrgangsstufe)

Planung der Unterrichtseinheit:

Diese Planungsform umfasst die kleinste Planungseinheit, eine Unterrichts- oder Doppelstunde. Die in der Sequenzplanung formulierten Kompetenzen werden auf eine Unterrichtseinheit angepasst, indem eine quantitative bzw. qualitative Reduktion der Kompetenzen und geeigneter fachlicher Inhalte erfolgt. Neben der didaktischen kommt der methodischen Planung eine wesentliche Bedeutung zu, da für die Entwicklung der gewählten Kompetenzen bzw. zur Umsetzung der Fachinhalte geeignete Methoden und Medien ausgewählt und zugeordnet werden. Beispiel: Woher kommen unsere Tomaten? – Spanien als Gemüsegarten Europas (6. Jahrgangsstufe)

Die Planung einer Unterrichtsstunde beinhaltet folgende Schritte, die sich wechselseitig beeinflussen und daher teilweise unterschiedlich angeordnet werden können. Ihnen werden entsprechende Grundfragen zugeordnet:

- Situationsanalyse (Für welche Zielgruppe wird die Unterrichtsstunde geplant?)
- Lehrplananalyse (Welche Kompetenzen und Inhalte sind verpflichtend?)
- (→) Sach(struktur)analyse (Was ist der fachliche Inhalt und wie ist er strukturiert?)
- (→) didaktische Analyse (Welche fachlichen Inhalte sind warum zu berücksichtigen?)
- Kompetenz- und Lernzielanalyse (Welche (→) Kompetenzen sollen durch welche (→) Lernziele erreicht werden?)
- (→) methodische Analyse (Welche Methoden kommen zum Einsatz?)
- Medienanalyse (Welche (→) Medien kommen zum Einsatz?)

Als Ergebnis der einzelnen Planungsschritte steht ein (→) Unterrichtsentwurf, der u. a. eine Unterrichtsverlaufsplanung, die meist in Tabellenform vorliegt, enthält. In dieser werden alle planerischen Vorüberlegungen zusammengefasst und dienen dem Unterrichtenden als Leitfaden im Unterrichtsgeschehen.

Eine weitere Möglichkeit der Unterrichtsplanung bietet die (→) didaktische Rekonstruktion mit ihren Komponenten Lernerperspektive (→ Schülervorstellungen), (→) fachliche Klärung und didaktische Strukturierung.

Zur geographiedidaktischen Diskussion

Die (→) Kompetenzorientierung zieht innerhalb der Unterrichtsplanung eine stärkere Fokussierung auf größere inhaltliche Zusammenhänge und damit auch auf größere Zeiträume nach sich. So formulieren die Bildungsstandards das Endniveau, welches Schülerinnen und Schüler vom Beginn der weiterführenden Schule bis zum Mittleren Schulabschluss erreicht haben sollen (→ Bildungsstandards).

Intensiv diskutiert wird die Abfolge der einzelnen Schritte der Unterrichtsplanung. Dabei werden unterschiedliche Meinungen vertreten, ob z. B. zuerst die didaktische Analyse und dann die Sach(struktur)analyse erfolgen soll oder ob der umgekehrte Weg adäquater ist.

Literatur

Engelhard, K. & Otto, K.-H. (2015): Kompetenzorientierten Geographieunterricht fachgerecht planen und analysieren. In Reinfried, S. & H. Haubrich [Hrsg.] : Geographie unterrichten lernen. Die Didaktik der Geographie. Berlin: Cornelsen, S. 309-380.

Hoffmann, K. W., Dickel, M., Gryl, I. & M. Hemmer (2012): Bildung und Unterricht im Fokus der Kompetenzorientierung. Aktuelle Anfragen an die Geographiedidaktik. – In: Geographie und Schule, Jg. 34, H. 195, S. 4–15.

Rinschede G. & Siegmund, A. (2020): Geographiedidaktik (bes. Kap. 9). Paderborn: Ferdinand Schöningh. 415–461.

Daniela Hottenroth, Anne-Kathrin Lindau,

Unterrichtsprinzipien

Definition

Unterrichtsprinzipien sind Elemente der Unterrichtstheorie im Fach Geographie. Sie bilden Grundsätze unterrichtlichen Handelns ab. Unterrichtsprinzipien besitzen Empfehlungscharakter, d. h. eine orientierende und handlungsleitende Funktion mit dem Ziel, die Qualität und Effizienz des Unterrichts zu optimieren.

Während Lehr- und Lernsituation in der täglichen Unterrichtspraxis individuell, bedingungsabhängig und unwiederholbar sind, bilden Prinzipien und Methoden typische, d. h. allgemeingültige Aussagen ab, die auf unterschiedliche Lehr- und Lernsituationen anwendbar sind.

Klassifikation

Unterrichtsprinzipien lassen sich zunächst in zwei große Gruppen unterteilen:

- Didaktische Prinzipien (auch als fundierende bzw. konstitutive Unterrichtsprinzipien bezeichnet) beziehen sich auf die Ziel-, Sach- und Schülergemäßheit schulischen Lehrens und Lernens. Die Grundsätze und Regeln der didaktischen Prinzipien sind teilweise auf einer Handlungsebene außerhalb der Unterrichtsplanung und -gestaltung angesiedelt, etwa zur begründeten Auswahl von Lernzielen und -inhalten in Curricula.

- Methodische Prinzipien (auch regulative Prinzipien genannt) beziehen sich auf die Planung und Gestaltung des Unterrichts. Sie spiegeln fachdidaktische und methodische Besonderheiten einzelner Fächer wider. Sie dienen zur Begründung der Umsetzung der einzelnen Ziele, Inhalte und Methoden des Unterrichts.

Beispiele für grundlegende didaktische Prinzipien für den Geographieunterricht:

- Bildung für nachhaltige Entwicklung
- exemplarisches Prinzip
- globales Lernen
- Handlungsorientierung (im Sinne einer Befähigung zur gesellschaftlichen Partizipation)
- interkulturelles Lernen
- Kompetenzorientierung
- Schülerorientierung
- Wissenschaftsorientierung

Beispiele für die methodischen Prinzipien für den Geographieunterricht:
- Aktivierung
- Aktualität
- Altersgemäßheit
- Anschauung, Anschaulichkeit, Veranschaulichung
- didaktische Reduktion
- Differenzierung, Individualisierung
- Elementarisierung
- Erfahrungsbezug, Nahraumbezug
- Erfolgssicherung, Übung und Anwendung
- Ganzheit
- Handlungsorientierung (als Unterrichtsmethode)
- Lebensnähe, Lebensweltorientierung
- Methodenwechsel
- Motivierung
- Realbegegnung, originale Begegnung
- Selbsttätigkeit
- Situationsgemäßheit, Situationsbezogenheit
- Strukturierung
- Systemorientierung
- vernetztes Denken.

Zur geographiedidaktischen Diskussion

In der fachdidaktischen Diskussion werden oft die Reichweite und der Geltungsbereich von Unterrichtsprinzipien unterschiedlich interpretiert, auch eine zu starke Normierung des Unterrichts wird teilweise beklagt, vor allem dann, wenn Unterrichtsprinzipien nicht im obigen Sinne als Orientierung für didaktisch-methodische Entscheidungen aufgefasst werden.

Außer der hier verwendeten Einteilung von Unterrichtsprinzipien in didaktische und methodische Prinzipien gibt es in der Literatur weitere Versuche, die Vielzahl von Prinzipien zu ordnen. Hier soll nur ein weiterer Systematisierungsansatz aus der Geographiedidaktik genannt werden. KÖCK/SCHWAN systematisieren „Prinzipien des Geographieunterrichts" in „lernerspezifische-, zielspezifische-, inhaltliche, methodische, mediale und curriculare Prinzipien" (KÖCK/SCHWAN 2000, 8).

Literatur
BRUCKER, A. & M. FLATH (2022): Geographiedidaktik in Übersichten. Hannover, 110 – 113

FLATH, M. (2012): Methodische Prinzipien. – In: HAVERSATH, J.-B. [Moderator] (2012): Geographiedidaktik. Braunschweig. 250 – 258.

HAUBRICH, H. (2006): Unterrichtsprinzipien. – In: HAUBRICH, H. [Hrsg.] (2006): Geographie unterrichten lernen. Die neue Didaktik der Geographie konkret. München, 164 – 167.

KÖCK, P. (1991): Praxis der Unterrichtsgestaltung und des Schullebens. Donauwörth, 224 – 240.

KÖCK, H. & T. SCHWAN (2000): Prinzipien des Geographieunterrichts. Einführung und Überblick. – In: Geographie und Schule, 22, 124, 2 – 9.

OTTO, K.-H. (2012): Didaktische Modelle und Prinzipien. – In: HAVERSATH, J.-B. [Moderator] (2012): Geographiedidaktik. Braunschweig, 37 – 55.

Martina Flath

Untersuchung im Geographieunterricht

Definition

Eine Untersuchung ist eine Beobachtung unter Verwendung von Hilfsmitteln (z. B. Messgeräte, optische Geräte). Oftmals erfolgt bei Untersuchungen ein Eingriff in das zu untersuchende Objekt bzw. den zu untersuchenden Vorgang (Berck/Graf 2003, S. 99).

Klassifikation

Untersuchungen zählen zu den naturwissenschaftlichen Erkenntnismethoden bzw. den (→) experimentellen Arbeitsweisen. Jede Art von Messung kann als Untersuchung klassifiziert werden (z. B. Temperaturmessung, Messung des pH-Werts etc.). Daneben gehören einfache Nachweisreaktionen (z. B. Kalknachweis) und (Boden-)Profilansprachen zu den Untersuchungen im Geographieunterricht (Lethmate 2006, 5). Analog zur Klassifikation von (→) Experimenten können Untersuchungen nach geographisch-inhaltlichen Aspekten gegliedert werden (z. B. nach Geofaktoren). Auch eine Einteilung nach didaktischen Aspekten (didaktischer Ort) sowie nach der methodischen Anlage und dem Grad der Schüleraktivität sind möglich.

Zur geographiedidaktischen Diskussion

In Abgrenzung zu Beobachtungen gewährleisten Untersuchungen einen Einblick in Strukturen oder Prozesse, die nicht mit dem bloßen Auge erkennbar oder von der äußeren Gestalt eines Objekts her ersichtlich sind. Durch die Verwendung von Messinstrumenten können Beobachtungen quantifiziert und präzisiert werden, was sich für Vergleiche und eine intersubjektive Kommunikation als nützlich erweist (Duit et al. 2007, 11). Daneben lassen

sich weitere Potenziale eines unterrichtlichen Einsatzes von Untersuchungen ausmachen (z. B. Anschaulichkeit, Förderung der Fähigkeiten des Messens, Möglichkeit der Selbsttätigkeit, wissenschaftspropädeutisches Arbeiten). In der geographiedidaktischen Literatur sind zahlreiche Beispiele für Untersuchungen aufgeführt, die sich für den Einsatz im Geographieunterricht eignen (z. B. Gewässer- und Bodenuntersuchungen, Wettermessungen, Messungen im Rahmen von Kartierungen). Allerdings sind mit dem Einsatz von Untersuchungen im Geographieunterricht – wie bei Experimenten – auch Herausforderungen verbunden. Diese betreffen bspw. organisatorisch-formale Rahmenbedingungen wie eine unzureichende Verankerung von physiogeographischen Themen und experimentellen Arbeitsweisen in Lehrplänen und Schulbüchern sowie ein erhöhter Organisations-, Material- und Zeitaufwand (Höhnle/Schubert 2016, Miener/Köhler 2013). Ebenso lassen sich schüler- und lehrkraftbezogene Aspekte anführen (ebd.). So sind gerade Messungen mitunter voraussetzungsreich. Messoperationen sind anfällig für Irrtümer, sodass nur durch Sorgfalt, Wiederholungen und kritische Überlegungen Genauigkeit erreicht werden kann (Duit et al. 2007, 11). Schülerinnen und Schüler sollten mit den verwendeten Messinstrumenten sowie mit Skalen und Einheiten vertraut gemacht und Lehrkräfte entsprechend professionalisiert werden.

Literatur

Berck, K.-H. & D. Graf (2003): Biologiedidaktik von A bis Z. Wiebelsheim.

Duit, R., Gropengiesser, H. & L. Stäudel [Hrsg.] (2007): Naturwissenschaftliches Arbeiten. Seelze.

Höhnle, S. & J. C. Schubert (2016): Hindernisse für den Einsatz naturwissenschaftlicher Arbeitsweisen im Geographieunterricht aus Studierendenperspektive – Ausgewählte Ergebnisse einer empirischen Studie mit Lehramtsstudierenden. – In: GW-Unterricht, 142/143, 2-3, 153 – 161.

LETHMATE, J. (2006): Experimentelle Lehrformen und Scientific Literacy. – In: Praxis Geographie, 36, 11, 4 – 7.

MIENER, J. P. & K. KÖHLER (2013): Experimentelle Arbeitsweisen im Geographieunterricht. Vorstellungen von Geographielehrern zu Chancen und Barrieren. Saarbrücken.

MÖNTER, L., OTTO, K.-H. & C. PETER (2017): Diercke – Experimentelles Arbeiten: Beobachten, Untersuchen, Experimentieren. Braunschweig.

OTTO, K.-H. & L. MÖNTER (2015): Scientific Literacy im Geographieunterricht fördern. Experimentelle Lehr-/Lernformen und Modellexperimente. – In: geographie heute, 36, 322, 2 – 7.

Nadine Rosendahl

Vergleich

Definition

Der Vergleich ist eine Strategie (Handlungsabfolge), bei der es um die Feststellung von Gemeinsamkeiten und/oder Unterschieden geht, die auch zur Erkenntnisgewinnung genutzt wird.

Grundlage für den Vergleich sind Merkmale, Strukturen, Relationen und Strategien in den verschiedenen Domänen der wissenschaftlichen Theorie und Praxis.

Klassifikation

Für einen Vergleich sind inhalts- bzw. fachbezogene Kategorien/Kriterien notwendig. Möglich sind:

- Kategoriale Zusammenhänge: Eigenschaften oder Merkmale vergleichen
  - Raum (z. B. Vergleich von Räumen bzw. Raumausschnitten nach Kriterien bzw. in Kategorien)
  - Zeit (z. B. Prozess der Verstädterung)
  - andere Bezugsgrößen (Skalen) (z. B. physische Einheiten)
- Relationale Zusammenhänge: analoge Strukturen erkennen und vergleichen
  - Homologie (z. B. gleichartige Strukturen in Städten)
  - Analogie (z. B. Golfstrom als Warmwasserheizung)

Verglichen werden können auch Strategien, die u. a. für die Arbeit mit Methoden notwendig sind, z. B. verschiedene Wege der Erstellung bzw. Auswertung einer Grafik, einer (→) Karte.

Der Vergleich wird nach RINSCHEDE (2007) zu den nomothetischen Unterrichtsverfahren gezählt. Das Vergleichen ist eine Strategie, die in einem Lernprozess eingeführt, danach eingeübt werden muss, bis sie selbstständig in bekannten bzw. danach auch neuen Aufgabenstellungen eingesetzt werden kann (KLAUER 2011, 2012; LASKE 2012).

Induktive Vorgehensweise:

Die Strategie des Vergleichens führt dazu, dass ein abstraktes Problemschema gefunden wird, das später bei Bedarf leichter abgerufen werden kann (vgl. KLAUER 2011), z. B., um damit Probleme oder Aufgaben lösen zu können

- als Einprägungsstrategie: durch Wiederholung beim Vergleichen, d. h. beim Suchen von Gemeinsamkeiten und Unterschieden (KLAUER/LEUTNER 2007, 121 f)
- beim Hierarchisieren: induktive Strategie des Vergleichens (KLAUER/LEUTNER 2007, 134)
- als Verfahren/Handlungsabfolge bei der Anwendung von Bekanntem beim Lösen von Aufgaben/Problemen
- beim Lerntransfer (KLAUER/LEUTNER 2007, 142 ff, 146 – 148: homomorphe Probleme).

Der Vergleich nimmt beim induktiven Denken eine zentrale Stellung ein (KLAUER/LEUTNER 2007, 298 ff.), denn „Vergleichen bedeutet nichts anderes als Gemeinsamkeiten und Unterschiede zu entdecken, Gleichheit und Verschiedenheit zu beachten. Die Strategie des Vergleichens ist demnach der Königsweg zur Lösung induktiver Aufgaben". Das Vergleichen regt zur vertieften Informationsverarbeitung an (KLAUER/LEUTNER 2007, 104) und ist eine grundlegende Strategie beim Lerntransfer (→ Transfer) und bei dem Erkennen nomothetischer Strukturen.

Deduktive Vorgehensweise:
Sind Strukturen, Funktionen, Prozesse, Relationen, Strategien etc. vorgegeben, dann können mit ihnen Sachverhalte durch vergleichende Anwendung überprüft oder erklärt werden.

Zur geographiedidaktischen Diskussion

Der Vergleich gilt als ein grundlegendes kognitives Verfahren, das in der Geographie v. a. für das Erschließen räumlicher Strukturen eingesetzt wird. Als induktives Verfahren dient es zur Erarbeitung von Gesetzmäßigkeiten. Eine zunehmende Rolle spielt der Vergleich von Schülervorstellungen mit fachwissenschaftlichen Vorstellungen, (→) Schülervorstellungen, (→) didaktische Rekonstruktion.

Dem Lösen von Aufgaben liegt eine Kombination der Verfahren zugrunde: Notwendig ist die Aneignung der Grundlagen des Vergleichens über induktive Verfahren. Beim Anwenden, d. h. zum Beispiel im Rahmen des Lösens von Problemen und Aufgaben, wird im deduktiven Verfahren auf den Kenntnisstand zurückgegriffen, d. h. wenn Kenntnisse zu Strukturen, Relationen, Strategien etc. vorhanden sind, können diese eingesetzt werden, wenn zudem ein Bewusstsein für die Aufgabenstellung vorhanden ist. Nachdem ein Vergleich immer kriterienbezogen ist, kommt der Anleitung zur Reflexion der Vorgehensweise und in der Folge der (→) Metakognition eine entscheidende Rolle zu; LASKE/SCHULER 2012). Weiterhin spielt das Vergleichen als Strategie eine grundlegende Rolle beim (→) Transfer (vgl. Lerntransfer; KLAUER 2012).

Literatur
KLAUER, K. J. & D. LEUTNER (2007): Lehren und Lernen. Einführung in die Instruktionspsychologie. Basel.
KLAUER, K. J. (2011) Lerntransfer des Lernens. Warum wir oft mehr lernen als gelehrt wird. Stuttgart.
KLAUER, K. J. (2012): Lerntransfer im Unterricht. – In: Praxis Geographie, 42, 12, 9 – 11.
LASKE, J. (2012): Neue (?) Aufgabenkultur im Fach Geographie. – In: Praxis Geographie, 42, 12, 4 – 8.
LASKE, J. & S. SCHULER (2012): Mit Geographie denken und Probleme bearbeiten lernen. Aufgaben im problemlösenden Unterricht. – In: Praxis Geographie, 42, 12, 12 – 17.
MEYER, C. (2006): Vergleichendes Verfahren. – In: HAUBRICH, H. [Hrsg.] (2006): Geographie unterrichten lernen. Die neue Didaktik der Geographie konkret. München, 156 – 157.
RINSCHEDE, G. (2007): Geographiedidaktik. Paderborn, 242 – 244.

Jochen Laske

Virtual-Reality-Exkursion

Definition
Virtual-Reality-Exkursionen (VRE) sind immersive Lehr-Lern-Umgebungen auf der Basis von 360-Grad-Sphären-Fotografien oder 360-Grad-Videos, die digital mit weiteren ortsbezogenen Inhaltselementen („points of interest") wie Grafiken, Texten oder Audiokommentaren angereichert sind (WIRTH & OHL 2022a).

Die Virtual-Reality-Technologie ermöglicht es den Betrachtenden, die Perspektive im dargestellten (→) Raum frei zu wählen. Hierdurch ergibt sich ein Gefühl, Teil des gezeigten Raums zu sein (Präsenzerleben) AELKER 2016, SLATER & SANDEZ-VIVES 2018

Klassifikation
VRE können im Geographieunterricht insbesondere eingesetzt werden, wenn:
- Zeitmangel
- Gefahren
- ethische Herausforderungen
- zu niedriges Budget
- eine Realexkursion verhindern (FREINA & OTT 2015).

Werden in Virtual-Reality-Anwendungen in der Regel künstliche, computergenerierte Umgebungen dargestellt, finden in VRE 360-Grad-Spären-Fotografien (→ Bild) und -Videos eines Realraums Verwendung. Dabei unterscheidet sich die VRE von der Virtuellen Exkursion (WIKTORIN, 2018), welche in der Regel auf zweidimensionale, nicht-immersive Medien zurückgreift. Im Vergleich zur Realexkursion (→ Exkursion) kann mittels VRE ein Raum unabhängig vom Standort der Betrachtenden erkundet werden. Dabei wird die Erfassung von geographischen Sachverhalten, Strukturen und Prozessen ähnlich einer Realbegegnung ermöglicht.

VRE können mit kostenintensiven Virtual-Reality-Brillen oder mit schülereigenen Smartphones im Bring Your Own Device-Prinzip KLEINER & DISTERER 2018) durchgeführt werden. Je nach Endgerät kann neben Bild und Ton auch ein haptisches Feedback ausgegeben werden. Die Möglichkeit, auch Gerüche und Temperaturunterschiede für die Betrachtenden erfahrbar zu machen, befindet sich in der Entwicklung.

Zur geographiedidaktischen Diskussion

Durch die ortsunabhängige immersive Raumerkundung mittels VRE liegt die Überlegung nahe, auf Realexkursionen zu verzichten. Das Primat der Realexkursion ist jedoch ungebrochen, da die Realbegegnung nicht ersetzbar ist (vgl. BUDTKE/KANWISCHER 2006).

Im Kontext einer (→) Bildung für nachhaltige Entwicklung ist die Diskrepanz zwischen Wissen und Handeln eine Herausforderung. Diese wird unter anderem auf eine örtliche psychologische Distanz zurückgeführt, das heißt, die Lernenden können eine Fernwirkung ihres Handelns nicht nachvollziehen. VRE bieten die Möglichkeit, entfernte Räume zu erkunden und dort zum Beispiel (im Sinne

eines → Perspektivenwechsels) die Lebenswelt einer anderen Person zu erleben (WIRTH & OHL 2022b).

Literatur

AELKER, L. (2016). Präsenzerleben. In: S. SCHWAN, D. UNZ, M. SUCKFÜLL & N. KRÄMER [Hrsg.], Medienpsychologie: Schlüsselbegriffe und Konzepte (2. Aufl., S. 172–179). W. Kohlhammer Verlag.

BUDKE, A. & D. KANWISCHER (2006). „Des Geographen Anfang und Ende Des Geographen Anfang und Ende ist und bleibt das Gelände!" Virtuelle Exkursionen contra reale Begegnungen. In W. HENNINGS, D. KANWISCHER & T. RHODE-JÜCHTERN (Vorsitz), Exkursionsdidaktik - innovativ?! Erweiterte Dokumentation zum HGD-Symposium 2005 in Bielefeld. Symposium im Rahmen der Tagung von Hochschulverband für Geographiedidaktik (HGD) e.V.

FREINA, L. & M. OTT (2015). A Literature Review on Immersive Virtual Reality in Education: State Of The Art and Perspectives. Proceedings of the 11th International Scientific Conference „eLearning and Software for Education", Artikel 20, 133–141. https://proceedings.elseconference.eu/index.php?r=site/index&year=2015

KLEINER, C. & G. DISTERER (2018). Bring Your Own Device. In C. DE WITT & C. GLOERFELD [Hrsg.], Handbuch Mobile Learning (S. 365–383). Springer Fachmedien Wiesbaden. https://doi.org/10.1007/978-3-658-19123-8_19

SLATER, M. & V. SANCHEZ-VIVES (2016). Enhancing Our Lives with Immersive Virtual Reality. Frontiers in Robotics and AI, 3. https://doi.org/10.3389/frobt.2016.00074

WIKTORIN, D. (2018). Virtuelle Exkursion. In A. BRUCKER, J.-B. HAVERSATH & A. SCHÖPS [Hrsg.], Geographie-Unterricht: 102 Stichworte (S. 225–226). Schneider Verlag Hohengehren GmbH.

WIRTH, D. & OHL, U. (2022a). „...als sei man mittendrin" – Lehramtsstudierende konzipieren Virtual-Reality-Exkursionen zu Themen der Bildung für nachhaltige Entwicklung. In J. WESELEK, F. KOHLER & A. SIEGMUND [Hrsg.], Digitale Bildung für nachhaltige Entwicklung (S. 49–61). Springer Berlin Heidelberg. https://doi.org/10.1007/978-3-662-65120-9_5

WIRTH, D. & U. OHL (2022b). Virtual-Reality-Lernumgebungen in einer Bildung für nachhaltige Entwicklung: Eine Analyse der Potenziale von VR hinsichtlich des Erwerbs BNE-spezifischer Kompetenzen und gelingender BNE-Lernprozesse. In A. EBERTH, A. GOLLER, J. GÜNTHER, M. HANKE, V. HOLZ, A. KRUG, K. RONČEVIĆ & M. SINGER-BRODOWSKI [Hrsg.], Schriftenreihe „Ökologie und Erziehungswissenschaft" der Kommission Bildung für nachhaltige Entwicklung der Deutschen Gesellschaft für Erziehungswissenschaft (DGfE). Bildung für nachhaltige Entwicklung – Impulse zu Digitalisierung, Inklusion und Klimaschutz (S. 114–142). Verlag Barbara Budrich.

Daniel Wirth

Vorurteil und Stereotyp

Definition

Vorurteil bezeichnet eine vorgefasste Meinung oder Einstellung (gegenüber einer Person, einer Personengruppe oder einem Gegenstand), die mit Emotionen besetzt ist und nicht auf eigener Erfahrung oder Wahrnehmung beruht. In der Regel handelt es sich um stark vereinfachte, überakzentuierte und zumeist negative, vor allem aber oft unbegründete Einstellungen, die äußerst resistent gegenüber Veränderungen sind. Bei starker begrifflicher Überschneidung hiermit bezeichnet man als Stereotyp die mentale Vereinfachung von komplexen Eigenschaften oder Verhaltensweisen, die ganzen Personengruppen zugeschrieben werden. Das Stereotyp wird auch als kognitive Komponente des Vorurteils gesehen. Im Gegensatz zum Vorurteil nimmt das Stereotyp zwar auf Vorerfahrungen Bezug, reflektiert diese aber nur unzureichend. Stereotype und Vorurteile dienen unter anderem der Vereinfachung der komplexen Umwelt, der Anpassung an soziale Gruppen, der Abwehr anderer, um zu einer positiveren Selbsteinschätzung zu gelangen, und der Steuerung und Rechtfertigung eigenen Verhaltens.

Klassifikation

Als spezielle Ausprägung einer Eigenschaft weisen Vorurteil und Stereotyp im Wesentlichen drei Dimensionen auf:

1. Die kognitive Komponente spiegelt das vermeintliche Wissen der Urteilenden: In Großbritannien regne es immer, in Russland sei es beständig kalt, in der Wüste sei es immer heiß. Individuelle Differenzen werden nicht zugelassen, sodass auch sehr große Gruppen (Ethnien, Nationen) in einer einzigen Schublade abgelegt werden: Italiener seien leidenschaftlich, Franzosen schlampig, Deutsche fleißig (Ethnozentrismus, Xenophobie). Derartige Zuschreibungen treffen nicht nur fremde Gruppen (Heterostereotype), sondern auch die eigenen (Autostereotype).

2. Die affektive Dimension gibt den Grad der persönlichen Betroffenheit wieder: Die eine Gruppe gilt als sympathisch („Ich mag die Iraner."), während die andere abgelehnt wird („Gammler und Bettler sind mir suspekt."). Hier wird beispielsweise Ablehnung, Faszination, Mitleid oder Verlegenheit zum Ausdruck gebracht.

3. Die verhaltensorientierte oder konative Dimension gibt den Grad der Handlungsbereitschaft an („Ich arbeite gerne mit Finnen zusammen."; „Mit Andersgläubigen würde ich mich nie an einen Tisch setzen"; „Ich bin mal gespannt, ob sich mit Weißrussen eine Kooperation realisieren lässt.").

Zur geographiedidaktischen Diskussion

Für den Geographieunterricht ist der Abbau von Vorurteilen eine zentrale Aufgabe, die meist dem (→) interkulturellen Lernen zugeschrieben wird (HAUBRICH 1994: Internationale Charta der geographischen Erziehung). Es reicht jedoch nicht aus, lediglich über Länder, Menschen und Lebensbedingungen Informationen zu sammeln. Den Schülern muss eine größere Auswahl von Kategorisierungsmöglichkeiten zur Verfügung gestellt werden. Die Individualisierung von Fremdgruppenmitgliedern erscheint als eine weitere Möglichkeit. Da Vorurteile und Stereotype aus der Angst vor Fremdem und der Unsicherheit im Umgang mit diesem hervorgehen (Xenophobie), aber in Missachtung der Differenzen und individueller Besonderheiten vorschnell, grob und verfälschend bilanzieren, gelten sie als irrational. Das erschwert den Umgang mit ihnen erheblich. Sie werden im Zuge der Sozialisation erworben und verfestigen sich bereits im Kindes- und Jugendalter.

Im Umgang mit ethnischen Minderheiten ist es problematisch, die Verkürzungen, Verfälschungen und Verunglimpfungen lediglich als Vorurteil zu bezeichnen, weil einerseits die wichtige Machtfrage ausgeblendet und andererseits die Missachtung von Menschen und ihren Rechten verharmlost wird; wegen der Privilegierung der eigenen Gruppe (Ethnozentrismus, Eurozentrismus…) und der Unterdrückung von Minderheiten erscheint es gerechtfertigt, hier von Rassismus zu sprechen. Vorurteile und Stereotype sind trotz Überakzentuierung und Verzerrung im Alltag nötig, um die Komplexität der uns umgebenden Welt zu vereinfachen und die Interaktion mit Menschen anderer Gruppen – so paradox das klingen mag – zu erleichtern; aus diesen Gründen sind sie nicht ausschließlich negativ zu bewerten, sofern man sich der generellen Fehlerhaftigkeit (durch Simplifizierung und starke Reduzierung) bewusst ist.

Wenn daher im Geographieunterricht Vorurteile an den Pranger gestellt werden, führt dies leicht dazu, dass Schüler die eigene Einstellung verheimlichen. Werden Vorurteile und Stereotype dagegen als eigene Dispositionen bewusst gemacht – z. B. durch semantische Differenziale (faul – fleißig; ehrlich – verlogen usw.), durch (→) *mental maps*, durch Reiseprospekte oder Filme –, so können Aufarbeitung und Reflexion beginnen (aber auch ins Gegenteil umschlagen).

Studien und empirische Untersuchungen über nationale Vorurteile und Stereotype gibt es zu verschiedenen Regionen: KROSS (1989) erstellte eine Studie zu Lateinamerika, TRÖGER (1993) zum Afrikabild deutscher Schüler, HAUBRICH/SCHILLER (1997) zur Europawahrnehmung von Jugendlichen, SCHLIMME (2003) sowie BIRTEL/KISSAU (2006) zur Wahrnehmung Rumäniens durch Deutsche.

Generell wird aus der nuancenreichen Terminologie deutlich, wie schwierig sich der Umgang mit Vorurteilen und Stereotypen gestaltet. Es handelt sich um eine gesamtgesellschaftliche Aufgabe, zu welcher der Geographieunterricht seinen Beitrag leistet.

Literatur

BIRTEL, M. & K. KISSAU (2006): Makrostrukturelle Entwicklungen in Rumänien und die Wahrnehmung des Landes in Deutschland. – In: Europa regional, 14, 143–154.

HAUBRICH, H. [Hrsg.] (1994): Internationale Charta der Geographischen Erziehung (= Geographiedidaktische Forschungen, Bd. 24). Nürnberg.

HAUBRICH, H. & U. SCHILLER (1997): Europawahrnehmung Jugendlicher. Nürnberg.

INFORMATIONS- UND DOKUMENTATIONSZENTRUM FÜR ANTIRASSISMUSARBEIT IN NORDRHEIN-WESTFALEN (IDA-NRW) – In: www.ida-nrw.de/wir-ber-uns/ (Letzter Zugriff: 26.02.2013).

KROSS, E. (1989): Wissen und Einstellung deutscher Schüler zu Lateinamerika. – In: geographie heute, 10, 70, 44–47.

SCHLIMME, H. (2003): Unbekanntes Rumänien. Führt Unkenntnis zur Ablehnung? – In: geographie heute, 24, 216, 14-19.

THOMAS, A. (2006): Die Bedeutung von Vorurteil und Stereotyp im interkulturellen Lernen. – In: Intercultural Journal, 2, 3–20.

TRÖGER, S. (1993): Das Afrikabild bei deutschen Schülerinnen und Schülern. Saarbrücken.

Johann-Bernhard Haversath,
Gabriele Schrüfer

Wahrnehmung und Darstellung

Definition

Wahrnehmung und Darstellung bilden zusammen ein Konzept, da Darstellung ohne vorherige Wahrnehmung nicht möglich ist und umgekehrt, eine Wahrnehmung sich nur durch eine (mentale) Darstellung realisiert. Das Konzept wird durch drei Komponenten definiert: den Bezugsrahmen, innerhalb dessen etwas wahrgenommen oder dargestellt wird, die genutzten Begriffe und der Unmöglichkeit der Überprüfung an der nicht wahrgenommenen Welt, da der Versuch einer solchen Überprüfung nicht ohne Wahrnehmung auskommt.

Klassifikation

In der Geographiedidaktik ist das Konzept der Wahrnehmung und Darstellung in zwei unterschiedlichen Kontexten relevant.

Zum einen stellt es neben Vernetzung, Diversität und Wandel ein geographisches Hilfskonzept dar, mit dessen Hilfe die → Basiskonzepte *place* (Ort), *space* (Raum) und *scale* (Maßstab) umschrieben werden können. In Relation zu *place* wird das Konzept genutzt, um etwa die Wahrnehmung und Darstellung von touristischen Orten oder *no-go-areas* zu untersuchen. Mit Bezug auf *space* geht es vor allem um den *image space*, der die uns umgebenden Bilderwelten beschreibt. Und bei *scale* werden die Bedeutungszuweisungen thematisiert, die einzelnen Maßstabsebenen zugeschrieben werden, etwa lokal als konkret und vertraut im Gegensatz zu global als abstrakt und übermächtig.

Zum anderen spielen Wahrnehmung und Darstellung in der konstruktivistischen Erkenntnistheorie eine prominente Rolle, da hier davon ausgegangen wird, dass der Mensch seine Umwelt nicht abbilden kann, weil das Gehirn keinen direkten Zugang zur Außenwelt hat. Alles Wissen muss so aufgrund der durch die Sinnesorgane eingehenden Information konstruiert werden. Dabei werden schon sehr schnell für unwichtig erachtete Informationen aussortiert. Andere als sinnvoll erscheinende Informationen werden in das bereits vorhandene Wissen eingebaut. Um das eigene Verständnis der Welt zu prüfen, tritt der Mensch in Kommunikation mit anderen. Dabei werden Wahrnehmungen zu Darstellungen und Darstellungen provozieren Wahrnehmungen, die wiederum in die vorhandene Wissensstruktur eingebaut werden können.

Auch Lernen beruht somit auf einem Wechselspiel von Wahrnehmung und Darstellung.

Zur geographiedidaktischen Diskussion

In der deutschen Geographiedidaktik spielen Wahrnehmung und Darstellung vor allem in Form von Stereotypen in der interkulturellen Erziehung (→ Interkulturelles Lernen) und in Form von Fehlvorstellungen in der Forschung zum sogenannten (→) *conceptual change* eine Rolle. Beide Formen sind dabei negativ konnotiert und oft findet sich der Lernende in der Rolle des Mangelwesens wieder. In den beiden oben genannten Kontexten dagegen stellt das Konzept einen vergleichsweise neutralen, integrativen Bestandteil der konstruktivistischen Theorie dar. Im Rahmen der (→) *geographical concepts* bilden Wahrnehmung und Darstellung zwar anders als in der konstruktivistischen Erkenntnistheorie keinen zentralen Teil der Vorstellungen, aber gerade im Geographieunterricht eröffnet die Verschränkung der beiden Theorieansätze, die durch das Konzept ermöglicht wird, spannende Zugänge zur Welt. Die in Frankreich in Schulen wie in der Öffentlichkeit weit verbreiteten (→) *croquis* erhalten ihren Reiz gerade dadurch, dass Karten hier als Darstellung der Wahrnehmung von Welt verstanden werden, die ihrerseits Wahrnehmungen erzeugen können. So werden Karten zu einer Darstellung, die man gleich einem Roman interpretieren kann.

Im Kontext der jüngeren Entwicklungen in Deutschland werden Fragen der Wahrnehmung mit Rahmen der Hinwendung zu einer stärkeren Orientierung des Unterrichts an Verhaltenszielen hinsichtlich der sozialen Gerechtigkeit relevant, da es in den unterschiedlichen Lebenswelten der Schüler durchaus unterschiedliche Wahrnehmungen in Bezug auf Themen des Geographieunterrichts gibt. Festgelegte Verhaltensziele können hier schnell zu einer neuen Form des Herrschaftswissens werden.

Literatur

CALMBACH, M., FLAIG, B., EDWARDS, J., MÖLLER-SLAWINSKI, H., BORCHARD, I. & C. SCHLEER (2020): Wie ticken Jugendliche? 2020. Lebenswelten von Jugendlichen im Alter von 14 bis 17 Jahren in Deutschland. Bonn.

FOERSTER, H. V. & B. PÖRKSEN (2004): Wahrheit ist die Erfindung eines Lügners. Gespräche für Skeptiker. Heidelberg.

GOODMAN, N. (1984): Weisen der Welterzeugung. Frankfurt am Main.

REKACEWICZ, P. (2009): Lob der Skizze. In: Le Monde diplomatique [Hrsg.] (2009): Atlas der Globalisierung. Berlin, 100–101.

UHLENWINKEL, A. (2013): Geographisch Denken mit Hilfe von geographischen Konzepten. – In: Praxis Geographie, 43, 2, 4–7.

Uhlenwinkel, A. (2017): Croquis als Visualisierungen von place und space. In JAHNKE, H., SCHLOTTMANN, A. & DICKEL, M. [Hrsg.], Räume visualisieren (= Geographiedidaktische Forschungen 62). Münster, 19–31.

WALD, F. (2013): Geographical concept: Wahrnehmung und Darstellung. – In: ROLFES, M. & A. UHLENWINKEL [Hrsg.] (2013): Metzler Handbuch für den Geographieunterricht 2.0 – Ein Leitfaden für Praxis und Ausbildung. Braunschweig, 224–229.

Anke Uhlenwinkel

Web 2.0

Definition

Der Begriff Web 2.0 bezeichnet eine bestimmte Entwicklungsstufe des Internets. Fand im Web 1.0 noch eine Trennung von Autorinnen und Rezipientinnen statt, definiert sich das Web 2.0 durch die Aufhebung dieser Grenzen: Als sogenannten Prosument:innen konsumieren und erstellen Nutzer:innen selbst Inhalte, editieren und kommentieren ("user-generated content"). Es wird diskutiert, dass aktuell eine Transition zum Web 3.0 stattfindet (basierend auf Künstlicher Intelligenz, Machine Learning, Blockchain, etc.).

Klassifikation

Es lassen sich unterschiedliche Klassifizierungen aufzeigen: Für den Bereich der Geographiedidaktik spielen vor allem Merkmale sowie konkrete Anwendungsmöglichkeiten des Web 2.0 eine Rolle.

Merkmale:

- Kommunikation: Informationen, Kommentare und Ergebnisse können nicht nur innerhalb des Klassenzimmers, sondern weltweit geteilt und diskutiert werden.
- (→) kollaboratives Lernen
- *Communities of learners*: Lernen kann gemeinsam mit Menschen stattfinden, die an ähnlichen Fragestellungen interessiert sind, auch außerhalb des Klassenzimmers; kollektive Wissenskonstruktion, kollaboratives Problemlösen
- Vernetzung: Lernen findet interaktiv statt, wobei andere Menschen sowohl Quelle als auch Ziel (Publikum) von Informationen sind
- Kontextualisierung von verschiedenen Inhalten aus unterschiedlichen Fächern durch die Möglichkeit der Verlinkung von Inhalt und Ideen
- Konvergenz/Bündelung von verschiedenen Möglichkeiten/Tools zur Lösung komplexer Aufgaben

Beispiele (u.a.):

Wikipedia, Youtube, Instagram, TikTok, Facebook, LinkedIn, Twitter, Weblogs, virtuelle Welten.

Zur geographiedidaktischen Diskussion

Die Nutzung des Internets wurde in den 1990er-Jahren zum ersten Mal für den Geographieunterricht thematisiert. Zunächst auf die Recherche von Informationen konzentriert, wurde bereits damals betont, dass Schülerinnen und Schüler einen kritischen Umgang mit Medium erlangen sollten. Durch die Möglichkeiten des Austausches mit Lernenden aus anderen Ländern via E-Mail wurde versucht, interkulturelles Lernen zu fördern. Mit der Weiterentwicklung von Web 1.0 hin zu Web 2.0 konnte der Austausch interaktiver werden. Empfohlen wurde beispielsweise der Einsatz von Chat-Funktionen. Besondere Bedeutung erlangte die Nutzung von webbasierten Geoinformationssystemen (WebGIS) und der Einsatz von Digitalen Globen. Heute steht die Förderung einer fachspezifischen Medienkompetenz im Vordergrund: Über Debatten in Sozialen Medien können Machtstrukturen dekonstruiert werden, Filterblasen nachgezeichnet und Raumbilder dekonstruiert werden. Raumproduktionen in (sozialer) Virtual Reality stellen neue Aufgaben an die Geographiedidaktik.

Literatur

Brendel, N. & K. Mohring (2020). Virtual-Reality-Exkursionen im Geographiestudium – neue Blicke auf Virtualität und Raum. In L. Blasch, T. Hug, P. Missomelius & M. Rizzolli [Hrsg.], Medien - Wissen - Bildung: Augmentierte und virtuelle Wirklichkeiten. (S. 189 – 204). Innsbruck: University press.

Ditter, R., Michel, U. & A. Siegmund (2012): Neue Medien – Möglichkeiten und Grenzen. – In: Haversath, J.-B. [Moderator] (2012): Geographiedidaktik. Braunschweig.

Richardson, W. (2011): Wikis, Blogs und Podcasts. Neue und nützliche Werkzeuge für den Unterricht. Überlingen.

Seel, N. & D. Ifenthaler (2009): Online lernen und lehren. München.

Solomon, G. & L. Schrum (2010): web 2.0. how-to for educators. Eugene, Oregon.

Nina Brendel,
Gabriele Schrüfer

WebQuest

Definition

Das WebQuest (WQ) ist ein konstruktivistisch ausgerichtetes Lernarrangement bei dem Schülerinnen und Schüler mithilfe von Informationen aus dem WWW im Rahmen einer angeleiteten Suche forschend die problemorientierten Arbeitsaufgaben lösen.

Klassifikation

Heinz Moser, der die WebQuest-Methode aus den USA in den deutschsprachigen Raum importiert hat, unterscheidet drei Grundformen von WQs (vgl. Gerber 2001):

1. WQs, in denen Informationen zu Wissens- und Erfahrungswelten verdichtet werden
2. WQs, mit denen Probleme gelöst werden
3. WQs im kommunikativen Austausch (Über die Kommunikatiosmöglichkeiten des Internets nehmen die Schülerinnen und Schüler Kontakt zu externen Expertinnen und Experten oder anderen Schülerinnen und Schülern auf.)

Im Allgemeinen sollte jedes WQ folgende Strukturelemente haben (erweitert aus: Landesakademie für Fortbildung und Personalentwicklung an Schulen):

1. Einführung: Die Einführung sensibilisiert für ein Thema, macht neugierig und sollte aufgrund der Authentizität den Wunsch in den Schülerinnen und Schülern erwecken: Ich will „es" wissen!
2. Aufgabe(n): Klar und präzise werden hier Aufgaben- und/oder Problemstellungen dargestellt und gegebenenfalls durch Schülervorschläge ergänzt. Sinnvoll ist es, ein konkretes Produkt (vgl. Wagner 2007) einzufordern.
3. Ablauf: Ergänzend zu den Aufgaben werden hier Informationen über die Arbeitsorganisation zur Verfügung gestellt: z. B. Vorschläge (eventuell Alternativen) für die einzelnen Arbeitsschritte, unter Umständen die Sozialform (Gruppen- oder Einzelarbeit), Aufteilung einer Gesamtaufgabe in einzelne Teilaufgaben, grundsätzliche Regeln, die beachtet werden sollten, zur Verfügung stehende Zeit usw.

4. Materialien/Hilfsmittel/Quellen: Hier wird eine Vorauswahl von WWW-Links (eventuell auch Tools) zur Verfügung gestellt, die es den Schülerinnen und Schülern unter zeitökonomischen Aspekten ermöglichen, in einem raschen Einstieg Informationen aus dem Internet zu beschaffen. Ergänzend können Hinweise auf weitere Literatur, sonstige Materialien (in Geographie etwa den Atlas, Karten oder CD-ROMs, Modelle), die z. B. in der Schülerbücherei oder im Arbeitsraum selbst zur Verfügung stehen, gegeben werden.

5. Bewertung (häufig auch Evaluation genannt): Grundsätzlich sollte jedes WQ auch evaluiert werden. Dabei kommt der Selbstevaluation große Bedeutung zu.

6. Präsentation: Moser fügt dem Konzept von DODGE als weiteres Element die Präsentation der Arbeitsresultate der Schülerinnen und Schüler hinzu. Seiner Grundidee folgend, wird hier Wissen dargestellt, um es mit anderen auszutauschen und zu teilen.

Bei WikiQuests handelt es sich um eine Weiterentwicklung der ursprünglichen WebQuest-Idee: Aus technischer Sicht besteht der Unterschied darin, dass WikiQuests mit einem Wiki durchgeführt werden; d. h., die Schülerinnen und Schüler arbeiten innerhalb des WikiQuests mit miteinander verlinkten Websites, die sie selbst bearbeiten können. Aus didaktischer Sicht besteht der Hauptunterschied darin, dass nicht nur die individuelle Schülerin bzw. der individuelle Schüler aktiv in den Lernprozess eingebunden wird, sondern auch die Lerngruppe an sich: Die Gruppe kann z. B. gemeinsam Lernfragen erstellen (soziales E-Learning); außerdem wird das Mit- und Voneinanderlernen bei der Arbeit mit WikiQuests ganz groß geschrieben (*peer correction, peer correcting*).

Zur geographiedidaktischen Diskussion

WQs ermöglichen in ihren konkreten Unterrichtsszenarien darüber hinaus eine variantenreiche Einbindung vieler anderer Anwendungen. Dies trifft gerade auch unter den Anforderungen eines kompetenzorientierten Unterrichts zu. In die Fragestellungen können auch ertragreich das Variieren der vier geographischen Raumbegriffe eingebaut werden oder die Nutzung von Ansätzen der (neuen) Politischen Geographie. Aber auch ein forschender Umgang mit rein naturwissenschaftlich ausgerichteten Fragestellungen und dabei möglicher Variation ihrer interessengeleiteten (öffentlichen bzw. adressatenbezogenen) Präsentationen erscheint sinnvoll.

Eine wichtige Schlüsselfunktion haben die für ein WQ typischen Eingangsfragestellungen, die sogenannten *tasks*. Ausführlich beschreibt WAGNER (2007) in einem speziellen Themenheft WQs und erläutert ein Dutzend verschiedener *task*- Szenarien mit unterschiedlichen Anforderungsgraden. Interessant sind hierbei insbesondere Aufgabenstellungen, die ein entsprechendes „Produkt" als Ziel haben. So etwa ein journalistisches Ziel (Artikel für verschiedene Zeitung(sart)en, Leserbriefe, Petitionen); einen Plan-/Besichtigungsentwurf/ virtuelle Exkursion oder ein zielgruppenspezifisch erstelltes Dossier. Schülerinnen und Schüler können auch gewählte Positionen mit Argumenten stützen bzw. Gegenpositionen entwickeln, kontroverse Argumente gegeneinander abwägen, Sachverhalte analysieren und Ähnlichkeiten und Unterschiede, etwa für eine Fishbowl-Diskussion oder ein Rollenspiel, herausarbeiten, Entscheidungen für eine Jurysitzung vorbereiten. Oder es sind direkte *scientific tasks*, in denen realistischen Forschungsaufgaben nachgegangen wird (Hypothese erstellen – überprüfen anhand ausgewählter und selbst ergänzter Daten – verifizieren/falsifizieren – Bericht für Präsentation).

Literatur

DODGE, B. (1995, 1997): Some thoughts about WebQuests. – In: http://webquest.sdsu.edu/about_webquests.html (Letzter Zugriff: 25.12.2012).

DODGE, B (2002): WebQuest Taskonomy: A Taxonomy of Tasks. – In: http://WebQuest.sdsu.edu/taskonomy.html (Letzter Zugriff: 25.12.2012).

GERBER, S. (2001): Deutsche WebQuest-Site – In: www.webquests.de (Letzter Zugriff: 25.12.2012).

HEIDELBERGER INSTITUT BERUF UND ARBEIT (HIBA) [Hrsg.]: Lernen mit WebQuests. Lernprogramm. – In: www.lernen-mit-webquests.de/ (Letzter Zugriff: 26.02.2013).

LANDESAKADEMIE FÜR FORTBILDUNG UND PERSONALENTWICKLUNG AN SCHULEN [Hrsg.]: Erstellung von WebQuests. – In: http://lehrerfortbildung-bw.de/unterricht/webquest/erstellen.html (Letzter Zugriff: 25.12.2012).

LANDESAKADEMIE FÜR FORTBILDUNG UND PERSONALENTWICKLUNG AN SCHULEN [Hrsg.]: Finden von WebQuests. – In: http://lehrerfortbildung-bw.de/unterricht/webquest/finden.html (Letzter Zugriff: 25.12.2012).

REUSCHENBACH, M. & T. LENZ (2012): WWW, WebQuests, Whiteboard & Co. – In: geographie heute, 33, 303, 2 – 9.

STAFFORDSHIRE COUNTY COUNCIL [Hrsg.]: Staffordshire Learning Net. Web enquiries. Listings Page. – In: www.sln.org.uk/geography/enquiry (Letzter Zugriff: 25.12.2012).

WAGNER, W.-R. (2007): Typologie von WebQuests. – In: Computer + Unterricht, 17, 67, 10 – 13.

ZENTRALE FÜR UNTERRICHTSMEDIEN IM INTERNET E.V. (o. J.): WebQuests. – In: http://wiki.zum.de/WebQuests (Letzter Zugriff: 25.12.2012).

Christian Sitte

Weltbild, geographisches

Definition

Geographische Weltbilder bezeichnen Vorstellungen von der Welt (dem Erdraum, der Umwelt) und ihren Strukturen, Funktionen und Prozessen.

Dem individuellen Bedürfnis, sich ein Bild von der (Um-)Welt zu machen, entspricht ein Bedürfnis nach Orientierung und raumbezogener Ordnung. Individuelle geographische Weltbilder entstehen durch das Zusammenspiel von sozialisatorischen Prozessen, kultureller Prägung, subjektiver und kollektivierter Wahrnehmung sowie gesellschaftlicher Kommunikation und ihrer Medien.

Weltbilder mit einem allgemeinen Geltungsanspruch im Sinne von objektivierten Vorstellungen von Welt, verstanden als Gesamtheit natürlicher und sozialer Erscheinungen und ihrer Zusammenhänge, sind eng verbunden mit sozio-politischen Normen des Verhältnisses von Gesellschaft und Raum.

Klassifikation

Weltbilder lassen sich klassifizieren nach dem Grad der Objektivierung, der normativen Prägung und der zeitlichen Gültigkeit.

In Abhängigkeit vom Grad der intersubjektiven Gültigkeit, der Reflexion und Systematisierung lassen sich unterscheiden:

- erfahrungsbezogene, stark subjektiv gewertete geographische Weltbilder (Weltanschauung)
- topographisch/topologisch definierte Weltansichten des praktischen Gebrauchs (→ Karte)
- wissenschaftlich begründete und medial vermittelte Normalverständnisse über die Beschaffenheit und Ordnung der Welt und ihrer Teile.

Entsprechend haben Weltbilder unterschiedliche soziale Gültigkeitsbereiche (Individuum, Gruppe, Kultur, Gesellschaft). Methodisch erfordert ihre Rekonstruktion z. B. den Einsatz von (→) *mental maps*, Kartenauswertungen und Medienanalysen.

- In Abhängigkeit vom ideologischen Gehalt und dem Kontext der Instrumentalisierung lassen sich geopolitische Weltbilder unterscheiden (z. B. „westliches Weltbild" mit der Differenzierung entwickelte/unterentwickelte Welt, „eurozentrisches Weltbild").
- Herrschende geographische Weltbilder sind zeitgebunden und lassen sich entlang

historischer Epochen rekonstruieren und unterscheiden.

Zur geographiedidaktischen Diskussion

In der Geographiedidaktik gilt entsprechend einem positivistischen Wissenschaftsverständnis die Vorstellung, dass die Aufgabe des Geographieunterrichts die Objektivierung des durch subjektive Wahrnehmung und Darstellung geprägten Weltbildes der Schüler sei.

Der Möglichkeit einer Objektivierung kritisch gegenüberstehende Ansätze problematisieren die notwendige Perspektivität, Selektivität und Gerichtetheit der medialen (insbes. kartographischen) Darstellung von Vermittlungsinhalten und betonen die Notwendigkeit eines reflektierten Umgangs mit Geomedien im Unterricht (→ Kartenkompetenz, → mündige Raumaneignung).

Ansätze, die ein konstruktivistisches und relationales Raumverständnis anlegen, betonen die grundsätzliche Unmöglichkeit einer Objektivierung von Weltbildern. Stattdessen wird von „Erscheinungen" der Welt aus je unterschiedlicher Beobachterperspektive und mit unterschiedlichen Rahmungen und Filtern ausgegangen. Das entsprechende Ziel des Geographieunterrichts ist nicht mehr die „Vermittlung" im engeren Sinne, sondern die Erschließung und Kontextualisierung der verschiedenen Blicke auf Welt („Vielperspektivität"). Daraus erwächst im Sinne der in den Bildungsstandards geforderten Systemkompetenz die Anforderung der kritischen Reflexion von überkommenen Weltvorstellungen bei gleichzeitiger Vermittlung von Orientierung und Struktur.

Literatur

KANWISCHER, D. & A. SCHLOTTMANN (2015): Länderkunde neu entdeckt. In: GRYL, I., SCHLOTTMANN, A. & D. KANWISCHER [Hrsg.]: Mensch : Umwelt : System. Theoretische Grundlagen und praktische Beispiele für den Geographieunterricht. Berlin, S. 217–234.

kollektiv orangotango+ [Hrsg.] (2018): This Is Not an Atlas. A Global Collection of Counter Cartographies. Bielefeld.

RHODE-JÜCHTERN, T. (2015): Leit-Bilder konstruieren und reflektieren. Oder: Die Welt lesen lernen im Zweiten Blick. In: SCHLOTTMANN, A. & J. MIGGELBRINK [Hrsg.]: Visuelle Geographien. Zur Produktion, Aneignung und Vermittlung von RaumBildern. Bielefeld, S. 225–241.

SCHULTZ, H.-D. (1997): Disziplingeschichte des Schulfachs Geographie. In: HAVERSATH, J.-B. [Hrsg.]: Geographiedidaktik. Theorie – Themen – Forschung. Braunschweig, S. 70–89.

SCHLOTTMANN, A. & J. WINTZER (2019): Weltbildwechsel: Ideengeschichten geographischen Denkens und Handelns. Bern.

Antje Schlottmann, Eva Nöthen

Werteerziehung/ ethisches Urteilen

Definition

„Werteerziehung im Geographieunterricht" bezeichnet eine Zielsetzung von Geographieunterricht. Je nach Position wird darunter eher eine „Erziehung zu bestimmten Werten" im Sinne einer „Moralerziehung" oder aber eher eine „Erziehung zum Werten Können" verstanden. Ethisches Urteilen wird von ULRICH-RIEDHAMMER (2017) als „Unterscheidungen treffen in ethischen Fragen" definiert.

Klassifikation

Geographische Unterrichtsthemen haben häufig eine normative Dimension und berühren damit zentrale gesellschaftlich relevante Werte. Werteerziehung im Geographieunterricht kann nun je nach Verständnis auf die Übernahme bestimmter konkreter Werte oder Prinzipien (z.B. „Leitbild der nachhaltigen Entwicklung") und ein damit verbundenes Verhalten durch die Schüler abzielen. Sie kann aber auch primär zum Ziel haben, mit den Schülern Verfahrensweisen einzuüben, wie innerhalb von Gemeinschaften Wertekonflikte innerhalb typischer geographischer Kontexte ausgehandelt werden können.

Das ethische Urteilen stellt eine Sonderform des Urteilens dar, nämlich dasjenige in normativen Kontexten. Es zielt im Sinne eines Unterscheidens auf eine Analyse der ethischen Aspekte innerhalb eines geographischen Sachverhaltes und setzt diese in Beziehung zu universellen ethischen Kriterien.

Zur geographiedidaktischen Diskussion

Die Frage, wozu Schule generell erziehen soll – und Geographieunterricht speziell –, ist einer der zentralen Diskussionspunkte in Schulpädagogik und Fachdidaktik. An geographiedidaktischen Forderungen zur Werteerziehung im Bereich Umweltschutz etwa wurde umfassend Kritik geübt: Es bestehe die Gefahr einer Gesinnungspädagogik, es handele sich um eine bloße „Postulaten-Ethik" ohne Umsetzbarkeit in faktische Moral (LETHMATE 2000). Aktuelle Ansätze eines „werteorientierten Geographieunterrichts" fokussieren stärker auf eine Förderung sozialer, moralischer und demokratischer Kompetenzen im Unterricht. Sie stellen damit Aspekte auf der methodischen und sozialen Ebene im Unterricht stärker in den Vordergrund, um ein moralisches Konflikterleben zu ermöglichen und darauf aufbauend Verfahren sozialer Aushandlungsprozesse zu fördern (z. B. in Form von Dilemma-Diskussionen).

Ethisches Urteilen im Geographieunterricht rückte insbesondere in Folge der Kompetenz-Diskussion (→ Bewertungskompetenz) stärker in den Fokus der Fachdidaktiken. ULRICH-RIEDHAMMER (2017) kritisierte die starke Orientierung am Wert-Begriff innerhalb der Geographiedidaktik. Damit ergebe sich eine übermäßige Aufwertung der Wertethik gegenüber anderen ethischen Theorien. Gleichzeitig bestehe die Gefahr, einem Relativismus Vor-

schub zu leisten, wenn sich der Geographieunterricht im bloßen Aufdecken und Sortieren von Werten ergehe. Geographieunterricht solle Schüler darin fördern, durch die Formulierung ethischer Fragen an den relevanten Sachverhalt Unterscheidungen vornehmen und damit ethische Kriterien aufwerfen zu können. Ethisches Wissen kann diese Unterscheidungsfähigkeit fördern. Insbesondere bestimmtes bereichsethisches Wissen (z.B. aus der Bereichsethik „Naturethik") wird als hierfür hilfreich angesehen. Es ist bisher theoretisch und empirisch nicht hinreichend geklärt, welches ethische Wissen Geographieunterricht vermitteln kann und soll.

Literatur

APPLIS, S. (2012): Wertorientierter Geographieunterricht im Kontext Globales Lernen. Theoretische Fundierung und empirische Untersuchung mit Hilfe der dokumentarischen Methode. Weingarten.

FELZMANN, D., & LAUB, J. (2019): Ethisches Urteilen im Geographieunterricht fördern. – In: Praxis Geographie, 49, 10, 4 – 11.

LETHMATE, J. (2000): Ökologie gehört zur Erdkunde – aber welche? Kritik geographiedidaktischer Ökologien. – In: Die Erde, 131, 1, 61 – 79.

MEYER, C. & D. FELZMANN (2011): Was zeichnet ein gelungenes ethisches Urteil aus? Ethische Urteilskompetenz im Geographieunterricht unter der Lupe. – In: MEYER, C., HENRŸ, R. & G. STÖBER [Hrsg.] (2011): Geographische Bildung. Kompetenzen in didaktischer Forschung und Schulpraxis. Braunschweig, 130 – 146.

SCHRAND, H. (1995): Werteerziehung im Geographieunterricht. Probleme und Möglichkeiten. – In: Geographie und Schule, 17, 96, 7 – 12.

ULRICH-RIDHAMMER, E. M. (2017): Ethisches Urteilen im Geographieunterricht. Theoretische Reflexionen und empirisch-rekonstruktive Unterrichtsbetrachtung zum Thema „Globalisierung". (=Geographiedidaktische Forschungen, Bd. 68). Münster.

Dirk Felzmann

Wertvorstellungen, Raumwirksamkeit von

Definition
Wertvorstellungen bestimmen als eine Grundlage menschlichen Handelns die Gestaltung des Raumes. Der geographiedidaktische Ansatz der Raumwirksamkeit von Wertvorstellungen zeigt den Zusammenhang zwischen Werten und Raumstrukturen auf.

Klassifikation
Die Thematisierung der Raumwirksamkeit von Wertvorstellungen gehört zum Bereich der (→) Werteerziehung.
Es gibt mehrere Ansätze einer Realisierung dieses didaktischen Ansatzes:
- Werte und (→) Maßstabsebenen: Werte haben eine räumlich unterschiedliche Auswirkung. Sie reicht von der sublokalen Wirkung individueller Werte (z. B. Gestaltung des eigenen Gartens) über regionale Werte (z. B. Haus- und Hofformen), nationale Werte (z. B. Siedlungsstruktur der USA) über Werte, die (→) Kulturerdteile prägen (z. B. orientalische Stadt), bis hin zu globalen Wertvorstellungen, z. B. der zeitgenössischen Architektur von Bürogebäuden, Stadtautobahnen als Ausdruck der Bevorzugung des Individualverkehrs.
- Kulturen und durch sie geprägte Räume: (→ Kulturerdteile, → Interkulturelles Lernen)
- Wertevielfalt und Raum: Eine raumwirksame Entscheidung wird bei mehreren konkurrierenden Werten idealerweise durch eine „Güterabwägung" getroffen, dabei werden oftmals unterschiedliche Machtverhältnisse wirksam (z. B. (→) Inwertsetzung oder Bewahrung eines Raumes: Soll ein Naturraum für den Fremdenverkehr erschlossen werden?).

- Wertewandel und Raum: Räume werden im Laufe der Zeit unterschiedlich bewertet, das führt zu ihrer Veränderung (z. B. Innenstadt: Degradation, Gettobildung, Gentrifikation).

Methodisch gibt es vereinfacht zwei Möglichkeiten einer Erarbeitung:
- ausgehend vom Raum: Es wird erfasst, welche Wertvorstellungen vorhandene Raumstrukturen gestalten (z. B. denkmalgeschützte Bauten/Stadtstrukturen als Ausdruck des Wertes „kulturelle Identität").
- ausgehend von Werten: Es wird erfasst, wie sich der Wert „Erholung" im Raum auswirkt (z. B. Naturpark und Freizeitpark).

Zur geographiedidaktischen Diskussion
Obwohl bei fast allen humangeographischen Themen des Geographieunterrichts Werte eine bedeutende Funktion bei der Raumgestaltung ausmachen, werden sie im Unterricht wenig thematisiert. Das mag u. a. daran liegen, dass man auf der Ebene des Erkennens unterschiedlicher Handlungsgrundlagen verharrt, weil die Metaebene der Werte oftmals keine eindeutige Zuordnung erlaubt. Außerdem besteht die Gefahr, räumliche Strukturen durch Werte-Klischees zu erklären.
Von den Zielsetzungen des Geographieunterrichts her betonen jedoch schon seit den 1970er-Jahren die (→) Lernziele (affektive Lernziele), seit Beginn des 21. Jahrhunderts die (→) Bildungsstandards (Kompetenzbereich Beurteilung/Bewertung) die Raumwirksamkeit von Werten.
LADENTHIN u.a. (2010) nennen drei Stufen, die erforderlich sind, damit die Schülerinnen und Schüler zu einer Wertentscheidung gelangen: 1, genaue Bestimmung des Sachverhalts, 2, Fragen nach Funktionen und Folgen des Sach-

verhalts, 3, Werte, die umgesetzt oder verletzt werden, müssen definiert werden.

Im Unterricht kann erarbeitet werden, dass zum einen Räume bewusst durch Werte gestaltet werden (z.B. religiöse Bauten, politische Bauten, Denkmäler), dass zum anderen dies oftmals unbewusst geschieht (z.B. bei der architektonischen Gestaltung von Privatbauten).

Literatur

APPLIS, S. (2012): Wertorientierter Geographieunterricht im Kontext Globales Lernen Theoretische Fundierung und empirische Untersuchung mit Hilfe der dokumentarischen Methode – Geographiedidaktische Forschungen. Band 51. Weingarten 2012

BÖHN, D. (1997): Die Raumwirksamkeit von Wertvorstellungen. Lust, Last und Leistung eines geographiedidaktischen Ansatzes zur Auswahl relevanter Inhalte für den Unterricht – In: EGLI, H. R. et al. [Hrsg.] (1997): Spuren, Wege und Verkehr. Jahrbuch der Geographischen Gesellschaft Bern, Bd. 60. Bern, 71 – 80.

BÖHN, D. (1999): Werteerziehung. - In: BÖHN, D.[Hrsg.]: Didaktik der Geographie Begriffe. :München, 174 – 175.

KLAPPACHER, O. (2011): Wert(e)voll unterrichten – Herausforderung Value-and-Knowledge-Education – In: GW-Unterricht, Heft 124, 26 – 35

LADENTHIN, V. (unter Mitarbeit von COEN, A. & K. W. HOFFMANN) (2010): Werterziehung im Geographieunterricht – In: Praxis Geographie, 40, 5, 4 – 6.

MEYER, C. (2012): Wertebildung und Wertebewusstsein zur Werte-Bildung – In: HAVERSATH, J.-B. [Moderator] (2012): Geographiedidaktik. Braunschweig, 314 – 329.

RHODE-JÜCHTERN, T. (1995): Der Dilemma-Diskurs. Ein Konzept zum Erkennen, Ertragen und Entwickeln von Werten im Geographieunterricht – In: Geographie und Schule, 17, 96, 17 – 27.

RINSCHEDE, G. (2006): Religionsgeographie und Geographieunterricht – In: Geographie und Schule, 28, 162, 4 – 10.

Wertvorstellungen entwickeln (2013) (Themenheft) - geographie heute, Heft 309

Dieter Böhn

Wissenschaftsorientierung

Definition

Wissenschaftsorientierung ist ein (→) Unterrichtsprinzip, das aussagt, dass der Unterricht an den verschiedenen Aspekten von Wissenschaft – inhaltlichen, methodischen und gesellschaftlichen – orientiert ist.

Klassifikation

Gilt Wissenschaftsorientierung als Oberbegriff und allgemeines Prinzip, das für alle Schulstufen und -arten Geltung haben soll, so wird im Hinblick auf die Oberstufe spezieller von Wissenschaftsorientierung gesprochen. Der wissenschaftspropädeutische Unterricht soll sich in einem anspruchsvolleren Sinn als in den vorangehenden Schulstufen an grundlegenden inhaltlichen Strukturen (z. B. Konzepten, Theorien), grundlegenden methodischen Strukturen (z. B. Fachmethoden) und gesellschaftlichen Bezügen (z. B. Anwendung) der jeweiligen (→) Bezugswissenschaften orientieren.

Zur geographiedidaktischen Diskussion

In der Geographiedidaktik setzen sich zunächst vor allem KÖCK (1978), HENDINGER (1981), BIRKENHAUER (1988) und ENGELHARD (1988) mit den Möglichkeiten der Realisierung des Prinzips der Wissenschaftsorientierung auseinander. Es wird dabei als Orientierung an wissenschaftlichen Methoden und/oder Inhalten verstanden. ENGELHARD/HEMMER (1989) konkretisierten das Prinzip für den Geographieunterricht aller Stufen. Die Schülerinnen und Schüler sollen dabei nicht primär auf spätere wissenschaftliche Studien vorbereitet werden, sondern durch die Wissenschaftsorientierung zu einem angemessenen Wirklichkeitsverständnis und zu einer Handlungsfähigkeit in der von Wissenschaft mitbestimmten Welt gelangen. Für alle Schulstufen gilt, dass bei der Auswahl der Unterrichtsinhalte die Anknüpfung an die Alltagswelt zu gewährleisten ist.

HEMMER (1992) forderte auch eine Orientierung an der gesellschaftlichen Funktion von

Wissenschaft. Der vielgestaltige Gesellschaftsbezug aller Wissenschaft mit der Lebenspraxis als Ausgangs- und Anwendungsbereich sowie Lebensumfeld ist am Beispiel der Geographie aufzudecken. Wissenschaftliche Haltungen und Wissenschaftskritik müssen unter methodischen und gesellschaftlichen Perspektiven einbezogen werden.

Unterrichtspraktische Aufbereitungen der theoretischen Vorstellungen gibt es bislang nur von wenigen Autoren, z. B. von HENNINGS (1987), KÖCK (1983), und POPP (1986). HEMMER (1992) entwickelte ein theoretisch fundiertes Konzept für wissenschaftspropädeutisches Arbeiten im Geographieunterricht der Oberstufe und analysierte die Effekte dieses Unterrichts auf die Einstellung der Schülerinnen und Schüler zur Wissenschaft in einer empirischen Interventionsstudie. Die Klasse führte dabei u.a. ein eigenes, kleines Forschungsprojekt zum Stadtklima am Schulort durch. Nachdem längere Zeit die Schülerorientierung in der Diskussion dominierte, gaben die Bildungsstandards durch Ausweisung der (→) Basiskonzepte und der Teilkompetenz der wissenschaftlichen Erkenntnisgewinnung des (→) Kompetenzbereichs Methoden neue Akzente für die Wissenschaftsorientierung des Geographieunterrichts.

Verstärkt seit etwa 2010 rückt der Ansatz des (→) Forschenden Lernens in den Vordergrund, der sehr starke Überschneidungen mit dem wissenschaftsorientierten Lernen aufweist. Zunächst wird er vor allem im Kontext von Experimentellen Lehrformen (z.B. OTTO et al. 2010) verwendet, in den letzten Jahren wird er unterstützt durch Ideen von Citizen Science z.B. auch im Rahmen von Projekten zur Klimaforschung (z.B. BRUMANN/OHL 2021) gemeinsam mit Schülerinnen und Schülern verwendet. Hier bieten besonders die wissenschaftspropädeutischen Seminare der Ober-

stufe (Bayern: W-Seminare) ein geeignetes Format.

Einigkeit besteht darüber, dass sich im Geographieunterricht die Unterrichtsprinzipien Schüler- und Wissenschaftsorientierung nicht als Gegensätze gegenüberstehen, sondern sich notwendigerweise ergänzen.

Literatur

BIRKENHAUER, J. (1988): Geographieunterricht und Allgemeinbildung. – In: Geographie und ihre Didaktik, 16, 4, 173 – 182.

BRUMAN, S. & U. OHL (2021): Der Klimawandel in unserer Region - forschendes Lernen im W-Seminar der gymnasialen Oberstufe. In: OBERMAIER, G., MIOSGA, M., SCHRÜFER, G. & K. BARTHMANN [Hrsg.] : Nachhaltigkeit. Bayreuther Kontaktstudium Geographie, Band 11, 103 – 111.

ENGELHARD, K. (1988): Wissenschaftspropädeutische Ausbildung, Auftrag und Problem des Geographieunterrichts in der Sekundarstufe II. – In: Praxis Geographie, 18, 7/8, 34 – 37.

ENGELHARD, K. & I. HEMMER (1989): Der unterrichtliche Lernprozess zwischen Lebenspraxis und Wissenschaftsorientierung. – In: Geographie und Schule, 11, 57, 26 – 33.

HEMMER, I. (1992): Untersuchungen zum wissenschaftspropädeutischen Arbeiten im Geographieunterricht der Oberstufe (= Geographiedidaktische Forschungen, Bd. 21). Nürnberg.

HENDINGER, H. (1981): Aufgaben gegenwärtiger Curriculum-Revision in der Geographie. – In: HENDINGER, H. & H. SCHRAND [Hrsg.] (1981): Curriculumkonzepte in der Geographie. Köln.

HENNINGS, W. (1987): Theoriegeleiteter Unterricht. Wissenschaftspropädeutik und forschendes Lernen. – In: Geographie und ihre Didaktik, 15, 4, 177 – 198.

KÖCK, H. (1978): Wissenschaftsorientierter Geographieunterricht: Zum Beispiel durch Modellbildung. – In: Geographie und ihre Didaktik, 6, 2, 43 – 77.

KÖCK, H. (1983): Erkenntnisleitende Ansätze im Geographieunterricht. – In: Geographie im Unterricht, 8, 8, 317 – 325.

OTTO, K.-H., MÖNTER, L., HOF, S. & J. WIRTH (2010): Das geographische Experiment im Kontext empirischer Lehr-/Lernforschung. Geographie und ihre Didaktik, 3, 133 – 145.

POPP, K. (1986): Das Partial-Modell von W. Alonso im Erdkundeunterricht der Kollegstufe. – In: KÖCK, H. [Hrsg.] (1986): Theoriegeleiteter Geographieunterricht (= Geographiedidaktische Forschungen, Bd. 15). Lüneburg, 83 – 100.

Ingrid Hemmer

Zahl und Statistik

Definition

Die Zahl erfasst im Geographieunterricht die räumlichen Erscheinungen quantitativ: Mengen, Anzahl und Maß; sie stellt die quantitativen Eigenschaften von geographischen Tatbeständen dar.

Die Statistik ist eine Zusammenstellung von Zahlen, die häufig in der Gestalt von Tabellen übersichtlich präsentiert werden.

Klassifikation

Es werden verschiedene Arten von Zahlen unterschieden:

1. Die absoluten Zahlen belegen einen Sachverhalt. Einzelne Zahlen sind für sich alleine meist wenig aussagekräftig; durch den (→) Vergleich gewinnen sie an Aussagekraft. Extremwerte bezeichnen die Maxima und Minima eines Tatbestandes, z. B. einer Monatstemperatur.

2. Die relativen Zahlen unterstützen vergleichende Interpretationen. Zu ihnen gehören:
   - Durchschnittszahlen: Sie sind arithmetische Mittelwerte, zum Beispiel Jahresmitteltemperaturen oder Bruttoinlandsprodukt pro Kopf der Bevölkerung. Sie erlauben die Einordnung und Beurteilung des Einzelfalles.
   - Indexzahlen: Sie sind Verhältniszahlen, die die relativen Veränderungen zum Beispiel im Zeitablauf angeben. Die Zahlenreihen – Ertragszahlen, Dichtezahlen – beziehen sich auf eine gemeinsame Basis. Beispiel: Bei Preisniveauveränderungen wird das Basisjahr mit 100 angesetzt, die Werte der folgenden Jahre werden in Indexzahlen ausgedrückt.
   - Prozentzahlen: Sie geben den Zusammenhang zwischen einer Teilmenge und der Gesamtmenge an, zum Beispiel den Anteil einer Produktgruppe am Gesamtexport.
   - Beziehungszahlen: Sie belegen den Bezug zwischen unterschiedlichen Größen, zum Beispiel zwischen der Anzahl der Stadtbewohner und der Größe der Grünflächen oder zwischen der Abnahme der Temperatur und dem Höhenanstieg.

Statistiken sind numerische Tabellen, die Zahlenwerte nach bestimmten Kriterien ordnen. Sie werden bei der Analyse und bei Vergleichen von Räumen zur Erkenntnisgewinnung genutzt.

Eindimensionale Statistiken beziehen sich auf lediglich ein Merkmal, zum Beispiel die Entwicklung der Einwohnerzahlen in einer oder mehreren Städten in bestimmten Jahren.

Mehrdimensionale Statistiken bringen Zahlenreihen mit unterschiedlichen Merkmalen zueinander in Beziehung, zum Beispiel die Entwicklung der Einwohnerzahlen und das Wirtschaftswachstum in einer bestimmten Zeit. Dabei können Schüler durch die gründliche Analyse der Daten Korrelationen entdecken, kausale Zusammenhänge erschließen. Die Informationsquellen der Statistik kritisch zu hinterfragen und mögliche Manipulationen durch Statistiken festzustellen, gehört zu den Zielen bei der Unterrichtsarbeit mit diesem numerischen Medium.

Zur geographiedidaktischen Diskussion

Unbestritten ist die hohe Bedeutung, die dem Umgang mit Zahlen und Statistiken zukommt. Teilweise wird gefordert, dass Schüler über ein Grundgerüst an Zahlen (Daten) verfügen, z. B. Einwohnerzahl ihres Schulorts und Deutschlands, Größe des Bundeslandes. Wie bei der Topographie ist dabei die Menge der Merkzahlen umstritten.

Bei der Analyse von Räumen und Prozessen ist die Fähigkeit, Zahlen und Statistiken zu interpretieren, unerlässlich. Wenn Schüler in ihrem Umfeld Zählungen durchführen, die Daten zusammenstellen und ordnen, veranschaulichen und interpretieren, leistet der Geographieunterricht einen wichtigen Beitrag zum Kompetenzerwerb der Schüler.

In den unteren Klassen fehlen teilweise mathematische Grundlagen für die Interpretation von Zahlen und Statistiken, etwa das Prozentrechnen. Bei Statistiken geht man aufgrund unterrichtlicher Erfahrungen davon aus, dass es bei der Auswertung mehrere Niveaustufen gibt. Zunächst können Schüler eindimensionale Statistiken beschreiben, ehe sie auf der nächsten Stufe mehrdimensionale Statistiken auswerten; sodann befassen sie sich mit den Quellen und den möglichen Absichten der Statistik, ehe sie schließlich selbst Statistiken erstellen. Zur Arbeit mit Statistiken gehören auch die Fragen nach der Seriosität der Quellen, der Aussagekraft der Werte (z. B. Einwohner/km^2) und nach möglichen Manipulationen.

Als mögliche Schritte zur Auswertung von Statistiken werden vorgeschlagen:
„Orientierung – Beschreibung – Erklärung – Wertung" (RINSCHEDE 2003, 335) sowie „Einen Überblick verschaffen und Quellen klären – Daten auswerten – Gesamtaussage formulieren" (STENGELIN 2009, 32).

Literatur

BIRKENHAUER, J. (1997): Numerische Medien. – In: BIRKENHAUER, J. [Hrsg.] (1997): Medien. Systematik und Praxis. München, 110–124.

BRUCKER, A. (2006): Zahlen, Statistiken, Diagramme. – In: HAUBRICH, H. [Hrsg.] (2006): Geographie unterrichten lernen. Die neue Didaktik der Geographie konkret. München, 200–201.

ENGELHARD, K. (1986): Zahl und Statistik. – In: BRUCKER, A. [Hrsg.] (1986): Medien im Geographie-Unterricht. Schwann, Bagel, Düsseldorf, 90–100.

RINSCHEDE, G. (2003): Geographiedidaktik. Paderborn, 333–336.

STENGELIN, M. (2009): Zahlen und Statistiken. – In: geographie heute, 30, 271/272, 32–37.

Ambros Brucker

Zeichnung, Skizze

Definition

Die geographische Zeichnung ist eine grafische Darstellung, die – im Unterschied zum (→) Bild – komplexe Sachverhalte didaktisch vereinfacht und wesentliche Aussagen strukturiert, betont und veranschaulicht.

Die Skizze ist eine Zeichnung, die sich auf das Wesentliche beschränkt. Die Begriffe „Zeichnung" und „Skizze" werden in der didaktischen Literatur zumeist synonym verwendet.

Klassifikation

Welche Art von zeichnerischer Darstellung für einen erdkundlichen Inhalt gewählt wird, hängt vom Inhalt, von den Zielen des Unterrichts und vom Entwicklungsstand der Schüler ab.

Formal werden mehrere Arten von Zeichnungen unterschieden.

– Die (→) Landschaftszeichnung erfasst die wesentlichen geographischen Strukturen eines Raumes. Es geht nicht darum, die Natur nachzuzeichnen, sondern die bedeutsamen Merkmale herauszuheben (z. B. Schichtstufe, Steilküste).

– Die Schemazeichnung bildet die Zusammenhänge zwischen den geographischen Objekten und ihren Merkmalen ab. Sie ist immer auf Gesetzmäßigkeiten ausgerichtet (z. B. Höhenstufen der Vegetation).

– Die Funktionsskizze ist dort angebracht, wo es um die Erarbeitung und Sicherung von kausalen und genetisch-chorologischen Zusammenhängen geht, also um Abhängigkeitsverhältnisse mehrerer geographischer Faktoren (z. B. atmosphärische Zirkulation).

(dazu auch → Kartenskizze, → Profil, → Schemazeichnung)

Zur geographiedidaktischen Diskussion

Es gilt als vorteilhaft, dass beim Zeichnen im Unterricht Lehrer und Schüler gemeinsam einen Sachverhalt erarbeiten und die Schüler den Erkenntnisweg visuell und motorisch nachvollziehen. Das Zeichnen setzt die Fähigkeit voraus, etwas zu beschreiben, zu gestalten und bildhaft wiederzugeben. Deshalb wird mitunter darüber geklagt, dass „Apparate und neue Medien die Zeichnung und das Zeichnen verdrängen" (ACHILLES 1983, 220). Die einstige Forderung, jede Lehrkraft müsse das „Handwerk" des Zeichnens beherrschen, hat ihre Berechtigung trotz der modernen Medienvielfalt nicht eingebüßt. Die Geographiestunde ist keine Zeichenstunde, aber Geographieunterricht ohne Zeichnungen ist erkenntnisarm und vorstellungsleer.

Literatur

ACHILLES, F. W. (1983): Zeichnen und Zeichnungen im Geographie-Unterricht. Köln.

BRUCKER, A. (1986): Tafelskizze – Tafelzeichnung – Tafelbild. – In: BRUCKER, A. [Hrsg.] (1986): Medien im Geographie-Unterricht. Düsseldorf, 194–205.

BRUCKER, A. (2018): Merkbild/Skizze. In: BRUCKER; HAVERSATH, J. & A. SCHÖPS [Hrsg.]: Geographie-Unterricht – 102 Stichworte. Hohengehren, 144–147

THIERSCH, G. (1963): Zeichnen im Erdkundeunterricht. – In: Der Erdkundeunterricht, 3, 13–20.

Ambros Brucker

Zentrierungsfach Geographie

Definition

Mit der Bezeichnung „Zentrierungsfach Geographie" wird in einem engeren Sinn hervorgehoben, dass der Geographieunterricht nicht nur geographische Aussagen bzw. Sachverhalte und Methoden behandelt, sondern auch solche aus verwandten Geo- und Raumwissenschaften, die an den Schulen nicht institutionell als eigenständige Fächer vertreten sind.

In diesem Sinne lässt sich vom Geographieunterricht als „geo- und raumwissenschaftlichem Zentrierungsfach" (KÖCK 2012, 21; vgl. OTTO 2010, 427) sprechen.

In einem weiteren Sinne umfasst es alle Wissenschaftsbereiche, die räumlich verortbare Aussagen machen (z. B. Soziologie, Architektur, Raumplanung).

Klassifikation

Das Schulfach Geographie orientiert sich an der Hochschuldisziplin Geographie als Bezugswissenschaft. Darüber hinaus bezieht es Erkenntnisse anderer Wissenschaftsdisziplinen mit ein wie etwa Mineralogie, Geophysik, Geologie, Astronomie, Stadt- und Raumplanung, Soziologie, Politikwissenschaft, Fernerkundung, Kartographie und Geoinformatik. Denn wenn der Geographieunterricht eine „raumbezogene Handlungskompetenz" als Leitziel anstrebt, sind für die vorausgesetzte „Einsicht in die Zusammenhänge zwischen natürlichen Gegebenheiten und gesellschaftlichen Aktivitäten in verschiedenen Räumen der Erde" (DGfG 2020, S. 5) auch kultur- und geowissenschaftliche Kenntnisse und Kompetenzen notwendig. Dies betrifft etwa Phänomene und Prozesse wie Naturrisiken und Vulnerabilität, Klimawandel, Ressourcenkonflikte, globale Disparitäten etc.

Zur geographiedidaktischen Diskussion

Die Stellung der Geographie als Zentrierungsfach von Kultur- und Naturwissenschaften wird allgemein anerkannt. In den meisten Bundesländern liegt der Schwerpunkt seit den 1970er-Jahren jedoch auf humangeographischen Inhalten und Methoden. Ferner zeigt sich in einigen Bundesländern die Tendenz, den Geographieunterricht in maßgeblich gesellschaftswissenschaftlich orientierte Verbundfächer zu integrieren.

Mit Verweis auf die Relevanz geowissenschaftlicher Themen findet sich die Forderung, explizit geowissenschaftliche Fragestellungen, Inhalte und Methoden im Geographieunterricht zu stärken. Dieses Anliegen wurde deutlich durch die „Leipziger Erklärung zur Bedeutung der Geowissenschaften in Lehrerbildung und Schule" (ALFRED-WEGENER-STIFTUNG FÜR GEOWISSENSCHAFTEN 1996) und die 2004 gegründete Fachsektion Geodidaktik in der GeoUnion ALFRED-WEGENER-STIFTUNG.

Literatur

ALFRED-WEGENER-STIFTUNG FÜR GEOWISSENSCHAFTEN (IN GEMEINSCHAFT MIT DER DEUTSCHEN GESELLSCHAFT FÜR GEOGRAPHIE E.V. UND DEM INSTITUT FÜR LÄNDERKUNDE IN LEIPZIG) [Hrsg.] (1996): Leipziger Erklärung zur Bedeutung der Geowissenschaften in Lehrerbildung und Schule. Düsseldorf.

BUSCH, M.; MÖNTER, L. & M. DITTGEN (2020): Das Integrationsfach Gesellschaftslehre in der Praxis. Professionalisierung, Fachkultur und Entwicklungspotenziale aus der Lehrendenperspektive. In: zdg (zeitschrift für didaktik der gesellschaftswissenschaften), 11. Jg., H. 2, S. 54–71

DEUTSCHE GESELLSCHAFT FÜR GEOGRAPHIE (DGFG) [Hrsg.] (2020): Bildungsstandards im Fach Geographie für den Mittleren Schulabschluss – mit Aufgabenbeispielen. Bonn.

DEUTSCHE GESELLSCHAFT FÜR GEOGRAPHIE (DGFG) [Hrsg.] (2021): Geographie. Das Zukunftsfach. Bonn.

KÖCK, H. (2012): Methodologischer Grundriss. – In: HAVERSATH, J.-B. [Moderator] (2012): Geographiedidaktik. Braunschweig, 20–36.

OTTO, K.-H. (2010): Geowissenschaften im Geographieunterricht. – In: WEFER, G. & F. SCHMIEDER [Hrsg.] (2010): Expedition Erde. Wissenswertes und Spannendes aus den Geowissenschaften. Bremen, 426–427.

Leif Olav Mönter, Maria Schlitt

Zukunftswerkstatt

Definition

Die Zukunftswerkstatt ist eine partizipative Methode, in deren Rahmen Teilnehmende in Gruppen eine Vision von einer wünschenswerten Zukunft entwickeln. Dabei werden sie von einer Moderatorin bzw. von einem Moderator unterstützt.

Klassifikation

Kennzeichnend für die Zukunftswerkstatt ist der dreiteilige Aufbau, der Kritikphase, Phantasiephase und Umsetzungsphase umfasst. Vor- und Nachbereitungsphase ergänzen diesen Aufbau zumeist. Ausgangspunkt der Vision ist stets eine aktuelle Problemlage oder Fragestellung, von der die Teilnehmenden selbst betroffen sind. Auf Grundlage einer kritischen Bestandsaufnahme der gegenwärtigen Situation (Kritikphase) und dem Entwurf wünschenswerter Vorstellungen für die Zukunft (Phantasiephase) leiten die Teilnehmenden konkrete Schritte zur Verwirklichung ihrer Vorstellungen ab (Umsetzungsphase). Durch die Ausrichtung auf die Zukunft und das Vorausdenken und Verknüpfen von Handlungsfolgen fördert die Methode insbesondere vorausschauendes, vernetztes und kreatives Denken. In den 1970er-Jahren entwickelte JUNGK diese Methode mit dem Ziel, die gleichberechtigte (→) Partizipation der Bürger an gesellschaftlichen Veränderungsprozessen zu ermöglichen und zu stärken. Bezogen auf den Schulunterricht handelt es sich um eine komplexe Aktionsform, die auf handlungsorientiertem und (→) kooperativem Lernen beruht. Anders als der Name vermuten lässt, stellt die Zukunftswerkstatt keine Form des Werkstattunterrichts bzw. des offenen Unterrichts dar, auch wenn selbstorganisiertes Lernen ihr Bestandteil ist.

Zur geographiedidaktischen Diskussion

Schülerinnen und Schüler erwerben im Rahmen einer Zukunftswerkstatt vielfältige (→) Kompetenzen, insbesondere in den Kompetenzbereichen Beurteilung/Bewertung, Handlung und Kommunikation. Daher empfiehlt sich diese Methode für den Einsatz im Geographieunterricht. Allerdings erfordert der dreiphasige Aufbau zusammen mit Vor- und Nachbereitung einen Zeitumfang von mehreren Unterrichtsstunden; die Mehrzahl der Praxisbeispiele bezieht sich sogar auf mehrere Projekttage. Ein Gelingen der Zukunftswerkstatt setzt zudem eine intensive Einarbeitung in die Methode seitens der Lehrerin/Moderatorin, des Lehrers/Moderators voraus. Vor allem die Initiierung der Phantasiephase verlangt ein an die spezifische Gruppe angepasstes Vorgehen: Für viele Schülerinnen und Schüler ist es ungewohnt, die Ebene der Tatsachen zu verlassen und kreative Ideen zu entwickeln, die auf den ersten Blick extrem unrealistisch erscheinen. Methoden, die den Übergang in die Phantasiephase erleichtern, sind z. B. Phantasiereisen oder die 6-3-5-Methode. In der Umsetzungsphase ist zu beachten, dass Schülerinnen und Schüler Handlungsoptionen für verschiedene Akteure entwickeln und dabei sowohl sich selbst als Akteur begreifen als auch ihre Einflussmöglichkeiten auf andere Akteure berücksichtigen. Neben dem Wissenserwerb über Handlungsoptionen kann in dieser Phase auch die Umsetzung erster Schritte zur Verwirklichung der Zukunftsvorstellungen erfolgen.

Literatur

ALBERS, O. & A. BROUX (1999): Zukunftswerkstatt und Szenariotechnik. Ein Methodenbuch für Schule und Hochschule. Weinheim, Basel.

BUROW, O.-A. (1997): Zukunftswerkstatt in Schule und Unterricht. Hamburg.

JUNGK, R. & N. R. MÜLLERT (1989): Zukunftswerkstätten. Mit Phantasie gegen Routine und Resignation. München.

KUHNT, B. & N. R. MÜLLERT (2006): Moderationsfibel Zukunftswerkstätten. Verstehen, Anleiten, Einsetzen. Das Praxisbuch zur sozialen Problemlösungsmethode Zukunftswerkstatt. Neu-Ulm.

SCHOCKEMÖHLE, J. (2011): Mehr aus weniger und weniger ist mehr! Durch nachhaltige Rohstoffnutzung verliert der ökologische Rucksack an Gewicht. – In: geographie heute, 32, 295, 12 – 21.

Johanna Schockemöhle

Register

Autorenverzeichnis

Thomas Amend
thomas.amend@uni-wuerzburg.de

Péter Bagoly-Simó, Prof. Dr.
peter.bagoly-simo@geo.hu-berlin.de

Kati Barthmann, Dr.
kati.barthmann@uni-bayreuth.de

Thomas Basten, Dr.
bt@goethe-gym-ger.de

Gerd Bauriegel, Dr.
gerd.bauriegel@uni-passau.de

Dieter Böhn, Prof. Dr.
dieter.boehn@uni-wuerzburg.de

Nina Brendel, Prof. Dr.
ninabrendel@uni-potsdam.de

Ambros Brucker, Dr.
dr.ambros.brucker@web.de

Thomas Brühne, Priv.Doz. Dr.
bruehne@uni-koblenz.de

Dominik Conrad, Dr.
dominik.conrad@ph-ludwigsburg.de

Mirka Dickel, Prof. Dr.
mirka.dickel@uni-jena.de

Raimund Ditter, Dr.
ditter@ph-heidelberg.de

Michael Ernst, Dr.

Gregor C. Falk, Prof. Dr.
gregor.falk@ph-freiburg.de

Dirk Felzmann, Prof. Dr.
felzmann@uni-landau.de

Barbara Feulner, Dr.
barbara.feulner@geo.uni-augsburg.de

Martina Flath, Prof. Dr.
martina.flath@uni-vechta.de

Friedhelm Frank, Prof. Dr.
friedhelm@frank-heynen.de

David Golay, Dr.
david.golay@phzh.ch

Inga Gryl, Prof. Dr.
inga.gryl@uni-due.de

Berta Hamann, Dr.
berta.hamann@vodafonemail.de

Jürgen Hasse, Prof. Dr.
j.hasse@geo.uni-frankfurt.de

Johann-Bernhard Haversath, Prof. Dr.
johann-bernhard.haversath@geogr.uni-gießen.de

Ingrid Hemmer, Prof. Dr.
ingrid.hemmer@ku.de

Michael Hemmer, Prof. Dr.
michael.hemmer@uni-muenster.de

Kerstin Hepp, Dr.
k.hepp26@gmx.de

Angela Hof, Prof. Dr.
angela.hof@plus.ac.at

Thomas Hoffmann, Prof. Dr.
thomas.hoffmann@semgym-karlsruhe.de

Daniela Hottenroth, Dr.
daniela.hottenroth@gmail.com

Volker Huntemann
volker.huntemann@gmx.de

Armin Hüttermann, Prof. Dr.
huettermann@ph-ludwigsburg.de

Holger Jahnke, Prof. Dr.
holger.jahnke@uni-flensburg.de

Klaus Jebbink, Dr.
klaus.jebbink@rub.de

Thomas Jekel, Mag. Dr.
thomas.jekel@univie.ac.at

Volker Kaminske. Prof. Dr.
v.kaminske@t-online.de

Detlef Kanwischer, Prof. Dr.
kanwischer@geo.uni-frankfurt.de

Lars Keller, Prof. Dr.
lars.keller@uibk.ac.at

Ruth Kersting, Dr.
ruth.kersting@ruhr-uni-bochum.de

Franz Kestler, Dr.
f.kestler@t-online.de

Peter Kirchner, Prof. Dr.
kirchner@ph-ludwigsburg.de

Christoph Koch
christoph.koch@uni-bayreuth.de

Helmut Köck, Prof. Dr.

Isabelle Kollar, Dr.
kollar@uni-landau.de

Yvonne Krautter, Prof. Dr.
krautter@ph-weingarten.de

Norma Kreuzberger, Dr.
n.kreuzberger@freenet.de

Marianne Landtwing-Blaser, Dr.
marianne.landtwing@phlu.ch

Stephan Langer, Dr.
stm.langer@gmail.com

Jochen Laske
jochen.laske@googlemail.de

Anne-Kathrin Lindau, Prof. Dr.
anne.lindau@geo.uni-halle.de

Marten Lößner, Dr.
Marten.Loessner@schule.hessen.de

Johanna Mäsgen, Dr.
j.maesgen@uni-koeln.de

Rainer Mehren, Prof. Dr.
rainer.mehren@uni-muenster.de

Kim Pascal Miener, Dr.
kim.miener@live.de

Leif Olav Mönter, Prof. Dr.
leif.moenter@uni-vechta.de

Martin X. Müller, Dr.
martin.mueller@geo.uni-augsburg.de

Jürgen Newig, Prof. Dr. (†)

Eva Nöthen, Prof. Dr.
noethen@geo.uni-bonn.de

Gabriele Obermaier, Prof. Dr.
obermaier.gabi@gmx.de

Ulrike Ohl, Prof. Dr.
ulrike.ohl@geo.uni-augsburg.de

Karl-Heinz Otto, Prof. Dr.
karl-heinz.otto@rub.de

Carina Peter, Prof. Dr.
peterca@staff.uni-marburg.de

Herbert Pichler, Mag.
herbert.pichler@univie.ac.at

Markus Pingold, Dr.
markus.pingold@uni-wuerzburg.de

Marion Plien, Dr.
m.plien@geo.uni-mainz.de

Sibylle Reinfried, Prof. Dr.
reinfried@geoeduc.ch

Armin Rempfler, Prof. Dr.
armin.rempfler@phlu.ch

Tilman Rhode-Jüchtern, Prof. Dr.
rhode-juechtern@t-online.de

Nadine Rosendahl, Dr.
nadine.rosendahl@wwu.de

Yvonne von Roux, Dr.
vonroux@t-online.de

Maria Schlitt, Dr.
schlitt@hgt-trier.de

Antje Schlottmann, Prof. Dr.
schlottmann@geo.uni-frankfurt.de

Thomas Schneider, Prof. Dr.
thomas.schneider@geo.uni-augsburg.de

Johanna Schockemöhle. Dr.
jschockemoehle@uni-vechta.de

Verena Schreiber, Prof. Dr.
verena.schreiber@ph-freiburg.de

Birte Schröder, Dr.
birte.schroeder@leibniz-gei.de

Gabriele Schrüfer, Prof. Dr.
gabriele.schruefer@uni-bayreuth.de

Jan Christoph Schubert, Prof. Dr.
jan.christoph.schubert@fau.de

Stephan Schuler, Prof. Dr.
schuler@ph-ludwigsburg.de

Kathrin Schulman, Dr.
contact@katieschulman.com

Hans-Dietrich Schultz, Prof. Dr.
hans-dietrich.schultz@geo.hu-berlin.de

Alexander Siegmund, Prof. Dr.
siegmund@ph-heidelberg.de

Alexandra Siegmund, Dr.
alexandra.siegmund@space-education.de

Christian Sitte, Mag. Dr.
christian.sitte@univie.ac.at

Sandra Sprenger, Prof. Dr.
sandra.sprenger@uni-hamburg.de

André Szymkowiak
szymkowiak@thusnelda-gymnasium.de

Anke Uhlenwinkel, Prof. Dr.
anke.uhlenwinkel@plus.ac.at

Tobias Ulmrich
tobias.ulmrich@uni-muenster.de

Helmer Vogel, Dr.
helmer.vogel@uni-wuerzburg.de

Daniel Volz, Dipl.-Geoökol.
volz@uni-koblenz.de

Kerstin Voß, Dr.
voss@hs-koblenz.de

Dorothea Wiktorin, Dr.
d.wiktorin@uni-koeln.de

Ann-Sophie Winklmaier
ann-sophie.winklmaier@fau.de

Daniel Wirth
daniel.wirth@uni-wuerzburg.de

Christian Wittlich, Dr.
wittlich@uni-bremen.de

Katja Wrenger, Dr.
katja.wrenger@uni-muenster.de

Stefanie Zecha, Dr.
stefanie.zecha@ku.de